Unsere Zeit begünstigt das Aufkommen von Ersatzreligionen, Kulten des Irrationalen und Heilslehren jeder Art in einem beängstigenden Ausmaß. ›New Age‹, mit all seinen Enthusiasten und emsigen Nachbetern ist nur ein verhüllendes Stichwort für diesen Konsumismus im Umgang mit religiösen Sinnangeboten. Demgegenüber fühlt sich der Verfasser der in diesem Band vereinten fünfzehn Studien auf die konkreten historischen Gegebenheiten einer bestimmten Ausformung christlicher Mystik verpflichtet. Es handelt sich dabei um jene Ausprägung, die zu Beginn des 14. Jahrhunderts in den Rheinlanden (deutsche Schweiz, Elsaß, Süddeutschland) das geistliche Leben im Dominikanerorden, also in einem seelsorglichen Rahmen, fand. Gemeint ist die Kooperation zwischen Männern und Frauen, die sich durch die *cura monialium*, der mönchischen Seelsorge an den Nonnen, zu entwickeln vermochte. Es waren geistig avancierte Männer wie Meister Eckhart, Johannes Tauler und Heinrich Seuse, die sich in dieser Seelsorge als eigentliche »Lebmeister« erwiesen – so nannten sie sich selbst im Unterschied zu den bloßen »Lesmeistern« (Lektoren). Sie entwickelten eine Lehre von der Einheit des Menschen mit Gott, die geistesgeschichtlich bis in die Reformation hinein wirksam blieb.
Die vorliegenden Studien zeigen Rang und Tragweite dieser Mystik. Dieser Ansatz erfüllt die methodische Forderung nach einer ökumenisch orientierten Mystikforschung, die gerade in der wirren Zeitsituation von heute wenigstens das Bemühen um Klarheit zu artikulieren weiß.

Alois Maria Haas

Gottleiden – Gottlieben

Zur volkssprachlichen Mystik im Mittelalter

Insel Verlag

1. Auflage 2019

Vertrieb durch den Suhrkamp Taschenbuch Verlag
Printed in Germany
Umschlag: hißmann, heilmann, hamburg
ISBN 978-3-458-24245-1

Gottleiden – Gottlieben

... ein gotminnende sêle diu überwindet got, daz er sich ir alzemale geben muoz (DW 1, 345,9f.)

... daz man sich enziehe unde ledic mache von allen gedanken, worten unde werken unde von allen bilden des verstentnisses und daz man sich zemâle halde in eime gotlîden unde habe sich müezic unde lâze got wirken ... (Pf 4, 11 ff.)

Meister Eckhart

Für Heinrich Stirnimann
Shizuteru Ueda
Gabriel Bunge

Vorwort

Wir sagen, ..., daß wir ein Licht sehen, dort an jenem Ort der Geisthaftigkeit, aber es ist nicht wie dieses materielle Licht.
*(Rabban Iansep Hazzaya)**

Wenn ich hiermit meine Arbeiten zur Deutschen Mystik aus den vergangenen fünf Jahren gesammelt vorlege, so geschieht dies in einem doppelten Bewußtsein. Zunächst ist mir klar, daß auch diese Studien – wie jene früheren in den Sammlungen ›Nim din selbes war‹ (1971), ›Sermo mysticus‹ (1979) und ›Geistliches Mittelalter‹ (1984) – bloß tastende Versuche darstellen, dem existentiellen Ernst der Texte Meister Eckharts, Johannes Taulers und Heinrich Seuses verstehend nahezukommen. Es handelt sich daher durchwegs um Verstehensbemühungen in Form skizzenhafter denkerischer Nachvollzüge dessen, was bei diesen Mystikern wenngleich lückenhaft, aber in jedem Fall faszinierend genug zu lesen ist. Zum andern hat sich mir in den letzten Jahren – zum Teil rein durch Insinuationen von außen her – die Erkenntnis immer stärker aufgedrängt, daß die Zeugnisse der Deutschen Mystik in einem ökumenischen Kontext zu begreifen sind. Schon von ihrer Rezeptionsgeschichte her verweisen sie geschichtlich auf die Reformation, wo sie in vielfacher Form und zum Teil sehr eigenwillig rezipiert wurden. Die Deutsche Mystik ist aber auch im Blick auf die heute gerade auch im Westen sich mächtig artikulierende östliche Überlieferung als eine, vielleicht *die* christliche Möglichkeit zu sehen, dem östlichen Weg aus christlicher Sicht zu antworten. In Japan jedenfalls ist Meister Eckhart längst ein Gesprächspartner geworden, der mit dem Zen-Buddhismus in regstem Kontakt ist. Der hier gegebene Ausblick in die Reformation und in den Osten ist als wenig methodisches, aber ernstes Plädoyer für eine ökumenische Mystikforschung zu nehmen.

Es bleibt die Dankespflicht. Gedankt sei den verschiedenen Verlagen und Zeitschriftenredaktionen, die ihr Placet zum Wie-

* Rabban Iansep Hazzaya, Briefe. Hg. von G. Bunge, Trier 1982, S. 282.

derabdruck gegeben haben. Dankenswerterweise stellte Frau Dr. Louise Gnädinger die Register her. Ihr sei für diese mühsame und zeitraubende Arbeit von Herzen gedankt!
Der Band sei jenen Gelehrten und *lebmeistern* gewidmet, die mich immer wieder durch Wort und Tat auf den Ernst der mystischen Option hingewiesen haben.

Am Fest der Verklärung, Metamorphosis, 6. August 1988

Einleitung

Wenn im vorliegenden Band von der ›Deutschen Mystik‹ gehandelt wird, dann sind ein paar klärende Vorbemerkungen nötig, damit von Anfang an Mißverständnisse über Anspruch und Tragweite dieser Bezeichnung ausgeräumt bleiben. Vor mehr als 150 Jahren hat der Hegel-Schüler Karl Rosenkranz in seiner Besprechung von Diepenbrocks Seuse-Ausgabe in den Berliner Jahrbüchern für wissenschaftliche Kritik* den Begriff ›Deutsche Mystik‹ geprägt in der Meinung, in Meister Eckhart und seinem Werk jene Erschütterung des alten scholastischen Systems diagnostizieren zu dürfen, von der protestantische Theologen und idealistische Philosophen – frühe Vertreter der Eckhartforschung – insgeheim träumten. In dieser Option für Eckhart vollzogen die Forscher – gewissermaßen kathartisch – nochmals jene Wendung mit, die dem jungen Luther beschieden war, als er sich von der (lateinischen) Scholastik weg zum Jungbrunnen wandte, den er in ›Eyn deutsch Theologia‹ fand. »Ich danck Gott, das ich yn deutscher zungen meynen gott alßo hőre und finde, als ich und sie mit myr alher nit funden haben, Widder in lateynischer, krichscher noch hebreischer zungen. Gott gebe, das dißer puchleyn mehr an tag kumern, ßo werden wyr finden, das die Deutschen Theologen an zweyffell die beßten Theologen seyn. Amen« (Vorrede zu Luthers Ausgabe von ›Eyn deutsch Theologia‹, 1518). Seit Rosenkranz hat sich diese Begriffsformel – nicht nur, aber vor allem auch wegen ihrer pathetischen Bedeutungsdimension – als Sachbezeichnung insbesondere für die im 14. Jahrhundert in den deutschsprechenden Gegenden verbreitete geistliche Literatur mit erstaunlicher Geschwindigkeit und Konstanz in Philosophie-, Theologie-, Geistes-, Literatur-, Kirchen- und Religionsgeschichte verbreitet, so daß Versuche der Distanzierung, der Ablösung oder Differenzierung kaum eine ernsthafte Chance der Verwirklichung hatten. Es gibt geschichtliche Stereotypen, die – einmal wie immer ungenügend und linkisch in die Welt gesetzt – un-

* 1, 1831, 147f.; auch in K. Rosenkranz, Zur Geschichte der deutschen Literatur, Königsberg 1836, S. 37-57.

verwüstlich überdauern und sich kaum mehr austreiben lassen. So wird beispielsweise bis heute versucht, den gewißlich aus Verlegenheit geschaffenen Begriff des »Mittelalters« zu eliminieren – mit dem Resultat, daß er sich wie selten ein anderer in geradezu mythischer Inständigkeit installiert und konsolidiert hat. Die Chancen der Begriffszertrümmerer in Sachen Zeitalterumschreibung sind gering.

Nun hat sich allerdings im außerdeutschen Sprachraum für dasselbe Phänomen die Bezeichnung »rheinländische Schule« oder »Rheinländische Mystik« eingebürgert und weitgehend durchgesetzt. Das hat seine Gründe. Man muß sich erinnern, daß Alfred Rosenberg in seinem ›Mythus des 20. Jahrhunderts‹ (1933) mit Meister Eckhart und der »Deutschen Mystik« einen üblen Kult trieb, der mit einer seriösen Deutung aber auch gar nichts mehr gemein hatte. Es ist auch daran zu denken, daß deutsche Forscher leichthin geneigt waren, Phänomene der niederländischen und brabantischen Mystik der sog. »Deutschen Mystik« zu subsumieren. Vor allem aber, wenn man an den Mißbrauch denkt, der im nationalsozialistischen Deutschland mit dem Begriff »Deutsche Mystik« getrieben worden ist, hat die Bezeichnung »Rheinländische Mystik« ihr gutes Recht. Aber auch sachlich dürfte sie das historische Phänomen einer sich seit dem 13. Jahrhundert im westlichen Mitteleuropa artikulierenden Mystik in der Volkssprache treffen, weil damit jede nationalistisch enge Festlegung vermieden, dem Begriff aber doch ein valables geographisches Kennzeichen mitgegeben wird. Der – vom nationalistischen Pathos freie – Begriff der »Deutschen Mystik« könnte dann als *Unter*begriff für das wirklich in Deutsch abgefaßte, mystische Schrifttum weiterbehalten werden. Dagegen bezöge sich der Begriff »Rheinländische Mystik« auf die Gesamtheit der in Europa sich in der Volkssprache vernehmen lassenden Mystik, selbst wenn damit das geographisch gemeinte Epitheton »Rheinländisch« inhaltlich ein wenig strapaziert und großzügig ausgelegt werden müßte. Da die im folgenden vorgestellten Texte und Personen praktisch ohne Ausnahme dem eigentlich deutschsprachigen Raum entstammen, erlaube ich mir, die alte Bezeichnung »Deutsche Mystik« auf sie sachlich gerechtfertigt anzuwenden. Zuvor aber sei ein Aufriß der »Rheinländischen Mystik« in Zeit und Raum gegeben, der den größeren Zusammenhang absteckt.

Leider fehlt eine die Ergebnisse der Forschung zusammenfassende Arbeit über die kulturell-zivilisatorischen, spiritualitätsgeschichtlichen und sozialen Bedingungen, unter denen sich die Rheinländische Mystik in Mitteleuropa ausgeformt hat. Wir besitzen eigentlich nur jene Tatsachen mit einiger Gewißheit, von denen in Texten berichtet wurde, die ihrerseits nicht verlorengingen, sondern bis in die Neuzeit erhalten blieben. – Ob Hildegard von Bingen (1098-1179) und Elisabeth von Schönau († 1184) der Rheinländischen Mystik zuzurechnen sind, darüber läßt sich streiten; geographisch jedenfalls gehören sie dazu, ohne daß sie konkret benennbaren Einfluß auf die Frauenbewegung des 13. Jahrhunderts in Brabant und Flandern ausgeübt hätten. Hier jedoch hat mit Sicherheit eine solche – fraulicher Initiative entspringende – mystisch-ekstatisch ausgerichtete Frömmigkeit sich ausbreiten können: Jakob von Vitry († 1240) in seiner Vita der Marie d'Oignies († 1213), Thomas von Cantimpré († 1263/72) in seinen diversen Viten frommer, mystisch begnadeter Zeitgenossinnen (Christina Mirabilis, Luitgard von Tongern, Margaretha von Ypern) und die Vita Christinas von Stommeln († 1312) geben mit ihren unglaublichen Berichten über ein wunderbares Gnadenleben beredte Nachricht von diesem Frömmigkeitsaufbruch. Ebenso äußert sich der Franziskanermönch Lamprecht von Regensburg in seinem (gegen 1250) geschriebenen Verstraktat ›Tochter Syon‹ auf interessante Weise über die in Brabant (und seltsamerweise auch in Bayern) feststellbare Form ekstatischer Frömmigkeit:

diu kunst ist bî unsern tagen
in Brâbant und in Baierlanden
undern wîben of gestanden.
herre got, waz kunst ist daz,
daz sich ein alt wîp baz
verstêt dan witzige man?
(Vers 2838 ff.)

(Die Kunst ist in unsern Tagen in Brabant und in Bayern aufgekommen. Herr Gott, was für eine Kunst ist das, die ein altes Weib besser versteht als gelehrte Männer?)

Er erklärt sich die Sache so, daß, wenn sich eine Frau ernstlich zu Gott wendet, ihr sanftes Herz und ihr fröhlicher Sinn sich in Einfalt schneller entzünden und sie die »Weisheit, die vom Himmel gleitet«, schneller begreift als ein harter Mann. Besitzt dagegen ein Mann dieselbe Gabe, so kann er sie vor den Leuten besser verbergen als eine weichherzige Frau, die »vor Ungebärde ihren Leib zur Zeit der Gnade nicht stille halten« kann. Überhaupt: Wenn den Frauen auch nur der Abglanz einer winzigen Gnade mit geringer Freude zukommt, so benehmen sie sich gleich, wie wenn sie verrückt geworden wären (*toben* – man denke an die *orewut* bei Hadewijch und anderen). Lamprecht macht diese »frauenspezifische« Eigenart zu einem Argument gegen die Frauen, die letztlich von Wärme nichts wüßten, weshalb ihnen notwendigerweise schon das Lauwarme heiß vorkäme und sie davon feurig entzündet würden. Jedenfalls ist die brabantische Frömmigkeit um die Mitte des dreizehnten Jahrhunderts in Deutschland sprichwörtlich.

Wenn die zeitliche Einordnung von Lamprechts Dictum richtig ist, dann müssen die Nachrichten vom untersten Rhein ins sehr viel weiter östlich an der Donau gelegene Regensburg rasch gelaufen sein. Denn es sind Zeitgenossinnen, auf die sich Lamprecht – wenn auch nicht namentlich – bezieht: Beatrice von Nazareth († 1268), die Zisterzienserin, und Hadewijch (um die Mitte des 13. Jahrhunderts lebend), die Begine, mit ihrem reichen poetischen und traktathaften Werk. Beide vertreten eine der bernhardischen Hoheliedinterpretation verpflichtete Liebesmystik (Hadewijch: »Die Liebe ist alles!«). Auf höchst erstaunliche Weise aber kombiniert Hadewijch ihre Liebesmystik mit einem (weniger ontologisch als heilsgeschichtlich gemeinten) Exemplarismus, der schon eckhartsche Themen vorwegnimmt: Wir sind noch nicht geworden, was wir sind; die Liebe jedoch vermag die, die darauf bestehen, ewig zu machen und »ohne Grund« (*sonder gront*) (Brieven XII). Konkret aber heißt es, in der Schule des gekreuzigten Christus Demut, Bruderliebe und Geduld auf möglichst desinteressierte Weise zu lernen. Hadewijchs entscheidende Bedeutung für die Geschichte der Rheinländischen Mystik besteht darin, daß das eindeutig affektive Element ihrer Spiritualität sich bei ihr mit einem spekulativ-metaphysischen verbindet, indem ein neuplatonisch anmutender Exemplarismus mit einem konsequenten Christozentrismus zusammengefügt wird. Interessant ist, daß in einer ›Glose op den Pater noster‹ eines in einem Wald lebenden Eremiten namens Gerard Appelmans ganz ähnliche exemplaristische Ideen auftauchen, verschärft darin, daß, während bei Hadewijch der Heilige Geist mit allem, was er den Gläubigen Gutes inspiriert hat, in den Schoß des Vaters zurückkehrt, Appelmans auch die Rückkehr alles dessen, was der Vater erschaffen hat, in den Schoß des Vaters behauptet. Zudem verknüpft er die nicht-immanente Emanation, welche die Schöpfung konstituiert, mit der immanenten Emanation aller geschaffenen Formen.

Bemerkenswert für diese frühe flämische Mystik in Brabant ist nicht nur die Tatsache, daß die entscheidenden Themen der großen Mystik des 14. Jahrhunderts schon so früh angeschlagen wurden, sondern darüber hinaus der erschließbare Tatbestand, daß um die Mitte des 13. Jahrhunderts in Brabant schon ein ausgeprägtes Ausmaß an Gemeinschaftsbewußtsein unter den mystisch Orientierten geherrscht haben muß. Das zeigt sich nicht nur in der erwähnten Tatsache, daß im Bereich der Lehre anders als durch konkrete Beziehungen nicht denkbare gleiche Theologumena auftauchen, sondern auch in der berühmten Liste der Vollkommenen, die wir Hadewijch verdanken. In ihr hat sie »am eindringlichsten das Bewußtsein von den Zusammenhängen der neuen Frauenfrömmigkeit weit über die Länder hin bekundet. Unter den ›Vollkommenen‹ nennt sie Beginen in Flandern und Brabant, in Seeland, Holland und Friesland. Sie unterhielt aber auch Beziehungen zu einer Klausnerin, ›die fern in Sachsen wohnte‹, sie wurde von frommen Frauen aus Köln besucht, sie kannte gleichgesinnte Frauen und Jungfrauen ›jenseits des Rheins‹, in Thüringen und in Böhmen, in England und in Paris«.*

Was eben für die frühe niederländische Mystik deutlich gemacht werden konnte, ließe sich im folgenden immer wieder zeigen (und bleibt deswegen unterlassen): Die Mystiker(innen) sind selten isolierte Figuren, sondern sie stehen in benennbaren sozialen Zusammenhängen, in Traditionen und Überlieferungsnetzen, die wir heute nur schwer aufgrund bestehender Briefwechsel und erschließbarer Handschriftenfiliationen rekonstruieren können. Hier ist für die Geschichte der Rheinländischen Mystik noch viel zu tun. Man denke nur an den mystischen Zirkel, in dessen Zentrum Heinrich von Nördlingen († nach 1356) mit seinem Briefwechsel und seinen Beziehungen zu Mar-

* Grundmann, Religiöse Bewegungen, Darmstadt 2. Auflage 1961, S. 184.

garetha und Christine Ebner steht, an seine Rolle bei der Umsetzung des ›Fliessenden Lichts der Gottheit‹ der Mechthild von Magdeburg († um 1282) vom Nieder- ins Oberdeutsche. Insbesondere die in der Schule Kurt Ruhs (Würzburg) ausgebildete überlieferungsgeschichtlich orientierte Editionspraxis hat in der Erschließung solcher die Zeiten übergreifender sozialgeschichtlicher bedeutsamer Beziehungen unter den Mystikern interessante Ergebnisse aufzuweisen.

Weitab sowohl von Brabant wie von Oberdeutschland vollzog sich das eigenartige Schicksal Mechthilds von Magdeburg (um 1207 - um 1282), zunächst in Magdeburg an der Elbe, sodann – ab ca. 1270 – in dem der Zisterzienserregel folgenden Nonnenkloster Helfta, wo sie bis zu ihrem Tod in Gemeinschaft mit ihren ebenfalls schriftstellerisch tätigen Mitschwestern Gertrud von Helfta († 1301/02) und Mechthild von Magdeburg († 1298) verblieb. Mechthild von Magdeburg mitsamt ihrem Werk ›Das fliessende Licht der Gottheit‹ bezeugt wiederum die schon festgestellte Tatsache, daß es »reine Mystik« nicht gibt, sondern »daß selbst die scheinbar ausschließlich mystische Seele, gerade für die Fülle und die Gesundheit der rein mystischen Akte und Zustände, von ihren vergangenen und gegenwärtigen Berührungen mit dem Zufälligen, Zeitlichen und Räumlichen, mit sozialen Tatsachen und Elementen ebenso wirklich abhängt wie von ihrer Gesammeltheit und von der Erfahrung des Unendlichen in diesen Endlichkeiten und in ihr selbst, die durch die Berührung mit dem Endlichen und die Erinnerung daran geweckt wurde«.* So entwickelt sie neben ihrer exklusiven Brautmystik, die von seltener Kühnheit ist, eine Erfahrungsbewegung, die sie als *gotzvrömdunge* (Entfremdung von Gott) beschreibt, die aber ihre soziale Komponente darin hat, daß sie mit einer wachsenden Entfremdung von der Umwelt zu bezahlen ist; die soziale Marginalisierung als Begine gehört wesentlich zu dieser eigenartigen Inkarnationsmystik, in der die »sinkende Liebe« – als ein von Christus überkommenes Geschenk – das entscheidende Motiv ist.

Eine großherzige Anwendung des Epithetons »rheinländisch« wäre auch bei Meister Eckhart (ca. 1260-1328) anzuwenden, der

* Baron Friedrich von Hügel, The Mystical Element of Religion, Bd. 2, London 1961, S. 284.

seiner Herkunft nach Thüringer ist, seinem Wirken nach dann allerdings sich im Rheinländischen – nachdem er 1311 die Leitung der Provinz Saxonia aufgegeben hatte und nach Paris vor allem in Straßburg und dann, ab 1323 ungefähr, in Köln lebte – intensiv zu entfalten vermochte. Daß aber bei ihm das soziale Element sich zu manifestieren vermag, zeigt allein schon sein Leben, das eine Fülle von (Fuß-)Wanderungen durch ganz Deutschland und halb Frankreich – man denke an seine drei Aufenthalte in Paris! – enthält. Von daher kommt Eckhart eine gewisse Internationalität zu, die sich denn auch im Fehlen schier jeden Bezugs auf regional oder geographisch Spezifisches in seinen Predigten zeigt. Der »allgemeine« Charakter seiner Mystik – belegbar etwa in der Konzeption einer allgemeinen Menschennatur, die durch die Menschwerdung Christi geadelt und daher von jedem Menschen asketisch-mystisch wiedererlangt werden muß – macht ihn zu einem Gesprächspartner nicht nur westlicher, sondern vor allem auch östlicher Religionen. Das mag auch daran liegen, daß ein Moment, das sicherlich schon bei der Mystik aus Brabant eine schwer durchschaubare Rolle spielte, auch bei Eckhart faßbar wird: Es ist das Moment der Rechtgläubigkeit innerhalb einer Christenheit, die sich von vielerlei Häretikern – insbesondere den sog. »Freigeistern« (ein Wort, das noch Nietzsche polemisch gegen religiöse Bindung anwenden wird) – in ihrer Glaubenssubstanz durch quietistische oder revolutionäre Haltungen bedroht sah. In diesem Zusammenhang wird die Tatsache bedeutsam, daß zur Zeit, da Eckhart in Paris weilte, Marguerite Porete am 1. Juni 1310 für die in ihrem ›Miroir des simples âmes‹ vorgetragenen »Häresien« verbrannt wurde. K. Ruh hat dies zum Anlaß einer erhellenden Betrachtung über das Verhältnis Meister Eckharts zu der Beginenmystik genommen. Wenn man hinzunimmt, daß Meister Eckhart während seines Aufenthalts in Straßburg (1313-1322) mit den Machtkämpfen um die Beginen gerade in seiner Eigenschaft als Betreuer der süddeutschen Frauenklöster konfrontiert werden *mußte*, dann fügen sich Lehre und Predigt des Meisters sehr viel aktueller in die Zeit und ihre Probleme, als dies seine Predigten auf den ersten Anhieb spüren lassen.

Die als Schüler Eckharts anzusehenden Dominikaner Johannes Tauler (um 1300-1361) und Heinrich Seuse (um 1295-1366) leben und wirken nun tatsächlich in der oberen Rheingegend,

Tauler in Straßburg und Basel, Seuse in Konstanz, allenfalls Diessenhofen und Ulm. Beide stehen in konkreten, ihnen durch die Verpflichtung zur Seelsorge aufgebürdeten, aber sicher auch erwünschten sozialen Bezügen. Da ist zunächst die Ordensgemeinschaft selbst, die – man denke an die unrühmliche Rolle von Dominikanern im Prozeß um Meister Eckhart und an Seuses Schwierigkeiten mit den eigenen Ordensangehörigen – nicht immer den problemlosen Lebenshorizont eines Predigerbruders abgab, sondern ihm recht oft auch aus Neid und Mißgunst erwachsene Störungen für seine persönliche und gesellschaftliche Existenz einbringen konnte. Seuse berichtet davon ausführlich in seiner ›Vita‹ und bezieht sich in seinem ›Büchlein der Wahrheit‹ auf solche Störungen, die Meister Eckharts Person und Lehre betrafen. Stärker eingebunden in die Stadtseelsorge zeigt sich dann Tauler, dessen Beziehungen zur Bewegung der »Gottesfreunde« (die er verschiedentlich zu Adressaten seiner Ansprachen macht) offensichtlich sind, dessen bisweilen prekäre Situation innerhalb einer sich emanzipierenden Laienschaft sich in der – gewiß nicht authentischen, aber doch symbolträchtigen – ›Historie des erwirdigen Docters Johannis Thauleri‹ spiegelt.

Beide – Tauler und Seuse – sehen sich schon innerhalb einer mystischen Tradition, die sich mit Recht auf Meister Eckhart beruft. Er wird von beiden geistig beerbt, in vielerlei Hinsicht auch korrigiert, abgeschwächt und konkreter gemacht. Bei Tauler geschieht dies durch eine Pädagogisierung der Lehre des Meisters im Sinne einer Einbettung dessen, was der Meister »aus der Ewigkeit gesprochen hat«, in historisch-biographische Lebensbezüge; bei Seuse wird Eckharts ontologisches Konzept einer Abhängigkeit des Menschen von Gott in psychologische Kategorien umgemünzt. Worin sich aber Eckhart, Tauler und Seuse unverbrüchlich einig sind, ist die Verpflichtung auf Seelsorge, mithin der Vorrang ihrer gesellschaftlichen Funktion als *lebmeister* vor jeder gelehrten Tätigkeit als *lesmeister* (= Lektor). Diese Sinngebung ihrer Existenz durch die Priorität konkreter Vermittlung der göttlichen Heilsgnade an andere Menschen (vor allem in Städten, wo es nach Humbert von Romans »mehr Sünde gibt«) ist auch der Kern ihrer mystagogischen Tätigkeit, in der von einer so oder so denkbaren und möglichen, ja unvordenklich vorgegebenen Einheit des Menschen mit Gott gepredigt wurde. Die literarischen Genres ihrer Mission sind denn auch didaktische, paränetische, poetische: Traktat, Predigt, Gebet, Gedichte. Und daß es die Volkssprache ist, in der solches vermittelt wird, ist nochmals für die beabsichtigte Kommunikation von hoher Bedeutsamkeit. Sicherlich steht dahinter ein konkreter Grund: Wenn eine *cura monialium* – die Schwestern konnten meist nur wenig Latein, man mußte ihnen daher in der Volkssprache predigen! – möglich sein sollte, dann mußte sich die Vermittlung des Gotteswortes auf deutsch vollziehen. Es ist an diesem Zwang aber nicht zu unterschätzen, daß damit Möglichkeiten frei wurden, die vorher nicht bestanden: Die Bürgerschaft der Städte, die Häretiker – deren ideologische Überwindung ohnehin das Programm der Dominikaner war – und andere auf Deutsch als Predigtsprache angewiesene Gruppen von Menschen hatten nun plötzlich die Möglichkeit eines Zuganges zu den Mysterien des christlichen Glaubens, wie sie nie vorher denkbar schien.

Nach Hadewijch stand in Brabant und Flandern die mystische Bewegung nicht still, sie fand vielmehr neue Milieus ihrer Verwirklichung. Hinzuweisen ist mit allem Nachdruck auf die von Ruusbroec und seinen Gesinnungsfreunden gewählte Existenzform. Wir sehen Ruusbroec (um 1293-1381), nachdem er mit 23 Jahren Priester geworden und in der Kollegiatskirche Sinte-Goedele in Brüssel als Kleriker zu amtieren begonnen hatte, in schwer einschätzbaren Beziehungen mit Beginen, so insbesondere mit einer gewissen Bloemardinne, die als Ketzerin galt. 1343 zog er sich mit Freunden nach Groenendael in der Nähe von Brüssel zurück, wo sich aus der kleinen klösterlich lebenden Gemeinschaft bald ein Stift der regulierten Chorherren des heiligen Augustinus bildete. Ein Rätsel ist, wieso von Ruusbroec nur Traktate, aber keine Predigten erhalten sind. Es mag dies daran liegen, daß Ruusbroec nicht ordentliche Seelsorge getrieben hat, sondern als Seelsorger im kleinen Rahmen wirkte, wie er es auch von Groenendael aus tat. Jedenfalls ist die Wirksamkeit, die Ruusbroec von Groenendael aus betrieb, nicht zu unterschätzen. Gert Groote, der Begründer der Devotio moderna, soll ihn öfter besucht haben. Mitbrüder von Ruusbroec – so der »gute Koch« Jan van Leeuwen († 1374) und Jan van Schoonhoven († 1432), der Ruusbroec gegen die Anwürfe des Kanzlers der Pariser Universität Jean Gerson († 1429) in

Schriften verteidigte – bezeugten in Wort und Schrift schon ein eigentliches Milieu geistlichen Lebens. Wie jedes Milieu sich Grenzen schafft, so auch dieses. Das läßt sich der Haltung gegenüber Meister Eckhart entnehmen. Ruusbroec hatte Eckhart – nach Gerard Zerbolt van Zutphen († 1398), Bibliothekar des Fraterhauses in Deventer – zunächst noch anonym angegriffen, sein Koch van Leeuwen dagegen zog in drei Schriften mit polemisch vorgetragenen, unflätig massiven Anwürfen gegen Eckhart los. Selbst Gert Groote warnt dann seinerseits vor Meister Eckhart. Man sieht daraus, daß Mystik in geistlichen Konventikeln ein Thema war, das seine Zuhörer- und Leserschaft fand und das vor allem empfindlich auf Häresie oder Orthodoxie reagierte.

Neben der mehr oder weniger spekulativ eingestellten Mystik der Dominikaner wäre auf die eher volkstümliche, weniger auf die Erkenntnis als auf die Liebe fixierte Mystik der Franziskaner, die sich ebenfalls volkssprachlich verlauten ließen, hinzuweisen. Eine eher praktisch orientierte, sich in einer reich ausgestalteten Viten- und Offenbarungsliteratur dokumentierende Frauenmystik wird heute erst richtig beachtet. Besonders hier läßt sich die konkrete Kommunikation geistlicher Schriften und Gehalte zwischen den verschiedenen Dominikanerinnenklöstern Süddeutschlands und der Schweiz besonders stark belegen. Aber schließlich formierten sich auch die Laien in mystisch ausgerichteten Gruppen und konstruierten sich ihre eigenen geistlichen Mythen. Berühmtester Fall ist der Straßburger Kaufmann Rulman Merswin (1307-1382), der auf dem Grünen Wörth in Straßburg eine Niederlassung der Johanniter begründete und von hier mittels eines abenteuerlichen Schrifttums die Fiktion des »Gottesfreunds vom Oberland« in die Lande gehen ließ.

Ohne Zweifel hat die Rheinländische Mystik als eine *historische* Größe in Zeit und Raum, mit eigenen Kommunikationsmitteln, eigener Mentalität und deutlichen Bezügen zwischen den diversen Gruppen, die vom Oberrhein bis hinunter zum Niederrhein wirkten, zu gelten. Das läßt sich nicht zuletzt mit dem Blick auf die breite, noch nicht genügend erforschte überlieferungsgeschichtliche Handschriftenkommunikation zwischen den Niederlanden und Oberdeutschland behaupten. Immerhin ist ein Austausch wechselseitiger Art zwischen Ober- und Niederrhein aufs beste bezeugt: »Querschnitte durch die Handschrif-

tenbestände von der Mitte des 14. Jahrhunderts bis zur Schwelle der Reformation würden zeigen, daß es im deutsch-niederländischen Raume von den Alpen zur Nord- und Ostsee zu einer gegenseitigen Integration der geistlichen Literatur im allgemeinen und der mystischen im besonderen gekommen ist. Man las nicht nur Eckhart, Seuse und Tauler, Otto von Passau und Marquard von Lindau in niederländischen Klöstern und Bürgerhäusern: ebenso fanden Ruusbroec, Jan van Leeuwen, Gerard Zerbolt van Zutphen, Henrik Herp und die ›Imitatio Christi‹ einen deutschen Leserkreis«.* Mit anderen Worten: Wir müssen uns heute den Austausch von Literatur im geistlichen Lebensbereich bei weitem intensiver vorstellen. Es kommt ein Tatbestand hinzu, der heute kaum mehr im Bewußtsein ist: Zwischen Deutsch und Niederländisch gab es im Mittelalter – vor der schriftlichen Fixierung der Sprachen – im eigentlichen Sinne keine Sprachgrenze; es gab Sprachschranken, aber in der Mehrzahl; keine von ihnen vermochte sich als Sprachgrenze anzubieten. Interessant ist die Umsetzung mittelniederländischer Texte ins Deutsche: Sie wurden nicht eigentlich übersetzt, sondern mechanisch eingedeutscht, d. h. das Niederländische wurde als zwar *fremdez tützsch* empfunden, aber eben doch als *tützsch*. Spiritualitätsgeschichtlich läßt sich aus diesem Sachverhalt folgendes entnehmen: Seit Beginn des 14. Jahrhunderts gliedert sich aus dem allgemeinen Kulturganzen ein Sonderbereich religiösen Denkens und Fühlens aus, der die alte sapientiale Theologie in der Volkssprache zu artikulieren versucht und damit zu neuen und eigenen Auffassungen über die Vereinigung des Menschen mit Gott gelangt, auch wenn in diesen Zusammenhang eine Fülle von (vor allem neuplatonischen) Philosophemen und Theologumena verschiedenster Provenienz eingegangen ist. Man muß dieses qualitativ Neue einer Spiritualität der *lebmeister* sehen, wenn man nicht Gefahr laufen will, das ganze Phänomen zu mißdeuten!
Natürlich darf auf der anderen Seite der Anteil zünftiger theologischer und philosophischer Reflexion nicht unterschlagen werden, der hinter diesem Einsatz in der konkreten Seelsorge der Dominikaner (und Franziskaner) stand. Mit Recht verweist man heute von seiten einer ganzen, sich stark artikulierenden

* K. Ruh, Kleine Schriften II, Berlin 1984, S. 95.

Forschungsrichtung (K. Flasch, B. Mojsisch, L. Sturlese, M. R. Pagnoni-Sturlese, R. Imbach, A. de Libera u. a.) auf die Philosophen- und Theologenschule der Dominikaner in Köln und in den Rheinlanden.* Gleichwohl aber wird man weder aus Meister Eckhart noch aus Johannes Tauler reine Philosophen machen können. Es wäre eine nicht nur ungebührliche Unterschätzung der Betroffenen, sondern vor allem auch eine Mißachtung ihrer innersten Bestrebungen, die auf Seelsorge ausgerichtet waren, nicht wie auf ein zufällig gegebenes Nebenziel, sondern als Resultat ihres innersten Lebenszweckes.

Nachwirkung und Rezeption der Rheinländischen Mystik hängen am Ergebnis der Verwirklichung dieses Lebenszwecks, an den volkssprachlichen Texten also. Sie sind es, die als Lebenshilfe in die vielfältigsten Lebenswelten einzudringen vermochten und die deshalb eine Nachwirkung und Rezeptionsgeschichte aufweisen, deren sich kaum ein anderes literarisches Ereignis der frühen Neuzeit rühmen darf.

Grob gesprochen war die Nachwirkung ungebrochen bis ins 16. Jahrhundert lebendig, verschwand dann allmählich im 17. und 18. Jahrhundert, wurde im 19. Jahrhundert im Geiste des deutschen Idealismus wieder angefacht und hält seitdem unvermindert stark an.

Daß die Rheinländische Mystik immer als Mystik rezipiert wurde, belegt deren Aufnahme im Umkreis der Spanischen Mystik, wie Pierre Groult für die Mystiker der Niederlande und Jean Orcibal für die Rheinländische Mystik und ihr Themenreservoir insgesamt aufs deutlichste gezeigt haben. Vermittlungsmedium für die ursprünglich deutsch oder flämisch geschriebenen Texte war natürlich das Latein. Insbesondere Laurentius Surius (1522-1578), seit 1540 Kartäuser in St. Barbara zu Köln, wurde zum unermüdlichen Vermittler mystischen Schrifttums. Er übersetzte ›Die groote evangelische Peerle‹ (›Margerita evangelica‹, 1545), die Predigten Taulers (1549), eine Pseudo-Taulerschrift über Leben und Leiden des Herrn (1553) und Seuses Gesamtwerk (1555). Die Auswirkung dieser Ausgaben und Übersetzungen war außerordentlich.

* Vgl. den Versuch einer synthetischen Übersicht von A. de Libera, Introduction à la mystique rhénane d'Albert le Grand à Maître Eckhart, Paris 1984.

Schier das gesamte Corpus der Rheinländischen Mystik – wenigstens was deren Hauptvertreter (mit Ausnahme Eckharts) betrifft – lag nun lateinisch vor und konnte international rezipiert werden. Motive, Themen, Ausdrucksformen der Rheinländischen Mystik konnten über deren Lektüre nun zwanglos in neuen, stärker auf die Psychologie der mystischen Seele abstellenden Frömmigkeitshaltungen aufgenommen und neu formuliert werden. Das Inventar, das Orcibal von den Themen und Motiven aufgenommen hat, die Eingang in die Spanische Mystik fanden, ist höchst beachtlich. Zu ergänzen ist im Blick auf die Vermittlertätigkeit Surius' nur noch die früher einsetzende Tätigkeit im gleichen Sinne durch den Kölner Kartäuser Theodor Loher, der 1538 die wichtigsten Werke des an Ruusbroec orientierten Henricus Harphius († 1477) herausgab, auch dies eine Summe mystischer Konzepte der Rheinländischen Mystik.
Hinzuweisen wäre noch auf die Beziehungen, die Martin Luther zur Rheinländischen Mystik, zur ›Theologia Deutsch‹, die er 1516 teilweise und 1518 ganz edierte, und zu J. Tauler, den er zeit seines Lebens hoch schätzte, pflegte. Die (protestantische) Forschung hat die Tendenz, Luthers Beziehung zur Rheinländischen Mystik zur bloßen vorübergehenden Episode in seinem Leben abzustempeln. Daneben gibt es ernsthafte Versuche, die mystischen Gehalte in Luthers eigener Theologie gerade im Blick auf diese Beeinflussung zu ermitteln. In der Gefolgschaft dieser Bemühungen sieht sich auch der Beitrag zu Luther und seinem Verhältnis zur Mystik in diesem Band.
Wenn hier und im folgenden die Bezeichnung »Deutsche Mystik« für das Corpus von Texten aus dem 14. und 15. Jahrhundert beibehalten werden soll, in dem in der Volkssprache die Vereinigung der Seele mit Gott erbaulich und paränetisch in verschiedenen literarischen Gebrauchsgenres (Predigt, Traktat, Gedicht, Brief, Tagebuch, Legende usw.) promulgiert wird, dann geschieht dies in der Überzeugung, daß der Bezeichnung alles nationalistisch Prätentiöse und Einseitige, alles Provokative abgeht, wenn deren Gebrauch pragmatisch gehandhabt wird. Tatsächlich ist ja umgekehrt die Redeweise von der »romanischen« oder »lateinischen« Mystik – etwa in der Lutherforschung – längst gebräuchlich. Auch von »niederländischer« oder »brabantischer« Mystik läßt sich in derselben Einschränkung problemlos sprechen.

Dafür, daß die Mystikforschung sich nicht mehr eingeschränkt sehen soll auf einen – wenn möglich noch national fixierten – Gegenstand, möchten die hier versammelten Beiträge plädieren. Letztlich geht es darin um die Vorstellung einer ökumenisch orientierten Mystikforschung, in der die Basis für Vergleiche zwischen verschiedenen Denkformen verschiedener Konfessionen und Glaubenshaltungen geschaffen werden soll. Ich bin der Meinung, daß der thematisch orientierten Mystikforschung hierbei ein großes Gewicht zukommt. Denn die methodische Ablösung der *Interpretation* der mystischen Erfahrung als einer bloßen »Superstruktur« von der *Erfahrung selbst*, wie das Frits Staal* allen Ernstes gefordert hat, halte ich für unerlaubt. »Erfahrung« ist faßbar nur in Sprache. Und selbst wenn zuzugeben ist, daß die vom Mystiker gegebene Interpretation für seine Erfahrung unzulänglich, ja verfälschend sein kann, muß die aller menschlichen Erfahrung innewohnende Tendenz nach Artikulation in Sprache gesehen und anerkannt werden, ganz abgesehen von der wichtigen Möglichkeit, daß sozial und religiös angeeignete Interpretationen von Erfahrungen immer wieder neue Erfahrungen anderer Menschen strukturieren. Wie kaum in einem andern Sprachbereich bekommen so in der mystischen Sprache die Bilder und Bildmodelle, in denen die Vereinigung des Menschen mit Gott dargestellt wird, entscheidendes Gewicht. Die Superstruktur sagt Entscheidendes über die Struktur der Erfahrung aus, meist ist sie sogar das einzige Zeugnis darüber. Eine komparatistisch und ökumenisch eingestellte Mystikforschung muß sich daher an die Sprache und ihre Gestaltungsmöglichkeiten als an ihren ersten Gegenstand halten. Im Blick auf verschiedene Konfessionen und Religionen ist das hier versucht worden.

* Exploring Mysticism, Harmondsworth 1975, S. 178.

Was ist Mystik?

Tauler gesteht in Predigt 41 in unnachahmlicher Ehrlichkeit über seine Bemühung um mystische Erfahrung folgendes:

Kinder, kumet der mensche recht in disen grunt und in dis wesen, sint sicher, so mů̊s dis netz von not rissen. Nút wenent, das ich mich dis út anneme, das ich út her zůkomen si, allein enkein lerer nút ensúlle leren, das er selber von lebende nút enhabe. Doch ist es ze nǒten gnůg, das er es minne und meine und nút do wider entů. Doch wissent das es nút anders enmag sin (Vetter 175,3-7).

In gebührendem, d. h. natürlich unendlichem Abstand zu dieser Bescheidenheit möchte ich diese Sätze zum Interpretament meiner Beschäftigung mit Mystik machen. Keine Spur davon, daß ich *von lebende* mystischer Erfahrung gewürdigt worden wäre. Und doch *minne und meine* ich sie seit Jahrzehnten, obwohl ich recht vieles dagegen tue. Hier müßte eine Lebensbeichte erfolgen, deren peinliche und allenfalls pikante Seiten ich Ihnen erspare. Ich verallgemeinere lieber: Wenn es wahr ist, daß die erkennende Kraft des Menschen ihn mit dem Erkannten vereint, dann ist alle Beschäftigung mit Mystik an einem verborgenen Punkt ihrer inneren Topographie – und sei sie wie immer methodisch objektiviert und in bloßem Räsonnement abgesichert – in der Einheit mit ihrem Gegenstand begründet. Anders läßt sich nicht interpretieren. Das gilt auch im Blick auf die immer wieder gefeierte und geforderte wissenschaftliche Objektivität wissenschaftlicher Erkenntnisse, die auf weite Strekken ohnehin den defizienten Status von Ideologie darstellt. Das bedeutet keineswegs Verzicht auf Denken, sondern im Gegenteil dessen kompromißlose Inanspruchnahme.

Wie kaum irgendwo sonst scheint sich beim Mystikbegriff eine konstitutive Schwäche der ordnenden Kraft menschlicher Begriffsbildung abzuzeichnen. Denn die heute noch übliche und auch die geschichtlich faßbare Anwendung des Mystikbegriffs weist eine solche Fülle möglicher Inhalte auf, daß man an einer tauglichen und operationalisierbaren Fassung des Begriffs verzweifeln möchte. Einigermaßen verstehbar wird die Fülle der Bedeutungen, mit denen der Begriff der Mystik versehen wird, wenn man in Rechnung stellt, wie hier ein identisches Materialobjekt unter dem Zugriff mehrerer Wissenschaften in die verschiedensten Richtungen hin interpretiert worden ist, ohne daß doch eine Horizontverschmelzung dieser Deutungen auch nur in Sicht stünde.

In einem allgemeinsten Sinn darf Mystik als jene religiöse Erfahrungsebene gekennzeichnet werden, in der sich eine stringente Einheit zwischen Subjekt und Objekt dieser Erfahrung in irgendeinem noch näher zu bezeichnenden Sinn abzeichnet. Sofort stellt sich dabei die Frage: Ist »Mystik« nur die Erfahrung selbst oder auch das Kommunikationsgeschehen, das sich an sie heftet, d.h. deren narrative oder reflektierende Wiedergabe? Faktisch wird meist beides – da die Erfahrung ohne Vermittlung stumm bliebe – dem Begriff von Mystik eingeborgen. Dadurch differenziert sich das Materialobjekt »Mystik« schon in Richtung zweier grundsätzlich differenter formaler Gesichtspunkte, so daß von allem Anfang an mehrere Wissenschaften sich anheischig machen können und müssen, das Phänomen als ihren Gegenstand in den Blick zu fassen.

Natürlicherweise ist die Theologie – und als deren Sonderabteilung das, was man früher »Aszese und Mystik« nannte, heute eher als Spiritualität (oder Spiritualitätsgeschichte) bezeichnet – für die Mystik zuständig. Damit aber haben die profan ausgeübten Disziplinen von Religionsphilosophie und Religionspsychologie ebenfalls ein legitimes Interesse an den mystischen Erfahrungen und deren Deutung, da es als erwiesen gilt, daß Mystik sich als ein wesentliches Zubehör aller Religionen darstellt. Am Erfahrungsaspekt sind weiterhin – es handelt sich bei den mystischen Erfahrungen ja durchwegs um extreme, seelisch mindestens überdurchschnittliche Erfahrungen! – die Medizin, die Psychologie (medizinischer und geistesgeschichtlicher Richtung) wie auch die Psychoanalyse außerordentlich interessiert: Diese empirische Erforschung der Mystik ist seit William James[1] immer dominanter geworden, wohl deswegen, weil die technisch manipulierbare Herstellung außerordentlicher seelischer Erfahrungen – »altered states of consciousness«[2], »cosmic consciousness«[3] usf. – durch bewußtseinserweiternde Drogen oder Meditationstechniken[4] heute ein immer dringlicher anstehendes Problem einer über alles verfügenden Konsumgesellschaft geworden ist. Der Mystikbegriff hat aber immer schon – gewissermaßen auf seiner tiefsten semantischen Ebene – auch jenen Bereich des Okkulten, Magischen, Mantischen und Astrologischen – von Sturlese als »nebbie mistiche« apostrophiert – mitabdecken müssen; allerdings wird heute dieser Bereich in der deutschen Sprache eher durch den Begriff »Mystizismus« ausgesondert oder gar überhaupt nicht mehr mit Mystik in Zusammenhang gebracht.[5] Der gemeinsame Nenner sowohl der naturwissenschaftlich-empirischen wie der Parapsychologie und der PSI-Wissenschaften ist das außerordentliche seelische Ereignis, das »Mystik« in einem allerweitesten Sinne vermittelt. – Daß sich die Mathematik[6], Logik[7], neuerdings auch die Physik[8], die Ethnologie[9] und die Verhaltensforschung[10] für mystische Phänomene in Analyse und Deutung engagieren, hat diverse, durchaus legitime Gründe, deren höchster wohl die Ausformung und der Entwurf von Verstehensparadigmen für naturwissenschaftlich schwierig erschließbare Verstehenszusammenhänge ist. – Geschichte[11] und Soziologie[12] dokumentieren ihrerseits ein Interesse an Mystik, wenn sie deren Geschichtsmächtigkeit (etwa in revolutionären Zielsetzungen[13]) und irgendwelchen sozialen Gruppenmentalitäten zu erfassen versuchen.

Neben dem spezifisch religiösen Erkenntnisinteresse der Theologie an der Mystik sind es aber vor allem die Philosophie, Dichtung und Philologie, die der Mystik aus innerer Anteilnahme Aufmerksamkeit schenken. Auf diese Interessenlage werde ich später noch zu sprechen kommen.

Im Blick auf dieses breitgefächerte Deutungsangebot, was Mystik historisch, sachlich, begrifflich und inhaltlich sein kann, drängen sich ein paar allgemeine Bemerkungen auf. Jede Wissenschaft hat ihre eigene Heuristik, ihre Aprioris, ihre sachlichen und methodischen Voraussetzungen. So hat zum Beispiel die empirische Psychologie[14] oder Bewußtseinsforschung tendenziell die Absicht, die mystische Erfahrung als ein rein psychosomatisches Ereignis zu erfassen, dessen Auswirkungen im Gehirn sich mittels eines Elektro-Encephalographs in Form von Gehirnwellen und -strömen graphisch darstellen, ja dank eines arrangierten Biofeedbacks bis zu einem gewissen Grade kontrollieren lassen.[15] Es ist klar, daß eine solche Erforschung mystischer Erfahrungen ihren Akzent weniger auf deren religiös-ideologische und sozial-historische Einbettung legt als vielmehr auf deren Bewußtseinsstruktur in einem ahistorischen

Sinn. Damit ist aber schon eine grundsätzliche Ambiguität der Mystikforschung gegeben: Soll die mystische Erfahrung an sich in ihrer Bewußtseinsstruktur erforscht werden oder soll sie unter Mitberücksichtigung ihrer von Frits Staal[16] polemisch als bloße »Superstrukturen« relativierten religiös-theologisch-philosophischen Implikationen untersucht werden? Der Indologe Staal plädiert in seinem Buch ›Exploring Mysticism‹ mit aller Vehemenz für die erste Möglichkeit, indem er die Mystikforschung als eine Variante profaner Bewußtseinsforschung postuliert und sie den Philologen, Historikern und Religionsphänomenologen am liebsten verböte.

Umgekehrt steht dieser neueren Forschungsrichtung eine ganze Front von Forschern entgegen, die mit berechtigtem Hinweis auf die Eingebundenheit mystischer Erfahrungen in religiöse Traditionen und Glaubensformen deren konkret historische Interpretation als vordringlich betrachten.[17] Man höre Gershom Scholem, der die Meinung vieler Forscher auf einen Nenner bringt, wenn er festhält:

> Ich möchte ... Nachdruck darauf legen, daß es ... Mystik als solche, als ein Phänomen oder eine Anschauung, die unabhängig von anderem in sich selber besteht, in der Religionsgeschichte im Grund gar nicht gibt. Es gibt nicht Mystik an sich, sondern Mystik *von* etwas, Mystik einer bestimmten religiösen Form: Mystik des Christentums, Mystik des Islams, Mystik des Judentums und dergleichen. Gewiß, es steckt etwas Einheitliches in diesen mannigfachen historischen Phänomenen. Dies Einheitliche, dies ›Objekt‹ aller Mystik, zeigt sich eben in der Analyse der persönlichen Erfahrung der Mystiker. Aber es ist der modernen Zeit vorbehalten geblieben, so etwas wie eine abstrakte Religion der Mystik überhaupt zu erfinden.[18]

Verwirrend ist es allerdings, wenn derselbe Autor anderswo[19] »das amorphe mystische Erlebnis« (S. 29) zwar in verschiedenen Stufen und Graden verwirklicht sieht und damit »unendliche Deutungsmöglichkeiten dieser Erfahrung« (S. 27) anerkennt, »ohne« – wie er sagt – »deren Einheit deswegen zu verkennen« (S. 27). Scholem, der Funktion und bindenden Rang der religiösen Überlieferung für die Ausformung der mystischen Erfahrung durchaus akzeptiert, faßt also doch deren »Einheit« jenseits von allen historischen Verwirklichungen als eine gegebene ins Auge.

Demgegenüber ist ein Autor wie Robert C. Zaehner[20] noch strenger auf Scheidung bedacht. Für ihn ist die mystische Erfahrung kein »amorphes Erlebnis«, sondern in seiner mentalen und inhaltlichen Struktur ein nach religiöser Glaubensform differentes seelisches Geschehen, das sich typologisch in drei verschiedene Grundformen zerlegen läßt; er unterscheidet so 1. eine panenhenische oder Naturmystik (beispielhaft in Rimbaud oder Jefferies verwirklicht); 2. eine monistische Mystik (im Advaita und Shankhya-Yoga gefunden); 3. eine theistische Mystik (im Christentum, in der Gītā usf.).[21]

Man hat die Unterscheidung zwischen monistischer und theistischer Mystik, insbesondere auch deren Wertung – etwa jene, die monistische Mystik stünde nicht in Übereinstimmung mit der Realität – durch Hinweise auf Zaehners glaubensmäßige Voreingenommenheit – er war gläubiger Katholik – öfter in Frage gestellt: Zaehner urteilte in der Befangenheit und aus dem Kontext eines theistischen mystischen Systems heraus. Damit ist klar, daß die Schwierigkeiten bei angestrebter Genauigkeit der Begrifflichkeit wachsen.

Zeigte sich schon die notwendige Grundunterscheidung zwischen Erfahrung und interpretierendem Bericht von dieser Erfahrung als eine Quelle von unterschiedlichen Bewertungen der mystischen Erfahrung durch die verschiedensten Wissenschaften, so wächst die Interpretationsproblematik, wenn noch die Unterscheidungskriterien hinzukommen, die sich den Interpreten von ihren Glaubensüberzeugungen her aufdrängen. Hier bricht das Wahrheitskriterium ein, dem sich gerade wissenschaftlich orientierte Interpreten der Mystik gerne durch eine Art »mystical relativism«[22] zu entziehen versuchen, indem sie sich entweder ganz auf die medizinisch-psychologische Interpretationsebene begeben oder dann philologisch exakt ein mystisches System nur im Kontext seiner schriftlichen Verlautbarung exemplifizieren. Die Problematik dieser relativistischen Position besteht dann allerdings darin, daß eine vergleichende Betrachtung, sagen wir, zwischen einem christlichen und buddhistischen mystischen System zwar nicht gerade unmöglich, so doch eher sinnlos würde, weil ja gerade die Vergleichbarkeit zweier Systeme methodisch von allem Anfang an ausgeschlossen wurde.[23] Trotz dieser Schwierigkeit bin ich überzeugt, daß ein relativistisches Vorgehen heute sich für den wissenschaftlichen Interpreten mystischer Texte aufdrängt. Denn was haben wir anderes als Texte? Wir haben nicht die Erfahrungen, sondern nur die Texte, in denen von ihnen berichtet wird.[24] An diese objektiv vorhandenen Gegebenheiten müssen wir uns halten. Damit ist Kontextualität als ein methodisches Postulat vorgegeben. An einem erstaunlichen Beispiel hat kürzlich Hans H. Penner gezeigt, daß sich diese Kontextualität allerdings nicht beschränken darf bloß auf die von der Erfahrung berichtenden Texte. Sollen sie verstanden werden, muß diese Kontextualität möglichst weit gefaßt werden, und die begriffsgeschichtlichen, historischen, sozialen, ökonomischen, vor allem aber die gesamtreligiösen Gegebenheiten des Textes müssen mitberücksichtigt werden. So wurde gerade im Westen, wie Penner zeigt, der indische mystische Weg in seinen besten Intentionen mißverstanden, da das Kastensystem als Opposition zu Askese und Mystik überhaupt nicht in den Blick rückte.[25] Aber erst diese oppositionelle Gegebenheit bringt die Freiheit ins Bewußtsein, die Askese und mystische Erfahrung in Indien zu geben vermögen.

Wenn sich aus neuen Vorüberlegungen eines mit Bestimmtheit ergibt, dann ist es sicher dies, daß wir, um auch nur im Ansatz fassen zu können, was Mystik ist oder sein soll, am Ort ihrer historischen Verwirklichung ansetzen müssen. Da ich hier auch nicht im entferntesten eine Geschichte der Mystik oder auch nur der abendländischen Mystik zu entwerfen vermag, möchte ich diesem Postulat nur insofern entsprechen, daß ich einen Blick auf die Begriffsgeschichte des Wortes »Mystik« werfe, um mich dann – in wohl ungerechtfertigtem Optimismus – wieder einer mehr systematischen Sichtweise zuzuwenden, indem ich annäherungsweise den Status mystischer Texte im Vergleich mit dem sprachlichen Vorgehen zunächst dichterischer, dann philosophischer Texte zu ermitteln versuche. In einem letzten Teil werde ich mich dann wieder der christlichen *theologia mystica* zuwenden. Daß der geistige Horizont bei all diesen Betrachtungen der christliche Glaube und seine historischen Ausgestaltungen wegleitend sind, ergibt sich unweigerlich aus meinem beschränkten Gesichtspunkt.

I

Obwohl für den ganzen Bereich der christlichen Mystik »klassisch-griechische Wörter verwendet werden«, scheint die Sache »gerade nicht (eine) klassisch-griechische Erscheinung« darzustellen. »Von Mystik im christlichen oder im indischen Sinn scheint sich vor Plotin kein deutliches Zeugnis zu finden.«[26] Das einschlägige Vokabular besteht in folgender Wortgruppe: Das Substantiv »Mystik« mit dem Adjektiv »mystisch« *(mystikós)*; dieses bezieht sich auf das Substantiv *mystes* (der Eingeweihte) und auf *mysteria,* den Vorgang der Einweihung als einer rituellen Feier, und auf *myein,* den eigentlichen »Akt der Einweihung«, der vom Einzuweihenden als ein unsagbar-geheimer Vorgang zu verschweigen ist. Von den griechischen Mysterienfeiern, beispielsweise Eleusis, führt nun kein direkter Weg zur christlichen Mystik. Denn in den Mysterien wird der Myste zum *epoptes,* zu einem, der das »Heilige« in objektiver Form sieht[27], nicht zu einem, der mit ihm eins wird. Vermittler zwischen den antiken Mysterien zur Mystik wurde Platon in seinen Dialogen »Symposion« und »Phaidros«, »wo er den Aufstieg des Geistes zur höchsten, wahrhaft geistigen Schau mit der Erotik verbindet«[28] und dabei stilistisch der Terminologie von Eleusis breiten Raum zugesteht. Durch die Integration der Mysterienmetaphorik in den Entwurf eines spirituellen Aufstiegs entstand ein Modell mystischen Sprechens, dem sich der Jude Philon überschwenglich anglich, dem sich auch das frühe Christentum – zuerst über die Gnosis (2. Jahrhundert), dann über Dionysius Areopagita (um 500) – nicht zu entziehen vermochte.

Tatsache aber ist, daß die Begriffe »Mystik«, »mystisch« in der Bibel nicht gebräuchlich sind.[29] Im Neuen Testament fehlen sie gänzlich. Im Alten Testament kommt *»mystes«* vor, um die Kultpraxis der Kanaaniter negativ zu qualifizieren[30], auch *mystikós* hat seinen bestimmten Ort als Bezeichnung für etwas, das mit dem *Mysterion* zu tun hat, das seinerseits sowohl ein menschliches wie ein eschatologisches Geheimnis zu bezeichnen hat.[31] Im Neuen Testament heißt es – an der einzigen Stelle bei den Synoptikern, wo das Wort vorkommt – mit Verweis auf das Gnadengeschenk Gottes im Glauben: »Euch ist es gegeben, die Mysterien des Reiches der Himmel zu erkennen« (Mt 13,11;

vgl. Lk 8,10; Mk 4,11). Das Fazit fürs Neue Testament läßt sich mit Hans Urs von Balthasar folgendermaßen ziehen: »Auf der Koordinate Offenbarungs-Glaube liegt im Neuen Testament der ganze Ton; die subjektiven Formen, in denen der entgegennehmende Glaube auftreten kann, werden zwar einigermaßen unterschieden, aber ohne daß ein Wertakzent darauf gelegt oder ein psychologisches Interesse daran bekundet wird.«[32]
Daß dann die Kirchenväter und das ganze Mittelalter das Adjektiv *mystikós, mysticus* in direkter semantischer Abhängigkeit von *Mysterion* sehr häufig anwenden werden[33], hat nicht nur den Sinn einer Psychologisierung des Glaubensgeschehens, sondern vor allem den einer konsequenten Ersetzung der Prophetie – die neutestamentlich nach dem Kommen des Erlösers ihre unmittelbare Funktion verloren hat – durch die Mystik, die somit »ein neues Zeitalter der christlichen Spiritualität« eröffnet.[34]
Es würde zu weit führen, in diesem engen Rahmen die verschiedenen Anwendungen des Adjektivs *mystikós* im einzelnen aufzuführen. Ganz grob können drei Anwendungsbereiche unterschieden werden: ein biblischer, liturgischer und spiritueller.[35]
Jeder dieser drei Bereiche hat mehr mit dem Begriff des Mystischen zu tun, als man heute gemeinhin glaubt.
In der aus dem christlichen Glauben erwachsenden Schriftexegese wurde – seit Origenes in der ersten Hälfte des dritten Jahrhunderts – »mystisch« als jener Schriftsinn bezeichnet, der sich hinter dem vordergründigen (Litteral-)Sinn als Christusmysterium und Christuswirklichkeit – wirksam in den einzelnen Gliedern und in der Kirche als ganzem Leib – dem forschend Lesenden offenbart und enthüllt. Die göttliche Wirklichkeit entschleiert sich im Evangelium durch den »›mysterienhaften‹, ›mystischen‹ Sinn, der auch der ›pneumatische‹ oder ›spirituelle‹ genannt werden kann, weil er sich objektiv-subjektiv im Heiligen Geiste erschließt, oder der ›allegorische‹, weil sich in ihm der Überschritt vom alten, buchstäblichen, zum neuen, pneumatischen (oder christologischen) Sinn vollzieht«.[36]
Die Wege, die von dieser Lehre über den mehrfachen Schriftsinn zur Mystik führen, sind mannigfaltig. Insbesondere die monastische Bibellesung *(lectio)*[37] und hierin wieder vor allem die meditierende Lektüre des Hohenlieds[38] vermochte zu einem

außerordentlich reichen Vorstellungsbereich hinzuführen, in dem die liebende Seele mit ihrem Bräutigam Christus bis zur überschwenglich gefeierten Vereinigung gelangen konnte.

In der breiten Beschlagnahmung des Wortes »mystisch« durch die Liturgie verdeutlicht sich der »objektivistische Sinn dieses Beiwortes, seine bleibende Abhängigkeit vom Mysterium«[39]: Immer ist es »die gegenwärtige und zugleich verhüllte Wirklichkeit Christi«[40], die im »mystischen Leib« des Herrn gemeint und angezielt wird. Später wird das Mittelalter – in einer erstaunlichen Umdeutung des Begriffs *corpus mysticum* – hier mit seiner Ekklesiologie ansetzen[41], auch das ein geistiger Ort, an dem sich – wie übrigens auch in der Liturgie – Möglichkeiten einer Vereinigung mit Gott in unserem spirituell mystischen Sinne ergeben können.

Sicherlich der entscheidende Gebrauch von »mystisch« im Sinne einer bestimmten »Art unmittelbarer, erfahrungsmässiger Gotteserkenntnis«[42] – auch der auf Origenes zurückgehend – ergibt sich aus der existentiellen Ausweitung des mystischen Schriftsinns: »Niemand kann die Schrift erfassen, der nicht zutiefst eines wird mit den Wirklichkeiten, von denen sie uns spricht.«[43] Die Exegese wird in dieser Forderung unmittelbar in religiöse Erfahrung umgesetzt. Origenes sagt, »daß wir in Christus Jesus ›den Hohepriester nach der Ordnung des Melchisedech‹ haben ›als einen Führer in die mystische und unaussprechliche Beschauung‹«.[44] In der Aufnahme des Theoria-Begriffs usurpiert Origenes und mit ihm das ganze frühe Christentum ein antikes Ideal des Lebensstils, das Plotin unumwunden auf die Formel gebracht hatte: τοῖς πράττουσιν ἡ θεωρία τέλος – »Ziel alles Tuns ist die Theoria«.[45] Christlich wird sich für die mystische Erfahrung das Schlüsselwort *mystikè theoria* durchsetzen und im lateinischen Mittelalter als *contemplatio mystica* seine Fortsetzung finden.[46]

Dieser Bereich und seine angemessene Deutung ist nun allerdings ein sehr weites Feld. Die christliche Adaptation der griechischen, d. h. platonischen Theoria-Anschauung – die A. J. Festugière eine »spiritualité philosophique« genannt hat[47] – ist Anlaß für sehr divergente Ansichten und Bewertungen geworden. Von den einen als christlicher Sündenfall bewertet, halten andere ihn für einen notwendigen und unvermeidlichen interkulturellen Austausch: Immer ist in allen Diskussionen darüber eine gewisse ängstliche Vorsicht von seiten der christlichen Diskussionspartner spürbar, welche oft die stattgehabte Vermengung des Gedankenguts am liebsten wieder rückgängig machen möchten.

Tatsache der Spiritualitätsgeschichte ist aber, daß die platonische Theoria-Reflexion machtvoll ins Christentum eingetreten ist, ja wohl die christliche Mystik in nachhaltigster Weise zur Ausformung bringen konnte.[48] Als Ursprung dieser »spiritualité philosophique« im Christentum muß die Schule von Alexandrien mit ihren Exponenten Klemens und Origenes gelten. Von hier datiert eine ganze Kette von platonisierenden christlichen Denkern: Im Osten Evagrius Pontikus, Gregor von Nyssa, Diadochus von Photike, Pseudo-Dionysius Areopagita; im Westen Augustinus, Gregor der Große, der ganze Augustinismus des Mittelalters und die Wiederaufnahme des Neuplatonismus vom 12. Jahrhundert an.

Klemens von Alexandrien hat seine christliche Konzeption von Theoria in seinen »Stromata« einmal folgendermaßen vorgestellt:

> Wir werden die Stufe der Reinigung erlangen durch Bekenntnis, die des Schauens durch Analyse, indem wir durch Analyse bis zum ersten Begriff vorschreiten: bei den Substanzeigenschaften machen wir den Anfang, indem wir vom Leib die natürlichen Qualitäten abtun, die Dimension in die Tiefe abziehen, dann die in die Breite, dann die in die Länge; das übrigbleibende Zeichen nämlich ist ein Punkt (die Monas), welcher sozusagen nur eine Lage hat, und wenn wir davon die Lage noch abziehen, so haben wir die Monas als Gedankenvorstellung. Wenn wir also alles, was den Körpern und den sogenannten körperlosen Dingen anhaftet, abtun und uns auf die Größe Christi werfen und von da aus mit Heiligkeit in die Unendlichkeit vordringen, so werden wir in gewisser Weise zum Begreifen des Allmächtigen gelangen, indem wir zwar nicht, was er ist, sondern was er nicht ist, erkennen.[49]

Zu einer eigentlichen mystischen Theorie hat Dionysius Areopagita[50] hier anknüpfende Gedanken weitergeführt. Sowohl seiner Nachwirkung nach[51] wie hinsichtlich seines geistigen Formats ist ihm der Rang eines Vaters der christlichen Mystik zuzubilligen. Er ist auch jene Haupteinbruchsstelle, da griechisches Denken als formende Kraft ins Christentum eintrat. Das bezeugt sich sprachlich in der Übernahme der hellenistischen Mysteriensprache, inhaltlich in der Überstellung der biblischen Heilsgeheimnisse in eine bewußte Geschichtslosigkeit, in eine

»Un- und Allzeitlichkeit«.[52] Die zeitlose Theoria wird zum Vehikel eines »kirchlich feiernde(n) Vollzug(s) der göttlichen Mysterien in überzeitlicher Gestaltwerdung«.[53] »Mystische Theologie« ist bei ihm nicht nur der Titel einer kleinen Schrift, sondern tiefer der Sinn all seiner theologischen Aussagen; sie ist keine zusätzliche Information für besonders Begnadete. Es mag neben dem frommen Inkognito als Apostelschüler sicherlich an dieser attraktiven Grundsätzlichkeit des theologisch-mystischen Entwurfs gelegen haben, wenn die Autorität des Dionysius im Mittelalter nahezu unbeschränkt sich fruchtbar zu dokumentieren vermochte. »Von Johannes von Scythopolis (im 6. Jahrhundert) und von Maximus Confessor (im 7. Jahrhundert) kommentiert, wurden« die dionysischen Schriften »zum Grundbuch der östlichen Theologie und Mystik. Immer von neuem ins Lateinische übersetzt (im 9. Jahrhundert durch Hilduin von St. Denis und Scotus Eriugena, im 12. durch Johannes Sarracenus, im 13. durch Robert von Lincoln, im 15. durch Ambrogio Traversari und Marsilius Ficinus), von den größten Theologen (Hugo von St. Viktor, Albertus Magnus, Thomas von Aquinas) mit Kommentaren versehen, haben sie sowohl auf die Theologie wie auf die Mystik des Mittelalters entscheidenden Einfluß ausgeübt«.[54] Damit ist also eine literarisch-theologische Gattung und gleichzeitig eine bei der griechischen Theoria ansetzende Lehre von der Vereinigung Gottes mit dem Menschen vorbildlich konzipiert und entworfen.

Die dionysische Mystik ist im Gegensatz zu dem, was man heute oft als Mystik bezeichnet, keine Beschreibung außerordentlicher seelischer Zustände, jener *gratiae gratis datae*[55], die erlebnismäßig, affektiv die Erkenntnismöglichkeit Gottes im Menschen in Form einer Einigung mit ihm verwirklichen. Dionysius setzt viel grundsätzlicher an: Sich-um-die-mystische-Schau-strebend-Bemühen ist ein Sich-Aufmachen-auf-einen-Weg. Ziel dieses Wegs ist ein »Geeintwerden mit dem über allem Sein und Erkennen Liegenden« auf erkenntnislose Weise. Der Vorgang wird als Ekstase aus sich selber, als ein radikaler Abstraktionsprozeß vom eigenen Selbst hin »zum überwesentlichen Strahl des göttlichen Dunkels« beschrieben.[56]

Das von Dionysius »verkündete Christentum ist durchaus ›mystagogisch‹, ist Weihe, *myesis*, die – ganz nach dem ›Phaidros‹ – zur ›überhimmlischen, göttlichen Schau‹ führt«.[57] Neben der Mystagogie des Proklos beruft sich Dionysius auf einen angeblichen Lehrer Hierotheos, der ihm vorbildlich darin war, wie er Gott erfahren durfte; denn er hat seine Weisheit »sei es aus der Schrift, sei es, daß er geweiht wurde durch das Wehen eines göttlichen Geistes, daß er« – und hier greift Dionysius zu einem schon in der Spätantike geläufigen Zitat aus Aristoteles (Frag. 15)[58] – »das Göttliche nicht nur lernte, sondern erfuhr und erlitt, und aus dem aktiven Miterleben, der *sympatheia,* mit diesem ... zur nicht erlernten, mystischen Vereinigung mit dem Göttlichen in Vollendung der Weihen gelangte« (div. nom. 2,9).[59] Οὐ μόνον μαθὼν, ἀλλὰ καὶ παθὼν τὰ θεῖα. In diesen Worten ist das Erfahrungsmoment mitsamt dem Gnadenmotiv als Grundlage der christlichen Mystik gefaßt.[60]

Ganz abgesehen davon, daß die »Symbolische Theologie«, von der leider nichts überliefert ist, zur gewichtigen negativen Theologie, die als Abstraktionsprozeß dem Menschen existentiell abgefordert wird und die ihn für die mystische Einigung mit Gott bereitet, eine Art positives Widerlager darstellen müßte, ist auch der Vorgang des mystischen Nacktwerdens keiner, der sich der philosophischen Reflexion als etwas Unangemessenem völlig entschlüge. Das denkende Erkennen ist kein Bereich, der durch von Gott geschickte, senkrecht in die Seele einschlagende, affektiv wirkende Ereignisse außer Funktion gesetzt würde. Im Gegenteil ist das denkende Erkennen und die mit ihm gegebene subtile begriffliche Erkenntnis Medium des Aufstiegs, der »zu einer Erfahrensweise führt, die jenseits von allem Vorstellen und Denken liegt ... Gerade der Weg, der durch das Begriffliche führt, wird zum Mittel der Erhebung darüber, zu einer Erkenntnis, in der die Seele ›in das Unsichtbare und Undenkbare eintretend‹ von der göttlichen Nacht umfangen wird und die Gewißheit der Gegenwart Dessen, der im Dunkel verborgen bleibt, in ihrer Liebe gewinnt«.[61] Vom Überbegrifflichen weiß die Seele nur im Durchgang durch das Begriffliche, das sich hierin als unzulänglich erweist. Gerade die Reihung aller Möglichkeiten denkenden Erfassens der Allursache am Schluß der »Mystischen Theologie« belegt anschaulich, daß sie alle durchexerziert und erprobt wurden. So mündet bei Dionysius alle negative und positive Theologie in die *via eminentiae*, sachlich in einen »objektiven Überschwang Gottes«[62], subjektiv für den, der davon mitteilt, in eine exzessive Sprechweise, in der Gott alles, was er nicht ist und nicht sein kann, in Überfülle zugesprochen wird. Die Einigung mit Gott vollzieht sich im Mitvollzug zunächst dieser Negation, zuletzt aber im Mitgehen mit dieser Bewegung empor in die »Überwesentlichkeit« Gottes, wie es Dionysius am Anfang seiner »Mystica Theologia« ausführt:

Du aber ..., wenn Du Dich um die mystische Schau strebend bemühst, verlaß die sinnliche Wahrnehmung und die Denktätigkeit, alle Sinnendinge und Denkinhalte, alles Nicht-Seiende und Seiende, und strebe erkenntnislos zum Geeintwerden ... mit dem über allem Sein und Erkennen Liegenden empor. Denn durch das von allem Gehaltenwerden freie und rein von allem gelöste Heraustreten (›Ekstase‹) aus Dir selbst wirst Du, alles von Dir abtuend und von allem gelöst, zum überwesentlichen Strahl des göttlichen Dunkels emporgehoben werden.[63]

Diese »unerkenntnismäßige Einigung« mit Gott, die die Seele gnadenhaft erlangen darf, wenn sie sich zu ihm »unerkennend erhebt«, ist als »Erkenntnis des über aller Erkenntnis Liegenden« letztlich motiviert in der Liebe zu Gott, beruht also keinesfalls auf einer konstitutiven Göttlichkeit der Seele selbst, sondern auf einer grundlegenden Enteignung der Seele aus ihrer eigenen Wesenheit heraus.[64] In diesem Punkt vermochte er in einem authentischen Sinn christlich aufs Mittelalter einzuwirken.

An Dionysius' Mystikauffassung scheinen mir zwei Punkte für alle spätere christliche Mystik von Bedeutung: Erstens hat er das literarische Gefäß bereitet, den Traktat ›De mystica theologia‹, in dem die mystische Erfahrung nicht bloß eine narrative Ausgestaltung erlangen konnte, sondern in ihren theoretisch-reflexiven Momenten denkerisch durchgeformt wurde. Zweitens ist mit dieser formalen Durchformung der mystischen Erfahrung auf der Reflexionsebene eine sowohl sprachtheoretische wie philosophische Denkstruktur der mystischen Theologie von allem Anfang an mitgegeben. Gewiß hatte etwa Augustins Reflexion über mystische Erfahrung schon schier ein Jahrhundert zuvor die psychologische Seite der mystischen Theologie im Entwurf einer Visionstheorie bedeutsam analysiert[65], mit Dionysius aber wird in der mystischen Theorie die Weiche weg vom isolierten, psychologisch benennbaren Seelenereignis auf die grundsätzliche Frage gerichtet, wie die christliche Seele überhaupt in eine (eschatologisch ja immer geforderte)

Einheit mit Gott gelange. Die mystische Diskussion der folgenden Jahrhunderte entfaltete sich bis ins 16., 17. und 18. Jahrhundert hinein, wo die »Theologia mystica« in einem eigentlichen Sinne inflationär und als (eher kurzlebige) Wissenschaft institutionalisiert wurde[66], im Widerstreit zweier, untereinander nicht immer versöhnbarer Anschauungen: einerseits der Ansicht, daß die normale christliche Glaubenserfahrung in der mystischen Unio kumuliere, andererseits der Anschauung, daß es in einem genauen Sinne die außerordentlichen charismatischen Phänomene seien, die ein normales christliches Glaubensleben zur mystischen Erfahrung erheben.[67] Hier hat dann der Streit um Augustinus, ob er ein Mystiker gewesen sei oder nicht, seinen geistigen Ort, oder auch die von der spanischen Mystik her datierende Frage nach der aktiv »erworbenen« und passiv »eingegossenen« Beschauung.[68]

Christlich wird man diese Probleme durch den Hinweis auf die im Glauben vom Christen zu leistende Gehorsams- und Bereitschaftsoption relativieren müssen; Erfahrung in einem isolierten Sinne muß dann angesichts der Grundoption tiefer gehängt werden, obwohl andererseits biblisch den Gläubigen »die Freiheit gegeben« ist, »ihn zu suchen, ›ob sie ihn etwa ertasten und finden könnten‹« (Apg. 17,27).[69]

II

Einleitend habe ich auf das starke Interesse hingewiesen, das verschiedene wissenschaftliche Disziplinen der Human-, aber auch der Naturwissenschaften an der Mystik nehmen. Ich frage mich, ob in dieser Affinität nicht ein bislang noch verborgenes Potential an Verstehensmöglichkeiten liegt, der mystischen Erfahrung verstehend näher zu kommen. Bloß hinweisartig versuche ich daher im folgenden im Blick auf Philosophie und Dichtung solche Möglichkeiten eines angemessenen Verstehens der mystischen Erfahrung wenigstens in Umrissen deutlich zu machen.

1. Daß es sich die Philosophie mit der Mystik gleichzeitig schwer und leicht macht, zeigt die Philosophiegeschichte mit aller Deutlichkeit. Leicht machte es sich jene Philosophie, die, ohne die ihr doch vornehmlich gegebenen Möglichkeiten ange-

messener Begriffsbestimmung wahrzunehmen, in schlichter Eintönigkeit alle Mystik, auch im Wort »Mystizismus« artikuliert, als »unheimlich«, »dunkel«, »verworren«, »subjektiv«, »antirational«, »geheimnisvoll«, »hinterwäldlerisch«, »versponnen«, »krankhaft«, »degeneriert« und »dekadent« abwertet.[70] Insbesondere das 18. und 19. Jahrhundert hat in dieser Abneigung brilliert. Ich erinnere an Kant, Schopenhauer, Feuerbach, Marx, Dühring und Nietzsche. Indessen gibt es eine ganze Reihe von namhaften Philosophen der Neuzeit, die der Mystik sehr viel differenzierter gegenüberstehen. Zu erwähnen sind unter vielen anderen E. von Hartmann, R. Eucken, F. Mauthner, G. Landauer, E. Cassirer, H. Leisegang, E. Troeltsch, M. Scheler, K. Jaspers, M. Heidegger, E. Bloch, Wittgenstein, Baumgardt, Bergson und eine ganze Reihe von katholischen Denkern und Religionsphilosophen.

Eines gilt es aber vor allem festzuhalten: Alle vom Platonismus und Neuplatonismus sich herleitende Philosophie, insbesondere auch die christliche Philosophie des Mittelalters hat sich mit der Frage nach der Bedingung der Möglichkeit und nach der Wirklichkeit einer Einheit des Menschen mit Gott in unendlich vielfältiger Weise immer schon auseinandergesetzt. Die mystische Erfahrung – *cognitio Dei experimentalis*[71] – meint aber ihrer Intention nach nichts anderes als diese Einheit. Die Schwierigkeit, daß Philosophie und Mystik in ihrer Analogie zueinander erfaßt werden, liegt darin, daß die mystische Erfahrung oft unangemessen mit privaten Seelenereignissen identifiziert wird. Die mystische Erfahrung – wir haben es gesehen – begegnet uns, sofern sie uns überhaupt begegnet, in Form von Sprache, Mystologie. In ihr kann eine solche private Erfahrung referiert werden – das ist auch häufig der Fall. Der Fall aber, daß alle isolierte Erfahrung im mystischen Text auf ihren Hintergrund, die aller psychologisch-narrativen Dimension sich entziehende, grundsätzlich statuierte, gnadenhafte Einheit zwischen Mensch und Gott, hin überschritten wird, ist sehr häufig. In diesem Vorgang entsteht in einem präzisen Sinn mystische Theologie, die sich keinesfalls der philosophischen Argumentationsweise entschlägt, im Gegenteil diese bis an die Grenze jenes Übergangs vorantreibt, da sie die übervernünftige oder gesteigert vernunfthafte Einigung des Menschen mit Gott als Lösung der Aporie in den Blick faßt. Ein Mystikbegriff, wie ihn Rudolf Otto[72] etwa entwickelt hat, reicht natürlich für solche Zusammenhänge nicht aus. Die Redeweise vom »Irrationalen« und »Numinosen« wirkt, wo es um die lichtvollste Erfahrung, deren der Mensch fähig ist, geht, eher verdunkelnd und prohibitiv.

Am Beispiel Meister Eckharts läßt sich am deutlichsten das Gemeinte aufzeigen. Gerade er steht heute wieder einmal in der Diskussion, nachdem in den letzten Jahren seine philosophiegeschichtliche Stellung im Blick auf die Dominikanertheologie des 14. Jahrhunderts nachdrücklich herausgestellt werden konnte. Meister Eckhart rückt als ein Philosoph in unseren Blick, der »mit streng philosophischen Argumentationen die Selbstkonstitution des menschlichen Bewußtseins im Licht des göttlichen Logos, d. h. der Gottesgeburt, darlegen wollte«.[73] Es ist zunächst zuzugeben, daß gerade die Eckhartforschung das Epitheton »Mystik« in zum Teil groteskem Sinn für die Eckhartdeutung falsch eingesetzt hat. Eckhart war einer der konsequentesten Gegner üppiger Visionsmystik.[74] Das heißt nun allerdings nicht, daß bei ihm das Etikett »Mystik« völlig fehl am Platz wäre. Ich bin überzeugt, daß es für die Deutung des Meisters unentbehrlich ist. Nur wird man nicht den Fehler machen dürfen, Philosophie und Mystik bei Meister Eckhart gewissermaßen hübsch assortiert nebeneinander vorfinden zu wollen. Das Gegenteil ist der Fall: »Mitten im Herzen des intellektuellen Problems ist bei ihm eine mystische Forderung eingelassen.«[75] Selbst für den Vertreter der streng philosophischen Richtung gilt: »der zerredete Titel« von der Mystik deutet »auf etwas Richtiges hin: Bei der philosophischen Auslegung des Christentums, beim korrigierenden Nachvollzug der neuplatonischen Einheits- und Nusmetaphysik scheut Eckhart nicht vor der Konsequenz zurück, daß, wer die unendliche Einheit denkt, nicht außerhalb ihrer gedacht werden kann«.[76] Kommt hinzu, daß diese Einheit für Eckhart ja keinesfalls eine bloß gedachte, sondern eine existentiell verwirklichbare darstellt, die er insbesondere in seinen deutschen Predigten, in noch ganz anderen Zusammenhängen als philosophiegeschichtlichen stehend, zum Teil polemisch, zum Teil werbend vorträgt. So wird man den Einfluß der Beginen- und Nonnenmystik auf ihn und die damit gegebenen konkreten Lebensbezüge nicht unterschätzen dürfen, auch nicht seine *cura monialium*, die doch historisch bestens bezeugt ist. Wenn Eckhart ein Philosoph genannt werden kann, dann zunächst im alten monastischen Sinn, wo die Suche nach dem glückseligen Leben nicht von dessen Praxis dissoziiert war. Dann aber ist doch zurückzufragen, ob es ihm um die philosophische Begründung »der Selbstkonstitution des menschlichen Bewußtseins«[77] gegangen ist oder nicht vielmehr um die Rückführung des menschlichen Bewußtseins in seinen göttlichen Grund. Wenn er zum Fest des Heiligen Augustinus in Paris predigt, bezeugt er jedenfalls ein genaues Wissen um den Rang der Erkenntniskräfte und des Intellekts: Aus Gnade sind sie fähig, *sapida scientia, sapientia* zu werden, so daß der Mensch *in extasi mentis* »zum Vorgenuß der göttlichen Süßigkeit« gelangt.[78] Der Erkenntnis ist die ganze asketische Last der Abstraktion bis zur *abegescheidenheit* hin aufgebürdet, so daß das philosophische Procedere selbst zum Vehikel der Einigung mit Gott wird.

Das Verhältnis von Philosophie und Mystik ist – geschichtlich gesehen – oft eine Folge von Mißverständnissen, nachdem die Dissoziierung von Theorie und Praxis Tatsache und deren Veränderung ein bloßes Wunschbild geworden war. Immerhin gibt es Lichtblicke, in denen eine ursprüngliche Einheit beider Verfahren in den Blick rückt, ich denke an Platons siebten Brief, an die Neuplatoniker Plotin[79], Proklos[80] und Porphyrios. Zitieren will ich einen Philosophen, der sonst sich keineswegs etwa zustimmend zur Mystik geäußert hat, obwohl er ihr doch vieles verdankt: Friedrich Nietzsche. Nach ihm liegt der Philosophie eine Erfahrung zugrunde, die im Satz gipfelt: »Alles ist eins« – welcher Satz »seinen Ursprung in einer mystischen Intuition hat und dem wir bei allen Philosophen, samt den immer erneuten Versuchen, ihn immer besser auszudrücken, begegnen«.[81]

2. Ist die Philosophie in die Mystik in ihrem Charakter eines absoluten Diskurses, der die *principia* und *prima philosophia* von allem in den Blick faßt, integrierbar, so ist es die dichterische Sprache womöglich noch leichter, da der mystische Diskurs – in dialektischem Gegensatz zum Schweigegebot, das die Semantik des Wortes »Mystik« ausmacht – auf die Mystagogie, die ein Kommunikationsgeschehen meint, hin angelegt ist. Das ist aber nur die eine Seite, die die poetische Erfahrung mit der mystischen vergleichbar macht.[82] Wie die Dichtung sich in ihren reinsten Verlautbarungen aus ihrer kommunikativen Signa-

tur bis zur Grenzposition einer »poésie pure« zurückzunehmen die Tendenz hat, so verwirklicht auch die mystologische Äußerung aus dem genauen Bewußtsein ihrer Inkommensurabilität mit dem Zu-Sagenden im sprachlichen Gestus ein Gefälle zum Unsagbaren hin. Man braucht die Affinität der beiden Redeweisen nicht bis zu einer hierarchischen Unterordnung der Poesie unter die Mystik zu treiben, wie es Henri Bremond in seiner berühmten Debatte über die »Poésie pure« von 1926 versucht hat. Für ihn gilt erwiesen, »daß die poetische Aktivität eine natürliche und profane Skizze der mystischen Aktivität sei. ... sie ist auch eine undeutliche und unbeholfene Skizze, voller Lücken und weißer Stellen, so daß der Dichter schließlich nur der Schatten eines Mystikers, nur ein verunglückter Mystiker wäre«.[83] Der ontologische Status beider Erfahrungsweisen ist sicherlich je ein anderer.[84] Und doch kennt der Mystiker als Höhepunkt seiner Eröffnungen eigentlich und letztlich kein anderes sprachliches Vehikel als die poetischen Verfahren, insbesondere dann, wenn das *Mihi adhaerere Deo bonum est*[85] in Form der Lobrede oder des ekstatischen *jubilus*[86] geäußert wird. Mechthild von Magdeburg bietet für die souveräne Beherrschung einer inständigsten mystischen Sprache viele Beispiele, in die alle denkbaren poetischen Strukturen eingegangen sind.

Man wird für die christliche Mystik eine Unterscheidung treffen müssen, die es erst erklärbar macht, wieso sie sprachliche Modi der Unsagbarkeit und solche der exzessiven Sagbarkeit benützt. Die »Unsagbarkeit« Gottes und mithin des Vorgangs der Einigung mit ihm teilt das Christentum mit andern Religionen. Sie ist ein Ergebnis der religiösen Reflexion auf das Absolute. Auf der andern Seite ist aber christlich der unsagbare Gott selbst der Logos, der sich – um mit Eckhart zu sprechen – selber »gewortet«[87] hat. Neben der apophatischen Sprechweise und der mit ihr gegebenen Thematik des Entzugs und der Sehnsucht findet sich im Christentum damit ebenso die breit dahinströmende positiv-symbolische, rhetorisch-allegorische Sprechweise.[88] Zu erinnern ist nur etwa an die viele prüde Leser oft brüskierende erotische Bildlichkeit der Einigungsvorstellungen. Die menschlichen Erfahrungsberichte, wie sie in der Heiligen Schrift in ihrer mystisch-allegorischen Bedeutungskompetenz bereits vorliegen, sind dem Mystiker keine Arkana, sondern ihn zum befreiten Sprechen ermunternde Vorgaben, weil sich in ihnen die »Großtaten Gottes«, der dem Menschen auch sprachlich immer voraus ist, bezeugen.[89]

Was nun die von Irene Behn[90] und Walter Haug[91] getroffene Unterscheidung zwischen »mystischem Text« (= Mystik, d. h. ein Wortgebilde, an dem nicht mehr zwischen Erfahrung und begleitender Rede darüber unterschieden werden kann) und »Text über Mystik« (Mystologie, mystische Theologie) betrifft, so halte ich sie methodologisch zwar für notwendig und sinnvoll, möchte sie aber letztlich doch relativieren im Verdacht, daß einem nicht unbegabten Dichter die Reproduzierbarkeit eines mystischen Texts bis zur Ununterscheidbarkeit zu für authentisch gehaltenen Texten gelingen müßte. Umgekehrt lieben es spanische Mystiker, ihre lyrischen Produktionen – in sich oft ununterscheidbar von Liebesdichtung profaner Provenienz – mit im weitesten Sinne scholastisch imprägnierten Konnotationen zu versehen. Man kann sich dann fragen, wo hier die »Echtheit« der mystischen Erfahrung exakt zu finden ist. Vermutlich in der Kombination beider Textmöglichkeiten. Immerhin gebe ich gerne zu, daß die unübersehbare Produktion von mystischen Theologien insbesondere der Karmeliter im 16. und 17. Jahrhundert[92] etwas eindeutig Frustrierendes hat. Aber auch diesem Gefühl gegenüber gebe ich zu bedenken, daß Teresa von Avila sich unermüdlich von durchschnittlicher mystischer Theologie in ihrer mystischen Erfahrung bestätigen ließ.[93]

Wie immer ordnendes Denken das Verhältnis zwischen poetischer und mystischer Rede bestimmen will – als ein analoges, wonach die poetische der mystischen Rede in der Verwirklichung einer Sprachstruktur ebenbürtig ist, soweit es natürlich menschliche Regungen und Gefühle angeht, oder als ein hierarchisches, in dem der mystische Diskurs die vollendete Überhöhung des poetischen darstellen würde, weil er dessen tiefste natürliche Intentionen in sich aufnimmt –, ich glaube, es ist in diesem Rahmen schlicht an der Konvertibilität der sprachlichen Strukturen zwischen Poesie und Mystik festzuhalten. Dieser Sachverhalt hat zur Folge, daß die Philologie – bleibt sie intellektuell elastisch genug und vermeidet allzu dogmatische religionsphilosophische oder glaubensmäßig präparierte Mystikbegriffe – mit einem gewissen Recht die Mystik auch als ihren legitimen Forschungsgegenstand ansehen darf. Gerade die Philologie hat meines Erachtens den Vorteil, ihr Objekt ohne größere ideologische Voreingenommenheit, d. h. in seiner sprachlichen Struktur und Vorgegebenheit in den Blick zu fassen. Der philologische Standpunkt in der Mystikforschung scheint mir zudem gerade für die vergleichende Betrachtung von mystischen Systemen verschiedener religiöser Herkunft der gegebene zu sein. Nicht etwa weil hier in Richtung auf Unterschiedslosigkeit verglichen würde, sondern im Gegenteil, weil philologisch gesehen die Unterschiede zwischen verschiedenen mystischen Systemen besonders eklatant hervortreten, sofern das Moment der sich in Sprache niederschlagenden Tradition nicht vernachlässigt wird.

III

Die Frage »Was ist Mystik?« läßt sich gewißlich nur beantworten im Blick erstens auf die unendlich vielfältigen Formen, die sie im Lauf der Geschichte und in verschiedenen Religionen gefunden hat[94], und zweitens unter Einbezug der möglicherweise noch reicheren Interpretationen, mit denen diese Ausprägungen der Mystik von verschiedensten Seiten her bedacht wurden. Praktisch heißt das, daß historische Ausformungen von Mystik in ihrer Individualität in der Mystikforschung den Vorrang haben sollten und daß auch die Wesensfrage prinzipiell nur aufgrund individueller mystischer Systemzusammenhänge beantwortet werden sollte. Immerhin lassen sich Idealtypen mystischer Erscheinungsformen, d. h. eine Art Typologie ermitteln, deren innere Gegenläufigkeit sich allerdings in einem durchhaltenden Moment festlegen lassen sollte. Den systematischen Ort dieses Zusammenhangs sehe ich in der christlichen Tradition in der Vorstellung, daß mystische Erfahrung im Vorgang der Unio, der erkennend-liebenden Vereinigung zwischen Mensch und Gott, ihren Skopus hat, ohne daß doch die Intensität dieser *unio mystica* einen Gradmesser für die Vollkommenheit des Erfahrenden abgäbe. Daher ist der *unio*-Erfahrung meist auch die der Entfremdung zu Gott beigegeben: paradox handelt es sich dann um Erfahrung in Nicht-Erfahrung.[95]

Wenn wir es vom Menschen her zu definieren versuchen, läßt sich vielleicht sagen: Mystische Erfahrung ist ein am Mysterium orientiertes, nicht leicht mitteilbares, letztlich unsagbares Erkenntnis- und/oder Liebesgeschehen zwischen Mensch und Gott, das vom Menschen als gnadenhafte, ohne Anstrengung empfangene Einigung mit Gott erfahren wird (selbst wenn dabei das Motiv der erfahrungshaften Ferne zu Gott, der *regio dissimilitudinis*[96], als Begleitphänomen auftritt). Damit sind wir aber bereits im Bereich der verschiedenen Modi der *unio*-Erfahrung. Sie gestatten, von verschiedenen Typen mystischer Erfahrung zu reden. Angesichts der Grundtendenzen, welche die Mystik im Christentum vorweist, läßt sich mit Heraklit von »Wegen aufwärts« und »Wegen abwärts«[97] oder Aufstiegs- oder Abstiegsmystik in der christlich-mystischen Erfahrung sprechen. Diese Unterscheidung scheint mir grundlegend, da sie die ganze Problematik strukturell gebundener Vollkommenheitsschemata enthüllt. Neuplatonisch orientierte Mystik richtet sich aus dem Abstiegs- und Aufstiegsweg, während seit der Dominikanermystik des 14. Jahrhunderts, allenfalls schon seit Bernhard von Clairvaux sich eine selbständige Abstiegsmystik bezeugt, die anstatt des *mons contemplationis* sich das Tal der Demut oder dann den Abgrund der Seele als Metapher erwählt. Auffällig ist, daß Frauen – etwa Mechthild von Magdeburg – sich stärker für die Abstiegs- und Fallmetaphorik engagieren. Hier stellt sich die Frage, ob die Abstiegsmystik die inkarnatorische Bewegung Gottes in die Welt nicht angemessener aufnimmt als die Aufstiegsmystik.[98] – Eine große Rolle spielte im Christentum – man denke an die unterschiedlichen religiösen Denkformen der Franziskaner und Dominikaner – die Unterscheidung zwischen einer eher spekulativ und einer eher affektiv ausgerichteten Mystik (cherubinische und seraphinische Mystik).[99] Ist die erste Visionen und spektakulären Seelenereignissen eher abhold, so öffnet sich die zweite solchen Seelenereignissen stärker (die Stigmata des Hl. Franziskus).[100] Man kann die beiden Typen auch als Wesens- und Liebesmystik differenzieren. Eine Form von mystischer Erfahrung, die gewissermaßen in allen Formen im Christentum immer wieder autonom durchbricht, ist die nuptiale Mystik, in der sich Gott und Mensch personal als Bräutigam und Braut begegnen. Diese erotische Mystik in Form einer »heiligen Hochzeit« ist so kostbar, weil sie das Personale in der Begegnung zwischen Gott und Mensch in äußerster Sichtbarkeit darstellt.[101]

Ich möchte abschließend mit Hans Urs von Balthasar ein paar Momente nennen, die mir für die christliche Mystik auf verschiedenen Ebenen konstitutiv scheinen[102]:

1. Das undurchschaubare Mysterium Gottes hat in aller christlichen Erfahrung den Vorrang. Die Haltung des Mystikers ist daher die der glaubenden, hoffenden und liebenden Bereitschaft ohne Rücksicht auf deren Erfüllung in »Erfahrung«.

2. In Kreuz, Auferstehung und Geistspendung wird dem christlichen Mystiker eine personale Erfahrung geschenkt, die ihn ins Mysterium Gottes einführt. Diese ist nicht manipulierbar, auch nicht durch irgendwelche Praxen der Meditation und Kontemplation.

3. Die dem Gläubigen auf psychologisch spektakuläre Weise gewährten Sondererfahrungen haben nur Sinn im Zusammenhang einer kirchlichen Sendung und müssen als solche ausweisbar sein. Insbesondere die beiden letztgenannten Punkte stellen den geistigen Ort dar, da christliche Mystik sowohl auf grundsätzlich wie psychologisch notierbare Weise zu ihrem Austrag kommt.

4. Eine letzte Art der mystischen Erfahrung – verwirklicht in den delikaten Sendungen des Origenes, Klemens von Alexandrien und Meister Eckhart (um nur die bedeutendsten zu nennen) – möchte ich nicht missen: die im denkenden und vitalen Selbstvollzug der Existenz sich gnadenhaft und gleichzeitig autonom menschlich ereignende Einheit zwischen Mensch und Gott. Wenn christliche Erfahrung mit aller Erfahrung irgendwo als überdiskursive einen Ort hat, dann in solchem *uniri cum Deo.*[103]

Von der Eigenart christlicher Mystik

Meister Eckhart als Maßstab

Wenn es wahr ist, was gewisse, sehr ernst zu nehmende theologische Überlegungen zur christlichen Mystik behaupten, daß die mystische Erfahrung nicht den exklusiven Gnadenanteil an einem von Gott besonders herausgehobenen christlichen Dasein ausmacht, sondern daß sie »die normale Krönung des allen Christen geschenkten Gnadenzustandes« darstellt, die »artmäßig« vom einfachen christlichen Leben nicht, sondern »nur dem Grade nach«[1] verschieden ist, dann ist sofort nach den allgemein anthropologischen Voraussetzungen und Ermöglichungsgründen für eine solche, im Menschen konstitutiv gegebene Anlage zu fragen. Das bedeutet natürlich, daß das spezifisch Christliche am Problem Mystik zunächst einmal ausgeblendet wird, damit die potentiell allgemeine Anlage des Menschen zu dieser Erfahrung aufgezeigt werden kann.[2] Das heißt, daß im Blick auf die menschliche Konstitution gerade das, wonach im Rahmen dieser Überlegung eigentlich gefragt werden soll – die Eigenart der christlichen Mystik –, vorerst ausgeklammert wird, damit diese Eigenart ihren geistigen Ort im Rahmen gesamtmenschlicher Möglichkeiten bekommt.[3] Damit ist das Vorgehen für meine Ausführungen vorgegeben: Ich werde zuerst – sicherlich sehr skizzenhaft und provisorisch – auf die im Menschen als solchem gegebenen Anlagen zur mystischen Erfahrung reflektieren und sodann – in einem zweiten Teil – die historisch konkreten Auskünfte dazu von seiten Meister Eckharts beifügen.

Eine grundsätzliche, von niemandem bestreitbare Gegebenheit des menschlichen Lebens besteht im Paradox, daß dieses sich nicht autonom sich selber verdankt.[4] Der Mensch ist kein Produkt seiner eigenen Bemühungen um sich selbst, auch wenn er gerade dies immer wieder prätendiert und sich in tausenderlei Formen der Selbstmanipulation eine Autonomie vorzuspiegeln versucht, deren Scheinhaftigkeit im Ausmaß der Brüche und Risse, die an diesem Gebäude der menschlichen Selbstherrlichkeit sichtbar werden, vor die Augen tritt. Der Mensch ist in

dem Sinne heteronom bestimmt, daß er hinter seine Herkunft nicht zurück kann.[5] Selbst wenn es dem Menschen gelänge, über sich selber als eine gemeinschaftliche Gattung zu bestimmen, wird es doch nie möglich sein, daß das Individuum über seine eigene Herkunft verfügt, sondern es wird immer so sein, daß Menschen über Menschen, die einen über die andern, Macht ausüben. Und was das heißt, was für Ungeheuerlichkeiten in einer solchen Feststellung einbeschlossen sind, das wissen wir heute zur Genüge, da die von Menschen errichteten Herrschaftssysteme in diesem Sinne Gewalt ausüben.
Der einzelne kann also nicht über die Tatsache, daß er sich sich selber nicht gegeben hat, zurück. Er kann darauf in zwei Extremformen – innerhalb deren es eine Fülle von Abstufungen gibt – reagieren: Er kann – und das ist die Option unseres modernen Lebensstils und unserer technischen Kultur, ob man es wahrhaben will oder nicht – seine »Geworfenheit«[6], sein absurdes Ausgesetztsein in eine Freiheit[7] diagnostizieren, deren Zwängen zufolge er sich selber und seine Umwelt je neu zu erschaffen hat. Das ist die gewissermaßen faustisch-existentialistische Lösung, an deren Grund nicht einmal eine Lüge, sondern eher eine Art Verzweiflung und deren Umkehrung in Schaffensoptimismus liegt. Die andere Extremform, wie der Mensch auf die Tatsache, daß er sich nicht sich selbst, sondern einem anderen verdankt, zu reagieren vermag, besteht in der zustimmenden Anerkennung dieses Tatbestands und in der daran sich anschließenden Frage nach der Instanz, der sich der Mensch verdankt und der er – das ist dann die weitergehende Folgerung – letztlich gehört. Wer sich nicht sich selber geschenkt hat, der hat sich von anderswoher bekommen. Der Verweis auf die Eltern verliert im Blick auf die hinter den Eltern gegenwärtigen unabsehbaren Geschlechterfolgen seine Stringenz; irgendwo muß sich in der Kette der Relationen ein Absolutes, das jenseits der Verfilzungen von sekundären Abkünftigkeiten steht, als deren Grund finden lassen. Natürlich bleibt der Blick eines Menschen, der so über seine konstitutionelle Heteronomie denkt, nicht auf seine Herkunft beschränkt. Was der erstgenannte Erklärungsversuch als Absurdität und Unbegründetheit am menschlichen Leben erkennt, das deutet dieser nun als Erfahrung einer schlechthinnigen Kontingenz, einer Zufälligkeit, die er als eine Notwendigkeit erkennen und durch-

schauen möchte, über die er allerdings als einzelner, der auch in höchstem Maß durch Zufälligkeit geprägt ist, nicht verfügen kann. Er sucht nach dem Andern, das ihn in die Welt gesetzt hat, dem er, da er sich ihm verdankt, letztlich auch gehört.[8]
Wenn wir genau hinsehen, werden wir zugestehen müssen, daß eigentlich beide Positionen versuchen, mit dem, was ist, in einer fairen Art zu Rande zu kommen. Der erste setzt auf das im Ungewissen Gewisse, auf sich selbst – das kann von einem zurückhaltenden Skeptizismus bis zu einem hochgemuten, naiv anmutenden Optimismus reichen –, der zweite setzt auf das im Gewissen Ungewisse, auf die Instanz des Andern, das als unaufrechenbarer Herkunftsrest an ihm selber faßbar ist. Obwohl es auch in der ersten Option Möglichkeiten mystischer Grundhaltung gibt, konzentriere ich mich im folgenden auf die zweite, nach der fremden Herkunft des Menschen hin offene Haltung.

Es ist ganz klar, daß derjenige, der seine Herkunft von einem andern als er selbst anerkennt, begierig ist, diesem Andern zu begegnen, es zu kontaktieren, es kennenzulernen und es vielleicht sogar bis zu einem gewissen Grade zu domestizieren, zu besänftigen, um es so in den Griff zu bekommen. Religion als die Haltung eines Sich-Vergewisserns im Andern oszilliert in ihrer Semantik durchaus zwischen dem Versuch, sich dem Andern in Liebe zu überantworten, bis zur Prätention, sich des Anderen zu bemächtigen, es für sich als einen unverlierbaren Besitz zu gewinnen. Die aufklärerische Bereitschaft, dem religiös Gestimmten an sich schon Naivität und Autoritätshörigkeit zuzubilligen, um ihn dadurch zu diffamieren, ist daher selber naiv und betrügt sich töricht über die positiv und negativ herrscherlichen Möglichkeiten einer religiösen Bindung des Menschen.[9] Die Parteinahme für eine religiöse Haltung ist nun allerdings noch keinesfalls an sich die Rettung – wie sich das ein naives Gemüt vorzustellen beliebt –, sondern allenfalls deren Vorbereitung. Mit der Zuwendung zum Anderen beginnt erst die Problematik einer religiösen Existenz. Das zeigt gerade der Weg der Mystik in allen Religionen auf drastische Weise. Wenn nicht traditionelle Gehalte in Glaube, Kult und andern gemeinschaftlichen Organisationsformen in bestimmten Kulturen vorhanden wären, es wäre nicht auszudenken, wohin sich das Religiöse ohne diese autoritätsgebundenen Glaubens- und Le-

bensweisen entwickelte. Religionsstifter sind daher in jedem Fall Autoritäten[10], selbst wenn sie – wie Jesus Christus – einem heute gängigen dürftigen, weil bloß ideologiekritisch angewendeten Autoritätsbegriff widersprechen müßten.
Damit aber sind wir schon im Bereich positiver Religionsentwürfe, die dem Menschen, der erkennt, daß er sich nicht sich selber verdankt, zur Identifikation offen stehen. Es ist ein schwieriges Problem, daß es *viele* religiöse Entwürfe der Weltdeutung gibt und nicht nur einen einzigen. Das kann hier nicht näher reflektiert werden. Ich will es hier beim Hinweis auf die grundsätzliche Wahl-Freiheit des Menschen bewenden lassen und mich auf die christliche Option konzentrieren. Wer also in der Fülle möglicher Deutungen der grundsätzlichen Heteronomie des Menschen – daß er sich ohne Zutun seines Willens von einem Andern als geschenkt erfahren muß – die christliche Religion in einer ihrer Varianten als Glaubensform gewählt hat, wird den unsäglichen Vorteil haben, daß er in einer exemplarischen Gestalt des Heils – in Jesus Christus, der für ihn Mensch und Gott in einer (göttlichen) Person ist – das Andere als die sich ihm liebend zuwendende, ihn heilsam umfassende, *persönliche* Liebe Gottes erfährt. Schlagartig ist damit das Rätsel seiner Herkunft im Glauben gelöst: Gott, der ihm in Menschengestalt liebevoll begegnet, füllt die Leerstelle seiner Existenz (mit allen Gefahren eines Mißbrauchs als »Lückenbüßergott«![11]); dieses geschaffene einzelne, in der Welt verloren wirkende Ich ist gewollt, ja ersehnt von einer Instanz, die als völlig autarkes dreifach personhaftes und doch in Liebe in sich geeintes Wesen dieses personhafte menschliche Ich in seiner relativen Autonomie frei gewollt und erschaffen hat.[12]
Wenn wir diesem Modell einer möglichen Zuwendung zu Gott seine Berechtigung zugestehen – und im Rahmen des christlichen Glaubens darf man das getrost tun –, dann ist es durchaus (mit Korrekturen im einzelnen) in andern Heilsreligionen für die mystische Zuwendung des Menschen zum Absoluten – ob dieses nun »das Selbst«[13] oder »das absolute Nichts«[14] heißt – auch zuständig. Wichtig ist einzig, daß die existentielle Leerstelle im Dasein des Menschen – das Sich-nicht-sich-selber-Verdanken oder das Geschuldet-Sein der Existenz an ein Anderes – durch eine Heilsinstanz besetzt ist, die entweder aus einer Offenbarung bekannt oder aus philosophischen Überlegungen

erschließbar ist. Das Christentum hat den Vorteil, daß seine ewig gültige Heilsinstanz eine gottmenschliche Person ist, die als historisch faßbare[15] anders eindringlich erfahrbar ist als eine abstraktiv und mittels Negationen ermessene (Un-)Größe wie »das absolute Nichts« oder »das Selbst«. Umgekehrt aber bedingt natürlich die historisch einmal und exemplarisch geschehene »Inkarnation« dieses Gottmenschen einen Verzicht auf Weltflucht, der alle andern platonisierenden Wege der Gotteinung so plausibel und verständlich macht. Was ist philosophisch legitimer als einer schändlichen Welt den Rücken zu kehren und sich – μόνος πρὸς μόνον[16] – dem im Absoluten gegenwärtigen Heil zuzuwenden, sich diesem anzugleichen und in einem radikalen Sinne *ab-solutus* (was ›losgelöst‹ heißt) zu werden. Man muß einmal zugestehen, daß der platonisierende Weg einer Abstraktion des eigenen Selbst von allen es einschränkenden Bedingungen, intellektuell durchaus attraktiv ist, um erst dann zu ermessen, wie schwer die christliche Forderung der Inkarnation zu erfüllen ist. Faktisch ist es ohnehin so, daß die erstaunliche »Einheit von Reflexion und Erfahrung«[17] (neu-)platonischen Denkens im Lauf der Geschichte immer wieder fruchtbar in den christlichen Denkhorizont eingeborgen werden konnte, auch wenn christliches Heil im Angelpunkt der Menschwerdung Jesu Christi schwingt.[18] Die aus einer konsequenten Ontologie seines endlichen Seins erwachsene Pflicht zur Selbstreduktion des Menschen angesichts des ihm jenseitigen Anderen ist hierbei immer schon und unvordenklich übergriffen durch die Selbstentleerung Gottes in die Welt und in das mit ihr ihm auferlegte Leiden am Kreuz. Christlich ist ein eigenmächtiges Sich-Vergöttlichen nicht möglich, dafür aber ein gnadenhaftes Göttlich-Werden durch die Erlösungstat Jesu Christi. Die Leere, Abhängigkeit, Zufälligkeit, Kontingenz, Sündigkeit und Nichtigkeit, ja grundsätzliche Nichtshaftigkeit des Menschen sieht sich je schon übergriffen durch die Selbstexpropriation des Menschensohnes am Kreuz. Wenn er sein seinshaftes Ungenügen, sein Nichts, das er ist, ratifizieren will, dann muß der Christ auf die Entsprechung und Überholung stoßen, die ihm im Christusereignis zum Glauben vorgestellt wird und das seinem Nichts je voraus ist.[19]

Vom innersten Gnadenpunkt dieses Ereignisses her sind dann mystische Tauschformeln denkbar und möglich, die dem Menschen bei wachsender Wahrnehmung des Glaubensgeheimnisses der Menschwerdung Gottes eine gnadenhafte Angleichung an den menschgewordenen Gott gestatten, die als »Vergöttlichung« (ϑέωσις) bezeichnet wird.[20] Die griechischen Väter haben mit dieser »seligen Umkehrung« (*admirabile commercium*) ein theologisches Motiv aufgebracht, das für die Entwicklung einer christlichen Mystik bis zu Martin Luther entscheidend wurde. Die Menschwerdung wird darin zum Angelpunkt der Gottwerdung des Menschen. Athanasius: »Der Logos ist Mensch geworden, damit wir vergöttlicht werden« (Αὐτὸς γαρ ἐνηνϑρώπησεν, ἵνα ἡμεῖς ϑεοποιηϑῶμεν).[21] Schon Irenäus, Cyprian und dann wieder Hilarius und Gregor von Nazianz werden ähnlich sprechen. Besonders stark hat Maximos Confessor solche Tauschformeln gebraucht. In einem gnadenhaft gegebenen Tantum-Quantum vollzieht sich die »selige Umkehrung«, »die Gott zum Menschen macht durch die Vergöttlichung des Menschen und den Menschen zu Gott durch die Vermenschlichung Gottes. Denn es will der Logos Gottes, der Gott ist, immerdar und in allen das Mysterium seiner Menschwerdung sich vollziehen sehen.« »Denn man sagt, daß Gott und Mensch sich gegenseitig zum Vorbild wählten, und daß Gott sich in eben dem Maße dem Menschen vermenschlicht, als der Mensch, durch die Liebe ermächtigt, sich für Gott vergöttlicht, und daß der Mensch in eben dem Maße im Geiste von Gott ins Ungeahnte hinein entrückt wird, als der Mensch den von Natur unsichtbaren Gott durch seine Tugenden zur Erscheinung bringt.« »Insoweit ist der Mensch Gott geworden, als dieser Mensch wurde, denn er wurde durch Gott im selben Maße durch göttliche Aufstiege in die Höhen geführt, als Gott durch den Menschen, in einer wandellosen Vernichtigung seiner selbst, bis zum äußersten Punkt unserer Natur heruntergekommen war.«[22]

Dieses mystische Modell einer Vergöttlichung des Menschen ist tauglich aber nur, wenn die Selbstexpropriation, die Gott in seiner Menschwerdung auf sich nahm, auch vom Menschen auf sich genommen wird. Der Mensch hat sich dem zurückzugeben, dem er sich verdankt, dem er gehört. Die Form dieser Selbstweggabe ist »Selbstvernichtigung« (natürlich in einem moralischen, nicht materiellen Sinn), mit Worten der deutschen Mystik: Abgeschiedenheit, Gelassenheit. Der Gewinn ermißt sich dann am Maße des Verzichts (ohne daß hier etwas zu berechnen wäre). Der totale Verzicht bereitet für einen totalen Gewinn einer Fülle des göttlichen Lebens, der gegenüber der Mensch sich nur »leidend«, d.h. passiv verhalten kann. Der mystische Grundakt ist nicht in einem psychologischen, sondern anthropologischen Sinn Leiden, in dem Gott den Menschen von den Zwängen seiner eigenen Funktionsweisen befreit, damit *»seine«* – die göttliche – »Weise« in physischer oder geistiger, in aufsteigender oder absteigender Formung dominant wird.[23] Der Mensch verfügt darin nicht mehr über bestimmte Wege der Gottesbegegnung, über Techniken der Meditation, über Möglichkeiten menschlichen Arrangements göttlicher Sachen. Die Formel dafür stammt von Dionysius Areopagita, der sich dabei eines antiken Satzes bedient: ὀυ μόνον μαθὼν, ἀλλὰ καὶ παθὼν τὰ θεῖα.[24] Tauler nennt diesen Zustand *gotliden*.[25] Mystische Erfahrung ist im Christentum in der Tat Theopathie.

Die Frage ist nun, ob dieses Modell christlicher Mystik, das ich in seinen anthropologischen und christologischen Voraussetzungen bloß skizzenhaft angedeutet habe, sich auch in der Mystik Meister Eckharts wiederfindet. Meister Eckhart hat sich – wie in allen seinen Äußerungen – auch hierin scharf und deutlich ausgedrückt.

In einer Predigt fragt er nach Sinn und Ziel der Menschwerdung Christi – die anselmische Frage: *Cur Deus homo?* wieder aufnehmend: *War umbe ist got mensche worden? Dar umbe, daz ich got geborn würde der selbe* (DW, 2, 84, 1 f.). Und bedeutsam auf die Abgeschiedenheitsthematik anspielend fügt er hinzu: *Dar umbe ist got gestorben, daz ich sterbe aller der werlt und allen geschaffenen dingen* (2 f.). Das Heilsereignis in Jesus Christus wird bei Eckhart ohne Verzug und mit Hilfe der alten Tauschformel auf die existentielle Situation des Menschen bezogen, indem die historische Geburt des Gottessohnes zum Existenzgrund des Menschen hier und jetzt wird, indem aber auch der Tod des Gottessohnes zum mystischen Sterben hier und jetzt für den Menschen wird. Und im Wörtchen *der selbe* gibt Eckhart zu erkennen, daß er zwischen Mensch und Gott einen Konvergenzpunkt sieht, an dem wirklich Identität herrscht.

Eckhart ist sich über die Tragweite dessen, wie er hier die Heilsgeschichte in einem mystischen Sinn aktualisiert, ganz im klaren gewesen. Der Ertrag der Heilstat Christi *pro nobis* muß zu einem Ereignis *in nobis* werden. Er sagt es deutlich: »wenig bedeutete es mir, daß das Wort für die Menschen Fleisch wurde in Christus, jener von mir verschiedenen Person, wenn es nicht auch in mir persönlich (Fleisch annähme), damit auch ich Gottes Sohn wäre« (*Parum enim mihi esset verbum caro factum pro homine in Christo, supposito illo a me distincto, nisi et in me personaliter, ut et ego essem filius dei* [LW 3, 101, 14ff., n. 117]). Diese Überformung des Menschen durch die (göttliche) Person Jesu Christi hat ihren Ermöglichungsgrund darin, daß Jesus Christus in der Menschwerdung keine menschliche Person, sondern eine allgemeine menschliche Natur angenommen hat. Denn die Einheit des Gottmenschen Jesus Christus bestand in seiner göttlichen Person. Wenn nun die allgemeine menschliche Natur durch diese Herablassung Gottes derart geadelt ist, dann ist in ihr für den Menschen die Möglichkeit gegeben, zur göttlichen Person Jesu Christi zu gelangen. Wer selbst allgemeine menschliche Natur – *menscheit* und nicht *mensche* – geworden ist, der ist schon am Ort, da die göttliche Person Christi diese Natur trägt. Eckhart formuliert es folgendermaßen:

Merkt euch! Das ewige Wort nahm nicht *diesen* noch *jenen* Menschen an, sondern es nahm eine freie, ungeteilte menschliche *Natur* an, die da rein war, ohne Individualzüge; denn die einfaltige Form der Menschheit ist ohne Individualzüge. Und darum, weil bei der Annahme die menschliche *Natur* von dem ewigen Wort einfaltig ohne Individualzüge angenommen wurde, darum wurde das Bild des Vaters, das der ewige Sohn ist, (zugleich) zum Bild der menschlichen Natur. Denn so wahr es ist, daß Gott Mensch geworden ist, so wahr ist es, daß der Mensch Gott geworden ist. Und so denn ist die *menschliche Natur* darin überbildet, daß sie das *göttliche Bild* geworden ist, welches das Bild des Vaters ist. So denn: Sollt ihr *ein* Sohn sein, so müßt ihr abscheiden und abgehen von allem dem, was Unterscheidenheit an euch verursacht.

Daz merket! Daz êwige wort ennam niht an sich dísen menschen noch dén menschen, sunder ez nam an sich eine vrîe, ungeteilte menschlîche natûre, diu dâ blôz was sunder bilde; wan diu einvaltige forme der menscheit diu ist sunder bilde. Und dar umbe, (wan) in der annemunge diu menschlîche natûre von dem êwigen worte einvalticlîche sunder bilde angenomen wart, sô wart daz bilde des vaters, daz der êwige sun ist, bilde der menschlîchen natûre. Wan als daz wâr ist, daz got mensche worden ist, als wâr ist daz, daz der mensche got worden ist. Und alsô ist diu menschlîche natûre überbildet in dem daz si worden ist daz gôtlîche bilde, daz dâ bilde ist des vaters. Und alsô, sult ir éin sun sîn, sô müezet ir abescheiden und abegân alles des, daz underscheit an iu machende ist. (DW 2, 379,5-381,4).

Individualität ist bloßes Akzidens an der allgemeinen Menschennatur; entscheidend fürs Heil ist aber die »freie, ungeteilte, menschliche Natur« (a. a. O., 381, 5 f.).[26]

Und da denn dieselbe Natur, nach der ihr euch nehmt, Sohn des ewigen Vaters geworden ist infolge der Annahme durch das ewige Wort, so werdet ihr Sohn des ewigen Vaters mit Christus dadurch, daß ihr euch nach derselben Natur nehmt, die dort (= in Christus) Gott geworden ist. (*Und wan denne diu selbe natûre, nâch der ir iuch nemende sît, sun des êwigen vaters worden ist von der annemunge des êwigen wortes, alsô werdet ir sun des êwigen vaters mit Kristô von dem, daz ir iuch nâch der selben natûre nemende sît, diu dâ got worden ist.* (DW 2, 381,6-382,3).

Mit andern Worten: Individualität führt ins Viele, das nur mittels Unterscheidungen erfaßt werden kann. Dagegen führt – unter Preisgabe auch der Person – die asketische Wiederherstellung der allgemeinen Menschennatur in die Einheit, die im Sohn Gottes als Einheit mit dem Vater anschaulich geworden ist. Allgemeinheit führt zur Einheit; erfahrbar ist das für den Christen nur in der Gestalt Jesu Christi, der das allgemein gültige Gesetz exemplarisch erfüllt hat: »So weit etwas sich in einer Allgemeinheit emporträgt, so weit ist es mit der Einfaltigkeit dieser Allgemeinheit eins, und um so einfaltiger ist es« (*als verre als sich ein dinc in einer gemeinheit ûftragende ist, als verre ez mit der einvalticheit der gemeinheit ein ist und ie einvaltiger ist.* DW 2, 385,8-386,2).

Von dieser Einheitskonzeption her ergeben sich Folgen für die Geschöpflichkeit des Menschen, die sich in unser anthropologisches Modell der mystischen Erfahrung eintragen lassen. Nach Eckhart ist der Mensch an sich reines Nicht-sein, *unum purum nihil*, da er alles Sein, das er in seinem Dasein verwirklicht, von anderswoher als sich selber hat. Er hat das Sein, das er ist, bloß geliehen. Eckhart verlängert also die Grunderkenntnis des Menschen, daß er sich nicht sich selber verdankt, dahin, daß er auch für den im Leben stehenden Menschen dieses Leben an die verleihende Instanz konsequent und radikal zurückbindet.

Damit dieser Tatbestand, daß ich von mir her nichts an eigenständigem Sein besitze und habe, nicht in seiner Defizienz bestehen bleibe, sondern in die Einheit, die er meint, vollends überführt werde, ist dem Menschen ›Abgeschiedenheit‹, ›Weiselosigkeit‹, ›Grundtotsein‹, ›geistige Armut‹, ›Selbstlosigkeit‹, ›Gelassenheit‹ abverlangt. Ziel dieser radikalen inneren Verallgemeinerung seiner selbst als innere Selbstpreisgabe ist zunächst: Gott Gott sein zu lassen, den Geber des Seins in dem ihm eigenen Sein, das er umfassend ist, sein zu lassen, ihn in seiner ›Weiselosigkeit‹, ›Warumlosigkeit‹ und ›Abgeschiedenheit‹ sein zu lassen, da Gott als *negatio negationis* (LW 1, 43, 4ff.), als *versagen des versagennes* (DW 1, 361, 10) einerseits das Sein ist – »Das Sein ist Gott« (LW 1, 166, 1, n. 1: *Esse deus est!*) – andererseits aber das Nichts aller ihn einschränkenden Bestimmungen ist (die »Negationen« der Begriffe, die man auf Gott anwendet, werden von ihm noch negiert!).

Soll der Mensch *in die groeste glîcheit mit gote* (DW 5, 412, 4) gelangen – eine andere Alternative als das Nichts, das er von sich her ist, hat er nicht! –, dann muß er leer werden, denn: *laere sîn aller crêatûre ist gotes vol sîn, und vol sîn aller crêatûre ist gotes laere sîn* (DW 5, 413, 3f.). Also: Ablegen alles *eigen*, damit man Gottes voll werde. Um keine Mißverständnisse aufkommen zu lassen, ist gleich beizufügen, daß die eckhartsche Abgeschiedenheit keinesfalls ein yogistisches Sich-Abdichten von allen Außeneindrücken, sondern ein inneres Aufmerken, ein Geöffnetsein für alles neu Ankommende, ein »freiheitliches Nichts« meint, das nicht Unempfindlichkeit, sondern höchste Empfindlichkeit – auch für Freude und Leid – intendiert (und damit entgeht er einem rigorosen Platonismus!).

Es gibt nun im Menschen eine Instanz – es ist kein Seelenorgan, es ist kein Seelenort! –, in der die Gegenwart Gottes unaufhebbar dynamisch spürbar ist, wenn dem Menschen der »Durchbruch« dahin im Vorgang der Selbstentleerung möglich wurde. An sich ist die Gegenwart Gottes im Menschen unaufhebbar präsent, ob er das nun merken will oder nicht: Einheit ist dann hergestellt, wenn erfahren wird, was unvordenklich immer schon ist: Einheit. Diesen Nicht-Ort in der Seele bezeichnet Eckhart mit einer Vielzahl von Ausdrücken: *grunt der sêle, vünkelîn der redelicheit, abditum mentis, ratio superior*, oder in Metaphern wie Haupt, Mann, Herrin, Hut, Wesen, Bürglein, Wirbel, Licht, Kraft, Etwas in der Seele, oberster Wipfel. Die Fülle der Begriffe signalisiert, daß das Gemeinte »ohne Namen« und unsagbar ist, und daß dieses Unsagbare in seiner Dynamik gefaßt werden soll. Es geht um jenen lebendigsten Quellpunkt im Menschen, darin die Unterscheidung zwischen Geber und Empfänger des Seins schwierig und man der »Einheit im Vollzug« ansichtig wird. Wenn man darüber reden will – und man muß darüber reden –, dann muß man aus verschiedenen Perspektiven etwas dazu sagen: Als *intellectus inquantum intellectus* – Vernunft sofern sie (göttliche) Vernunft ist – ist der Seelenfunke reine göttliche Vernunft, in seinem Gegenwärtigsein in der Seele als *potentia animae,* als *Seelen*vermögen, ist der Seelenfunke erschaffen. Aber gerade diese Unterscheidung ist Eckhart hier nicht wesentlich, sondern die Einheit von Geschaffenem und Ungeschaffenem im Geschaffenen.

Das schönste Bild für dieses *ein in disem gewürke,* dessen Regie Gott führt: *er würket und ich gewirde* (DW 1, 114, 4 f.), ist das altchristliche der Gottesgeburt im Herzen des Gläubigen. Der anonyme Vorgang bekommt hier einen Namen im Kontext des christlichen Geheimnisses der Menschwerdung Christi. Zurückgreifend auf Augustinus fordert Eckhart die Aktualität der Menschwerdung Christi hier und jetzt, wie sie dann auch Angelus Silesius nochmals deutlich ausgesprochen hat:

> In dir muß Gott geboren werden.
> Wird Christus tausendmal zu Bethelehem geborn
> Und nicht in dir; du bleibst noch ewiglich verlorn.
> (Cherubinischer Wandersmann I, 61)[27]

Die Geburt des Sohnes Gottes im Menschen ist die Wirksamkeit des *vünkelîns* selbst. Damit verwahrt sich Eckhart gegenüber einer rein statisch-historischen Auffassung des Menschwerdungsgeheimnisses. Er sagt es deutlich bei Auslegung von Joh 1,14: *Verbum caro factum est.* »Die erste Frucht der Menschwerdung des Wortes, welches Gottes Sohn von Natur ist, besteht darin, daß wir Gottes Söhne durch die Annahme an Gottes Statt seien. Denn wenig bedeutet es mir, daß das Wort für die Menschen Fleisch wurde in Christus, jener von mir verschiedenen Person, wenn es nicht auch in mir persönlich (Fleisch annähme), damit auch ich Gottes Sohn wäre« (LW 3, 101 f.). Und seine mystische Konzeption der Gottesgeburt im Herzen des Gläubigen deutlich machend, sagt er in einer Predigt: *wan got ist hie als wol mensche worden als dort, und dar umbe ist er mensche worden, daz er dich geber sînen eingebornen sun und niht minner* (DW 2, 98, 6 ff.). »Denn Gott ist *hier* ebenso wohl Mensch geworden, daß er *dich* als seinen eingeborenen Sohn gebäre und als nichts geringeres.«

Das Geboren-Werden des Menschen als Gottessohn ist nichts anderes als Sein, Empfang von Sein, und das Sein ist Gott. Es ist daher ganz klar, daß für Eckhart *incarnatio* und *creatio* (Menschwerdung und Schöpfung) identisch sind. Um dieses Ineinander von Menschwerdung und Schöpfung zu verdeutlichen, muß man Eckharts Predigt in einiger Ausführlichkeit vernehmen. Hier eine wichtige Stelle aus der Predigt ›Praedica verbum‹ (2 Tim 4,2):

Ein Wörtlein liest man heute und morgen (im Hinblick) auf meinen Herrn Sankt Dominikus, und Sankt Paulus schreibt es in der Epistel, und es lautet zu deutsch so: Sprich das Wort aus, sprich es herfür, bring es herfür und gebier das Wort (2. Tim. 4,2). Es ist ein wunderlich Ding, daß etwas ausfließt und doch drinnen bleibt. Daß das Wort ausfließt und doch drinnen bleibt, das ist gar wunderlich. Daß alle Kreaturen ausfließen und doch drinnen bleiben, das ist gar wunderlich. Was Gott gegeben hat und was Gott zu geben gelobte, das ist gar wunderlich und ist unbegreiflich und unglaublich. Und dem ist recht so; denn, wäre es begreiflich und glaubhaft, so stünde es nicht recht darum. Gott ist in allen Dingen. Je mehr er in den Dingen ist, um so mehr ist er außerhalb der Dinge; je mehr er *drinnen* ist, um so mehr ist er draußen. Ich habe schon manchmal gesagt, Gott erschaffe diese ganze Welt voll und ganz in diesem Nun. Alles, was Gott je vor sechstausend und mehr Jahren erschuf, als er die Welt machte, das erschafft Gott jetzt allzumal. Gott ist in allen Dingen; aber soweit Gott göttlich und soweit Gott vernünftig ist, ist Gott nirgends so eigentlich wie in der Seele und in den Engeln, wenn du willst: im Innersten der Seele und im Höchsten der Seele. Und wenn ich sage das Innerste, so meine ich das Höchste; und wenn ich sage das Höchste, so meine ich das Innerste der Seele. Im Innersten und im Höchsten der Seele: ich meine sie (dort) beide als in Einem. Dort, wo niemals ein Bild hineinleuchtete: im Innersten und im Höchsten der Seele erschafft Gott die ganze Welt. Alles, was Gott erschuf vor sechstausend Jahren, und alles, was Gott noch nach tausend Jahren erschaffen wird, wenn die Welt (noch) so lange besteht, das erschafft Gott im Innersten und im Höchsten der Seele. Alles, was vergangen ist, und alles, was gegenwärtig ist, alles, was zukünftig ist, das erschafft Gott im Innersten der Seele. Alles, was Gott in allen Heiligen wirkt, das wirkt Gott im Innersten der Seele. Der Vater gebiert seinen Sohn im Innersten der Seele und gebiert dich mit seinem eingeborenen Sohne als nicht geringer. Soll ich Sohn sein, so muß ich in demselben Sein Sohn sein, in dem er Sohn ist, und in keinem andern ... Sprich das Wort, sprich es heraus, sprich es herfür, bring es herfür, gebier das Wort! Sprich es heraus! Was von außen eingesprochen wird, das ist etwas Grobes; jenes Wort aber ist *innen* gesprochen. Sprich es heraus!, das heißt, daß du dessen inne werden sollst, was *in dir* ist. Der

Prophet spricht: Gott sprach Eines, und ich hörte Zwei (Ps. 61, 12). Das ist wahr: Gott sprach stets nur Eines. Sein Spruch ist nur einer. In diesem *einen* Spruche spricht er seinen Sohn und zugleich den Heiligen Geist und alle Kreaturen, und es gibt (doch) nur *einen* Spruch in Gott. Der Prophet aber sagt: Ich hörte Zwei, das heißt: Ich vernahm Gott *und* Kreatur. Da, wo Gott es (= die Kreaturen) *spricht*, da ist es Gott; hier (= in Raum und Zeit) aber ist es Kreatur. Die Leute wähnen, Gott sei nur *dort* (= bei seiner historischen Menschwerdung) Mensch geworden. Dem ist nicht so, denn Gott ist *hier* (= an dieser Stelle hier) ebenso wohl Mensch geworden wie dort, und er ist aus *dem* Grunde Mensch geworden, daß er *dich* als seinen eingeborenen Sohn gebäre und als nicht geringer. (DW 2, 93,1-98,8)

Damit sind wir beim Zentralsten dessen, was Eckhart sagen will. Zunächst einmal will er eine Auslegung des Satzes ›Esse est deus‹ in seinem ewigkeitlichen Aspekt geben. Alles Geschaffene ruht in Gott als Idee, als Archetyp, wird aber gleichzeitig in die irdische Existenz entlassen. Alles Geschaffene hat daher ein *duplex esse,* ein Sein in Gott als in seiner Schöpfungsidee und ein Sein in seiner hiesigen Existenz. Am Punkt nun, wo die Schöpfungsidee aus Gott entlassen wird, läßt sich feststellen, daß diese gleichzeitig in Gott drinnen bleibt. Deshalb das Drinnen und gleichzeitige Draußen der Kreaturen, das Eckhart gerne als paradoxale Existenz alles Geschaffenen deklariert.
In Gott ist Ewigkeit, also fällt in ihm der Zeitpunkt, da er die Welt vor 6000 Jahren erschuf, mit dem jetzigen Moment, da Eckhart spricht, zusammen. Da die Seele in der Lage ist, Ewigkeit zu denken, ist auch Ewigkeit in ihr als Seelenfunke. Daher erschafft der ewigkeitliche Gott auch jederzeitlich in der Seele seine Schöpfung, weil hier dieselbe Gleichzeitigkeit wie in ihm selber herrscht. Daher auch gebiert Gottvater in der Seele je neu, soweit sie Ewigkeit ist, seinen Sohn. Daher ist die Beschränkung der Inkarnation auf die Ereignisse in Bethlehem falsch. Gott ist dem Menschen ein *got der gegenwerticheit,* ja Gott ist allem Geschaffenen so sehr seinshaft innerlich, daß Eckhart sagen kann: »*Das Sein* ist Gott«. Worin unterscheidet sich denn Gott von allem Geschaffenen, wenn er dieses, sofern es Sein ist, ist? Darin unterscheidet er sich von allem Geschaffenen, daß er sich von nichts unterscheidet. Welches Geschaffene könnte von sich sagen, es unterscheide sich in nichts von allem Geschaffenen? Das kann nur Gott.
Immer noch sind wir damit nicht beim innersten Geheimnis Gottes angelangt. Genannt ist bisher nur das dreifaltige Wirken

Gottes in der Seele des Menschen. Eckhart kennt aber einen Zielpunkt dieses dreifaltigen Wirkens Gottes, es ist die Gottheit.[28] Diese ist eine Wüste, eine Stille, ein Schweigen, eine nicht ergründbare Abgründigkeit. Die Gottheit ist Gott unter dem Aspekt seiner Einheit, nicht seiner nach außen wirkenden Dreifaltigkeit. Die ganze Dynamik der drei Personen in Gott, ihr Liebesgeheimnis, besteht darin, daß sich Gott jeden Nu in seine Einheit überführt. Wird nun der Mensch als Gottes Sohn geboren, so wird auch er in diese Bewegung einbezogen, die immer auf diese Einheit der Gottheit hin tendiert.

Eckharts philosophische und theologische Denkanstrengungen haben eine innerste Antriebskraft in der Vorstellung der Wiedergewinnung einer unvordenklich gegebenen, d. h. geschehenden Einheit des Geschöpfes mit seinem Schöpfer. Nichts anderes will christliche Mystik immer schon. Im Gegensatz allerdings zu vielen Spielarten christlicher Mystik hält Meister Eckhart nicht allzuviel von isolierten ekstatischen Erfahrungen dieser Einheit – *rara hora, parva mora*[29] –, weil für ihn die Einheit, die ist und immer schon besteht, bei weitem großartiger und intensiver ist, als alle Erfahrungsmöglichkeiten des Menschen. Ekstatische Mystik ist gegenüber dieser Seinsmystik sekundär. Entscheidend ist, zu ratifizieren, was ist. Was aber ist, ist Gott und sonst nichts. Das Geschöpf als Nichts hat nichts zu werden und zu sein, damit Gott alles werde. Oder in der Metaphorik von Wort und Sprache: Gott als Wort – jenseits aller Worte des Menschen – spricht im eigentlichen Sinn, wir im uneigentlichen. Das eigentliche Wort als das hinter dem uneigentlichen zu durchschauen, das ist einziger Anteil des Menschen. Er soll bloßes *bîwort*[30] zum WORTE sein.

Die deutsche Mystik im Spannungsbereich von Theologie und Spiritualität

I

Die Gestalt, in der uns die geistige Hinterlassenschaft der sog. deutschen Mystik heute begegnet, hat von ihrer literarischen Formung her – soweit es um deutschsprachige Texte geht – scheinbar eindeutig einen erbaulichen Charakter. Die literarischen Gattungen, in denen sich diese geistige Bewegung dokumentiert hat – Predigt, Traktat, Sendbrief und Vita –, sind von ihrer Appellstruktur her seelsorglich ausgerichtet und wollen auch als solche gelesen werden. Historisch sind diese Texte daher am sachgemäßesten im Rahmen einer Spiritualitätsgeschichte zu erfassen, die sich der Ereignisse und Vorgänge annimmt, welche die objektiv gegebenen christlichen Heilsdaten in der Subjektivität des Menschen hervorrufen, die also nichts anderes ist als die historisch von Menschen verschiedensten Charakters und geistigen Zuschnitts bezeugte »subjektive Seite der Dogmatik«.[1] Solche Zuordnung wäre allerdings problematisch, wenn darin eine Deutung impliziert wäre, die einen allfälligen Anspruch dieser Texte auf objektive theologische Geltung unterschlüge und ihre Herkunft aus wissenschaftlicher Theologie mißachtete. Hans Urs von Balthasar, dem wie keinem anderen Theologen die (historisch gewordene) Diastase zwischen objektiver Theologie und subjektiver Spiritualität ein Ärgernis ist, hat auf den *theologischen* Rang des Eckhartschen Schrifttums und dessen schulebildende Wirkung nachdrücklich hingewiesen:

> In Eckharts Schule, in klarer Wahl seines christlichen Weges und in Ablehnung seiner spekulativen Verstiegenheit, wird jene ›Metaphysik der Heiligen‹ grundgelegt, die das gesamte christliche Denken bis in die Neuzeit ... geprägt und zu einer einzigen Geistesfamilie zusammengeschlossen hat. Hierin ein Ereignis bloßer ›Spiritualität‹ abseits von der sogenannten strengen oder wissenschaftlichen Theologie zu erblicken, wäre töricht und sicher unzutreffend: vielmehr ereignet sich hier Theologie bzw. theologische Metaphysik zentral, sowohl theoretisch wie der geistesgeschichtlichen Auswirkung nach.[2]

Wenn das stimmt, dann haben wir den paradoxen Tatbestand eines Schrifttums, das von seiner gattungsmäßigen und strukturellen Bestimmung her als erbaulich und spirituell eingestuft, gleichzeitig aber in seiner theologischen, d. h. streng objektiven Heilsaussage erfaßt werden muß. Das in den universitären Wissenszentren des 13. Jahrhunderts sich abzeichnende Auseinandertreten von Theologie und Spiritualität, Wissen und Leben, Scholastik und Mystik[3] wäre dann in der Bewegung der deutschen Mystik nach von Balthasars Feststellung nicht zu seinem signifikanten Ende gekommen, sondern hätte hier im Gegenteil eine Korrektur erfahren, deren heilsame Nachwirkung in der Folgezeit allerdings ausgeblieben wäre.[4]
Es stellt sich aber die Frage, inwiefern die mystische Predigt der ersten Hälfte des 14. Jahrhunderts in deutscher Sprache nicht nur ein Wort subjektiven geistlichen Lebens, sondern auch der objektiven Wahrheit darstellt, inwiefern hier im Sinne von Balthasars eine »Heiligen-Theologie«[5] entworfen wird, in der der theoretische Aspekt dem praktischen die Waage hält. Die folgende Skizze versucht, in zwei Schritten – erstens in der Frage nach den historischen und mentalen Voraussetzungen der deutschen Mystik und zweitens im Hinweis auf die eigenen Aussagen der Mystiker – abzuklären, in welcher Hinsicht hier von einer mindestens intentionalen Einheit von spirituellen und theologischen Bestrebungen die Rede sein kann.

II

Die historischen und mentalen Voraussetzungen der mystischen Predigt des 14. Jahrhunderts begünstigen eine Integration von Theologie und Mystik weit eher, als daß sie sie in Frage stellen würden.[6] Die seit dem Beginn des 13. Jahrhunderts machtvoll sich artikulierenden Mendikantenorden der Dominikaner (seit 1216) und Franziskaner (seit 1223) bezeugten ihre geistige Spannkraft nicht nur durch eine Neufassung der monastischen *conversatio morum*[7], sondern vor allem auch durch ihre aus intensivem Studium der *sacra divina* legitimierten Ausgriffe auf die wissenschaftlichen Intentionen der Zeit im Umkreis von städtischer Ökonomie und Lebensweise und darin angesiedelter Universität.[8] Insbesondere der Predigerorden der Dominikaner

– der uns hier als (nicht ausschließlicher) geistiger Ursprungsort der deutschen Mystik vor allem interessieren soll – ist ohne Hinblick auf seine Urbanisierung im Kloster St. Jacques in der Universitätsstadt Paris nicht adäquat erfaßbar[9], vor allem nicht in seiner Wissenschaft und Weisheit, aktives und kontemplatives Leben, Studium und Predigt *(cura animarum)* vereinenden Konzeption einer *vita mixta.*[10] Die Reihe: Studium, Predigt, Seelsorge[11] gewann bei den Dominikanern eine konstitutionelle Verbindlichkeit, wie sie bisher bei keinem Orden vorhanden war. Alle Gegebenheiten des Ordenslebens wurden dem Ziel einer wirkmächtigen Seelsorge (und darin eingeschlossen: einer Wiedergewinnung der Häretiker und Ketzer) radikal unterstellt, so daß die *vita mixta,* in der sich kontemplative und aktive Tendenzen zu einer einheitlichen Lebensform verbinden sollten, weit eher als Folge denn als Grundlegung der Zielsetzung des Ordens erscheint. Auch das Studium der Theologie gehört in diesen Zusammenhang von Folgeerscheinungen, die sich aus der Absicht der Seelsorge herleiten.
Damit die Früchte des theologischen Studiums sich auch möglichst breit auszuwirken vermochten, brauchte es eine seelsorgliche Versatilität und geographisch-geistige Mobilität der Predigerbrüder, die sie sich durch Nichtbeachtung der alten monastischen *stabilitas loci* ermöglichten. Nicht mehr die Bindung an ein Ortsheiligtum begründete ihre Spiritualität[12], sondern die Ortsungebundenheit einer *vita religiosa,* deren Anhänglichkeit an die älteren monastisch-kanonikalen Gehalte allerdings deswegen keineswegs unterschätzt werden darf[13]; im Gegenteil, nach dominikanischem Selbstverständnis lassen sich die evangelischen Räte – insbesondere der einer radikalen Armut *sine possessionibus, sine redditibus*[14] – in der Nichtbindung an einen bestimmten Ort sowohl in gesellschaftlich-ökonomischer Hinsicht (durch Bettel und Seelsorge) als auch in ihrer geistlichen Bestimmung (durch Verzicht auf alles geistig-geistliche Haben) im Sinne einer *peregrinatio pro Christo*[15] viel eindeutiger und radikaler erfüllen. Erst in solcher Ungebundenheit von örtlicher Stabilität ist eine echte *vita apostolica* angemessen durchführbar. Wenn auch zur Zeit der deutschen Mystik – in der ersten Hälfte des 14. Jahrhunderts – die deutschen Dominikanerklöster wohl nirgends mehr die ökonomische Armut realisierten, die dem Grundsatz der ersten Konstitutionen entsprach[16], so

war doch von der ursprünglichen Mobilität – Eckharts und Seuses Reisen bezeugen es – nichts eingebüßt worden. Man hat angesichts der Wanderpredigt der Predigermönche von einer »spiritualité de la route«[17] gesprochen. Tatsächlich gehört es zu den entscheidendsten Zügen dieser *vita apostolica*, die Menschen nicht bei sich in einem wohlbesorgten monastischen Haus zu empfangen, sondern sie aufzusuchen, wo immer sie sich finden. Das Modell der gegen die Kirche revoltierenden Kleriker – die unablässige Wanderpredigt – wurde hier in einer Weise in kirchlichem Geiste rezipiert, daß, was unmöglich schien, die Initiative des apostolischen Wanderpredigers sinnvoll mit den Anforderungen eines Kommunitätslebens in eins gebracht werden konnte.[18] Es dürfte nicht zuletzt das legislative und organisatorische Geschick des Ordensgründers Dominikus gewesen sein, welcher das Wander- und Reiseleben der Brüder sinnvoll reglementierte.[19] Wenn es auch stimmt, daß die dominikanische Lebensweise einer ›spiritualité de la route‹ gehorchte, so ist doch gleich beizufügen, daß dieses apostolisch verstandene Wanderleben den Innervationen der damaligen zivilisatorischen und kulturellen Zentren entsprach. Humbert hat darüber ein genaues Bewußtsein, wenn er sich über die Konzentration des Ordens auf die *Städte* äußert.[20] In seiner Schrift *»De modo prompte cudendi sermones circa omne hominum genus«*, cap. LXXII, zählt er drei Punkte auf, welche die Predigt in den Städten sinnvoll macht: 1. *in civitatibus sunt plures quam in aliis locis, et ideo melius est ibi predicare quam alibi.* Diese Rücksicht aufs Quantitative ist so schlagend wie überraschend, zeigt aber ein Kalkül auf, das sich innerhalb der sozio-ökonomischen Belange der Stadtkultur immer deutlicher durchsetzen wird als regelhaft angewandtes Befragungsmuster der eigenen Situation. 2. Das religiös ausgerichtete und kontrollierte Leben ist in den Städten schwieriger: *ibi sunt plura peccata.* Der bis heute gängige Verdacht der Kleriker gegenüber dem Stadtleben – es fördere die Dechristianisierung in unerlaubtem Ausmaß – ist hier maßgebend als Ansporn, dem Zustand durch neue Formen der Seelsorge abzuhelfen, ausgesprochen. 3. Das Land eifert den Städten nach – auch in den religiösen Verhaltensformen. Also muß zuerst die in den Lebensformen führende Stadt missioniert werden:

Item minora loca, quae sunt circa civitates, magis conformantur civitatibus quam ex converso, et ideo fructus praedicationis, qui fit in civitate magis derivatur ad ista loca quam e converso, et ideo magis conandum est facere fructum per praedicationem in civitatibus quam in aliis locis minoribus.

Es ist ganz klar, daß sich in solchen Überlegungen nicht nur ein Bewußtsein vom urbanen Charakter dieser *vita apostolica* der Dominikaner äußert, sondern die darüber reflektierende und rechnende Strategie einer Pastoral, welche sich mit der ganzen Zivilisation der Stadt identifiziert hat. Die Bettelorden sind daher in jeder Hinsicht – religiös, sozial, ökonomisch, zivilisatorisch – ein urbanes Phänomen. So richten sich denn die Predigten – das ist auch für die Predigt der deutschen Mystik zu betonen! – zunächst an die Stadtbürger. Das ist der *Status*, der an erster Stelle der Ständegliederung der Adressaten der dominikanischen Predigt steht.

Eine strenge Einordnung von Wissenschaft und Predigt unter die Direktive zur Seelsorge – *Studium enim est ordinatum ad praedicationem; praedicatio, ad animarum salutem, quae est ultimus finis (ordinis)*[21], wie Humbert von Romans in seiner Auslegung der Ordenskonstitutionen von 1220 sich ausdrückt –, ja eine polemische Absetzung der *docta justitia* gegenüber einer *sancta simplicitas*[22] – im Gegensatz zu dieser, die sich bloß selber genügt, ist jene auch andern Menschen nützlich! – bewirken eine pastorale Stoßkraft des jungen Ordens, die von dessen ersten Angehörigen durchaus mit Stolz notiert wird: Die Selbstdispensationen vom asketisch-liturgischen Programm der alten Mönchsorden, die sich die Dominikaner gestatten, haben ihren Grund in der schier schrankenlosen Freigabe des Studiums (bis hin zum Studium während der Nacht und des Offiziums). Warum? –

quod studium multa bona contulit et confert Ordini. Primum est praerogativa quaedam excellentiae respectu aliorum ordinum. Certum est enim quod altior est religio cum scientia quam sine scientia, et ideo religio quae primo habuit studium cum religione reputata est praeeminens quodammodo.[23]

Predigt, geistliche Beratung, Beichthören und *similia spiritualia seminare*[24] wären ohne die Hochhaltung des theologischen Studiums nach dominikanischem Selbstverständnis nicht gut möglich *(nisi vigeret studium apud nos)*.[25] Diese Betonung des Studiums ging einher mit einem Verzicht auf die von älteren

Mönchsorden (und noch den Franziskanern) verlangte Handarbeit. Die Einsicht, daß geistige Arbeit den vollen Einsatz der Person verlangt, war eine Erkenntnis, die sich mit der in den Städten praktizierten Arbeitsteilung leicht vermitteln ließ und im Kontext der Universität ihre institutionell gegründete Geltung bekam. (Interessant ist die Feststellung der Forschung, daß die Mendikanten [hier vorab die Franziskaner] sich in ihrer *vita religiosa* sprachlich und verhaltensmäßig stark dem Marktmilieu der Städte anpaßten.)[26]

Die wissenschaftliche Arbeit der Predigerbrüder, für deren Durchsetzung es Bücher notwendigerweise brauchte, brachte – von unerwarteter Seite – ein »Mißverhältnis von wissenschaftlicher Arbeit und Armutsforderung« zutage, das sich aus dem (für die Durchführung des Studiums unentbehrlichen) Tausch und Handel mit Büchern ergab. Es war schon sehr früh Usus bei den Brüdern, mit ihren Büchern Handel zu treiben, »sie von Frater zu Frater zu verkaufen – oder auch an Auswärtige; dies wurde zwar immer wieder verboten oder auch dahingehend eingeschränkt, daß man den Erlös für verkaufte Bücher nur wieder zum Ankauf anderer wissenschaftlicher Werke verwenden dürfe«.[27] Dieses Detail mag als Hinweis dienen auf die Schwierigkeiten, die sich aus der Differenz zwischen Ideal und Wirklichkeit der neuen Ordensgründung ergab. Sie ist nur eine (und relativ unbedeutende) Schwierigkeit unter vielen andern, die aus der Institutionalisierung des so hochgeachteten Studiums in Paris und in andern Städten entstehen konnte.

Das Studium war anspruchsvoll, und dessen Organisatoren entwickelten die Tendenz, es durch institutionelle Maßnahmen laufend zu vereinheitlichen, aber auch, es durch Ausweitung des Lernstoffes in seinem intellektuellen Anspruch maßgeblicher zu gestalten.[28] Waren in den frühen Konstitutionen noch die *artes liberales* und die Lektüre heidnischer Autoren verboten[29], so wurden mit der Zeit doch immer mehr Gehalte der Artes[30] in das Grundstudium des angehenden Predigerbruders einbezogen.[31] Zu Beginn des 14. Jahrhunderts hat dessen Studiengang etwa folgendermaßen ausgesehen[32]: Eintritt in ein Ordenshaus; ein Jahr Noviziat mit anschließender Profeß, danach etwa zweijähriges Verbleiben daselbst; es folgt während 3/4 Jahren das seit der Mitte des 13. Jahrhunderts geforderte *Studium artium et naturarum*, das eine Art Propädeutik in Dialektik, philosophischer Grammatik, Physik, Mathematik, Metaphysik und Moralphilosophie darstellte. Danach erst wurde das eigentliche Studium der Theologie entweder an einem *Studium particulare* (für Studenten eines bestimmten Gebietes und ohne Privilegierung einzelner) oder an einem *Studium generale* (seit Beginn des 14. Jahrhunderts je eines pro Provinz, zugänglich nur für ausgewählte hervorragende Studenten) in Angriff genommen. Dieses dauerte 2-3 Jahre im ersten und 2-3 zusätzliche Jahre im zweiten Fall. Für Organisation und Lehrkörper dieser Studia war das Vorbild der Universität wegleitend. Das Prinzip der Arbeitsteilung in der theologischen Ausbildung verlangte ein Professorenkollegium von drei Brüdern: dem *Magister actu regens cathedram*, dem *Baccalarius sententiarum* und dem *Baccalarius biblicus*, die sich das scholastische Lehrpensum von *legere*, *studere* und *disputare* aufteilten. Dieser Organisation im *Studium generale* entsprach in den *Studia particularia* das Kollegium von *Lector principalis* (der an sich in keinem Konvent fehlen durfte), *Magister studentium* und wenigstens einem Sublektor. Wenn auch dieses Personal bei weitem nicht in jedem Konvent gestellt werden konnte, so entsprach es doch den Erfordernissen, die eine angemessene wissenschaftlich-theologische Ausbildung des Ordensnachwuchses mit sich brachten. Die Brüder, die – in den *Studia particularia* zu Seelsorgern, in den *Studia generalia* zu Hauslektoren – ausgebildet werden sollten, hatten bei mangelndem Lehrangebot in einem bestimmten Konvent die Möglichkeit, in einem andern, entsprechend ausgerüsteten Konvent ihre Bedürfnisse zu decken, was ihrer Mobilität durchaus konform war.

Das elastische arbeitsteilige Prinzip, das in Lehre und Unterricht in den Konventen herrschte, kam nicht nur den ökonomischen Anforderungen einer bürgerlichen Stadtgesellschaft entgegen, indem es deren Arbeitsteiligkeit in der Deckung sozialer Bedürfnisse durch einzelne Dienstleistungen widerspiegelte, sondern es entsprach den diversen Teilbereichen einer sich universitär differenzierenden theologischen Wissenschaft[33], deren Umgang mit den Urkunden der christlichen Offenbarung, vorab der Bibel[34], dann auch den *Sententiae* des Petrus Lombardus, keineswegs mehr bloß meditierend, repetierend und ruminierend war.[35] Die Unterrichtenden hatten bestimmte Pflichten zu erfüllen: So war dem *Magister regens cathedram* oder dem

Lector principalis die *lectio ordinaria* über das Textbuch der *Sacra pagina*, d. h. der Bibel, aufgegeben. Dieser Lektor ist *lector ad legendam Bibliam*, der weniger Schriftexegese im eigentlichen Sinn als Schrifttheologie unterrichtete.[36] Der junge Student war aber zuvor schon durch den *Lector ad legendam Bibliam biblice* (oder *Baccalarius biblicus*) in die Lektüre der Hl. Schrift exegetisch und ›kursorisch‹ eingeführt worden. Der Magister oder Hauptlektor (je nach Studium) präsentierte eine magistrale Schriftauslegung – man denke an Meister Eckharts *Expositiones*! –, deren Tenor ein spezifisch theologischer im Sinne einer *spekulativen* Erörterung des Schrifttextes war, so daß die eigentliche Bibelexegese oft zu kurz kam. Die Tätigkeit des *Baccalarius sententiarum* (oder dessen Genossen im Hausstudium: des Sublektors) – beide an der Auslegung der Sentenzen des Petrus Lombardus engagiert – konnte der eigentlichen Schriftexegese nochmals gefährlich werden durch einen stark wissenschaftlich spekulativen Zug. Bibelexegese, Bibeltheologie und Sentenzenlesung bilden für den Dominikaner also ein Konglomerat an Lehrstoff, dessen Teile durchaus nicht mehr stimmig aufeinander verweisen, vor allem aber auch nicht mehr immer durchsichtig werden konnten auf die alles entscheidende Zielsetzung des Ordens hin: auf die Seelsorge.

Bekannt sind die Selbstaussagen der deutschen Mystiker, in denen sie sich weniger als *lesmeister* (*Magistri* = Professoren) denn als *lebmeister* sehen möchten.[37] Es ist die Frage, ob in dieser Parteilichkeit sich ein Vorbehalt gegen die damals herrschende spekulative Theologie der Universitäten und Ordensstudien ausspricht. Mindestens läßt sich im Falle Heinrich Seuses eine Enttäuschung über die Studiensituation und über den profanen Charakter der Studien nicht übersehen. In seinem ›Horologium Sapientiae‹ berichtet er darüber. Begierig, *ad cognitionem verae et summae philosophiae* zu gelangen[38], eilte er von Studium zu Studium (*de studio ad studium pergeret*)[39], ohne zu finden, wonach er suchte. Die Schau einer Goldkugel, die in sich zwei Bildungsstätten enthält, vermittelt ihm eine hierarchische Betrachtung des Bildungswesens. In der unteren Stätte halten sich die *artes liberales et mechanicae et philosophi diversi* (HS 520, 12 f.) auf. Alle haben so etwas wie einen Schleier über dem Gesicht, obwohl sie intensiv arbeiten. Ihr

Getränk, anstatt den Durst zu stillen, fördert die Trockenheit der Kehle. Der Schüler (Seuse) hält sich hier *paululum* auf, versucht vom Getränk, ekelt sich dann aber davor *(nauseam habere coepit)* (HS 520,22 f.). Dann begibt er sich zur zweiten Stätte, welche die folgende Türüberschrift trägt: *Haec est schola theologicae veritatis, ubi magistra aeterna sapientia, doctrina veritas, finis aeterna felicitas* (HS 520,27 f.). In der Meinung, hier gefunden zu haben, was er sucht, beeilt er sich einzutreten und findet hier drei Kategorien von Lehrern und Schülern. Die erste umfaßt jene, die – nahe der Tür und das Angesicht nach draußen gewendet – allen Honigtrank der Weisheit in Galle verwandeln, indem sie sich stolz als Könige ihres Faches aufblähen und nach akademischen Graden, Prälaturen und Pfründen Ausschau halten. Ihr Vergehen besteht in »reiner« Wissenschaftlichkeit und Rücksichtslosigkeit, was den Affekt betrifft: *Speculationi scibilium solum intendebant, affectu vero frigidissimi remanebant* (HS 521,10 f.). Das Bild ihres eitlen Verhaltens, das Seuse von diesen Lehrern – *sapientiam studentes et insipienter viventes* (HS 521,21 f.) – zeichnet, ist das von sich gegenseitig angreifenden Kampfhähnen, die sich um die Silberkugel der Wahrheit der Hl. Schrift streiten (HS 521,3 ff.). Es sind *moderni*[40], welche diese Wahrheit weniger suchen als bekämpfen, indem sie durch *improbationes, replicationes et opinionum novitates mirabiles* (HS 523,5 f.) den Zuhörern eher Bewunderung abnötigen als nützliche Lehre vermitteln. Die Wahrheit wird so durch Begrifflichkeit und neues, bisher unbekanntes Vokabular anstatt eröffnet, verdunkelt. Einige unter diesen Lehrern wollen lehren, was sie *non opere sed meditatione* (HS 523,12) – also: bloß spekulierend und nicht erfahrungsmäßig – gelernt haben. Jeder Erfahrungsbezug ihres Tuns geht ihnen ab: Ihre *doctrina* stammt nicht *ex vita atque exercitiorum frequentia* (HS 523,13). Seuse vermag den Grund ihres geistlichen Erfahrungsverlusts genau anzugeben:

Nam libros sanctorum patrum, qui olim vigente religione et florente devotione in usu erant, sicut collationes patrum et similia devotionis germina, ubi devotionis fundamenta et spiritualis scientia et totius perfectionis continetur summa, quae hominem ad compunctionem et sui ipsius recognitionem et devotionis perditae restaurationem ac divinum trahunt fervorem, spernentes ad ea se scripta, quae vel ambitioni deserviunt vel quaestui, convertebant. Quod et si praemissa inspiciebant, non propter novam devotionis gratiam acquirendam, sed propter meliorem consecutionem finis ab ipsis intenti hoc faciebant ... Libros namque eiusmodi purissimam devotionem continentes permiserunt ex neglegentia vetustate consumi; sola sermonum volumina, et si qua sunt talia, quae propria implent marsupia, studiose revolventes et sibi preciose comparantes, sub specie pietatis miseri se ipsos neglexerunt (HS 523,14-23, 27-31).

Die Menschen dieses Zuschnitts haben sich eine bloß scheinbare weltliche Frömmigkeit *(quoddam sanctum saeculare)* (HS 523,3 f.) zugelegt, auf wahrhafte Tugend haben sie verzichtet. Das echt dominikanische Motiv der Seelsorge ist hier wiederum entscheidend: *Nam pacem propriam quaerentes, pacem autem salutis animarum dissimulantes, nimis remisse et neglegenter egerunt* (HS 524,5 f.). Der *amor proprius* (HS 524,8 f.) ließ sie nicht erkennen, welcher Wurm die *interiora vitae spiritualis* (HS 524,9) zernagt. Verzicht haben diese Leute auch grundsätzlich auf eigenes reformerisches Handeln im geistlichen Leben geleistet: Mögen sie ein paar Idole auf ihrem Weg zerstört haben, die eigentlichen Höhepunkte ihrer Selbstsucht haben sie nie demontiert. Anstatt selber zu handeln, delegierten sie das rechte Handeln an unfähige Vikare. Sie vernachlässigten die *opera bona* und die *viva exempla* (HS 525,3 f.), indem sie die Menschen nur mit Worten abspeisten: *Sed quia multa dicere et pauca facere contendebant, quasi serpentem cum cauda lubrica apprehendebant* (HS 525,8 f.).

Die zweite Kategorie von Menschen in dieser *mansio* entspricht der ersten.[41] Nur die dritte Kategorie von Menschen versteht es, in rechter Art und Weise in der Nähe des Meisters heilsame Weisheit zu trinken und diese auch weiter an den Nächsten zu vermitteln. Ihre Weisheit ist die Weisheit der mystischen Erfahrung:

aquam sapientiae salutaris ex ore eius (= magistri) bibentes inebriabantur in tantum, ut se ipsos et omnium aliorum obliviscerentur, et corde et animo, oculis ac facie sursum tenderent, et quodam modo in abyssum divinae speculationis ac dulcedinis immersi et absorpti, ad divina contemplando rapentur. Hi quasi caelum stellatum in hoc mundo fulgebant, et velut ardens facula sursum tendentes, in se ardebant et proximos quosque in Dei amore accendebant (HS 525,14-21).

Im Ganzen, so wird dem Schüler in der Schau weiterhin bedeutet, sind in diesen drei Kategorien *tres modi ... studendi atque docendi sacram scripturam* (HS 525,28) abgebildet: im *modus carnalis* (HS 525,29) jene, die sich bloß auf den Buchstaben ohne den Geist konzentrieren; der *modus animalis* (HS 525,33) gilt für jene, die zwar mit einfachem Auge im Unterricht nach dem blicken, was fürs Heil notwendig ist, aber doch darüber hinausgehende Werke zu tun und nach bessern Gnaden zu eifern sträflich unterlassen; und schließlich der *modus spiritualis*, von dem es heißt:

est eorum, qui toto cordis affectu ad ea, quae perfectionis sunt, se viribus omnibus extendunt, studiose operam dantes, ut sicut intellectus eorum scientia, sic et affectus eorum divina sapientia repleatur; et sicut proficiunt in cognitione veri, sic et in amore summi boni (HS 526,3 ff.).

Daß diese von Wilhelm von St. Thierry übernommene Statuslehre[42] den scholastisch Gelehrten wenig Chancen läßt, liegt auf der Hand; die *vera et summa philosophia* (HS 520,3; 526,11), der Seuse anhängt, ist jene, die – ganz im Sinne der monastischen und später franziskanischen *Sapientia*[43] – Spekulation und Affekt, oder – in moderner Sprechweise – »theologisches System und religiöse Erfahrung, Doxographie und Biographie, Dogmatik und Mystik«[44] ineinander vermittelt. Das Problem eines solchen Schismas zwischen den Bereichen stellen, heißt schon, an dessen unheilbaren Auswirkungen zu leiden. Die Erfahrung dieser Diastase, die er im ersten Jahrzehnt des 14. Jahrhunderts im eigenen Ausbildungsweg machen muß[45], führt Seuse nicht zu einer tätigen Vermittlung zwischen Scholastik und Mystik, wie er sie von Meister Eckhart her kennt, sondern zu einer Parteinahme zugunsten der alten monastischen Spiritualität des frühen Mönchtums: *Summus ille philosophus Arsenius*[46], jener *famosissimus doctrinae christianae philosophus*[47], der Altvater in der ägyptischen Wüste, der in den »Apophthegmata patrum«[48] viele Male mit seiner Weisheit erwähnt wird, ist es, dessen *dictis se confirmare* (HS 547,23) der Schüler vorhat. Noch während seiner Studien der *mundanae philosophiae* (HS 546,32) beginnt er seine Augen auf die »Philosophen« der *spiritualis philosophia* zu richten, weil sie einzig eine *consolatio caelica* zu geben fähig sind (HS 546,29).

Seuses Votum zugunsten der alten vorscholastischen, Spiritualität und Theologie noch nicht aufgliedernden *Sacra Scriptura* ist gleichzeitig als Reflex einer als unbefriedigend empfundenen schulischen Gesamtsituation und einer dem Dominikanerorden

immer schon selbstverständlichen Zuneigung zur Geistigkeit des alten Mönchtums zu verstehen.[49] Im Plädoyer für einen *devotio* und *doctrina* ineinander vermittelnden *modus spiritualis* der Schriftbetrachtung kann Seuse mit gutem Gewissen auf die Zielsetzungen des Ordens abstellen, die jenseits des Studiums letztlich einzig das Seelenheil der Gläubigen erstreben.
Daraus ein grundsätzliches Mißtrauen Seuses gegenüber der thomistischen Philosophie und Theologie herauslesen zu wollen, geht zu weit. Ein Hinweis aufs ›Büchlein der Wahrheit‹ kann diesen Verdacht leicht entkräften.[50] Und macht man in Rücksicht auf Seuses zweite Lebenshälfte die notwendigen Abstriche an der geschilderten Parteilichkeit für die alte monastische Spiritualität und vor allem das darin dominierende Ideal der *vita eremitica,* dann bleibt die Kritik an einem schulischen Betrieb, der sich verselbständigt und sowohl seine Ausrichtung am Ziel der Seelsorge wie der Heiligung des Lebens preisgegeben hat. Sinn und Zweck des Studiums sind verfehlt, wenn die daselbst erarbeiteten spekulativen Gehalte der Offenbarung nicht in persönlicher Erfahrung *(devotio)* und in der seelsorglichen Weitergabe an den Nächsten fruchtbar werden können. Das Beharren der Mystiker auf ihrer Funktion als *lebmeister* zeigt ihr Bestreben, Theorie und Praxis, Lehre und Leben, Kontemplation und Aktion, Doxographie und Biographie (speziell bei Seuse!) nicht auseinandertreten zu lassen, sondern sie ineinander zu integrieren. Faktisch heißt das, daß die scholastischen Formen der Lehr- und Wissensvermittlung – *lectio, quaestio* und *disputatio*[51] – der seelsorglich orientierten Predigt[52] mindestens nicht entgegenstehen, sondern darin eingehen als treibende, sprachliche Momente einer innerlichen, dem Hörer nachvollziehbaren, quästional und disputierend[53] vorgelegten *lectio* der Hl. Schrift. Kommt das neue Medium noch hinzu – die Volkssprache, die für diese Seelsorge einzig in Frage kommt –, dann ist hier ein Umsetzungsprozeß mentaler und sprachlicher Art zu leisten, über dessen psychologische und soziologische Tragweite wir uns heute kaum mehr ein angemessenes Bild machen können.

Das Problem von Philosophie und Theologie von dem seiner Umsetzung in christliches Leben zu isolieren würde bedeuten, ihm das fernzuhalten, was sein ganzes Interesse ausmachen muß: die Frage des Heils, die Ich und Gesellschaft in all ihren Dimensionen betrifft. Nach dem Verständnis der Mystiker kann hier nur eine theologische Wissenschaft einschlägig sein, die um ihren sapientialen (d. h. erfahrungshaften) Charakter weiß. Theologie ist nach dieser Auffassung Weisheit unter dem Gesichtspunkt sowohl der wissenschaftlichen Möglichkeiten wie der Verwirklichungsformen. Seuse besitzt einen vollen Sapientia-Begriff in seinem »Büchlein der ewigen Weisheit« (und in dessen lateinischer Fassung), wie er seit Augustinus und nach ihm von Bonaventura aufs eindrücklichste etwa in seiner Predigt über den Heiligen Dominikus (der nicht sein eigener Ordensvater war!) entwickelt wurde.[54]

Daß sich eine solche sapientiale Auffassung von Theologie zu Beginn des 14. Jahrhunderts bei den deutschen Mystikern durchsetzen konnte, hat seine konkreten Hintergründe. Daß die Ausrichtung der Pastoral auf die Stadt die Anwendung der Volkssprache erforderlich machte, wurde erwähnt. Es kommt hinzu, daß neben dem Stadtpublikum sich für die Dominikaner ein Publikum gewissermaßen zwangsweise ergab, das sie in ihren Anfängen aus ganz verschiedenen Gründen zu vermeiden suchten. Gemeint sind die Schwesternkonvente dominikanischer, aber auch anderer Observanz. Die Geschichte des Dominikanerordens in seinem Verhältnis zu den Schwesternkonventen ist die Geschichte eines Seilziehens zwischen den männlichen und weiblichen Ordensangehörigen seit Jordan von Sachsen, bis im Jahre 1267 Papst Klemens IV. – nach eifriger Förderung des Zusammenschlusses durch Humbert von Romans und Kardinal Hugo – das Verhältnis der Dominikanerinnen zu den Predigerbrüdern, ältere Vereinbarungen konsolidierend, fest umriß, indem er festlegte, »daß die Nonnenklöster, die durch einen Papst, einen Ordensmeister oder ein Generalkapitel dem Orden angegliedert waren, im wesentlichen die Vergünstigungen vom Predigerorden erhielten«[55], die ihnen bei der Inkorporation zugesprochen worden waren: Sie bleiben *sub magisterio et doctrina* (unter Aufsicht und geistlicher Leitung) des Ordensgenerals[56]; es werden ihnen alle Privilegien des Ordens zugesprochen; die Ordensmeister bzw. die Provinziale haben die Pflicht, alles für das Seelenheil und den geistlichen Fortschritt der Schwestern Notwendige zu tun, ihnen die Regel der Dominikanerinnen zu gewähren, die Klöster zu visitieren oder visitieren zu lassen und ihnen die Sakramente zu spenden (insbesondere Beichthören). Ausgenommen von diesen Verpflichtungen ist der tägliche Gottesdienst und das Wohnen der Brüder – als Spirituale – in den Nonnenklöstern. Damit haben die Nonnen grundsätzlich gegenüber den Predigerbrüdern den Sieg davongetragen. Die Last der *cura monialium* muß für die deutschen Predigerbrüder insbesondere eine schwere gewesen sein. »Standen um 1300 doch 74 Frauenklöstern in den beiden Provinzen Saxonia und Teutonia nur 67 Frauenklöster in den übrigen 16 Provinzen des Ordens zusammen gegenüber. Der Provinzial der Teutonia hatte allein die Last von 65 Frauenklöstern neben 49 Brüderkonventen zu tragen, während auf die Saxonia nur 9 Frauenklöster entfielen.«[57] Wenn im Jahre 1287 Hermann von Minden, der zur Zeit seines Provinzialats (1286-90) die Aufnahme von Frauenklöstern besonders begünstigte – 1286 nahm er aufs Mal etwa 40 Reuerinnenklöster auf! –, in seiner berühmt gewordenen Bestimmung über die Schwesternbetreuung sagt: *Providete, ne refectione careant verbi dei, sed, sicut erudicioni ipsarum convenit, per fratres doctos sepius predicetur*[58], dann braucht gewiß nicht mit dem exakten Datum dieser Verlautbarung die mystische Predigt in der Volkssprache angesetzt zu werden.[59] Indessen ist doch zu erwägen, ob mit dieser Bestimmung die mannigfachen Befürchtungen der Predigerbrüder, durch die *cura monialium* von ihrer eigentlichen Seelsorgsaufgabe abgehalten zu werden (Missionsbestrebungen, Stadtmission etc.) oder mindestens Einbußen im Personal der Studia in Kauf nehmen zu müssen, ein für alle Mal zum Schweigen gebracht wurden, daß also die Bahn wenigstens von den legalen Voraussetzungen her frei für eine intensive und intellektuell keineswegs anspruchslose Betreuung der Schwestern offen war. Daß sich diese Seelsorge zu einer eigentlichen Mystagogie entwickeln und ausbilden konnte, das ist dieser Bestimmung sicher nicht ursächlich anzulasten, wie das Denifle versucht hat[60], sondern ist – wie Scheeben versichert – das Verdienst einiger weniger Brüder, deren Gesamtheit ich aber doch gerne als eine eigentliche Bewegung mit mystischer Intention sehen möchte. Auch Scheeben kann sich dieser Einsicht nicht verschließen, wenn er die »mystische Bewegung« als eine weitverbreitete religiöse Reaktion gegen den allgemeinen Sittenzerfall anzusehen gewillt ist. Seiner Vermutung allerdings, daß diese Bewegung

»mit der eigentlichen Mystik nichts zu tun hat«[61], zu folgen, fällt schwer, da wohl alle mystischen Bewegungen so oder so »Reaktionen« gegen Sittenzerfall und Niedergang des geistlichen Lebens darstellen. Daß das Schrifttum der deutschen Mystik des 14. Jahrhunderts »im wesentlichen eine literarische Angelegenheit und weniger praktische Mystik im theologischen Sinne«[62] darzustellen habe, dieser Folgerung Scheebens ist mit allem Nachdruck zu widersprechen. Was heißt hier schon »literarische Angelegenheit«, wo alles darauf tendiert, das Literarische unter das Diktat der Seelsorge zu setzen, so daß das Literarische selber zum Ausdruck dieses Bestrebens wird? Es läßt sich dies bis in die Ausgestaltung der verschiedenen Gattungen und den literarischen Stil hinein nachweisen, auch wenn dem Nachweis reiner Mündlichkeit für die Predigttexte heute mit viel mehr Mißtrauen begegnet werden muß als früher.[63] Damit soll nicht der literarische Charakter der deutschen Mystik wegdiskutiert werden – das wäre insbesondere von seiten der Germanistik töricht –, aber es soll immerhin der »Sitz im Leben« dieser Texte auch nicht unterschlagen werden. Denn nach unserer Meinung erfüllt das Schrifttum der deutschen Mystik gerade den doppelten Anspruch – sowohl den von »Literatur« wie den von religiösem »Leben«, den von »Lehre« und den von konkreter existentieller Verwirklichung dieser Lehre. Das läßt sich im folgenden – gewiß ungenügend und bloß skizzenhaft – an den einzelnen Vertretern aufweisen.

III

Es wäre ausführlich aus der dominikanischen ›spiritualité de la route et de la ville‹ der Charakter der *vita mixta* zu ermessen, in deren Zentrum jener geheimnisvolle Punkt zu fassen wäre, an dem die Kontemplation sich in die Aktion umsetzt. *Contemplata aliis tradere*[64] ist die thomanische, seelsorglich-strategische Formel für einen tieferen Sachverhalt, der den Glauben und dessen lebendige Umsetzung in Erfahrung überhaupt betrifft; derselbe Sachverhalt hört sich, bezogen auf den Glaubensakt schlechthin, auch folgendermaßen an: *actus credentis non terminatur ad enuntiabile, sed ad rem.*[65] Das heißt doch nichts anderes, als daß die begriffliche Fassung des Formalobjekts des Glaubens, die *veritas prima* Gottes, nicht »unzusammengesetzt« (*incomplexum*), also rein begrifflich möglich sein dürfte, sondern daß die einfache *veritas prima* Gottes – *cognita sunt in cognoscente secundum modum cognoscentis!*[66] – in das »Zusammengesetzte« des menschlichen Verstandes- und Erfahrungsmediums einzugehen hat, das heißt: in die durch Teilung und Zusammensetzung charakterisierte Welt des Lebens, wenn sie dem Menschen notierbar werden soll. »So muß gesagt werden, daß die konkrete Objektivität des *creditum* ebenso in dem Zusammensein von Weltwirklichem und Gotteswirklichkeit besteht, wie der geheimnisvolle Sinn der Erfahrungsrede bzw. des Glaubenssatzes nicht ohne vernünftigen Sinngehalt existiert.«[67] Nebenbei bemerkt: Thomas konzediert der Theologensprache die Anwendung von sprachlichen Bildern aus genau diesem Zusammenhang zwischen an sich unfaßlicher *veritas prima* und deren Umsetzung in die an Erfahrbares anknüpfende Glaubenssprache, natürlich nicht *propter defectum rei*, sondern *propter excessum* der ersten Wahrheit über alles Erfahrbare hinaus.[68] Dieser erkenntnis- und glaubenstheoretische Befund, daß das reine Dogma in Worten ausgedrückt werden muß, »deren Bedeutungen aus der menschlichen Erkenntnis weltlicher Dinge hergenommen sind«[69], ist schon an sich Grund genug, alles begrifflos in der Kontemplation Erfahrene umzusetzen in eine Sprache, deren Nachvollzug durch Welt- und Erfahrungsnähe gewährleistet wird. Diese Umsetzung ist der zentrale geistige Ort des Apostolats der Predigermönche: sie muß je neu geleistet und getätigt werden; das *enuntiabile* des Glaubens muß je neu durchsichtig werden auf die *res*, die eine Lebenswirklichkeit ist. Es ist bei solcher Voraussetzung durchaus denkbar, daß der aktiven Seite dieses Apostolats – etwa im Gegensatz zur kirchlichen Tradition einer Hochhaltung der Wahl für ein kontemplatives Leben in Klausur – plötzlich ebensoviel Gewicht beigemessen wird wie der Option für die Kontemplation. Das ist aber denkbar nur unter der Voraussetzung, daß Theo-logie im Wortsinn, d. h. Wort Gottes (im Sinn des Genitivus subjectivus und objectivus) Ereignis wird. Mit andern Worten: Theologie ist in Glaubensrede unverzichtbar. Inhaltlich ist der Rahmen dessen, was als Theologie zu bestimmen ist, natürlich groß. Die Grundregel ist: »Das, was substantiell gesehen der Offenbarung wichtig ist, hat auch für die Theologie das Wichtige zu sein.«[70] Dazu gehören die großen Glaubensartikel *De deo uno et trino, De deo creante et elevante*, soweit im Geschehen zwischen Gott und Mensch Gott die absolute Prärogative zukommt, und sodann das nicht weniger theologische Gespräch zwischen »Braut« und »Bräutigam«, zwischen Kirche und ihrem Herrn »in der Einheit und Kommunikation des Geistes«[71] mit all den Möglichkeiten der Erfahrung in Gnade und Charisma, die hier gegeben sind.

Meister Eckharts Werk ist von solchem Zuschnitt, daß es sich – man hat es kürzlich wieder mit allem Nachdruck versichert[72] – unsern heutigen wissenschaftstheoretischen Bestimmungen entzieht. Eckharts Botschaft kann keine Angelegenheit der Sozialwissenschaften, Philologien, der Psychologie, Philosophie, Theologie oder Mystik sein, weil das alles Einordnungen sind, die Eckhart als äußerlich kennzeichnen würde. Tauler hat den allem transzendenten Ort genannt, von dem her Eckhart spricht: Von der *einunge lert úch und seit úch ein minnenclich meister, und des enverstont ir nút; er sprach uss der ewikeit, und ir vernemet es noch der zit* (V 69,26 ff.). Und nochmals, anspielend auf Eckharts Lehre, daß die Weise, zu Gott zu gelangen, ohne Weise sei, sagt Tauler: *Ein hoch meister der sprach von diseme sinne sunder wise und sunder wege, das begeisten vil lúte mit dem ússern sinne und werdent vergiftige menschen ...* (V 69,29 ff.). Die Ewigkeit, von der her Eckhart spricht, erträgt keine Veräußerlichung; eine solche zu konzedieren, heißt jene gründlich mißzuverstehen. Diesen Standort Eckharts zu akzeptieren ist zum Verständnis seines Werks sicher entscheidend, dispensiert aber nicht von der Frage, in welcher sozialen und wissenschaftlichen Rolle sich Eckhart selber gesehen hat. Als Magister der Universität Paris gehört er in den Personenverband, der dieses Institut – als Einheit von Lehrenden und Lernenden – konstituiert, als Ordensmann gehört er dem Predigerorden, dessen Studien und seelsorglichen Unternehmen. Darüber hat er auch nie einen Zweifel gelassen. Als Wissenschaftler versteht er sich als Theologe, auch wenn er kein schlichtes Verständnis von dieser Wissenschaft besitzt. Berühmt geworden ist seine Aussage im Johanneskommentar darüber, was er wissenschaftlich für eine Intention vertritt:

Wie in allen seinen Werken hat der Verfasser bei der Auslegung [...] die Absicht, die Lehren des heiligen christlichen Glaubens und der Schrift beider Testamente mit Hilfe der natürlichen Gründe der Philosophen auszulegen (*In* [...] *expositione* [...] *intentio est auctoris, sicut et in omnibus suis editionibus, ea quae sacra asserit fides christiana et utriusque testamenti scriptura, exponere per rationes naturales philosophorum*).[73] Näher verdeutlicht heißt das: Ferner beabsichtigt das Werk zu zeigen, wie die Wahrheiten der Prinzipien, Folgerungen und Eigentümlichkeiten in der Natur für den, ›der Ohren hat zu hören‹ (Mt 13,43), gerade in den Worten der Hl. Schrift, welche mit Hilfe dieser natürlichen Wahrheiten ausgelegt werden, klar angedeutet sind. Bisweilen werden auch einige Auslegungen erbaulicher Art eingefügt. (*Rursus intentio operis est ostendere, quomodo veritates principiorum et conclusionum et proprietatum naturalium innuuntur luculenter – ›qui habet aures audiendi!‹ – in ipsis verbis sacrae scripturae, quae per illa naturalia exponuntur. Interdum etiam ponuntur expositiones aliquae morales*) (LW 3,14 ff. n. 3).

Es ist klar, daß Eckharts Wissenschaftsverständnis eine Theologie sich vorstellt, in der philosophiert wird, in der eine Konkordanz zwischen Hl. Schrift und der Lehre der Heiligen und Philosophen waltet (*hoc concordat scripturae canonis et sanctorum et philosophorum*).[74] Mit diesem Optimismus schließt sich Eckhart durchaus an die nicht weniger zuversichtliche Handhabung des philosophisch-theologischen Instrumentariums im Rahmen der Scholastik seit Beginn des 13. Jahrhunderts in Paris an. Die Voraussetzung dieser Auslegungskunst ist diese: »Unter dem Bild, der bildhaften Ausdrucksweise der Schrift, die also keineswegs Philosophie bieten will und kann, und unter der Oberfläche des Buchstabens, der Sprache, verbergen sich Wahrheiten, die der philosophischen Reflexion, dem Logos der natürlichen Vernunft offen stehen, davon erschlossen werden, transponiert werden können. Und zwar beziehen sich diese Wahrheiten auf den Bereich des Göttlichen, den der Welt und den des Menschen: ›divina – naturalia – moralia‹, dieser Ternar kehrt an mehreren anderen Stellen wieder und besagt: »Metaphysik, Physik (als Philosophie der Natur), Ethik«.[75] Mit andern Worten: Eckhart schließt sich in seiner biblischen Hermeneutik der alten Lehre vom mehrfachen Sinn der Schrift an, der keineswegs auf die vier bekannten einzuschränken ist, sondern durchaus eine grundsätzliche Offenheit für Eckharts, auf *nova et rara* (LW 1,149,1) abzielende Exegese einschließt. Eckhart steht mit seiner methodisch die *fides* mit der *ratio* vermittelnden Theologie im Gegensatz zu jenen, die *theologizantes et poëmatizantes*[76] – wie Plato – in Bildreden vom Göttlichen reden; er versucht im Gegenteil zu zeigen,

»daß das, was die Wahrheit der Heiligen Schrift in Bildreden gleichsam verborgen andeutet, mit dem, was wir über Gott, das sittliche Handeln und die Natur beweisen und ausführen, übereinstimmt« *(ostendere intendimus, quod his, quae probamus et dicimus de divinis, moralibus et naturalibus, consonant ea quae veritas sacrae scripturae parabolice innuit quasi latenter)* (LW 1, 454,8 ff. n. 4).

Die methodische Voraussetzung des Hl. Anselm: *fides quaerens intellectum*[77] ist das sichere Leitmotiv dieser Theologie, die allerdings schon über einen sehr viel breiteren Spielraum der *divina, moralia* und *naturalia* in einem säkularisierten Sinne verfügt (man denke an den Aristotelismus und Neuplatonismus der späteren Scholastik).[78] Selbst das streng rationale Angehen der Probleme, welche die Schrifttheologie stellt, fühlt sich nach Eckhart letztlich unterfangen von einer Imprägnierung durchs Göttliche, die *ad minus vestigium Dei* von der Allgegenwart Gottes in seiner Schöpfung zeugt:

wie es ein Anzeichen von Anmaßung und Unbesonnenheit ist, nur glauben zu wollen, wenn man eingesehen hat, ebenso ist es ein Anzeichen von Trägheit und nachlässig, das, was man im Glauben annimmt, nicht mit Vernunftgründen und Gleichnissen zu erforschen, zumal ja jedes Geschöpf zum mindesten eine Spur ihrer Ursache ist *(sicut enim praesumptionis est et temeritatis nolle credere, nisi intellexeris, sic ignaviae est et desidiosum quod fide credis, rationibus naturalibus et similitudinibus non investigare, praesertim cum omnis creatura ad minus sit vestigium creatoris et effectus universaliter suae causae)* (LW 3,307,1 ff., n. 361).

Nach einem zentralen Gedanken Eckharts ist Gott ein Ununterschiedenes, das sich durch seine Ununterschiedenheit von allem Geschaffenen unterscheidet *(Deus indistinctum quoddam est quod sua indistinctione distinguitur)*.[79] Die größtmögliche Verschmolzenheit Gottes mit seinem Geschöpf – so sehr, daß sie zum Kriterium der Unterschiedenheit zwischen Gott und Geschöpf wird! – läßt gar keinen andern Schluß zu, als daß alle Bereiche ›natürlicher‹ Wissenschaft in Konkordanz zur übernatürlichen Offenbarung der Hl. Schrift stehen. Eckhart ist daher durch alle Bereiche natürlichen Wissens hindurch Theologe, auch dann und gerade wenn er philosophische Verfahrensweisen anwendet. Dieser Sachverhalt ließe sich durch sein ganzes

Opus tripartitum hindurch ausführlich belegen: Dieses umfassend geplante Werk – auf die Bitten von *studiosi fratres*[80] zusammengestellt – sollte allgemeine, lehrsatzartige Thesen *(opus propositionum)*, neue kurze und leichtfaßliche Erklärungen verschiedener Probleme *(opus quaestionum)* und ungewöhnliche Auslegungen zahlreicher Aussprüche der Hl. Schrift beider Testamente *(opus expositionum)* enthalten (LW 1, 148,5 ff., n. 2). Einiges ist von diesem gewaltigen Konzept, das sich als eines aus schulischem Geist zu erkennen gibt, verwirklicht worden. Daß ausnahmslos alles Verwirklichte unter die Bestimmung *fides quaerens intellectum* fällt, duldet keinen Zweifel. Nicht Philosophie in einem autonomen Sinn ist das methodische Ziel, sondern Reden aus und über Gott unter Zuhilfenahme aller denkbaren philosophischen Verfahren.

Einen grundsätzlichen Gegensatz zwischen der in den lateinischen Schriften präsentierten Autorintention – die auf theologisches Reden abzielt – und der in einer deutschen Predigt geäußerten Zielvorstellung konstruieren zu wollen, wäre verfehlt; einzig der Tonfall differenziert hier die im Prinzip gleichbleibende Aussage:

Swenne ich predige, sô pflige ich ze sprechenne von abegescheidenheit und daz der mensche ledic werde sîn selbes und aller dinge. Ze dem andern mâle, daz man wider îngebildet werde in daz einvaltige guot, daz got ist. Ze dem dritten mâle, daz man gedenke der grôzen edelkeit, die got an die sêle hât geleget, daz der mensche dâ mite kome in ein wunder ze gote. Ze dem vierden mâle von götlîcher natûre lûterkeit – waz klârheit an götlîcher natûre sî, daz ist unsprechelich. Got ist ein Wort, ein ungesprochen wort (DW 2,528,5-529,2).

Diese eher inhaltlich als methodisch gemeinte Selbstaussage betrifft das geistliche Konzept, das auch in den wissenschaftlichen Werken des Meisters dominant ist, aber in den seelsorglich ausgerichteten deutschen Predigten und Traktaten schrankenloser sich äußern darf, weil hier das philosophische Verfahren nicht mehr als methodisches Prinzip gegenwärtig zu sein braucht. Schärfer, kompromißloser, dafür aber weniger durch Erläuterungen abgestützt tritt hier Theo-logie als mystische »Sondersprache«[81] in Erscheinung, deren Herkunft aus der »Ewigkeit Gottes« im Sinne Taulers unüberhörbar ist. Eckharts Aussage ist hier der Versuch, die »Gottessprache« vom Genitivus objectivus zum Genitivus subjectivus hinüberzuführen.

Das bedingt zunächst einen möglichst weitgehenden Abstraktionsprozeß dessen, der theo-logisch reden will, also *abegescheidenheit*, asketisch und moralisch, aber vor allem auch geistig, weil die »Vernunft nichts von allem ist, um alles zu erkennen«.[82] Erst wenn die Geistseele *quodammodo omnia* geworden ist, ist sie auch *capax Dei* (man erinnere sich der *indistinctio* Gottes zu allem Geschaffenen).[83] Solche Gelassenheit ist auch christologisch zu begründen: Christus hat in der Menschwerdung einen allgemeinen Menschen an sich genommen; damit der Mensch Gott werde, muß er allgemeiner Mensch werden – wie Christus in seiner Menschwerdung. Das christliche Liebesgebot erstreckt sich durch alle Menschen hindurch auf diesen allgemeinen Menschen, der Gott geworden ist: *in einem menschen alle menschen, und der mensche ist got und mensche* (DW 1,195,4 f.). Die geistige Armut, die Eckhart fordert, betrifft aber nicht nur das *abnegare personale*[84] des Menschen, sondern Gott und die Begriffe, die man sich von ihm macht, ebenso. Gott selber ist arm (DW 5,297,4 ff.), so daß man Gott um Gottes willen zu lassen hat (DW 1,196,6 f.), den ›reichen‹, nach außen gewendeten Gott, über den man sich leichthin etwas ausdenkt. Eckhart will keinen »gedachten« Gott, sondern einen seienden. Daher gibt es für ihn auch keine Anweisungen, was man zu tun hat, sondern einzig die Überlegung, was man ist (DW 5,197,7). Das Geschöpf aber ist nichts (DW 1,69,8), denn sein Sein *swebet an der gegenwerticheit gotes* (DW 1,70,2); von sich aus ist es nur Mangel, Durst und Hoffnung auf Sein, das ihm Gott (zusammen mit allem Guten, Wahren, Gerechten und Weisen) je neu zuspricht.

Die Wiedereinbildung des Menschen in Gott ist ein Vorgang, der in der Weise eines »Durchbruchs« ratifiziert, was immer schon gegeben ist: die *einunge* der Schöpfung mit Gott. Die Ewigkeitssicht (*cognitio matutina* mit Augustinus [DW 2,221,4 ff.]), aus der Eckhart den Menschen sieht, läßt als eigentliches Sein nur das (schon vorgeburtliche und über alle Zeit hinausreichende) Sein in Gott gelten. Daher hat der Mensch ein *duplex esse*[85] (wie alles Geschaffene): in seiner irdischen Verfaßtheit und in Gott. Das Sein in der Exemplarursache ist für alle Geschöpfe das einzig relevante. Auch dieser Gedanke eines scharf formulierten christlichen Exemplarismus hat eine christologische Pointe: Das göttliche Heilshandeln stellt sich in der

Ewigkeitssicht Eckharts als ein unaufteilbares, zeitlich nicht auffächerbares Heilshandeln dar, in dem *creatio* und *incarnatio* zwei verschiedene Aspekte der einen, seinsspendenden und seinsfreudigen Zuwendung Gottes zu seiner Schöpfung sind.[86] Das *durchbrechen* intendiert also nichts anderes als das Geschenk, *daz ich und got einz sîn* (DW 2,505,4 f.).

Der ›Adel der Seele‹, die ja an sich nichts ist *(unum purum nihil)*[87], liegt in ihrer dynamischen Bezüglichkeit zu Gott, in ihrem Bild-Gottes-Charakter. Die Einheit zwischen Gott und Mensch – gefaßt in einer Analogielehre, die dem einen Analogatum, Gott, alles, dem andern aber nichts Eigenes konzediert – kann da nur als eine Wirkeinheit und nie als statische Identität gesehen werden: *Got und ich wir sint ein in disem gewürke; er würket und ich gewirde* (DW 1,114,4 f.). Um die Fähigkeit der Seele, mit Gott eins zu sein, nie zu einem Seelenvermögen denaturieren zu lassen, bezeichnet Eckhart diesen »Adel der Seele« mit vielerlei Ausdrücken, am liebsten mit solchen, die die Dynamik des Bezugs zu Gott ausdrücken: *vünkelîn, grunt der sêle, huote des geistes* usw.[88] Es handelt sich im Sinne Augustins um einen *interior locus, non locus* (Conf. X, 9, 16), der den Charakter des Seelengrundes je nach Aspekt als geschaffenen oder ungeschaffenen gelten lassen kann. Aufrechnen läßt sich dieser Bezug der Seele zu Gott nicht im Sinne einer schlichten Kausalität; er ist *sunder warumbe* (DW 1, 90, 12), weil Gottes Seinsfreudigkeit keinen andern Grund als sich selber hat. Eckharts viertes Predigtziel, der Aufweis der Lauterkeit der göttlichen Natur, ist wohl die tiefste Beglaubigung seiner gesamten kerygmatischen und schriftstellerischen Existenz. Wie gesagt: Theologie wird hier als Sprechen Gottes selber gefaßt. Die Trinität ist ein Vorgang des göttlichen Sich-selbst-Aussprechens.[89] Die Geburt des Sohnes Gottes im Seelengrund – Eckharts tiefste und schönste Veranschaulichung der dynamischen »Einheit im Vollzug«[90] zwischen Gott und Mensch – ist Ausdruck der trinitarischen Wortmächtigkeit zwischen Vater, Sohn und heiligem Geist. Der Mensch wird in den trinitarischen Vorgang der göttlichen Wort- und Seinsfreudigkeit einbezogen und in den *ursprunc*, in den *grunt* Gottes eingeborgen. Der tiefste Grund Gottes ist aber die Gottheit – Gott unter dem Aspekt seiner Einheit, der den Aspekt Gottes ad extra in Form seiner personalen Selbstauszeugung nicht entwertet, aber konstituiert: Das ganze göttliche Worumwillen ist die Rückkehr Gottes in seine Gottheit, auch das kein Vorgang, der einst (d.h. zeitlich) ein Ende hat, sondern der immer im Vollzug ist. Daher kann sich der Mensch von der Gottesgeburt in seinem Innern nie dispensieren, als ob er in die Gottheit endgültig gefunden hätte, sondern er kann immer nur je neu versuchen, die Abgeschiedenheit des Geistes als die für diesen Durchbruch gemäße Voraussetzung zu schaffen. Interessant wäre, die kerygmatische Selbstbewußtheit Eckharts in seinen Ich-Aussagen zu prüfen.[91] Sie ist in der Tat ohne Beispiel. Sie mag – in dem gesteigerten Selbstbewußtsein und gleichzeitig in der massiven Durchlässigkeit fürs Kerygma – ambivalent erscheinen, ist aber letztlich eine Forderung der Voraussetzungen, die Eckhart an verantwortliches Reden über Gott stellt: Gott selber soll sprechen. Wenn er aber spricht, dann spricht die Wahrheit selber – aus mir, dem Prediger. Eckharts Predigt *muß* gesprochen werden, ob Zuhörer vorhanden sind oder nicht, denn sie ist ein unmittelbares, d.h. letztlich göttliches *geworten von innen her ûz* (DW 1,66,3 ff.). Die Wahrheit spricht selber im Mund des *eigen*-losen Predigers. Ein Beispiel für viele:

Wer dise rede nicht enverstât, der enbekümber sîn herze niht dâ mite. Wan als lange der mensch niht glîch einist dirre wârheit, als lange ensol er dise rede niht verstân; wan diz ist ein unbedahtiu wârheit, diu dâ komen ist ûz dem herzen gotes âne mittel (DW 2,506,1 ff.).

In solchen und ähnlichen Stellen stellt sich Predigt als Theologie im Sinne eines göttlichen Redens nicht von Menschen, sondern von Gott selber dar. Man wird diese Konzeption kerygmatischer Theologie nicht vom Publikum der Nonnen, Bürger und Studenten abstrahieren wollen – sie ist ein Ereignis des schulischen Studiums und der Seelsorge im Geiste der dominikanischen Spiritualität.[92]

Nimmt man Eckharts Weiselosigkeit des Gottfindens und die Durchschlagskraft des göttlichen Wortes im Prediger zusammen, dann wird die besondere Variante der Vereinbarkeit der *vita activa* mit der *vita contemplativa* im Geiste Eckharts – oder besser: die von Eckhart postulierte, über die Trennung der Bereiche hinausreichende »Vorstellung von einer einheitlichen Struktur der christlichen Existenz, die sich in den verschiedenen christlichen Lebensformen verwirklicht«[93], verständlich. »Eckhart hat den Dualismus, der dieses Modell (von *vita activa* und *vita contemplativa*) kennzeichnet, beseitigt, indem er alle christlichen Lebensweisen in der ›Weiselosigkeit des Gottfindens‹ zunächst relativierte und dann in der Lehre von der Gottesgeburt auf die einheitliche Struktur der christlichen Existenz zurückführte.«[94] Die äußere Vielfalt der christlichen Lebensformen, wie sie das Stadtleben mit sich brachte, wurde dadurch nicht ausgeschaltet, sondern innerlich als sinnvoll begründet. Insbesondere nahm Eckhart der kontemplativen Lebensform und ihrer Versinnbildlichung in der zu Füßen Jesu sitzenden Maria den bisher problemlos geltenden Vorrang, indem er Martha in einem ausschließlicheren Sinne konzedierte, das *Unum necessarium* gefunden zu haben, als der (noch jungen und unerfahrenen) Maria.[95] Das heißt, daß die isolierte mystische Erfahrung relativiert wird gegenüber der Erfahrung und dem Bestehen der Alltagswirklichkeit: Wo die Gottesfreunde *mit der sorge* in dieser Alltagswirklichkeit stehen, *dâ ist zîtlich werc als edel als dekein füegen in got* (Pf 51,11 f.). Entscheidend ist, *daz man würke ordenlîche unde redelîche unde wizzenlîche* (Pf 51,18). Oder ganz pointiert die Möglichkeiten des aktiven und des kontemplativen Lebens gegeneinander abwägend, meint Eckhart:

waerlîche, swer gotes mê waenet bekomen in innerkeit, in andâht, in süezicheit und in sunderlîcher zuofüegunge dan bî dem viure oder in dem stalle, sô tuost dû niht anders dan ob dû got naemest und wündest im einen mantel umbe daz houbet und stiezest in under einen bank. Wan swer got suochet in wîse, der nimet die wîse und lât got, der in der wîse verborgen ist. Aber swer got suochet âne wîse, der nimet in, als er in im selber ist; und der mensche lebet mit dem sune, und er ist daz leben selbe (DW 1,91,3-10).

Eine Rangordnung der Lebensweisen läßt sich aus dieser Auffassung der Weiselosigkeit des Gottfindens nicht mehr deduzieren: Die aktive Lebensform – bei der Haus- oder Stallarbeit, wo immer – muß von Kontemplation getränkt sein, aber nicht so, daß die Gegenwart Gottes im Menschen dessen Gegenwärtigkeit zu den Alltagsdingen beeinträchtigen könnte, sondern so, daß »geordnetes«, »vernunfthaftes« und »bewußtes« Wirken möglich ist. Diese Neuordnung des Verhältnisses von aktivem und kontemplativem Leben besteht nicht bloß in einer theologischen Aufwertung des tätigen Lebens – das wäre zu punktuell und okkasionell –, sondern in einer theologisch begründeten, ganzheitlichen Schau des menschlichen Lebensaktes, der gegenüber alle psychologische oder anthropologische Differenzierung als partiell oder akzidentell anmuten muß. Man wird in dieser Konzeption den Anteil der Ordensspiritualität mit ihrer Betonung der einheitlich auszurichtenden Optionen für Studium (Theologie), Predigt und Apostolat angemessen zu berücksichtigen haben: So wie der Prediger für das Wort der göttlichen Wahrheit durchlässig wird – im Dienst am Mitmenschen –, so hat jeder menschliche Akt – wo immer – für den die Weise seiner Selbstdarstellung selbst findenden Gott durchlässig zu sein, so daß die Gottesgeburt schließlich zum Ereignis des ›allgemeinen‹ Menschen werden kann.[96]

Wenn Tauler in seinem Lob Meister Eckharts und dessen Forderung, *sunder wise und sunder wege* zu Gott gelangen zu müssen, gleichzeitig auch den Finger auf die damit gegebene Gefahr legt – *das begeisten vil lúte mit dem ussern sinne und werdent vergiftige menschen* –, dann erweist er sich in seiner Folgerung – *herumbe ist es hundert werbe besser daz man mit wisen und mit wegen darzů kumme* (V 69,30ff.) – als ein Theologe der Erfahrung.[97] Diese Bestimmung ist aber gleich gegen Mißverständnisse von zwei Seiten zu schützen: Theologie der Erfahrung bedeutet bei Tauler in keinerlei Hinsicht Verzicht auf spekulative Theologie, sondern – je nach seelsorglicher Situation – ein Zurückhalten mit deren intellektuell anspruchsvollster Fülle und allenfalls ein Hinweis auf das konkret zu Tuende *(in wegen und wisen)*; weiterhin bedeutet Theologie der Erfahrung nicht ein Plädoyer für mystische Erfahrung im Sinne der *gratiae gratis datae*[98], obwohl er einer Visions- und Ekstasemystik aufgeschlossener gegenübersteht als Meister Eckhart –, sondern Theologie der Anfechtung[99], der Bedrängnis und Aufgeschlossenheit für die daraus befreiende Erlösung in Christus. Tauler ist unter den drei Mystikern jener, dessen Bezüge zu Studium und Schule am wenigsten deutlich sind: Er hat wohl nie in Köln am Studium generale studiert, hat nie ein Lektorat erworben[100], zeigt sich aber doch thomistisch gebildet und philosophisch mit den neuesten neuplatonischen Tendenzen vertraut.[101] Sein Standort ist zeit seines Lebens Straßburg, wo er in den zahlreichen Beginenkonventen, den sieben Dominikanerinnenklöstern und im Stadtbürgertum eine reiche seelsorglich zu betreuende

Klientele gehabt haben dürfte. Wie bei keinem andern tritt bei ihm das seelsorgliche Motiv stärkstens in den Vordergrund. Das heißt aber wiederum nicht, daß er wissensmäßig reiner Autodidakt und in der *Theologia mystica* ein bloßer Dilettant gewesen sei. Im Gegenteil erweist er sich in allen Belangen theologischer Theorie und Praxis als wohlinformiert und orientiert. Die Bildungsmöglichkeiten eines Dominikanerklosters wie desjenigen in Straßburg dürfen nicht unterschätzt werden. Zudem bezeugte Tauler in seinen Reisen nach Basel (1339-42), Medingen (um die Mystikerin Margarethe Ebner zu besuchen) und Köln ein ausgesprochenes Interesse für Mystologie, nicht zuletzt in der seuseschen Variante; mit Eckhart zeigt er sich durchaus bestens vertraut, auch wenn er ihn persönlich vielleicht nie getroffen hat.

Aus den genannten Gründen – vor allem wegen seiner Vertrautheit mit Eckhartscher Mystik einerseits und seiner tiefen Beziehung zu konkreter Seelsorge andererseits – darf man Tauler nie einlinig interpretieren. Deshalb ist auch sein Beitrag zu eigentlicher Theologie schwieriger abzuschätzen. Sicher ist es eine Erkenntnis, die erst Luther zum eigentlichen Nennwert nehmen wird[102], die Einsicht nämlich, daß Theologie ohne Erfahrung nichts ist, welche Taulers konstruktiven Beitrag zur christlichen Theologie darstellt. Schon der literargeschichtliche Tatbestand, daß von Tauler nur ein Korpus von Predigten erhalten ist (das immer auch als solches handschriftlich tradiert wurde, also ohne »Zersetzung«)[103], markiert den seelsorglichen Erfahrungsbezug Taulers unübersehbar. Diesem äußeren Kriterium, das auf eine Existenz im reinsten kerygmatischen Auftrag verweist, stellen sich eine ganze Fülle von Gegebenheiten zur Seite, die sich in den Predigten als Lehre und Unterricht von göttlichen Sachen und dem Umgang mit ihnen finden. Wichtig ist indessen sowohl an Lehre und Praxis der Aspekt ihrer Spiegelung im Menschen, genauer: im inneren Menschen. Der »innere Mensch«[104] – gemäß der schon platonischen, dann auch paulinischen Typologie – meint den ganzen Menschen unter dem Aspekt seiner Innerlichkeit, der identisch ist mit seiner psychologisch-soziologischen und theologischen Erfahrungsoffenheit (im Umgang mit sich selber, mit dem Mitmenschen, mit Gott). Das heißt einerseits, daß strukturelle und graduelle Aufgliederungen des Menschenbildes wichtig werden können, das heißt andererseits, daß auch zeitliche, d. h. entwicklungspsychologische Grundmuster des mystischen Wegs, der zu durchschreiten ist, bedeutsam werden können. Die Systematik, die sich hierin anzeigt, bleibt aber je nach Predigtsituation elastisch und von grundsätzlich bloß punktueller Gegenwärtigkeit. Die verschiedenen Schemata – zumeist Dreiteilungen des geistlichen Lebens – brauchen daher auch gar nicht ineinander harmonisiert zu werden. Eine gewisse Dominanz kommt dem in der deutschen und insgesamt der christlichen Mystik auch anderswo präsenten Schema des anfangenden, zunehmenden (fortschreitenden) und vollkommenen Menschen zu[105], aber auch dem durch Seuse klassisch formulierten vom Entbildetwerden, Gebildetwerden in Christus und Überbildetwerden in der Gottheit[106] oder dem von der christlich-areopagitischen Mystik akzeptierten der *purificatio – illuminatio – unio.*[107] Die Übernahme dieser Schemata mag wenig originell anmuten, ist bei Tauler aber doch Zeichen einer authentischen Mystik, die sich gegenüber der Eckhartschen darin unterscheidet, daß nicht grundsätzlich ein Sein oder eine Seinsweise gefordert wird, sondern ein zeitlich sich ausfaltendes Werden. Eckharts Sichtweise der christlichen Existenz aus dem Blickwinkel der Ewigkeit ist hier in die Dimension der irdischen Zeitlichkeit übersetzt, so daß, wo Sein im Vordergrund stand, nun der geschichtliche Aspekt des Werdens dominiert. Aber auch Tauler wäre nicht gewillt, einer bestimmten geistlichen Lebens- oder Frömmigkeitsform kanonische Geltung zu verleihen; der Weg zu Gott ist auch nach ihm nicht an eine bestimmte geistliche Übung geknüpft. Alle Lebensformen – nicht eine bestimmte – haben zu Gott zu führen (V 22,26f.; 24,27f.). Obwohl Tauler also den geschichtlichen Ereignissen des christlichen Glaubens und dessen Institutionalisierungen (in Kirche und Sakramenten) einen größeren Spielraum zubilligt als Eckhart[108], stimmt er letztlich doch mit Eckhart in der Radikalität des weiselosen Gottfindens überein. Hingegen verzichtet er auf eine nähere ontologische Grundlegung des Verhältnisses zwischen Mensch und Gott, indem er den mystischen Erfahrungsaspekt in konkreter Ausformung einer christlichen Anthropologie (durch Hierarchisierung der verschiedenen Aspekte des einen Menschen, durch eine Lebensalterlehre) in den Vordergrund seiner Unterweisung rückt.

Taulers Betonung der Frömmigkeits- und Lebensstufen und der Erfahrung rückt das Thema der Vereinigung des Menschen mit Gott in den Brennpunkt seines Predigens, derart aber, daß der konkrete Weg des Menschen zu diesem Ziel in seinem Eingebettetsein in die kirchlich geprägten Lebensvollzüge vorrangig wird. Der Ewigkeitsaspekt – der bei Eckhart alle Aussagen dominiert[109] – erweist sich mithin vom Zeitaspekt geschieden: dieser ist als Weg die Vorbereitung dessen, was ewigkeitlich als Erfüllung winkt. Das heißt aber, daß die Dimensionen Gottes – insbesondere seine trinitarische Struktur – in die Zeit des Menschen hineinreichen und sie funktional durchdringen. Der Lebensweg des Christen ist getragen und bestimmt von den trinitarischen Selbstvollzügen Gottes, so daß der Mensch sich selber und die ganze Schöpfung dem Vater in Christus durch den Heiligen Geist darzubringen hat.[110] Daraus resultiert ein grundsätzlicher Auftrag, Gott in allen Dingen zu ehren[111], da Gott ohnehin *ein ende aller dinge und meinungen* (V 62,32) ist. So wie der Sohn Erbe des Vaters ist, sind wir Menschen *miterben* (V 63,35) des Sohnes; hierin sind wir einbezogen in den trinitarischen Vorgang:

> *Der sun het von dem vatter genomen alles daz er ist und het und vermag, der vatter het ime alle ding gegeben in sine hant, dis trůg der sun dem vatter also gruntlichen wider uf in allen den wisen und in allen dem also ers von dem vatter enpfangen het, das er ime ein hor nút vor enhaltet noch sich annam, denne allein sůchet er die glorie des vatters und nút des sunes. Also súllent wir dem sune nochvolgen, in der selben wisen sol er unser verklert erbe sin, so súllent wir dem vatter dis also grúntlichen wider uftragen alles daz wir sint und hant und vermúgent, und alles daz wir von ime ie empfingent* (V 63,35-64,4).

In diesem Beteiligtsein des Menschen an der heilsmächtigen Wirksamkeit des trinitarischen Lebens in Gott ist dessen Rückkehr in die ideale Seinshaftigkeit in Gott als Gott vorgezeichnet, wie sie Eckhart in seinem radikalen Exemplarismus schon immer gefordert hatte.[112]

Der Vorrang Christi als Vorbild präsentiert sich dem Menschen als Ziel der Nachfolge, das über und jenseits der irdischen Existenz Christi den Menschen selbst in die *uffart*[113] hineinzwingt. Die seinshafte Verbindung Christi mit den Christen im Sinne Eckharts wird hier dynamisiert zu einem existentiellen Werdegang in Zeit und Ort, dessen moralisch-ethische Komponente gegenüber der ontologischen ungleich stärker ist. Dabei bleibt der irdischen Existenz Christi der Charakter einer Exemplarität, die nicht überschritten werden kann (V 70,17 ff.): *nein, über das bilde unsers herren Jhesu Christi enmag nieman kumen* (V 70,7 f.). Auch wenn die Gottesgeburtslehre Taulers – im Anschluß an Eckhart – ihre Signifikanz in der Lebenslehre Taulers besitzt, darf auch hier gesagt werden, daß der Vorrang ethischer vor ontologischen Sinngebungen unbestreitbar bleibt.[114] Solcher Verinnerlichung der Heilsgeschichte ganz im Sinne der dominikanischen *vita apostolica*[115] – als Nachfolge Christi in exemplarischer Weise – entspricht auch Taulers Aufforderung, sich für die Aufnahme des Hl. Geistes zu bereiten, der in seiner siebenfältigen Selbstauslegung in seinen Gaben im Menschen Wohnstätte nehmen will (V Predigt 23), damit der Mensch in der Tiefe der Gottheit versinken darf.

Die Integration der theologischen Gehalte der Heilsgeschichte in die menschliche Wirklichkeit hat ihre lebensgeschichtliche und anthropologische Auswirkung. Lebensgeschichtlich verweist das Evangelium *uf den aller edelsten, nútzesten, sichersten, wesenlichesten ker den man in der zit haben kan* (V 41,1 f.), der biographisch um das 40. Lebensjahr herum einsetzt und um die 50 den Menschen in die Einheit mit dem Ursprung führt (V 80,5-14). Anthropologisch konkretisiert Tauler den *ker* – im Rückbezug auf die Eckhartsche Lehre vom Seelenfunken – in der Möglichkeit des »Durchbruchs« Gottes im Seelengrund (oder: »Einkehr«, »Überströmung«, »Überformung«, »Geburt«, »Gelassenheit«)[116], der allerdings eine stärker affektive Einfärbung besitzt als die Synonyme bei Eckhart. Natürlich teilt der Seelengrund[117] – als einheitlicher, die Seelenvermögen ursprünglich in sich einbefassender und aus sich entlassender, innerster persönlicher Grund des Menschen – mit dem ›Seelenfunken‹ die Anonymität (V 386,21), ist daher umgekehrt durch viele verschiedene Bezeichnungen (unzulänglich) zu benennen – *vunken, tolden, boden, gemůt, geist, erstekeit, niht* (= das Nichts aller es einengenden Bezeichnungen)[118], letztlich meint aber der Seelengrund in seiner Fassung als *gemůt*, die Tauler am intensivsten verwendet, den Ort (bzw. Nicht-Ort) des Einstroms göttlicher Gnade im Menschen. Die »Gottförmigkeit« des Menschen besteht in einem dynamischen *unzellich ewig wider kaffen in Got* (V 350,16), so daß der

Mensch sich darin als *Got in Gotte* (V 350,18) erkennen darf. Die Geistseele hat an ihrem Grund *ein ewig wider neigen und wider kaphen in den grunt irs ursprunges* (V 261,35-262,1). Unter dem Aspekt dieser Rückbezüglichkeit des Geistes in sich selber – der alten neuplatonischen *reditio completa*[119] – heißt der Seelengrund »Gemüt«; in ihm liegt das *wore bilde der heiligen drivaltikeit* (V 262,11) verborgen, darin die *sipschaft* (V 262,17) mit Gott unaussprechbare Gegenwärtigkeit gewinnt. Voraussetzung, daß diese Gegenwart erfahrbar wird, ist die innere Gelassenheit und Ledigkeit des Gemüts, eine Art Freiheit von aller Anhänglichkeit ans *Proprium*[120] des Menschen und der Welt (V 262,30f.), darin eine Rückkehr in die Exemplarursache Gottes *in siner ungeschaffenheit* (V 262,32) denkbar wird. Hier sind dann alle Möglichkeiten ekstatischer Erfahrung und innerer Erneuerung eröffnet, die in *das gǒtliche vinsternisse* (V 263,22) Einlaß gestatten.

Die nach Tauler für den Christen gemäße Haltung ist die der Gelassenheit, in die alle traditionellen Tugenden der Demut, Geduld, Sanftmut, Glaube, Zuversicht und Liebe eingehen; Tugend ist für Tauler ohnehin nichts anderes als »Bereitstellung für Gott«.[121] Alle mystische Erfahrung besteht in einem Wirken Gottes in das Nichtwirken des Menschen hinein, das bedeutungsvoll den Inbegriff dessen vorausentwirft, was in der ignatianischen Mystik konstitutiv sein wird: der Indifferenz. Diese hat im Taulerschen Sinn keinerlei quietistische Konnotation, sondern wirkt sich ekklesial aus: »Für Tauler ist der so gelassene, Gott ausgelieferte Mensch Säule der Kirche und der Welt; denn er tut mit Christus das eine, alles bedingende und tragende Werk. Sein Gebet wird immerdar erhört. Er existiert ganz beschaulich zu Gott eingehend und ganz apostolisch in die Welt zu den Sündern und ins Fegfeuer ausgehend, und dies ›Aus und Ein‹ ist die Fruchtbarkeit der Liebe. Er ist (wie Eckhart) auch dazu gelassen, sich vom Gebet weg zum notleidenden Nächsten senden zu lassen. Er tut (wie bei Eckhart) das inwendige Werk, das Gott-gewähren und -gebären-lassen, das Werk, das dem eucharistischen Leben Jesu entspricht: »Gott essen und von Gott gegessen werden: Gottes Wille als Speise, selber Speise für Gott.«[122]

Man wird daher nicht mit vollem Recht von einer ›Introversionsmystik‹[123] im strengen Sinne bei Tauler sprechen wollen, da aller Einkehr eine Auskehr entspricht, die sich kirchlich an den Nächsten und seine Bedürfnisse wendet. Im Rahmen dieser Dynamik ist auch die Berufs- und Weltfrömmigkeit anzusiedeln, die bei Tauler nicht fehlt, im Gegenteil – in Form einer optimistischen Sicht der mittelalterlichen Stadtkultur – nachhaltig fühlbar ist. Läßt Eckhart die Diastase von Theologie und Frömmigkeit aus dem Aspekt der Ewigkeit – der derjenige Gottes ist – nicht gelten, so versucht Tauler seinerseits die beiden Bereiche in der Zeitlichkeit, die die Lebensform des Menschen ist, anthropologisch, ethisch und existentiell als eine Einheitserfahrung zu integrieren und gegenwärtig zu machen. Markant zeigt sich das Verhältnis von Kontemplation und Apostolat im nicht auflösbaren Bezug zwischen Gottes- und Nächstenliebe, den nichts in Frage zu stellen vermag, der im Gegenteil Gradmesser christlicher Authentizität ist:

Die wore gǒtliche minne die du solt han innewendig, die solt du mercken und verston an der minnen die du zů dime nehsten hast ussewendig; wanne nút enminnest du Gotte e danne du vindest das du minnest dinen nehsten (V 408,20 ff.).

Im Rahmen solcher Konkretheit der religiösen Lebensbezüge schlägt auch die individuelle Erlösung von Sünde und Leid im *weselichen ker* zu Buche. Ist die Sünde bei Eckhart durch radikale Nicht-Existenz und Seinsmangel gekennzeichnet – so daß sie kaum rechtens besprochen werden kann –, so ist sie bei Tauler zwar auch ein dem *natúrlich niht* des Menschen sich zugesellendes *gebrestlich niht,* das aber doch eine für den Menschen historisch gewordene Wirklichkeit darstellt: Mit diesem doppelten Nichts – dem natürlichen, das in der Seinsbedürftigkeit des Geschöpfs beruht, und dem gebrestlichen, das in der Verwundung der menschlichen Natur durch die Erbsünde und die immer wieder neu getätigte Sünde besteht – *súllen wir uns legen fur die fůsse Gotz* (V 365,23). Zum *weselichen ker* gehört daher die Bereuung der Sünden und *ein gantz war abeker von allem dem daz nút luter Got enist* und *ein war gantz zůker zů Gotte mit allem dem daz man ist* (V 36,12 ff.). Christusnachfolge in den trinitarischen Selbstvollzug Gottes hinein ist als eigentlich erlösender Vorgang für Tauler daher nicht möglich ohne das konkrete Widerlager der Nächstenliebe und der Bekehrung von den Sünden.

Daß Heinrich Seuse dem Ordensstudium kritisch gegenüberstand, konnte gezeigt werden.[124] Sehen wir einmal ab vom »Büchlein der Wahrheit«, so vollzieht sich – dem Vorbehalt gegenüber der ohne *devotio* sich vollziehenden wissenschaftlichen Prägung des Studiums entsprechend – in Seuses Schriften »die Abkehr von der definierenden, schlußfolgernden, unterscheidenden, zerlegenden, kalten Vernunft, die die Heilswahrheiten allzugern in starre Formen, feste Schemata preßte, zum lebendigen Menschen, seiner Phantasie, seinem Herzen, seinem Gemüt, seinem seelischen Ringen und Reifen. Aus der alten Quaestio-Methode wird bei ihm der gemütstiefe, liebeerfüllte, oft von überwallendem Gefühl und glühender Phantasie gestaltete Dialog. Dieser ist ihm nicht nur bloßes Stilmittel und Formelement, sondern persönliche, herzinnige Austauschform mit Gott, der Ewigen Weisheit, Christus, der Gottesmutter, den Engeln usw.«[125] Seuses Selbststilisierung als Kärrner der Ewigen Weisheit – *Mich dunket, ich sie sin karrer und var ufgeschúrzet durch die lachen, wie ich dú menschen uss der tiefen lachen ire súntlichen lebens an die schŏni bringe*[126] – oder seine Selbstbezeichnung als »Minnebote Gottes« (B 405,7) suggerieren nicht nur die seelsorgliche Bestimmung seines Tuns und Lassens, sondern speziell auch seiner ›Büchlein‹, insbesondere seiner Autobiographie. Seuse gibt »in dominikanisch-priesterlich-seelsorglicher Sicht«, wie ihn Ephrem M. Filthaut ausführlich gewürdigt hat[127], etwas von seinen offensichtlichsten Intentionen sowohl seines Lebens wie seines Schrifttums preis. Obwohl Hauslektor – d. h. ganz im Sinne der Ordensziele ausgebildet – läßt also Seuse eine Differenz zwischen seelsorglicher Ausrichtung seiner schriftstellerischen Tätigkeit und zünftiger schulischer Theologie spüren. Die Frage ist, ob Seuse in diesem für ihn lebenswichtigen Problem die Trennung zwischen Theologie und Spiritualität im Sinne einer Option für die Seelsorge vollzogen habe, so daß die konkrete Ausrichtung seiner Existenz am Heil des Nächsten literarisch als reine Erbaulichkeit sich auszeugte. Schon bei der Darstellung von Seuses Vorbehalten gegenüber der Schule der Theologie und deren Verwalter konnte auf Seuses Parteinahme zugunsten der alten monastischen *Philosophia Christi*[128], die weder in der dominikanischen Spiritualität noch in der scholastischen Theologie (etwa Bonaventuras) völlig untergegangen war, hingewiesen werden.

Kommt dazu, daß Seuse in vielerlei Hinsicht an die Lehre Meister Eckharts gebunden bleibt: Sein »Büchlein der Wahrheit« ist letztlich nichts anderes als eine redliche und kluge Auseinandersetzung mit der Lehre von der Gelassenheit des »hohen Meisters«[129] auf allerhöchstem Niveau. Anlaß dazu ist – bezeichnenderweise – die innere Krise eines »Menschen in Christo« (B 326,6), dem die »innerliche Gelassenheit«, die »den Menschen zu der höchsten Wahrheit bringt« (B 326,13 f.), noch fehlte. Es ist hier nicht der Ort, Seuses Nachvollzug Eckhartschen Gedankenguts in extenso zu referieren. Der Hinweis, daß eine solche Auseinandersetzung das Seusesche Denken tief prägt, mag genügen und einen theologischen Horizont dieses Denkens signalisieren, der von der historischen Situation her sich aufdrängte. Hingegen ist doch noch ganz kurz zu untersuchen, in welchem Ausmaß es Seuse gelungen ist, trotz seiner Vorbehalte gegenüber der scholastischen Theologie der Schule theologische Perspektiven zu eröffnen, die eine Trennung zwischen Theologie und Spiritualität weniger gefördert als massiv verhindert haben.

Sicherlich wäre zunächst einzugehen auf eine Stilqualität des Seuseschen Werks, das selbst komplizierten theologischen Gehalten eine sapientiale, d. h. erfahrungshafte Dimension zu geben vermochte.[130] Das hat seine eigenen Gefahren, vornehmlich die einer Vermenschlichung jenseitiger Gehalte, wie sie Walter Muschg für Seuse glaubte signalisieren zu müssen. So meint er, Seuse »schwelge im Glanz von Bildern, die nur noch literarischen Kurswert besitzen«.[131] Oder noch radikaler: »Es ist der Verlust des Göttlichen, der endgültige Einbruch des Menschen in die jenseitige Sphäre.«[132] Diesem radikalen Urteil kann nach dem Widerspruch Bruno Boeschs nur noch skurrile Bedeutung beigemessen werden – als ob vollendetes sprachliches Vermögen eo ipso den Verlust der Erfahrung, auf die es sich richtet, zu vermelden habe –; hingegen ist die Gefahr einer »Beherrschung der Stilmittel« bis »zu deren Verselbständigung«[133] bei Seuse immer gegenwärtig, auch wenn in seinem ganzen Schrifttum »noch der Hauch der transzendierenden Kraft seines Geistes« weht, »nach der Seite von Wille und Gelassenheit, nach Ergreifen und Ergriffenwerden«.[134] Seuse selber ist sich des Grundgelegtseins allen Redens in der Wirklichkeit der Erfahrung als eines hermeneutischen Aprioris bewußt: *Es kan nieman dem andern wol mit worten geben, denn der merkt es, der es enpfunden hat.*[135] Und dieses *enpfinden* ist in keinerlei Hinsicht eine bloß isolierte Erfahrung: Weder ist bei Seuse die mystische Erfahrung (der Ekstase, der Vision) aus dem Grundbereich allgemeiner religiöser Glaubenserfahrung herauszulösen, noch ist je die religiöse Erfahrungswelt losgelöst von theologischen Bezügen. Das ließe sich thematisch bis in Einzelheiten aufzeigen. Seuse denkt, schreibt und theologisiert noch »aus einer ungeschiedenen Mitte heraus«, in der die mystische Erfahrung »noch immer als das (besondere) Explizitwerden einer allgemeinen, sozusagen ›normalen‹ Erfahrung des Christen« gilt, »der ernsthaft seinen Glauben zu leben sucht«.[136] Seuses stilistische Randposition als die eines den Manierismus bloß streifenden, mystischen »Logotheten«[137] zu umschreiben, ginge an, wenn man die theologisch durchformte Erfahrung dessen, der sich hier äußert, mitzusehen gewillt ist. Sie ist der überschwenglich notierte Grund- und Wirklichkeitsbereich, als dessen Konnotation und Orchestrierung sich die mystische »Logothesis« selber deklariert, wobei sich allerdings die Zielrichtung: Erfahrung-Bericht insbesondere unter der seelsorglichen Intention leicht verkehren kann, so daß der Bericht von Erfahrung – im Sinne einer schriftlich festgehaltenen Erfahrung mit der Erfahrung[138] – neue Erfahrung beim Lesenden zu provozieren versucht. Nicht auszumachen ist letztlich, in welchen psychologisch-genetischen Zusammenhängen der als Bericht von Erfahrung deklarierte Text entstanden ist. Hauptsache im Falle Seuses ist seine hermeneutische Anweisung, daß zum Verstehen seiner Aussagen gleiche Erfahrung die einzig gemäße Voraussetzung ist. Diese Erfahrungsbezogenheit prägt das Reden aller Mystiker, und seien sie sprachlich noch so versiert.

Literargeschichtlich setzen sich Seuses schriftstellerische Ansätze im erbaulichen Schrifttum fort, ohne daß doch Seuse für reine Erbaulichkeit im negativen Sinne die gemäße Grundlegung geliefert hätte. Im Gegenteil, seine an der monastischen Theologie sich nährende Spiritualität weist eine beachtliche, durch die heutige Trennung der Bereiche leider nicht oder zu wenig in den Blick gerückte theologische Implikation auf. Auf zwei Bereiche sei im folgenden ohne den geringsten Anspruch auf Vollständigkeit hingewiesen: auf seine Sapientiologie und Passiologie.[139]

Beide Themenbereiche gehen in Seuses »Büchlein der ewigen Weisheit« (1327/28 entstanden) und im »Horologium Sapientiae« (um 1333/34) ineinander über. Christus erscheint Seuse in seinen geistlichen Dialogen in Gestalt einer Personenallegorie als Inbegriff der göttlichen Weisheit, als deren Diener er sich erkennt. Im Rückbezug auf die alttestamentlichen Weisheitsbücher, aufs Johannesevangelium und die Paulusbriefe unter Einbezug der überlieferten monastischen Brautmystik erscheint ihm mehrfach die ›ewige Weisheit‹ in wechselnder Gestalt als die »Gottheit selber und in besonderer Weise konkret« als menschgewordener Christus, »ohne daß er damit die allgemeinere Auffassung von der ›Weisheit‹ als höchsten Lehrerin, welche dem Menschen über alle Fragen Auskunft erteilen kann, und als Urbild und Symbol aller Schönheit aufzugeben braucht«.[140]

Zu beachten ist in unserem Zusammenhang immerhin, daß Seuses literarische Rollenfiktion – das Gespräch zwischen Diener und Lehrerin[141] – sowohl am Vorbild der Schule, an dem der höfischen Kultur[142] wie am Gesprächsmodell (Dialog zwischen Braut und Bräutigam) der älteren Mystik (Viktoriner, Bonaventura, Mechthild von Magdeburg) partizipiert. So wird die Suggestion einer geistlichen Dienerschaft gegenüber der göttlichen Weisheit seelsorglich breit verwendbar. Unter diese Verwendbarkeit fällt schließlich die Ausfaltung einer eigentlichen Passionsmystik: Seuse versenkt sich inständig in das Leidens- und Erlösungsgeheimnis Jesu, damit er *im selb unwidernemklich entwerde und mit Cristo in einikeit eins werde* (B 335,23), war für ihn nichts anderes als eine *schůle der wisheit* (B 209,11). Eine realistische Darstellung und Nachempfindung des Leidens Christi weist dessen Herkunft aus übergroßer Liebe des Erlösers aus: *Min grundlosú minne erzöiget sich in der grozen bitterkeit mins lidennes als dú sunne in ir glaste, als der schöne rose in sinem smacke, und als daz starke vúr in siner inbrünstigen hitze* (B 203,21 ff.). Das Worumwillen der Leidensbetrachtung fügt sich in die alte augustinische Begründung aller Nachfolge Christi: *Per Christum hominem ad Christum Deum* (in Joh. ev. XIII,4). *Dar umb, wilt du mich schowen in miner ungewordenen gotheit, so solt du mich hie lernen erkennen und minnen in miner gelitnen menscheit, wan daz ist der schnellest weg zu ewiger selikeit.*[143] Das Erlösungsleiden ist damit allem bloß nachempfindenden Vollzug enthoben als erlösende Heilstatsache, die ihre Funktionalität im Rahmen göttlicher Ökonomie hat. Alle realistische Drastik der Leidensbeschreibung und alle Gefühligkeit der Herz-, Blut- und Wundenfrömmigkeit hat so ihren Skopus im Heilsvorgang, der geschichtlich in Jesus Christus für Seuse und die ganze Menschheit exemplarisch und einmalig, nicht wiederholbar, aber je neu nachvollziehbar geschehen ist. Eine ganze Erlösungstheologie, gegründet auf dem Heilswillen Gottes und im konkreten Kreuz und Leiden Christi je neu aktuell im Zusammenhang individuellen und kirchlichen Lebens.

Im Buch, *daz da haisset der Súse* (B 5,1), wird der abenteuerliche Versuch unternommen, auf literarisch intrikateste Weise – der sein Leben erzählende Held ist gleichzeitig der als exemplarischer Heiliger in den Vordergrund zu rückende Heilige[144] – persönliche Heiligkeit im engsten Zusammenhang mit Christi Erlösungstat autobiographisch und vorbildlich für andere aufzuschlüsseln. Alle entwicklungspsychologischen Modelle Taulers gehen in diese Seelengeschichte Seuses – von ihrer anthropologischen Struktur zur einmaligen Modellhaftigkeit überwechselnd – als Elemente ein in eine Erfahrung, die Erlösung als Moment eines einzigen Lebens im Dienste am Apostolat an andern begreift. Ziel ist das Abenteuer einer ›lebensgeschichtlichen Theologie‹[145], in der das Subjekt als solches in die Dogmatik aufgenommen wird, als deren Ernstfall und Bewährungsprobe. Daß auch von solcher Voraussetzung her – gewissermaßen implizit – die Frage nach der Wissenschaftlichkeit der Theologie von Seuse in einem kritischen Sinne gestellt wird, liegt auf der Hand. Die Umsetzung theologischer Gehalte ins Medium von Lebensgeschichte individuellen Zuschnitts (mit allem novellistischen Zubehör), in die sprachliche Form direkt gestalteter Dialoge zwischen Mensch und Gott, zwischen gottsuchenden Menschen, in akkumulierte Erfahrung in Form von Konversion, Vision und Gebet ist rein schlußfolgerndem Verfahren mindestens darin widersprüchlich, daß sie der scholastisch geprägten Schule diejenige der monastischen Tradition entgegenhält.[146] Im Maße dieser Vorgang einer Umsetzung aber von einem ausgebildeten Theologen wie Seuse nicht mehr völlig naiv getätigt werden kann, ist aber in historischer Betrachtung schon die Frage zu stellen, ob dadurch die Bereiche von Spiritualität und Theologie nicht gerade im Versuch, ihr Auseinandertreten aufzuhalten, zur Diastase genötigt werden. Seuse hat – was seine Leistung allein betrifft – sicher die beiden Bereiche im Konzept einer dominikanisch die Kontemplation mit Aktion seelsorglich integrierenden Verfahrensweise noch einmal zusammengezwungen. Für die nachfolgenden Generationen aber ist sein und Taulers Werk schon in den weiten, vieles möglich machenden Zusammenhang erbaulichen Schrifttums eingerückt, das immer mehr auf der Seite privater Erbaulichkeit – und nicht mehr verpflichtender Theologie – gehalten und gelesen wurde.[147]

IV

Obwohl sich das Zielpublikum der mystischen Predigt Eckharts, Taulers und Seuses soziologisch auf Nonnen und eine bürgerliche Stadtzuhörerschaft eingrenzen läßt – also der *ordo laicorum*[148] nur mittelbar und partiell im Zentrum steht –, überwindet diese Seelsorge von ihrer inneren Stoßkraft her die Schranken der mittelalterlichen *ordines* in Richtung auf eine für die ganze *cristenheit* gültige christliche Spiritualität hin. Gott – oder letztlich die Gottheit – ist innerste und zentrale Aussage dieser Predigt; sie kann nie die isolierte Zuhörerschaft klausurierter Nonnen meinen, die kirchenrechtlich wohl nicht den Laien zuzurechnen sind, obwohl sie sowohl frömmigkeits- wie bildungsgeschichtlich dem Laientum durch viele Beziehungen verbunden sind. Dort, wo – wie bei Eckhart – die *wârheit* selber spricht, kann der Empfänger dieser Botschaft nie bloß eine partielle Kapazität dafür aufbringen wollen. Deshalb spricht Eckhart ja auch nicht ständisch oder rechtlich eingeschränkte Personen an, sondern *den* Menschen überhaupt, immer aber den *geistlichen*, d. h. den dem Allgemeinen gegenüber offenen Menschen, jenen, der für die Neuheit der Menschwerdung Christi in der Preisgabe des *eigen* sich frei und ledig gemacht hat für die überschwengliche Botschaft von Gott, der, indem er eine allgemeine Menschennatur annahm, jedem Menschen die Möglichkeit eröffnete, Gott zu werden aus Gnade. In diesem und all den genannten Theologumena verbinden sich Tendenzen, die zwar nicht als sonderlich laikal anzusprechen sind – der theologische Begründungszusammenhang ist dafür zu deutlich! –, aber in ihrer Zielweite deutlich über den abgesonderten klerikalen Bereich von Theologie und Frömmigkeit hinausreichen. Insbesondere in einer bei allen drei Genannten relevanten Neuwertung der Berufs- und Arbeitswelt im Sinne einer konsequenten Alltagsmystik – bei Eckhart gar mit Akzent auf der Martha-Existenz – zeichnet sich die Möglichkeit einer Laienspiritualität ab, die sich als Zufallsprodukt einer die Grenzen einzelner Spiritualitäten überwinden wollenden Grundgeistlichkeit des christlichen Daseins historisch aussondern läßt. Im Zentrum aber steht – wie gesagt – die *güete* und *gerechticheit* eines christlichen Daseins, so wie es sich aus der Seinsfreudigkeit Gottes als Gnade ergeben mag.

Die Beurteilung der Vita contemplativa und activa in der Dominikanermystik des 14. Jahrhunderts*

Das Verwirrende an den frühesten christlichen Fassungen des Problems der *Vita contemplativa* und *activa* ist zunächst, daß diese ohne größere ideologische Verstimmung auf ein antik-heidnisches Lebensmodell zurückgreifen, das von christlichen Voraussetzungen her sich keineswegs aufdrängte, sondern bis zu einem gewissen Grade geradezu verbot.[1] Die Begrifflichkeit und die damit gemeinte Sache – die Dualität zweier Lebensformen, die entweder sich ausschließen oder auf schwierige Art und Weise ineinander integrieren lassen müssen[2] – sind biblisch nicht vorgesehen: Es fehlt in der Schrift die Scheidung von βίος θεωρητικός und βίος πρακτικός.[3] Im Gegenteil, das urchristliche Lebensmodell ist ein gleichzeitig exklusives und integratives: Es geht in jedem Fall – exklusiv – um die rückhaltlose Nachfolge Christi ohne die Rücksicht auf diverse Lebensweisen, unter denen die eine oder andere einen Vorzug verdiente. Jesus Christus ist hier Ursprung, Mitte und Ziel christlicher Vollkommenheit.[4] Dieser Jesus lebte aber nicht wie ein Mönch; er realisierte in seinem Leben weder eine rein kontemplative noch eine rein aktive Existenzmöglichkeit.[5] Die Menschwerdung Gottes in Jesus Christus insinuiert zudem weniger die Möglichkeit einer kontemplativen Existenzweise als die einer für das Heil der Menschen aktiv sich hingebenden, kenotischen Existenz, die keinerlei Raum läßt für eine auf Handeln verzichtende Schau des Vaters.[6] Stichwort dafür ist Agape, handelnde und tätige Nächstenliebe, die letztlich die Gnosis und alle eng umschriebenen Lebensformen hinter sich läßt (1 Kor 13,1-13). Ohne diesen wesentlichen Aspekt christlichen Daseins aufzuge-

* Der nachstehende Beitrag vermag nicht mit neuen Forschungsergebnissen aufzuwarten; das dürfte nach den intensiven Vorarbeiten von Hans Urs von Balthasar, Dietmar Mieth, Josef Sudbrack, Maurice de Gandillac und anderen auch nicht leicht sein. Dagegen seien – in dankbarer Anerkennung der geleisteten Vorarbeit – der geschichtliche Rahmen des Problems, wie es sich bei einem wichtigen Dominikaner des 14. Jahrhunderts stellt, und sein Lösungsversuch in den Blick gerückt, ohne daß in irgendeiner Hinsicht erschöpfend darüber gehandelt würde.

ben[7], haben im dritten Jahrhundert die Alexandriner Klemens und Origenes im Konzept einer orthodoxen Gnosis die antike Dualität der zwei Lebensweisen von βίος θεωρητικός und βίος πρακτικός ins Christentum eingeführt.[8] Der Christ Klemens von Alexandrien, der zwischen beschaulichem und tätigem Leben zu unterscheiden weiß[9], ohne doch ein Gleichgewicht zwischen Aktion und Kontemplation leugnen zu wollen[10], kennt eine »auf Schauen beruhende Erkenntnis« Gottes, eine »Erkenntnis des göttlichen Wesens«.[11] Das theoretische Leben ist der geistige Ort, darin »die Gnosis oder Weisheit durch Übung eine beständige und unwandelbare Kontemplation werden«.[12] Die derart »ruhen auf dem heiligen Berge Gottes«, d. h. »in der obersten Kirche«, sind die »Philosophen Gottes ..., die wahren Israeliten, die, welche reinen Herzens sind, in welchen kein Falsch ist, welche nicht blieben in der Siebenheit der Ruhe, sondern hinangestiegen sind durch das Wohltun ihrer Ähnlichwerdung mit Gott zum Erbe des der Achtheit eigentümlichen Wohltuns, indem sie dem reinen Schauen der unersättlichen Theorie obliegen«.[13] Daß diese Schau gegenüber der christlichen Verpflichtung auf Liebe am Nächsten ein zwar neutral vermerktes, aber doch sichtbares Moment des Selbstischen enthält, notiert Klemens deutlich:

Im theoretischen Leben also sorgt man, indem man Gott ehrt, für sich selbst und schaut durch eigene fleckenlose Reinigung den heiligen Gott in heiliger Weise; denn die Sittsamkeit, wenn sie zur Seelenverfassung geworden ist, wird, indem sie sich selbst unablässig bewacht und beschaut, zur möglichsten Gottähnlichkeit.[14]

Daß hier das Ideal des platonischen *Theaitetos* mit seinem Konzept einer Verähnlichung an Gott über den Weg frommer Gerechtigkeit wirksam ist, liegt auf der Hand.[15] Hingegen ist der »Weg der Werke«, den Klemens fordert, in den »Weg der Gnosis« als »Vervollkommnung durch Übung aller Tugend«[16] innerlich einbezogen und meint nicht wie in der antiken Philosophie »weltliches Berufsleben im Staat«.[17]

Eine folgenreiche Entscheidung für die Differenzierung und Wertung des beschaulichen und tätigen Lebens fällte Origenes in seiner Erklärung zu Joh 11,19 ff. (= Lk 10,38 ff.). Die zu Füßen Jesu sitzende Maria wird zum Inbegriff des beschaulichen Lebens deklariert, während die emsig sich um Jesus bemühende Martha das tätige Leben darstellt.[18] Maria hat das beste

Teil erwählt; Martha steht in der Bewertung der beiden Lebensformen unter ihr.[19] Das Personenpaar Martha-Maria wird in späteren Väterkommentaren auch auf das alttestamentliche »Gleichnis von der fruchtbaren, aber triefäugigen Lea und der unfruchtbaren, aber schönen Rebekka« angewandt, so daß der äußeren Tätigkeit (die zugleich Nächstenliebe ist) der »Vorteil der Fruchtbarkeit« (bei schlechterer Sicht) und der Beschaulichkeit der »Vorteil der Sicht (bei gleichzeitiger Unfruchtbarkeit)« zugesprochen wurde.[20] Damit bildet sich im Anschluß an das aristotelische Modell der zwei Lebensweisen eine christliche Tradition, »die das aktive Leben der Zeitlichkeit, das kontemplative« dagegen »der Ewigkeit« zuordnete[21], allerdings nicht so, als ob sich die beiden Leben gegenseitig ausschlössen, sondern in gegenseitiger Zuordnung als zwei Etappen desselben geistlichen Weges des Christen: das tätige Leben führt zum beschaulichen hin; es ist der Gipfel und Höhepunkt aller tätigen, d. h. asketischen Bemühung.[22] Noch ein entscheidender Punkt kommt christlich zum Modell im Sinn einer inneren Klammer hinzu: Alle in der Tätigkeit und Beschauung gewonnene *Gnosis* führt zur *Agape*, eine Anschauung, die bei Gregor dem Großen in einer berühmten Identitätsformel konkretisiert wird: *Ipse amor notitia est*[23] (die Liebe selbst ist Erkenntnis). Immer mehr wird sich auch diese Liebeskonzeption als eine kontemplative »Tätigkeit«, die das tätige Leben übergreift, durchsetzen, so daß letztlich das Modell der zwei Leben in sich aufgehoben wird. Diesen Punkt, da das Modell innerlich durchbrochen wird, gilt es in der Mystik Eckharts deutlich zu machen.[24]

Zuvor aber muß neben der geschilderten Übernahme des platonisch-aristotelischen Modells der zwei Leben durch die Väter noch auf einen Punkt der Entwicklung hingewiesen werden, wo eine entscheidende Umdeutung dieses Modells geschieht.[25] Gemeint ist die Übernahme des Modells durch die Mönchstheologie. So wird für Evagrius Pontikus († 399) die Einteilung des geistlichen Lebens in das aktive und das kontemplative oder gnostische grundlegend.[26] Das gnostische seinerseits läßt sich – im Rückbezug auf stoische Dreiteilungen *(pars moralis, naturalis, rationalis)* – ausfalten in die beiden Dimensionen der Naturbetrachtung und der Beschauung Gottes. So haben wir die πρακτική und die γνωστική, die sich ihrerseits in φυσική und

ϑεολογική ausfaltet. Hält man sich an die von Platon übernommene Zweiteilung[28], so meint die πρακτική die Übung im Tugendleben, die eindeutig auf die Kontemplation ausgerichtet ist; zu diesen Übungen zur Erreichung der ἀπάϑεια gehören neben der tätigen Selbstüberwindung auch alle leiblichen und geistlichen Werke der Nächstenliebe. Dem gegenüber steht die γνωστική als selbstzweckliche Beschauung als ϑεωρία φυσική und ϑεολογική. Das aktive Leben ist hier zum Mittel und zur Vorstufe der Beschauung zunächst Gottes in der Welt und dann Gottes allein bestimmt. Das Schema hatte einen sehr starken Einfluß zunächst auf Kassian, dann auf Gregor den Großen; beide gaben es weiter, so daß für Jahrhunderte gilt, daß »Aktion die reine Mühsal«, während die Kontemplation »die reine«, unverfälschte »Lust« ist.[29] Und was gefährlicher ist, die Nächstenliebe wird in allzu schlichter Eindeutigkeit dem tätigen Leben zugeschlagen, während die Gottesliebe – als dominierende Haltung – dem beschaulichen überantwortet wird.[30] Das heißt, die evangelische Gleichläufigkeit von Nächsten- und Gottesliebe wird zugunsten einer Hierarchie aufgehoben, die das eine zugunsten des andern abwertet.[31]
Die unbestritten gültige Formel, wonach die Kontemplation über der Aktion steht, wird im 13. Jahrhundert in ihrer Selbstverständlichkeit in Frage gestellt durch die neuen Mendikantenorden,

> die aus der Fülle der Kontemplation und ohne diese preiszugeben, in die Aktion übergehen. Diese und nur diese Aktion, die *ex plenitudine contemplationis derivatur*, ist der ›einfachen Kontemplation vorzuziehen. Denn wie es größer ist, zu erleuchten als bloß Licht zu sein, so ist es größer, andern das Kontemplierte weiterzugeben als bloß zu kontemplieren‹.[32]

Die Verteilung der beiden Leben auf Welt- und Ordensstand wird darin verhindert, daß – wie Thomas zeigt – das Apostolat als »höchste Form christlicher Sendung«[33] zum aktiven Leben gehört. Neben die rein zur Beschauung aufsteigende Linie beginnt sich in der Tradition allmählich eine absteigende zu artikulieren, welche die Kategorie der christlichen Tat als eine der Kontemplation zuinnerst zugehörige zu verstehen gewillt ist. Thomas von Aquin bezeichnet in seinem Versuch, die Aktion synthetisch »als Disposition, Addition und Folge der Kontemplation« zu verstehen, die Aktion als *operatio*[34], was doch heißt, daß tätiges und beschauliches Leben schon als abgeleitete Lebensform eines zuinnerst als Praxis begriffenen Lebens zu gelten haben. Schon Gregor der Große hatte die aufsteigende Linie von der Tätigkeit zur Beschaulichkeit durch das Konzept eines denkbaren Wechsels der beiden Verhaltensweisen – so daß sich letztlich beide durchdringen – in Verwirrung gebracht:

> Man muß wissen: Wenn ein gutes Lebensprogramm verlangt, daß man vom tätigen zum beschaulichen Leben übergeht, dann ist es oft nützlich, wenn die Seele vom beschaulichen Leben zum tätigen zurückkehrt, derart, daß die im Herzen entzündete Flamme der Beschauung der Tätigkeit ihre ganze Vollkommenheit schenkt. So muß uns das tätige Leben zur Beschauung führen, die Beschauung aber ausgehen von dem, was wir innerlich betrachtet haben, und uns zur Tätigkeit zurückrufen.[35]

Solche und ähnliche Sätze Gregors werden denn auch von den Mendikanten mit Beifall zitiert[36] und als innere Begründung für ihre Umdeutung des Verhältnisses von *actio* und *contemplatio* genommen. Insbesondere spiegelt sich diese Umdeutung im Maria-Martha-Modell, das bisher für die Bewertung und Einschätzung der beiden Lebensformen im aufsteigenden Sinne konstitutiv schien.
Das Verdienst, in dieser Entwicklung einer Umdeutung des Maria-Martha-Modells die Weichen entscheidend neu gestellt zu haben, kommt ohne Zweifel Meister Eckhart zu Beginn des 14. Jahrhunderts zu.[37] Allerdings gibt es verschiedene Beispiele einer Höherwertung der biblischen Martha-Figur schon vor und gleichzeitig mit ihm. Schon Heinrich von Gent († 1293) hatte die Überlegenheit der Aktion unter bestimmten Voraussetzungen – bei Eignung des Handelnden, bei Notwendigkeit und Uneigennützigkeit der Tat! – behauptet und damit der Martha *urgente charitate propter Christi et discipulorum necessitate* einen Vorrang zugebilligt.[38] Noch weiter in der Entschärfung des traditionellen Marthatadels ist Albert der Große in seinem Lukaskommentar gegangen. Die *vita activa* richtet sich positiv auf die *aedificatio ecclesiae* und auf die Werke der Barmherzigkeit. Zudem ist das *frequens ministerium* – ein Begriff für die Tätigkeit der Martha, den Eckhart dann in seinem Ausdruck: *mannicvaltiges gewerbe*[39] (mannigfaltiges Wirken) schier wörtlich übernehmen wird – Form eines *instanter operari circa proximum*, eines aus der augustinischen *necessitas caritatis* erwachsenen »notwendigen« Tuns und Handelns zugunsten des Nächsten.[40] Diese Voraussetzung wird sich in der späteren

Argumentation zugunsten der Martha immer klarer als Bedingung der Möglichkeit einer besonders positiven Einschätzung der Martha herausstellen.

Es ist bei dieser Gelegenheit aber auch darauf hinzuweisen, daß die Marthafigur seit dem späteren 13. Jahrhundert nicht nur in gelehrten theologischen Kommentaren zum Lukasevangelium eine positive Neudeutung erfuhr, sondern auch auf der Ebene des durchschnittlichen, konkreten Frömmigkeitslebens.[41] So hat beispielsweise Franziskus von Assisi in seiner Anweisung zum Leben der Brüder in Einsiedeleien aus den Jahren 1217-21 schon gefordert, daß sich für ein solches Leben mindestens drei oder vier Brüder zusammenzutun hätten, von denen die zwei älteren als Mütter – das Leben der Martha führend – fungieren, während die beiden jüngeren das Leben der Maria Magdalena auf sich zu nehmen hätten.[42] Wichtig ist an dieser Verteilung, daß die Martharolle den älteren Brüdern übergeben wird, die sich durch Lebenserfahrung auszeichnen – eine Zuordnung, die Meister Eckhart dann für die biblische Martha ebenso gelten läßt. Der aktiven Handarbeit – die Bonaventura Mitte des 13. Jahrhunderts zugunsten des Marialebens preiszugeben gewillt ist[43] – ist in diesem Konzept ein wichtiger Raum zugemessen. Diesem frühen Zeugnis für eine Anerkennung der Martharolle stellen sich eine Fülle von Texten[44] – vor allem aus dem Ende des 14. und dem Anfang des 15. Jahrhunderts – zur Seite, die der Vorsteherin einer Beguinage den Namen Martha zubilligen[45]; solches läßt sich für orthodoxe wie häretische Gruppen nachweisen.[46] Das Auftreten dieses Namens für die Vorsteherin einer Beguinage kann daher sowohl für die geistige Zugehörigkeit der Gruppe zu den Dominikanern[47] oder zu häretischen Organisationen[48] sein.

Eine gewiß bedeutende Rolle für die Inanspruchnahme der Martharolle und -bezeichnung im Bereich der Beginen dürfte nun – wie gesagt – die außerordentliche Umdeutung des Maria-Martha-Modells im Sinne einer extremen Bevorzugung der Martha durch Meister Eckhart gespielt haben.[49] Eckhart äußert sich über Lk 10,38 in einer Predigt, die ihm mit hoher Wahrscheinlichkeit authentisch zugesprochen werden kann.[50] Es handelt sich um die von F. Pfeiffer als Nr. 9 edierte Predigt[51]: *Intravit Jesus in quoddam castellum, et mulier quaedam, Martha nomine excepit illum* (Luc 10,38). Sie handelt vom richtigen

Verständnis der kontemplativen und der aktiven Lebensweise und trägt eine nicht überhörbare Spitze allenfalls gegen gewisse häretische, vor allem aber quietistisch orientierte Auffassungen des geistlichen Lebens.[52] Die um Jesus geschäftig besorgte Martha wird der zu Jesu Füßen versunkenen Maria entgegengestellt. Die jüngere des Geschwisterpaars, Maria, fühlt ihre Seele von der Güte Gottes umgriffen, trägt eine unaussprechliche, d. h. unqualifizierte Begierde in sich und empfängt zu Füßen Jesu süßen Trost und Lust. Die ältere Martha ist ihr gegenüber hinsichtlich ihrer Tätigkeit genau qualifiziert: *ein hêrlich alter und ein wol geübeter grunt ûf daz allernaehste* (ein gereiftes Alter und ein bis ins Alleräußerste durchgeübter [Seins-]Grund), *ein wisiu verstantnisse, diu daz ûzer werk wol gerihten kunde in daz allernaehste, daz minne gebiutet* (eine weise Besonnenheit, die das äußere Wirken recht auszurichten wußte auf das Höchste, das die Liebe gebietet) und die *grôziu wirdicheit des lieben gastes* zeichnen sie aus.[53] Unüberhörbar ist hierin die Bevorzugung der älteren Martha vor der jüngeren, noch unfertigen und im Bereich des bloßen Gefühls verbleibenden Maria. Der Unterschied zwischen den beiden Schwestern wird theoretisch im folgenden klar gemacht: Gott ist bereit, dem Menschen sowohl in sinnlicher wie geistiger Hinsicht völliges Genügen zu bereiten. In sinnenhafter Weise verleiht er *trôst, lust* und *genüegede*[54] (Trost, Beglückung und Befriedigung). Durch diese Gaben hingegen *verwenet sîn,* das geht den wahren Gottesfreunden ab: Wie immer gewaltig in ihnen das Wohlgefühl gegenwärtig wird, *daz oberste wipfellîn* der Seele steht darüber und läßt sich durch kreatürliche Liebe und Leid nicht herabbeugen.[55] Den Gottesfreunden wird *redelîchiu genüegede* gewährt, ein geistiges Genügen, das in Richtung einer inneren Sinnlichkeit zu verstehen ist. Kein Zweifel, daß Martha den zweiten Typ verkörpert und daher entwicklungsmäßig[56] über Maria steht. Ihre Aufforderung an die Schwester, ihr bei der Bewirtung des Gastes zu helfen, erfolgt also zu Recht und aus echter *minnegunst*[57] (aus liebendem Wohlwollen), vielleicht sogar aus liebevollem Spaß, *minneschimpf*[58] (liebenswürdige Neckerei), als sie sehen mußte, wie ihre junge Schwester derart von kontemplativem Wohlgefühl erfüllt war.

Was die ältere Schwester auszeichnet, ist ihre Lebenserfahrung, die ihr *daz edelste bekennen*[59] (das edelste Erkennen), das sich denken läßt, vermittelt. Im folgenden äußert sich Eckhart kritisch über die höchsten Beispiele älterer Kontemplationsmystik: Paulus hat in seiner Verzückung in Gott hinein zwar Gott und sich selber geschaut[60], sich selber aber ohne Gott nicht. Das heißt, daß er die ihm noch fehlende Tugendübung nicht als ein Defizit seiner selbst anzuerkennen fähig war. Selbst Heiden sind bereiter und fähiger, sich ein anschauliches Bild ihrer Tugenden zu machen als die Heiligen in ihrer ersten Verzückung. »Nicht eine noch so tiefe Erfahrung, sondern der Alltag des Lebens realisiert dasjenige, was dem Menschen letztlich obliegt: ein Leben im Willen Gottes.«[61] Diese überaus kühne Folgerung Eckharts aus seiner Gegenüberstellung zwischen heidnischer, d. h. aristotelischer Ethik und Kontemplationsmystik soll die Haltung Marthas deutlich machen. Sie hat ganz im Gegensatz zu ihrer Schwester bewiesen, daß sie auch kann, was sie will, und daß sie jenseits zielloser Sehnsucht steht. Eckhart zögert nicht, argwöhnisch darauf hinzuweisen, daß Maria wohl *mê durch lust dan durch redelîchen nutz*[62] (mehr um des wohligen Gefühls als um des geistigen Gewinns willen) zu Füßen Jesu ruht. Man wird hierin eine Kritik an der Praxis der Nonnenmystik sehen dürfen, wie sie in klausurierten Gemeinschaften geübt wurde. Jedenfalls waren solche Meister Eckhart durch seine tätige Seelsorge aufs genauste bekannt.

Wenn Jesus im folgenden Martha zweimal beim Namen nennt, dann sind das nach Eckharts Exegese stringente Hinweise darauf, daß diese sowohl das zeitliche wie das ewige Gut schon besitzt, d. h. *volkomenheit zîtlicher werke und allez, daz dâ hoeret ze êwiger sêlde*[63] (Vollkommenheit in zeitlichem Wirken; alles, was zur ewigen Seligkeit gehört). Denn was Gott mit Namen aufruft, das kann nicht verlorengehen. Martha ist fähig, *bî den dingen zu stân* und nicht *in den dingen*[64] (bei den Dingen und nicht in den Dingen zu stehen). Ihr Lebensbereich ist das *gewerbe*, das nicht mit äußerlich geübten *werken* identifiziert werden darf; das *gewerbe* übt man mit *redelîcher bescheidenheit ... von innen*[65] (das »Wirken« übt man mit verständnisvoller Umsicht von innen her). Es geht um eine Gleichzeitigkeit des Daseins ganz nahe bei den Dingen, *und an dem umberinge der êwigkeit*[66] (im Horizont der Ewigkeit). Sie verwirklicht so eine doppelte Forderung: *werc und gewerbe in der zît und blôz sîn des selben*[67] (Wirken und Tun in der Zeit *und* frei sein von gerade dem Genannten). Das paulinische *»redimentes tempus«*[68], das Eckhart charakteristischerweise mit *»loesent die zît«*[69] (überwinde die Zeit) übersetzt, visiert eine Existenz *mit vernünftiger lebelîcher wârheit*[70] (in vernunftgemäßer, lebensvoller Wahrheit), d.h. ohne das Hell-Dunkel bildlicher Vorstellungen. Alles Vermittelnde muß auf dem Wege zu Gott abgelegt werden, damit alles Licht werde. Das *gewerbe* ist der vernunfthaft erreichte Ort dieses Lichtes Gottes.

Das biblische »Eines ist not« gibt Eckhart Anlaß, den Ort mystischer Erfahrung in der irdischen Verfaßtheit des Menschen zu situieren. Eschatologisch gilt das augenblickshafte, einmalige Umfangensein durch das göttliche Licht als unauflösbare Einheit. Die irdische Verfaßtheit Marthas dagegen – über den Dingen, aber unter Gott – ist Zwei-Eines: Der Mensch kann Gott nicht ohne Vermittlung sehen; Erkennen und Sein, Erkenntnisvollzug und -bild werden irdisch nie zur Deckung gebracht werden können. Gott aber kann letztlich nur bildlos auf geistige Weise gesehen werden, ein Ereignis, das, als Forderung und Ruf des Einen, Leben als ein Umfangensein im Lichte[71] zu prägen hat.

Drei Wege führen nach Eckhart zu diesem Einen: Der erste führt über das durch Liebe geprägte, mannigfache Gewerbe dazu, in allen Dingen Gott zu suchen. Der zweite ist der weglose Weg der willen- und bildlosen Entrückung, wie er Petrus und Paulus gewährt wurde. Er ist nicht von Dauer; diesseits des Horizontes der Ewigkeit stehend erfährt der Mensch Jenseitiges.[72] Der dritte Weg ist der Weg, auf dem Jesus Christus ging. Er ist gleichzeitig Weg und Zu-Hause-Sein, innertrinitarischer Vollzug Gottes in sich selbst – ein Wunder, das, in Worten unfaßbar, den *status in patria* meint.

Der Weg des »Gewerbes«, wie ihn Martha geht, ist nun für Eckhart *als edel als dehein vüegen in got*[73] (wie irgendwelches Sich-in-Gott-Versenken), abgesehen von der (eschatologischen) Schau Gottes in seiner bloßen Natur.[74] Damit ist aller Erfahrungs- und Kontemplationsmystik ein asketischer Verdacht auf Genüßlichkeit entgegengestellt. Vorrangig ist nicht geistliche Erfahrung als innerer Besitz, sondern rechtes Sein in rechtem Vollzug. Eckhart nennt diese Existenzweise Marthas *weselîche stân*[75] (wesentlich dastehen); sie bringt den Menschen ebenso nahe zu Gott wie die höchste Erfahrung, die uns gewährt wird.

Es geht um das Wirken in der Zeit. Dieses hat *ordenlîche und redelîche unde wizzentlîche* zu erfolgen[76] (ordentlich und einsichtsvoll und besonnen). Ordnungsgemäß, d.h. in ständigem Bezug zum Eigentlichen; vernünftig, d.h. orientiert auf das im Augenblick Beste; besonnen, d.h. in der Gleichzeitigkeit guter Werke und der Wahrnehmung der beglückenden Gegenwart lebendiger Wahrheit. Solch integrierendes Sein verfügt den Menschen ebenso tief in Gott hinein wie alle mystischen Erfahrungen der in der Wüste kontemplierenden Maria.

Das notwendige Eine ist Gott. Der Mensch, der sich um vieles kümmern muß, kann dabei gleichwohl *in einem frîen gemüete*[77] (in einem freien = unbekümmerten Gemüt) stehen, sofern er – wie Martha – *weselîche,* d.h. aus einem lobwürdigen *grunt*[78] lebt. Das aber ist nur möglich mit dem Einen, das Gott ist, der, wenn er sich von den Geschöpfen zurückzöge, alles ins Nichts versinken lassen würde.

Der Entwurf einer Fundamentalethik, den Eckhart im folgenden liefert, ist ohne jegliche Selbstzwecklichkeit, sondern mündet ohne Verzögerung in der höchsten Vorstellung von Gotteserfahrung. Ein gleichzeitiges Befolgen von drei Willensentschlüssen vermag dahin zu führen. Das Befolgen des sinnlichen Willens erstrebt das Aufmerken zur Belehrung, der vernunfterhellte Wille ermöglicht die Nachfolge Christi und der Heiligen in Wort, Wandel und »Gewerbe«. Der ewige Wille, der sich im Menschen worthaft als Wunsch an Gott artikuliert, führt zur Geburt des göttlichen Wortes in der Seele. Eckharts Ethik umfaßt also Hören, Tun und Sein[79] in einem derart, daß darin das höchste Gnadenereignis – die Gottesgeburt in der Seele – möglich wird. Es ist daher falsch – Eckhart wendet sich hierin betont gegen quietistische Anschauungen –, anzunehmen, daß Heiligkeit in Unberührbarkeit durch Freude und Leid bestehe. Die Betrübnis Christi vor seinem Leiden bis zum Tode hin ist Eckhart Gewähr einer je neu denkbaren Betroffenheit des christlichen Heiligen durch Freude und Leid, eine Annahme, der die andere nicht widerspricht, daß dieser Heilige in seinem obersten Seelenwipfel nicht behindert wird. Gleiches gilt für die dem Menschen verliehene irdische Sinnlichkeit im Hinblick auf die unabweisbare Gegebenheit sinnlicher Dinge: die Abweisung aufdringlicher sinnlicher Wahrnehmungen, z.B. unangenehmen Lärms, hat ein agonales

Moment, das den Kampf zur Lust macht. Auch das Freisein von Werken – reine Theorie also – kann nicht sein.[80] Das Pfingstereignis – die Verleihung des Geistes Gottes – ermächtigt nicht zu einem rein theoretischen Dasein, sondern zu einem Leben der Tat, wie es die Jünger Christi nach Pfingsten führten. Das Leben ist mithin eine Schule: Maria und mit ihr alle Menschen müssen »lernen leben«. Selbst die vollkommene Maria – die beschauende – konnte sich selber nicht sein, ohne vorher gelernt zu haben, Martha zu sein. Das heißt doch, daß die Existenz der Martha für Eckhart ein Jenseits sowohl des tätigen als auch des beschauenden Lebens meint, allerdings ein Jenseits, das zu befreiter Tat befähigt. Vollkommenheit heißt hier wiederum: *weselîche stân*[81], d. h. gehorsam dem Lernprozeß offenstehen, in den Gott den Menschen einspannt. In einer für Eckhart höchst seltenen Weise wird am Schluß der Predigt ein entwicklungspsychologischer, letztlich historisch-biographischer Gesichtspunkt frei. Maria zu Füßen Jesu war noch im Lernen begriffen; nach Christi Himmelfahrt und Pfingsten dagegen begann erst ihr eigentliches Leben, eine *vita activa*, die sie nach der Legende übers Meer und in die Wüste führte und zu einer Dienerin der Jünger machte. Das ethische Postulat der Tugendübung ist Heiligen erst in dem Moment erfüllbar, wenn sie zu Heiligen geworden sind. Alles Wirken davor ist zum Zwecke der Schuldabtragung und Strafe für die Sünde getan. Vorbild für diese Umkehrung der Werte – Tun aus der Seinsverbundenheit mit Gott heraus und nicht abzweckendes Tun, um diese Seinsverbundenheit zu erlangen – ist Christus, an dem kein Glied ohne Tugendübung war. Nur scheinbar widerspricht dem Eckharts zuvor geäußerte Meinung, die Heiden seien besser zur Tugendübung konditioniert als die in der Süßigkeit der Gotteserfahrung schwelgenden Kontemplativen: Beide Male handelt es sich um Tugendübung im Gewerbe *sunder warumbe*[82] (ohne Warum), es sei denn die Liebe zum Nächsten, dem bekanntlich nach Eckhart selbst eine Suppe gereicht werden muß, wenn man in tiefster Beschauung versunken ist.[83]

Es lassen sich aus Eckharts Stellungnahme zum Problem von *vita activa* und *contemplativa* ein paar Folgerungen ziehen, die man nicht übersehen darf. 1. Die antike Trennung oder zeitweise Diversifikation zwischen *vita civilis* und *contemplativa* wird durch eine Anschauung überwunden, die – beide Leben christlich vertiefend – eine Gleichzeitigkeit der beiden Lebensformen suggeriert. 2. Auch die monastische Trennung von βίος πρακτικός und βίος θεωρητικός im Sinne zweier existentiell verschiedener Lebensweisen und -techniken wird durch ein beide zusammenfassendes Modell überholt. 3. Aber auch die synthetische Fassung einer *vita mixta* im Sinne Thomas von Aquins, darin die Aktion aus der Beschauung herauszufließen hat, wird als allzu additives Modell zurückgelassen.[84] 4. Eckharts Modell ist ein absolut ganzheitliches, Sein und Tun ineinander integrierendes und dabei die geschichtliche Dimension trotzdem nicht ausklammerndes Modell, darin das »wesentliche Werk« das ignatianische Modell des *›simul in actione contemplativus‹*[85] vorzeichnet und schon erschöpfend als eine Existenz im Horizont der Ewigkeit in der Zeit definiert. Eckhart hat damit dem Menschen eine Möglichkeit einer integrativen Existenzweise aufgewiesen, wie sie vor ihm nicht in den Blick gefaßt werden konnte.

Traum und Traumvision in der deutschen Mystik

> »Die Geschichte des Traumes bleibt noch zu schreiben, und Einsicht in sie eröffnen, hieße, den Aberglauben der Naturbefangenheit durch die historische Erleuchtung einschneidend schlagen. Das Träumen hat an der Geschichte teil.« (Walter Benjamin, Gesammelte Schriften II/2, Frankfurt a. M. 1977, S. 620)

> *»Lorsqu'on lit les Révélations de Marguerite Ebner, et que l'on parcourt ses crises, son adorable enfer, on est saisi de jalousie.«* (E. M. Cioran, La tentation d'exister, Paris 1956, S. 166f.)

Daß Träume keine Schäume sind, darüber war sich wohl das ganze Mittelalter einig.[1] Auch wenn es bisweilen deren Macht zur Bedeutungslosigkeit herunterzuspielen versuchte – in der aufgeklärten Absicht, eine allzu dominante Traumdeutung[2] zu entschärfen –, war doch immer klar, daß die Träume welcher Art immer in den Zusammenhang einer Zeichenlehre gehörten. Träume sind *signa*, die als *vera* von Gott oder als *falsa* von den Dämonen stammen.[3]

I

Die für das Mittelalter weithin bestimmende Typologie der Träume stammt von Macrobius (um 400), der sie in seinem Kommentar zum »Somnium Scipionis«[4] in Anlehnung an griechische Autoren, besonders an das Traumbuch des Artemidor von Daldis (ca. 96-180 n. Chr.)[5], erarbeitet hat. Johannes von Salisbury (um 1115-1180)[6] und die pseudoaugustinische Schrift »Liber de spiritu et anima« (12. Jh.)[7] haben sie übernommen und ausgestaltet. Danach sind zu unterscheiden: *somnium, visio, oraculum, insomnium, visum* – Traum, Vision, Orakel, Wahngebilde und Halluzination. Die beiden letztgenannten fallen in einer christlichen Betrachtung des Traums als nichtig weg, die oberen drei Arten dagegen werden von Macrobius für Divinationszwecke geeignet gehalten.[8] Die Wahngebilde entstammen den kranken Gemütern Trunksüchtiger und Verliebter, die Halluzinationen stellen von der Natur abweichende, geistig-körperlicher Schwäche entstammende Gebilde – z. B. eine schöne Frau, deren Leib in einem häßlichen Fischschwanz endet – vor die inneren Augen. Dagegen führt der *Traum* »die Bilder der Dinge durch gewisse Umhüllungen ein«[9], ein Verfahren, dessen Entzifferung an sich den Traumdeutern obliegt. Immerhin kann das *somnium* durchaus zum Vehikel der Offenbarung christlichen Heilsgeschehens werden, dann etwa, wenn die sibyllinischen Weissagungen als Hinweise auf die Inkarnation Christi verstanden werden (Johannes von Salisbury).[10] Die *Vision* ist die Selbstausgießung der Wahrheit in ihrem unmittelbaren Licht. Daß die so verstandene Traumvision christlich denkbar und möglich ist, bedarf keines Nachweises. Auch das *Orakel* ist in seinem Kern religiös zu verstehen: Wird ein Orakel gegeben, so geschieht dies durch das Auftreten einer heiligen Person oder Gottes selbst im Traum. Auf diese Weise wird dem Schlafenden der göttliche Wille mitgeteilt. Für den Christen drängen sich angesichts des Traumorakels Unterschiede zwischen dessen heidnisch-dämonischem und christlichem Typ auf. Wichtig ist aber, daß ein christlicher Typ grundsätzlich möglich ist.[11]

Dieser Traumsystematik steht jene andere, von Poseidonius über Cicero und Tertullian ans Mittelalter vermittelte Typologie gegenüber, nach der die Träume je nach Herkunft dreigeteilt werden sollen[12]; es gibt daher drei Arten, wie dem Menschen die Träume zukommen: 1. aus der eigenen Seele, 2. von den unsterblichen Geistern, 3. von den Göttern; verchristlicht: 1. von der Seele, 2. von den Dämonen, 3. von Gott. Auch nach dieser Systematik also ist der Traum von allem Anfang an in ein Zeichensystem einbezogen, das über die rein irdische Befindlichkeit des Menschen hinausreicht und so ein Datum des menschlichen Lebens an Mächte und Gewalten angliedert, die jenseits seiner Einflußsphäre liegen.

Noch eine dritte Traumsystematik ist zu erwähnen, jene von Gregor dem Großen (etwa 540-604).[13] Sie versteht sich auch als eine genetische Deutung in sechsfacher Stufung. Träume können auf körperliche Reize zurückgeführt werden, 1. auf Überfüllung, 2. auf Leere des Magens, sodann auf geistige: So können 3. Träume *per inlusionem*, 4. aufgrund von psychischen Belastungen des Tages entstehen. Die beiden letzten Arten haben mantischen Wert: So 5. der Traum *ex revelatione* (Beispiel: Josephstraum) und 6. der Traum *cogitatione simul et revelatione* (Offenbarung und Akt des Denkens).

Wichtiger als all die Systeme, in denen Träume sinnvoll gedeutet werden, wiegen die Hinweise der Hl. Schrift für die Traumdeutung des Mittelalters. Trotz der warnenden Worte von Jeremias 23, 25 ff. und Jes Sir 31, 1-7[14] vor nichtigen Träumen – es kommen noch ein paar Stellen hinzu[15] – sind »Traum und Vision die häufigsten Offenbarungsformen des AT's«.[16] Noch unproblematischer geht das Neue Testament mit den Träumen um: Der Traum ist hier ein »zuverlässiges Werkzeug im Umgang Gottes mit den Menschen«, und die neutestamentliche Heilsgeschichte kennt den Traum durchwegs als »Instrument göttlicher Warnung, Belehrung und Weisung«.[17]

II

Es wäre nun falsch, aus den biblischen Voraussetzungen und den verschiedenen Traumtypologien fürs Mittelalter insgesamt ein unkritisches Verhalten den Träumen gegenüber ablesen zu wollen. Ein unkritisches Geltenlassen der Träume läßt sich – ganz entsprechend unserer heutigen Praxis der vulgären Traumbücher – viel eher für die im Mittelalter umlaufenden alphabetischen Traumbücher[18] feststellen, die auf griechische Vorlagen zurückgehen. Insbesondere jene Milieus, in denen der mantische und der divinatorische Traum am ehesten Geltung haben konnten, waren auch die Stätten, da man angelegentliche Kritik den Träumen gegenüber entwickelte. Gerade die deutsche Mystik, der wir uns nun zuwenden wollen, hat in ihren vornehmsten Vertretern keinerlei Zweckoptimismus in der Traumdeutung vertreten. Meister Eckhart ist gegenüber allen Formen der konkret-gleichnishaften Theophanie von höchstem Mißtrauen erfüllt: Gott kann durch keinerlei Mittel *(medium)* geschaut werden. Wie sollte nämlich dem Unendlichen, Unermeßlichen, Unsichtbaren ein sichtbares Gleichnis und dem Unerschaffenen die Gestalt eines Bildes gegeben werden? Deshalb behaupteten einige ältere Lehrer, selbst die Seligen könnten Gott nicht in sich selbst, sondern nur in gewissen Erscheinungen seiner Gottheit schauen. Und bis heute sagen die gelehrteren Theologen,

Gott könne durch kein Gleichnis niederen Grades so dargestellt werden, daß sich die göttliche Wesenheit in ihm und durch es wie durch ein Mittel schauen ließe.[19] Gott ist gerade durch seine allem Geschaffenen gegenüber gültige Ununterschiedenheit von allem Geschaffenen unterschieden.[20] Wenn Eckhart den Schlaf des alttestamentlichen Jakob und seine Schau der Himmelsleiter ohne Schwierigkeiten akzeptiert[21], dann nur im Bewußtsein, daß dem reinen Menschen nur gute Träume widerfahren[22] und er sich schlechten gegenüber kämpferisch verhält. »Schlaf« und das Geschehen darin ist ihm aber im Anschluß an neuplatonische Vorgaben Metapher seiner apophatischen Theologie geworden: »Schlaf« ist ihm das Abscheiden von allen Dingen, in dem *ein wachender troum* Wirklichkeit werden darf, darin der Mensch *swanger würde von nihte als ein vrouwe mit einem kinde, und in dem nihte wart got geborn.*[23] Das heißt, daß im Wachtraum der Nichtigkeit aller Dinge für Eckhart das Nichts Gottes geboren wird, das Nichts Gottes als die Abweisung aller ihn einengenden Bestimmungen und als die Fülle alles Seins. Die Stelle Weisheit 18, 14: »Denn während tiefes Schweigen alles ringsumher umfing, die Nacht inmitten ihres schnellen Laufes war, sprang dein allmächtig Wort vom Himmel her, vom Königsthron gleich einem wilden Krieger mitten in das Land, das dem Verderben geweiht war«, wird Eckhart so zur Schlüsselstelle, die das Kommen des Wortes Gottes *in visione nocturna*, d. h. ohne eine Vermittlung durch menschliche Bilder festhält.[24] So ist denn die *visio nocturna* auch für Eckhart – wie fürs Alte Testament – der Ort der Ankunft Gottes; aber diese *visio* ist gekennzeichnet durch das *niht* Gottes, das, während es alle Dinge in sich enthält, sich ihnen gerade dadurch entzieht.

Johannes Tauler visiert seinerseits denselben Sachverhalt, wenn er die überintellektuelle Erkenntnis Gottes im ausdrücklichen Anschluß an den »heidnischen Meister Proklos« *eine stille swigende sloffende götteliche unsinnige dúnsternisse*[25] nennt. Die damit angesprochene Erfahrungsweise Gottes meint dasselbe wie Eckhart – die Erfahrung Gottes ohne vermittelnde Bilder in seiner ganzen Negativität –, verweist aber mehrfach auf die neuplatonische Fassung des Gedankens durch Proklos, wenn das *unzellich ewig wider kaffen in got*[26], wie es das *gemüete* gnadenhaft zu tun vermag, im Schlafen und Wachen Ereignis wird. Er äußert sich folgendermaßen darüber:

Proklus, ein heidnischer Lehrmeister, nennt es (das Gemüt) einen Schlaf, eine Stille, ein göttlich Rasen und sagt: ›Wir suchen auf verborgene Weise das Eine, das weit über Vernunft und Erkenntnis steht.‹ Wann immer die Seele sich dorthin kehrt, wird sie göttlich und führt göttliches Leben. Solange der Mensch unter diesen äußerlichen, sinnlichen Dingen lebt und sich mit ihnen abgibt, kann er davon nichts wissen, ja er vermag es nicht zu glauben, daß das in ihm sei. Das Gemüt, der Grund, ist wie eingepflanzt in die Seele, so daß sie ein ewiges Streben und Ziehen in sich selbst hinein hat; und der menschliche Geist, der Grund hat ein ewiges Neigen, ein Grundneigen wieder nach dem Ursprung.[27]

Das dem Einen vereinte Gemüt – proklisch das »Eine in uns«[28] – als das »kategoriale Nichts des Seienden«[29] wird hier mit dem Schlaf und der Stille der Nacht als ein »göttliches Rasen« in Beziehung gebracht. Wiederum ist diese *visio nocturna*, die sich gerade durch den Verlust aller Traumbilder definiert, wie bei Eckhart zu verstehen als eine überbegriffliche Schau, d.h. Nichtschau des Einen. Tauler zitiert damit aus Proklos' Schrift »De providentia et fato«[30] und schließt sich so eingestandenermaßen der negativen Dialektik des Neuplatonismus an.[31] Weder bei Eckhart noch bei Tauler wäre nun der Verdacht auf einen agnostizistisch schwärmerischen Irrationalismus angebracht. Denn dieses Eine ist ja der christliche Gott, der sich zwar dem Geschöpflichen gegenüber als absolut inkommensurabel enthüllt, aber doch nicht das »Nichts des Ungrunds«, sondern der schöpferische Seinsgrund selber ist.[32]
Heinrich Seuse, der auf weite Strecken die scholastische Theologie und ihre Visionslehre[33] wiedergibt, greift seinerseits auf die biblische Überlieferung zurück, wenn er den Rang mantischer oder divinatorischer Träume zu bestimmen versucht. Damit setzt er sich wenigstens in der Terminologie, nicht aber in der Sache von der neuplatonischen Tradition ab, die die höchste überrationale Einigung mit dem Einen als einen Schlaf deutet, und gliedert sich – in diesem Punkt – eher der viktorinischen und franziskanischen Mystiküberlieferung ein, welche die einigende *entsunkenheit*[34] gerne mit affektiver Terminologie verbindet.[35] Der Schlaf und der Traum rücken dabei gewissermaßen wieder in die psychologische Dimension zurück, welche die thomistische Visionslehre dafür bereithält. Die mystische Theorie kennt seit Augustinus dreierlei Arten von Visionen: körperliche *(corporalis)*, einbildliche *(imaginaria)* und rein geistige *(intellectualis)*.[36] Daß der Traum zur *visio imaginaria* ge-

hört, ist klar.[37] Da Seuse mit seinen dominikanischen Mitbrüdern der bildlosen, intellektuellen und mittellosen Schau den höchsten Rang zuerkennt, kommt dem Traum eine bloß sekundäre Rolle zu.[38] Im Blick auf die biblische Überlieferung und die Kirchengeschichte versucht aber Seuse den Traum nicht dialektisch zu überschreiten, sondern konzediert ihm einen bestimmten Rang. Obwohl die *blosse schowung* die edelste ist, hatten etliche Propheten

> bildreiche Visionen, wie Jeremias und die andern. Solche bildreiche Visionen werden noch oft Gottes heimlichen Freunden, bisweilen wachend, bisweilen schlafend in stiller Ruhe und Abgeschiedenheit der äusseren Sinne zu Theil. Und es spricht ein Lehrer, dass englische Gegenwärtigkeit etlichen Menschen öfters im Schlafe erscheinet als im Wachen, darum weil der Mensch im Schlafe von äusserer mannigfaltiger Wirksamkeit mehr gestillt ist als im Wachen.[39] Wann aber eine Vision, die dem Menschen in dem Schlafe zu Theil wird, eine wahrsagende Vision könne oder solle heissen, – wie im alten Testamente dem König Pharao von sieben feisten Rindern und sieben mageren träumte, und dessgleichen viel von Träumen, was die heilige Schrift sagt – wie man hier könne Unterschied der Wahrheit finden, weil die Träume gemeiniglich trügen, und auch ohne allen Zweifel bisweilen wahrsagen, so sollst du wissen, dass Sankt Augustinus von seiner heiligen Mutter überlieferte, dass sie ihm sagte, dass sie die Gabe von Gott hätte: Wenn ihr etwas von Gott in ganzem Schlafe oder in halbem Schlafe zu Theil wurde, so ward ihr damit der Unterschied von Innen gegeben, dass sie wohl erkannte, ob es allein ein gewöhnlicher Traum war, auf den nicht zu achten wäre, oder ob es eine bildliche Vision war, daran sich zu kehren wäre. Und welchem Menschen Gott dieselbe Gnade gibt, der kann sich desto besser hierin berichten. Es kann es niemand dem Anderen wohl mit Worten erklären; nur Jener merkt es, der es empfunden hat.[40]

Echtheitskriterium für den mantischen Traum ist daher für Seuse die *enpfindung*, d. h. die mit dem Traum selber gegebene erfahrbare Überzeugungskraft. Deutlicher äußert sich Jan van Ruusbroec über die Erscheinung von Engeln im Traum. Von der eigentlichen »Liebesraserei« *(orewoet)* verstehen Menschen, denen solches geschieht, nichts, weil sie an das »Allzuvielfache hingegeben und nicht von der Liebe verwundet« sind: »Solche Dinge können natürlich sein, oder sie können vom Feinde stammen. Man mag ihnen demnach gerade nur so weit folgen, als sie mit der Heiligen Schrift und mit der Wahrheit in Einklang stehen; hält man mehr davon, so wird man leicht betrogen.«[41]

III

Die Haltung der deutschen Mystiker zur Traumvision ist damit eine theologisch-kritische. Ihr Offenbarungswert ist als *visio imaginaria* ein höchst eingeschränkter und muß von Fall zu Fall geprüft werden. Umgekehrt kann – im Rückgriff auf neuplatonische, d. h. proklische Aussagen – die bildlos überbegriffliche Einigung mit dem Einen Gott selbst wieder als mystischer Schlaf (der Sinne und der Verstandeskräfte) gedeutet werden. Es ist nun zu fragen, wie es sich mit der Bewertung des Traums im Bereich der sog. praktischen Mystik[42] verhält.

Wir haben eine Fülle von Texten, die uns darüber Auskunft geben können. Alle drei genannten Vertreter der sog. Deutschen Mystik, sowohl Eckhart wie Tauler und Seuse, hatten intensive Kontakte mit den dominikanischen Frauenklöstern der Rheinlande und der östlichen Schweiz.[43] Hier blühte ein reiches mystisches Leben, von dem in sog. Nonnenviten und anderer Offenbarungsliteratur Kenntnis gegeben wird. Als klösterliche Stätten praktischer Mystik sind zu nennen: Adelhausen bei Freiburg i. Br.[44], Katharinental bei Diessenhofen[45], Engelthal bei Nürnberg[46], Kirchberg zwischen Sulz und Haigerloch[47], Oetenbach bei Zürich[48], Töss bei Winterthur[49], Unterlinden bei Kolmar[50], Weiler bei Esslingen[51], Inzigkofen bei Sigmaringen[52], das Bicken-Kloster zu Villingen[53] und Pillenreuth bei Nürnberg.[54] Von all diesen Klöstern sind sog. Nonnenvitensammlungen, die in der ersten Hälfte des 14. Jahrhunderts geschrieben wurden, überliefert. Diese Sammlungen berichten in erbaulicher Absicht und in legendenartiger Form[55] vom heroischen Leben einzelner Nonnen, deren Leben zum Teil bis ins 13. Jahrhundert zurückreicht. Von Nonnen für Nonnen geschrieben, sind diese Text-Dokumente weniger tatsächliche Lebensberichte, sondern viel eher Vehikel praktisch mystischer Lehre über die Vorstellung, wie ein vorbildliches Leben in einem kontemplativen Kloster dominikanischer Provenienz auszusehen hat. Neben den Nonnenvitensammlungen gibt es noch eine Anzahl von einzelpersönlichen Viten herausragender Gestalten, etwa die ›Offenbarungen‹ der Adelheid Langmann[56], der Christine Ebner[57], der Margaretha Ebner[58], die Vita Seuses[59], Kaplan Friedrich Sunders Aufzeichnungen[60], die Vita der Engelthaler Schwester Gerdrut[61], der Kirchberger

Schwester Irmegard[62] und der Dorothea von Montau[63] oder der absonderlichen Agnes Blannbekin[64] und anderer.[65] Aus diesen Texten beziehe ich im folgenden meine Belege. Zuvor allerdings ist festzuhalten, daß die Verfasserinnen dieser erbaulichen Viten kaum zwischen Visionen und eigentlichen Träumen unterscheiden. Das gilt nicht nur für sie, sondern fürs gesamte Mittelalter.[66] Bei der *visio imaginaria*, der mit Bildern durchsetzten Schau, kommt es auf die Differenz zwischen Wachen und Schlafen so sehr nicht an: Es handelt sich alleweil um Bildvisionen.

Es kommt etwas Wesentliches hinzu, das diese Unentschiedenheit in der Bewertung der beiden Schauungsarten (im Schlaf und im Wachzustand) erklärlich macht. Die Visionen haben ihren Sitz im Leben meist in Situationen und zu Zeiten, da die Wachheit der Betroffenen kaum mehr eindeutig gewährleistet ist. Denn die Schauungen treten sehr häufig – und das läßt sich auch anderswo belegen[67] – *nach mette*, also nach der nächtlichen Frühmette des Chorgebets, da man sich zum Schlaf oder zur Betrachtung zurückgezogen hat, ein, so daß leicht ein Traumzustand eintreten kann, in dem die besonderen Gnadenerweise Gottes sich der im Halb- oder Tiefschlaf isolierten Seele darbieten können. Der Schlaf und der darin sich ausgestaltende Traum erlaubt nämlich auf völlig unproblematische Weise die Trennung der Seele vom Körper. Diese ist aber eine Art Vorbedingung der Gottesschau im Anschluß an Pauli Entrückung (2 Kor 12, 2) geworden und gestattet die Annahme, daß das Ich dabei sein aktuelles Selbstbewußtsein einbüßt, seine natürliche Denkweise in Bildern und Formen verliert und überstaltet wird von der Tätigkeit des Heiligen Geistes.[68] Die mystische Theorie hat dabei immer von der *mors mystica* gesprochen, ein Konzept, das sich im Bild des mystischen Schlafs[69] – abgeschwächt – wiederfindet.

Im folgenden werde ich mich – obwohl das methodisch nicht unbedingt notwendig wäre, da ein wesentlicher Unterschied zwischen Wach- und Traumvision nicht gemacht wird – an jene Beispiele halten, die eindeutig als Träume gekennzeichnet werden. Auch dann ist das Bild noch reich genug, das sich vom mystischen Seelenleben dieser Nonnen zeichnen läßt. Allerdings sei nochmals – um vorschnelle Einstufungen und Mißdeutungen abzuwehren – auf den *literarischen* Charakter[70] die-

ser erbaulich gemeinten Texte hingewiesen. Es handelt sich nicht um Erlebnisberichte oder Schauprotokolle, sondern um mystagogisch abgezweckte Texte, die zum Dargestellten hinführen und hinweisen sollen. So sehr sie sich im einzelnen auf Existentielles beziehen mögen, sie sind doch letztlich von Absichten diktiert, die nicht historisch getreue Wiedergabe, sondern rhetorisch auf Überredung und Überzeugung zielende Werbung intendieren. Die Plausibilitätsstruktur klösterlichen Lebens, dessen religiös-mystisches Selbstverständnis soll durch diese Schriften in engstem Kreise gewährleistet und gestärkt werden. Wir müssen also fragen, welchen Stellenwert im Rahmen dieser Plausibilitätsstruktur die Nonnen dem Traum und seinen offenbarenden Inhalten zuzubilligen gewillt sind?
Margarethe Ebner, die mit dem Weltpriester Heinrich von Nördlingen enge persönliche Kontakte pflegt – sie spiegeln sich in einem intensiven Briefwechsel zwischen den beiden[71] –, versteht ihre Träume als eine Fortsetzung ihres klösterlichen Gebetslebens. Denn ihr widerfährt es oft im Schlaf, daß sie sich im Chor beim Konvent wähnt *und enphant der genaud und der gerinkait* (Leichtigkeit), *daz mir was, ich het himelrich uf ertrich.*[72] Ihr Traumleben wirkt sich unmittelbar auf ihr wachendes aus: *wan mir min leben vil in dem schlauf gezeiget wart, kund ich ez war genomen haun, als ich ez sid enphunden haun* (weil mir mein Leben oft im Schlaf gezeigt wurde, konnte ich nach meinem seitherigen Empfinden darauf achten).[73] Da nimmt sich denn das Traumleben als das eigentliche gegenüber dem wachenden aus; dieses erhält von jenem seinen tieferen Sinn. So muß Margaretha wahrnehmen, daß immer dann, wenn der Herr mit ihr im Schlafe scherzte, ihr danach körperliches Leid widerfuhr.[74] Im Traum wird ihr der Herrenleib gereicht[75], erfährt sie Licht- und Gnadengaben[76], begegnet sie ihrer verstorbenen Schwester, mit der sie sich übers Jenseits unterhält[77], hat sie aber auch Kontakte mit ihrem geistlichen Freund Heinrich von Nördlingen[78], der sie so zur Treue auffordert. Aber auch eigentliche Traumvisionen geschehen: Eines Nachts schaut sie aus ihrem Fenster und erblickt die Landschaft mit Haufen bedeckt; sie symbolisieren die menschlichen Sünden; Wasser und Wind vermögen nur jene zum Verschwinden zu bringen, die im Tale liegen, die demütigen also.[79] Gnadenerweise ereignen sich ihr im Schlaf[80], einmal nicht ohne Kritik an der klösterlichen

Gemeinschaft: Boten bringen ihr ein Schreiben, mit dem ihr Gewalt gegeben würde, auf Erden und im Fegfeuer Gnaden zu verteilen; sie möchte diese Gnade dem ganzen Konvent verleihen; dieser aber verzichtet resignierend an der eigenen Schwäche und sagt: *wir mügen ez niht behalten.*[81] Ihr Leben, das über vier Jahrzehnte hinweg von schwerer Krankheit geprägt ist, vollzieht sich in wechselnden Zwängen: der hartnäckigste Zwang ist, über lange Zeiträume hinweg schweigen zu müssen, dazwischen wieder gibt es Zeiten, da sie schreiend über Stunden hin laute Rufe, oft den Namen Jesu, ausstößt, oder daß sie in zwanghafte Reden religiösen Inhalts verfällt. Mit der religiösen Praxis nimmt sie es sehr genau, sie hält sich ans Chorgebet, spricht ihre Paternoster mit den gewünschten Intentionen, vor allem aber pflegt sie eine sehr intensive Kreuzverehrung:

wa ich mich gefüegen maht, daz ich ein criucz hete, daz kusset ich als vil und dick, als ich immer maht, und druket ez an min hertz, als vil ich von creften maht. und daz tet ich emsclichen, daz mich dick duht, ich möht lebent da von nimmer geschaiden von als grosser gnaud und übercreftiger süezkait, diu mir so starclichen in drang in daz hertz und alliu miniu lider, daz ich niena kund komen.[82]

Das Bild des Gekreuzigten trägt sie – in einem Büchlein – immer auf ihrem Busen; vor dem Einschlafen legt sie es unter das Antlitz, dazu »stahl« sie, wie sie berichtet, oft ein großes Kreuz *und let es uf min hercz, und da lag ich dan gedruket uf biz daz ich enschlief in grozzer gnad.*[83] Ein großes Kreuz im Chor hätte sie gerne auch an ihr Herz gedrückt; leider hing es zu hoch und war zu groß. Barmherzig gewährte der Herr ihr im Schlaf, was sie wünscht:

mir was, wie ich vor demselben bild stüend mit der begird, ... und so ich also vor im staun, so naigt sich min herr Jhesus Cristus her ab von dem criucz und liezz mich küzzen in sin offen hercz und trankt mich mit sinem bluot dar usse ...[84]

Auch die Zeichen göttlicher Minne werden ihr im Schlaf gereicht: der göttliche *kus*[85] und *ain grif in daz hertz*[86], den sie noch lange empfand. Im Traum werden ihr die fünf Wundmale des Herrn gezeigt[87], aber auch der *aller luterste clare lip*[88], der *blozzer* vor ihr lag. Davon empfängt sie *die aller grösten genade und süesseket*[89], weil er so völlig *durchglestig* war.[90] Die Einsicht, daß man ihn essen soll, zeigt ihr dann, *daz ez der zarte fronlichnam wer unsers herren.*[91] Eine besondere Verehrung pflegt sie zur Kindheit Jesu, die ihr durchaus übergängig werden kann in die Gestalt des leidenden Christus. Eine Jesuspuppe drückt sie sich an ihr bloßes Herz, um sie zu säugen, und zu *siner aller süezzesten besnidunge, daz ich dar uz niezzen sölt sin aller creftigostes minnenwallendez hailigez bluot*[92], trägt sie höchste Verehrung. Klar, daß ihr Traumleben durch solche Verehrung stark besetzt wird. Das Christuskind küßt sie aufs bloße Herz.[93] Eine vertraute Schwester träumt ihrerseits von ihrer *lactatio* Christi, nicht ohne den Zusatz, *und des wundert mich, as bliuge* (schamhaft) *due bist, daz du dich nit schemtest.*[94] Mit dem Jesuskind entspinnt sich – gewissermaßen in Form einer Entlastung für die Qual der *gebunden swige*[95] – eine eigentliche Gesprächsszenerie, deren Ereignischarakter an den Traum gebunden ist. Ein Jesuskind, das sie mit einer Krippe aus Wien geschenkt bekommen hat, beginnt plötzlich lebendig zu werden und verlangt, auf dem Schoß der Nonne zu spielen und sie zu umarmen. Deren neugierige Fragen nach seiner Beschneidung beantwortet es jedoch nicht.[96] Ein Frage- und Antwortspiel zwischen Kind und Nonne entwickelt sich, das nicht ohne Humor vonstatten geht.[97] So fragt ihn Margaretha, ob es wahr sei, daß Joseph das Jesuskind mangels eines besseren in seine eigenen Hosen gewickelt hätte. Das Jesuskind: ›*er want mich in waz er gehaben moht, er het nit daz mir zem*‹.[98] Fragen der Heilsgeschichte, der Heiligenverehrung schließen sich an. Traumhaften Charakter trägt das Ganze wenig, da es allzusehr literarisch dialogartig organisiert ist. Immerhin erscheint ihr das Jesuskind nochmals eindeutig im Schlaf und wechselt plötzlich vom Lachen ins Weinen, womit ihr bedeutet wird, daß sie noch viel zu leiden hätte.[99] Weitere Träume kommen dazu, die im Lauf des Kirchenjahres sich ereignen.[100] Margareths Traumleben muß intensiv gewesen sein, denn Heinrich von Nördlingen verlangt von ihr die Erzählung eines Traums, *der dich mir und got ze forderst gehorsam machit.*[101]

Die Rolle des Traums in einer einzelpersönlichen Vita ist, wie dieses Beispiel zeigt, eminent. Ich könnte weiter auf das abenteuerliche Beispiel der Agnes Blannbekin eintreten[102], die in erstaunlicher Folge in ihren Träumen allegorische Figuren und ganze Menschengruppen erblickt, die an Weihnachten eine körperlich spürbare geistliche Schwangerschaft übersteht, die vom Teufel vor Ostern bedroht wird usf. Es ist eine äußerlich abgeschlossene, innerlich reich aufgebrochene Welt, in der Frauen erstmals in solcher Offenheit »Ich« sagen und ihre Gefühle schriftlich preisgeben. Diese Form weiblicher Autobiographik hat ihre literarischen Vorbilder in den Nonnenviten, auf die noch kurz einzugehen ist.

IV

Es ist ganz klar, daß die spektakulären Seelenereignisse, deren sich die Verfasserinnen in ihren Autobiographien rühmen, mit einem Publikum rechnen durften, das darauf nicht nur trainiert, sondern geradezu begierig war. Man erwartete sie von einzelnen herausragenden Gestalten des klösterlichen Bereichs, man übertrug diese Erwartungshaltung aber auch in die Vergangenheit, indem in den Nonnenviten die außerordentlichen Begnadungen, darunter auch Träume und Traumvisionen, einen festen Platz erhielten. Diese Begnadungen wurden dadurch exemplarisch den Lebenden vor Augen gestellt, damit sie den Verstorbenen darin nacheiferten. Eine Aktualität des Wunderbaren, seelisch Spektakulären vermochte sich so in den Klöstern auszubreiten, die in der Chronik der Anna von Munzingen über das Kloster Adelhausen bei Freiburg lakonisch so festgehalten wurde:

ettliche wurdent erwecket vor mettin von gnaden, vnd ettlichen beschach auch gross gnade in dem slaffe, vnd so si zů zueinander kament so lag alle ir kurtzwile daran, das si nuwen von Gotte rettent.[103]

Gerade das Motiv einer Stimme, welche die Schlafende anruft, etwa zur Erkenntnis, was die Abgeschiedenheit des Herzens meint[104], oder zur rechtzeitigen Almosenspendung in der Kirche[105], findet sich als Wecktraum. Einmal muß ein Traum den Wert der ganzen Nonnenlebenschronik in ihrer Authentizität verbürgen: Am Schluß der Aufzeichnungen über das Leben der Nonnen von Kirchberg bei Sulz heißt es – und damit haben wir einen schönen Beleg über den Gebrauch solcher Texte!:

Da diss büchlein gesamnet und offenlich durch besserung in dem convent gelesen wart, dar nach sach ein gar selige swester in dem slaf vier augen, die sprachen zu ir, sie wolten diss büchlein erleüchten und beweren, das es an allen dingen nach der warheit geschriben wer. Wer aber die vier augen sein gewesen, das mag ein verstanden herze aller beste dar auff nemen, das es die vier himelischen vihlein wern, die sant Johannes sah, das sie vol augen waren vor in und hinder in.[106]

Kann so das literarische Werk im Rückgriff auf die vier apokalyptischen Tiere legitimiert werden, so mag es auch geschehen, daß mittels eines Traums der Bauplatz für einen Klosterneubau ermittelt wird, wie in Oetenbach.[107]
Der Traum steht aber auch für psychologische Tatbestände gut: So etwa für die Art, wie Hedwig von Herrenberg nach der genannten Kirchberger Chronik zu schlafen pflegt. Da sie *vil bewegung des geistes het,* ist ihre Reflexion auch im Schlafe nicht zu stoppen:

So si des nachtes slif, das si des werlich enpfant, das ir geist ir hutet, als da ein mensch des andern hutet mit ganczem fleiss, und wenn den geist daucht, das si genug het geslaffen, so wecket er sie, als da ein mensch das ander wol vast wecket.[108]

Wer möchte sich eine solche innere Instanz nicht wünschen? – Margaretha von Rosenstein ist in derselben Chronik ein lebendiges Beispiel für die mystische Entrückung in Form eines Tiefschlafs: Kam die Gnade über sie, so lag sie da *als ein toter leip*, den die Mitschwestern in der Absicht, *gotes wunder pass zu versuchen*, auch durch scharfe Nadelstiche nicht zum Leben erwecken konnten: *als ob sy ein eychein holcz wer gewesen* blieb sie auf geheimnisvolle Art unempfindlich; wie das geschah, blieb außer ihr und Gott allen verborgen.[109]
Hauptsächliche Objekte der Traumvisionen sind auch in diesen Chroniken die großen Gestalten der Heilsgeschichte: die Jungfrau-Mutter Maria, Johannes Evangelista, vor allem aber der Herr in allen Lebensstadien seiner irdischen Wirklichkeit.[110] Eine Schwester kann sich als junges Mädchen unter den Schutzmantel Marias verkriechen.[111] Zahlreich sind die Schauungen des Jesuskinds[112]: Elisabeth Bechlin aus Töss wird einmal, da sie krank darniederliegt, von Maria das Jesuskind gereicht, damit sie ganz nach ihrem Willen mit ihm gütlich umgehe.

Und dis was ain als mineklicher anblik, und aber sunderlich so was im die kel unnder dem kinn als zart und als mineklich. Do ward sy gefraget ob sy in icht kusti, als da for stat. Do sprach sy: ›Ja zwar, er hat mir es doch erlobet!‹ Dis sait sy fur ainen trom; aber es ist geloblich das sy in Got entslaffen wer.[113]

Man sieht sofort, daß für Elisabeth die Schamschwelle höher liegt als für Margaretha Ebner, die keinerlei Hemmungen hat, das Mitschwingen ihrer körperlichen Befindlichkeit mit ihrer Frömmigkeitspraxis einzugestehen. Hier soll der Hinweis auf den Traumcharakter des Ganzen beschwichtigend wirken, dient aber der Kommunität letztlich nur zur Bestätigung dafür, daß es gottgesandte Träume gibt.

Natürlich fehlt auch der Schwangerschaftstraum nicht. So wird von Christina Ebnerin berichtet:

> Zu einer Zeit da sie gesund war von 24 Jahr, da träumt ihr, dass sie unsers Herrn schwanger wär worden, und war so voll Gnaden, dass kein Glied an ihrem Leib war, es empfindet sondere Gnaden davon ... Und da es in der Süssigkeit war ohne allen Verdruss, dass sie kein Kümmerniss noch Traurigkeit berühret, und etwan eine Zeit war vergangen, da träumt ihr, wie sie ihn gebären sollt ohn allen Schmerzen, und empfing so gar überschwengliche Freud von seinem Angesicht, und da sie etliche Weil mit diesen Freuden umging, da mochte sie es nimmer verhelen und nahm das Kindlein an ihre Arm und trug es unter die Versammlung in dem Refectorio und sprach: Freuet euch mit mir allesamt, ich mag euch mein Freud nit länger verhelen, ich empfing Jesum und hab ihn nun geboren ...[114]

Der Herr kann in den Träumen sein Aussehen kaleidoskopartig wechseln. Adelheid Langmann erscheint er dreifaltig als einer; dann lichtumflossen zunächst als 18jähriger Jüngling, schließlich als Leidensmann, an dessen Wunden sie saugen darf.[115] Einer Schwester kommt Christus im goldenen Chormantel lichtumflossen und strahlend entgegen, entzieht sich ihr aber in der Himmelfahrt.[116] Einer Nonne aus Katharinenthal verweigert er nähere Auskünfte mit dem Hinweis auf das, was die Heiligen schon gesagt haben.[117] Eigentlich mantische Träume werden aus Oetenbach und Unterlinden berichtet: der Herr erscheint hier Nonnen im Schlaf, indem er ihnen die Zukunft deutet.[118] Christina Ebner erscheint der 30jährige Herr in einem Garten. Er macht sie auf ihre Sünden aufmerksam, beschämt sie, vergibt ihr die Sünden und gewährt ihr die mystische Umarmung:

> da neiget sich unser Herr zu ihr und mit seiner Hand zog er sie zu sich und umfing sie mit seinem rechten arm und drucket sie an sich, dass sie an ihm klebet, als der ein Wachs drucket in ein Sigill, und verbildet sich mit des Menschen Seele, von neuen Dingen, nach der Gleichheit der heiligen Dreifaltigkeit, sie konnt es mit Worten nit vollbringen, wie wunderlich die Geschicht war, die sie an Gott und an ihr selber sah, und die Süssigkeit, die

sie hätt von dem Einzug, da sie ihn empfangen und so lange Zeit nach ihm verlanget und gewachet.[119]

Eine Schwester aus Engeltal beginnt im Schlaf zu singen und begrüßt so ihren Herrn, der ihr entgegenschreitend sie heimholen möchte in die ewige Seligkeit.[120]

V

Wenn wir uns zum Schluß fragen, was solche Texte zu bedeuten haben, dann sind wir rasch geneigt, sie als Dokumente einer Seelenlage zu nehmen, die eine Erfüllung innerster Wünsche nicht gestattete und daher nur die Flucht in die Hysterie, Mythomanie oder Neurose zuließ.[121] Eine Art vulgär-durchschnittlicher Freudianismus hilft uns bei dieser Diagnose, welche die »frommen Erlebnisse« aus »Stauungen des natürlichen Trieblebens« und »Triebverdrängungen« zu erklären versucht.[122] Die Träume sind dann als Wunschträume einer unerfüllten und unerfüllbaren Sexualität zu deuten, die sich darin ein Ventil schafft.[123] Der Widerspruch von seiten der männlichen Ordensangehörigen gegen diese allzu praktisch orientierte Visionsmystik in Frauenklöstern wäre dann als kluger Einspruch gegen eine Haltung zu werten, die alles im Glauben Anzunehmende auch gleich in Form sinnlicher Wahrnehmbarkeit – d. h. wunderbarer Ereignisse ganz nach den seelischen Bedürfnissen der Betroffenen – besitzen möchte.[124] Hierher gehört der erstaunte Ausruf Davids von Augsburg, Christus sei doch ein für allemal Mensch geworden und gestorben, es sei kein Halten mehr, wenn er hier in den Frauenklöstern immer wieder in all seinen Lebensstufen gegenwärtig sein könne.[125] Es gibt diesen männlichen Einspruch auch von seiten Eckharts, Taulers und Seuses gegen ein betont affektives weibliches Verhalten in der religiösen Praxis.[126] Auch die divergierenden Auffassungen über die mystische Wertung der Träume geht in die Richtung eines grundsätzlichen Unterschieds: Bei den Dominikanern herrscht eine Auffassung vor, wonach die körperlichen und einbildlichen Visionen nach Möglichkeit zugunsten intellektualer preiszugeben seien; bei den Dominikanerinnen dagegen sind es gerade die verworfenen Visionsarten, die körperlichen und einbildlichen, die in kaum zu bändigender Spontaneität das klösterliche Milieu zu prägen scheinen. Dieser Widerspruch ist nicht wegzudiskutieren. Es ist aber in verschiedener Hinsicht dieses schlichte Erklärungsmuster[127] in Frage zu stellen.

Zunächst – um bei unserer heutigen Haltung zu beginnen – ist der naive Triumphalismus eines vulgär freudianischen Zugriffs wohl doch fehl am Platz.[128] Die psychosoziologische Kontestation der Antipsychiatrie[129] gegen allzu rationalistische Erklärungsversuche mit ihrem penetrant notorischen Aufklärungsgestus hat gelehrt, daß seelische Daten immer nochmals komplizierter sind, als man sie sich denken kann.[130] Kommt ohnehin die grundsätzliche Problematik einer Anwendung freudscher Kriterien auf Gegebenheiten der Vergangenheit hinzu. Allzuoft sind psychoanalytische Konzepte zu einer neuen Rhetorik abgeflacht, zu reinen Stilfiguren, die gut sind für alles, die das, was der Historiker nicht versteht, mit dekorativen Begriffen zu überdecken vermögen.[131] Wir lassen daher dieses Erklärungsmuster einmal fahren.

Aber selbst wenn wir es akzeptieren wollten, wäre darauf hinzuweisen, daß es sich beim Status dieser Texte nicht – ich habe es schon einmal gesagt – um direkte Erfahrungsnotizen handelt, sondern um sicher literarisch stilisierte Niederschriften seelischer Ereignisse, über deren »Echtheit« deswegen nicht diskutiert wird, weil sie von allem Anfang an als Momente und »Zeichen« klösterlicher Selbstdarstellung soziologisch[132] und keineswegs individualpsychologisch zu verstehen sind. Es sind diese geschilderten Träume Resultate nicht bloß sekundärer, sondern sicherlich tertiärer und quartärer Traumarbeit[133], sie sind Texte und nicht Seelenmaterial.

Zunächst wird man die Nonnenviten in einen theologischen Rahmen einzuordnen versuchen müssen.[134] Die darin geschilderten Ereignisse und seelischen Daten sind gerade im Moment der von ihnen suggerierten, sinnlichen Unmittelbarkeit der Ereignisse theologisch und mystisch zu bewerten. Die mystische Theologie hat seit Augustinus die Dreiteilung der Visionen in körperliche, einbildliche (seelisch-phantasiemäßige) und rein intellektuale vorgetragen. Diese Trichotomie entspricht einer Hierarchie von Körper, Seele und Geist. Das ist wohl von elementarer Richtigkeit und bildet ein »Ordnungsschema aller Seinseinsicht in vorchristlichem und christlichem Denken«, daß es »*die* Grundlegung, auch historisch, der Weltanschauung der christlichen Kultur gewesen und geblieben ist«.[135] Dabei hat sich »der Zug von unten nach oben in diesem Zueinander so dominierend«[136] ausgewirkt, daß gerechterweise von einem spiritualistischen Zug gesprochen werden kann, der die mystische Theorie beherrscht. Natürlich – hierin ist diesem Trend zuzustimmen – ist die kritische Haltung des spirituellen Menschen zur Sinneserkenntnis immer wieder berechtigt und gefordert. Trotzdem ist gegenüber dem spiritualistischen Zug der Mystik-Theorie auf die gegenläufige Tendenz der Inkarnation Jesu Christi hinzuweisen, die aller »Art von sinnenhafter und phantasiehafter Vermittlung der Gotteserfahrung«[137] keine Schranken, sondern eine denkbar große Chance einräumt. So ist denn die Fülle der Anschauung Gottes so lange ausstehend, als die Seele nicht mit dem Leib wiedervereint, der Leib also zugunsten der Seele mitauferweckt ist. Erst die Auferstehung des Leibes und dessen Wiedervereinigung mit der Seele ermöglicht die volle Schau des *status patriae*. »Die quasi-göttliche, naturhaft der Seele inhärierende Kraft der Divination«[138], wie sie ein gewisser Neuplatonismus lehrte, ist christlich falsch; Divination ist denkbar nur als ein Gnadengeschenk der Inkarnation, setzt also eine spezifische *conversio ad phantasmata* voraus, soll sie gültig sein. Innerhalb einer »Religion der Inkarnation und der Auferstehung«[139] kann daher die durch das ganze Mittelalter hindurchgehende »Hinunterwertung von allem, was in der christlichen Mystik ›Erscheinung‹ genannt zu werden pflegt, bis dahin, daß die durchschnittliche Lehre und Anweisung ein grundsätzliches Mißtrauen, ja eine oft verachtende Verwerfung und Abweisung alles Erscheinungshaften fordert«[140], nicht akzeptiert werden. Die Vorsicht gegenüber dem Sinnenhaften mag als »praktische Vorsichtsmaßregel und Indifferenzforderung«[141] hingehen, als Grundsatz taugt sie nichts.

Von diesen Überlegungen her, die sich durch Ansichten so gründlicher Kenner der christlichen Mystik, wie Hans Urs von Balthasar es ist[142], stützen lassen, ist der Nonnenmystik mit ihren »praktischen«, d.h. sinnen- und erscheinungshaften Implikationen alle Chance einer grundsätzlichen theologischen Richtigkeit gewahrt. Ja, man kann ganz menschlich und grundsätzlich fragen, wie sollte eine Religion, deren Kern die Menschwerdung Gottes darstellt, nicht den Abstieg in die Fülle aller menschlichen Sinnlichkeit wagen?[143] Wie es im einzelnen herauskommt, das ist eine Frage, die am Einzelfall diskutiert werden kann und muß. Hier sind alle Formen des Verfehlens und Scheiterns denkbar und möglich.[144] Hingegen wird man – und das ist mein Plädoyer für die Nonnenmystik – die Möglichkeiten sinnenhaft, ja körperlich erfahrbarer, charismatischer Ereignisse prinzipiell gelten lassen müssen.[145] Daß in dieser Hinsicht die Frauen zu Beginn des 14. Jahrhunderts in den Dominikanerinnenklöstern literarisch (und damit wohl auch existentiell)[146] einen sehr selbständigen, ja erstaunlichen Anfang christlicher Inkarnation geleistet haben, wird man nicht in Abrede stellen wollen. Wieweit sie dabei die Schwelle des Zulässigen und Möglichen überschritten haben, dieses Urteil wird man sicher nicht einem prüden Freudianismus überlassen dürfen, sondern theologisch feststellen müssen. Ich kann also nur mit einer Forderung schließen: Man möge die Grenzen des Tragbaren in der mystischen Erfahrung erweitern – bis dahin, daß die »körperlichen« Visionen ihre wirkliche Geltung haben dürfen –, und erst dann kritisch an die so unerhörten und gegen alle neuplatonisch infizierte Mystik angehenden, mystischen Erfahrungen der Nonnen herantreten.

»Trage Leiden geduldiglich«

Die Einstellung der deutschen Mystik zum Leiden

Im Erinnerungsraum der Geschichte herrscht normalerweise die Spur dessen vor, der gesiegt hat. Wir lernen Geschichte als eine Geschichte jener, die sich durchgesetzt und Macht erlangt haben, mit allerlei Schlauheit, Machenschaften und oft mit menschenverachtender Brutalität oder aber dann – im günstigen Fall – mittels Klugheit und Geschicklichkeit in der Kunst des politisch Durchsetzbaren, Möglichen. Man hat solche Geschichtsbetrachtung bis in die jüngste Vergangenheit ganz im Sinn eines selbstverständlichen Darwinismus hingenommen und kaum nach der »Antigeschichte« der »besiegten und unterlegenen, ... verdrängten und vergessenen Hoffnungen des geschichtlichen Daseins«[1] gefragt. Menschliches Versagen im rückwärtigen Raum der Geschichte bedeutet problemlos dessen Tilgung aus der Erinnerung heute.

Das historische Interesse hat sich jüngst allerdings geändert. Die Anonymität der unspektakulären menschlichen Existenz – deren Alltäglichkeit und Unscheinbarkeit – findet heute vor der Geschichtswissenschaft Gnade und eine sonderliche Rücksicht. Man versucht, aus den hinterlassenen Spuren geschichtlichen Daseins nicht mehr einseitig die Herrschenden mitsamt ihrem Machtgestus, der Geschichte in einem wörtlichen Sinne machte, zu erfassen, sondern mit ihnen auch die Heerschar der Beherrschten, der Namen- und Gesichtslosen, deren zahllose Menge gewissermaßen die Potenz des geschichtlichen Akts abgab. Mit raffinierten Methoden und mit quantitativen Verfahrensweisen werden die Spuren des alltäglichen Lebens dieser Massen gesammelt und zu einem Gesamtbild gestaltet, in dem Leiden und Freuden in benennbarer Art ihren Rang bekommen. Für ein realistisches Bild des Mittelalters ist so schon viel geleistet worden: Der mittelalterliche Mensch ist in seinen ihn prägenden Verhaltens- und Denkmustern durchschaubarer geworden, plastischer und gleichzeitig auch reicher.[2]

Trotz all dieser erfreulichen Anstrengungen um die Sicht auf die vergangene menschliche Existenz bleibt natürlich Wesentliches an diesen Menschen im Dunkeln. Persönliche Leiden, aber auch Freuden; Schmerzen, aber auch Ekstasen der Lust, lassen sich an ihnen nicht quantifizieren und normieren. Sie entziehen sich einem Zugriff, der sie analytisch und diskursiv auf einen Nenner bringen möchte. Dazu kommt, daß die Ergebnisse der historischen Fragestellung nach vergangenen Leiden und Freuden eher monoton anmuten müssen, wenn man sie zu verallgemeinern versucht. Als Resultat ergibt sich immer wieder die nachvollziehbare, aber auch platte Einsicht, daß das Leben im Mittelalter mühselig, von Ängsten und Krankheiten und einer heute kaum mehr vorstellbaren körperlichen Fron physischer Arbeitsleistung geprägt war.

Es scheint sinnvoll, angesichts dieser Situation nach Haltungen und Einstellungen zu fragen, mit denen man dem geistigen und physischen Elend und Leiden begegnet ist, nach den Möglichkeiten, die dem mittelalterlichen Menschen verfügbar waren, dem Übel seiner irdischen Existenz so zu begegnen, daß das *malum* zum *bonum* zu werden versprach.

Im Rahmen der mittelalterlichen Strategien zur Leidbewältigung kommt nun der sogenannten deutschen Mystik deswegen eine entscheidende Stellung zu, weil in ihr – aber auch anderswo, z. B. im Passions- und Osterspiel – erstmals das christliche Zentralereignis – *passio, mors et resurrectio Jesu Christi* (Leiden, Tod und Auferstehung Jesu Christi) – zu einem in solchem Ausmaß unerhörten, volkssprachlich geschilderten Geschehen werden konnte. Mit der formalen Umgestaltung geistlichen Heilswissens im Übergang von der lateinischen zur deutschen Sprache ist auch eine inhaltliche immer stärker gegeben: Gegenüber der von Augustinus vorgebrachten Deutung des Leidens »als eines pädagogischen Instruments in den Händen Gottes«[3] zum Zweck der Besserung oder Prüfung wird das Leiden nun stärker in Zusammenhang gebracht mit dem für den Christen exemplarischen Leiden, wie es Jesus Christus in seiner Passion und in seinem Tod am Kreuze aufgegeben war.[4] Die deutsche Mystik konnte sich bei dieser Neuorientierung der Leidproblematik durchaus an wichtige Vorgänger halten, insbesondere natürlich an die zisterziensische Mystik, wie sie unübersehbar durch Bernhard von Clairvaux (1090-1153) in Form einer Passionsmystik[5] ausgeformt worden war, die das gesamte menschliche Leben in seiner Leidverfaßtheit durchgestalten wollte. Die *memoria passionis Christi* (Gedenken an die Leiden Christi) wird zu dem das Leben in seiner Ganzheit durchherrschenden Prinzip[6] einer zur Liebe hin geneigt machenden Erweichung des menschlichen Herzens, wenn es bei Bernhard von Clairvaux etwa heißt:

> *... plane fideles norunt, quam omnino necessarium habeant Iesum, et hunc crucifixum: dum admirantes et amplexantes supereminentem scientiae caritatem in ipso, id vel tantillum quod sunt, in tantae dilectionis et dignationis vicem non rependere confunduntur. Facile proinde plus diligunt, qui se amplius dilectos intelligunt: cui autem minus donatum est, minus diligit... Cernit (Ecclesia) regem Salomonem in diademate, quo coronavit eum mater sua; cernit Unicum Patris, crucem sibi baiulantem; cernit caesum et consputum Dominum majestatis; cernit auctorem vitae et gloriae confixum clavis, percussum lancea, opprobriis saturatum, tandem illam dilectam animam suam ponere pro amicis suis. Cernit haec, et suam magis ipsius animam gladius amoris transverberat, et dicit: Fulcite me floribus, stipate me malis, quia amore langueo.*
>
> Die Gläubigen wissen genau, wie sehr sie Jesus notwendig haben, und zwar Jesus den gekreuzigten. Während sie in ihm seine hervorragende Liebe zur Wissenschaft anbeten und verehren, sind sie verwirrt, ihm nicht wenigstens zum Entgelt für seine so große Liebe und Güte das Wenige anzubieten, was sie sind. Je mehr man sich daher geliebt weiß, umso leichter liebt man. Derjenige, dem weniger gegeben wird, liebt auch weniger... (Die Kirche) sieht den König Salomon mit dem Diadem, mit dem ihn seine Mutter gekrönt hat; sie sieht den Eingeborenen Sohn sein Kreuz tragen; sie sieht den Herrn der Majestät von Wunden bedeckt und bespuckt, den Schöpfer allen Lebens und Ruhms ans Holz geheftet, von einer Lanze durchbohrt, von Schmähungen überhäuft, und wie er schließlich seine geliebte Seele für seine Freunde hingibt. Sie sieht all das, und das Schwert der Liebe durchbohrt ihr Herz so tief, daß sie ausruft: »Erquickt mich mit Blumen, labt mich mit Äpfeln, denn ich bin krank vor Liebe (Hl. 3, 5).«[7]

Kein Zweifel, daß in der Passionsmystik Bernhards und seiner Nachfolger vor allem im Franziskanerorden[8] ein Weg gefunden wurde, dem Leiden des Menschen überhaupt zu begegnen. Das christliche Theodizeeproblem – warum Leiden angesichts eines barmherzigen Gottes?[9] – fand seine Lösung vorweggenommen in der inkarnatorischen Zuwendung Gottes zum heilsbedürftigen Menschen in dessen Passion: Leid war mithin in seinem Sinn erschlossen im exemplarischen Leid dessen, der davon zu erlösen gekommen war, indem er es exemplarisch litt. Je liebevoller sich der Christ in Mitleid auf das Leiden des Gottessohnes einließ – zu ermessen war die Intensität der Nachfolge in den Stigmata des Franz von Assisi![10] –, um so erträglicher mußte ihm sein eigenes Leiden erscheinen. Damit ist ein Kerngedanke christlicher Leidbewältigung und -überwindung in aller Deutlichkeit gefaßt: In der Liebe Gottes zu seinen Geschöpfen, die Bernhard von Clairvaux als »maßlos« taxierte[11], weil sie in Passion und Tod das Selbstopfer nicht scheute, wird der Liebesweg der Nachfolge als ein Leidensweg gewiesen, in dem Leiden schon immer sekundär war.[12] Leid war »der Preis der Liebe«[13] Gottes zu den Menschen, der ihnen Freiheit gab, der aber auch in seinem menschgewordenen Sohn den Menschen die Erlösung für verwirkte Freiheit schenkte. Die Leidfrage ist daher in der Mystik christlicher Herkunft immer christologisch zu lösen, anders nicht. Daß sich die menschliche *passio* (Leiden) in *compassio* (Mitleiden) mit dem leidenden Gottesknecht verwandelt, macht christliche Leidbewältigung dabei wesentlich aus.

Kosmische Leidensdimension: Mechthild von Magdeburg

Einen eindrücklichen Beleg dafür, wie das Leben, vornehmlich aber die Passion Christi zum bestimmenden und tröstlichen Gehalt eines christlichen Lebens werden konnte, bietet schon Mechthild von Magdeburgs (um 1210 - um 1282) »Fließendes Licht der Gottheit«. Ein reich entfaltetes Wortfeld[14], das sich um physisches, seelisches und geistliches Leiden gruppiert, kumuliert bei ihr – ganz im Vollzug der Passion Christi – in der Erfahrung der *gotzvroemdunge*, der völligen Ferne und Entfremdung zu Gott. Diesen Zustand beschreibt sie – in Vorausnahme einer Metapher, die dann Johannes vom Kreuz lieb sein wird – als *naht*, die *der langen minne*-Erfahrung folgt.[15] Den Selbstentzug Gottes, welchen die Seele aufs schärfste auch als Verdunkelung der eigenen körperlichen und seelischen Kräfte erfährt[16], kann sie auch in der Real-Metapher des Kreuzes – als Vollzug der Passion – empfinden, wobei die *imitatio crucis* (Kreuznachfolge) des Gläubigen als Einbezogensein in das leidvolle Tragen des Sündenhasses der Welt mit Christus nicht nur verstanden, sondern mit allen Fasern durchgestanden wird.[17] Im Geliebten des Hohenliedes wird so der liebenden Seele die *formosa deformitas* (schöne Häßlichkeit)[18] des Geliebten nicht bloß als Gestalt, sondern als Auftrag zu deren Übernahme ins eigene Leben faß- und fühlbar, wenn es heißt:

Von der schoeni des brútegovmes und wie îm die brútini volgen sol. Vide mea sponsa: Sich wie schoene min ovgen sint, wie reht min munt si, wie fúrig min herze ist, wie geringe min hende sint, wie snel min fuesse sint und volge mir. Du solt gemartert werden mit mir, verraten in der abegunst, gesuochet in der vare, gevangen in dem hasse, gebunden in hoeresagen, din ovgen verbunden da man dir die wahrheit nit wil bekennen, gehalsschlaget mit dem grimme der welte, fv́r gerihte gezogen an der bichte, georschlaget mit der buosse, ze herode gesant mit dem spote, entkleidet mit dem ellende, gegeiselt mit dem armuote, gekroenet mit bekorunge, angespîet mit der smahheit, din crúze tragen in dem hasse der súnden, gecrúzegot in verzihunge aller dingen nach dinem willen, genegelt an das crúze mit den heligen tugenden, gewundot mit der minne, sterben an dem crúze in heliger bestandunge, in din herze gestochen mit steter einunge, von dem crúze geloeset in warem sige aller diner vienden, begraben in der unahtbarkeit, uferstan von dem tode in einem heligen ende, ze himel gevarn in einem zuge gotz atemes.[19]

Vide mea sponsa: Sieh, wie schön meine Augen sind, wie hold mein Mund ist, wie brennend mein Herz ist, wie fein meine Hände und wie schnell meine Füße sind, komm und folge mir! Du sollst gemartert werden mit mir, verraten werden in Mißgunst, heimgesucht in Falschheit, gefangengenommen im Haß, gefesselt in Verleumdung, die Augen werden dir verbunden, da man dir die Wahrheit nicht eröffnet. Geschlagen wirst du durch die Wut der Welt, vor Gericht gezogen in der Beichte, geohrfeigt mit der Buße, zu Herodes gesandt durch den Spott, entkleidet durch Verlassenheit, gegeißelt durch Armut, gekrönt mit Versuchung, angespien durch Schmach. Dein Kreuz sollst du tragen im Haß der Sünden, gekreuzigt im Verzicht aller Dinge nach deinem eigenen Willen, an das Kreuz genagelt mit den heiligen Tugenden, verwundet durch die Liebe, den Kreuzestod sterben in heiliger Standhaftigkeit, dein Herz wird durchbohrt durch stete Vereinigung (mit Gott). Vom Kreuz wirst du gelöst im wahren Sieg über deine Feinde. Begraben wirst du in der Nichtbeachtung, auferstehen vom Tode in einem heiligen Ende, zum Himmel auffahren in einem Atemzug Gottes.[20]

Solche *conformitas cum Christo* (Gleichförmigkeit mit Christus), die den in der Nachfolge stehenden Menschen zum Motivreim der göttlichen Selbstentäußerung in seinem Sohne will, dürfte das Andachtsbild des Schmerzenmannes[21] in allgemeinster Form vorprägen, das dann in der Nonnenmystik des 14. Jahrhunderts – etwa von der Nonne Hedwig von Lauffenberg aus dem Kloster Unterlinden bei Kolmar – noch plastischer beschrieben wird:

... apparuit illi uisibiliter Dominus Ihesus Christus in humanitate sua sanctissima stans ante illam, expandens manus suas quasi ostendens ei. Porro in eius beatissimis palmis et pedibus loca clauorum ac lateris transfixio euidentissime apparebant...
Es erschien ihr sichtbar der Herr Jesus Christus in seiner allerheiligsten menschlichen Gestalt, er stand vor ihr, mit ausgebreiteten Armen, sie gleichsam umarmend. Deutlich sichtbar waren an seinen schönen Händen und Füßen die Nägelmale und die Wunden an der Brust.[22]

Dürfte es sich bei Mechthild noch um eine »einbildliche« Vision handeln, so hier um eine »sinnliche« (nach Augustinus' Dreiteilung).[23] Entsprechend dem geistigen Duktus der mechthildschen Nachfolgestruktur kann ihr das Leiden zu kosmischen Dimensionen sich auswachsen; und sie sagt:

Herre, min pine ist tieffer denne das abgrunde, min herzeleit ist bitterer denne die welt, min vorhte ist groesser denne die berge, min gerunge ist hoeher denne die sterne. In disen dingen kan ich dich niergen vinden.[24]
Meine Pein ist tiefer als der Abgrund, mein Herzeleid ist weiter als die Welt, meine Furcht ist größer als die Berge, meine Sehnsucht reicht höher als die Sterne. In diesen Dingen kann ich dich nirgends finden.[25]

In solchen Überbietungsformeln äußert sich der innere Schmerz der Gottesferne in seiner Maßlosigkeit, um dann überführt zu werden in eine »sinnliche« Schau des »herrlichen Jünglings« Christus, der ihr seine Wundmale in ähnlicher Konkretheit vorzeigt wie bei Hedwig von Lauffenberg. Auch hier dürfen wir uns den Vorgang nicht abgehoben vorstellen von liturgischen und meditativen Vorgängen der Wundenverehrung.[26]

Theologie des Leidens: Meister Eckhart

Diese Direktheit und Spontaneität, die noch Mechthild von Magdeburg und dem Helftaer Nonnenkreis eignete, muß bald einmal das Mißtrauen der geistlichen Betreuer, insbesondere der Dominikaner, aber natürlich auch der Franziskaner, die sich der *cura monialium* (Seelsorge bei den Nonnen) nicht entziehen konnten, hervorgerufen haben. Selbst Seelsorger wie David von Augsburg[27], die sicherlich – in der franziskanischen Tradition stehend – der Passionsmystik keineswegs abhold waren, sondern sie im Gegenteil förderten, konnten bisweilen unwillig angesichts der sich darin breitmachenden Theopathie auf die Tatsache verweisen, daß Christus – trotz allerlei gegenteiliger Erfahrungen der Nonnen »im Himmel verherrlicht sei und nicht mehr in der Wirklichkeit von der Jungfrau geboren und ernährt werde oder Leiden ertrage oder anderes thue, was er nach dem Berichte des Evangeliums während seines leiblichen Wandels auf Erden unter den Menschen getan hat« *(Credimus, Christum glorificatum corporaliter esse in caelo nec ultra secundum substantiae suae veritatem nasci de Virgine, lactari vel pati, vel alia, quae evangelica docet historia eum fecisse, cum corporaliter cum hominibus in terra conversabatur).*[28] Auch Eckhart möchte die Repristination von Christi Heilstaten in »imaginären« Visionen (= »Theophanien«) und deren Wahrscheinlichkeit eher dem Glauben unerleuchteter Gelehrter als realen Möglichkeiten der Gnade Gottes zuweisen.[29] Solches Mißtrauen erwuchs gewiß aus der Kenntnis allzu verdinglichter mystischer Gotteserfahrungen im Nonnenmilieu, hat aber bei Eckhart zusätzlich die Note einer grundsätzlich anderen Position, was mystische Erfahrung von Leiden und Freude betrifft.

Diese Position wird, wie sehr sie auch im »Buch der göttlichen Tröstung«[30] und im Traktat »Von Abgeschiedenheit«[31] aufs deutlichste entwickelt wird, gerade was unsere Fragestellung nach der Leidbewältigung betrifft, immer wieder mißverstanden.[32] Eckharts Leidenstheologie darf deshalb in einem Überblick über die Leidenslehre der deutschen Mystik keinesfalls übergangen werden, weil in ihr am radikalsten die paradoxe Fassung eines »Leids ohne Leid« zum Austrag kommt. Mich abstützend vor allem auf die genannten zwei Traktate versuche ich im folgenden Meister Eckharts Leidauffassung wiederzugeben.

Im ersten von drei Teilen des Trostbuchs könnte leicht der Eindruck entstehen, als ob Eckhart das Leiden unter Hinweis auf Gottes Leidlosigkeit, welcher der Mensch sich anzugestalten hat, wenn er realisieren will, wie sehr er eins mit ihm ist, gewissermaßen auflösen möchte.[33] Hauptsächlicher Trostgrund ist dem Leidenden die Tatsache, daß alles, was er an Weisem, Wahrem, Gerechtem und Gutem in seinem Leben zu verwirklichen in der Lage ist, nichts anderes ist als göttliche Weisheit, Wahrheit, Gerechtigkeit und Gutheit. Der vereinheitlichende

Vorgang[34], in dem die göttliche Weisheit usw. sich im Menschen auszeugt, ist als Geburt geschildert. Da »›in Gott‹ ›weder Traurigkeit noch Leid noch Ungemach‹ ist *(in gote enist niht trûricheit noch leit noch ungemach*[35]*)*, kann den, der sich *lûterliche ze gote aleine*[36] wendet, auch kein Leiden anfechten, denn Gott ist – als Gerechtigkeit – *vröude, liebe und wunne.*[37] Alle Zuwendung zu der Kreatur bringt Leid, radikale Zuwendung zu Gott jedoch[38] schafft Trost. Bedingung dafür ist die Entbildung[39] vom eigenen Selbst und von aller Kreatur.
Der zweite, ungleich umfangreichere Teil des Trostbuches variiert dieses Thema in Form von dreißig Trostgründen. Ein paar wesentliche greife ich heraus. Zunächst: Es gibt für den Menschen kein *lûter schade*[40], Gott und die Natur lassen nicht zu, daß *lûter boese oder leit müge gesîn.*[41] Jeder Schaden, der dem Menschen zustößt, ist kombiniert mit Trost: Wer von hundert Mark vierzig verliert, soll sich an den bleibenden sechzig trösten; der Kranke soll bei der Betreuung, die ihm gewährt wird, an jene denken, denen es übler geht und so fort. Einzig entscheidend ist in jeder Lage die Erfüllung des göttlichen Willens, der notwendigerweise immer das Beste will.[42] Das gebannte Hinblicken auf *ûzerlicheit* (Äußerlichkeit) und *an untrôste trôst vinden*[43] ist ein Zeichen von Gottvergessenheit. Dagegen steht der Glaube, daß es dem guten Gott unmöglich ist, dem Menschen ein Leid zustoßen zu lassen, das nicht irgendwie *etwas bezzers*[44] oder die größere Ehre Gottes intendiert; und dagegen steht der radikale Wille des guten Menschen, alles zu wollen, was Gott will, »selbst wenn es sein Schaden und gar seine Verdammnis wäre« (mit Berufung auf Römer 9, 3).[45] Damit treibt Eckhart den Gedanken zum Paradox, wollte Gott, daß ich Sünde getan hätte, so wäre mir selbst hierin verboten, gegen solche Missetat zu rebellieren.[46] Die aus solcher Tat resultierende Gottferne wäre ein *gotes durch got enbern*[47] und ein *von gote durch got gesundert sîn*[48], das allein echte Reue wäre. Sünde wäre diesem Menschen *leit âne leit.*[49] Leiden – vollkommenes Leiden, das im geschilderten Sinn *leit âne leit* ist, ist letztlich gottgeschicktes Leid, weil es seinem Wollen entstammt. So schließt Eckhart diesen Gedanken mit dem Satz: *ich nime und schepfe diu leit in gotes willen und ûz gotes willen*[50], denn dieses Leiden *kumet und urspringet von lûterer minne der lûtersten güete und vröude gotes.*[51]

Eine solche Haltung schafft Gleichmut und Gelassenheit[52] im Gemüte dessen, dem Leid aufgelastet wird. Eckhart liebt es, diesen Gleichmut mit stoischen Formeln zu umschreiben.[53] Im Traktat »Von Abgeschiedenheit« ist schon im Titel die für Eckhart höchstdenkbare Tugend anvisiert: Abgeschiedensein meint Gestorbensein, Alles-gelassen-Haben, Entbildet-sein-von-aller-Kreatur, ja geradezu das Nichts.[54] Aktualisierte Abgeschiedenheit befähigt den Menschen, »gegenüber allem anfallenden Lieb und Leid, Ehren, Schanden und Schmähung, wie ein bleierner Berg ... gegenüber einem schwachen Winde« »unbeweglich« zu sein.[55] Also ist das Ziel Eckharts eine stoische Ataraxie und Apathie gegenüber allem ankommenden Leid? Mitnichten. Man würde ihn und seine Leidlehre völlig mißverstehen, wenn man die stoischen Formeln in diesem Sinn interpretieren wollte. Sie sind letztlich bloß Ergebnis eines sie über- und umgreifenden Gedankens, der das Geschöpf auf das verpflichtet, was ihm Leben, Lust, Freude bedeutet – auf Gott, und zwar absolut und kompromißlos. Leerwerden, Arm-im-Geiste-Sein (Matth. 5, 3), Verzicht auf den Trost der Kreaturen, ja, und zwar völlig, aber nur im Hinblick auf »volle Freude und Trost in Gott«[56], eine Vorstellung, die für Eckhart gleichzeitig eschatologische, aber auch schon präsentische Geltung hat. Leere auf seiten des Menschen und Fülle des Menschen in Gott bedingen sich gegenseitig:

nâch dem als diu sêle durnehtiger, bloezer und ermer ist und minner hât der crêatûren, und îteler ist aller dinge, diu niht got ensint, dar nâch nimet si got lûterlîcher und mê in gote und wirt vürbaz ein mit gote und sihet in got und got in sie von antlitze ze antlitze als in einem bilde überbildet.[57]

Unempfindlichkeit gegenüber anfallendem Leid, gewiß, aber um der Lust in Gott willen; *lust* aber *ist sunder zît und sunder verre* (Ferne).[58] Zeitliches, irdisches Sein ist dem Menschen nur *zeborge gelihen*[59], was kann er sich beklagen, wenn es ihm wieder genommen wird?

Dem Menschen ist mithin *ein innigez werk* (»ein inneres Werk«[60]) aufgegeben: Es besteht in der kompromißlosen Option für Gott, in der eingeschlossen ist alle Verfügbarkeit für alles denkbare Leiden.[61] Die Unempfindlichkeit in Richtung aufs Kreatürliche ist im Blick auf Gott höchste Bereitschaft zum Leiden. Die Kraft des inneren Werks besteht darin: »Sie möchte nicht Leid und Leiden (schon) gelitten haben und überstanden haben; sie will und möchte allzeit ohne Unterlaß leiden um Gottes und des Wohltuns willen. Ihre ganze Seligkeit liegt im Leiden, nicht im Gelitten-haben, um Gottes willen.«[62] Garant dieses Wunsches ist Matthäus 5, 10, wo es in Eckharts Abwandlung des Schriftworts heißt: *saelic sint, die dâ lîdent durch die gerehticheit* (»Selig sind, die um der Gerechtigkeit willen verfolgt werden«).[63] Daß Gott Grund allen Leidens ist, ist Eckhart Grund genug, alles um Gottes willen leiden zu wollen: *Er minnet lîden durch got und lîdet durch got.*[64]

Letzter Grund dieser Leidenstheologie ist die Menschwerdung von Gottes Sohn, sein Kreuz. Matthäus 16, 24: »Will mir jemand nachfolgen, der ... nehme sein Kreuz auf sich und folge mir.« Diese Stelle wandelt Eckhart in bemerkenswerter Weise ab und übersetzt: *swer wil komen ze mir, der sol sîn selbes ûzgân und verzîhen und sol sîn criuze ûfheben, daz ist: er sol abelegen und abetuon allez, daz criuze und leit ist.*[65] Mindestens zwei Bedeutungen bestimmen *ûfheben* – aufnehmen, tragen und – von Eckhart vorgezogen – wegnehmen. Für Eckhart ist die Nachfolge so sehr *ein wunne, ein vröude, ein herzeliep*[66], daß Leiden – mag es so groß sein wie immer – darin ein- und untergeht.

Dem Menschen ist Sohn-Werden in Form der Nachfolge aufgetragen. Damit ist Leiden wesentlich mitgegeben, auch wenn es – im Optimismus der Nachfolge – als Lust erscheint. Von Gott und seinen Rettungsabsichten her wird nun aber ein bedeutsamer Kontrapunkt gesetzt. Für Eckhart ist Grund der Menschwerdung des Sohnes die Tatsache der Leidlosigkeit der Gottheit in sich selbst: »Weil Gottes Sohn in der Gottheit und in der Ewigkeit nicht leiden konnte, darum sandte ihn der himmlische Vater in die Zeit, auf daß er Mensch würde und leiden könnte.«[67] Ohne diese auf den ersten Blick seltsame, allzu innertrinitarisch konzipierte Begründung der Menschwerdung näher auszuführen, nennt er gleich die soteriologische Absicht des Sohnes Gottes: »Gottes Sohn von Natur wollte aus Gnade Mensch werden, auf daß er um deinetwillen leiden könnte, und du willst Gottes Sohn werden und nicht Mensch, damit du nicht leiden mögest noch brauchst um Gottes noch um deiner selbst willen.«[68] Leid, alles Leid der Welt – und das ist nun der innerste Sinn aller Leidkompetenz des Menschen – ist erträglich, ja Freude in der Leidenssolidarität Gottes mit dem Menschen: *daz got ist mit uns in lîdenne, daz ist, daz er mit uns lîdet selbe.*[69] Ja, Gott ist dem Menschen mit seinem Leiden voraus: *Got der lîdet mit dem menschen, jâ, er lîdet nâch sîner wîse ê und unglîche mê dan der dâ lîdet, der durch in lîdet.*[70] Letzter, unüberholbarer Trost des Menschen ist Gottes reales, unvordenkliches Mitleid mit dem Menschen, das nichts als Liebe ist.

Nun wird die christliche Konzeption des »Leidens ohne Leiden«, wie sie Eckhart denkt, klar: Das unvordenkliche Leiden Gottes ist – da alles, was in Gott ist, Gott selber ist – Gott selbst; wie kann es da noch Leiden heißen?

> *allez, daz der guote mensche lîdet durch got, daz lîdet er in gote, und got ist mit im lîdende in sînem lîdenne. Ist mîn lîden in gote und mitlîdet got, wie mac mir danne lîden leit gesîn, sô lîden leit verliuset und mîn leit in gote ist und mîn leit got ist? Waerlîche, als got wârheit ist und swâ ich wârheit vinde, da vinde ich mînen got, die wârheit: alsô ouch, noch minner noch mê, so ich vinde lûter lîden durch got und in gote, dâ vinde ich got mîn lîden.*[71]

Und noch radikaler kann Eckhart fragen: Wenn Gott den Menschen Leiden ist, wie kann er dann seinen Freunden unablässiges Leiden ersparen? Am Schluß von Eckharts Leidensmystik steht ein Paradox[72], das er voll im Traktat »Von Abgeschiedenheit« einlöst: Das Paradox der *leidlosen* Gottheit, die aus Mitleid sich selbst im Sohne entäußert – überträgt sich auf den Menschen als die Offenheit zur *obersten bereitschaft*[73], zu *stân ûf einem blôzen nihte*[74], was höchste Leidlosigkeit mitsamt *groester mügelicheit* und *groester enpfenglicheit*[75], zum Leiden in eins faßt. Abgeschiedenheit ist, in dem Maße, wie sie Verzicht auf irdisches, und damit Entrücktsein gegenüber verdinglichtem Leid bedeutet, höchstdenkbare Verletzlichkeit durch Leid, Wehrlosigkeit und Fügsamkeit durch Leiden, das Gott in seinem Mitleiden mit dem Geschöpf selber ist. *Einformicheit mit gote*[76] – wie sie dem Menschen gnadenhaft möglich ist – fordert diesen Preis eines Stehens *ûf einem blôzen nihte*[77], das gleichzeitig ein Stehen *ûf dem hoehsten*[78] ist. Solches Abgeschiedensein als Vereinigtsein mit Gott ist anders nicht möglich als im Leiden. Darüber läßt Eckhart am Schluß dieses Traktats keinen Zweifel, wenn er folgert:

> *Nû merket, alle vernünftigen menschen! Daz snelleste tier, daz iuch treget ze dirre volkomenheit, daz ist lîden, wan ez niuzet nieman mê êwiger*

süezicheit, dan die mit Kristô stânt in der groesten bitterkeit. Es enist niht gelligers dan lîden und enist niht honisamers dan geliten-hân; ez entstellet den lîp nihtes mêr vor den liuten dan lîden und enzieret aber die sêle vor gote nihtes mêr dan geliten han.

Nun gebt acht, alle Verständigen! Das schnellste Tier, das euch zu dieser Vollkommenheit trägt, ist das Leiden; denn es genießt niemand mehr ewige Süßigkeit als die, die mit Christus in der größten Bitterkeit stehen. Es ist nichts galliger als Leiden, und es gibt nichts Honigsüßeres als Gelitten-Haben; es entstellt nichts mehr den *Leib* vor den *Leuten* als Leiden, hingegen ziert nichts mehr die *Seele* vor *Gott* als Gelitten-Haben.[79]

Leiden leben: Johannes Tauler

Gegenüber der Leidensmystik Meister Eckharts nimmt sich die Johannes Taulers[80] aus wie deren Umsetzung in konkretes gelebtes Leben. Leiden ist auch für ihn eine Form des Auserwähltseins als Christ und meint keinerlei bloß punktuelle Leiderfahrung, sondern ein Existential des Christen:

lieben kinder, es muos iemer gelitten sin. Der mensche der si wo er si, er muos ie liden, die dem vigende dienent in der welte. Sehent wie maniger stolzer helt und frisch geselle ir leben wogent und hant verlorn in dem dienste, den kein ander lon enwirt denne das fleisch den würmen und die sele dem túvel. Was git in ieman her umbe? So múgent ir gerne durch Got liden der sich selber und himelrich und ewig leben úch geben wil, und er hat selber gelitten. Sit das hovbet hat gelitten, so schemen sich die lidere ob si nút enlident. Wer lidet noch als vil als unser lieber herre lasters und smacheit noch alle tage lidet? Were er in lidender wise als er was, so litte er nu verre me denne er do leit do im der tot wart an geton; wan er wirt manig werbe des tages gekrúziget mit grúwelichem swerende, und im sin tot, sine wunden also verwissen werdent, und sin marter die wirt im tegelich ernúwet, und erfrischet sine wunden und vergossen sin túr bluot mit einer ieklicher totsúnde in einer wise.

Der Mensch sei, wo er sei, er muß stets leiden, auch die, welche dem Feinde in der Welt dienen. Seht, wie so mancher stolze Held und frische Geselle sein Leben gewagt hat und es in diesem Dienst verloren hat und keinen anderen Lohn erlangt hat als: das Fleisch den Würmern und die Seele dem Teufel. Was gibt man ihm dafür? So könnt ihr wohl um Gottes willen leiden, der sich selber, das Himmelreich und das ewige Leben euch geben will und selber gelitten hat. Da das Haupt gelitten hat, sollten die Glieder sich schämen, wenn anders sie ohne Leiden davonkämen. Wer leidet denn wohl so viel, als unser Herr täglich Schimpf und Verschmähung leidet? Könnte er heute noch leiden, er litte jetzt weit mehr als zu der Zeit, da er getötet ward; denn er wird gar manches Mal des Tages gekreuzigt mit furchtbaren Schwüren, man wirft ihm seinen Tod und seine Wunden vor; seine Marter und seine Wunden werden täglich erneut, sein teures Blut mit jeder Todsünde von neuem vergossen.[81]

Eines wird aus dieser Stelle ganz deutlich: das dem Menschen unter keinen Umständen ersparbare Leiden steht in einem strengen Bedingungszusammenhang mit dem Menschgewordenen. Die Sünde der Menschen bewirkten das Leiden des Gottessohnes, ja bewirken es in einem gewissen Sinne rückwirkend täglich neu. Implizit mit der Sünde ist dem Menschen tägliches Leid gegeben, das er im Horizont des am Kreuz vorbildhaft für uns verstorbenen Gottessohnes zu tragen hat. Der Christ ist daher für Tauler ein Kreuzträger, weil er in diesem Vorgang des Kreuzesopfers Christi sein Heil als gewiß verbürgt sehen darf. Daher die eschatologische Festlegung: *Wissent wenne die pflagen kumment, so enmag nieman genesen danne die dis crúze uf in habent.* (Wißt, wenn die Plagen [der letzten Tage] kommen, so kann niemand gerettet werden, der nicht das Kreuz getragen hat.)[82] Kreuztragen aber heißt leiden: *also hat er gelitten, so sollen wir ime noch unserem vermúgende noch gan das wir geistlichen werden gevangen und gebunden und verurteilt.* (So wie er gelitten hat, sollen wir ihm folgen nach dem Maß unserer Kräfte, um so auf geistige Weise gefangen und gebunden zu werden.)[83] Das Kreuz und dessen *geistige* Nachfolge – allenfalls liegt in dieser Bestimmung schon ein Stück Kritik an allzu »fleischlichen« Nachfolgeweisen![84] – wird zum Motiv endzeitlicher Errettung und Erlösung. Da Tauler immer konkret ist in seinen Ausführungen, läßt er es bei einem vagen »Kreuztragen« sein Bewenden nicht haben, sondern weist dessen Zielabsicht deutlich auf:

Das weis ich also das got lebet, soltuo iemer zuo dinem besten komen, duo must also blos werden alles das das got nút enist, das duo einem vadem nút behaltest, und dazselbe mús verspilt werden und vernichtet und anderen lúten ein gespötte und für affenheit und raserie geachtet werden.
Sei dessen gewiß: willst du jemals zur Vollkommenheit gelangen, so mußt du alles dessen entblößt sein, was nicht Gott ist; du darfst nichts davon zurückbehalten; das muß alles verspielt und vernichtet werden und (dieses Spiel) anderen Menschen ein Gegenstand des Spottes sein (und ihnen) als Torheit und Narrheit erscheinen.[85]

Das Leiden besteht daher für den Menschen konkret in der Ablösung von allem Verhaftetsein ans Kreatürliche, weil dieses das ist, was nicht Gott ist. Das Nacktwerden Christi vor der Kreuzigung, als die Schächer seine Kleider verlosten, wird Tauler zum Inbegriff dessen, was auch mit dem Menschen zu geschehen hat. Der Vorgang dieser Ablösung von allem, was nicht Gott ist, ist schmerzhaft und begleitet von vielerlei *getrenge* (Bedrängnis), darin *riuwe, bitterkeit, vorchte, trurecheit, lidunge, pinlicheit, bancheit* (Bangigkeit) Begleitphänomene eines *gar wilden weg(es)* werden, den der Gottesfreund geführt wird.[86] Der Weg dieses mystischen »Entwerdens« – der dem zunächst frisch Bekehrten als freiwillig auf sich genommenes Leid, dem schließlich Gottverlassenen als Verfinsterung aller Hoffnung, dem Vollkommenen aber als Sündenbewußtsein in dreigeteilter Stufung aufgegeben ist – wird immer klarer enthüllt als eine Umkehrung des *lidens* in ein *gotliden* im dionysischen Sinne.[87] Der Dreischritt von *liden – entwerden – gotliden*[88] ist aber kein schlicht progressiver, da in jedem der drei Momente die Durchsicht auf das Leiden Christi als auf dessen innere Bedingung freigegeben ist. Zunächst steht das Leiden in offensichtlichem Zusammenhang mit der Sünde des Menschen, der daher auf einen Erlöser sichtlich angewiesen ist. Das »Entwerden« dagegen ist als sittliche Forderung anders nicht begründbar als durch die Option für die Nachfolge ins Kreuz, das dem Christen als Inbegriff des Heils und der Erlösung im Glauben gilt. Schließlich ist auch das *gotliden* die Endgestalt der »Entwerdung«, die Christus in seinem Kreuz vorgeleistet hat und die daher dem Christen als »Bestes«, d. h. vollkommenste Form christlicher Nachfolge gelten muß.[89]

Diese drei Momente von Taulers Leidauffassung will ich noch kurz etwas genauer beleuchten. Der erste der drei – das gottgeschickte Leiden – führt Tauler in seinem Ursprung auf die achte Seligpreisung der Bergpredigt zurück: »Selig, die Verfolgung leiden um der Gerechtigkeit willen! Ihrer ist das Himmelreich« (Matth. 5, 10). Das im Leiden verborgene Gute kommt dann am besten zum Ausdruck, wenn Gottesfreunde nicht ihrer Berufung entsprechend leben; »über große und heftige Leiden«[90] werden sie dann wieder auf den Weg ihrer Berufung gewiesen. Aus Treue nötigt Gott dann den Menschen zum Leiden, so daß dieser gezwungenermaßen – aber schon durch das geringste Leid – am Leiden Christi Anteil bekommt:

Es ist alzuomole dem menschen múgelich in eine ieglichen lidende zuo verdienende ganze teilsamkeit des lidendes unsers herren Iesu Christi.
Es ist dem Menschen durchaus möglich, in jeglichem Leiden sich eine ganze Teilhabe am Leiden unsres Herrn Jesus Christus zu verdienen.[91]

Edler und höher an Gott heranführend als dieses Leiden durch göttliches Diktat ist allerdings das *gotliden*, das die Bereitschaft des Menschen signalisiert, Gott dort, wo er sich geben will, aufzunehmen. *Gotliden* ist eine innere Freiheit, ein Stillhalten und Warten auf das göttliche Wirken im Innern, so daß schließlich Gott als *ein luter wúrcken* im Menschen gegenwärtig wird, der *ein luter liden* geworden ist.[92] Das wäre nach Tauler Seligkeit, in die alles Leiden eingegangen ist über die Vermittlung im Leiden Christi. Aber damit habe ich schon vorgegriffen. Zunächst nämlich hat *liden*, ob akzeptiert oder nicht, eine auf die Grundbefindlichkeit des Menschen einwirkende Funktion. Leiden bewirkt beim Menschen eine Form der Selbsterkenntnis, die er auch über frei gewählte Techniken der Askese oder der Meditation nicht zu erreichen in der Lage ist. Hingegen ist der Antrieb der Liebeskraft dabei unverzichtbar: der vierfach sich steigernde *sturm der minne*[93] trägt den Menschen über alle Widerwärtigkeiten hinweg in den Seelengrund, in dem auf schwer zu sagende Weise Gott unmittelbar gegenwärtig ist. Wer zielgerecht den Weg zu wählen und auf die wilden, dunklen, unbekannten und fremden Pfade zu achten vermöchte, *der es war neme, so enist kein widerwertikeit noch getrenge uswendig noch inwendig, ja och gebreste die uf den menschen vallent, es ensi alles leitende und tribende in den grunt* (Wer das beachtete, der träfe auf keine Widerwärtigkeit, auf keine Drangsal, weder außen noch innen, ja auch nicht auf die Gebrechen, die den Menschen befallen: alles würde zum Grunde hinleiten, locken und treiben).[94] Da die Menschen leider *mit lebende* (zeit ihres Lebens) diesen Grund ihrer selbst kaum je angemessen erreichen, müssen sie es – *von der grundeloser guoţi Gotz – mit lidende* im Leben und im Fegefeuer im Jenseits mühsam lernen.[95] *Der aller kurzeste weg und der nechste zuo der goetlichen woren geburt*[96] besteht darin, daß der Mensch erkennt, daß alles ihm begegnende Leid Zeichen der in ihm anhebenden Gottesgeburt ist. Das von Gott geschickte Leid muß »ausgelitten«, »durchgelitten«, »ertragen« werden[97], damit Gott im Menschen einkehre. Es gibt bei Tauler eine eigentliche Semiotik des Leidens: Leid ist Zeichen der Gegenwart Gottes im Menschen. Im Blick auf sich selber, in den eigenen Grund, in der Selbsterkenntnis vermag der Mensch, indem er Einblick nimmt in sein doppeltes Nichts – das der in ihm gegenwärtigen Erbsünde und das seiner eigenen Sünde –, die Zeichen, die das Leiden ihm gesetzt hat, zu lesen und zu deuten als eine Form der Gegenwart Gottes in ihm. Dem Dunkel des Leids ist damit keinesfalls auszuweichen, denn dadurch,

> *das er sich hie inne lide und losse und dis vinternisse us lide oder die qwetschunge, weler künne in smirzet oder truket, und in suochte kein behelfen sus noch so,*
> daß er dieses Dunkel und diese Drangsal bis zum Ende durchleidet und sich darin (dem Willen Gottes) überläßt, welcher Art es ihn auch schmerze oder bedrücke, und er keinerlei Vorwand sucht[98],

sich dem Leiden zu entziehen, übersteigt der Mensch alle denkbaren Frömmigkeitsübungen. Wenn wir diese Auffassung vom Leiden recht bedenken, so wird rasch erkennbar, daß sie derjenigen Meister Eckharts in der Zielvorstellung recht nahe kommt. Wenn es dem Menschen gelänge – unter idealen Voraussetzungen also! –, sich richtig zu erkennen, sich zu lassen, *sich* zu *liden*[99], indem er seines Grundes und darin seines Nichts ansichtig würde, so würde er ganz im Sinne Eckharts *leit âne leit* erfahren. Allerdings weiß Tauler schärfer um die erbsündige Verfaßtheit des Menschen und um dessen Neigung zur Sünde. Deswegen verbleibt er nicht bei irrealen Aussagen, sondern übersetzt seine Leidlehre in eine religiöse Seelenlehre, deren psychologischer Rang heute immer deutlicher wird. Tauler ist der Lehrer der Selbsterkenntnis katexochen, und daher werden ihm psychische Antriebe zu Freude oder Leid außerordentlich wichtig als Indizien der Höhe des »inneren Werks«:

> Meine Lieben! Wollt ihr euch an ganzen und wahren Zeichen selbst erkennen, wie ihr seid, so betrachtet, was euch am allermeisten zu Lust oder Leid, zu Freude oder Jammer bewegt ... Bist du ganz von Gott erfüllt, so können alle Geschöpfe ... dich deines auf Gott strebenden Grundes nicht berauben.[100]

Es gehört zum psychologischen Interesse, das Tauler dem Menschen aus soteriologischen Überlegungen zuteil werden läßt, daß er die Palette möglicher, sowohl physischer wie psychischer Leiden reich entfaltet und sie auch in Exaktheit benennt. Es kann hier nicht der Ort sein, dieses Leidensspektrum nachzugestalten. Immerhin ist eine doppelte Bemerkung am Platz: Erstes Ziel der Selbsterkenntnis ist die Einsicht des Menschen in sein *natúrlich niht* (natürliches Nichts)[101], das seine ontologische Defizienz anzeigt, nach der Gott emphatisch das Alles-Sein zugesprochen werden muß; zweites Ziel der Selbsterkenntnis ist die Einsicht in des Menschen *gebrestlich niht*, in die von der Erbsünde her datierende Sündenverfaßtheit.[102] Physische, psychische und eigentlich religiöse Leiden sind in dieser Selbstzerfallenheit des menschlichen Ich potentiell in zahllosen Ausformungen denkbar. Tauler nennt in seinen Predigten eine solche Fülle davon, daß seine Fähigkeit als Seelenführer daraus aufs klarste abzulesen ist. Er erweist sich gerade in diesem Punkt als ein Psychagoge von unbeirrbarem Urteil und scharfer Beobachtungsgabe.[103]

Das »Entwerden« ist wie bei Eckhart der Begriff der *abegescheidenheit* kein stoischer, keiner, der Unempfindlichkeit anempfiehlt. Im Gegenteil, es geht um die höchste Verletzbarkeit und Wehrlosigkeit des Menschen. In einer Predigt[104] unterscheidet Tauler drei Stufen für den Heilsweg des Menschen: die erste besteht in einem von Gelassenheit geprägten Sich-jagen-Lassen durch alle Geschöpfe; Demut, Sanftmut, Geduld und Barmherzigkeit charakterisieren diesen Grad. Die zweite Stufe ist geprägt durch Erkenntnis und Empfindung; sie »besteht in einem reinen Preisgeben und in Entäußerung alles dessen, was unseren Eigenwillen, unsere Wesenheit betrifft«.[105] Die dritte Stufe ist reine Empfindung und »besteht in der inneren Angst«, die *von der entsetzunge*, der Entäußerung des eigenen Selbst herrührt.[106] Ziel aller drei Stufen ist – negativ –, daß die Menschen *ston in einem lutern verlouckenen ir selbes, und muessent ir selbes enkreftiget werden und sten uf irme lutern blossen nút* (in einem reinen Verleugnen ihres Selbst sich halten, beraubt ihrer eigenen Kraft, in reinem und bloßem Nichts verharren)[107], positiv dagegen ist es *die vereinunge*, die in ihrer Positivität ganz vom negativen Vorgang abhängig ist. Urbild geglückter Gottvereinigung ist der Gottmensch Jesus Christus, der das Axiom: *also vil entwerdendes, also vil gewerdendes* (So viel der Entäußerung, so viel des Gottwerdens)[108] existentiell vorgelebt hat. Die Angst ist Anzeichen der bevorstehenden Vereinigung und Überformung durch Gott, auch sie wiederum – und an prominentester Stelle – eine Form von Leiden. Es geht um die *vernútunge unser selbes* (Selbstvernichtung)[109], die keine Leistung des Menschen bedeutet, sondern letzte Empfänglichkeit für das Ankommen Gottes; so sagt Tauler:

Wo Got eigenlichen würken sol und wil, do enbedarf er nút zuo wan nútes. Das nút das ist sin werk in lidender wise, enphengklicher wan dehein út. Wilt du ane alle underlos enphengklich sin alles des so Got geben und würken mag oder wil in sinen aller usgenomensten fründen wesens und lebens, und zemole in dich stürze alle sine goben, so flisse dich für alle ding das du in der worheit in dinem grunde nút ensist; wan unser ichtikeit und annemlicheit die hindert got sines edelen werkes in uns.
Wo Gott in der ihm eigentümlichen Weise wirken soll und will, braucht er nichts als das Nichts. Das Nichts ist geeigneter als alles, was ist, in leidender Weise das Wirken Gottes zu erfahren. Willst du ohne Unterlaß empfänglich sein für all das, was Gott seinen auserwählten Freunden geben kann oder will, und in ihnen wirken an Sein und Leben? Willst du, daß er dich mit seinen Gaben überströme? Dann befleißige dich vor allen Dingen (zu begreifen), daß du in deinem Grunde in Wahrheit nichts seiest.[110]

Die hier deutlich gemachte Haltung ist die der Gelassenheit, die sowohl die Leiden von seiten der Geschöpfe als auch *die urteil und verhengnisse Gottes*[111] betrifft. Es handelt sich um eine »Haltung der Hingabe und Gottergebenheit«[112], die auch und gerade den Seelengrund in die Preisgabe einbeschließt. Die »edlen Menschen«, die Gelassenheit üben, werden so beschrieben: »sie lassen Gott ihren Grund bereiten und überlassen sich ganz Gott und entledigen sich des Ihren in allen Dingen und behalten nichts davon in keinen Dingen, weder in Werken noch in der Art und Weise (ihrer Andacht), weder im Tun noch im Lassen, weder so noch so, weder in Freud noch im Leid; sie nehmen alle Dinge von Gott in demütiger Furcht und reichen sie ihm gänzlich wieder hinauf in bloßer Armut ihres Selbst, in williger Gelassenheit und beugen sich demütig unter den göttlichen Willen«.[113] Es kommt ein wesentlicher Punkt hinzu, ohne den das Bild dieser Gelassenheit unvollständig wäre: Vorbild und exemplarischer Fall aller Gelassenheit ist das Vorbild Jesu Christi!

Alle positiven Energien der Taulerschen Aussagen über Gelassenheit gravitieren aber letztlich auf das *gotliden*. Hierin kommt die Semantik von *liden* bei Tauler zu ihrer höchsten Ausformung.[114] Gemeint ist die *deipassio* (Theopathie), wie sie Dionysius Areopagita konzipiert hat, den Tauler einen *gotlidenden man* nennt.[115] *Gotliden* meint die Absenz allen menschlichen *wúrkens (es ist besser liden denne wúrcken)*[116] und damit die schrankenlose Offenheit und Empfänglichkeit für die von Gott gewirkte Einigung des Menschen mit Gott, die christlich ja niemals das Werk des Menschen, sondern in jedem Fall das Werk Gottes ist. Tauler beschreibt diesen Vorgang durchaus im Sinne der älteren Kontemplationsmystik als eine gnadenhafte, zeitlich äußerst kurz währende Übermächtigung des Gläubigen durch Gott, einmal so:

denne kumet der herre in einem snellen blicke und lúchtet in den grunt, und wil do selber werkmeister sin. Und wenne man des gewar wirt das der herre do ist, so sol man im das werk lossen lideklichen und sol im firen, und alle krefte súllen denne swigen und im ein stille machen, und denne weren des menschen werk ein hindernissen und sine guoten gedenke. Aber denne ensol der mensche nút tuon denne das er Got lide.
Dann kommt der Herr in einem geschwinden Augenblick und leuchtet in den Grund und will da selber Werkmeister sein. Und wird man der Gegenwart des Herrn gewahr, so soll man ihm freie Hand lassen und sich untätig verhalten, und alle Kräfte sollen schweigen und (Gott) eine große Stille bereiten; in diesem Augenblick wäre des Menschen Tätigkeit ein Hindernis (für Gottes Wirken), sogar seine guten Gedanken. Der Mensch aber soll nichts tun, als Gott gewähren zu lassen.[117]

In das *gotliden* ist alles bisherige Leiden aufgenommen und eingeformt in das Leiden, das Gott dem Menschen unnachahmlich vorweggenommen hat. So ist *gotliden* das edelste, gottnächste, hoch erhaben über allem, was der Mensch zu wirken fähig ist; *gotliden* ist des Menschen Seligkeit.

Das Werk aber soll Gottes sein und nicht unseres: wir sollen Gott in uns aufnehmen. Der Mensch kann von Natur mehr leiden als wirken, mehr nehmen als geben; eine jegliche Gabe bereitet und regt im Menschen das Begehren zu tausendfach mehr Gaben an, wollte er sich nur der Ruhe überlassen, sich innerlich frei machen und stillhalten und des göttlichen Wirkens in seinem Inneren warten, Gott aufnehmen und in sich wirken lassen, damit er sein edles göttliches Werk in ihm vollbringen könne; denn Gott ist reines Wirken und unser Geist ist in ihm selber reines Erdulden. Bliebe der Mensch in seinem edlen Stand und hielte er sich ledig und lauter unter Gott, daß Gott sein Werk in ihm vollbringen könnte, so entstände – wäre es Gottes Wille – daraus wundervolle Seligkeit. Daß wir Gott in uns wirken lassen, damit wir sein Werk sich in uns vollenden sehen, dazu helfe *er* uns.[118]

Wenn man gebührend in Rechnung setzt, wie bei Tauler das Ertragen der Leiden konnotiert ist mit aktiver Tatkraft, und andererseits die Forderung nachvollzieht, daß der Mensch dort, wo es um die höchste Seligkeit geht, um die Erfahrung der Vereinigung des Menschen mit Gott, um die *unio mystica*, um diesen Vorgeschmack des ewigen Lebens, sich rein »leidend«, d. h. passiv zu verhalten hat – da das Wirken Gottes ja reine Gnade ist –, dann wird man die Fragestellung nach Pelagianismus und Quietismus bei Tauler obsolet finden müssen.[119] An diesem letzten Punkt, da alle Leiden eingeborgen werden ins Leiden Gottes, das dem Menschen als Seligkeit begegnet, verfügt der Mensch nicht einmal mehr über seine Leiden; das ist dann wahre Gelassenheit nach Tauler, wenn sie übergeht in ein *gotliden.*

Auserwählung im Leiden: Heinrich Seuse

Schon Tauler war in der Beurteilung der Vermittlerrolle Jesu – auch und gerade für die mystische Erfahrung – unerbittlich; das irdische Leben Jesu ist nicht übersteigbar und daher unverzichtbar: *»Nein, über das bilde unsers herren Jhesu Christi enmag nieman kumen«*[120], antwortet er auf die supponierte Frage etlicher, die meinen, der irdische Christus sei in der Bewegung der mystischen Erfahrung übersteigbar. Im Anschluß an Thomas von Aquin[121] erteilt er den Imperativ an den Nachfolgenden: *bis sin instrumente*[122], eine Anweisung, die jegliche Form der Nachfolge Christi – gerade auch jene der mitleidenden Einfühlung in die Passion – potentiell deckt. Trotzdem hat Tauler keine eigentliche Passionsmystik entwickelt, sondern »vor dem Stehenbleiben bei der äußeren Leidensbetrachtung, dem Schwelgen in Gefühlen (gewarnt) und ... auf möglichst baldige Abstrahierung« gedrängt.[123] Das Kreuz ist innere Lebensform des Christen, nicht Gegenstand systematischer Meditation.

Der eigentliche Meister der Passionsmystik ist der Konstanzer Dominikaner Heinrich Seuse.[124] Bei ihm hat alles denkbare Leid des Menschen seinen Skopus im Leiden Christi, bis dahin, daß Leiden jeder Art hineinführt in ein besseres Verständnis des Leidens Christi. So stehen *passio* des Menschen und die *passio* Jesu Christi in einem unüberbietbaren inneren Zusammenhang, in dem sich die *passio* des Menschen umwandelt in die *compassio* mit dem leidenden Herrn; letztlich ist von diesem her der

Sinn allen Leidens in der Welt erhellbar. Nirgendwo ist dieser Aspekt deutlicher gefaßt als im »Büchlein der ewigen Weisheit«[125] (und in dessen freier, später anzusetzender Latinisierung durchs »Horologium Sapientiae«[126]). Literarisches Vehikel dieser Umwandlung ist der Dialog[127], der auf dynamische Art den immer tieferen Zugang des »Dieners der ewigen Weisheit«[128] zur exemplarisch leidenden Gestalt Jesu Christi in der Personenallegorie der »ewigen Weisheit« aktualisiert. Denn das Gespräch zwischen Diener und Ewiger Weisheit ist nicht bloß thematisch auf Leiden bezogen, sondern läßt das Leiden – sowohl des Gott nachfolgenden Menschen wie das des geschändeten Gottessohnes – als tiefste Erfahrungsbasis menschlicher Existenz hervortreten.
Fixpunkte dieses wachsend deutlich werdenden Leidenszusammenhangs zwischen Jesus Christus und dem nachfolgenden Menschen sind: das dem Menschen von seiner Sünde her datierende Leid, ein Leid, das sich aus der Zerknirschung über begangene Sünden und über die Geneigtheit zur Sünde ergibt; sodann die Auserwählung des begnadeten Menschen durch Gott im Leiden; und schließlich das die ganze Leidthematik dominierende und begründend umfassende Leiden des Gottessohnes in seiner Passion und am Kreuz.
Der erste Punkt – die Reue über die eigene Treulosigkeit in der Sünde – treibt Seuse zu bewegenden Evokationen, in denen er die ganze Natur zur Erweckung der Reue aufruft:

uch ir lebenden stein, ir wilden rein, ir liehten ovwen! wer git mir, daz daz inbrúnstig vúr mins vollen herzen und daz heisse wasser miner kleglichen trehen úch erwecke, daz ir mir helfent klagen das grundlos leid, leid, herzeleid, daz min armes herze so tovgenlich treit!
Ach, lebensvolle Steine, ungebaute Raine, helle Auen! Wer gibt mir, daß die Feuerlohe meines vollen Herzens, das heiße Wasser meiner Klagetränen euch erwecke, mir klagen helf mein unergründlich Leid, mein Leid, mein Herzeleid, das mein arm Herz trägt in Verborgenheit.[129]

Sünde ist für Seuse – und für die ganze christliche Überlieferung – Selbst- und Weltverlust, Gottesferne; er erfährt sich in der innersten Substanz gebrochen und fürchtet, *iemer me also lebend sterben, also bluejend torren, also junge alten und also gesunder siechen* (nun immer mehr so lebend sterben, blühend verdorren, in jungen Jahren altern, als Gesunder hinsiechen)[130] zu müssen. Sünde ist für ihn das höchst denkbare Leid:

Owe, zarter herr, es ist aber alles klein ze wegenne, daz ich lide, gegen dem allein, daz ich din vaetterliches antlút han erzúrnet, wan daz ist mir ein helle und ein liden ob allem lidenne. Owe, daz du mich so minneklich hattest vúrkomen, so zartlich mantest und so lieplich zuge, owe, und daz ich des alles so gar vergass. Owe, sterben! Owe, menschliches herze, waz macht du erliden!
Ach, lieber Herr, alles, was ich leide, wiegt leicht allein dem gegenüber, daß ich dein väterlich Antlitz erzürnet habe; denn das bedeutet mir Hölle und ein Leiden über alles Leiden. Oh, daß du mir so liebevoll sorgend zuvorgekommen bist, mich so liebreich ermahnt hattest, so gütig (zu dir) zogest, und ich das alles so ganz vergaß. Ach sterben! Was kannst du, menschliches Herz, doch alles ertragen![131]

Auch die Sündenbetrachtung gravitiert – im Motiv des Ehebruchs, das an diese Stelle gleich anklingt – auf die Erlösung hin, welche die Ewige Weisheit für den Sünder hier und für alle Sünder im eigenen, freiwillig ertragenen Leiden gebracht hat, wenn die Ewige Weisheit dem Zerknirschten antwortet:

Du solt nit verzwiflen; ich bin doch dur dich und alle súnder in dis welt komen, daz ich dich widerbringe minem himelschen vater in als grozer gezierde, klarheit und luterkeit, als du si ie gewunne.
Du sollst nicht verzweifeln; ich bin doch um deinet- und aller Sünder willen in die Welt gekommen, damit ich dich meinem himmlischen Vater wiederbringe in so großer Schönheit, Klarheit und Lauterkeit, als du sie je erlangtest.[132]

Die Weisheit gibt ihr innerstes Motiv der Rettung preis, das auch den Diener und seine Sünde miteinbefaßt; sie gibt sich als *dú zarte, dú erbarmherzig Wisheit, dú da hat daz abgrúnde der grundlosen erbarmherzkeit, dú da allen heiligen nah ir abgrúnde verborgen ist, wit uf geschlossen, dich und ellú rúwigen herzen miltklich zu enphahenne* (die geliebte, barmherzige Weisheit, die den Abgrund der unergründlichen Barmherzigkeit, dessen Tiefe allen Heiligen verborgen ist, weit geöffnet hat, dich und alle reuigen Herzen liebevoll zu empfangen).[133]
Und gleich schwenkt die Ewige Weisheit ein auf den Erlösungsvorgang im Kreuz, wo Christus seine Brüderlichkeit und Hochzeitlichkeit für die Seele in unsagbarem Leiden grundgelegt hat:

Ich bin es, dú suesse, dú da arm und ellend wart, daz ich dich zuo diner wirdekeit widerbrechti; ich bin es, dú den bittern tod hat gelitten, daz ich dich wider lebent macheti. Ich stan hie bleich, bluotvar und minneklich, als ich stuond an dem hohen galgen des krúzes enzwúschent dem strengen gerichte mins vatters und dir. Ich bin es din bruoder, luog, ich bin es, din gemahel! Ich han als gar vergessen alles, daz du ie wider mich getet, als ob es nie were geschehen, ob du dich allein nu genzklich zuo mir kerest und dich nit me von mir scheidest. Wesche dich in minem minnerichen, rosenvarwem bluote, richte uf din hovpte, tuo uf dinú ovgen, und gewinne einen guoten muot! Nim hin ze einem urkúnde einer gantzen suone min gemahelvingerlin an din hand, din erstes kleid, schuohe an din fuesse und den minneklichen namen, daz du min gemahel eweklich heissest und siest.

Ich bin es, die gütige Weisheit, die arm und hilflos wird, um dir wieder zu deinem Werte zu verhelfen; ich habe den bittersten Tod erlitten, um dich wieder zum Leben zu erwecken. Hier stehe ich bleich, blutgerötet und liebevoll, wie ich an dem hohen Kreuze hing, zwischen dem gestrengen Gesicht meines Vaters und dir. Ich bin dein Bruder, schau her, dein Gemahl! Alles hab' ich vergessen, was du je wider mich getan, als ob es nie geschehen wäre, falls du dich allein und gänzlich jetzt zu mir kehrest und dich nicht mehr von mir trennst. Reinige dich in meinem liebreichen, rosenroten Blute, richte auf dein Haupt, öffne deine Augen und faß guten Mut! Nimm zur Bekräftigung meiner vollkommenen Versöhnung mein Brautringlein an deine Hand, dein früheres Gewand, Schuhe an deine Füße und den liebevollen Namen, ewiglich meine Angetraute zu sein und zu heißen.[134]

Das Motiv des Leidens aus göttlicher Auserwählung, ja *unmessiger edli zitliches lidennes* (13. Kapitel) meint nicht das aus der eigenen Sünde stammende Reueleid, sondern freiwillig zum Lobe Gottes getragenes Leiden. Leiden ist in dieser Sicht von Gott gesandtes Leiden, über das man weder asketisch noch sonstwie strategisch verfügt. Seuse erlangt hierin die eckhartsche Dimension des *leits âne leit*, wenn die Ewige Weisheit dieses Leiden so bestimmt:

Teti liden nit we, so hiesse es nit liden. Es ist nút pinlichers denn liden, und ist nút vroelichers denn gelitten han. Liden ist ein kurzes leid und ein langes liep. Liden tuot dem liden liden ist, daz dem liden nit liden wirt.

Schmerzte Leiden nicht, so hieße man es nicht Leiden. Es ist nichts Schmerzvolleres als leiden, und nichts Erfreulicheres, als Leiden überstanden haben. Leiden ist ein kurzer Schmerz und eine lange Freude. Leiden bewirkt, daß dem, welchem Leiden auferlegt ist, leiden nicht mehr leiden bedeutet.[135]

Leiden verwandelt einen irdischen Menschen in einen himmlischen Menschen, entfremdet ihm die Welt und ist der kürzeste Weg zur Seligkeit, führt zur Selbsterkenntnis und zur Offenheit gegenüber dem Nächsten. Leiden bringt den Menschen zu Gott.

In einer Einsiedlerhandschrift (siehe Titelvignette)[136] ist der Diener der Ewigen Weisheit vor Christus – dargestellt in Gestalt eines gekreuzigten Seraphs – betend abgebildet – eine Vision, die er in Kapitel 43 seiner »Vita« ausführlich beschreibt –; vier Sprüche zieren die Darstellung: Oben steht: *lern liden christfoermclich*; in Hüfthöhe des Gekreuzigten steht: *Trag liden geduldeclich*; in Kniehöhe: *enphah liden willeclich*![137] und als Bitte des Dieners heißt es: *Ach her, ler mich, daz ich kunne liden nach dinem aller liebsten willen.*[138] Hierin sind alle drei Momente von Seuses Leidensmystik imperativisch einbeschlossen: Christi vorbildliches, versöhnendes Leiden; das Leid als Reue und als freiwillig auf sich genommenes Leiden.

Lange und ausführlich wäre über Seuses Passions- und Leidensmystik, soweit sie das exemplarische Leiden Christi betrifft, zu handeln. Hier nur ein paar Hinweise. Seuse knüpft traditionsgeschichtlich an Anselm an, was seine Satisfaktionslehre betrifft[139], an Bernhard von Clairvaux, den er zitiert[140], und an Bonaventura, den er ausschreibt.[141] Seuse führt die Mystik mit aller Konsequenz zurück zur *bittren menscheit Jesu*, die gegen alle Ablösungstendenzen auf einen »geistigen« Christus hin die Mittlerschaft der unüberschreitbaren irdischen Existenz Christi behauptet. Die *gelitne menscheit* Gottes ist allein das Tor, *dur daz alle die waren gotesfrúnd muessent in dringen, die zuo rechter selikeit son komen.*[142] Die Nachfolge führt daher, selbst wenn sie *in die verborgnen tovgni der blozen gotheit* (in das verborgene Geheimnis der lauteren Gottheit)[143] eindringen darf, über den Weg des Leidens des Gottessohnes. Hierin – in der eindringlich betrachtenden Angestaltung an dieses Leiden liegt alle Rechtfertigung:

> *Usser dem minneklichen lidenne nim ich ein voelliges ersetzen mins kleinen verdienens. Hier inne lit min vollkomnú gerechtikeit; dis betrahten heis ich ewig wisheit, aller kunst volleheit, alles heiles richeit, alles lones ein ganz genuhtsamkeit.*
>
> Aus dem liebevollen Leiden entnehme ich vollen Ersatz meines kleinen Verdienstes; hierin liegt meine vollkommene Gerechtigkeit: dies Betrachten nenne ich ewige Weisheit, aller Kunst Vollendung, alles Heiles Reichtum, alles Lohnes ganze Fülle.[144]

Sofern dem Betrachten selbst alle eigengesetzliche Verdienstbarkeit abgesprochen wird, kann darin schon die *vita passiva* Luthers[145] im Ansatz vorgebildet gesehen werden. Jedenfalls

gehört es zu Seuses umwerfenden Entdeckungen in seinem Leben, daß er nach einer ganz der altväterlich eingestimmten Leistungsaskese plötzlich entdecken muß, daß echtes Leiden nicht selbst erworben sein kann, sondern von Gott durchaus manchmal auf abenteuerliche Weise geschickt werden soll und auch so in schrankenloser Offenheit geduldig ertragen werden muß. Dann erst ist dieses Leiden gnadenhaft aufgehoben in der im Leid des Gottessohnes geschehenen Gerechtigkeit. Seuses Entdeckung ist die der in der Passion anschaulich gewordenen Zuwendung eines gnädigen Gottes. Ziel aller reichen Entfaltung und Nachempfindung des Passionsgeschehens ist diese Einsicht. Man würde Seuse durchaus mißverstehen, wenn man seine andächtige Ausgestaltung der Leidensgeschichte Christi ohne diese sinnbestimmende Klammer sehen wollte. Umgekehrt kann nicht bestritten werden, daß die von Seuse schriftstellerisch großartig entfaltete Leidensmystik – insbesondere im 15. Jahrhundert, zum Teil schon in der Nonnenmystik – eine gewisse Selbstzwecklichkeit erlangt und damit zu einer Verdienstfrömmigkeit entartet, die in sich wieder fragwürdig anmuten muß.
Es kann hier nicht eigens entfaltet werden, wie Seuses Eindringen in die Gestalt des *Christus patiens* – zum Teil in erstaunlicher Vorausnahme künstlerischer Ausgestaltungen dieses Themas[146] – alle einzelnen Stationen und Dimensionen von Christi Leiden ausschreitet: die Abendmahlsszene, die Ölbergszene, die Geißelung, Dornenkrönung, Kreuztragen und Kreuzigung werden als Stationen eines Weges gekennzeichnet[147], an den sich der Christ – zum Teil im Anschluß an die monastische Übung des Horengebets[148] – zu erinnern und einzuformen hat. So wird Seuse zum Bahnbrecher für Frömmigkeitsformen – zum Beispiel der Wunden- und Kreuzwegandacht –, die in der Folge in quantitativer Kumulierung wieder dem Verdikt der Verdienstlichkeit verfallen werden. Bei Seuse ist davon wenig zu spüren.
Ich komme zum Schluß: Die deutsche Mystik hat in ihrem Hinblick auf das Leiden die christliche Chance gesehen, zu Gott zu gelangen. Leiden ist Gnade. Man darf sich allerdings nicht masochistisch daran hängen, sondern muß es geduldig ertragen im Bewußtsein, daß in Jesus Christus endgültig und einmalig ausgelitten ist. Mit Eckhart ist Leiden Zeichen, das zu

Gott hinträgt, mit Tauler eine in meine Natur eingelassene Defizienz, die über die Menschheit Christi zu Gott führt, mit Seuse ist Leiden das existentielle Hineinreichen der rechtfertigenden Gnade Gottes im Leiden des Gottessohnes.

Meister Eckhart
Leben und Werk

(ca. 1260 - ca. 1328)

Daß Meister Eckhart seiner Bedeutung nach gleichzeitig der Geschichte der Philosophie, der Theologie und der christlichen Spiritualität rechtens zugehört, mag für die Nachgekommenen Interpretationsschwierigkeiten aufgeben, ist aber im Rahmen der christlichen Tradition eine Erscheinung, die bis heute und – so ist zu hoffen – auch weiterhin keine unübliche sein dürfte. Immer wieder sind im Christentum (und andere Religionen kennen Vergleichbares!) Frauen und Männer hervorgetreten, die ihre breite Wissenskompetenz voll in den Dienst des »Einen Notwendigen« gestellt haben und so neben der Vorbildlichkeit ihrer existentiellen Heiligkeit ein Werk hinterließen, das eine geniale Kombination der damals herrschenden Wissens- und Erfahrungsformen darstellt. Sie verhielten sich im Sinne von 1 Kor 2, 15 f. als »geistige Menschen«, denen die Verfügbarkeit über alles übertragen ist: »der geistige Mensch ... beurteilt alles, ohne daß jemand ihn beurteilen könnte.« Tatsächlich macht es gerade das Verwirrende an solchen Menschen aus, daß sie sich einfachen Erklärungsmustern und kleinlichen Einordnungsversuchen entziehen und versagen. Sie zu interpretieren müßte gerade etwas von dieser Größe, die sich nicht leichthin domestizieren läßt, deutlich machen können.
Das Werk und auch die darin bloß in Umrissen sichtbar werdende Gestalt des Meisters gehören sicherlich in diesen Umkreis der christlichen Überlieferung, der sich durch seine Unabgeltbarkeit und unreduzierbare Fülle auszeichnet. So ist Meister Eckhart einer unter andern Zeugen, die von der Herrlichkeitsgestalt der christlichen Lebensoption etwas sichtbar zu machen versuchen. In der Radikalität, mit der er – unter Aufnahme neuplatonischer Philosopheme – die christlichen Offenbarungsgehalte zu einer kompromißlosen Unmittelbarkeit eines Lebens mit und in Gott steigert, ist er vergleichbar nur mit wenigen frühchristlichen Theologen.

I. Leben

Mag es an der kirchlichen Verurteilung Meister Eckharts nach seinem Tode (1329) oder an der Diskretion des Meisters liegen, Tatsache ist, daß wir von seinem Leben relativ wenig wissen, obwohl es – und das ist nachhaltig zu betonen – ein durch weitreichende Aktivitäten geprägtes Leben gewesen sein muß. Eckhart ist – vermutlich nichtadligen Standes – um 1260 herum zur Welt gekommen. Jung muß er in den Erfurter Konvent der Dominikaner – einem seit dem Beginn des 13. Jahrhunderts (1215) immer machtvoller sich ausbreitenden Bettelorden – eingetreten sein. Schon um 1277, als Bischof Tempier unter andern philosophischen und theologischen Sätzen auch solche von Eckharts Ordensbruder Thomas von Aquin (1225-1274) verurteilte, hat er in Paris die Artes (die 7 klassischen »Künste«, als Grundlage des akademischen Studiums) studiert. Vor 1280 begann er in Köln mit dem Theologiestudium, wo er Albert den Großen (1206-1280) noch persönlich kennengelernt hat. 1293-94 liest er in Paris die Sentenzen (das theologische Lehrbuch des Petrus Lombardus); Ostern, den 18. April 1294, hält er daselbst eine Predigt. Nach seiner Rückkehr aus Paris wird er Prior von Erfurt und bald auch Vikar von Thüringen. Diese Ernennung muß er vom damaligen Provinzial der Teutonia (der »deutschen« Ordensprovinz), Dietrich von Freiberg, erhalten haben, der ihn in seinen philosophischen Ansichten tief beeinflußt haben muß. Als Prior von Erfurt hat er seine ›Reden der Unterscheidung‹ – eine Form der alten monastischen Kollationen (unterweisende Gespräche) – vor den jungen Dominikanern seines Konvents gehalten. Spätestens 1300 mußte Eckhart sein Amt als Prior zugunsten seines Vikariats, das ausgedehnte Wanderungen zu den ihm anvertrauten Klöstern erforderte, aufgeben.

1302-03 wirkte Eckhart als *magister actu regens*, d. h. als Professor für Theologie, auf dem den Nichtfranzosen vorbehaltenen Lehrstuhl in Paris. Aus dieser Zeit sind uns zwei Quaestionen (die scholastische Form, Fragen – Quaestiones – kontrovers zur Lösung zu führen), Reste einer Disputation mit dem Franziskanermagister Gonsalvus und eine Predigt zu Ehren des hl. Augustinus erhalten. Nach Erfurt zurückgekehrt, übernahm Eckhart 1303-1311 das Provinzialat der nach einer Teilung der

Teutonia neugeschaffenen Provinz Saxonia. Aus Zeugnissen läßt sich erschließen, daß der Meister in diesen Jahren äußerst engagiert war in der Sorge für die bestehenden Männer- und Frauenklöster seines Ordens, in der Organisation und Durchführung von Provinzialkapiteln, sogar auch in politischen und ökonomisch schwierigen Fragen von Klosterneugründungen (Braunschweig, Dortmund, Groningen). 1311-1313 widerfuhr Meister Eckhart in der nochmaligen Berufung auf das Pariser Magisterium eine große Ehre. Wenige Quaestionen, allenfalls ein Teil der Schriftkommentare sind aus dieser Zeit erhalten.

Nach seinem letzten Pariser Aufenthalt sehen wir Eckhart nicht in seine Heimatprovinz zurückkehren, sondern nach Straßburg, wo er von 1313/14-1322 weilen wird. Der Grund wird der sein, daß der Ordensgeneral Eckhart einen Sonderauftrag übertrug, nämlich die Aufsicht über die süddeutschen Schwesternkonvente. Jedenfalls belegen drei Zeugnisse (zwei Schenkungsurkunden und ein Schreiben des Ordensgenerals ans Kloster Unterlinden) und zwei Hinweise in den Nonnenviten aus Katharinental bei Dießenhofen am Rhein und Oetenbach bei Zürich, daß Meister Eckhart persönlichen Anteil sowohl politisch-ökonomischer wie seelsorglicher Art an den Frauenkonventen nahm. Das konnte er nur als Vikar des Ordensgenerals. Neben diesen Aufgaben wird er am *Opus tripartitum* gearbeitet haben. Es ist denkbar, daß er sein ›Buch der göttlichen Tröstung‹ und seine Predigt ›Von dem edeln Menschen‹ in den Jahren 1313/14 verfaßte, vielleicht sogar in irgendeinem Bezug zum Kloster Töss, wo Elisabeth, die Stieftochter der ungarischen Königin Agnes (die eigentliche Adressatin des Trostbuchs) als Nonne lebte. In Straßburg hat Eckhart auch Predigten gehalten.

Wohl 1323 wird Eckhart vom Ordensgeneral als *magister in theologia* ans Generalstudium in Köln geschickt. Neben ihm wirkte dort als Lektor Nikolaus von Straßburg. In Köln mag Heinrich Seuse Eckharts Schüler gewesen sein. Neben der theologischen Unterweisung seiner Studenten hat hier Eckhart in der Dominikanerkirche, aber auch in manch anderer Kirche der Stadt (Machabäerkirche, Mariengarten etc.) eine rege Predigttätigkeit entfaltet.

Eckharts Wirksamkeit am Generalstudium wurde im Jahr 1326 empfindlich gestört durch eine Maßnahme des Kölner Erzbischofs Heinrich von Virneburg. Ohne daß wir den exakten

Anlaß dazu wüßten, ließ dieser die Schriften und Predigten Meister Eckharts von einer Kommission auf allfällige Häresien und Irrtümer untersuchen. Insgesamt vier oder fünf Listen mit beanstandeten Sätzen werden dem Meister nacheinander zugestellt, auf die er in einer ›Rechtfertigungsschrift‹ reagiert, indem er zunächst die Kompetenz der Richter in Frage zieht, sodann auch deren Befähigung. Am 24. Januar 1327 beklagt sich Eckhart bei der Kommission, sie zöge den Prozeß unangemessen in die Länge, am 13. Februar desselben Jahres verliest er in der Dominikanerkirche vor dem Volk in lateinischer und deutscher Sprache eine Erklärung, in der er jeden allfälligen Irrtum in Glaubenssachen verwirft. Eckhart reist schließlich selber nach Avignon, um dort am päpstlichen Hof seine Sache zu vertreten. Noch in Avignon oder auf der Rückreise muß er – vor dem April 1328 – gestorben sein.

Am 27. März 1329 erscheint eine päpstliche Verurteilungsbulle ›In agro dominico‹, in der 28 Sätze Eckharts verurteilt werden: 17 als irrig und häretisch, 11 als der Häresie verdächtig. Der Papst verfügt, daß die Bulle nur im Bereich des Erzbistums Köln zu veröffentlichen sei.

II. Werk

Bleibt von der historischen Persönlichkeit Meister Eckharts – von seiner individuellen Art, seinem Aussehen wissen wir nichts – nur wenig konkret Faßbares, so spricht um so stärker das Werk, das sich schon rein äußerlich in zwei Teile, in einen deutschsprachigen und einen lateinischen Teil, aufgliedern läßt. Man geht nicht fehl, wenn man das lateinische Werk – das ungewöhnlich schmal, d. h. in bloß vier Handschriften, überliefert ist! – den wissenschaftlichen Interessen Eckharts zuordnet und die deutschen Predigten und Traktate als Ausdruck seiner seelsorglichen Absichten nimmt. Über die Intention, die ihn bei der Edition seiner wissenschaftlichen philosophisch-theologischen Werke leitet, hat sich Eckhart dahin geäußert, daß es ihm angelegen sei, die Gehalte des christlichen Glaubens und der Hl. Schrift durch die natürlichen Vernunftgründe der Philosophen auszulegen (*ea quae sacra asserit fides christiana et utriusque testamenti scriptura exponere per rationes naturales philoso-*

phorum. In Joh. n. 2; LW 3, 4). Hier verbindet sich eine theologische Absicht mit einer philosophischen Methodik, ein Vorgehen, das sich im gigantischen Projekt eines *Opus tripartitum* (Dreigliedriges Werk) hätte niederschlagen sollen, das in einem ersten Teil ein *Opus propositionum* (Werk der Sätze) mit 1000 Thesen, in einem zweiten ein *Opus quaestionum* (Werk der Fragen) und in einem dritten das *Opus expositionum* (Werk der Entfaltungen) mit Schriftkommentaren und (lat.) Predigt(entwürf)en hätte umfassen müssen. Verwirklicht von diesem umfassend gedachten Programm ist eine Anzahl von Vorreden, darunter die wichtigste zum gesamten *Opus tripartitum*, in der das auf den ersten Blick »Ungeheuerliche, Zweifelhafte oder Falsche« (LW 1, 152, 4) des Werkentwurfs in den Zusammenhang der Schrift und der kirchlichen Autoritäten gerückt wird. Ein paar wenige Quaestionen liegen vor, dazu eine Vielzahl von Predigtentwürfen und ein paar Schriftkommentare zu Genesis, Exodus, Sapientia und zum Johannesevangelium. Eckharts Autorschaft zum Sentenzenkommentar im cod. Brügge 491 bleibt bis heute strittig. Um das Neuartige seines theologisch-philosophischen Werks scheint Eckhart gewußt zu haben, denn im Prolog zum Gesamtwerk (LW 1, 149, 1) erklärt er, seine Mitbrüder hätten ihn gedrängt, *nova et rara*, Neues und Ungewöhnliches, in seine Schriftkommentare aufzunehmen, da dieses einen angenehmeren Reiz aufs Gemüt ausübe. Diese im Gewand eines Topos daherkommende Versicherung stellt Eckharts Werk in einen betonten Gegensatz gegen die im Mittelalter übliche Absichtserklärung, im vorliegenden Werk werde bloß eine *materia usitata* (der übliche Stoff) neu vorgestellt.

Das deutschsprachige Werk Eckharts umfaßt drei Traktate und ca. 150 für die eckhartsche Verfasserschaft zu beanspruchende Predigten, von denen ca. 100 als eindeutig echt erwiesen werden können. 86 dieser Predigten liegen in der mustergültigen Edition durch Josef Quint bisher (in drei Bänden) vor; ein vierter Predigtband wird von Georg Steer (Eichstätt) vorbereitet. Die Echtheit der vorliegenden Predigten konnte Quint durch ein abgestuftes System von Kriterien sichern, durch Übereinstimmung von Textstellen mit der Rechtfertigungsschrift und den Prozeßakten oder mit Stücken des *Opus sermonum* (Predigtwerk; DW 1), durch Rückverweise auf Stellen der als gesichert geltenden Predigten und durch gewichtige Textparallelen (DW 2), durch Rückverweise auf die Predigten von DW 2 und beachtliche Übereinstimmungen mit gesicherten deutschen und lateinischen Texten Eckharts (DW 3). Weiteres, Eckhart sicher zuweisbares Predigtgut – etwa Restbestände von Corporaüberlieferungen – wird sicherlich durch die weitere Erforschung der überlieferungsgeschichtlichen Verhältnisse gefunden werden können. Das Vertrauen in die Authentizität der eckhartschen Predigten ist heute bei weitem größer als früher, da man meinte, die heute vorliegenden handschriftlichen Zeugnisse seien nichts als ungewisse *reportationes*, d. h. Nachschriften von Nonnen. P.-G. Völker und Kurt Ruh konnten mit gewichtigen Gründen nachweisen, daß Eckhart selber an der Redaktion seiner Predigten sehr viel mehr beteiligt war, als es bisher schien.

III. Lehre

In der Geschichte der abendländischen Mystik stellt Meister Eckhart einen Typ dar, der sich hier nicht allzu häufig, aber auch nicht völlig vereinzelt findet. Es handelt sich um Mystiker, die – unter den Einflüssen des Neuplatonismus – das philosophische Studium mit der geistlichen Erfahrung oder mystischen Praxis in einen Einklang zu bringen versuchen, eine Kombination, in der die Erkenntnis nie bloß theoretisch, sondern immer als heilkräftig in Richtung auf den *Durchbruch* zum göttlichen Leben aufgefaßt wurde. Beispiele solcher Mystik finden wir im Islam in der ehrwürdigen Gestalt Sohravardîs (1155-1191) oder im Judentum in Moses ben Jakob Cordovevo (1522-1570), um nur deren Präsenz in den monotheistischen Religionen zu bezeugen. Daß Philosophie und Mystik sich zu *einer* Lebensfigur zusammenzuschließen vermögen, liegt nicht bloß daran, daß die philosophische Erfahrung in ihrem Vorstoß zum Absoluten an die Grenze des Sagbaren gelangt – in die Aporie – und damit der mystischen Erfahrung nahekommt, sondern vor allem auch – positiv – daran, daß der Denkende, der die unendliche Einheit Gottes gedanklich zu erfahren trachtet, nicht außerhalb ihrer gedacht werden kann: Der Denkende wird zum exemplarischen Fall jener Einheit, die er denkend umkreist. So können bei Meister Eckhart alle Philosopheme zu Theologumena werden, weil ja immer schon alles Philosophische bei ihm im Dienst der Auslegung des christlichen Glaubens steht. Das heißt für ihn nicht das alte Schema: »Philosophie als Magd der Theologie« repristinieren, sondern die eigentlich philosophische Dynamik des Denkens vermag in sich mit der theologischen Wahrheit zu harmonieren. Deshalb Eckharts Optimismus, »mit Hilfe der natürlichen Gründe der Philosophen« die Lehren des christlichen Glaubens und der Schrift auslegen zu können.

Praktisch bedeutet das, daß man Eckhart und seiner Intention nicht gerecht wird, wenn man bloß sein deutschsprachiges oder umgekehrt bloß sein lateinisches Werk zur Deutung heranzieht. Beide sind mit- und ineinander zu deuten. Was in den wagemutigen Formulierungen der deutschen Schriften oft ungeschützt dasteht, läßt sich von den lateinischen, eher schulmäßig organisierten Ausführungen her leicht aufschlüsseln. Auch wenn im Folgenden die Zitate aus den deutschen Schriften zu überwiegen scheinen, sind deren Deutungen doch oft den lateinischen Schriften entnommen. Bei einer Darstellung des Mystikers Eckhart ist das Dominieren jenes Aspekts an seinem Werk legitim, in dem seine mystische Lehre sich am unmittelbarsten ausspricht. Das geschieht aber ohne Zweifel in den deutschen Predigten und Traktaten, die Eckhart als *lebmeister* und nicht als *lesmeister* (= Lektor = Professor) verfaßt hat.

Bei der Deutung Eckharts als Mystiker muß gleich von allem Anfang an ein Mißverständnis abgewehrt werden: Eckhart ist nicht Mystiker, der die *cognitio Dei experimentalis* (die Erfahrungskenntnis von Gott) – wie Bonaventura die mystische Erfahrung umschrieben hat – im Sinne spektakulärer seelischer Ereignisse und senkrecht einfallender Theophanien verstanden hat. Seine Einheitserfahrung mit Gott ist kein isoliertes seelisches Ereignis im Sinne der älteren Kontemplationsmystik – bloß *rara hora et parva mora* (zu seltener Stunde und kurze Zeit[1]) geschehend –, sondern die währende Seinsgegenwart Gottes am Grund der menschlichen Existenz. Diese Einheit ist unvordenklicher als alle denkbaren seelischen Erschütterungen, in denen sie wahrgenommen werden könnte. So weist denn Eckhart alle isolierten Theophanien und Gotteserfahrungen ab (LW 2, 617, 1 ff.) und läßt eigentlich nur ein denkendes Umkreisen Gottes gelten, das sich aber nie mit einem gedachten Gott zufriedengibt, dessen unvordenkliche Gegenwärtigkeit als eine seinsspendende Überfülle von geschenktem Leben in den Blick rückt. Gott ist immer noch größer und dem Menschen und allem Geschaffenen tiefer vereint, als es sich das menschliche Denkvermögen auszurechnen vermag. Von dieser denkerisch und existentiell verbürgten Erfahrung gibt Eckhart immer wieder Rechenschaft in Form einer Rede, hinter der nicht ein Predigerkalkül, sondern die Einsicht steht, daß der Mensch nicht zu lernen hat, was er tun soll, sondern wie er zu sein hat (DW 5, 197, 7), damit er zu Gott kommt, bei dem er immer schon ist. Mit andern Worten: Eckharts Predigt verlangt Identifikation des Zuhörenden mit dem Gehörten, das der Sprechende authentisch vermittelt. Daher seine Aufforderung:

Nû bite ich iuch, daz ir alsô sît, daz ir verstât dise rede; wan ich sage iu in der êwigen wârheit: ir ensît denne glîch dirre wârheit, von der wir nû sprechen wellen, sô enmuget ir mich niht verstân. (DW 2, 487, 5 ff.)

Damit ist ein mystisches Kommunikationsmodell vorgestellt, das Sender und Empfänger der Botschaft in eine Einheit zwingt, die der Sender, der Prediger, als Ausgangsbasis seines Sprechens immer schon besitzt. Eckhart spricht in und aus der Wahrheit, an der er teilhat, nicht bloß als passiver Teilhaber, sondern als *mitewürker* (DW 3, 398, 13), der von der Wahrheit Gottes selber enteignet ist, so daß die Wahrheit selber aus ihm spricht: *Möhtet ir gemerken mit mînem herzen, ir verstüendet wol, waz ich spriche, wan ez ist wâr und diu wârheit sprichet ez selbe.* (DW 1, 41, 5 ff.) Die subjektive Wahrheit des Predigers wird zum genügenden Grund der objektiven Wahrheit Gottes: *Mir genüeget, daz in mir und in gote wâr sî, daz ich spriche und schrîbe.* (DW 5, 60, 13 ff.) Eckharts kerygmatische Autorität will sich also nicht abstützen auf eine rein subjektive Erfahrung – das wäre Arroganz –, sondern auf subjektive Erfahrung, die immer schon übers Ich hinaus in Gott als dessen Seinsspender und Erhalter ist. Eckharts Ich-Aussagen als Prediger sind im Letzten Aussagen über Gott und seine gnadenhaft gewährte Einheit mit ihm. Seine Rede ist deshalb ein *geworten von innen her ûz* (DW 1, 66, 3 ff.), weil dieses Innen nicht die subjektive Tiefe des Menschen darstellt (etwa im Sinne eines Unbewußten), sondern die immer noch abgründiger präsente Gegenwart Gottes selber im Menschen – als Seinsspender, als Sprecher des Wortes, das der Mensch – im Anschluß an die Inkarnation

Gottes – gnadenhaft selber sein darf. Das Wort Gottes wird in der Seele geboren: *daz êwige wort (wirt) gesprochen in dem innegisten und in dem lûtersten und in dem hoehsten der sêlen vernünftikeit, und dâ geschiht disiu geburt.* (Pf. 105, 3 ff.) Für den Prediger gilt als Voraussetzung, daß die Kohärenz zwischen innerem und äußerem Wort unverbrüchlich und ungetrübt bleibe.

Um einen Leitfaden zu haben, an dem Lehre und mystische Erfahrung Eckharts demonstrierbar ist, halte ich mich im Folgenden an das Predigtprogramm, das Eckhart selber formuliert hat:

Swenne ich predige, sô pflige ich ze sprechenne von abegescheidenheit und daz der mensche ledic werde sîn selbes und aller dinge. Ze dem andern mâle, daz man wider îngebildet werde in daz einvaltige guot, daz got ist. Ze dem dritten mâle, daz man gedenke der grôzen edelkeit, die got an die sêle hât geleget, daz der mensche dâ mite kome in ein wunder ze gote. Ze dem vierden mâle von götlîcher natûre lûterkeit – waz klârheit an götlîcher natûre sî, daz ist unsprechelich. Got ist ein wort, ein ungesprochen wort. (DW 2, 528, 5-529, 2)

(Wenn ich predige, so pflege ich zu sprechen von Abgeschiedenheit und daß der Mensch ledig werden soll seiner selbst und aller Dinge. Zum zweiten, daß man wieder eingebildet werden soll in das einfaltige Gut, das Gott ist. Zum dritten, daß man des großen Adels gedenken soll, den Gott in die Seele gelegt hat, auf daß der Mensch damit auf wunderbare Weise zu Gott komme. Zum vierten von der Lauterkeit göttlicher Natur – welcher Glanz in göttlicher Natur sei, das ist unaussprechlich. Gott ist ein Wort, ein unausgesprochenes Wort.)

1. »Abgeschiedenheit« ist nach Meister Eckhart keine Tugend unter anderen, sondern meint etwas Grundsätzliches: das völlige Gestorbensein gegenüber allem Hinderlichen auf dem Weg zu Gott, das eigentliche Durchgebrochensein in die »Weiselosigkeit«, »Ledigkeit«, »geistige Armut«, Selbstlosigkeit und »Gelassenheit«. Ziel dieser totalen asketischen Bemühung, die letztlich keine Techniken und »Übungen« mehr kennt, ist *daz blôze wesen gotes* (DW 3, 322, 6), das sich selber durch »Weiselosigkeit«, »Warumlosigkeit« und »Abgeschiedenheit« definiert, d. h., das nicht näher umschrieben oder genannt werden kann, sondern als negatio negationis (»Verneinung der Verneinung«, LW 1, 43, 4 ff. *versagen des versagennes*, DW 1, 361, 10) sich schlechterdings allen Bestimmungen entzieht. Zum spekulativen Hintergrund der »Abgeschiedenheit« gehört auch die

aristotelische Vorstellung von der *tabula rasa* (der leeren Tafel) oder dem farblosen und daher farbempfänglichen Auge.[2] Nur unbegrenzte Offenheit im Sinne reinen Leerwerdens verbürgt die Möglichkeit des göttlichen Gnadenzustroms: *laere sin aller crêatûre ist gotes vol sîn, und vol sîn aller crêatûre ist gotes laere sîn.* (DW 5, 413, 3 f.) Der Mensch erst, der abgeschieden ist von allem Hinderlichen, kann *in die groeste glîcheit mit gote* (DW 5, 412,4) gelangen, denn: *daz got ist got, daz hât er von sîner unbewegelîchen abegescheidenheit.* (DW 5, 412,4 f.) Und als Fazit: *sol der mensche gote glîch werden, als verre als ein crêatûre glîcheit mit gote gehaben mac, daz muoz geschehen mit abegescheidenheit.* (DW 5, 412,7 ff.)

Der Verzicht, der in der Haltung der »abegescheidenheit« geleistet werden muß, ist inhaltlich nicht aufzurechnen, da er total ist. Immerhin ergeben sich interessante und überraschende Konsequenzen gerade für ein religiöses und mystisches Leben. Denn nicht nur Einzelheiten des menschlichen Lebens und der Frömmigkeitspraxis müssen in ihrer letzten Relativität eingesehen werden, sondern selbst und gerade die fromme Zuwendung zu Gott muß in ihrem subjektiv-egoistischen Charakter durchschaut und demontiert werden: Wir müssen Gott bitten, *daz wir gotes ledic werden* (DW 2, 493, 8), *daz (man) got durch got lâze* (daß man Gott um Gottes willen lasse, DW 1, 196, 6 f.). Ganz im Sinne der negatio negationis kann auch hier letztlich nur etwas Positives in der Aussage über Gott gemeint sein, da alle negativen Aussagen über ihn bei Eckhart durchwegs auf die nicht beschreibbare Größe Gottes zielen. »Gott« ist in diesem Zusammenhang der zur Erschaffung der Welt drängende, nach außen gewendete, »reiche« Gott der Seinsfreudigkeit, nicht der in sich selber ruhende, alles Zu-Erschaffende in sich enthaltende Gott, der als der Eine kategorial nicht umschrieben werden kann. Eckhart spricht in diesem Zusammenhang oft von der »Gottheit«. »Gott« ist Gott unter dem Aspekt seiner dreifaltigen Selbstentäußerung nach außen, die »Gottheit« ist Gott unter dem Aspekt seiner Einheit. Es wäre gewiß nicht im Sinne Meister Eckharts, den »gottheitlichen« Aspekt Gottes gegenüber dem »göttlichen« in der Weise zu verabsolutieren, als ob dieser gegenüber jenem völlig preiszugeben sei; richtig ist wohl, daß zwar eine letzte Einigung mit Gott nur in seinem gottheitlichen Aspekt denkbar ist, daß aber die göttliche Bewegung nach außen – vor allem im Bild der Gottesgeburt – dem Menschen den »Durchbruch« in die innere Einheit der Gottheit je neu vermittelt und gnadenhaft möglich macht. Die Hineinnahme des Menschen in die göttliche Abgeschiedenheit und Gottheit hat ihren Ermöglichungsgrund in der göttlichen Selbstergießung nach außen.

Die Abgeschiedenheit ist für Eckhart daher keine stoische Apathie, selbst wenn gewisse Formulierungen auf diese philosophische Tradition sicherlich hinweisen. Die Unbeweglichkeit des Gemüts ist eine Qualität des »inneren Menschen«; sie ist ein Sein-Lassen gerade auch dessen, was Leid ist. Aber gerade Leid ist doch das »schnellste Tier«, das den Menschen in die Abgeschiedenheit verfügt und daher notwendig ist (DW 5, 433, 1 ff.). Abgeschiedenheit, wie sie sich im ganzen Menschen äußert, ist daher weit eher eine grundsätzliche Wehrlosigkeit und Offenheit des Menschen als eine Form der Selbstbewahrung.

Im Grunde ratifiziert Eckhart in seiner Auffassung von der Abgeschiedenheit seine Konzeption der Geschöpflichkeit des Menschen, die sich philosophisch in seiner Analogielehre niederschlug. Alles Kreatürliche ist für ihn durch seine Nichtigkeit geprägt: *Alle crêaturen sint ein lûter niht* (DW 1, 69, 8; 70, Anm. 1, weitere Stellen). Sie haben von sich her kein eigenes Sein, denn ihr Sein *swebet an der gegenwerticheit gotes* (DW 1, 70, 2 f.). Da der Mensch und die Kreaturen ja doch existieren – die Selbsterkenntnis richtet sich für Eckhart gerade nicht auf die Akte, sondern auf das dem Menschen eigene nichtige *Sein* (DW 5, 197, 7) –, ist diese Seinsweise näher zu bestimmen. Wenn die Kreatur von sich her nichts ist – *unum purum nihil* (ein eines, reines Nichts) (RS) –, dann hat sie ihr Sein anderswoher, nämlich von Gott, der sie mit seinem nicht abbrechenden Seinszustrom zum Existieren ermächtigt, unaufhörlich, je jetzt. Das schon biblische *adhaerere Deo* (Gott anhangen) bekommt so bei Eckhart eine außerordentliche Insistenz (LW 4, 434, 7) und meint die schlechthinnige Abhängigkeit des Existierenden von Gottes Seinsgnade. Das Geschöpf »hat« sein Sein immerfort bloß im uneigentlichen Sinn als etwas Geliehenes, während einzig Gott das Sein im eigentlichen Sinne zukommt (LW 2, 280 ff.).

Abgeschiedenheit ist in ihrem negativen Aspekt deshalb nichts anderes als die existentielle Wahrnehmung der Nichtigkeit und

Seinslosigkeit, des bloßen Bildcharakters der menschlichen Existenz – man hat von einer eigentlichen »Spiegelontologie« (Mieth) gesprochen –, während Abgeschiedenheit nach ihrer positiven Seite die letztliche gnadenhafte Einheit des Geschöpfs in und mit Gott meint. Am Menschen ist es, diese doppelte Erfahrung – der Nichtigkeit und der Seinsgnade – in seinem Leben zu ratifizieren.

2. Es ist weiter nichts als eine Konsequenz des eckhartschen Analogiedenkens, wenn er als zweites Predigtthema die Wiedereinbildung in Gott nennt. Wenn der Mensch als Geschöpf nichts ist, dann ist seine Neigung zum Sein konstitutiv und zwingend. Das Sein aber ist nur in Gott gegeben, genauer: in Gott als dem Ursprung von allem Geschaffenen. Die mystische Rückkehr des Geschöpfs in Gott stützt sich daher ab auf die Lehre vom *duplex esse*, vom doppelten Sein alles Geschaffenen. In der Genesis-Erklärung heißt es:

Jedes Geschöpf hat ein zweifaches Sein. Das eine ist in seinen ursprünglichen Ursachen, jedenfalls im Wort Gottes, und das ist ein festes und beständiges Sein. Deswegen ist auch das Wissen von vergänglichen Dingen selbst unvergänglich, fest und beständig. Denn das Wissen erfaßt ein Ding in seinen Ursachen. Das andere (Sein) ist das Sein, das die Dinge in der äußeren Wirklichkeit, in der ihnen eigentümlichen Form haben. Das erste ist das Sein in der Kraft (ihrer Ursache), das zweite ist das durch die (eigene) Form bestimmte Sein, und das ist meist unstet und veränderlich. (LW 1, 238, 1-7, n. 77)

Dem *esse virtuale* oder *causale* (Sein in der Kraft oder in der Ursache) steht also das *esse formale* (das durch eigene Form bestimmte Sein) gegenüber. Dieses ist das Seiende, das *ens hoc et hoc* (dieses und dieses Sein), jenes das *ens* (Sein) schlechthin. Seiendes ist durch Nichtigkeit gekennzeichnet, das Sein durch Beständigkeit. Es ist klar, daß für Eckhart – und für eine ganze antike und mittelalterliche Traditionskette – das Seiende sein wahres und wirkliches Sein nur *in Gott* und nicht in sich selbst haben kann, daß »in Gott alles Seiende auf eine ausgezeichnetere Weise existiere als in sich selbst« (*oportet omnia eminentius existere ex natura quam etiam in seipsis*, Thomas von Aquin, De sub. sep. Nr. 123).

Diesen *modus nobilior* oder *eminentior* (diese vornehmere oder höhere Weise) gilt es nach Eckhart zurückzugewinnen.[3] Denn, da *allez ein vorgewürket dinc* (DW 5, 416, 4) ist, liegt alles daran, den von Gott geplanten Urbildcharakter zurückzugewinnen, weil dieser einzig dem Abbild seine (allerdings flüchtige) Existenzform verleiht. Die *kraft in der sêle*, von der Eckhart öfter spricht, ist nichts anderes als das im konkret seienden Geschöpf anwesende *esse virtuale*, das archetypische Sein, wo noch ungeschieden alles Geschaffene (das Glühwürmchen wie die Mücke und der Mensch) als Gott in Gott ruht. Diese Seinsweise ist die »edle«, d. h. letztlich authentische Seinsweise, derer sich der Mensch in der Gnade zu versichern hat.

Als Ereignisbegriffe für diesen Vorgang der Wiedereinbildung des Abbilds ins Urbild kennt Eckhart verschiedene Vorstellungen. Vorrangig sind hier die Metaphern vom Durchbruch und der Sohnesgeburt. Beide führen zur gewünschten Einheit mit Gott.

Ereignisbezogen ist sonderlich der Begriff des *Durchbrechens*, den Eckhart für den Vorgang der Seele und Gottheit vereinenden Dynamik gebraucht.[4] Führt das *ûzvliezen* das Geschöpf in die irdische, zeitlich-räumlich strukturierte Verfaßtheit, so bringt das »durchbrechen« in die namenlose Gottheit – *in den grunt, in den bodem, in den river und in die quelle der gotheit* (Pf. 181, 16f.) – eine viel »edlere« Seinsweise, die ewig sein wird: *ich bin, daz ich was und daz ich blîben sol nû und iemermê* (DW 2, 504, 8f.); *wan ich enphâhe in disem durchbrechen, daz ich und got einz sîn* (505, 4f.). Es geht dabei um eine Einheit mit der Gottheit, die unvordenklich immer schon in der vorgeburtlichen Existenzweise des Menschen – *in dem êrsten beginne der êrsten lûterkeit* (DW 1, 382, 5) – angelegt ist. Der Mensch muß also werden, der er war, als er noch nicht war – eine Formel, die auch der islamischen Mystik bestens bekannt ist –, damit er eingehe *in die verborgene heimlicheit sîner* (= Gottes) *verborgenen gotheit, dâ er ruowet mit im selber mit allen crêatûren* (DW 1, 388, 13f.).

Im Rückgriff auf die christliche Überlieferung bot sich Eckhart das alte Theologumenon von der Gottesgeburt in der Seele des Gläubigen an, um denselben Vorgang der Einigung des Menschen mit Gott faßbar zu beschreiben. Er hat dieses dynamische Bild und diese Glaubensrealität zu seinem zentralen Lehrstück ausgearbeitet. Die Wiedereinbildung des Menschen in Gott verkürzt die zeitliche Dimension zwischen Schöpfung und Endzeit – *sub specie aeternitatis* (im Blickwinkel der Ewigkeit), die Sehart, die Eckhart einzig angemessen scheint – zu einem Punkt. Die »Mitte der Zeit«, die Inkarnation Gottes, umfaßt als Heilswirklichkeit dabei Schöpfung und Ende des Menschen. In der Art, wie Eckhart endzeitlich-mystisch denkt, werden *creatio* und *incarnatio*, Erschaffung der Welt und Menschwerdung Gottes, in ein und demselben *in principio* so sehr zusammen und ineinander gerückt, daß sie in solcher Identität derart Heilswirklichkeit werden, daß das Ende der Zeit dem in die Gottheit gnadenhaft durchbrechenden Menschen als deren exemplarischer Anfang geschenkt wird.

Solche Implikation der Zeiten in die eine, nur punktuell faßbare Heilszeit konkretisiert sich für Eckhart in der Sohnesgeburt im Menschen. Was einst in Bethlehem geschah, geschieht immer und jetzt in jedem Menschen, wenn er es nur wahrnehmen würde.[5] Der Vorgang einer inneren Gestaltwerdung Christi, des göttlichen Wortes, im Menschen zeigt sich nach Eckhart folgendermaßen: Indem Gottvater seinen Sohn als Wort spricht, spricht er – diesem göttlichen Wort gleich – den Geist eines jeden Menschen und die gesamte Schöpfung und gebiert so in die Menschenseele seinen eigenen Sohn wie in seiner eigenen Natur[6], so daß der Mensch – gnadenhaft – derselbe Sohn ist und die Macht bekommt, sich selber und alles Geschaffene mit dem Vater worthaft mitzuzeugen.[7] Eckhart treibt diesen Gedanken bis zum Paradox, daß das menschliche Ich – einbezogen in diese Sohnesgeburt – Ursache seiner selbst und aller Dinge und sein wesentliches Sein oberhalb von »Gott« habe.[8]

Eckharts Fassung der Gott-Mensch-Einheit haftet nichts Statisches an. Diese Einheit ist immer eine »Einheit im Vollzug« (Welte), eine Einheit mit Geschehenscharakter. Die Bilder, die Eckhart dafür gebraucht, zeigen es, aber auch seine ausdrückliche Aussage, die auf eine Wirkeinheit abhebt: *Got und ich wir sint ein in disem gewürke; er würket und ich gewirde.* (DW 1, 114,4f.) Gott ist für Eckhart kein deistisch sich von der Schöpfung absentierendes Wesen, sondern immer und überall *ein got der gegenwerticheit* (DW 5, 234,5).

3. Der »Adel der Seele« besteht nun genau in der Abgeschiedenheit[9], darin der »innere Mensch«, der »Geist«, das »Bild Gottes in der Seele« zu Sein, Leben und Seligkeit der Schau Gottes durchbricht (Predigt »Vom edeln Menschen«).

Zentrale Termini für diesen innersten Bereich des Menschen –

von dem wir alle organologischen, zeitlich-räumlichen und psychologischen Bestimmungen fernhalten müssen – sind die folgenden: *grunt der sêle, vünkelîn der redelicheit* (oder: *der vernünfticheit*) oder lateinisch: *abditum mentis, ratio superior* u. a. oder dann Metaphern wie Haupt, Mann, Hut, Wesen, Burg, Bürgelein, Wirbel, Licht, Kraft, Etwas in der Seele, oberster Wipfel etc. Gerade die Fülle der Begriffe zeigt an, daß es sich bei dem damit Bezeichneten nicht um etwas Statisches und Fixes handelt, sondern um etwas Dynamisches, darin die lebendige Beziehung zwischen Mensch und Gott selber und nicht deren organische Träger genannt werden sollen. Es geht um den dynamischen Bezug des Menschen zu Gott in seinem lebendigsten Quellpunkt, wo die Unterscheidungen zwischen Geber (des Seins) und Empfänger schwierig werden; die Beziehung selbst soll genannt werden. Augustinisch handelt es sich um einen *interior locus, non locus* (innerer Ort, der kein Ort ist)[10], wenn vom *vünkelîn* oder *bürgelîn* die Rede ist.[11] Und da diese Begriffe die »Einheit im Vollzug« zwischen Gott und Mensch bezeichnen, sind ihnen Kategorien wie »Geschaffenheit« oder »Ungeschaffenheit«, welche die Inquisitoren an sie herantrugen, inadäquat.[12] Es geht um Aspekte des Sprechens: Als *intellectus inquantum intellectus (divinus)* (Vernunft, insofern sie [göttliche] Vernunft ist) ist der Seelenfunke reine göttliche Vernunft, in der Art dagegen, wie er in der Seele als *potentia animae* (als »Kraft in der Seele«) in Erscheinung tritt, ist er unter psychologischem Aspekt etwas Geschaffenes und so unter die Kategorie des *hoc et hoc*, des Seienden also, zu reihen. Eckhart liegt aber letztlich an dem Vorgang, am Vollzug dieser Einheit, darin sich die Seinsverleihung von seiten Gottes ans Geschöpf in Form höchsten Lebens fraglos *(sunder warumbe)* und spontan vollzieht. Das Geschöpf, insonderheit der Mensch, erhält in diesem Vorgang mit seiner Menschwerdung auch seine Vergöttlichung, da – wie wir gesehen haben – Schöpfung, Menschwerdung und Endzeit im Nu der göttlichen Seinsvermittlung zusammenfallen. Die Gefahr solch konsequenter Seinsmystik ist die – und das haben die Inquisitoren genau gesehen –, daß der Gnadenvorgang in einen zwanghaft natürlichen umgeformt wird, so daß Gott schließlich seine eigene Freiheit darin verlieren würde. Eckhart hat dagegen immer wieder auf den Gnadencharakter dieses Ereignisses hingewiesen, ohne doch auf der andern Seite das gewissermaßen Automatische der göttlichen Seinsverleihung sprachlich zu differenzieren.

Eckharts Ethos, das aus dieser mystischen Ontologie entspringt, ist das einer pathetischen Konzeption der »Gerechtigkeit«, die sich aufgrund der »Abgeschiedenheit«, die ja reine Empfänglichkeit ist, als Fruchtbarkeit göttlichen Lebens im Menschen ergibt. Aber es ist – ganz im Sinne der Spiegelontologie – diese Gerechtigkeit des Menschen nicht eine, die dem Menschen zugehören würde. Es ist immer ganz *Gottes* Gerechtigkeit. Der Gerechte hat seine Gerechtigkeit *totaliter ab aliquo extra* (in Gänze von etwas, das außerhalb ist) (LW 2, 281, 1 ff.), und es besteht keine Differenz zwischen dem Gerechten und der Gerechtigkeit, die Gott ist. Eine Differenz gibt es einzig in der Art des Habens dieser Gerechtigkeit: Der Gerechte »empfängt« die Gerechtigkeit (als jene Gottes); die Gerechtigkeit, die Gott ist, »gebiert« die Gerechtigkeit in den Gerechten (DW 5, 9,4 ff.). Diese Verhältnisbestimmung betrifft natürlich nicht nur die Gerechtigkeit, sondern auch alle Transzendentalien (*Ens*, *Unum*, *Verum* – Seiend, Eins, Wahr) und die anderen perfectiones generales, d.h. Positives bezeichnenden Allgemeinbegriffe wie Güte, Weisheit usw. Wir treffen hier auf eine Allgegenwart Gottes in seiner Schöpfung, die in solcher Schärfe neu und erstaunlich tönt: Gott ist der Zeugende und Gebärende derart, daß er sich »durch seine Ununterschiedenheit (von allem Geschaffenen) unterscheidet« (LW 2, 490, 7 f.); er ist damit als *der Eine* bestimmt, der alles Geschaffene durchwaltet und allem Seienden (als Sein) tiefer und innerlicher ist als es sich je selber verstehen könnte.

Das Ethos des alltäglichen Handelns rückt nun ebenfalls und notwendigerweise in diesen Umkreis der von Gott begnadeten und geadelten Seele. Diese ratifiziert, da sie im Sein gefestigt ist, in ihrem Handeln die göttliche Güte und Gerechtigkeit, die ihr innerlicher ist als sie sich selber. Das menschliche Handeln nimmt hierin teil an der göttlichen Freiheit und Spontaneität, aber auch in der darin vermittelten gereiften Lebenserfahrung, Besonnenheit und Übung richtigen Handelns. Der Abgeschiedene, der zum Adel seiner Seele gefunden hat, ist jener, der zu reifem und mündigem Handeln findet, zum *gewerbe*. Prototyp dieser gereiften Haltung ist Martha – die in der dominikanischen Spiritualität der Zeit ohnehin sehr verehrt wurde – und weniger Maria.[13] Auch in diesem Punkt wendet sich Eckhart als Bettelmönch gegen die ältere Kontemplationsmystik.

4. Das vierte Predigtziel Eckharts: der Aufweis der Lauterkeit der göttlichen Natur und der Hinweis auf deren unaussprechlichen Glanz ist gewiß die tiefste Motivation für alle drei voranstehend besprochenen Ziele. Seine Spiritualität und Mystik läuft auf einen Herzpunkt zu: *Dar ûf setze al dîn studieren daz dir got grôz werde.* (DW 5, 199, 4 f.) Der Mensch wird in einem radikalen Sinn von sich – von seinen religiösen Übungen, von seinen »Weisen«, mit Gott umzugehen – weggerufen und verwiesen auf die Herrlichkeit des Seins, das Gott ist. Es geht um nichts anderes als um das völlige, abstrichlose Geltenlassen Gottes. Alle apophatische (verneinende) Theologie wird hier zum Zwecke der größeren Ehre und Herrlichkeit Gottes eingesetzt; selbst die Bezeichnung Gottes als »Nichts«[14] meint nichts anderes als den *überswank der lûterkeit sînes wesens* (DW 1, 329, 2 f.). Kommt dazu, daß dieser *grunt gotes* in rätselhafter Zuwendung zum *grunt der sêle* steht, die nicht weiß, womit sie diese Gnade verdient haben könnte. Beide Gründe sind aber im Letzten »von allen Namen frei und allen Formen bloß« (DW 1, 40, 2), so daß in solcher gemeinsamer Anonymität die Einheit zweier möglich scheint, nicht so, daß beide in unbestimmbare Nichtigkeit eingingen, sondern so, daß die trinitarische Bewegung Gottes die menschliche aufnimmt und in die Einheit je neu, unbeendbar, überführt:

Nû nimet der heilige geist die sêle, die geheiligeten stat, in dem lûtersten und in dem hœhsten und treit sie ûf in sînen ursprunc, daz ist der sun, und der sun treit sie vürbaz in sînen ursprunc, daz ist in den vater, in den grunt, in daz êrste, dâ der sun wesen inne hât, aldâ glîche widerruowet diu êwige wîsheit »in der gewîhten und in der geheiligeten stat«, in dem innigesten. (DW 1, 302, 4 ff.)

Namenlosigkeit, ja aber nur für die Aufnahme eines neuen funktionalen Namens: »Unser Name ist: daß wir geboren werden sollen, und des Vaters Name ist: gebären, wo die Gottheit ausglimmt aus der ersten Lauterkeit, die eine Fülle aller Lauterkeit ist« (DW 1, 217, 2 ff.). Aufgabe des Geschöpfs ist »Entwachsen«, die Schale Entzwei-Brechen, damit der Kern – die erste Lauterkeit der göttlichen Herrlichkeit – frei werde.[15] Nochmals und gesteigert wäre auf Eckharts Exemplarismus hinzuweisen, nach dem der Mensch in seiner Rückkehr in Gott seine »Gleichheit« mit ihm findet. »Gleichheit« ist der Schlüssel aller menschlichen Bemühung um Gott, »Gleichheit« aber nur als ein gnadenhaftes Entgegenkommen und Immer-schon-tiefer-Anwesendsein der göttlichen Gnade:

Daz ouge, dâ inne ich got sihe, daz ist daz selbe ouge, dâ inne mich got sihet; mîn ouge und gotes ouge daz ist éin ouge und éin gesiht und éin bekennen (Erkennen) und éin minnen. (DW 1, 201, 5 ff.)

IV. Wirkung

Eckhart muß zu seinen Lebzeiten eine außerordentliche Anziehungskraft ausgeübt haben. Seine Zeitgenossen – Mitbrüder und Schwestern in den zahlreichen Nonnenkonventen der Dominikaner, aber auch die Bürger der Städte, in denen er predigte – müssen ihn verehrt haben. Um so schärfer und empfindlicher muß die kirchliche Verurteilung im Jahre 1329 gewirkt haben: Sie verurteilte Eckhart für Jahrhunderte zur Anonymität. Seine Schriften wurden nicht mehr in großen umfassenden Korpora überliefert, sondern Streuüberlieferung war ihnen nun beschieden. Einzelne deutschsprachige Predigten wurden in Taulersche Predigtsammlungen aufgenommen, ohne als eckhartsche gekennzeichnet zu sein. So dürfte Eckhart auf Luther eingewirkt haben, aber auch in den Pietismus. Eckhart wurde erst im 19. Jahrhundert eigentlich neu entdeckt, durch Franz von Baader vor allem. Bis sich eine ernsthafte Eckhartforschung auf wissenschaftlicher Basis ausbilden konnte – eine Entwicklung, die sich des wesentlichen Beitrags Heinrich Seuse Denifles erfreuen durfte – vergingen aber viele Jahrzehnte. Auffällig ist, daß neben der Ausgestaltung eines Eckhartbildes, das diesen Namen verdient, Eckhart wie selten eine andere Gestalt der christlichen Überlieferung immer wieder in den Dienst von Ideologien gestellt wurde, die ihm wesensfremd sein mußten. Eckhart wurde vor allem durch die völkisch-nationalsozialistische Ideologie Alfred Rosenbergs, neuerdings durch den Marxismus als Kirchenvater vereinnahmt. So grotesk diese Vereinnahmungen heute scheinen, so ernst waren sie gemeint. Auch heute droht Eckhart wieder eine ihm wesensfremde Einbeziehung in die Welle der Zuwendung zu östlichen Meditationspraktiken. Sicherlich ist Eckhart *der* christliche Gesprächspartner für östliche Religionen, aber es darf dabei nicht übersehen werden, daß er gerade *jegliche Technik* des Sich-in-Beziehung-Setzens zum Absoluten schärfstens verurteilt hat, daß seine apophatische Theologie ihren Ort nur hat im grenzenlosen Geltenlassen der göttlichen Herrlichkeit.

Seinsspekulation und Geschöpflichkeit in der Mystik Meister Eckharts

Kêrte sich got ab allen crêaturen einen ougenblik, sô würden sie ze nihte. Ich sprach etwenne und ist ouch wâr: der alle die werlt naeme mit gote, der enhaete niht mê, dan ob er got aleine haete. Alle crêatûren hânt niht mê âne got, dan ein mücke haete âne got, rehte glîch noch minner noch mê. (DW 1, 70, 3-7)

Got hât vüllede als ein. (DW 1, 369, 4)

Deus est oppositio nihil mediatione entis. (Liber XXIV Philosophorum, Nr. XIV, ed. Baeumker, Münster, 2. Aufl. 1927, BPhThMA 25)

... *Got ist niht.* (DW 3, 341, 2)

Dv́ solt (got) minnen, als er ist Ein nit-got, Ein nit-geist, Ein nit-persone, Ein nút-bilde, Mer: als er ein luter pur clar Ein ist, gesvndert von aller zweiheite, vnd in dem einen sv́len wir ewiklich versinken von ite zv̊ nv́te. Dis helf (vns) got. amen. (DW 3, 448, 7-10)

Negatio vero negationis purissima et plenissima est affirmatio. (LW 2, 77, 11)

Meister Eckharts Seinslehre gründet sich methodisch – und das bewirkt die Schwierigkeit, sie zu deuten – auf zwei verschiedene Verfahren, auf ein analogisches und ein dialektisches.[1] Das analogische versucht, in der Relation Gott – Kreatur jenen Punkt zu fassen, wo diese von jenem einen Inhalt bekommt, der ihr, da er Gott in seiner absoluten Vollkommenheit zu eigen ist, äußerlich bleiben muß. So äußerlich solche Teilhabe des Geschöpfs am göttlichen Sein aber auch scheinen mag, so innerlich ist sie ihm gleichzeitig im Moment der Unvermitteltheit, mit der die Seinsverleihung von seiten Gottes ans Geschöpf sich ereignet. Eckharts analogisches Verfahren möchte unübersehbar diese unmittelbare Abhängigkeit des analogisierten Geschöpfs zu seinem Schöpfer, der sich bei seiner ursächlichen Tätigkeit der Seinsverleihung nie völlig im Geschöpf einwurzelt, ins Licht rücken. Es bleibt bei einer Spiegelontologie[2], bei der das Urbild, sich im Abbild spiegelnd, ihm je neu die Aktualität *seines* Seins verleiht.[3] Eine solche dynamische Verhältnisbeziehung zwischen Schöpfer und Geschöpf öffnet sich leicht zu einer Dialektik, in der das geschöpfliche Sein – das, weil vom Nichts durchherrscht, vom erschaffenden Sein nicht ebenso ausgesagt werden kann – das Nichts Gottes als seinen Gegensatz setzt und umgekehrt das Sein Gottes – das dem geschaffenen Sein gegenüber immer überschwenglich inadäquat bleibt – das Nichts des Geschöpfs fordert.[4] Gott-Sein – das *primum analogatum* – und Etwas-Sein – das *secundum analogatum* – stehen mithin im Verhältnis der Unverhältnismäßigkeit zueinander, so daß von beiden je Sein und Nichts unter verschiedenen Rücksichten ausgesagt werden können und müssen. Mit andern Worten: Die Analogie bedingt die Dialektik, und diese ist zu jener komplementär.

Diese Verschränkung von Analogie und Dialektik ist für das Folgende gegenwärtig zu halten, wenn – gewiß unzulänglich – versucht wird, Eckharts Seinsspekulation und Anschauung von Geschöpflichkeit zu analysieren. Ich werde in vier Schritten vorgehen. Zunächst soll Eckharts Schöpfungslehre behandelt werden, sodann seine Ansicht vom geschöpflichen Sein, drittens seine Gotteslehre und viertens seine Auffassung einer Wirkeinheit zwischen Geschöpf und Gott, die ich – keinesfalls im ironischen Gegenzug zu den philosophisch-theologischen Implikationen dieser Denkform, sondern im Gegenteil, sie einbergend – als mystisch bezeichnen möchte.[5]

I

Schöpfung ist für Meister Eckhart »Mitteilung von Sein« *(collatio esse*[6]*)*. Es genüge diese Bestimmung und bedürfe jener andern, daß es sich um eine Schöpfung »aus dem Nichts« handle, nicht, da es vor dem Sein ohnehin nichts gebe.[7] In der Erschaffung verleiht Gott, selber das absolute Sein, dem Seienden sein Sein, so daß es, von ihm begründet, auch völlig von ihm abhängig ist. Dieser Vorgang ist gleichzeitig ein einmalig vergangener, ein andauernder und ein vollendeter. Denn Gott schafft *in principio*[8], d.h. im Ursprung, der er selber ist, *in sich*, in seinem Sein, im *ipsum esse*, das keine zeitliche Sukzession verträgt, sondern Anfang und Ende in sich zu einem *simul* einbefaßt, das absolute Gegenwärtigkeit meint: *necessario simul fit et factum est, simul incipit et perfectum est.*[9] Für die Erschaffung des Seienden gilt also: »Weil Ende hier Anfang ist, hebt das bereits Vollendete immer erst an und wird das bereits Geborene immer erst geboren« (*quia finis ibi est principium, semper perfectum incipit et natum nascitur*[10]).

Eckhart interpretiert das *in principio*, indem er es grundsätzlich zeitlichen Kategorien enthebt, da die Fixierung des *principium* in der Zeit Gottes schöpferische Tätigkeit der Zeit ausliefern hieße, was dem Wesen Gottes widersprechen müßte. Er hält sich dabei an Augustinus, Ambrosius, Hieronymus und Thomas, die das biblische »im Anfang« immer schon »im Sinne eines ›Prinzips, das dem Seienden hier und jetzt und immerdar seinen Grund gibt‹«[11], interpretiert haben. Es handelt sich dabei um eine »Transposition ›der Metaphysik der Zeit in eine Metaphysik des Grundes‹«[12], wie É. Gilson diese Tradition im Anschluß an Augustinus gedeutet hat.

Für Eckhart besagt das *principium* ein Dreifaches.[13]

1. Zunächst ist es die *ratio idealis* der Dinge, deren Idee, die er im Anschluß an Plato als *causa prima*, als Erstursache von allem, bezeichnet.[14] Im Sinne der christlichen Deutung des *mundus intelligibilis* Platons durch Boethius und Augustinus verdeutlicht Eckhart das *principium* durch dessen Identifikation mit dem Sohn, in dem der Vater Himmel und Erde geschaffen hat. Der Sohn ist *imago et ratio idealis omnium*[15], das Vorbild und die Idee aller Dinge.

2. Zweitens ist das *principium* die *natura intellectus*, die Geistnatur, was ein Hinweis darauf sein soll, daß Gott aus freiem Willen und nicht aus Naturnotwendigkeit (*ex necessitate naturae*) den Kosmos geschaffen hat.[16]

3. Drittens bezeichnet das *principium* »das erste einfache Jetzt der Ewigkeit« (*primum nunc simplex aeternitatis*[17]).

Dieses ewigkeitliche Jetzt Gottes umfaßt in Gleichzeitigkeit beides, die *emanatio personarum*[18] und *mundi creatio*[19]. Das innertrinitarische Leben Gottes und die Erschaffung der Welt ereignen sich ewigkeitlich und gleichzeitig, weil in Gott Sprechen und Tun identisch sind (*dei dicere est suum facere*[20]) und beides sich ja nur in Adäquatheit zum göttlichen Wesen vollziehen kann. Gott aber ist ewig. Gott konnte daher die Welt früher gar nicht schaffen. »Er war nicht, bevor die Welt war« (*Non fuerat prius, antequam esset mundus*[21]). Es gibt in ihm kein Früher und Später, keinerlei Zeitdimension. Für Eckhart ist daher die Erschaffung der Welt kein historisches Ereignis, sondern ein Geschehen, das, in die ewigkeitliche Seinsweise Gottes einbefaßt, ein nicht beendbares, anfangs- und endloses ist und bleibt: *creatio continua.*[22] Es stellt sich nun natürlich die Frage, ob Eckhart die Ewigkeit der Welt[23] in einem expliziten Sinn gelehrt habe. In seinem Johanneskommentar scheint er das zu tun; er sagt: Leuten, die die *quaestio vulgaris*[24] stellen, »wo Gott war, als außer ihm nichts war«[25], sei unter anderem zu antworten,

> daß die Welt immer war. Denn es gab keine Zeit, in der die Welt nicht war oder während der die Welt noch nicht war ... man kann zugeben, daß die Welt von Ewigkeit her war, und ... daß Gott sie nicht früher erschaffen konnte. Denn Gott erschuf die Welt im ersten Jetzt der Ewigkeit, in dem Gott selbst *ist* und in der er *Gott* ist.[26]

Man weiß, daß auch für Thomas von Aquin die Ewigkeit der Welt diskutabel ist, ja daß er sich einzig im Lichte der Offenbarung diese abzulehnen in der Lage sah.[27] Eckharts Anschauung von der Ewigkeit der Welt wurde von seinen Zensoren verurteilt[28], weil sie, im Lichte der von Boethius dargelegten *perpetuitas*, formal der christlichen Schöpfungslehre widersprechen mußte.

Wenn man genau zuhört, was Eckhart sagt, dann wird man aber auch sagen müssen, daß er nicht eigentlich die Ewigkeit der Welt lehrt, sondern die innere Gebundenheit der Welt an die Zeit (»Denn es gab keine Zeit, in der die Welt nicht war!«[29]). Beide Kategorien bindet er dann allerdings – wenn es um deren Abhängigkeit und Herkünftigkeit von Gott geht – in unvermittelter Weise an die göttliche Ewigkeit.[30]

Erklärlich ist die Redeweise Eckharts von seiner von ihm gewählten Perspektive her: Er versucht, in radikaler Umkehr der üblichen Redeweisen *von Gott her* zu sprechen. Seine ganze Untersuchung des *principium* stellt nichts anderes dar als die Umwendung einer mythischen Sprechweise, die sich auf Zeitliches als die ihr gemäße Kategorie bezieht, in eine theozentrische[31], die – aus dem Zeitlichen heraus – das Ewigkeitliche Gottes faßbar machen zu können glaubt. Daß es bei diesem Unterfangen notwendigerweise Schwierigkeiten mit Sätzen des

Glaubens geben mußte, liegt deswegen auf der Hand, weil die eckhartsche Deutung des *principium* dem Glauben ein an sich stringentes Wissen unterstellt, das der Tendenz nach diesen aufheben möchte.[32]

Alle drei Momente des von Eckhart gedeuteten *principium* – Idee, Geistnatur und ewigkeitliches Jetzt – sind zusammengenommen nichts anderes als Umschreibungen Gottes selbst. Er schuf, *in esse sive ad esse et propter esse.*[33] »Denn das Sein ist das Erste und der Ursprung aller Zielsetzung und Vollendung.«[34] Jegliche deistische Vorstellung von Gott, als ob Gott die Welt geschaffen und sie dann gleich nach der Seinsverleihung verlassen hätte, ist Eckhart zutiefst zuwider.[35] Das *principium* – so ewigkeitlich es ist – ist ein permanent im Geschaffenen gegenwärtiges. *Got ist ein got der gegenwerticheit.*[36] Gott schuf die Kreaturen so, »daß sie gleichwohl nicht außerhalb seiner wären«[37], und er zitiert den Augustinus der Konfessionen: »Nicht schuf er und ging weg, sondern in ihm ist, was aus ihm ist.«[38] Außer dem göttlichen *ipsum esse* ist buchstäblich nichts, aber alles, was ist, ist in ihm und nicht außer ihm. Von dieser Vorstellung her hat Meister Eckhart eine tiefe Abneigung gegenüber dem Begriff des Nichts, das er hier in seiner abgründigen Negativität versteht. So hat Gott über das Nichts keine Macht[39], weil es *oppositio et exclusio omnium*[40] ist. Macht hat er dagegen, aus dem Nichts – nicht »im Nichts« – zu schaffen.[41] Was ist, ist als Seiendes einbefaßt in die unaufhörlich es begründende Seinsmacht Gottes, der es je neu vom Nicht-Sein zum Sein fördert. Die *creatio in principio*[42] – die Erschaffung von allem in Gott – ist eine *creatio continua* in dem, der alles Sein machtvoll spendet, im *ipsum esse*, das Gott ist.[43]

II

Der eckhartschen Bestimmung der Erschaffung als einer *creatio continua* ist auch die nähere Umschreibung der Geschöpflichkeit einzuordnen, da die geschöpfliche Seinsweise in einem radikalen Sinn ja von der Art ihrer Erschaffung *in principio* abhängig ist.

Angesichts der Übermächtigkeit des göttlichen Seins, das dem geschöpflichen je neu einströmt und es zur Existenz ermächtigt, ist es verständlich, daß das geschöpfliche Sein von Eckhart als »reines Nichts« *(unum purum nihil)* bezeichnet wird.[44] Oder mit den Worten Wackerzapps:

> Auf Grund der Gleichsetzung des Seins mit Gott ergibt sich, daß das, was Eckhart für das Sein herausstellt, daß es nämlich außerhalb von ihm nichts gibt, im eigentlichen Sinne für Gott gilt. Damit aber wird das Sein der Kreatur zum Problem, insoweit es sich bei ihr um etwas anderes als Gott handelt. Wird das Sein schlechthin mit Gott gleichgesetzt, dann entzieht sich das eigene Sein der Kreatur der Bestimmung. Die Kreatur ist etwas, insofern das mit Gott identische Sein auch sie umgreift. Damit wird aber gerade die Kreatürlichkeit als solche nicht verständlich. Sieht man jedoch, um diese in den Griff zu bekommen, von Gott ab, so bleibt nichts übrig. So kommt Eckhart bei dem Versuch, das eigentümliche Sein der Kreatur zu bestimmen, zu dem Ergebnis, daß sie als solche nichts ist. Das Nichts erscheint also als das unterscheidende Merkmal des Kreatürlichen.[45]

Wiederum hat diese rigorose Bestimmung des geschöpflichen Seins zu tun mit Eckharts Auffassung und Deutung der *creatio ex nihilo.* Die Gott radikal mit dem Nichts konfrontierende Bestimmung Gottes als des Seins, das sich verströmt, enthebt alles der Seinsmöglichkeit, das außer ihm ist. Das Geschöpf besitzt keinerlei Sein außer dem göttlichen. Außerhalb Gottes ist alles nichts: *praeter esse et sine esse omnia sunt nihil, etiam facta*[46], derart, daß Joh 1, 3: *omnia per ipsum facta sunt, et sine ipso factum est nihil* so zu deuten ist, daß darin *creaturae nihileitas*[47] betont werden soll. So muß denn die Johannesstelle nicht im üblichen Sinne übersetzt werden mit: »Ohne ihn ist nichts geworden«, sondern: »ohne ihn ist das Gewordene nichts.«[48] Alles Geschaffene ist daher *ex se nihil*[49], da es nichts ist als seine Abhängigkeit von Gott, die sich in Motiven des Entzugs auch als Hunger, Durst und Sehnsucht nach Sein fassen läßt.[50] Aus Nichts geschaffen sind die Dinge als Nichts geschaffen.[51] *Iht* und *niht* sind wie Weiß und Schwarz voneinander geschieden: das *niht* vermag von *niht* etwas zu nehmen, während *iht* von *iht iht* nimmt. Bei Gott ist aber alles *iht*, so daß diese Seinsfülle für nichts Raum läßt, aber sich dem Nichts der Kreatur bis zur Nicht-mehr-Unterschiedenheit[52] völlig übergibt, je neu und als einheitstiftendes Sein: denn »eines« hat »die unmittelbarste Beziehung zu seiend oder zum Sein; denn eines ist mit seiend vertauschbar und fügt zu ihm nichts hinzu«.[53] Gerade in der Funktion, eins in allen zu sein, unterscheidet sich Gott von allem.[54] Der Akzent aber liegt auf der Tatsache, daß durch ihn, den *einen* Gott, alles eins ist *(Ergo ipso uno sunt unum omnia)*[55]. Anstatt daß Gott in der Welt ist, sind die Welt und der Mensch in Gott.[56] So können denn alle *perfectiones generales*, die nicht nur die Transzendentalien *(ens, unum, bonum, verum)*, sondern alle positiven Allgemeinbegriffe (wie »Gerechtigkeit« etc.) umfassen, nach Eckhart nicht nur – wie bei Thomas von Aquin – auf der Ebene des *esse commune*[57] angesiedelt, sondern müssen mit Gott selber identifiziert werden. Das hat zur Folge, daß jegliche *perfectio* des Geschöpfs – als seiendes, eines, gutes und wahres – eine bloß geliehene und geschenkte ist. Umgekehrt ist nochmals jegliche Unabhängigkeit des Geschöpfs von Gott damit ausgeschlossen. Wie Gott in seiner Schöpfertätigkeit sich nie in ein Außerhalb seiner selbst begibt, so bleibt er immer auch und gerade in seiner das Geschöpf im Sein und Tun erhaltenden Tätigkeit in sich. Der Mensch, indem er seine transzendentalen Fähigkeiten gnadenhaft entwickelt, gerät – als »guter« – immer mehr außerhalb seiner selbst in Gott hinein, der die Güte schlechthin ist.

Offensichtlich rechnet Eckhart mit einem doppelten Begriff von Sein.[58] In der Unterscheidung zwischen *ens* und *ens hoc et hoc*[59] wird dieser doppelte Seinsbegriff explizit. Das schlechthin Seiende ist vom Dies-und-das-Seienden radikal verschieden. Ist dieses ein Mittleres zwischen Sein (= Gott) und Nichts[60], so ist jenes das absolute Sein, das mit Gott identisch gesetzt werden muß. Das einzelhaft Seiende setzt dem schlechthin Seienden nichts an Sein hinzu – an sich und von sich her ist es ja nichts –; es findet hingegen seinen festen Grund im absoluten Sein[61], d. h. ist in ihm als in seinem Seinsgrund aufgehoben. Das Erstaunliche ist nun, daß dieses *duplex esse*, das reine Sein und das einzelhaft Seiend-Sein, an ein und demselben Geschöpf aufgewiesen werden kann. Es gilt zunächst die absolute Perspektive: *Esse est Deus*[62] – »Das Sein ist Gott«, also ist auch das Sein alles Geschaffenen Gott. Damit ist allerdings keinerlei Pantheismus indiziert.[63] Denn diese Aussage: »Das Sein ist Gott« gilt in ihrer Erstreckung auf Geschaffenes bloß analog. Genauso wie der Arzt, der nach einer Harnuntersuchung den Harn des Probanden als gesund bezeichnet, nicht den Harn selber, sondern die körperliche Substanz, die ihn absondert, für gesund hält, ist das absolute Sein des Geschöpfs bloß analog, d. h. im abgeleiteten Sinne zu verstehen.[64] Mit andern Worten: Das absolute Sein

kommt dem geschaffenen gewissermaßen bloß leihweise und geschenkweise zu. Verstärkend kommt hinzu die eckhartsche Festlegung, daß sich die Einwohnung des göttlichen Seins im geschaffenen dadurch völlig unterscheidet, daß sie indistinkt allem verliehen wird[65], während das geschaffene Seiende sich durch seine seinsmäßige Isoliertheit definiert. Das *esse simplex* gehört dem Dies-und-das-Seienden nicht *eigentlich* zu.
Das doppelte Sein des Geschaffenen wird noch deutlicher im Zusammenhang von Eckharts Ideenlehre.[66] Schon Augustinus hatte die platonischen Ideen in den Geist Gottes plaziert: Alles Geschaffene war – ohne Rücksicht auf seine zeitliche Realisierung – immer schon im göttlichen Ideenschoß aufgehoben. Als göttliche Idee ist diese mit ihrem Ursprung identisch; sie ist in Gott als Gott.[67] Dies ist das *esse virtuale*[68] oder *causale* aller Dinge in Gott: das ideale, das (nicht zeitlich zu verstehende) präexistente, ungeschaffene Sein der Dinge in Gott, *daz vorgewürket dinc.*[69] Dem gegenüber steht das reale *esse formale*, das in Zeit und Raum existierende geschaffene Seiende.
Eckharts These vom *duplex esse* muß deswegen zur Kenntnis genommen werden, weil sie den philosophischen Hintergrund abgibt für die mystische Rückwendung des Geschöpfs zu seinem Schöpfer, gleichzeitig aber auch am Geschöpf seine Mittelstellung zwischen Sein (*esse virtuale*[68]) und Nichts (dem realen, wirklichen Sein, das für Eckhart eben kein eigentliches Sein ist) erkennen läßt.[69] Eckharts Schlüsselstelle für diese Unterscheidung findet sich in seiner Genesis-Erklärung:

> Jedes Geschöpf hat ein zweifaches Sein. Das eine ist in seinen ursprünglichen Ursachen, jedenfalls im Wort Gottes, und das ist ein festes und beständiges Sein. Deswegen ist auch das Wissen von vergänglichen Dingen selbst unvergänglich, fest und beständig. Denn das Wissen erfaßt ein Ding in seinen Ursachen. Das andere (Sein) ist das Sein, das die Dinge in der äußeren Wirklichkeit, in der ihnen eigentümlichen Form haben. Das erste ist das Sein in der Kraft (ihrer Ursache), das zweite ist das durch die (eigene) Form bestimmte Sein, und das ist meist unstet und veränderlich.[70]

Dieses doppelte Sein des Geschöpfs begründet eine Dialektik[71] in der Aussage über die Geschöpflichkeit des Menschen bei Eckhart, die sich als Widersprüchlichkeit zwischen dessen Nichtigkeit und hohem Adel ausdrückt. Der Mensch trägt eine *kraft* in sich, ein *vünkelîn*[72], das ihn mit Gott innigst verwandt sein läßt, während oder weil er auf der andern Seite von sich selber her nichts ist. Diese Dialektik findet in einer Einheitsspekulation ihre Lösung, die den Menschen ganz in Gott zurückfinden läßt, in dem er ja immer schon *ist*. Bevor dieser Aspekt skizziert werden kann, muß aber noch Eckharts Auffassung von Gott selber zur Sprache kommen.

III

Eckharts Aussagen über Gott sind – wie nicht anders zu erwarten – nicht schlicht immer dieselben. Doch wenn auch mit Entwicklungen und Neuformulierungen in seinem Gottesbild zu rechnen ist, sind diese Aussagen letztlich homogen und von einer letzten Tendenz bestimmt, die Gott seine unaussagbare Größe und Unausdenkbarkeit belassen möchte.

In seinen Pariser Quaestionen aus den Jahren 1302/03 scheint Eckhart eine schroffe Gegenposition zu dem einzunehmen, was wir bis jetzt als seine Bestimmung Gottes referiert haben: *esse est Deus*. Er behauptet nämlich, Gott sei reiner Intellekt und als solcher nicht das Sein: »So sage ich denn ..., daß Gott das Sein nicht zukommt, und daß er kein Seiendes ist, sondern er ist etwas Höheres als das Seiende.«[73] Der Widerspruch zu späteren Positionen ist allerdings nur ein scheinbarer, da Eckhart hier – der Kontext bestätigt es – eindeutig vom *esse hoc et hoc* spricht, das ja sicherlich mit Gott nicht identisch ist. Das *esse absolute* heißt hier *intelligere* oder *puritas essendi*.[74] So kann er denn – bei gewandeltem Seinsbegriff – konzedieren: »Willst du aber das Erkennen Sein nennen, so habe ich nichts dagegen. Nichtsdestoweniger behaupte ich: wenn in Gott etwas ist, was du Sein nennen willst, so kommt es ihm zu durch das Erkennen.«[75] Der Schluß der Quaestio ist noch eindeutiger darin, daß das Sein Gottes nicht aufgehoben, sondern erhöht werden soll: Ich streite

Gott selbst das Sein an sich (*ipsum esse*!) und dergleichen ab, damit er die Ursache alles Seins sein und alles in sich im voraus enthalten kann, so daß Gott nichts abgestritten wird, was ihm zukommt, wohl aber was ihm nicht zukommt. Diese Verneinungen bedeuten ... in Gott den Überschwang der Bejahung (*superabundantiam affirmationis*).

Nichts also streite ich Gott ab, was ihm von Natur zukommt. Ich behaupte nämlich, daß Gott alles im voraus in sich enthält in Reinheit, Fülle und

Vollkommenheit, weit und groß, da er Wurzel und Ursache aller Dinge ist. Und das wollte er sagen, als er sprach: »ich bin, der ich bin«.[76]

Auch in einer deutschen Predigt verteidigt sich Eckhart gegen unangemessene Vorwürfe:

Daz ich aber gesprochen hân, got ensî niht ein wesen und sî über wesene, hie mite enhân ich im niht wesen abegesprochen, mêr: ich hân ez in ihm gehoehet.[77]

Eckhart ist und bleibt auch in seiner negativen Aussage über die Seinshaftigkeit Gottes ein Anhänger der mittelalterlichen Exodus-Metaphysik (aufgrund von Ex 3, 14)[78], die Gott mit dem absoluten Sein identifiziert. Denn überaus zahlreich sind dann die Stellen, an denen sein Satz: *esse est Deus* zum Zuge kommt.[79] Dieser Satz ist Eckhart übrigens von der Untersuchungskommission auf die Liste der zu beanstandenden Sätze gesetzt worden.[80] Eckhart hat sich dagegen mit folgenden Worten verteidigt:

Wenn es heißt: Das Sein ist Gott, so ist zu sagen, daß dies wahr ist hinsichtlich des absoluten Seins (*esse absolute*), nicht aber hinsichtlich desjenigen Seins, das (dem Seienden) als Form innewohnt (*esse formaliter inhaerens*).[81]

In solcher Verteidigungsrede, da Eckhart auf die differenzierende, undialektische Rede seiner Gegner einschwenkt, wird natürlich alles klar.

Näher möchte ich auf die eckhartsche Bestimmung Gottes als des absoluten Seins – er gebraucht auch die neuplatonischen Formeln *negatio negationis*[82], um die unbestreitbare Seinshaftigkeit und Positivität Gottes auszudrücken – nicht eintreten. Das Thema ist bei ihm allgegenwärtig.

Neben die Bestimmungen: »1) Gott ist reines Denken – die Geschöpfe sind das Seiende« und »2) Das Sein ist Gott – die Geschöpfe sind, in ihrem Ansich genommen, nichts« ist drittens eine weitere zu halten, die nochmals einen Überstieg bedeutet: »Gott ist das schlechthin Eine – die Geschöpfe sind in ihrer Vielheit ein Abfall von diesem Einen.«[83] Diese Festlegung gilt es noch etwas auszuführen.

Ist in der Umschreibung Gottes als der *negatio negationis*[84] oder *versagen des versagennes*[85] die Negation funktionell die Steigerung der Affirmation – *de ipso ente, deo, nihil negari potest nisi negatio(ne) negationis omnis esse* –[86], so gibt es auf der andern Seite Negativformeln für Gott, die apophatisch von ihrer sprachlichen Struktur her nicht mehr ohne weiteres auf mögliche Affirmationen verweisen. Gewiß entspricht auch hier, wenn vom Nichts Gottes die Rede ist, die Negation durchwegs insgeheim der überschwenglichen Affirmation des göttlichen Alles-Seins, aber sie ist sprachlich nicht mehr durchsichtig, ja möchte die letztdenkbare Einheit des dreifaltigen Gottes anschaulich machen.[87] Gott ist für Eckhart unbegreifbar, unerkennbar, unergründlich, ohne Namen, ohne Weise, ohne Werk, grundlos, weder dies noch das, ein Nichtgeist, eine Nichtperson, ein Nichtbild; er ist über alles Lob, über alles erhaben, Über-Licht, Über-Leben, Über-Weise, Über-Werk, Über-Fülle.[88] Hierin wird Gott als reines Sein überschritten; denn Gott *ist ein vber swebende wesen vnd ein vber wesende nitheit*[89] und übersteigt seine Umschreibung als Wîse, ja auch als *wesen.* Die zutreffende Bestimmung ist hier die der *einicheit* Gottes, die ihn allen Fixierungen denkerischer Bemühungen entrückt und ihn als *gotheit*[90] negativ in den Blick rückt. Die Unterscheidung *got/gotheit*, die bei Eckhart – übrigens keineswegs einheitlich in ihrer semantischen Aufgliederung[91] – öfter wiederkehrt, ist Vehikel einer Unterscheidung zwischen Gott in seiner dreifaltigen Wirkung ad extra und Gott im Aspekt seiner sich auf sich selber zurücknehmenden Einheit: *in dem daz got ein ist, sô ist volbrâht gotes gotheit.*[92] Diese Einheit untersteht der apophatischen Sprachregelung, da sie positiv nur apodiktisch festgelegt, aber nicht definiert werden kann. Der Mensch aber muß auf paradoxe Art und Weise gerade *in ein bekenntnisse des unbekanten übergotten gotes*[93] gelangen, der alle Denkmöglichkeiten übersteigt, aber doch eben nur im denkerischen Vermögen des Menschen – negativ – gesichtet werden kann.

Zunächst wären als Umschreibungen der Gottheit eine ganze Anzahl von Metaphern zu nennen, die gewissermaßen im Bilde diese Negativität Gottes bezeichnen:

die *»grundelôsekeit gotes«*[94], der *»grunt, der gruntlôs ist«*[95], die *»stille wüeste, dâ nie underscheit îngeluogete weder vater noch sun noch heiliger geist«*[96], *»ein einvaltic stille«*[97], *»diu stille vinsternisse der verborgenen vaterschaft«*[98], *»got in sîner einunge und in sîner einoede ... got in sîner wüestunge und in sînem eigenen grunde ... got in sîner gotheit ... und in sînem eigentuome sîner eigenen natûre*[99], Gott, *»beslozzen ... in den slozze der gotheit«*[100] und so fort.[101]

Alle diese Metaphern zusammenfassend steht die Festlegung von Gottes Gottheit als das Nichts aller ihn fassen wollenden Bestimmungen. So wird Gott der Seele *zenitte*[102], weil er ihr völlig *unbechant* geworden ist.[103] Gott ist ein *vber wesende nitheit.*[104] *Ich enmac niht gesehen, daz ein ist. Er sach niht, daz was got. Got ist ein niht, und got ist ein iht. Swaz iht ist, daz ist ouch niht.*[105] Eckhart spricht direkt *daz götlich niht* an.[106] Es wäre allerdings ein Irrtum anzunehmen, daß diese negative Theologie Eckharts die alles bestimmende Redeweise Eckharts über Gottes Gottheit sei. Sie nimmt quantitativ einen nicht allzu großen Raum ein, ist aber immerhin intensiv gegenwärtig. Insbesondere in seiner Predigt zu Apg 9, 8: *Surrexit autem Saulus de terra apertisque oculis nihil videbat*, wo anläßlich der göttlichen Berufung des Saulus dessen Erblindung geschildert wird, rückt das *nihil*, das Saulus nach seinem Niederfall sieht, in eine Perspektive, die apophatisch den sich gegenüber Saulus machtvoll erweisenden Gott meint. *daz niht was got*[107] – bemerkt Eckhart lakonisch dazu und knüpft eine theologische Besinnung über das hier geschaute Nichts an. Es hat vier Bestimmungen: Es ist Gott, es ist nur Gott, es ist nur Gott in allen Dingen, alle Dinge sind wie Nichts. Daß in den Aussagen über das göttliche Nichts Dionysius Areopagita zitiert wird[108], ist naheliegend. Denn er hat die eigentliche Redeweise, wie über Gott zu sprechen ist, demonstriert: *Der ... bî nihte von gote redet, der redet eigenlîche von im.*[109] Die Seele, die *in ein lûter verworfenheit ir selber* gelangt – *dâ vindet si got als in einem nihte.*[110] Und er berichtet von eines Menschen Wachtraum, darin dieser vom Nichts schwanger geworden sei wie die Jungfrau von einem Kind – *und in dem niht wart got geborn; dér was diu vruht des nihtes. Got wart geborn in dem nihte.*[111] Die Kombination der apophatischen Theologie mit dem Theologumenon von der Gottesgeburt in der Seele des Gläubigen verweist schon voraus auf die Forderung, daß die Einigung des Menschen mit dem Einen Gott dessen Nichtigkeit als ihre eigene Voraussetzung hat. Das Sehen Gottes (Gen. obj.) verlangt von seiten des Menschen Blindheit und Nicht-sehen-Können[112], erst dann ist adäquate Schau Gottes möglich. Damit aber sind wir schon bei unserem letzten Problem, bei der Frage nämlich, wie das Geschöpf, der Mensch im besonderen, mit Gott in eine Beziehung zu treten fähig ist, da doch dieser Gott in seiner letzten Einheit nichterkennbar ihm als Nichts entgegenkommt.

Zusammenfassend läßt sich eine Definition Gottes anfügen, die aus einer Predigt stammt, die ich mit Kurt Ruh[113] Meister Eckhart mit höchster Wahrscheinlichkeit zuweisen möchte. Gott wird hier mit einem nichtidentifizierbaren Wort eines heidnischen Meisters folgendermaßen umschrieben: *Got ist, dez niht erfullet alleu dink, und sein iht ist niendert.*[114] In diesem Satz spiegelt sich die allbekannte neuplatonische Ansicht, daß Gott überall und nirgends (πανταχοῦ καὶ οὐδαμοῦ[115]) zugleich ist, so aber, daß das Überall mit dem Nichts Gottes und das Nirgendwo mit dem Sein Gottes konterkariert ist. Ich glaube nicht, daß man die Stelle mit Scholem[116] als schlüssigen Beleg für eine Eckhartsche Deutung der *creatio ex nihilo* in dem Sinne nehmen darf, als hätte Gott die Schöpfung aus seinem eigenen Nichts geschaffen – eindeutige Parallelbelege fehlen jedenfalls –, hingegen stellt die Aussage einen kräftigen Hinweis auf Eckharts apophatische Theologie dar. Daß sich Eckhart dabei, wie Scholem vermutet, auf einen Spruch der 24 Weisen abstützt, ist möglich, da er den XIV. Satz der Weisen anderswo zitiert.[117]

IV

Es stellt sich zum Schluß noch die Frage, die in vielen Teilen ansatzweise schon beantwortet ist, nämlich wie Gott und Mensch miteinander zu einer Einigung gelangen. Hier ist der Ort, von Mystik zu reden. Häufig wird von philosophischer Seite die Meinung geäußert, Eckharts Lehre hätte nichts mit Mystik, dagegen sehr viel mit Philosophie zu tun.[118] Ganz abgesehen davon, daß eine solche Meinung dem Eckhartschen Werk und dessen Intention gründlich unrecht tut – es gibt ja nicht nur die lateinischen Schriften, die nach Eckharts Ansicht fraglos die Gehalte der christlichen Offenbarung im Rückgriff auf die heidnischen Philosophen des Altertums erklären[119], sondern auch die deutschen Predigten und Traktate, die unmittelbar die christliche Offenbarung als eine Form authentischer Lebensoption darzubieten versuchen, was ein mindestens ebenbürtiges Programm des *lebmeisters* gegenüber dem des *lesmeisters* Eckhart darstellt! –, stellt sie sich auch gegen eine alte und sicherlich durch die Sache verbürgbare Tradition der Eckhartauslegung. Eckhart ist immer – fast möchte ich sagen, seit seinen Lebzeiten – immer auch, ja vornehmlich als Mystagoge verstanden worden, obwohl er – oder vielleicht auch weil er – philosophische Intentionen in den Rahmen seiner spirituellen Lebensoption einbrachte. Es ist ja keineswegs so, daß Philosopheme eo ipso mystischen Absichten widersprechen müßten, sondern wohl grundsätzlich so, daß alle Mystiken, welcher Denomination auch immer, sehr stark und intensiv sich mit philosophischen Konzepten verbinden. Anders ist eine Lehre über Erfahrung auch nicht denkbar.[120] Soll Erfahrung nicht unmitteilbar sich selber sein, ist sie auf das Interpretament philosophisch-theologischer Konzeptionen angewiesen. Ich bin daher überzeugt, daß alle philosophischen und theologischen Ansichten Eckharts völlig selbstverständlich, wenn auch nicht spannungslos in seine mystischen Intentionen einbezogen werden können und müssen. Die Energie seines Denkens, der nichts so angelegen ist wie die innigste Vereinigung zwischen Gott und Mensch, ist letztlich anders als mystisch nicht angemessen zu verstehen. Alle neuplatonische Einheitsmetaphysik ist denn auch sinnvollerweise auf ihre mystischen Implikationen hin abgefragt worden. Noch Nietzsche weiß darum, daß der Philosophie aller Epochen im Grunde eine Erfahrung zugrunde liegt, die im Satz gipfelt: »Alles ist eins« – welcher Satz »seinen Ursprung in einer mystischen Intuition hat und dem wir bei allen Philosophen, samt den immer erneuten Versuchen, ihn immer besser auszudrücken, begegnen.«[121]

Bei Meister Eckhart dominiert die Absicht, eine Einheit in Gott und zwischen dem Menschen und Gott herzustellen, sowohl in seinem lateinischen wie deutschen Werk (das im übrigen so schlecht überliefert, wie man lange Zeit meinte, keineswegs ist). Sie ist am Schluß noch kurz ins Licht zu rücken. Beginnen wir mit dem Nichts Gottes, das eben noch diskutiert wurde:

Got ist ein sôgetân wesen, daz man niht baz bekennet denne mit nihte. Wie mit nihte? Daz man abe lege allez mitel, niht alleine die welt versmâhen unde tugende haben, mêr: ich muoz die tugent lâzen, sol ich got sunder mitel sehen; niht alsô daz ich die tugent versmêhe, mêr: die tugent sol in mir wesenlich sîn und ich sol ob der tugende wesen. Wan sô des menschen gedank enkein dinc niht enrüeren mac, dan aller êrste rüeret er got.[122]

»Gleiches läßt sich nur mit Gleichem erkennen.«[123] Dieser Satz gilt für Eckhart vornehmlich in der Erkenntnis Gottes, die nicht bloß ein desinteressiertes Wahrnehmen ist, sondern ein durch alle Kräfte der Seele geförderter Einigungsvorgang. Ist Gott das Nichts aller ihn einschränkenden Bestimmungen, so muß die Seele, die ihn erkennen, d. h. sich mit ihm einigen will, selber alle sie beengenden Bestimmungen fahrenlassen, damit diese Einigung möglich ist. Eckharts Termini für diese Haltung, besser Seinsweise sind: Abgeschiedenheit, Gelassenheit. Sie implizieren den Verlust und die Preisgabe alles *eigen* und die Rückkehr des Menschen in seine allgemeine Menschennatur, die durch die Menschwerdung Gottes geadelt und erhöht worden ist.[124] Hinfort ist durch das Ablegen alles *eigen* der wunderbare Tausch – daß Gott Mensch geworden ist, damit der Mensch Gott werde – real ermöglicht in Gnade. Die Nichtshaftigkeit des menschlichen Geschöpfs – wenn sie nur richtig in radikaler Ernsthaftigkeit ratifiziert worden ist – schlägt ihm zum Heil aus. Denn leer sein von allem, bedeutet für Eckhart, Gottes voll zu sein. Das geschöpfliche Nichts ist im Grunde die gnadenhafte Voraussetzung seiner Rückkehr in Gott. Wenn dem Menschen alles Dieses-da abgefallen ist, kann er werden, der er war, bevor er war.[125] Abgeschiedenheit, das eigentlich ein Sterben meint, ist so Ermöglichungsgrund für die gnadenhaft von Gott bewirkte Rückkehr des Geschöpfs in seine Exemplarursache, deren Seinsweise edler ist als alles konkrete In-der-Welt-Sein.[126] Dieses mystische Einssein des Geschöpfs mit seinem Schöpfer ist im Grunde nichts anderes als das religiöse Ernstnehmen der ontologischen Tatsache, daß im Seelengrund jedes Menschen Gott gegenwärtig ist als Seins- und Lebensspender. Der »Adel der Seele«, das *vünkelîn, ist* diese lebendige Gegenwart Gottes als während gespendetes Sein in der Seele jedes Menschen. Das Innewerden dieses Sachverhalts in der Seelenspitze ist die freiheitliche Zurückgabe der menschlichen Existenz an Gott, dessen schöpferische Tätigkeit sich nicht in einem einmaligen Akt, sondern in unaufhörlich kreativer Spontaneität verausgabt – als die Quelle des Seins, die sich nie entleert, sondern im Sich-Preisgeben selber je neu gewinnt – und dem letztlich nichtshaften Geschöpf schenkt. Die Gottesgeburt im Herzen des Gläubigen ist das inkarnatorische Modell für diesen Vorgang, der kein Ende finden mag. Der Mensch ist ontologisch aufgehoben, weil er trinitarisch eingefordert wird vom dreieinen Gott. So ist die mystische Einheit zwischen Mensch und Gott sowohl eine unaufhörlich schöpfungsmäßige wie ontologische und trinitarische und unitive.[127]

V

Eckharts Seinsspekulation und Lehre von der Geschöpflichkeit ist christlich sicher als eine extreme Position einzuordnen. Sie hat ihre Relativität[128] darin, daß sie – zugunsten reinster Aktualität des Bezugs zwischen Gott und Mensch – Gefahr läuft, die Dimension der Geschichtlichkeit der menschlichen Existenz zum eigentlich zeitlosen Punkt des aktuellen Jetzt dieser Einheitsbeziehung schrumpfen zu lassen. Daß Schöpfung und Inkarnation – christlich die beiden Fixpunkte auf der linearen Achse geschöpflicher Zeiterstreckung – zu kontinuierlichen, jejetzt sich ereignenden Beziehungsvorgängen zwischen Mensch und Gott ausgedehnt werden, mag ihnen bis zu einem gewissen Grade den Wert einmaliger Ereignisse nehmen. In dieser Extremposition dokumentiert Eckhart eine Schwierigkeit christlicher Existenz überhaupt, nämlich diese: Wie weit sind die Ereignisse von Schöpfung und Inkarnation in eine hier und jetzt waltende Aktualität überzuführen, wie weit ist eine Gleichzeitigkeit mit Christus, mit dem erschaffenden Gott des Zeitenanfangs denkbar und möglich? Hier wird jede Generation ihre eigenen Lösungen finden müssen und in kluger Abwägung das Imponderabile der christlichen Gnadenereignisse zu leben versuchen müssen. Insbesondere wird die mit der christlichen neutestamentlichen Offenbarung an sich gegebene höchste Wertschätzung geschichtlicher Ereignisse – in Christi nicht nivellierbarer, einmal geschehener Lebenstat von Leiden, Tod am Kreuz und Auferstehung – vermittelt werden müssen mit dem aktuellen Nachvollzug dieser geschichtlich einmaligen Ereignisse in der Nachfolge Christi. Daß es hierin keine *absolute* Gleichzeitigkeit mit Christus geben kann, liegt in der bloß im Glauben einholbaren, positiven Alterität des irdischen Lebens Jesu Christi. Meister Eckhart versucht, in der Todesnachfolge Jesu Christi in das innerste einheitliche Zentrum der göttlichen Trinität zu gelangen, in einer Folge von drei Toden[129] – einem geistigen (der Mensch stirbt sich selbst) und zwei göttlichen (*durch* Jesus zum Vater, vom Vater zur Gottheit) –, deren Intensität die geschichtliche Einmaligkeit sowohl des Todes Christi wie des nachfolgenden Menschen selbst letztlich einzuebnen drohen würde, wenn nicht der ganze Vorgang für die menschliche Existenz als ein dynamisch unbeendbarer, immer inchoativer zu denken wäre. Daß es bei Eckhart nie nur um eine rein substantielle Einheitsmystik geht, sondern um eine Sein und Wirken in sich positiv aufhebende Einheit zwischen Mensch und Gott, läßt die Kategorie des Geschichtlichen mindestens in Form des Aktuellen, Ereignishaften noch gelten:

Got mvs vil bi ich werden vnd ich vil bi got, alse gar ein, das dis ›er‹ vnd dis ›ich‹ Ein ›ist‹ werdent vnd sint vnd in dér istikeit ewiklich éin werk wirkent; wande vil nüzze sint dis ›er‹ vnd dis ›ich‹, dc ist got vnd die sel. Ein einig ›hie‹ oder ein einig ›nv‹, so mochte dis ›ich‹ mit dem ›er‹ niemer gewirken noch ein gewerden.[130]

Meister Eckhart als Gesprächspartner östlicher Religionen

Hans Urs von Balthasar – der katholische Theologe, der wohl am schärfsten der modischen Zuwendung zu östlichen Heilswegen im Christentum widersprochen hat[1] – anerkennt einmal mit aller Deutlichkeit, daß »von einem christlichen Eckhart aus, und wohl nur von ihm her, der (christliche) Dialog mit den metaphysischen Erlösungswegen Asiens möglich«[2] und denkbar sein wird. Mit dieser Bemerkung schließt er sich mit gutem Recht jenen an, die Meister Eckhart immer schon mehr oder weniger kompetent mit fernöstlichen Heilswegen – einem yogistischen Hinduismus[3] oder dem Zen-Buddhismus[4] vor allem – in Zusammenhang gebracht haben. Die Reihe dieser Gelehrten, die aus verschiedensten Motiven Meister Eckhart zum Gesprächspartner mit fernöstlichen Erlösungsvorstellungen machten, ist schon recht lang. Bekannt sind Arthur Schopenhauers apodiktische Feststellungen, die von der recht weitherzigen Prämisse ausgehen: »Im allgemeinen ... haben die Weisen aller Zeiten immer dasselbe gesagt.«[5] Sich selber in diese Abfolge der Weisen großmütig einbeziehend meint er dann: »Buddha, Eckhart und ich lehren im wesentlichen dasselbe.« Und mit feiner Abstufung der Erkenntnismöglichkeiten fährt er fort: »Eckhart in den Fesseln seiner christlichen Mythologie. Im Buddhaismus liegen dieselben Gedanken unverkümmert durch solche Mythologie, daher einfach und klar, soweit eine Religion klar sein kann. Bei mir ist die volle Wahrheit.«[6] Ein anderes Beispiel. Daisetz Taitaro Suzuki, der wie kaum ein anderer Gelehrter den Zen-Buddhismus hinsichtlich seiner systematischen und historischen Seite erforscht hat, schreibt in seinem 1957 erstmals erschienenen Büchlein »Mysticism – Christian and Buddhist, The Eastern and the Western Way«:

»Immer wenn ich auf ... Übereinstimmungen (zwischen Eckhart und Aussprüchen von Zen-Meistern) stoße, wächst meine Überzeugung, daß die christlichen religiösen Erfahrungen sich im Grund von den buddhistischen nicht unterscheiden. Alles, was uns trennt, ist die Terminologie ...«[7]

Mit diesen Sätzen stecken wir schon mitten in einem schwierigen Interpretationsproblem, das die gerechte Einschätzung religiöser Lehren zentral betrifft. Kann man an ihnen schlicht eine Oberflächen- von einer Tiefenstruktur unterscheiden, einen sprachlich artikulierten, terminologisch verhärteten Überbau von einem das Wesentliche beinhaltenden, außer- und übersprachlichen Unterbau?[8] Geht es in der Religion schlechthin um diese Unterscheidung, wie sie die aus indischer Überlieferung stammende, in der islamischen Mystik von Rumi wiederholte Geschichte vom Elefanten und den Blinden exemplifiziert? Nach dieser Geschichte haben bekanntlich Menschen, die im Dunkeln einen Elefanten betasteten, diesen je nach dem Teil, den ihre Hände berührten, beschrieben: als Thron, als Fächer, als Wasserpfeife, als Pfeiler.[9] Keiner hatte offenbar eine Ahnung, wie das zu beschreibende Geschöpf als ganzes aussah. Sind Religionen tastende Versuche, das Mysterium Gottes in grundsätzlich ungeschickter, zum Scheitern notwendig verurteilter Weise immer wieder zu verfehlen? Derjenige, der Gottes Wesen in genügend radikaler Weise je neu in ein Jenseits aller menschlichen Kategorien extrapoliert, der wäre dann der richtige Gottsucher, der Eingeweihte, der Myste, während jene, die sich an kategorial benennbare Elemente der Gottesverehrung halten, die große Menge der Uneingeweihten darstellen würde. Das Problem kann ich hier nicht lösen. Ich weise nur darauf hin, daß in der Mystik aller Religionen eine Tendenz faßbar ist, die gängige Gotteserfahrung ähnlich negativ wie die Geschichte von den Blinden und dem Elefanten zu beurteilen, während die positive Religion, insbesondere die christliche Offenbarungsreligion, auf dem Abstieg Gottes in kategoriale Notwendigkeiten, d. h. ins »Fleisch« irdischer Bedingtheiten, mit einer Rückhaltlosigkeit besteht, die bisweilen die mystische Tendenz als eine Flucht aus diesen Bedingungen zu diffamieren droht.

Es ist klar, daß Eckhart für die fernöstlichen mystischen Tendenzen wegen seiner monistischen Intentionen interessant ist. Obwohl christliche Forscher – wie z. B. Robert C. Zaehner – nicht anstehen, von Eckhart als einem »christlichen Monisten« zu sprechen[10], würde ich es vorziehen, von ihm als einem Vertreter eines weitgetriebenen christlichen Nicht-Dualismus in Anlehnung an das *advaita-vâda* des indischen Vedânta[11] zu sprechen. Neuerdings ist in der Eckhartforschung von Eckharts »Univozitätstheorie« die Rede.[12] Wie immer die theoretischen

Bezeichnungen für Eckharts Überwindung der kategorialen Gegensätze lauten mögen, Tatsache ist, daß die unverbrüchliche Einheit, die Eckhart unvordenklich zwischen Schöpfer und Geschöpf ansetzt, den Kern seiner Mystik darstellt. Diese Einheit ist keine erst zu erringende, sondern eine, die im Schöpfungsvorgang, der für Eckhart ewig und nicht in Zeit übersetzbar ist, dem Geschöpf a priori immer voraus ist.[13] Das »einig Ein«[14] zwischen Gott und Mensch kann also gar nicht Ziel eines Wegs sein, sondern ist die Vorgabe, deren dynamische Gegenwart im »Durchbrechen in den Grund«[15] von seiten des Menschen als Quell je neu gnadenhaft entdeckt werden darf.

Dieses dynamische Moment der Gottbeziehung – im Bild des Seelenfünkleins[16] als reine Unverfügbarkeit gekennzeichnet – ist es denn auch, das Eckhart nach Rudolf Otto dem Mahayana-Buddhismus und damit dem Zen vergleichbarer macht als dem Vedânta, »dem ganz Statischen, in sich Massierten, ruhend Festen«.[17] Zwar gibt es auch bei Eckhart den Aspekt des Ruhenden, ja geradezu Unbeweglichen in der Gottheit, aber dieser Endpunkt ist denkbar nur in der Dimension der Dynamik, die je neu im Durchbruch dahin vermittelt. Ohne je neu einsetzende Offenheit gibt es für Eckhart keinen geheimsten Ort, d. h. natürlich Nicht-Ort der Gottheit, die da *swebt in ir selber und ist ir selber alle dink.*[18] Zwar negiert das Über-Sein Gottes in gewisser Weise alle menschlichen Zugriffe als unzulänglich, allerdings ohne deren Dynamik einzugrenzen. Im Gegenteil das Mehr, das sich im Über-Sein der Gottheit anzeigt, ist Grund und Quelle der menschlichen Versuche, dahin zu gelangen. Auch der Zen-Buddhismus kennt ein ähnliches Ausgespannt-Sein, eine ähnliche Dynamik, die sich als Offenheit, d. h. als je neue Dynamik gerade und noch im Satori artikuliert. Ich erinnere an Bodhidharmas Antwort auf die Frage nach dem »höchsten Sinn der Heiligen Wahrheit«: »Offene Weite – nichts von heilig«.[19] In der Abweisung aller Bestimmungen dessen, was der höchste Sinn der Heiligen Wahrheit ist, ist diese als Offenheit charakterisiert, die endgültige Ruhe nicht zuläßt, sondern höchste Wachheit von seiten des Zen-Übenden erfordert, auch und gerade dann, wenn er Satori erlebt hat.

Damit sind wir schon mitten in einem Gespräch, das sich von Meister Eckhart her – so möchte ich behaupten – mit östlichen Heilswegen führen läßt. Im folgenden beschränke ich mich unter den vielen östlichen Heilswegen auf den Zen-Buddhismus, ganz einfach deshalb, weil er mir am vertrautesten ist, sicher aber auch, weil er sich am ehesten für ein solches Gespräch eignet. Meine Frage ist die: In welchen Punkten läßt sich die christliche Position Meister Eckharts der zen-buddhistischen annähern? Worin aber unterscheiden sie sich auch? Ich greife zwei Aspekte heraus, die ich bewußt pauschal als *Tod* und *Leben* umschreiben möchte.

Im Christentum und in den östlichen Religionen ist vom Sterben, vom Tod öfter als von einem Inhalt des Lebens die Rede. Lebend muß ich um der Einigung mit dem Absoluten willen sterben. Die Formel heißt dann: »lebendig sterben«.[20] Vorausgesetzt, die religiöse Sinnbestimmung des Lebens als eines Sterbens verlangt nicht den physischen Tod – den Selbstmord also –, was verlangt sie dann? Worin besteht dieses Sterben? Und umgekehrt: Wenn der Sinn des Lebens in einem bewußten Sterben besteht, was ist faktisch ein solches »lebendiges Sterben«? Wie ist es im einzelnen zu bestimmen? Wenn ich im folgenden diesen beiden Fragen bei Eckhart und im Zen-Buddhismus nachgehe, dann im Bewußtsein, daß in der Auffassung über Tod und Leben im Zen-Buddhismus und bei Meister Eckhart wichtige Strukturanalogien bestehen.

I

Wenden wir uns zunächst dem Tod und seinen Bestimmungen zu. Meister Eckhart verlangt in einer kaum bekannten Predigt über das Reich Gottes vom Christen, daß er – in inhaltlich begründeter Steigerung – drei Tode zu sterben habe[21]; diese drei Tode ratifizieren die dem Geschöpf als einem aus Gott Ausgeflossenen immanente *widertrahtung zu got* (Rückbezug zu Gott)[22] als eine Form der Selbsterkenntnis. Das göttliche Bild in der Seele, das in dieser Selbsterkenntnis anschaubar werden soll, ist das Urbild, das Gott von seinem Geschöpf hat. Damit fallen Gottes- und Selbsterkenntnis zusammen, aber nur, wenn das Bild Gottes in der Seele, das identisch ist mit dem »Reich Gottes«, auch entsprechend *sunder mittel*[23], ohne ein Vermittelndes, in sein Urbild zurückblickt. Und dieser Vorgang ist ein Vorgang des Augenblicks:

Daz oberst bild in dem selben nů, daz ez bliket auz got, so schaut ez wider ein mit einem unbedekten antlůtz zu begreiffen gotlich wesen, sunder mittel von dem werk ez allez sein wesen hat. Dizz bild ist got in seinem werk ...[24]
(Im selben Augenblick, da das höchste Urbild einen Blick außerhalb Gottes getan hat, schaut es wieder in sein Inneres mit unbedecktem Antlitz, um das göttliche Sein zu begreifen: ohne ein Vermittelndes hat es in dieser Tätigkeit sein ganzes Sein. Denn das Urbild i s t Gott in seinem Wirken ...)

Dies ist der Tatbestand, der in der Selbsterkenntnis der Seele als deren Adel hervortritt. Selbsterkenntnis ist nicht möglich ohne Sterben. Der erste von Eckhart geforderte Tod betrifft nicht äußerliche Übungen – diese vermögen zwar die Natur zu bezwingen, aber letztlich sind sie zu wenig nütze[25] –, sondern Erkenntnis und Liebe als Werke des inneren Menschen, die allerdings nicht als Tugendwerke in Form eines inneren Besitzstandes geübt werden sollen.[26] Gott schauen ist über den Tugenden: *man sol tugent uben, niht besitzen*! Die Vollkommenheit der Tugend besteht im Freisein von ihr.[27]
Der erste Tod, der zu solchem Freisein anleitet, ist die Preisgabe der *geschaffenheit*: die Seele muß lassen, was sie ist.[28] Es geht um einen *tot dez geistes*[29], in dem Gott, allen Dingen und Kreaturen gestorben wird. Damit verläßt die Seele *ir eigen wesen*[30], indem sie auch den Verlust Gottes und aller Dinge in Kauf nimmt. *Entwerdung alles ydes*[31] schließt auch das »wunderliche« Preisgeben Gottes ein.[32] Und dann steht der bedeutsame Satz: *Der sele besten daz můz sein in eim freyen niht*[33], d. h. in jener Beschaffenheit, *als do si niht enwaz*.[34]
Der »Tod des Geistes« muß seinerseits nochmals überholt werden *mit einem gotlichen tot*, darin die Seele noch die *ungeschaffenheit dez bildes* (den Archetyp, die Urbildlichkeit in Gott) verliert.[35] Da der Archetyp, das exemplarische Sein im Logos, im Sohn Gottes »schwebt«, muß auch diesem Bereich als einem durch die Mannigfaltigkeit der göttlichen Personen charakterisierten abgestorben werden. Im göttlichen Tod[36] stirbt der Mensch seinem im Logos aufbewahrt »schwebenden« Urbild, einen zweiten Tod des Geistes, der der Bewegung des Sohnes *uf einkeit der naturen* (auf die Einheit der göttlichen Natur hin) und *einikeit des wesens* (die Seinseinheit)[37], die der Sohn in seinem Rückgang in den Vater vollzieht, als ein Sterben in Gott hinein entspricht. Sofern der Begriff *geleicheit*[38] mit Gott noch auf Differenz aufbaut, ist in diesem Tod jegliche Ähnlichkeit

mit Gott preiszugeben. Nur über das Sterben des Logos in Gott hinein kann das Geschöpf zu diesem Tod des Urbildes gelangen. Zu Gott kommt man nur mit Nichts, da Gott selber der ist, »dessen Nichts alle Dinge erfüllt und dessen Etwas nirgendwo ist«[39], wie Eckhart paradox mit einem unbekannten Meisterzitat sagt.

Der dritte Tod[40], den das Geschöpf zu sterben hat, ist der Tod aus dem ungeschaffenen Sein, nachdem sowohl die konkrete Existenz wie das Sein im Urbild Stationen der Geschaffenheit darstellten. Es geht um ein Sterben durch die göttliche Natur hindurch, sofern sie wirkend ist, hinein in die wirkungslose Gottheit, die in sich selber schwebt, unbegreiflich für alle Kreatur. Im Moment, da die Kreatur erkennen muß, daß sie auch jetzt noch das Reich Gottes nicht begreift, weil keine Kreatur in das Reich Gottes gelangen kann – *allhie so stirbet sie iren hohsten tot.*[41] *In disem tot verleuset di sele alle begerung und alle bild und alle verstentnůzz und alle form und wirt beraubt aller wesen.*[42] Der Mensch ist *tot und ist begraben in der gotheit.*[43]

II

Auch der Zen-Buddhismus birgt den Eingang ins absolute Nichts ein in die Bildlichkeit des Sterbens und des Todes.[44] Eckhart kennt den Ausdruck »Gott töten«[45] nur in negativer Bewertung, obwohl der »göttliche Tod« dessen positive Anwendung ermöglichen könnte. Lin-chi (810/15-866; jap. Rinzai), der berühmte chinesische Zen-Meister aus dem 9. Jahrhundert und Begründer der Rinzai-Schule[46], liebte es nicht, mit seinen Schülern freundlich umzugehen. Berühmt war sein »Andonnern«, »Anbrüllen«, aber auch seine rüde Sprache. Von ihm ist folgende Aussage überliefert:

> Jünger des Weges! Wenn ihr die Sicht gemäß dem Dharma zu erlangen wünscht, so dürft ihr keine trüben Anschauungen anderer annehmen. Was immer es ist, dem ihr außen oder innen begegnet, tötet es alsogleich! Wenn ihr einem Buddha begegnet, tötet den Buddha! Wenn ihr einem Patriarchen begegnet, tötet den Patriarchen! Wenn ihr einem Arhat begegnet, tötet den Arhat! Wenn ihr Vater und Mutter begegnet, tötet Vater und Mutter! Wenn ihr Verwandten begegnet, tötet die Verwandten! Nur so erreicht ihr Befreiung; wenn ihr an nichts haftet, erlangt ihr Ausweg und Befreiung.[47]

Oder drastisch heißt es einmal:

> Wenn du auf dem Weg einem Meister des Weges begegnest,
> So darfst du ihm nicht mit Worten und nicht mit Schweigen erwidern.
> Pack ihn beim Kinn und schlag ihm die Faust ins Gesicht!
> Dann begreift sogleich, wer begreift.[48]

»Der wahre Mensch ohne Rang«, wie Lin-chi den Menschen bezeichnet, der die wahre Einsicht erfahren hat, »wird nicht mehr von Leben und Tod befleckt, er bewegt sich im Gehen und Bleiben frei«.[49] Wie der allgemeine Mensch bei Meister Eckhart[50], der ein Mensch »ohne Eigenschaft« ist, ist auch der »wahre Mensch« Lin-chis erst der freie, unabhängige. Preis für diese Freiheit ist das »Große Sterben«, wie es im 41. Beispiel im »Bi-Yän-Lu« (»Niederschrift von der Smaragdenen Felswand«)[51] als Voraussetzung des Lebendigseins erwähnt ist. »Wie ist das eigentlich dann, wenn einer, der den großen Tod gestorben ist, nun im Gegenteil lebendig wird?« Die Frage wird in diesem Beispiel nicht gestellt, um in ausführlichen Erörterungen den Gefragten auf sie eintreten zu lassen. Im Gegenteil, die Frage wird abgewiesen. Der »Große Tod« ist etwas, das im Hintergrund zu halten ist, das in Begriffen nicht erläutert werden kann; »zieht man es in den Vordergrund durch Reden in Begriffen, so reißt man auseinander, was in Wahrheit Eines ist«.[52] Wie bei Eckhart sind auch Steigerungen des Todes denkbar. So heißt es: »Erst wenn der Tote in dir ganz und gar getötet ist, erblickst du dich als Lebenden; und erst, wenn der Lebende in dir ganz und gar lebendig ist, erblickst du dich als Toten.« Oder: »Mitten im Tod hat er doch Augen, ist gleich wie ein Lebender.«[53]

Um was geht es in diesem Sterben? Es geht darum, seinem Ich zu sterben, sein Ich zu lassen, »allerdings nicht um in die Nichtigkeit zu entschwinden, sondern zur Verwirklichung des ichlosen wahren Selbst«.[54] So sagt Meister Shidôbunan (1603-1678): »Wer lebend gestorben, einen Grundtod gestorben ist und tut, wie es ihm gefällt, der ist ein wahrer Mensch.«[55] Es geht darum, jetzt zu sterben, lebend zu sterben. Ueda hat auf die zenbuddhistische Formel für diese Erfahrung nachhaltig hingewiesen: »Leben/Sterben ledig des Leben/Sterbens« oder »Freiheit vom Leben/Sterben zum Leben/Sterben«.[56] Was ist damit gemeint? Sicherlich – auf der theoretischen Ebene – »das Einander-

Durchdringen von Sein und Nichts« oder – verschärft zu einer Vorstellung von einem absoluten Nichts: »weder Sein noch Nichts – Sein und zugleich Nichts, Nichts und zugleich Sein«.[57] Das heißt auch: Durchbruch zum wahren Selbst, Wahrer-Mensch-Werden. Damit ist das »Große Sterben« ein »Stirb und werde«, ein Erwachen zum Leben. Diesem müssen wir uns noch zuwenden.

III

Die *mors mystica* ist praktisch in allen Religionen jener Vorgang, in dem der Mensch absichtlich stirbt, um für Gott zu leben. Das bedeutet faktisch Askese, Abtötung, »Strengheiten«, »Übungen«, Umkehr, *Conversio morum*, Sich-auf-den-Weg-Machen in einer monastischen Lebensform. Das Erstaunliche ist nun, daß die im Tod eingetauschte Lebensform, oder besser: das im Tode und im Sterben gegenwärtige Leben sowohl für Meister Eckhart wie die Zen-Buddhisten sich durch äußerste Gewöhnlichkeit auszeichnet. Es ist kein Leben der Askese, kein Leben der einengenden Form. Gewiß, Eckhart anerkennt asketische Übungen, aber als bloße Vorform des wahren Sterbens; es ist nützlich, weil es die Natur eindämmt. Gewiß, die Zen-Buddhisten halten das Hocken für eine absolut entscheidende Übung, wenn auch Lin-chi hierin weniger streng ist. Aber entscheidend ist das im Sterben im mystischen Tod zu erlangende »absolute Nichts«[58] bei den Buddhisten, das »freie Nichts« bei Meister Eckhart. Dieses Nichts ist kompromißlos und gestattet keinerlei Einengungen mehr, weil es verwirklichte Freiheit ist. Diese Freiheit ist aber nicht schlichte Wahlfreiheit, sondern Freiheit für und zum Absoluten, buddhistisch für die Freiheit vom Rad der Wiedergeburten im Nirvana, christlich für die Freiheit zum Einen Gott. Nichts Pathetisches haftet dieser Freiheit an; sie ist alltäglich, gewöhnlich, bisweilen – in Sprüchen Lin-chis – betont ordinär.

Ich greife auf die Eckhartpredigt zurück, mit der ich angefangen habe. Der Mensch hat drei Tode hinter sich: er ist seiner *geschaffenheit* gestorben, seinem archetypischen Sein im Logos und sogar seiner *ungeschaffenheit* in der göttlichen Natur. Auf jedem Niveau ihrer Gotteserfahrung wartet der Seele ein je neuer Tod: Wenn sie nun – selbst in der Natur Gottes – erkennen muß, daß sie das »Reich Gottes« nicht zu begreifen vermag, *so enphint di sele ir selbs und get ir eygen weg und ensůcht got nimmer.*[59] Mit andern Worten: Die Seele, die zu höchsten Erfahrungen ausgezogen ist, wird enttäuscht; ihr Teil ist ein laufendes Sterben, das aber zu einem »freien Nichts« hinführt, in dem spektakuläre seelische Erfahrungen – Visionen und Gotteserfahrungen aller Art – unnötig werden, in dem letztlich nur die normale, alltägliche Seelenerfahrung gilt. Darin werden die Kategorien von Heiligem und Profanem überschritten; die Werke des Menschen sind hier alle gleich vollkommen, *wann alle werk sein da geleich: mein minstes ist da mein meistes, und mein meistes ist da mein minstes.*[60] Es ist die eckhartsche Abgeschiedenheit, Gelassenheit, Warumlosigkeit, die nach ihm die biblische Martha aus einem geübten Seelengrund heraus darstellt. Sie hat zum *weselichen werk*[61], zum seinshaften Wirken zurückgefunden. Martha ist auf höherer Stufe als Maria, die Jesus meditativ zugewendet – innerlich genießend – Ihn betrachtet und so die normalen Tätigkeiten des Alltags vergißt.[62]

Ein Dreischritt[63] wird in Eckharts Überlegungen vollzogen: Eingangs seiner Predigt gibt er seine Absicht kund, die *edilkeit* der Seele darzustellen. Dieser positive Wert ist nach ihm aber nicht darstellbar, weil unaussprechlich. Also spricht er von den drei Toden, in denen alles Kategoriale erlischt und untergeht. Schließlich aber bleibt das Handeln und Sein hier und jetzt in Alltäglichkeit. Das ist dann das Sein im »freien Nichts«, das wieder durch höchste Positivität erkauft ist. Das ist *edilkeit* der Seele. Der Dreischritt besteht in der Abfolge: Artikulation – Nicht-Artikulation – Artikulation; Leben – Tod – Leben als Leben im Tod, Tod im Leben.

Ganz ähnlich geschieht es im Zen-Buddhismus. Ich möchte es an der Geschichte vom Ochs und seinem Hirten[64] erklären. In dieser altchinesischen Zen-Geschichte wird die Suche eines Hirten nach seinem Ochsen geschildert. In zehn Stationen wird hier der Weg der Selbstwerdung dargestellt. Das ichlose Selbst wird in den ersten sieben Stufen auf traditionelle Weise – durch Studium, Askese, Meditation – zu erreichen gesucht. Im Bild zur achten Station findet sich ein leerer Kreis – Spannungslosigkeit, Nichts, alles ist verschwunden. Das ist der Tod, in dem das

Leben aufbricht als ein Leben/Sterben, das Ereignis der Erleuchtung. Zur neunten Station heißt es: »Grenzenlos fließt der Fluß, wie er fließt. Rot blüht die Blume, wie sie blüht.«[65] Auch hier hat ein Dreischritt stattgefunden. Der erste: »Die Blume blüht«. Der zweite: »Die Blume blüht nicht«. Der dritte: »Die Blume blüht von sich selber her, wie sie blüht«.[66] Der Dreischritt markiert den Übergang von einer ich-haften Natur zu einer nicht-substanzialisierten, ich-losen Natur. Zwischenstation ist der Tod, das Nichts, aus dem Leben als Leben/Sterben erwächst. Dieses Leben/Sterben ist wiederum Freiheit: Der Hirte wird im 10. Bild gezeigt, wie er – frei und gelassen – wieder zu den Menschen kommt. Eckhart spricht vom *widerkumen*[67]; das ist genau der Sachverhalt, wie er in der Geschichte vom Ochs und seinem Hirten geschildert wird:

> Mit entblößter Brust und nackten Füßen kommt er herein auf den Markt.
> Das Gesicht mit Erde beschmiert, der Kopf mit Asche über und über bestreut.
> Seine Wangen überströmt vom mächtigen Lachen.
> Ohne Geheimnis und Wunder zu mühen, läßt er jäh die dürren Bäume erblühen.
>
> Freundschaftlich kommt dieser Kerl zu einem fremden Geschlecht.
> Bald zeigt sein Gesicht deutlich die Züge des Pferdes, bald die des Esels.
> Schwingt er einmal den eisernen Stab schnell wie der Wind – Öffnen sich jäh geräumig weit Tür und Tor.
>
> Gerad ins Gesicht springt aus dem Ärmel heraus der eiserne Stab.
> Bald spricht er hunnisch, bald chinesisch, mit mächtigem Lachen auf seinen Wangen.
> Wenn es ein Mensch versteht, einem Selbst zu begegnen und unbekannt ihm zu bleiben –
> Wird sich weit das Tor zum Palaste öffnen.[68]

Das ist der »Mensch ohne Rang«, wie ihn Lin-chi gefordert hat, als er sagte:

> Über der platzraubenden Masse eures rötlichen Fleisches gibt es einen wahren Menschen ohne Rang. Er kommt und geht ständig durch die Tore eures Gesichts. Falls ihr ihm noch nicht begegnet seid, faßt ihn, faßt ihn, faßt ihn hier und jetzt![69]

Die Gewöhnlichkeit dieses absoluten Nichts hat derselbe Meister immer wieder, zum Teil recht drastisch, versichert:

Nachfolger auf dem Wege zum Buddha-Dharma braucht es keine Anstrengung. Es geht einzig darum, sich im Alltäglichen zu halten, nichts zu tun – den Darm entleeren und harnen, sich bekleiden, essen und bei Müdigkeit sich niederlegen.[70]

Die Buddha-Natur ist weder außen noch innen zu suchen, sie ist überall.

Auch Eckhart fordert ein »Gefunden-Haben sonder Suchen«[71], ein unangestrengtes Gelassen-Haben, nicht bestimmter Dinge, sondern aller! »Wirken in der Zeit«[72] ist für ihn so edel wie jede mühselige Anstrengung, sich mit Gott zu verbinden, da im Nichts des Todes der Mensch merkt, daß er immer schon mit ihm eins ist. Terminus dafür ist ihm: *weselîche stân* (seinshaft dastehen).[73] Das ist ihm Einheit vor aller Einheit, die er einmal so umschreibt:

Nû lose wunder! Welch wunderlich stân ûze und innen, begrîfen und umbegriffen werden, sehen und sîn diu gesiht, enthalten und enthalten werden: daz ist daz ende, dâ der geist blibet mit ruowe in einicheit der lieben ewicheit.[74]

Hierin ist die »Identität des Nicht-Identischen«[75], wie sie wiederum Lin-chi in seinen »vier Alternativen«[76] fordert:

1. das Subjekt wegnehmen und das Objekt nicht wegnehmen;
2. das Objekt wegnehmen und das Subjekt nicht wegnehmen;
3. Subjekt und Objekt beide wegnehmen;
4. Subjekt und Objekt beide nicht wegnehmen.

*

Ich komme zum Schluß. Die Frage war die nach der Möglichkeit eines christlichen Gesprächspartners für die östlichen Heilswege. Ich habe sie auf Meister Eckhart und den Zen-Buddhismus fokussiert. Hier – zwischen den beiden – findet eine Art Ernstfall von Begegnung über Jahrhunderte hinweg statt. Lin-chi und Meister Eckhart ent-sprechen einander über die Zeiträume hin auf eine verblüffende Art. Es wäre aber auch, wenn schon von Analogien die Rede war, von den Unterschieden zu reden. Diese liegen zwischen Eckhart und dem Zen-Buddhismus im denkerischen Ansatz: Der Ort von Eckharts Erlösungsvorstellung liegt in der Zukunft, ist bloß eschatologisch erfüllt, wenn auch hier und jetzt inchoativ immer schon da. Die zen-buddhistische Erlösung tendiert in eine Einheit, die gewissermaßen die Einheit der Natur ist, eine adamische Einheit mit dem umgebenden Paradies, noch ohne Mitmenschen. Ohne Wertung gesagt: die christliche Erlösung langt in die Zukunft, die zen-buddhistische in den rückwärtigen Raum; beide aber treffen sich in der hohen Wertschätzung des »einen einzigen kleinen Rucks«[77], der – plötzlich, hier und jetzt, in diesem Augenblick – Erfüllung als »Leben/Sterben« bringt.

Das Ereignis des Wortes

Sprachliche Verfahren bei Meister Eckhart und im Zen-Buddhismus

Max Wehrli zum 75. Geburtstag

Der nachfolgende Vergleich zwischen den sprachlichen Verfahren bei Meister Eckhart und dem Zen-Buddhismus hat einen aktuellen und historischen Anlaß. Im Sommer 1983 erreichte mich eine Einladung vom International Symposium for Religious Philosophy of Taniguchi Foundation in Kyoto, Japan, in der ich – insbesondere auch von Prof. Dr. Shizuteru Ueda – gebeten wurde, am zweiten Internationalen Symposium mit dem Generalthema »Zen und Mystik in der gegenwärtigen Welt« einen Beitrag über die sprachlichen Verfahren bei Meister Eckhart und im Zen-Buddhismus beizusteuern. Das Symposium fand vom 25.-30. März 1984 in Kyoto statt und erbrachte sowohl von japanischer wie westlicher Seite eine Fülle von Analogien und Differenzen zwischen westlicher und östlicher Mystik. Es war ganz selbstverständlich, daß im Zentrum der Gespräche Meister Eckhart stand. Ihn mit östlicher Religion und Mystik zu konfrontieren, hat keinerlei modische oder periphere Gründe. Er ist – und damit ist der historische Anlaß genannt – immer schon der Gesprächspartner des westlichen Christentums mit dem Osten gewesen, der östliche Positionen in christlichem Geist am schärfsten formulierte. Seit Daisetz Teitaro Suzuki, Keji Nishitani und Shizuteru Ueda ist Meister Eckhart insbesondere im japanischen Zen-Buddhismus, wie ihn die Kyoto-Schule vertritt, *der* christliche Gesprächspartner geworden. In der westlichen religionswissenschaftlichen Schule Rudolf Ottos wurde Eckhart dagegen vor allem mit den indischen Religionsformen in Beziehung gerückt. Der vorliegende Beitrag versucht, anstatt bei Inhalten und psychologischen Gegebenheiten religiösen Verhaltens anzusetzen, die sprachliche Grundstruktur Eckhartschen und zen-buddhistischen Redens in Analogie und Differenz zu erschließen. Hier scheint mir ein Ansatzpunkt gegeben, der sine ira et studio angegangen werden kann, der aber deswegen nicht beliebig ist, sondern in ganz entscheidender Weise einen verbindlichen Vergleich zwischen den beiden religiösen Denk- und Erfahrungsweisen gestattet. Zweck des hier vorliegenden Versuchs ist es, in einem ganz fundamental schlichten Sinn Vergleichbares dort aufzusuchen, wo es vorliegt, in der Sprache.

Wollten wir im Bereich der literarischen *Gattung* Homologien zwischen Meister Eckhart und zen-buddhistischen Texten suchen und auch finden, dann müßten wir für Meister Eckhart paradoxerweise auf Belege zurückgreifen, deren Abfassung nicht ihm zugeschrieben werden kann und die doch nachhaltig seine autoritative Rolle für das geistige Leben bezeugen.[1] Ich meine die sogenannten Eckhart-Legenden[2], deren Kern meist die Begegnungen des Meisters mit einem an sich unscheinbaren Menschen – einem Töchterlein, einem nackten Buben, einem armen Menschen – ausmacht. Im Gespräch mit diesen vollzieht sich meist etwas Schockierendes; es zeigt sich nämlich, daß diese Verachteten und Verfemten das einzig wahre und richtige Verhältnis zu Gott gefunden haben.[3] Meister Eckhart – für einmal in der Rolle des Schülers – vernimmt durch sie von der wahren Abgeschiedenheit, ist aber – als Meister – gleichzeitig in der Lage, diese anzuerkennen. Eine solche Eckhart-Legende verläuft folgendermaßen:

Von dem guten Morgen

Meister Eckhart sprach zu einem armen Menschen: »Gott gebe dir einen guten Morgen, Bruder!« »Herr, den behaltet für euch selber: ich habe noch nie einen bösen gehabt.« Er sagte: »Warum denn, Bruder?« – »Weil ich alles, was mir Gott je zu leiden aufgab, fröhlich um seinetwillen litt und mich seiner unwürdig dünkte, und drum ward ich nie traurig und betrübt.« Er sprach: »Wo fandest du Gott zu allererst?« – »Als ich von allen Kreaturen abließ, da fand ich Gott.« Er sprach: »Wo hast du denn Gott gelassen, Bruder?« – »In allen lauteren, reinen Herzen.« Er sprach: »Was für ein Mann bist du, Bruder?« – »Ich bin ein König.« Er sprach: »Worüber?« – »Über mein Fleisch: denn alles, was mein Geist je von Gott begehrte, das zu erwirken und zu erleiden war mein Fleisch noch behender und schneller als mein Geist es aufzunehmen.« Er sprach: »Ein König muß ein Königreich haben. Wo ist denn dein Reich, Bruder?« – »In meiner Seele.« Er sprach: »Wieso, Bruder?« – »Wenn ich die Pforten meiner fünf Sinne verschlossen habe und ich Gottes mit ganzem Ernst begehre, so finde ich Gott in meiner Seele ebenso strahlend und froh, wie er im ewigen Leben ist.« Er sprach: »Du magst wohl heilig sein. Wer hat dich heilig gemacht, Bruder?« – »Das tat mein Stillesitzen und meine hohen Gedanken und meine Vereinigung mit Gott, – das hat mich in den Himmel emporgezogen; denn ich konnte nie bei irgend etwas Ruhe finden, das weniger war als Gott. Nun habe ich ihn gefunden und habe Ruhe und Freude in ihm ewiglich, und *das* geht in der Zeitlichkeit über alle Königreiche. Kein äußeres Werk ist so vollkommen, daß es die Innerlichkeit nicht hindere.«[4]

Eine andere Geschichte wäre dieser zur Seite zu stellen, jene von Meister Eckharts Tochter.[5] Darin wird geschildert, wie ein Mädchen an die Klosterpforte kommt und Meister Eckhart verlangt. Auf jede Frage des Pförtners, wer sie sei, damit er sie auch dem Meister angemessen melden kann, antwortet sie: *ich en wais!* Der Meister kommt zur Pforte und spricht mit der *aller wunderlichsten creatur,* erhält aber immer dieselbe brüskierende Antwort: *ich en wais!* Schließlich gibt sie nähere Auskunft über ihr Nichtwissen im Blick auf sich selber: Sie ist weder Mädchen, Weib, Mann, Frau, Witwe, Jungfrau, Herr, Magd, Knecht und erfüllt daher auch keine der mit diesen sozialen Umschreibungen gegebenen Funktionen; sie schließt: *Der aller bin ich leyder keines. Ich bin ein dink als ein ander dingk vnd lawff nv da hyn.* Ergriffen geht Eckhart ins Kloster zurück und sagt: *ich hân den lüttersten menschen gesehen und gehört, den ich in zitt funden han.* Zur Veranschaulichung dieses völligen Nichtwissens über sich selbst, das ein letztes Wissen oder ein belehrtes Unwissen ist, läßt sich ein Spruch des Angelus Silesius anführen:

Ich weiß nicht, was ich bin; ich bin nicht, was ich weiß;
Ein Ding und nit ein Ding, ein Stüpfchen und ein Kreis.[6]

In beiden Texten begegnet uns eine Sprachstruktur, die eine erstaunliche Ähnlichkeit mit den Zen-Kôans oder Mondôs hat. Gewiß, im Gesamten gesehen sind sie wortreicher und daher gewissermaßen informativer als Kôans; sie liefern im Text selbst schon Anhaltspunkte für die Deutung: Man weiß, es geht um den abgeschiedenen Menschen, der in der Preisgabe seines individuellen Ich jene Allgemeinheit des Selbst erreicht hat, die zur wahren Gotteserfahrung und -einigung ermächtigt. Trotzdem – die Ähnlichkeiten in der sprachlichen Verfahrensweise sind unübersehbar. Zunächst wird auch hier die Alltagssprache brüskiert, indem sie beim Wort genommen als untauglich für den auszusagenden Gehalt erkannt wird. In der ersten Geschichte ist es der Gruß »Guten Morgen«, der dem abgeschiedenen

Menschen ungenügend, ja falsch gelten muß, da er mit Yünmen erfahren hat: »Tag um Tag ist guter Tag.«[7] So harmlos beide Aussagen scheinen mögen, so bedeuten sie doch »eine erschreckende Herausforderung an unsere rationalistische Art des Denkens«[8], da sie die Zeit-Struktur, die wir in Tagen, Wochen, Monaten und Jahren zu ordnen und zu zählen belieben, zugunsten der Erfahrung der »absoluten Linie der Gegenwart, die vollkommen zeitlos ist«[9], aufhebt. Im weiteren sind die Motive des Alles-Leidens, des Ablassens von den Kreaturen, des Gott-Lassens, des König-Seins als Bettler Momente einer zenbuddhistischen Seinsweise und könnten leichthin belegt werden. Allenfalls ist das Verschließen der fünf Sinnespforten als Voraussetzung des Satori, hier der Vereinigung der Seele mit Gott, für einen Zen-Buddhisten, wie ich vermute, eher unverständlich.[10] Immerhin gibt es im Vorgang des Sitzens psychologisch gesehen ähnliche asketische Praxen im Zen, allerdings nicht im Sinne eines Unterdrückungs-Yoga[11], sondern im Sinne einer erhöhten Wachsamkeit und Konzentration. Stillesitzen ist ein Motiv, das in der deutschen Mystik nicht allzu häufig als eine geistliche Methode erscheint. Es muß aber derartige methodisch geübte Verhaltensweisen gegeben haben, weist doch Ruusbroec an wichtiger Stelle seiner *Zierde der geistlichen Hochzeit*[12] warnend auf ein »Stillesitzen« hin »ohne innere oder äußere Andachtsübung, in Untätigkeit, zu dem Zwecke, daß die Ruhe gefunden werde und ungestört bleibe«. Die durch Stillesitzen gewonnene Ruhe nennt er eine »natürliche Ruhe«, die den Menschen, so sehr vor ihr gewarnt werden muß,

> immerhin ... in ein Gefühl des Freiseins [bringt], das aber auch Heiden und Juden finden können und alle Menschen, so bös sie auch sein mögen, wofern sie nur ihren Sünden ohne Gewissensrüge nachleben und sie sich von Bildern und fremden Einwirkungen nicht zusetzen lassen. In diesem Freisein ist die Ruhe sicherlich groß und genußreich. Auch ist diese Ruhe an und für sich keine Sünde; denn sie ist von Natur in allen Menschen, wofern sie sich leer machen können.[13]

Was immer das für eine Praxis des Stillesitzens gewesen sein kann, Tatsache ist, daß es christlich, in Ansätzen wenigstens, so etwas wie eine Zen-Praxis gab, wenn es stimmt, daß das innere Leer-Werden auch hier das entscheidende Ziel war.

Noch interessanter ist die Geschichte vom Mädchen ohne Eigenschaften.[14] Die hier in der Eigenschaftslosigkeit anvisierte

Anonymität oder Allgemeinheit des Menschen ist – wie Eckhart richtig diagnostiziert – eine letztdenkbare Form der Lauterkeit, Offenheit und Wehrlosigkeit fürs Ankommende. Ich denke, daß man das *ich en wais!* – das man mystologisch immer wieder auch als ein *Je ne sais quoi* (bei Seuse als *neweis*[15]) vorfindet – in seiner vollen Tragweite aufzufassen hat. Es läßt sich dann leicht mit ähnlichen Nichtwissensbeteuerungen im Zen-Buddhismus vergleichen.

Zu denken ist etwa an Bodhidharma, der, nachdem er seine denkwürdige Antwort auf die Frage nach dem höchsten Sinn der Heiligen Wahrheit folgendermaßen gegeben hatte: »Offene Weite – nichts von heilig«[16], diese Antwort im Folgenden vor dem Kaiser, als dieser ihn nach seiner Person zu fragen versuchte, durch ein »Ich weiß es nicht« ratifizierte. Diese sowohl bei Eckhart wie dem Zen-Buddhismus immer wieder betonte Unbestimmbarkeit des Menschen beruht auf seiner in der Absoluten Wirklichkeit gewonnenen Allgemeinheit. Ich erinnere an das Bild vom Menschen, wie es Lin-chi in folgendem Text vorträgt:

> Eines Tages setzte sich der Meister in die Vorlesungshalle und sagte: »Über der platzraubenden Masse eures rötlichen Fleisches gibt es einen Wahren Menschen ohne Rang. Er kommt und geht ständig durch die Tore eures Gesichts. Falls ihr ihm noch nicht begegnet seid, faßt ihn, faßt ihn hier und jetzt!«
> In diesem Augenblick trat ein Mönch hervor und fragte: »Was für ein Gefährte ist dieser Wahre Mensch?«
> Der Meister kam plötzlich von seinem Podest herunter, ergriff den Mönch und drängte ihn: »Sag mir, sag mir!«
> Der Mönch zuckte einen Augenblick zusammen.
> Der Meister schob ihn sofort von sich weg und sagte: »Ach, was für ein unnützes-Arschwisch-Holz dein Wahrer-Mensch-ohne-Rang doch ist!«[17]

Damit nicht sowohl die eckhartsche Konzeption des allgemeinen Menschen wie die Lin-chis über den »Wahren Menschen ohne jeden Rang« völlig mißverstanden werde, sei gleich – wie es den gegebenen Beispielen übrigens abgelesen werden kann – nachgetragen, daß sich der »Wahre Mensch ohne jeden Rang« nicht Zeit und Raum derart entzieht, daß er eigentlich nicht mehr vorhanden sein dürfte, sondern daß er sich als überindividueller, übersinnlicher und überempirischer Mensch nicht unabhängig vom empirischen Menschen aktualisiert. Deswegen sind die Vorgänge, in denen der allgemeine Mensch oder der

»Mensch ohne jeden Rang« gezeigt wird, als Ereigniszusammenhänge geschildert, in denen das Hier und Jetzt des Erfassens der Überindividualität in Form einer Notwendigkeit aufgewiesen wird. Das heißt, daß das überindividuelle und empirische Ich bruchlos ineinander sind, daß »diese doppelte Struktur der Persönlichkeit«[18] in ihrer Verwirklichung als Einheit zu erfahren ist. Das ließe sich bei Lin-chi und Meister Eckhart (in seiner Ethik) ausführlich zeigen. Hier sei auf diesen sowohl für Meister Eckhart wie den Zen-Buddhismus typischen anthropologischen Befund nur deshalb hingewiesen, weil in ihm sich das wohl stärkste Motiv für ein grundsätzlich gegensprachlich organisiertes Sprachverhalten[19] findet. Wo sich der Mensch nicht in platter Objektivität mit sich selber befaßt, sondern sich die mit seinem Wesen ihm gegebenen Chancen der Selbsttranszendenz – in welcher Form immer – wahrt, kommt er in Konflikt mit seinem alltagsbezogenen Denken und Sprechen, weil sich – um es abgekürzt zu sagen – alle auf das Selbst bezogene Erfahrung von aller auf das Ich und seine Selbstbehauptung abhebenden alltäglichen Existenzweise des Menschen grundsätzlich als unaussagbar unterscheidet. Das Satori des Zen-Buddhisten oder die eckhartsche mystische Erfahrung – die beide auf die letztliche Einheit von Ich und Selbst[20] abzielen –, sind also auf gegen- oder metasprachliche Maßnahmen angewiesen, um diese Einheit überhaupt als eine das bloße Alltagsverhalten brüskierende in den geistigen Blick zu rücken. Noch schärfer als Eckhart und die christlichen Mystiker insgesamt stützt sich der Zen-Buddhismus dabei auf im engeren Sinn außersprachliche Techniken ab – auf Sitzen, Schweigen, Gestik –, aber man darf nicht vergessen, daß alle diese oft vom Augenblick eingegebenen Maßnahmen in einem weiteren Sinne doch Sprache darstellen, sprachlich aufgehoben werden (in den Kôans und Unterweisungen), auch und gerade dann, wenn sie nonverbales Geschehen vermitteln.[21] Insofern ist die Rede von der Sprachfeindlichkeit der Mystik[22] – an die ich nicht so recht glaube – oder von der ausgesprochenen Abweisung der Sprache im Zen-Buddhismus zu relativieren: Noch der Ein-Finger-Zen Djü-dschis[23] lebt von einer Form der Kommunikation, deren Signatur letztlich sprachlicher Art ist.[24] Diese Voraussetzung ist für meine Untersuchung im folgenden notwendig, da ich mich in beiden Fällen ja auf Texte abstütze. Sie ist meine einzige bindende Voraussetzung. Im übrigen werde ich mich sehr ungeschützt äußern müssen. Ich werde kaum auf die Problematik eintreten können, ob es beim Zen-Buddhismus – ich gehe davon aus, daß es sich um *mystologische Nicht-Mystik*[25] handelt – oder bei Meister Eckharts Lehre – die ich für *eine spezielle Form von Mystik* halte[26] – um Mystik im religionsphilosophischen Sinne geht. Ich werde deshalb auch nur am Rand auf gehaltliche Fragen eingehen können; aber daß solche marginal gegenwärtig sind, läßt sich nicht vermeiden.

I

Literarische Texte – von welcher Herkunft auch immer – haben einen bestimmten Status, der in genauer Relation zu ihrem – wie die Bibelexegeten heute zu sagen belieben – »Sitz im Leben« steht. Wenn ich korrekt vorgehen wollte, müßte ich – um Gemeinsamkeiten und Unterschiede in ihrer vollen Breite anschaubar machen zu können – die zen-buddhistischen Texte und die christlichen Texte der Mystik in ihrer ganzen Fülle heranziehen. Das ist durch eminente Forscher, wie Enomiya-Lassalle[27] und Dumoulin[28] und andere[29], schon öfter gemacht worden. Wenn ich mich auf Meister Eckhart beschränke, dann läßt sich das dadurch begründen, daß er in ausgezeichneter Weise immer schon als ein christlicher Gesprächspartner des Buddhismus im ganzen empfunden wurde. Auch hierüber besteht eine lebhafte Forschung.[30] Meister Eckharts hinterlassene Schriften sind, soweit sie in deutscher Sprache vorliegen, sicherlich von ihrem »Sitz im Leben« her den zen-buddhistischen Texten vergleichbar. Eckhart verstand sich in seiner höchsten Bestimmung wohl immer mehr als *lebmeister* denn als *lesmeister* (Lektor), als Professor an der Universität Paris und an der Ordensschule in Köln. Wir wissen auch, daß er in Frauenklöstern Süddeutschlands und der Schweiz als geistlicher Mentor[31] gewirkt hat, der – ob richtig verstanden oder nicht – in jedem Fall als eine außerordentliche Erweckerfigur historisch verbürgt ist. Das Meister-Schüler-Verhältnis ist im Zen-Buddhismus[32] für die vorhandenen Texte noch viel enger zu fassen, als es im Christentum normalerweise denkbar ist. Immerhin ist es in beiden Fällen – also auch für Meister Eckhart – konstitutiv für die lebensmäßige Einordnung der Texte. Es mag an der stark dogmatischen, d. h. auf die Offenbarung bezogenen Zielrichtung der christlichen Texte ganz grundsätzlich liegen, daß Eckharts Texte – Predigten, Traktate, Sprüche – einen stärker unterweisenden Zug haben als die zen-buddhistischen, die das Ereignis der Erleuchtung, des erwachenden Durchbruchs, zur innersten Struktur ihrer Aussage machen. Immerhin darf der Beitrag unterweisender Lehre im täglichen Sûtrensprechen des zen-buddhistischen Mönchs wohl nicht unterschätzt werden. Was aber die Eckhartschen Texte besonders vergleichbar mit zen-buddhistischen ausweist, ist deren innerste Ausrichtung auf den Durchbruch der Gottesgeburt im Herzen des Gläubigen[33]; von dieser alle Texte durchwaltenden Energie her bekommen die Eckhartschen Predigten einen Duktus auf die im Menschen unverbrüchlich und unvordenklich waltende *gegenwerticheit gotes*[34] hin, wie sie schärfer nicht aufbrechen könnte. Aktualität, Ereignishaftigkeit[35] und Dynamik, aber auch bleibende, »ewigkeitliche« Präsenz der mystischen Erfahrung stempeln die Eckhartschen Texte zu Dokumenten einer Mystik, in der die Gleichzeitigkeit des »Oberwärts« und »Niederwärts«[36] ähnlich wie im Zen-Buddhismus gefordert und verwirklicht wird. Allerdings sind es bei Eckhart immer ausgesprochenermaßen mehr oder weniger ausgeformte Texte, in denen er Erfahrungen und Hinweise dazu niedergelegt hat.

Wenn ich recht sehe, ist der methodische Vorbehalt gegenüber der kommunikativen Funktion der Sprache im Zen-Buddhismus aufs schärfste ausgeprägt, während bei Eckhart solche Reserven eher punktuell auftreten. Sie haben zudem oft eine umgekehrte Stoßrichtung als im Zen-Buddhismus. *Got ist ein wort daz sich selben sprichet*[37] – diese Aussage gibt die Klammer ab, innerhalb welcher dann gesagt werden kann, daß Gott ein gleichzeitig ausgesprochenes und ungesprochen-unaussprechbares Wort ist. Das Wortereignis ist als positives Faktum das erste, aber nicht nur von seiten Gottes, sondern auch für die Kreatur: Auch sie hat Wortcharakter, da es gilt: *Alle crêatûren sint ein sprechen gotes.*[38] Die absolute Priorität des Wortes – als Gottes- und Schöpfungsereignis – steht überschwenglich vor aller Apophase, die bei Eckhart natürlich nicht fehlt. Es gibt bei ihm sogar den Zwang zur Verkündigung, eine Art Sprechzwang, der sich durchsetzt noch dort, wo eine Kommunikation durch die äußeren Umstände verhindert würde: *Wêre hie nie-*

man gewesen, ich müeste sie (dise predie) disem stocke geprediet hân.[39] Im Zen-Buddhismus sind Rang und Bedeutung von Sprache sowohl theoretisch wie praktisch herabgesetzt. »Kein Gebrauch von Worten und Buchstaben!« lautet die Aufforderung.[40] Oder: »Ohne Abhängigkeit von Wort und Sprache; Überlieferung außerhalb der Lehre.«[41] Andererseits, wenn Sprache eingesetzt wird, dann geschieht solche sprachliche Artikulation in derart unnatürlicher und befremdlicher Weise, daß die Gesetze der zwischenmenschlichen Kommunikation außer Kraft gesetzt scheinen.[42] Man mag sich zunächst fragen, ob hier die Gebärde der Kommunikationsverweigerung den letzten Rest von Kommunikation darstelle, der in diesem sparsamen Umgang mit der Sprache noch denkbar und möglich sei. Oft ist die Überführung der in Kôans geschilderten Redesituationen[43] in Handlungsgestik feststellbar. Beispielhaft ist der Verzicht auf Sprache überhaupt: die Gestik übernimmt alles semantisch Bedeutungsvolle, wie im 6. Beispiel des »Mumonkan«:

Als einst der Welterhabene auf dem Geierberg weilte, hob er mit den Fingern eine Blume empor und zeigte sie der versammelten Schar (der Mönche). Damals schwiegen alle. Nur der ehrwürdige Kâshyapa verzog sein Gesicht zu einem Lächeln. Der Erhabene sprach: »Ich habe das wahre Dharma-Auge, den wunderbaren Geist des Nirvâna, die formlose wahre Form, das geheimnisvolle Dharma-Tor, das nicht auf Worten und Buchstaben beruht, eine besondere Überlieferung außerhalb der Schriften. Diese vertraue ich dem Mahâkâshyapa an.«[44]

Immerhin *spricht* Buddha, nachdem seine Gestik von einem einzelnen verstanden worden ist; immerhin wird die nicht auf Worten und Buchstaben beruhende, besondere Überlieferung dem Kâshyapa in Worten übermittelt.[45] Es ist ein Paradox Buddhas, daß sich bei ihm Reden und Schweigen verschränken, so daß das eine im anderen aufgehoben werden kann, wie das Reden im Schweigen in dem Lankâvatâra-Sûtra LXII: »Seit der Nacht, in welcher der Tâthâgata Erleuchtung fand, bis zur Nacht, in der er ins Nirvâna eingeht, hat er kein einziges Wort geredet.«[46] Wenn man weiß, daß die dazwischenliegenden 49 Jahre mit nichts anderem »als mit unermüdlichem Reden, Raten und Belehren« ausgefüllt waren[47], vermag man das Paradox, das hier gewissermaßen kanonisch präsentiert wird, zu ermessen. Wie ist eine solche Aussage zu beurteilen, in der das Gegenteil dessen behauptet wird, was »wahr« ist? Sicherlich ist es keine

Aussage im westeuropäischen Sinn, da ihre Adäquatheit zur ausgesagten Sache in völligem Mißverhältnis steht. Es ist aber auch anzunehmen, daß das Sûtra *nicht* lügen will, sondern einen Hinweis zu geben versucht auf etwas, das jenseits der Korrespondenz von Sache und Sprache steht. Also eine Kommunikation jenseits von historischer Richtigkeit? – Wenn wir die Sprache des Zen-Buddhismus in ihrer deiktischen Funktion und weniger in ihrer Aussagetendenz zu verstehen versuchen, werden wir der in ihr angelegten Kommunikationswilligkeit näherkommen, auch wenn die normale Kommunikationskompetenz der Sprache systematisch bis zur Nicht-Kommunikation verdunkelt zu sein scheint.

Für die Sprache hat die sparsame Anwendung ihrer Mittel im Zen-Buddhismus Konsequenzen: Gerade die gehemmte, bis zur Unsinnigkeit vorgetriebene Verwendung der Sprache führt zu einer Virtuosität, die auf ein außerordentlich hochentwickeltes Sprachgefühl der Zen-Meister schließen läßt.[48] Die Worte gewinnen in solcher Anwendung gewissermaßen ihre adamische Frische zurück, und angesichts gewisser Kôans möchte man mit Meister Eckhart ausrufen: *man möchte wunder tuon mit worten.*[49]

Denn die Worte sind – als Hinweise auf die Wirklichkeit hinter Reden und Schweigen – so wunderbar wie diese Wirklichkeit selbst.[50] Von diesem Punkt her – auch wenn die Herkünfte gänzlich verschieden sind: bei Eckhart eine Worttheologie, im Zen-Buddhismus eine letzte Sprachskepsis[51] – sind beide Phänomene, Meister Eckhart und der Zen-Buddhismus, vergleichbar. »Les extrêmes se touchent«, möchte man im Blick auf die verschiedenen Ausgangspunkte sagen. Es ist so, daß grundsätzlicher Sprachoptimismus und -pessimismus beide zum Worterеignis hinzuführen vermögen.[52] Es kann dann durchaus geschehen, daß sich jede der beiden Haltungen je ihren Gegensatz einverleibt, so daß Eckhart nicht weniger apophatisch[53] als die Zen-Meister und die Zen-Meister nicht weniger kataphatisch[54] als Eckhart erscheinen.

Von solchen Voraussetzungen her ist ein Vergleich der sprachlichen Verfahren zwischen Meister Eckhart und Zen-Buddhismus durchaus sinnvoll. Ich versuche im folgenden, auf möglichst schlichte Art ein paar sprachliche Verfahrensweisen, die mir für beide kennzeichnend scheinen, zu charakterisieren. Methodisch halte ich mich dabei an grundsätzliche Fragestellungen. Ich frage zunächst nach dem sich äußernden Ich und seiner Autorität, sodann nach verneinenden (apophatischen) und schließlich nach positiven (kataphatischen) Redeweisen. Gegenstand meiner Untersuchung sind die (deutschsprachigen) Werke Meister Eckharts, das *Hekiganroku* (zwischen 1111 bis 1115), das *Mumonkan* (1228) und das *Rinzai roku* (= *Linchi lu*, Spruchsammlung des Lin-chi, † 867). Da Lin-chi am stärksten als individuelle Meisterpersönlichkeit hervortritt, werde ich ihn auch am meisten zum Vergleich mit Eckhart heranziehen.

II

Die schriftstellerische (d. h. rednerische) Autorität der verschiedenen Meister hat sicherlich eine je verschiedene Reichweite, aber es gibt zwischen Meister Eckhart und Lin-chi in der Art des auktorialen Sprechens Berührungspunkte, die auffällig eine ähnliche Selbstbewußtheit der rednerischen Verantwortung signalisieren. Wenn wir darauf achten, wie Eckhart in seinen Predigten Ich sagt, dann zeigt sich eine kerygmatische Autorität, die nicht nur verantworten will, was sie gewissermaßen aus heiligem Auftrag verwalten und weitergeben soll, sondern die in der völligen Durchlässigkeit fürs Kerygma dessen Einheit mit dem davon Redenden bezeugen und behaupten will.[55] Es geht ihm um die Ausschaltung aller Fremdvermittlung, d. h. konkret um die Ausschaltung des Sprechenden selbst, damit das Zu-Sagende in aller Freiheit von sich selber her spreche. Zu leisten vermag eine solche Aufgabe nur ein radikales *geworten von innen ûz.*[56] So ist es möglich, daß *ein unbedahtiu wârheit, diu dâ komen ist ûz dem herzen gotes âne mittel*[57], Ereignis im Wort werden kann. Voraussetzung solcher Rede ist die Eigenschaftslosigkeit des Redners, die Eckhart ja in der Form der Abgeschiedenheit aufs gründlichste verlangt. Das ist aber nur die eine Seite dieser rednerischen Kompetenz; die andere ist das daraus resultierende Ich-Sagen. Wenn der Prediger alle ihn einengenden vermittelnden Hindernisse seines Redens abgelegt hat, kann er aus der so mit dem Zu-Sagenden gewonnenen Einheit heraus die Wahrheit selber s e i n. So kann Eckhart sagen: *Möhtet ir gemerken mit mînem herzen, ir verstüendet wol, waz ich spriche, wan ez ist wâr und diu wârheit sprichet es selbe.*[58] Für den Adressaten der Predigt heißt das: *Nû bite ich iuch, daz ihr alsô sît, daz ir verstât dise rede; wan ich sage iu in der êwigen wârheit: ihr ensît denne glîch dirre wârheit, von der wir nû sprechen wellen, sô enmuget ir mich niht verstân.*[59] Verläßlicher Bezugspunkt all dieser Aussagen ist die Einheit zwischen Sprechendem und Gesagtem, die als Wahrheit Wort-Ereignis werden darf. Daher kann Eckhart auch – scheinbar selbstgenügsam – versichern: *Mir genüeget, daz in mir und in gote wâr sî, daz ich spriche und schrîbe.*[60] Das heißt, daß inneres und äußeres Wort schlechterdings miteinander kohärent sind[61], weil das innere Wort im Denken, Wollen und Wirken des Predigenden durchschlägt.[62] Denn die Geburt des Wortes in der Seele und *daz widersprechen*[63] der Seele ist ein einziges Wortereignis, darin das von Gott gesprochene Wort, der Sohn, seine Lebendigkeit besitzt: *Swenne daz wort sprichet in die sêle und diu sêle widersprichet in dem lebenden Worte, dâ wirt der sun lebende in der sêle.*[64] Kein Zweifel, es handelt sich bei dieser dialogischen Vereinheitlichung zwischen Seele und Wort um ein Wortereignis:

> *Wort hânt ... grôze kraft; man möhte wunder tuon mit worten. Alliu wort hânt kraft von dem êrsten worte.*[65] *Wan glîch in glîchem sô vil würket, dar umbe sol sich diu sêle ûf erheben in irm natiurlîchen liehte in daz hoehste und in daz lûterste und alsô treten in engelischez lieht und mit engelischem liehte komen in götlich lieht und alsô stân zwischen den drin liehten in der wegescheiden, in der hoehe, dâ diu lieht zesamen stôzent. Dâ sprichet ir în daz êwige wort daz leben; dâ wirt diu sêle lebende und widersprechende in dem worte.*[66]

Diese innere Korrespondenz und Antwortstruktur der Seele hat Eckhart auch einmal als *bîwort*-Sein des hörenden Menschen[67] bestimmt: Im göttlichen Sprechen des Wortes wird die Seele als ein Beiwort gesprochen, was eine innerste Einheit mit dem WORTE bedeutet.

Wenn wir nun die auktoriale Situation Lin-chis in seiner Unterweisung mit der Eckhartschen vergleichen wollen, dann sind vorab zwei Dinge zu bedenken. Das Verhältnis des Zen-Buddhisten zu kanonisch geltenden, Heiligen Texten[68] ist im ganzen wohl flexibler als das des Christen zu den Texten seiner Offenbarung; er ist doktrinär weniger gebunden als der christliche Mystiker.[69] Das ist das eine. Das andere hängt mit diesem zusammen: Weil der Zen-Buddhist weniger am Wortlaut von Heiligen Texten hängt, hat die Erlösung aus dem Zwang von Tod und Wiedergeburt eine stärker aktualisierte Notwendigkeit hier und jetzt. Die Erweckung und Erleuchtung *(Satori*[70]*)* ist zwar weniger an die objektiv gegebene Erlösung durch eine Mittlergestalt, dafür um so mehr an den zu Erlösenden gebunden.[71] Daher der von den Christen in dem Maße nie einzuholende Rang der »Übung«, der Meditationstechnik, an die alle Erweckung festgemacht ist. Anders als Meister Eckhart spricht Lin-chi zu Menschen, die – als Mönche, die sich für das »Dharmareich der Ungeborenen«[72] und nicht für eine historische (sei sie eine göttliche) Erlöserperson mit festem Geburts- und Todesdatum entschieden haben – die Unabhängigkeit und Entbehrung ihrer Existenzweise noch sehr viel grund-loser und gleichzeitig dringlicher auf sich nehmen als die Christen.

Lin-chi sagt in seinen Unterweisungen »Ich« mit einer Autorität, die jener Eckharts in nichts nachsteht, nur ist sie anders zu begründen. Wenn er in der Halle seinen Sitz einnimmt, dann hat seine Lehrautorität schon von allem Anfang an einen symbolischen Ausdruck gefunden, der ihn zum unbezweifelbaren Exponenten der richtigen Unterweisung prädisponiert. Jede seiner Antworten – wie unsinnig sie immer scheinen mögen –, jede seiner Gesten – wie undurchschaubar und brüskierend sie immer sein mögen –, jede seiner Maßregelungen und Prügelstrafen, sein Andonnern und Schreien auch, ist in eine Semantik auktorialer Wegweisung einbezogen, d.h. ist *bedeutend*, ganz abgesehen davon, ob ein Adept das nachzuvollziehen in der Lage ist oder nicht. Er braucht nicht zu werben für seine Botschaft. Eckhart hat bisweilen die Tendenz dazu. *Er* kann seine Erleuchtung mit sparsamsten Mitteln ins Feld führen. Eckhart hat bisweilen die Tendenz, mit seiner Existenz zu gestikulieren (im kierkegaardschen Sinne), um seine Zuhörer zu überzeugen. Und doch setzt Lin-chi seine ganze starke Persönlichkeit ins Spiel, um bei seinen Schülern den Trennschritt zwischen dem Strom des diskursiven Denkens und dem Geist-Grund[73] möglichst radikal zu vollziehen.

Lin-chi demontiert alle Vermittlungen und läßt nur noch ein Ich und ein Du gelten. »Hier ist niemand anderer als du, der du vor mir meiner Unterweisung zuhörst.«[74] »Wenn du ihn (den lebenden Patriarchen) nicht hier und jetzt antriffst, wirst du für

Myriaden von Kalpas die drei Sphären und Tausende von Leben durchschreiten, und, zurückgehalten im Griff angenehmer Umstände, im Schoß einer Eselin oder einer Kuh wiedergeboren werden.«[75] Die Dringlichkeit der Situation zwischen Meister und Schüler liegt in diesem jede Ausweichmöglichkeit verbauenden, sofortigen Ergreifen oder Preisgeben der Erleuchtung. Das Moment des auf keine besonderen Umstände mehr Rücksicht nehmenden Gegensprachlichen, das wir als Gemeinsames der Eckhartschen und zen-buddhistischen Sprache schon festgestellt haben[76], kann von dieser Situation her nur verschärft werden. Es geht ums Heil, hier und jetzt. Wenn Eckhart das ebenso dringlich betont, dann aktualisiert er die Geburt Gottes im Herzen des Gläubigen als ein Ereignis, das unabdingbar hier und jetzt ohne Rücksicht darauf zu erfolgen hat, daß die Erlösungstat Christi in seiner Menschwerdung ja ein für allemal einst schon geschehen ist. Die *Aktualität* des Ereignisses[77] zählt, und deren Möglichkeit verbürgt das *Ich* des Meisters, das dafür einsteht. Lin-chi kennt auch eine ähnliche Selbstaufgabe zugunsten des Zu-Sagenden wie Eckhart, wenn er seinen Adressaten zum verantwortlichen Du für das wirkende Heil macht: »Du brauchst nur irgendwann in alle Situationen einzutreten: in die gewöhnlichen und die heiligen, die verderbten und die reinen, in alle Buddhareiche, in Maitreyas Turm, in die Dharmawelt von Vairocana und überall, wo immer du eintrittst, offenbarst du ein Land des Beginns des Seins, der Dauer des Seins, der Zerstörung des Seins und des Erlöschens.«[78] Eine bemerkenswerte Unterscheidung zu Eckhart ist allerdings festzuhalten: Eckhart beachtet die »Wahrheit« der ihm offenbarten Erlösungswirklichkeit, Lin-chi bindet diese direkt an das Du, das buchstäblich ansonsten im Nichts steht. »Einzig der Mensch auf dem Wege [der Tao-Mensch], der von nichts abhängt und in diesem Augenblick meiner Unterweisung folgt –, er ist die Mutter aller Buddhas.«[79] In solcher Rede ist das Ich des Redners – obwohl von höchstem Belang – irgendwo ausgelöscht, wenn auch die Anweisung bestehen bleibt: »Ihr solltet nach einem guten Lehrer Ausschau halten.«[80] Dieser »gute Lehrer« kann im Falle Lin-chis sich seiner Stellung durchaus gewiß sein, wenn er versichert:

Meine Rede übers Dharma unterscheidet sich von der jedes anderen Menschen auf der Erde. Nehmen wir an, der Bodhisatva Manjuśri [die in sich ununterschiedene Weisheit aller Buddhas] und der Bodhisatva Samantabhadra [die meditativen Praktiken aller Buddhas] würden in ihren verschiedenen Verkörperungen vor mir erscheinen in der Absicht, mich übers Dharma zu befragen. Im Moment, da sie sagen würden: ›Ho-shang, was ...‹, hätte ich sie schon durch und durch erkannt. Ebenso, wenn dieser alte Mönch fest dasitzt und ein Nachfolger auf dem Wege zu einer Besprechung zu mir kommt, so durchschaue ich ihn durch und durch. Warum ist dies so? Eben deshalb, weil meine Einsicht anders ist: Ich treffe außen keine Wahl zwischen Profanem und Heiligem, noch stehe ich innerlich im absoluten Zustand: Ich verstehe (sehe) durchbohrend und bin frei von allem Zweifel.[81]

Verglichen mit den Texten, in denen Meister Eckhart betontermaßen – gegen alle traditionelle Lehrmeinung – *nova et rara*[82] vorträgt und etwa sagt: »Die Meister meinen – ich aber sage,« *ist diese* Stelle Lin-chis von ähnlicher, ja noch größerer Wucht, da in ihr eine absolute Absage an jede andere Lehräußerung übers Dharma erfolgt zugunsten des hier und jetzt bei diesem »alten Mönch« stattfindenden Ereignisses von Freiheit, das sich auf alles ihm Begegnende erstreckt. Solche Freiheit ist auch im »Hinweis« des 32. Beispiels im *Bi-Yän-Lu,* verfaßt von Yüan-wu, signalisiert, wo es heißt:

Nach jeder Richtung hin haut er, in der Versenkung sitzend, ab, und plötzlich gehen ihm tausendfach die Augen auf. Mit einem Wort sperrt er die Ströme der Gedanken; zehntausendfache Regung schlummert ein, ist abgetan. Sind denn aber auch noch welche da, bereit, mit ihm zu sterben und mit ihm zu leben? Die große Wahrheit hängt vor aller Augen offen aus. Nur faltet man den Aushang nicht so leicht zusammen. Dafür versucht es mit den Kletterranken eines Alten![83]

III

Das Neinsagen im Sinne einer auch existentiellen Loslösung von allem und jedem, die radikale Negation als eine dynamische Wegbewegung weg von allem und hin zum Nichts, ist immer schon als ein entscheidender Vergleichspunkt zwischen Meister Eckhart und dem Zen-Buddhismus empfunden worden.[84] Tatsächlich ergeben sich hierin Bezüge, die gerade hinsichtlich ihrer konsequenten Radikalität erstaunlich anmuten.
Wenn ich im folgenden Eckharts Auffassung vom Nichts vor-

zutragen versuche, beziehe ich mich unter anderem auf eine Predigt, die – weil abseitig publiziert (Jostes[85]) – praktisch überhaupt nicht bekannt ist. Sie ist aber wohl die buddhistischste Predigt Meister Eckharts.

Eckharts Nichts ist in einem Bezugsrahmen zu sehen, der sich durch analogische und dialektische Gesichtspunkte auszeichnet. Eckharts analogisches Verfahren versucht, in der Relation Gott – Kreatur jenen Punkt zu fassen, wo diese von jenem ihr spezifisches Sein erhält. Da das absolute Sein – *esse est Deus*[86] – Gott ist, bleibt der Kreatur angesichts dieser absoluten Aussage bloß das Nichts. Sie ist *unum purum nihil.*[87] I s t die Kreatur, so ist sie nicht aus eigenem Recht, sondern von Gnaden des göttlichen Seins, das ihr bloß geliehen wird, je neu, unaufhörlich. Das Verhältnis zwischen *primum* und *secundum analogatum* ist also das der Unverhältnismäßigkeit des einen zum andern, weil das eine *ist*, das andere nicht. Und doch ist das Geschöpf – das in sich nichts ist – in der Existenzweise eines Abbilds, das von seinem Urbild zum Sein je neu ermächtigt ist, aber gerade deshalb eine äußerst fragile und gleichzeitig überschwengliche Existenz immer bloß geschenkt und geliehen bekommt. Der dialektische Gesichtspunkt in dieser Anschauung macht sich darin bemerkbar, daß die spezifische Fassung der Eckhartschen Analogie eine Konstellation zu bewirken vermag, in der von beiden beteiligten Analogiepartnern Sein und Nichts in verschiedener Rücksicht ausgesagt werden kann. Denn ist angesichts Gottes das Geschöpf ein Nichts, wie sollte dann dem Geschöpf die göttliche Seinsquelle nicht als ein Nichts, weil schlechterdings unerreichbar, erscheinen. So kann jedes der Analogate angesichts seines Partners im Spannungsbereich von Sein und Nichts oszillieren. Unbezweifelbar ist mit dieser Analogie-Dialektik die Voraussetzung gegeben, daß der Begriff des Nichts keinerlei nihilistische Komponente enthält, sondern immer in einer noch näher zu definierenden Beziehung zum Sein steht. Ziel der Anwendung des Nichts-Begriffs ist offenbar die Relativierung aller substantialisierenden Redeweisen.

Eckhart äußert sich in einer Predigt, die von der Eckhart-Forschung noch kaum rezipiert worden ist, über das »Reich Gottes«, das nach Lk 17-21 »in euch«[88] ist. Die Predigt umfaßt zwei Teile: In einem ersten analysiert Eckhart die trinitarische Struktur des einen Gottes in sich selbst, denn das ist das Reich Gottes in sich selbst. In einem zweiten Teil, der uns hier besonders interessiert, ist nach der Möglichkeit gefragt, wie der Mensch den Imperativ nach Mt 6,33: »Trachtet zuerst nach dem Reich Gottes« zu verwirklichen vermöge. Es geht hierin um die *edlikeit, die in dir ist*[89], und um die Selbsterkenntnis, die diesen Auftrag verwirklicht. Da die Kreatur als ein aus Gott Ausgeflossenes *widertrahtung zu got*[90] und *ein widereinkaphen in got*[91] notwendigerweise hat, ist ihr aufgetragen, sich selber erkennend einen dreifachen Exodus anzutreten: aus sich selber, aus ihrem göttlichen Urbild, aus der wirkenden göttlichen Natur im Vater. Es geht darum, einen dreifachen Tod zu sterben.

Der erste betrifft die Preisgabe der *geschaffenheit*. Der Mensch muß so *ledik* werden, wie er war, als er noch nicht war: *das* ist wahre Selbstverleugnung.[92] Es geht um einen *tot dez geistes*.[93] Er schließt ein die äußeren Frömmigkeitsübungen, die Techniken der Meditation, die *wîse* jeder Art der Annäherung an Gott – Gott kann nur *âne wîse* erreicht werden, da er nur dem *âne wîse* Bemühten s e i n e Weise zu diktieren vermag![94] – Hält sich der Mensch an seine sinnlich faßbaren Interessen und Bedürfnisse, dann gilt: *Also wird geminnet ein esel von dem andern!*[95] Aber auch die Werke des innern Menschen sollen gelassen werden; *ein unbedekt schawen mit einem einfeltigen gesiht gotliches wesens*[96] ist nur dem Menschen möglich, der *ledik ste der tugent*.[97] Die Kreatur muß *ir eigen wesen*[98] verlassen und verlieren. Denn der *tot dez geistes*[99] besteht letztlich darin, daß der Mensch *mûz lazzen sich und alle dink und sich und all dink als wenik behalten, als do si niht enwaz*.[100] Das Weizenkorn muß sterben, damit es Frucht bringe (Joh 12,24). Es geht um *beraubung alles lebens*[101], so daß er weder für sich noch für Gott noch für irgendeine Kreatur lebt. Schärfer noch als der Verlust der Kreaturen ist dem Menschen der Verlust Gottes abgefordert: *vindet noch got stat in der sele, da inne er leben mak, so enist di sele noch niht tot noch auzgegangen in daz nehst (= niht) irs geschaffen wesens*.[102] *Entwerdung alles ydes*[103] bedeutet Preisgabe der *behaltung und der besitzung* sowohl von Dingen, Gott und Kreaturen.[104] Das »wunderliche« Preisgeben Gottes selbst ist das Notwendigste: *Der sele besten daz mûz sein in eim freyen niht*.[105] Dieses absolute Nichts besteht also darin, daß, indem die Seele Gottes *ledik*[106] wird, sie ihn sich selber läßt.

Positiv schlägt beim Menschen diese Haltung darin zu Buche, daß er sich *in ledeger offenung sůnder sich selber gekert zu allen menschen*[107] vorfindet. Diese freie Offenheit – ohne Rücksicht auf sich selbst – in der Hinwendung zu den Menschen, ist das dem geistigen Sterben ins absolute Nichts hinein folgende Verhalten. Allerdings ist der Geisttod noch der *minste tot der sele.*[108] Zwei andere Tode folgen noch.

Der zweite Tod ist ein *gotlicher tot.*[109] Die Seele muß ihr ewiges Urbild, den Logos, in dem sie erschaffen wurde, verlassen und verlieren. Der Sohn Gottes – *ein exemplar aller creaturen und ein bild des vaters*[110], in dem das Sein aller Kreaturen *swebet*[111] – muß »durchbrochen« werden, denn, was immer der Mensch von der Gottheit versteht, das ist geprägt durch Mannigfaltigkeit.[112] »Niemand kommt zum Vater, denn durch mich« (Joh 14,16) – diese Stelle faßt Eckhart dynamisch; das »durch« meint eine Bewegung: *Nů ist der sele beleiben niht in im (Christus), mer si muz durch in kůmen, als er selber spricht. Diz durchbrechen daz ist der ander tot dez geistes, der ist vil mehr denn der erst.*[113] Die Seele *můz den sun verliesen.*[114] Sie vollzieht damit die Bewegung *uf einkeit der naturen*[115] und *einikeit dez wesens*, die der Sohn selber in seinem Rückgang auf den Vater vollzieht. Es ist *daz sterben, daz die sele stirbet in got.*[116] Sie verliert damit sogar die *geleicheit*[117] mit Gott, sofern dieser Begriff noch *underscheid*[118] markiert. Gott selber ist nach der Definition eines Meisters selber ein in sich paradoxes Nichts: *Got ist, dez niht erfullet alleu dink, und sein iht ist niendert.*[119] Das Nichts der Kreatur ist das Nichts des ihn erfüllenden Gottes. Daher: *Der zu got kůmen wil, der sol mit niht kůmen.*[120] Das Nichts des Geschöpfs und das Nichts der zweiten göttlichen Person bedingen sich also gegenseitig.

Das Nichts wäre nicht absolut, wenn nicht am Grunde Gottes selbst angesetzt würde, bei der *auzuchberik gotlich natur*[121], die im Vater wirksam ist, bevor noch der Sohn geboren wird. Die wirkende göttliche Natur ist der Ort, aus dem heraus die Kreaturen, die geschaffen werden, nach einer Möglichkeit (des Seins) ausspähen; sie kann also nicht der höchste Ort der göttlichen Einigung sein. Deshalb *můz (di sele) sterben aller gotlicher wurkung, di man verstet in gotlicher natur, sol sie kůmen in die gotlichen wesenlikeit, da got ist muzzik aller werk.*[122] *Die wesung der gotheit, als si ist frey und ledik von allen werken*[123] ist die Weisung für die Seele, die in einen dritten Tod geführt wird. Und nun geschieht nochmals eine Steigerung des Gedankens, die sämtliche Tod-Gottes-Aufschwünge vorausnimmt und das Nichts in durchaus vergleichbarem Sinn wie im Zen-Buddhismus zu einem absoluten macht. Es heißt nämlich: Die Gottheit schwebt in sich selbst und ist sich selber alles. Hinsichtlich seiner Gottheit ist Gott erhaben über alles, was die Kreatur überhaupt je zu begreifen fähig war. Auch nach all diesen Toden gilt diese Bestimmung. Was tut nun die Seele, wenn sie den dreifachen Tod ins »freie Nichts« ihrer selbst, des Sohnes Gottes und des göttlichen Vaters gestorben ist? Eckhart antwortet darauf in erstaunlicher Weise:

Als nu die sele ist auzgegangen irs geschaffens wesens und irs ungeschaffen wesens, da si sich vindet in dem ewigen bild, und sie ist kůmen in die gotlichen natur, und si noch dann niht begreift daz reich gots und sie daz bekent, daz in daz reich gots kein creatur kůmen kan, so enphint di sele ir selbs und get ir eygen weg und ensůcht got nimmer; und allhie so stirbet si iren hohsten tot. In disem tot verleuset di sele alle begerung und alle bild und alle verstentnůzz und alle form und wirt beraubt aller wesen. Und dez seit sicher, als got lebt: als wenik als ein tot mensch, der leiplich tot ist, sich selber bewegen mak, als wenig mak di sele, di also geistlich tot ist, einik weis oder einik bild vor getragen einigen menschen, wann diser geist ist tot und ist begraben in der gotheit, wann die gotheit enlebt nieman anders dann ir selber.[124]

Die *Bewegung* dieses Gedankens ist festzuhalten: Nach dem Auszug der Seele aus ihrem geschaffenen und ungeschaffenen Sein und nach ihrem Eintritt in die göttliche Natur wird sie auf ein letztes Nicht-Begreifen zurückgeworfen, das nichts anderes ist als die schlichte Erfahrung ihrer selbst. Das bedeutet Rückkehr in die Alltäglichkeit, darin die Kategorien des Heiligen und Profanen überschritten sind. Denn der Verzicht auf die Suche nach Gott schließt in sich den Verlust aller Begehrlichkeit, aller Erkenntnisbilder (des diskursiven Erkenntnisstroms), allen Verstehens, aller Form und aller Seienden. Die Gleichzeitigkeit von Alltäglichkeit und Gelassenheit, d. h. Ertrunkensein *in disem gründlosen mere der gotheit*[125] ist von äußerst paradoxer Art, weil sie das Ergebnis eines Findens *sunder suchen*[126] darstellt. Einzige Übung, die dazu führt, ist das Verbleiben in diesem Tod[127] und in dieser Anonymität *(sůnder namen*[128]*)*, die die Gottheit selber ist. Für den ganzen Vorgang zieht Eckhart schließlich das Erklärungsmuster bei, das seit den Kirchenvätern die Antwort auf die Frage *Cur Deus homo?* dargestellt hat: *Deus factus est homo, ut homo fieret Deus.*[129] Nach Eckhart: *Got der ist dor um worden ein ander ich, uf daz ich wůrd ein ander er. Also spricht sant Augustinus: Got ist mensch worden, uf daz der Mensch got wurd.*[130] Nochmals erfolgt schließlich die Wendung zur Alltäglichkeit der Werke: Der Mensch, der aus diesem Horizont seines Gestorbenseins in der Gottheit heraus wirkt, wirkt in all seinem Tun den Frieden: seine Werke sind alle gleich vollkommen, *wann alle werk sein da geleich: mein minstes ist da mein meistes, und mein meistes ist da mein minstes.*[131] Ob die Menschen im Gottesreich wirken oder nicht, es ist belanglos, *wann dis werk si engeben in noch ennement in.*[132] Es ist ganz klar, daß wir in dieser Predigt schon jene Konzeption des *weselichen werks* vorgezeichnet haben, wie sie die Maria-Martha-Predigt Eckharts dann ausformulieren wird.[133]

Wichtig an dieser ausführlich geschilderten Artikulation des Nichts der Gottheit in ihren drei Aspekten des Todes, die sie dem Menschen abfordert, scheint mir nun der dynamische Dreischritt zu sein, der hierin vollzogen wird. Es sollte zunächst die *edilkeit* der Seele artikuliert werden; diese ist aber nur denkbar in einer Nicht-Artikulation, d. h. in einer *reductio in mortem* der Seele; ist diese weit genug, d. h. bis zur Preisgabe aller Denk- und Sprechkategorien (im Nichtbegreifen der Gottheit) vorangetrieben, so wird Artikulation wieder möglich: die Seele erfährt sich selbst, geht ihren eigenen Weg, ohne Rücksicht auf ihre Gottsuche in Gewöhnlichkeit. Diese Folge von Artikulation – Nicht-Artikulation – Artikulation ist für Eckhart ebenso typisch wie für den Zen-Buddhismus; sie ist vielleicht kennzeichnend für mystisch imprägnierte Sprache überhaupt. Die Feststellung wäre trivial, wenn nicht die inhaltliche Bewegung der Aussage eine ähnliche Zielrichtung verfolgte wie im Zen-Buddhismus: die Überführung von allem Bestehenden aus seiner Differenziertheit in Nicht-Differenzierung (Nichts) und schließlich wieder in Differenzierung.[134] (Oder: Vielheit – Einheit – Vielheit.) Bei Eckhart glaube ich allerdings noch etwas Zusätzliches feststellen zu können: Es geht bei ihm letztlich nicht um einen bloßen Dreischritt, sondern um einen vierfachen Schritt der sprachlichen Artikulation. Mag die Negation bei ihm von äußerster Schärfe sein, und mag der dritte Schritt der Artikulation der Welt und des Menschen in seiner neugewonnenen Alltäglichkeit im *weselichen werc* noch so klar sein, es gibt den vierten Schritt im Sinne der *via eminentiae*, der das ohne Suchen gefundene Gottesreich und das Ertrunkensein im grundlosen Meer der Gottheit auch und gerade durch die Negation hindurch in eminenter Weise gegenwärtig sein läßt. Das Glaubens- oder Offenbarungsmoment wird in diesem vierten Schritt notwendigerweise deutlich als eine zusätzliche Position oder Artikulation. Sie äußert sich in unserer Predigt als Zitat aus der Heiligen Schrift, als ideelle Wegweisung wie zum Beispiel in unserem Text an einer Stelle, wo man meinen würde, hier sei eigentlich nichts mehr zu sagen, da die Seele ja ihr »seinshaftes Werk« gefunden hat; aber es heißt dann doch im Sinn einer christlichen Tugendlehre: *Dez seit sicher, dez ist not zu volkůmenheit, daz der mensch also sich auff* (emporbringe) *in seinen werken, daz alle sein werk werden geworht als ein werk; daz můz geschehen in dem gotlichen reich, da der mensch got ist.*[135] Solche die Eminenz der neugewonnenen Situation festhaltende Imperative dürften sich in zen-buddhistischen Texten kaum finden. Die neugewonnene Artikulation (die auch ein Schrei oder eine Handlungsgeste sein kann) ist hier durchaus in sich genügend.

Eckharts Forderung, Gott *ane mittel vnd ane glichnis*[136] zu erkennen und ihn zu lieben, *als er ist Ein nit-got, Ein nit-geist, Ein nit-persone, Ein nv́t-bilde, Mer: als er ein luter pur clar Ein ist, gesvndert von aller zweiheite, vnd in dem einen sv́len wir ewiklich versinken von (n)ite zů nv́te*[137] – diese Forderung ist nicht eine der totalen Vernichtung alles dessen, was ist, sondern eine Forderung um des Einen willen, das Gott für den Menschen ist. Alle *negatio* ist so bei Eckhart eine *negatio negationis, ein versagen des versagennes*[138] um des Einen willen: *Got ist ein, er ist ein versagen des versagennes.*[139] Es geht durch alle Negation hindurch bei Eckhart die spürbare Tendenz, sie in eine Aussage der Eminenz auslaufen zu lassen; er sagt es einmal in aller Deutlichkeit: *Daz ich aber gesprochen hân, got ensî niht ein wesen und sî über wesene, hie mite enhân ich im niht wesen abegesprochen, mêr: ich hân ez in im gehoehet.*[140]

IV

In zen-buddhistischen Texten ist das sprachliche Negationsverfahren nicht schlicht in eine semantische Überschreitungstechnik einbezogen, in der alle Verneinung um der überschwenglichen Bejahung willen steht, sondern es geht sowohl nach den glaubensmäßigen und theoretischen wie praktischen Voraussetzungen um die Negation an sich und qua Negation. Schon im Lankâvatâra-Sûtra ist nicht bloß eine Vorsicht gegenüber der lehrmäßigen Anwendung von Worten ausgesprochen – ihr sollt »euch nicht von Lehren mittels Worten gefangen nehmen lassen«[141] –, sondern die »Umschaltung im tiefsten Grunde des Bewußtseins«[142] ist gebunden an das Wissen um die bloße Künstlichkeit von Wörtern: »Wörter sind eine künstliche Schöpfung; es gibt Buddhaländer, wo es keine Wörter gibt.«[143] Und:

> weder Wörter noch Sätze können genau die Bedeutungen ausdrücken, denn Worte sind nur süße Laute, die willkürlich gewählt sind, um Dinge zu bezeichnen, sie sind nicht die Dinge selbst, die ihrerseits wieder nur Manifestationen des Geistes sind. Unterscheidung in der Bedeutung gründet sich auf der falschen Vorstellung, daß diese süßen Laute, die wir Worte nennen und die abhängig sind von was auch immer für Gegenstände sie auszudrükken haben und wobei diese Gegenstände als selbstexistierend angenommen werden; was alles auf Irrtum beruht. Die Jünger sollen auf ihrer Hut sein gegen die Verführungen der Worte und Sätze und ihrer täuschenden Bedeutungen, denn durch sie werden die Unwissenden und Toren umgarnt und hilflos wie ein Elefant, der sich in tiefem Morast abmüht... Höchste Realität ist ein erhabener Glückszustand, es ist kein Zustand von Wortunterscheidungen und durch einfaches Reden darüber kann der Zustand nicht erreicht werden.[144]

Die »Selbstverwirklichung des Edlen Wissens«[145] steht anstatt der Belehrung durch Worte.

Die Zen-Buddhisten haben diese Sprach- und Wortskepsis in vollem Umfang zur Grundlage ihrer Meditationstechnik gemacht: Das stumme Sitzen ist der lebendige Widerspruch gegen alles Reden und Jonglieren mit Worten. Der um das »edle Wissen« Bemühte leistet zunächst einen Verzicht auf Sprechen, wie er schärfer nicht gedacht werden könnte. Denn im Schweigen geschieht nicht nur der Schnitt durch die Worte und ihre Bedeutungen hindurch, sondern auch durch die sedimentierbaren Bestandteile des diskursiven Verstehens überhaupt, die Vorstellungsbilder und Begriffe. Der Fluß des diskursiven Denkens selbst wird gestoppt. Mit andern Worten: Alle Artikulation in Worten und Begriffen wird in die absolute und vollkommene Nicht-Artikulation übergeführt. Zuvor aber noch steht die Überzeugung von der Sinnlosigkeit und Überflüssigkeit des Redens. Zum Beispiel in der Vorrede des Meisters Wu-men zum *Mumonkan*:

(Die Zen-Schule) macht den Geist des Buddha-Wortes zum Grund und das Nicht-Tor zum Tor des Dharmas. Wenn aber Nicht-Tor, wie kann man hindurchschreiten? Kennst du nicht das Wort: »Was durch das Tor eingeht, ist nicht der Schatz des Hauses.« Was aufgrund von Ursachenverknüpfung erlangt wird, hat Anfang und Ende, Entstehen und Vergehen. Dieses Sprechen ist, wie wenn einer bei Windstille Wellen erregt oder im heilen Fleisch Wunden aufkratzt. Wie kann man, solange man an Worten haftet, zu verstehen verlangen? Dies ist, wie wenn einer mit dem Stock nach dem Mond schlägt und den Schuh kratzt, weil ihn der Fuß juckt. Welche Beziehung gibt es da?[146]

Die sinnlose Vergeblichkeit des Redens – durch die Paradoxien des Wunden-Kratzens im heilen Fleisch und des Wellen-Erregens bei Windstille markiert – ist eine grundsätzliche und führt als solche auch eine Beliebigkeit des Redens im Gefolge: »Ja ist recht, und Nein ist recht. Hier ist alles ganz und gar unnahbar und gefährlich. Wie macht man es nun richtig, ohne sich auf diesen beiden Wegen zu verlieren?«[147] Wichtig ist, daß dahinter eine Stille, die Leere ist, herrscht. »Als letzter Schluß dient leere Stille ihm zur Hütte«, heißt es im Vimalakîrti-sûtra VIII, 2 vom Wesen eines Bodhisattva.[148] Der übergegensätzliche Bereich der Leere ist der Nicht-Ort, da Reden und Schweigen nicht hingelangen. Das ist im 36. Beispiel des *Mumonkan* deutlich ausgesprochen. Der Gesang lautet hier:

Wenn du auf dem Weg einem Meister des Weges begegnest,
So darfst du ihm nicht mit Worten und auch nicht mit Schweigen erwidern.
Pack ihn beim Kinn und schlag ihm die Faust ins Gesicht!
Dann begreift sogleich, wer begreift.[149]

Das »Begreifen« ist dem Reden und Schweigen jenseitig, ist deren Verneinung. Hier sind die berühmten Stellen Lin-chis anzufügen, in denen er methodisch die Leere als ein Ergebnis der Verneinung aller gegenständlichen Vorstellungen fordert:

Nachfolger auf dem Wege, wenn ihr Einsicht ins Dharma, wie es ist, haben wollt, hütet euch bloß davor, von den falschen Ansichten der Leute gefangen genommen zu werden. Was immer euch begegnet, innen oder außen, schlagt es tot! Trefft ihr einen Buddha, tötet den Buddha! Trefft ihr einen Patriarchen, tötet den Patriarchen! Trefft ihr einen Arhat, tötet den Arhat! Trefft ihr Vater und Mutter, tötet Vater und Mutter! Trefft ihr Verwandte, tötet die Verwandten! Das ist das Mittel, euch zu befreien und der Sklaverei der Dinge zu entgehen. Dies ist die Befreiung, dies ist die Unabhängigkeit.[150]

Oder:

Ich sage euch, es gibt keinen Buddha, kein Dharma, es gilt keinerlei Praxis zu pflegen, es gibt keinerlei Früchte als Beweis. Was sucht ihr also auf Straßen und Plätzen? Ihr Nachfolger auf dem Wege, ihr selbst unterscheidet euch in nichts von den Patriarchen-Buddhas. Aber ihr habt kein Selbstvertrauen und sucht außen. Täuscht euch nicht: Außen ist kein Dharma; es gibt aber auch keines in euch. Besser als euch an meine Worte zu hängen ist es, euch zur Ruhe zu setzen und nichts zu tun. Laßt die Gedanken, die schon aufgetaucht sind, nicht weitergehen, und jene, die noch nicht aufgetaucht sind, unterlaßt. Das wird weit besser sein als zehn Jahre Pilgerschaft.[151]

Lin-chis Unverschämtheit in der Forderung von Leere geht soweit, daß er sagt: »Nachfolger auf dem Wege, zum Buddha-Dharma braucht es keine Anstrengung. Es geht einzig darum, sich im Alltäglichen zu halten, nichts zu tun – scheißen und pissen, sich bekleiden, essen und bei Müdigkeit sich niederlegen.«[152] »Buddha ist ein bloßer Name«[153]; daher ist das Alltägliche, Gewöhnliche jene Leere, darin – sprachlos – das Ereignis der Erleuchtung möglich wird.
Es ist klar, daß eine solche absolute Nichtshaftigkeit sowohl des Subjekt-Objekt-Gegensatzes wie auch der gedanklichen und sprachlichen Differenzierungen einen Freiraum schafft, in dem Sprechen in einem ursprünglichen Sinne wieder möglich wird. Das absolute Nichts ist – mit Walter Hilton, der sich übers göttliche Nichts äußert – eben letztlich doch ein »fruchtbares Nichts«[154]: Das Wort – befreit von seiner abkünftigen Beliebigkeit – vermag darin eine Ereignishaftigkeit zu gewinnen, die außerordentlich weit gehen kann. Eckharts Ausspruch: *Man möhte wunder tuon mit worten*[155], gilt auch für die Zen-Buddhisten in äußerst nachhaltiger Weise.
Bevor noch diesem Sachverhalt angemessen nachgegangen werden kann, ist festzuhalten: »Zen benutzt sehr gerne negative Worte und Ausdrücke. Viele der Schlüsselworte des Zen sind in der Tat linguistisch negative Ausdrücke – ›Nichts‹, ›Leere‹,

›Nichtigkeit‹, ›Nicht-Geist‹, ›Am-Anfang-war nichts‹ usw.«[156] Es ist aber ganz klar, daß damit psychologisch nicht Trance oder Unbewußtheit oder irgendwie ein »Untätig-werden-Lassen des Geistes«[157] gemeint sein kann. »Die Nicht-Geistigkeit bedeutet nicht einen rein negativen Zustand, in dem der Geist aufhört, tätig zu sein ... Das Aufheben des Denkens auf der Ebene der Vorstellungen und Begriffe aktiviert ein anderes ›Denken‹ im unbewußten Bereich des Geistes.«[158] Alle Negativität der Sprache visiert im Zen diese neue Form des »Denkens-das-kein-Denken-ist«.[159] Das mondô, das einen Dialog zwischen dem berühmten Zen-Meister Yakusan der T'ang-Dynastie und einem besuchenden Mönch wiedergibt, bildet den locus classicus für diese Zielrichtung des Zen:

Einst saß Meister Yakusan in tiefer Meditation, als ein Mönch auf ihn zutrat und ihn fragte: »Fest sitzend wie ein Fels, was denkst du?«
Der Meister antwortete: »Ich denke an etwas, das völlig undenkbar (*fushiryô*, ›worüber-man-nicht-denken kann‹) ist.«
Der Mönch: »Wie kannst du über etwas nachdenken, das völlig undenkbar ist?«
Meister: »Durch ein nicht-denkendes Denken (*hi-shiryô*, ›Denken-das-kein-Denken-ist‹).«[160]

Der Widerspruch zwischen »Denken« und dem, »was völlig un-denkbar ist«, ist für Yakusan ein bloß scheinbarer; denn es handelt sich bei diesem »Denken« um ein Denken, das nicht eines »über« etwas ist, sondern um ein »Un-Denken«, das gleichzeitig objekt- und subjektlos ist.
Was hier auf der Ebene des logischen Widerspruchs in sich – »Denken, das kein Denken ist« – negativ gesagt wird, läßt sich in unzähligen Varianten in den Kôans als provokativer Un- und Widersinn finden. Fast alle berühmten Zen-Sprüche versinnbildlichen den reinen Unsinn.[161] Es kann sich um die Umkehrung dessen handeln, was als real gilt; zum Beispiel bei Hakuinso:

Mit leeren Händen halte ich ein Schwert.
Ich laufe zu Fuß, aber auf dem Rücken eines Ochsen reite ich.
Während ich über die Brücke Lo komme,
Fließt das Wasser nicht, es ist die Brücke, die fließt.[162]

Oder im *Mumonkan* die Nivellierung einer bedeutungsvollen Frage in einer Antwort, die im Griff aufs Konkreteste perplex zu machen fähig ist:

Ein Mönch fragte den Meister Tun Shan: »Was ist der Buddha?«
Tun Shan antwortete: »Drei Pfund Flachs!«[163]

Andere Beispiele ließen sich hier anfügen.[164] Die Frage ist, was diese brüskierenden Antworten sollen, wohin die Negation führt, was ihre Zielrichtung oder ihre Funktion ist.
Sicher ist die Brüskierung beim Hörer schon eine erste erfüllte Absicht dessen, der sie gibt. Die Brüskierung und die damit gegebene Befremdung bewirkt ein Neuüberdenken der Frage, die offenbar nicht angemessen oder nicht mit der richtigen Absicht gestellt worden ist. Allenfalls führt die Antwort auch die Sprache derart ad absurdum, daß nur mehr das Schweigen als angemessene Antwort e negativo zu erschließen ist. Das Schweigen des Meisters (oder auch des Schülers) vermag in bestimmten Situationen durchaus die richtige Verhaltensform darzustellen. Allerdings verlangt der Meister immer wieder in höchst eindringlicher Art die sofortige Antwort des Schülers auf seine Frage. Vorausgesetzt ist wohl, daß die Antwort aus einer Bewußtseinsdimension erfolgt, die nicht identisch ist mit den üblichen Kategorien des Sprechens oder Schweigens.[165] Wenn aber diese Kategorien und mit ihnen auch jene von Objekt und Subjekt aufgehoben sind, dann sind die wesentlichen Partizipanten des Sprechakts – Sprecher und Hörer – in die Negation mit einbezogen; es gibt diese Unterscheidung gar nicht mehr.
Wenn das so ist, dann ist zweitens anzunehmen, daß im Zen-Kontext die Sprache »der semantischen Artikulation der Wirklichkeit« entbehrt.[166] Wenn – wie in unserm Beispiel – der Fluß stille steht und die Brücke fließt, dann ist im negativen Gegenzug gegen das scheinbar Wirkliche eine Verwandlung eben dieser Wirklichkeit signalisiert, die uns die schlichten sprachlichen Symbole auf eine erste, ursprüngliche Wirklichkeit hin tragfähig machen, die sich als Negativfolie zur zweiten, semantisch funktionalen, d. h. unmittelbar benennenden Wirklichkeit erweist. Die negative Energie, welche die Verhältnisse der scheinbar offensichtlichen (d. h. zweiten) Wirklichkeit umkehrt, hat einen auf die erste Wirklichkeit zielenden Verweisungssinn, der für Verwandlungen und neue Sichten durchaus offen ist. Diese Sichten aber entstammen dem Schweigen und der Stille; sie werden daraus gewonnen. Mit andern Worten: Die semantische

Artikulation der Wirklichkeit wird in der Zen-Sprache bis zu ihrem Verschwinden in sich selber durchlässig, widerstandslos und ohne Halt. Ein Beispiel aus Dôgens *Shôbôgenzô*:

Sôgya Nandai war der siebzehnte Patriarch. Eines Tages hörte er eine Windglocke, die in der Haupthalle hing, und fragte seinen Hauptschüler Kayashata: »Was läutet da, der Wind oder die Glocke?« »Weder – noch«, antwortete Kayashata, »mein Geist läutet.« »Was meinst du damit?«, fragte der Meister. »Es ist vollkommene Stille«, sagte der Schüler. »Gute Antwort«, sagte Sôgya. »Wer außer dir könnte meine Lehre weitergeben?« Auf diese Weise wurde die rechte Übertragung des Wahren Dharma verliehen.[167]

Diese Erfahrung bezeichnet: »ein Ding in seiner *tathatâ* oder seinem Sosein *(immo)* sehen«[168]: »Wenn jemand in einem Zustand des Friedens ist, sind alle Dinge in diesem Zustand des Friedens – der Geist, die Glocke, alle Beziehungen. Das Läuten unseres Geistes ist nicht das Läuten der Glocken oder des Windes; dies ist nur wahr, wenn wir das Läuten aus einer besonderen Sicht wahrnehmen.«[169]
Nochmals läßt sich die negative Dimension des Zen-Sprechens steigern. Das, was in einem Zen-Text gesagt wird, kann drittens »kein unabhängiges semantisches (oder darstellendes) Wesen« sein.[170] Da hier in den entscheidenden Sätzen blitzhaft die erste Wirklichkeit selber aufbricht, kann sich das in den Sätzen Ausgesprochene nicht als eine wesenhafte semantische Einheit gegen den Hintergrund der Stille abheben. Ein Satz wie »Der Himmel ist blau« ist dann nicht eine in sich kompakte Aussage über die Natur, sondern »eine augenblickliche Selbstdarstellung der absoluten Wirklichkeit selbst«[171], die letztlich namenlos, wenn auch in (zufälligen) Evokationen zitierbar ist.
Ein schönes Beispiel für alle drei genannten Punkte der Negation (1. Aufhebung des Sprechdispositivs von Sprechendem und Hörendem, 2. Aufgabe der semantischen Artikulation von Wirklichkeit durch Sprache, 3. Preisgabe der Aussage als einer semantischen Einheit) bietet das 24. Beispiel des *Mumonkan*:

Einmal fragte ein Mönch Meister Fêng Hsüeh: »Die Rede verdirbt die Transzendenz (der Wirklichkeit), während das Schweigen die Manifestation verdirbt. Wie könnte man eine Rede und Schweigen kombinieren, ohne die Wirklichkeit zu verderben?« Der Meister antwortete: »Ich erinnere mich immer an die Frühlingslandschaft, die ich einst in Chiang Nan sah. Rebhühner riefen dort inmitten von duftenden Blumen in voller Blüte!«[172]

Die erste Ebene der Wirklichkeit wird hier dem fragenden Mönch nicht als ein Denkergebnis präsentiert, sondern als sie selber, »eine Kombination von Schweigen und Rede«.[173] Nirgendwo läßt sich deutlicher verfolgen als in dieser »Antwort« auf eine intellektuell durchgeformte Frage, wie die semantische Artikulation der zweiten, gewöhnlichen Wirklichkeit übergängig wird in den Selbsterweis der ersten. In Wirklichkeit existieren die semantisch artikulierenden Wörter und das von ihnen Gemeinte nicht: »ich«, »Rebhuhn«, »rufen«, »Blume«, »Duft« sind die Durchlässigkeit, Durchsichtigkeit der ersten Wirklichkeit selbst; in sich meinen sie nichts, als Partikel eines integralen Ganzen sind sie die Evokation der ersten Wirklichkeit selbst.

V

Wenn nun nach den eklatanten Unterschieden im negativen sprachlichen Verfahren bei Meister Eckhart und im Zen-Buddhismus gefragt werden soll, dann sind wir inhaltlich auch schon bei der Frage nach der »Position« – im Doppelsinn von Bejahung und Stellung – beider Verfahren angelangt. Was bejahen sie im Sinne einer unausweichlichen Option, die sich im Sprechen dokumentiert? Um annähernd eine Antwort auf diese Frage geben zu können, ist zunächst die Apophase der beiden Verfahren in den Blick zu rücken.

Zunächst konnte das Verfahren beider als Gegensprache charakterisiert werden, weil in der Abweisung aller kategorialen Bestimmungen der Objekt- und Subjektwelt (*ich en wais* bei Meister Eckhart) die Aktualität eines Nichts verbürgt werden soll, das »fruchtbar« zur Alterität einer neuen Wirklichkeit in Form einer »Erleuchtung« oder eines »Durchbruchs« ermächtigen soll. Wenn man genau zusieht, ist diese Analogie in der Herstellung eines Nichts (von Ich und Welt) in bloß formalmethodischer Hinsicht feststellbar. Die Unterschiede liegen in der Begründung und in der Zielrichtung, also im eigentlich Inhaltlichen (wenn dieses für einmal – unangemessen – vom Formalen abstrahiert werden soll!). Meister Eckhart geht von einer Offenbarung aus, für deren Vermittlung er sich zum Nichts machen will, damit sie rein von sich her spreche. Letztlich spricht er aus einem Sprachoptimismus heraus, der sich auf das

Wortereignis der Offenbarung und der ganzen Breite der (heidnisch-philosophischen und christlichen) Überlieferung als auf seinen tragfähigen Grund abstützt. Obwohl selbst auch in einer festen religiösen Überlieferung stehend, ist der Zen-Buddhist hinsichtlich der Sprache grundsätzlich Pessimist und Skeptiker. Die erste Wirklichkeit, zu der zurückzugelangen sein Bestreben ist, ist eine die Subjekt-Objekt-Spaltung aufhebende vor- und außerpersonale Wirklichkeit erleuchteter Einheit von allem; damit ist sie außersprachlich und vorsprachlich. Wenn Personen einander zu dieser Wirklichkeit hinführen wollen, müssen sie das Nichts eben dieser Personen und ihrer gewöhnlichen, als sekundär diagnostizierten Wirklichkeit herstellen.

Wenn wir die Zielrichtung der beiden Verfahren beachten, dann zeigt sich das Folgende: Eckharts Nichts ist das teleologische Ende eines Durchbruchs, der von meiner irdischen Existenz hinein- und zurückführt in die archetypische Seinsweise in Gott und letztlich in die Einheit mit der Gottheit. Es kommt nun darauf an, wie die Unterscheidung Gott/Gottheit zu gewichten ist.[174] Ist es eine Realdistinktion, dann visiert Eckhart letztlich einen Zustand der ewigkeitlichen Immobilität und Wirkabstinenz in der Gottheit an, die als das absolute Nichts der zenbuddhistischen Identität des Nicht-Identischen (Zusammenfall von Samsara und Nirvâna) vergleichbar wäre, da dieses Nichts ja keinen relevanten Namen mehr zu tragen fähig ist. Ich glaube aber, daß eine solche Ansicht angesichts der Gesamtheit eckhartscher Aussagen nicht zu halten ist. Die Momente des Durchbrechens – durch das Ich, durch Gott, in die Gottheit – sind faute de mieux didaktisch aufgegliedert; faktisch sind sie in einem Nu gleichzeitig zu denken. D. h. der durchbrechende Mensch ist – *gleichzeitig* – real existierender Mensch, gnadenhaft und adoptiv in die Gottessohnschaft, in seine Exemplarursache und – schließlich – in die Einheit mit der Gottheit einbezogen. Es geht nie um Stufungen, es geht immer ums Ganze des Seins bei und in Gott. In der beigezogenen Reich-Gottes-Predigt dominiert denn letztlich doch die positive Darstellung des Reiches Gottes als der einzig entscheidenden Wirklichkeit; Gott aber ist der gleichzeitig dreipersönliche und eine. Demgegenüber fehlt im Zen-Buddhismus jeglicher Hinweis auf eine offenbarungsmäßig gestützte, inhaltliche Aussage über die erste Wirklichkeit, zu der das Satori Zugang erlaubt. Wenn es

auch völlig falsch wäre, den zen-buddhistischen Verfahren personale Kategorien im zwischenmenschlichen Bereich abzusprechen, so ist doch die erste Wirklichkeit seltsam person-los, menschen-los. Das Nichts ist zen-buddhistisch total und absolut die Abweisung aller irgendwie traditionell gestützten Kategorien; es ist nur als totales ein »fruchtbares« Nichts, während es bei Eckhart nur als perspektivisches ein Nichts des Ereignisses ist. Vielleicht läßt sich dieser Unterschied an der Art, wie mit dem menschlichen Ich umgegangen wird, verdeutlichen. Den drei Toden bei Meister Eckhart entspricht im Zen-Buddhismus das »große Sterben«[175] (die achte Stufe, wie sie in *Der Ochs und sein Hirte* beschrieben wird!).[176] Oberflächlich gesprochen führen beide Formen der Ich-Destruktion zu einem »Selbst«. Dieses ist aber in beiden Fällen je verschieden.
Im zen-buddhistischen Text vom *Ochs und seinem Hirten* heißt es im 9. Kapitel zu einem Bild, das einen blühenden Baum zeigt:

In den Grund und Ursprung zurückgekehrt, hat der Hirte schon Alles vollbracht.
Nichts ist besser als jäh auf der Stelle wie blind zu sein und taub.
In seiner Hütte sitzt er und sieht keine Dinge da draußen.
Grenzenlos fließt der Fluß, wie er fließt. Rot blüht die Blume, wie sie blüht.[177]

Der Zustand dieses Selbst ist der der Ich-losigkeit allen Seins. Alles ist von sich selbst her, so wie es ist. Das Ja, das hier gesagt wird, ist das einer das Formhafte mit dem Leeren (des Nichts) identifizierenden »Großen Sympathie«.[178] Deren erleuchtendes Ereignis hat durch das rückhaltlose Fahren-lassen ins Nichts, das ihm zugrunde liegt, übrigens eine erstaunliche Ähnlichkeit mit der christlichen Gnade![179] Das ansichtig werdende Selbst bekundet sich in seiner Nichtsubstanzialität »im freien Wechsel der Erscheinungen«[180], so daß die Kategorie Ich-Du in der des Ich-Es aufgehoben scheint. Der Hirte im 10. Bild wird folgendermaßen geschildert:

Mit entblößter Brust und nackten Füßen kommt er herein auf den Markt.
Das Gesicht mit Erde beschmiert, der Kopf mit Asche über und über bestreut.
Seine Wangen überströmt vom mächtigen Lachen.
Ohne Geheimnis und Wunder zu mühen, läßt er jäh die dürren Bäume erblühen.

Freundschaftlich kommt dieser Kerl aus einem fremden Geschlecht.
Bald zeigt sein Gesicht deutlich die Züge des Pferdes, bald die des Esels.
Schwingt er einmal den eisernen Stab schnell wie der Wind –
Öffnen sich jäh geräumig und weit Türe und Tor.

Gerad ins Gesicht springt aus dem Ärmel heraus der eiserne Stab.
Bald spricht er hunnisch, bald chinesisch, mit mächtigem Lachen auf seinen Wangen.
Wenn es ein Mensch versteht, einem Selbst zu begegnen und unbekannt ihm zu bleiben –.
Wird sich weit das Tor zum Palaste öffnen.[181]

Ich weiß nicht, ob es gestattet ist, den »wahren Menschen ohne Rang« Lin-chis[182] mit der Erscheinung dieses Hirten zusammenzusehen oder ihn gar mit dem »ursprünglichen Antlitz vor der Geburt«[183], das der sechste Patriarch Hui-neng vom Mönche Ming erfahren möchte, zu identifizieren. Vieles lädt jedenfalls zu einer solchen Identifikation ein. Es geht immer ums Selbst, das in der Erleuchtung wahrgenommen wird. Und dieses Selbst – »die apriorische Natur« des »ursprünglichen Antlitzes«[184] – ist absolut jenseits aller menschlichen Unterscheidungsbegriffe ranglos, undifferenziert.

In Meister Eckharts Fassung des »allgemeinen,« d. h. abgeschiedenen Menschen ergibt sich auf den ersten Blick durchaus eine Parallele zu dieser überindividuellen Konzeption des Selbst.[185] Auch dieser ist ohne Eigenschaft, tendenziell aufs Vorgeburtliche (auf das, was er war, bevor er war!) ausgerichtet. Auf den zweiten Blick sind diesen Parallelen aber durchaus die entscheidenden Unterschiede beizufügen. Eckharts Konzeption des »allgemeinen Menschen« ist soteriologisch und christologisch grundgelegt: In der Annahme einer allgemeinen Menschennatur hat Christus seinen allgemeinen Heilswillen für alle Menschen dokumentiert. In der Eigenschaftslosigkeit ratifiziert der Mensch diesen göttlichen Heilswillen als die ihm vorgegebene Aufgabe. Das alles aber weiß er nur in und von der *Offenbarung*. Eckharts Ich ist in seiner irdischen Erscheinungsweise von allem andern Seienden dadurch unterschieden, daß es als menschliches um die Gegenwart Gottes in sich, die ihm innerlicher ist als es sich selber, *weiß*[186]; diese Unterschiedenheit macht das menschliche Ich seliger als Holz oder Stein, denen Gott – wie allem Seienden – gleich nahe ist wie dem Menschen.[187] Erst jetzt – da der Adel der Seele feststeht – kann die

Demontage des Ich stattfinden, die sich unter anderem auch auf einen Verzicht auf Selbsterkenntnis erstreckt. Dieser Verzicht ist aber – das ist gegenüber den zen-buddhistischen Demontierungen des Ichs festzuhalten – nicht gefordert, weil an ihm Unterscheidungen hängen, sondern deshalb, weil die Gotteserkenntnis vordringlicher ist. Die Gotteserkenntnis hat die Selbsterkenntnis zu ersetzen. Wer Gott erkennt, der erkennt aber in Gott sich selber wieder: *si vindet sich wider in gote. In dem, als si (diu sêle) got bekennet, sô bekennet si sich selben und alliu dinc in im, dâ si sich von gescheiden hât. Nâch dem, daz si sich dâ von gescheiden hât, sô bekennet si sich selben genzlîche.*[188] Der Selbstverlust in der Abgeschiedenheit wird in Gott kompensiert durch Gewinn seiner selbst, der ganzen Menschheit, aller Dinge[189] und Gottes selbst. Wenn auch das Ich in diesem Vorgang sich selber als ein geläutertes, verallgemeinertes in Gott wiederfindet, so ist es doch gleichwohl immer noch dasselbe Ich, das sich in seiner irdischen Befindlichkeit als Person vorfand. Im Maße als die Individualität geschmälert wird, wächst bei Eckhart die Person. Denn die erkennende Person darf in Gott erkennen, daß sie im Maße dessen, was sie preisgegeben hat, sich selber erkennt. Das Vorgeburtliche, in das der Mensch bei Meister Eckhart zurückkehren darf, ist die archetypische Fülle allen Seins, die Gott ist. Sein – auch und gerade in Richtung auf die menschliche Person – ist bei Eckhart durchgehend die entscheidende Position: *nihil tam foedum quam nihil ipsum* (»nichts ist so häßlich wie das Nichts selbst«).[190] Daher gilt: Die Seele soll »mit dem Nichts nichts gemein« *(cum nihilo nihil commune)*[191] haben. Und erst dann darf gelten: Sie soll »mit dem Nichts das Nichts gemein« *(cum nihilo commune nihil)*[192] haben, d. h. sie soll nichts sein in Form völliger Abgeschiedenheit. Auch hier wie überall bei Eckhart ist die Nichtsspekulation um jener des Seins willen.

Auch wenn bei Eckhart die Nichtigkeit des Menschen aufs äußerste gefordert wird, ist doch die Person nie aufgehoben, es sei denn dort, wo sie in die Stille der Gottheit durch den dreifaltigen Gott einbezogen wird. Davon aber läßt sich nach Eckhart nicht reden, weil die Unterscheidung Gott/Gottheit in der Dynamik der Über- und Ineinandergänge der beiden blind wird.

VI

Es ist nun noch ein Blick zu tun auf die reine sprachliche Artikulation, die nichts anderes ist als Position. Sowohl Meister Eckhart wie der Zen-Buddhismus kennen nach aller Anstrengung der Negation diese Wendung zur Position in einem durchaus vergleichbaren Sinne.

Für Meister Eckhart ist anzuknüpfen an die kurz analysierte Reich-Gottes-Predigt, in der nach dem Aufweis der drei Tode die Rückwendung der Seele auf sich selber geschildert wird; sie wendet sich zu sich selber, da sie in und an der Gottheit nichts mehr versteht und erkennt. Notwendigerweise kehrt sie so zum Gewöhnlichen des Alltags und dessen Beschäftigungen zurück. Dies ist aber für sie der dritte und äußerste Tod, der letztlich nicht mehr im »Suchen« Gottes, sondern im »Gefunden-Haben sonder Suchen«[193] besteht. Nach außen dokumentiert sich dieser Zustand als Alltäglichkeit.

Eckhart ist in seiner Maria-Martha-Predigt ausführlich auf diesen Zustand eingetreten: Das »Reich Gottes in uns« wird hier an einem menschlichen Gegensatzpaar in seiner doppelten Möglichkeit demonstriert. Maria und Martha verwirklichen zwei verschiedene Typen der Gottesnähe. Im Gegensatz zur altererbten kirchlichen Tradition ist Eckhart nicht geneigt, in der Gestalt Marias dem Typ der reinen *vita contemplativa* gegenüber der *vita activa*, die Martha verkörpert, den Vorzug zu geben. Im Gegenteil, Martha ist in dieser Predigt jene, die – jenseits einer pietistisch-quietistisch sich selbst genügsamen, frommen Mystik (Maria) – das *weselîche werc* zu leisten fähig ist. Ihr Vorteil gegenüber Maria ist, daß sie »(schon) lange und recht *gelebt*«[194] hatte. »Leben« aber hat im Vergleich zum *êwic lieht*[195], das nichts Geringeres als die ekstatisch-mystische Erfahrung Pauli bei seiner Erweckung meint, den unbezweifelbaren Vorzug, daß sich der Mensch darin »ohne Gott«[196] selber erkennt. Dem ohne Gott sich selbst Betrachtenden ist ein schärferer Blick gestattet als jenem, der sich – im ekstatischen Blicken auf Gott – selbst erkennen möchte. Marthas Motive, Christus tätig zu dienen, beruhen daher auf ihrem »gereiften Alter« und ihrem »bis ins Alleräußerste durchgeübten (Seins-)Grund«, auf ihrer »weisen Besonnenheit *(verstantnisse)*« und – ganz personal – auf der »hohen Würde des lieben Gastes«.[197] Maria dagegen ist von eher selbstsüchtigen Motiven beherrscht: Von der »Güte Gottes«, von ihrem »großen, unaussprechlichen Verlangen«, von dem »süßen Trost und der Wonne«, die sie aus den Worten Christi empfängt.[198]

Martha ist dem *gewerbe in der zît*[199] verpflichtet und nicht dem *werk*, das bloß von außen her gewirkt wird. Der dem *gewerbe* sich überantwortet, steht »bei den Dingen« und nicht »in den Dingen«[200]; *von zîtlîchem vernünftigen gewerbe* wird er *gote naeher und glîcher.*[201] Das ist nun ein ganz anderes Konzept als das der älteren Kontemplations- und Illuminationsmystik: Anstatt des ekstatischen Hineingangs in Gott – *rara hora et parva mora* nach Bernhard von Clairvaux[202] – dominiert hier ein in der Zeit angesetztes, vernunfterhelltes Wirken, über das der Mensch allerdings nicht in Form eines Besitzes verfügen soll. Denn es heißt bedeutsam: Es gibt zwei Mittel, um zu Gott zu gelangen. Das eine ist Wirken in der Zeit. Das andere ist: Sich eben davon frei machen.[203] Das ist *leben mit vernünftiger lebelîcher wârheit.*[204] Unter diesen Voraussetzungen – wenn der Mensch mit Martha nicht »in« der Sorge, sondern »mit« ihr steht – *ist daz zîtlich werk als edel als dehein vüegen in got.*[205] Das *ordenlîche und redelîche und wizzentlîche* Wirken[206] – also: »dem Höchsten« entsprechendes, nach ehrlichster Einsicht bestes und in der beglückenden Gegenwart der lebensvollen Wahrheit getätigtes Handeln – ist allem ekstatisch-mystischen Erfahren ebenbürtig. Eckhart umfaßt dieses Verhalten mit dem Begriff *›weselîche stân‹.*[207] *Gevestente tugent, vrîez gemüete* und *ein hêrlîcher grunt*[208] sind die Bestimmungen dieser Seinsweise. Gemeint ist damit nicht gerade die Identität des Nicht-Identischen, aber immerhin die unverbrüchliche Gleichzeitigkeit zweier Haltungen, jener des »Wirkens in der Zeit« und jener des »Grundes«. Denn was immer in den Martha-Menschen »einfällt«, *daz enhindert niht ewîge saelde, alle die wîle ez niht envellet in daz oberste wipfelîn des geistes dort oben, dâ ez stât in einicheit gotes allerliebesten willen* (das behindert nicht die ewige Seligkeit, solange es nicht den obersten Wipfel des Geistes befällt dort oben, wo er mit Gottes allerliebstem Willen vereint steht.)[209] Maria also *lernete leben. Aber Martha stuont ... weselîche.*[210]

Wenn auch dem so konzipierten Handeln in der Zeit ein letzter und entscheidender Vorbehalt innerlich entgegensteht – man muß des Handelns letztlich innerlich *blôz* sein! –, muß gesehen werden, wie hier *gewerbe* sich durch seine Vernünftigkeit, Besonnenheit und Einsichtigkeit als richtiges ausweist. Kommt dazu, daß dieses richtige Handeln sich nicht legitimiert durch eine Ethik, die sich auf durch einzelne im Handeln bezweckte Werte bezöge, sondern auf eine Ethik, die sagt, wie man richtig zu s e i n habe.[211] Handeln ist bei Eckhart die schlichte Folge des richtigen Seins. Deshalb nennt er die richtige Verhaltensweise *weselîche stân.* Diese Seinsweise, die sich im richtigen Handeln dokumentiert, ist eine Seinsweise nicht zu sich selber hin, sondern zum andern. Denn das Handeln, das die Seinsweise bezeugt, ist ein Handeln am Nächsten, für den in dieser Predigt Christus als dessen Inbegriff steht. Es ließe sich zeigen, wie die Position Sein/Handeln bis ins letzte personal durchstrukturiert ist. Es geht um drei Personen und in ihnen und durch sie hindurch um alle Menschen. Maria, Martha, beide sind darauf konzentriert, gegenüber Christus, dem personalen Heil, die richtige Position einzunehmen; die eine durch Versenkungsmystik, die andere durch menschliche Hilfestellung. Die zweite ist die vollgütige christliche Haltung, weil sie sich persönlich dem Nächsten mit uneigennütziger Hilfe nähert. Und diese Hilfe betrifft die grundsätzlichsten Lebens-Mittel, die dem Herrn offeriert werden. Das normale, alltägliche Leben ist daher Gegenstand von Eckharts Mystik, allerdings nicht autonom, sondern in seiner Grundgelegtheit im wohlgeübten Seinsgrund Marthas, deren Seelenwipfel mit aller Willensanstrengung bei Gott ist. Das Was des Tuns hat seinen Grund in der Vernunft, in der Besonnenheit und Einsicht des seinshaft in Gott gegründeten Menschen. Die Autonomie des Handelns bemißt sich nach der Heteronomie des Seins. Mit andern Worten: Die grundsätzliche und totale Gerichtetheit des Willens auf die Unermeßlichkeit Gottes ist die a priori erste Position, der die zweite des »Wirkens in der Zeit« paradox als ein *»die zît loesen«* (Eph 5,16)[212] nachfolgt. Die zweite Position enthält in sich eine wichtige Negation; denn das Handeln soll ja so erfolgen, daß der Handelnde im Handeln des Handelns *blôz* ist. In diesem personbezogenen, mitmenschlichen Handeln ist also doch die *via eminentiae* in Form einer das Handeln in seiner Autonomie aufhebenden letzten Besitzlosigkeit des Handelnden an eben diesem Handeln gegenwärtig. Das Handeln verliert sich im andern und gehört nicht dem Handelnden selber. Diese Preisgabe des Handelns an die Person des andern ist nicht bloß Negation, sondern letztlich ein Surplus. Denn alles Handeln geht so ja den Weg der Unermeßlichkeit in Gott hinein. Denn mein eigenes Handeln vermag ich nur preiszugeben zugunsten eines andern, der ich nicht selbst bin. Und der letzte andere, der in einem absoluten Sinne der Nicht-Andere ist, das ist Gott. So ist auch hier die *via negationis* bei Eckhart hinüberführend in die *via eminentiae*: Das Nein transformiert sich bei ihm immer in ein Über-Hinaus, das in der Unermeßlichkeit, in der das Nein seinen Grund hat, sein eigentliches Ziel erreicht, d. h. je neu anvisiert, da die Unermeßlichkeit immer größer ist als das mögliche Maß, sie zu umfangen. Eckhart verweist auf dieses Ziel als auf eine eschatologische Größe, wenn er in derselben Predigt sagt: *Nû lose wunder! Welch wunderlich stân ûze und innen, begrîfen und umbegriffen werden, sehen und sîn diu gesiht, enthalten und enthalten werden: daz ist daz ende, dâ der geist blîbet mit ruowe in einicheit der lieben êwicheit.*[213]

VII

Schon mehrmals ist die Bejahung in zen-buddhistischen Texten in den Rahmen unserer Betrachtung gerückt worden. Im Grunde steht das Nichts im Zen für den Freiraum, in dem die Wirklichkeit sich selbst zu artikulieren vermag, unabhängig von den Zwängen der willkürlichen Artikulation der Wirklichkeit durch die Menschen. Damit diese Freiheit der Artikulation erreicht werden kann, muß zuerst der ›Null-punkt der Nicht-Artikulation‹[214] hergestellt werden. Wichtig ist dabei zunächst die negative Tatsache, »daß das Nicht-Artikulierte unter dem Aspekt der absoluten Unartikuliertheit mit keiner seiner artikulierten Formen, sei es auch dem sogenannten Absoluten, verwechselt werden darf«. Noch »viel wichtiger ist jedoch die dadurch unmittelbar implizierte Aussage, daß das Nicht-Artikulierte, gerade wegen seines wesentlichen Losgelöstseins von jeglicher artikulierten Form, alle artikulierten Formen annehmen kann. Tatsächlich wird das Zen durch die Behauptung der absoluten, unbegrenzten Freiheit der Artikulation durch den ›Menschen‹ – das Wort ›Mensch‹ bezeichnet einen erleuchteten

Menschen – charakterisiert.« Das bewirkt zunächst eine riesige Fülle von paradoxen und brüskierenden Feststellungen, welche die Wirklichkeit des Alltagsverstandes umzukehren scheinen. Sie tun es, um jede Form einer substantialisierenden Betrachtung der Welt auszurotten. Paradoxe, Kontradiktionen, alle Formen des Nicht-Artikulierten sind also letztlich nicht zu trennen »von der unendlichen Vielfalt der Formen seiner Artikulation«.[215] Das sprachliche Nichts des Zen ist wahrlich ein »reiches Nichts«.

Jene Kôans, die eine Artikulation von Wirklichkeit enthalten, sind oft durch eine ähnliche Wendung zu charakterisieren, wie sie die Martha-Maria-Perikope Meister Eckharts vollzieht. Die Bejahung vollzieht dabei einen Schritt *niederwärts* (wie die Zen-Buddhisten sagen). Lin-chis drastische Imperative zum Nichts-Tun gehören hierher, das Drei-Pfund-Flachs-Kôan, das Rebhuhn-Kôan und viele andere. Um zu veranschaulichen, was damit gemeint ist, sei auf eines noch eigens hingewiesen:

Einst bat den Chao-chou ein Mönch: »Ich bin gerade erst ins Kloster eingetreten, bitte, zeige mir den Weg!«
Chao-chou sprach: »Hast du schon deine Reissuppe gegessen?«
Der Mönch sprach: »Ich habe die Reissuppe gegessen.«
Chao-chou sprach: »Geh und wasch deine Eßschale!«
Da faßte der Mönch die Erleuchtung.[216]

Dieses Mondô verweist auf das Paradox, »mit dem Feuer (in der Hand) Feuer zu suchen«[217]: Das Alltägliche, Gewöhnliche *ist* Satori: im Zen – scheint mir – insbesondere der Umgang mit Dingen, mit der Natur, die Erfüllung elementarer Bedürfnisse, das alles ist Erleuchtung oder kann Anlaß dazu werden. Hier heißt es: »Oh Wunder! Wasser schöpfen und Holz tragen.« Oder beim Zusammenkommen zweier Menschen: »Wollen wir eine Tasse Tee trinken.« »Die freie Hin- und Zurückbewegung zwischen der unendlichen Verneinung und der unmittelbarsten Bejahung des Hier–Jetzt der Gegenwart ist für das Zen die Freiheit des selbst-losen Selbst.«[218]

Die »Freiheit des selbst-losen Selbst«, wie sie sich in den Niederwärts-Wendungen der Zen-Kôans dokumentiert, hat für mich – vergleiche ich sie mit Eckharts Martha-Maria-Perikope – etwas seltsam Unpersönliches. Es ist, wie wenn in einen vorpersonalen Raum von Freiheit verwiesen würde, der den Naturdingen, den fundamentalen Bedürfnissen und den ersten Lebensäußerungen ihre fundamentale Würde zurückgäbe. Vergeblich aber wird man in den Kôans nach Handlungsanweisungen suchen, die etwa die Hilfe am Nächsten befehlen. Sicherlich wird man dem Einwand, daß das Kôan ja selbst das Ereignis der Hilfe am Nächsten *ist*, bis zu einem gewissen Grade gelten lassen müssen. Sicherlich darf der personale Bezug Meister-Schüler, der die ganze Zen-Übung prägt, niemals unterschlagen werden. Und trotzdem – das Pathos der Ich-Du-Beziehung, wie sie für westliche Philosophie und Theologie kennzeichnend ist, fehlt im Zen durchgehends. Zwar ist der auf den Markt mit offenen Händen tretende Hirte allen Menschen »freundschaftlich« gesinnt, aber er bleibt »ein Kerl aus fremdem Geschlecht«[219]; sein Gesicht irritiert durch wechselnde Ansichten; er ist die Verkörperung von Bodidharmas Antwort an den Kaiser: »Weit aufgeräumt. Nichts Heiliges.«[220] Die Frage bleibt für mich: Wo mit der Kategorie der Substanz derart aufgeräumt wird, wo bleibt da Platz für die Person?

Es mag mit der Selbstkonzeption des Zen zusammenhängen, daß in der Bewegung niederwärts die Artikulation von Naturdingen dominiert: »Die Berge als Berge, Wasser als Wasser, Langes lang, Kurzes kurz.«[221] Die Selbstidentität des Sich-Zeigenden, die hier sprachlich signalisiert werden soll, ist allerdings – das muß immer wieder gesagt werden – keineswegs naiv, sondern von einem Standpunkt her erkauft, der letztlich als »Identität des Nicht-Identischen« zu kennzeichnen ist. Zu erinnern ist an Lin-chis »vier Alternativen«:

1. »das Subjekt wegnehmen und das Objekt nicht wegnehmen«;
2. »das Objekt wegnehmen und das Subjekt nicht wegnehmen«;
3. »Subjekt und Objekt beide wegnehmen«;
4. »Subjekt und Objekt beide nicht wegnehmen«.[222]

Es gilt, keine der vier Alternativen je als allein wahres Prinzip gelten zu lassen, da es sich immer um Perspektiven desselben handelt. Wer also niederwärts zum Subjekt-Objekt-Feld zurückgekommen ist, der weiß sich »von jeder Verabsolutierung einer Perspektive zu einem absoluten Prinzip«[223] frei. Eigentlich erst diese Freiheit ermöglicht die Wendung »niederwärts«. Erst die Verflüssigung, wenn man so will, von Subjekt und Objekt gestattet deren Erscheinung im niederwärtigen Bereich. Auffallend bleibt, daß das Subjekt kaum mehr – weder als Ich

noch als anderer – in relevanter Weise auftaucht, es sei denn als Träger natürlicher Vollzüge. Das ist sicherlich ein Gegensatz gegenüber dem *weselichen werk* Meister Eckharts, das in der konkreten Hilfe am Nächsten besteht.
Ueda hat auf einen weiteren Punkt hingewiesen, der in der zen-buddhistischen Wendung nach unten gegenüber Eckhart als gegensätzlich aufgewiesen werden muß. Die zen-buddhistische Artikulation der Natur von sich her geschieht in der Form der »vollen und schlichten Bejahung«.[224] Naturdinge, sofern sie von Eckhart überhaupt erwähnt werden, bekommen ihre Bejahung erst und nur in Gott als dem Prinzip ihres Seins (Fliege, Mistwürmchen, Holz, Stein in Gott). Die schon verschiedentlich festgestellte göttliche Seinseminenz kommt hierin zum Zug. Im Grunde kommt in Eckharts Wendung niederwärts nur die soziale Aktion bei währender Kontemplation (im *wipfelîn* der Seele) zum Ausdruck, und keinerlei Selbstartikulation der Wirklichkeit und der Natur. Die Bereiche des Alltäglichen und Gewöhnlichen, auf die sich je Eckhart und der Zen-Buddhismus berufen, sind also zusätzlich in ihrer Unterschiedlichkeit festzuhalten.

Der Vergleich zen-buddhistischer Texte mit Texten Meister Eckharts läßt einem schließlich den Kopf schwirren, man hat das Gefühl, daß einem ein Kopf auf den Kopf gesetzt worden sei. Der Vergleich kann selber zum zen-buddhistisch strukturierten Ereignis werden. Nur: Die Erleuchtung ist bis jetzt ausgeblieben. Ich sehe bei ebenso vielen Strukturanalogien ebenso viele Gegensätze. Liegt es letztlich daran, daß Eckharts *via eminentiae* auf eine im Glauben festgehaltene Offenbarung zielt, während alle zen-buddhistischen sprachlichen Verfahren eine offenbarungslose Schau der Wirklichkeit in den Blick rükken? Höchst beeindruckend sind beide – insbesondere darin, daß sie – bei mehr oder weniger distanzierter Haltung zur Sprache – das Wort zum *Ereignis* machen, Eckhart in seiner Konzeption einer göttlichen Wortgeburt in der Seele des Gläubigen, der Zen-Buddhismus in der maieutischen Funktion des Worts in dem Durchbruch der Erleuchtung durch alle Eingrenzungen hindurch. Schließen wir mit einem Wort aus dem großartigen *Bi-Yän-Lu*:

Den Edelstein prüft man im Feuer. Gold prüft man am Stein. Das Schwert prüft man an einem Haar. Gewässer prüft man mit der Stange. Unter denen, die bei Kuttenmönchen aus- und eingehen, ist es ein WORT, ein Sätzchen, ein Zuck, ein Ruck, ein Heraus, ein Hinein, ein Stoß oder ein Druck, was ihnen hilft, zu sehen, ob einer tief ist oder seicht, ob er zugewandt ist oder abgekehrt.[225]

Eriugena und die Mystik

Meine Themenstellung »Eriugena und die Mystik« hat einen systematischen und einen historischen Aspekt. Der systematische Aspekt müßte eigentlich die Frage beantworten, in welcher Hinsicht und unter welchen Bedingungen läßt sich das so eminent philosophisch und theologisch geprägte Werk Eriugenas als Mystik verstehen und deuten. Bei der Beantwortung dieser Frage wäre weit auszuholen: ein tauglicher Begriff von Mystik wäre zu ermitteln und so auf Eriugena anzuwenden, daß zuletzt eine eindeutig positive oder negative Auskunft eingeholt werden könnte. Gefahr dieses Vorgehens wäre ein Systemzwang, in dem zugunsten eines begriffstechnisch sauberen Vorgehens gleichzeitig das historische Objekt und sein Interpretament vergewaltigt würden. Denn es gibt keinen eindeutigen Begriff von Mystik; schon längst müssen wir von Mystiken oder verschiedenen Typen von Mystik reden, allenfalls sogar nur von mystischen Tendenzen und Implikationen in einem philosophisch-theologischen System. Eine solche systematische Ermittlung scheint mir nicht nur von der eben angetönten Gefahr einer Vergewaltigung des historischen Objekts her nicht angezeigt, sondern auch von der Tatsache her, daß ein solches Vorgehen mit mehr oder weniger methodischem Interesse für Eriugena in der vorliegenden Forschung, aber auch in der historischen Rezeption des erigenischen Gedankenguts insgesamt schon versucht worden ist. Damit ist der historische Aspekt der Rezeptionsgeschichte Eriugenas in den Blick gerückt, in dem es um die konkrete Denkgestalt des erigenischen Werks im Vergleich mit deren Deutung in der christlichen und philosophischen Überlieferung geht. Auch hier hat das Deutungskonzept »mystische Erfahrung, Mystik« immer eine wichtige Rolle gespielt, ob nun explizit oder implizit (wie etwa in den häretischen Aufnahmen erigenischen Gedankenguts bei den Amalrikanern, bei denen ein eigentliches theoretisches Konzept »Mystik« noch nicht gegeben war).[1]

Im Rahmen dieser intrikaten Vorgaben werde ich mich auf zwei – in jedem Fall fragmentarische – Überlegungen einlassen. Zunächst werde ich im Blick auf die Forschung das Deutungskonzept »Mystik« für Johannes Scotus herauszuarbeiten versuchen, danach versuche ich – im Anschluß an die vorangegangenen Forschungen – die mystischen Denkformen Eriugenas mit Rücksicht auf Meister Eckhart, der, mit einem gewissen Recht, aber häufig mißverstanden, als eine Art Prototyp mystischen Denkens gilt, in ihrer strukturellen Analogie herauszustellen.

I

Zu beginnen wäre mit einem Überblick über die Rezeption des erigenischen Werks schon dort, wo es historisch auf die Ausformungen mystischen Gedankenguts Einfluß hatte: im Hochmittelalter. Das kann hier natürlich nicht geleistet werden, wo es sinnvollerweise nur darum gehen kann zu zeigen, daß Eriugenas Werk als mystische Theologie verstanden werden konnte und auch so verstanden wurde. Am bewußtesten ist solches sicherlich bei Nicolaus Cusanus geschehen, der in seiner »Apologia doctae ignorantiae« (1449), einer Verteidigungsschrift gegen Johannes Wencks von Herrenberg Streitschrift ›De ignota litteratura‹, aus dem Problemhorizont einer eigentlichen »mystischen Theologie« spricht.[2] Er hat einen Blick für die Gefährlichkeit dieser Literatur, insbesondere für jene, die, zwar »geringeren Geistes« *(parvi intellectus)*[3], doch geneigt sind, sich bei der Lektüre dieser ungewohnten Texte »für Wissende zu halten, wenn sie sich als Unwissende erkennen« *(se doctos credere, quando cognoscunt se ignorantes)*.[4] Ihnen sind die Bücher der mystischen Überlieferung keinesfalls auszuhändigen; er nennt dabei die Werke des Dionysius, Marius Victorinus' »Ad Candidum«, die »Clavis Physicae« des Honorius Augustodunensis, David von Dinant, den Proklos-Kommentar des Berthold von Moosburg und Περὶ φύσεως des Johannes Scotus. Sicherlich wäre hier Meister Eckhart anzufügen, der in dieser Schrift öfter erklärt und mitverteidigt wird. Auf der andern Seite wird Johannes Wenck geraten, er möge, »wenn er die Gnade zu erlangen hofft, aus seiner Blindheit zum Licht geführt zu werden, (...) mit einsichtiger Aufmerksamkeit die ... Mystische Theologie (des Dionysius), dann den Mönch Maximus (Confessor), Hugo von St. Victor, Robert Grosseteste, *Johannes Scotus*, den Abt von Vercelli ... lesen«.[5] *Ad haec mystica ascendere* ist aber nach dem Cusanus nur jenem gegeben, dem es Gott gnadenhaft verliehen hat.

Die Geschichte der Deutung des Johannes Scotus als eines mystischen Autors beginnt in einem präzisen Sinne mit dieser Einfügung seines Namens in die Liste großer mystischer Autoren, die *ad haec mystica ascendere* verhelfen.

Leider beginnt sich die Nachwirkung Eriugenas im 16., 17. und 18. Jahrhundert zu verdunkeln. Selbst dort, wo er noch am ehesten hätte gekannt und geschätzt werden können, wie bei dem großen Kenner der christlichen mystischen Überlieferung Gottfried Arnold, wird sein Name nicht genannt: Die »Historie und Beschreibung der Mystischen Theologie« (Franckfurt 1703) – in der Eckharts Name schon genannt ist[6] – kennt Eriugena nicht.

Das 19. Jahrhundert ist sicherlich jener Zeitraum, da die Geschichte der christlichen Mystik als historische und allgemein anthropologische Erscheinung einige Beachtung gefunden hat. Die Neuentdeckung und -erschließung des Eriugena im Kontext eines sich auch historisch in seinen Vorgängern vergewissernden Idealismus hat W. Beierwaltes magistral nachgezeichnet.[7] Es kann hier nur darum gehen, einen Akzent auf die Mystik als auf ein dabei verwendetes Interpretament zu legen.

Als einer der ersten, der sich um Johannes Scotus unter diesem Gesichtspunkt bemüht hat, ist der Friesianer[8] Heinrich Johann Theodor Schmid (24. 6. 1799-29. 1. 1836) zu erwähnen[9], der in seinem 1834 in Jena erschienenen Buch: »Der Mysticismus des Mittelalters in seiner Entstehungsperiode dargestellt« Johannes Scotus eine ausführliche Darstellung gewidmet hat.[10] Für Schmid ist der »Mysticismus« »das Vorherrschen des Gefühls in der Religion« (10), »ein Überschreiten der endlichen Schranken der Vernunft durch das Gefühl« (16); er muß daher – da »der Vernunft zuwider« (42) – »seinem Begriff und Princip nach für absolut verwerflich erklärt werden« (43); »ein relativer Werth« bleibt ihm (43), denn es läßt sich »nicht verkennen, daß die heilsamsten Veränderungen in dem Zustand der Religion, oft durch den Mysticismus bewirkt wurden« (45). Der Mysticismus ist für Schmid daher eine geschichtliche Kraft, die »bey der richtigen und unpartheyischen Beurteilung« (45) anerkannt werden muß. Von solchen hermeneutischen Voraussetzungen her kumuliert Schmids Deutung des Johannes Scotus natürlicherweise im Pantheismusverdacht. Gleichwohl macht ihn das nicht blind gegen den »Grundgedanken Eriugenas«[11]; *veram esse philosophiam veram religionem, conversimque veram religionem esse veram philosophiam* (Praed. 1, 16-18).[12] Eriugenas »philosophisches System ist der erste Versuch den Mysticismus im Mittelalter wissenschaftlich zu begründen« (114). »Und so kann man ihn mit Recht als den ersten Gründer, sowohl der scholastischen als der mystischen Theologie betrachten« (116, 175 f.). Denn »er suchte in der Vereinigung von Scholasticismus und Mysticismus einen richtigen Mittelweg, der Wahrheit, der Begriff und Lebendigkeit des Gefühls zugleich in sich enthält« (117). Sowohl in der Art der Anwendung seiner Quellen wie in der Ausformung seiner Lehre dokumentiert sich eine starke Tendenz zur Aufhebung der Trennung zwischen Philosophie und Theologie (120ff.). Negativ gemeint ist die Feststellung: »Johannes Scotus verfällt... in den Mysticismus in der Art der Anwendung der Vernunft, oder in den Resultaten dieser Vernunftforschung selbst« (122). Sofern diese Festlegung die an Eriugena gewonnene Erkenntnis ratifiziert, daß denkerische Bemühung um die Einheit den Denkenden davon nicht ausschließt, hat sie ihre volle Berechtigung. Sie geht fehl, sofern sie dieses mystische Moment am Denken in einen expliziten Pantheismus des Gefühls münden läßt. Denn als »einzige Quelle des Mysticismus des Scotus« bezeichnet Schmid »den neuplatonischen Pantheismus«, bei dem »die Begriffe von Gott und Natur vermischt und zusammengeschmolzen werden. Da nun aber durch diese Zusammenschmelzung die Natur selbst vergöttlicht ist, so sind damit zugleich die Gränzen aufgehoben, welche der Natur gesetzt seyn müssen, und durch welche die Verbindung des Menschen mit Gott beschränkt werden muß; und so ist diese Verbindung eine unmittelbare, eine Vereinigung oder Einheit mit Gott« (125). Mit dem Pantheismusverdacht[12a] ist eine Interpretationsbasis gegeben, die bis ins 20. Jahrhundert – in Zustimmung oder Ablehnung – ihre Nachfolge gefunden hat. Beierwaltes hat über Geschichte und Problematik dieser vor allem im deutschen Idealismus gängigen Deutung das Wesentliche gesagt, indem er die (berechtigte) Widersprüchlichkeit zwischen einer immanentistisch-pantheistischen und transzendent-theistischen Deutung Scotus' »in dem ambivalent erscheinenden dialektischen Denken Eriugenas selbst begründet« sein läßt und »die

Konsequenzen beider Extreme nicht legitim« heißt: »Eriugena ist weder reiner Pantheist, dem die Differenz in totale Identität übergegangen wäre, noch reiner Theist scholastischer Prägung.«[13] Es ist zu fragen, ob aus Schmids gelehrtem Werk nicht die Konzeption eines *mystisch* geprägten Denkers Eriugena – selbst wenn man seine Definition der Mystik als Gefühlsreligion keinesfalls akzeptabel findet – weitergeführt und sinnvoll übernommen werden könnte, so daß dessen ambivalente Intention, »einen Gott als absolutes ›In‹ und ›Über‹ zugleich denken zu wollen«[14], just daraus einen Sinn bekäme.

Schmid präsentiert eigentlich schon die ganze Breite einer in der Folgezeit immer deutlicher werdenden ambivalenten Deutung Eriugenas. Wenn er neben dessen »Mysticismus« auch feststellt, daß «Joh. Scotus Eriugena ... der erste (war), der die Fesseln der Autorität und des blinden Glaubens abzuwerfen, und mit freyem Geiste die Religion aufzufassen wagte« (116), so ist damit dem »Mysticismus« ein durchaus aufklärerisch geprägter »Scholasticismus« (117) zur Seite gestellt. Schmid versucht, in deren »Vereinigung« bei Eriugena »einen richtigen Mittelweg, der Klarheit der Begriffe und Lebendigkeit des Gefühls zugleich in sich enthält« (117), zu diagnostizieren. Für die Forschung ist und bleibt ein Deutungsproblem aufgegeben, das sich in der Alternative zwischen Rationalismus und Mystik zum Teil recht fruchtlos ausgewirkt hat.[15] Jedenfalls ist Eriugena schon 1829 in Th. A. Rixners »Handbuch der Geschichte der Philosophie« (Bd. 2, Sulzbach 2. Aufl. 1829, 10-16, dort 11) »als dialektischer und mystischer Philosoph« geführt. Und auch Hegel siedelt ihn in seinen »Vorlesungen über die Geschichte der Philosophie« (Glockner XIX, 161) in der Nähe »der großen Scholastiker«, »die man *Mystiker* genannt hat«, an.

Das Interpretationsfeld, das mit der Bezeichnung Eriugenas als eines mystischen Philosophen umgrenzt ist, umfaßt in seinem Spektrum hiermit zwei Ambiguitäten: Die erste ist eine eher formale, den wissenschaftlichen Stil unseres Autors betreffende, nämlich die Ambiguität von Rationalismus und Mystik, die zweite – daraus durchaus erfließend – ist eine eher inhaltliche, jene nämlich zwischen Theismus und Pantheismus. Beide inhaltlichen Bestimmungen lassen sich mit den formalen je verschieden kombinieren.[16]

Joseph Görres spricht im ersten Band seiner »Christlichen Mystik« (Regensburg und Landshut 1836, 243-245) im Rückgriff auf Gersons Terminologie bei Eriugena von »spekulativer« (gegenüber »praktischer«) Mystik. Er anerkennt:

die Weise, wie (Eriugena) (...) die Rückkehr der Creatur zu Gott auslegt: ansteigend allmählig in sieben Stufen, durch Übergang des Leiblichen ins Leben, des Lebens in das Gefühl, des Gefühls in den Verstand, des Verstandes in den Geist, dann des Geistes ins Wissen, des Wissens in die Sapienz, endlich der Versenkung aller Geister in Gott, der zuletzt nur allein übrig bleibt; muß ... als geistreich und scharfsinnig, gerühmt werden, und ist abermal ein erster Versuch, die Stufen mystischer Erhebung wissenschaftlich festzuhalten. Aber auch sie ist der pantheistischen Irrung nicht entgangen, die das Ganze verwirrt; die aber, schwer vermeidlich in dieser Zeit, in einer Art von unbefangener Unschuld bei ihm hervortritt (245).

Während Ludwig Noack in seinem zweibändigen Werk: »Die christliche Mystik nach ihrem geschichtlichen Entwicklungsgange im Mittelalter und in der neuern Zeit« (Königsberg 1853) sich nicht in der Lage sieht, Eriugena »in die Reihe der Mystiker zu zählen« (I, 25), versuchte schon lange vor ihm Franz Anton Staudenmaier in seiner großkonzipierten Untersuchung »Johannes Scotus Erigena und die Wissenschaft seiner Zeit« (Frankfurt am Main 1834, Reprint: Frankfurt a. M. 1966)[17], Eriugena in den Kontext der Mystik und des Neuplatonismus zu stellen (463 ff.). Ähnlich wie Heinrich Schmid und ausgehend von der Feststellung: »Wie die Scholastik nicht ohne Gefühl, so war auch die Mystik nicht ohne Verstand« (476), sieht er in Eriugena »die denkende Betrachtung« in »das heilige Leben des Gefühls« verfügt (477).

Der erste, der diese Darstellung (einer Einheit von Denken und Gefühl) selbst war, ist kein anderer, als Erigena. Und so ist er nicht nur jener, mit welchem die Scholastik, und zugleich die Mystik des Mittelalters beginnt, sondern auch die *wahre und kräftige Einheit beider Systeme.* War es daher einerseits sein Streben, durch die denkende Betrachtung, durch wissenschaftliche Forschung, mit Einem Worte, durch Philosophie die Eine große Wahrheit der Welt und des Christentums in einem großartigen Systeme hinzustellen, und bewies er sich durch dieses Streben als Scholastiker; so ging diesem Streben nach Wahrheit das andere neben her, in der Einheit seines Geistes mit dem göttlichen Geiste sich zu gründen, jene Einheit die Seele seines ganzen Lebens sein zu lassen, und jene unerschöpfliche heilige Quelle, aus der jede ideale Kraft, ein mächtiges Leben in göttlichen Ideen, und die höchste Begeisterung entspringt: – und so war er Mystiker. Die Harmonie aller Kräfte und Bestrebungen aber stellte sich bei ihm dadurch her, daß er beide Richtungen gleich sehr in sich vereinte. Dadurch aber stand er auch viel höher, als alle jene, die mehr oder weniger blos Einer Richtung ergeben blieben (477f.).

So ist für Staudenmaier Eriugena »als der Vater sowohl der Scholastik als der Mystik« anzusehen. Daß derselbe Gelehrte sich in seiner »Lehre von der Idee« (Gießen 1840, Reprint: Frankfurt a. M. 1966, 641-654) dann so ungünstig über Meister Eckhart geäußert hat, liegt sicherlich daran – wie schon H. S. Denifle unmutig festgestellt hat[18] –, daß er Meister Eckhart nur aus zweiter Hand zur Kenntnis genommen hat. Die Strukturanalogie, aber auch die sicherlich konkret benennbaren Bezüge zwischen den beiden Systemen hat er nicht wahrgenommen.[19]

Im 20. Jahrhundert hat Hermann Dörries in seinem 1925 in Tübingen erschienenen Band »Zur Geschichte der Mystik, Eriugena und der Neuplatonismus« Eriugena nicht nur in den geistigen Zusammenhang einer Geschichte des Neuplatonismus gestellt, sondern diese Einordnung gleich auch mit dem Deutungsbegriff »Mystik« konnotiert. Er macht den »Versuch«, »einige Grundzüge der genuinen neuplatonischen Mystik ans Licht zu stellen und daran Erigenas Denkweise zu messen« (3). Für den Neuplatonismus greift er vor allem auf Plotin zurück, Eriugena dokumentiert er mit *Periphyseon*. Bei der Festlegung Eriugenas als eines Mystikers macht er ein paar wichtige Unterscheidungen. Zunächst ist Eriugena kein Mystiker im Sinne einer auf spektakuläre Seelenereignisse abstellenden Ekstase- und Visionsmystik. Das heißt, mystische Erfahrung ist für Eriugena kein lebensgeschichtliches Faktum, das mit entsprechender Aufmerksamkeit notiert würde. Gleichwohl ist Eriugena Mystik in Gestalt einer »religiösen Welteinstellung« eigen (95), der »ein Hervorkehren des Gefühlsfaktors« (95) und eine entsprechende Anwendung von Ausdrücken »aus der Gefühlssphäre« (95) entspricht. Insbesondere übernimmt Eriugena das Vokabular einer mystischen Sprache, ihre Wegthematik von »Reinigung«, »Erleuchtung« und »Vollendung« (222 C), von »Glauben, Wissen und Vergottung« (338 D) und eine an die neuplatonische Henosis-Auffassung angenäherte Theosis-Lehre (96f.). Auch Eriugenas Soteriologie[20] hat mystischen Charakter darin, daß nach ihr »Christus unsere Natur annahm, um uns der seinen teilhaftig zu machen (295 C)« (97). Einen entscheidenden Unterschied glaubt er zwischen der neuplatonischen und erigenischen Fassung der Mystik festhalten zu können: »Für die neuplatonische Mystik konstitutiv ist, daß am Ende ihres Aufstiegs die Scheidewand zwischen Gott und Mensch niedersinkt, daß kein Trennendes dazwischen bestehen bleibt. Gerade hier aber weicht Erigena von seinen Lehrern ab« (99). »Die Selbständigkeit des Geschaffenen« (100) wird von Eriugena nicht aufgehoben, sondern in seiner Theophanienlehre im Gegenteil gestärkt. Ziel von Eriugenas Mystik ist *contemplatio*[21] als höchste *beatitudo* (300 C, zitiert 104, Anm. 2); diese wiederum ist nichts anderes als *veritatis cognitio* (430 B, zitiert 105, Anm. 1). Alle drei mystischen Wege – *purgatio, illuminatio, perfectio* – münden bei Eriugena in *unius omnium principii et causae cognitionem* (222 C, zitiert 105, Anm. 4). Auch in diesem stark auf Erkenntnis ausgerichteten Kontemplationsbegriff Eriugenas sieht Dörries einen bemerkenswerten Unterschied gegenüber der neuplatonischen Mystik: »Von der gestaltlosen Ruhe und dem Einswerden jenseits aller Schau ist ihm nichts bekannt« (105).[22]

Wenn ich richtig orientiert bin, so spielt heute das Deutungskonzept »Mystik« keine allzu große Rolle mehr in der Eriugena-Forschung.[23] Ohne große methodologische Verstimmung ist es gewissermaßen stillschweigend verschwunden im Maße, als die Forschung geschichts- und textnäher, in einem umfassenden Sinne genauer geworden ist. Implizit ist darin eine Kritik an einer allzu pauschalen und voreiligen Etikettierung des erigenischen Systems als eines vom »Gefühl« diktierten Gedankenkomplexes enthalten, da man immer deutlicher zu sehen glaubt, daß *Periphyseon* »ein auf wissenschaftlicher Exegese der Hl. Schrift beruhendes Lehrbuch der gesamten christlichen Wahrheit« ist[24], das von literarischer Gestaltung und geistigem Anspruch her ein bestimmtes Bildungsprogramm, das Alkuinsche, zu einem bestimmten Zeitpunkt der Geschichte bedeutungsvoll erfüllte. Immer stärker profiliert sich so Eriugena als genuiner Philosoph, dem es gelungen ist, mit geeigneter Methode und Begrifflichkeit »jede biblische Wahrheit als Teilwahrheit eines Wahrheitsganzen über die Wirklichkeit im Ganzen verstehbar zu machen«.[25] Mit ihm wurde im Rahmen des karolingischen Bildungswesens »christliche Theologie als strenge Wissenschaft möglich«.[26] Eriugena als strenger, exakter, der Logik verbindlich ergebener Philosoph und Theologe – so

steht er heute vor uns. Für einen dem »Gefühl« ergebenen Mystiker – wie ihn die Forschung des 19. Jahrhunderts noch auf weite Strecken mit dem »Scholastiker« kontaminierte – bleibt in diesem Bild kein Platz.
Es wäre aber nur die halbe Wahrheit, wenn hier nicht gleich auch jene große Forschungsleistung der letzten Jahrzehnte beschworen würde, in der in minuziöser Kleinarbeit Philosopheme und Theologumena Eriugenas in ihrer historischen und strukturellen Relevanz aufgearbeitet worden sind, die für eine Geschichte der christlichen Mystik von höchstem Belang sind.[27] Insbesondere aber ist zu denken an die Deutung Eriugenas, in der »sein Denken als ein Denken des Einen«[28] aus gleichzeitig neuplatonischer und christlicher Inspiration Gestalt gewinnt. Es scheint mir auf der Hand zu liegen, daß von dieser Forschungskonstellation her die Frage nach der Mystik Eriugenas neu gestellt werden darf und muß. Ihr werde ich mich nun im Blick auf Meister Eckhart zuwenden.

II

Es scheint mir zu den großen Mißhelligkeiten der Mystikforschung des 19. Jahrhunderts bis zu Rudolf Otto zu gehören, daß mystische Erfahrung mit »Gefühl« und »Irrationalismus« assoziiert wurde.[29] Wenn es auch wahr ist, daß mystische Erfahrung – christlich übrigens seit der Entrückung des Heiligen Paulus vor Damaskus (vgl. Apg 22,6 ff.; 2 Kor 12,2 ff.)[30] – im Unaussprechlichen seinen Austrag hat, so ist es nicht weniger wahr, daß dieses Unaussprechliche gerade in seinem für Sprache inkommensurablen Charakter nur im Medium von sprachlichem Begriff und Bild wenn nicht erfaßt, so doch anvisiert werden kann. Sprache ist von ihrem eigensten Status her nie einzuschränken gewesen auf die Aufgabe, das wiederzugeben, was bloß der Fall ist.[31] Sprachliche Artikulation von mystischer Erfahrung ratifiziert so eine grundsätzliche Möglichkeit von Sprache, die ihr im Maße, als sie sich in schlichter Kommunikation nicht erschöpft, sondern *im* Wort etwas über es Hinausgehendes immer schon meint, als ein Vermögen des Transzendierens ihrer selbst mitgegeben ist. Dieser Vorgang aber ist keiner, der sich der Vernunft entzöge, sondern einer, der mittels ihrer sich vollzieht. Unaussprechliches ist währendes Resultat vernunfthaft organisierter Sprachlichkeit. Wer diesen Bedingungszusammenhang unterschlägt, ist dann allerdings gezwungen, das Unaussprechliche, das sich noch in seiner Formulierung Sprachlichem negativ verdankt, dem »Gefühl« und dem »Irrationalen« zuzuweisen.

Wenn näherhin dieses Unaussprechliche sich als eine Einigung, Vereinigung des denkenden Menschen mit dem Einen selbst – *daz einic ein* der deutschen Mystik[32] – akzentuieren läßt, so ist hier nochmals und im eigentlichen Ernstfall das Gesagte zutreffend: »Henosis entspringt dem nicht-reflexiven Element *in* der Reflexion, welches aber nur in ihr und durch sie sichtbar und wirksam gemacht werden kann«.[33] Gewiß läßt sich ein Bereich spektakulärer seelischer Ereignisse, die als ekstatische Erfahrungen der Hingerissenheit scheinbar nur noch in die Kompetenz der Psychologie und Parapsychologie gehören, hiervon aussondern, nach meiner Meinung aber nur relativ, da auch sie nie anders als in religiöse Sinnzusammenhänge eingebettet, d. h. also nur in *sprachlich* realisierten Deutungen überhaupt vorhanden sind, anders sind sie belanglos.[34] Das läßt sich literargeschichtlich leicht daran zeigen, daß die Genres der möglichst unmittelbaren Wiedergabe der Erfahrung der Unaussprechlichkeit Gottes immer wieder auf ausgeformte Reflexionszusammenhänge hin tendieren. Der mystische Erfahrungsbericht wird so zur Mystagogie, Subjektivität umgeformt in objektive Denkzusammenhänge.[35]

Christlich gesehen ist Mystik daher die Bewegung selbst, durch die der in der objektiv vorgegebenen Offenbarung liegende Gehalt an Glaubensgeheimnissen subjektiv angeeignet und von den Subjekten her wieder als Glaubensenergie für die Kirche verfügbar wird.[36] Bei vollem Einsatz des Subjekts, das diese Bewegung vollzieht, sind natürlicherweise alle seine Kräfte – sowohl die seines Liebes- und Strebevermögens als auch die seiner Vernünftigkeit – aufs stärkste mitengagiert, da die Einigung mit den Glaubensgeheimnissen nicht eine solche bloß mit abstrakten Gehalten darstellt, sondern weit darüber hinaus eine Einigung mit der für den Menschen tragenden Lebenswirklichkeit selbst, die Gott ist, intendiert.[37]

Dies nicht nur als Postulat des Glaubens, sondern als Vernunft und Liebe gleicherweise engagierende Lebenswirklichkeit vorgestellt zu haben, ist nun wohl der gemeinsame Zug des Werks sowohl von Eriugena wie Meister Eckhart: Die Einheit, die den Menschen mit Gott verbindet, ist für sie eine, die des denkerischen Aufwands aller Vernunftgründe, auch der über heidnische Lehrer vermittelten, wert und daher vornehmlich zu *denken* ist, dies aber nie so, daß der Denkende außerhalb seiner Bemühungen stünde, sondern so, daß er vom Einen, das er zu denken unternimmt, nicht auszunehmen ist. Ja er ist und erfährt sich so als der Ernstfall der Einigung mit dem Göttlichen im Maße, als er darum weiß und denkend dahinterkommt, wie unvordenklich diese Einheit immer schon ist. Im Blick auf diesen Vorgang der denkenden Ratifikation des Glaubens als eines wachsenden Einsehens in das unvordenkliche Einssein des Schöpfers mit seinem Geschöpf läßt sich bei beiden Denkern sehr wohl von Mystik sprechen.

Bevor noch ein paar wenige, Eriugena und Eckhart gemeinsame Themen solcher Mystik benannt werden können, ist zu fragen, wie die Beziehung von Eckhart zu Eriugena konkret zu denken ist. Gibt es eine Beeinflussungsmöglichkeit, hat Eckhart Eriugena gekannt? Noch vor zehn Jahren hat Hans Liebeschütz beide Denker »durch die Bildungswelt des mittelalterlichen Platonismus mit der gleichen Schicht spätantiker und patristischer Spekulation verbunden« gesehen, »ohne daß der Dominikaner von dem karolingischen Gelehrten beeinflußt worden ist«.[38] Demgegenüber gibt es in der Eckhartforschung eine alte Tendenz, Eckhart Eriugena konkreter nahe zu bringen. Schon Carl Schmidt sah 1839 eine Nähe des Meisters zum karolingischen Gelehrten, der für ihn »das erste Haupt der eigenthümlichen Speculation des deutschen Geistes« darstellte.[39] Für William Ralph Inge 1890[40] und Rufus M. Jones 1909[41] war es selbstverständlich, daß Meister Eckhart mindestens in Paris mit dem Denken Eriugenas in Berührung kam. Diese Meinung vertritt 1925 auch Henry Bett, der – ohne es noch deutlicher machen zu können, aber mit sicherem Instinkt – pauschal behauptete: »An independent and impartial study of the field leads to the deliberate conclusion that Erigena's influence upon medieval mysticism, and upon the later philosophies, is much more considerable than has been generally allowed.«[42] Ich muß gestehen, daß ich Bett heute voll zustimme, ohne doch mehr als Indizien für eine Lektüre Eriugenas durch Meister Eckhart zu haben.

Eriugena war im späteren Mittelalter in drei Formen zu lesen:
1. in seinen authentischen Texten;
2. in Auszügen, »De divisione naturae« zum Beispiel in der »Clavis physicae« des Honorius Augustodunensis[43] oder im »Corpus dionysiacum«[44],
3. in Zitierungen durch andere Autoren.

Der dritte Fall ist gegeben in Hom. XI 24-39, deren Tenor in Eckharts Auslegung des Johannesevangeliums hörbar wird. Nach Jeauneau[45] wäre hier der Vermittler Thomas von Aquin mit seiner Lectura super Iohannem.

Was den zweitgenannten Fall betrifft, so ist gerade in den letzten Jahren immer deutlicher geworden, daß sowohl die »Clavis physicae« wie das »Corpus dionysiacum« von Paris (ms. B. N. lat. 17341), bekannt unter dem Namen »Opus alterum«, für die intellektuelle Bildung der deutschen Dominikaner im 14. Jahrhundert von entscheidender Bedeutung waren.[46] So hat sicherlich Berthold von Moosburg (erste Hälfte 14. Jh.) die »Clavis physicae« gekannt[47], und auch das »Corpus dionysiacum« war gerade in Dominikanerkreisen bekannt.[48] Beweis dafür sind die Eriugena-Zitate im lateinischen Kommentar zum mhd. Gedicht »Granum sinapis«, wo aber auch die Zitierung Eriugenas mit direktem Verweis auf den *liber* »De quadrifaria divisione naturae« zu finden ist.[49] Kurt Ruh ist geneigt, die Verfasserschaft, sowohl für das Gedicht wie für dessen Kommentar, in die nächste Nähe Meister Eckharts zu rücken, wenn nicht gar ihm selbst zuzuschreiben.[50] Wenn das so ist, dann hat entweder Meister Eckhart selbst oder einer seiner nächsten Ordensgenossen unmittelbaren Zugang zu Periphyseon gehabt. Nimmt man die zahlreichen Belege hinzu, welche die modernen Herausgeber des lateinischen Werks Meister Eckharts als Parallelisierungen des eckhartschen Gedankenguts in den Anmerkungen der lateinischen Werke bringen, so – scheint mir jedenfalls – liegt es auf der Hand, daß Meister Eckhart Eriugena in der oder jener Form gelesen hat.[51]

III

1. Unmittelbar auffällig ist zwischen den beiden Denkern schon die Intention, die sie mit ihren Werken verbinden. Beiden liegt angelegentlich daran, Glauben und Vernunft ineinander zu integrieren, indem sie beide zu einer Einheit konvergieren lassen, in der *philosophia* und *religio* letztlich ununterscheidbar werden.[52] Ziel dieser auf Eines hin laufenden Bemühungen von Philosophie und Theologie, Natur und Schrift ist für Eriugena eigentliche *contemplatio, theoria.*[53] Aller Aufwand der Artes führt dahin:

> *Vt enim multae aquae ex diuersis fontibus in unius fluminis alveum confluunt atque decurrunt, ita naturales et liberales discipline in una eademque internae contemplationis significatione adunantur quam summus fons totius sapientiae qui est Christus, undique per diversas theologiae speculationes insinuat* (Ier. I 550).[54]

Wenn möglich noch enger als bei Eriugena fließen bei Eckhart, der methodisch scharf für sich die Forderung stellt, *ea quae sacra asserit fides christiana et utriusque testamenti scriptura exponere per rationes naturales philosophorum* (LW 3, 4, 5; n. 2)[55], Glauben und Erkennen auf ein Ziel hin, derart, daß falsches, weil ungenügendes Erkennen in seiner Vorläufigkeit in ein *unwizzen* je neu überführt wird – das selbst ist ein Erkenntnisvorgang! – und so aus Unwissen *übernâtiurlîchez wizzen* (Pf 15, 9) oder *ein unbekantez bekantnüsse* (Pf 25, 39) wird.[56] Bezogen auf die richtige Auslegung der Schrift, ist das bei Eriugena nicht anders: Exegese untersteht bei ihm der *recta ratio* der *sapientes,* mit der Einschränkung allerdings, daß es diese sind, die auch um die unaussprechliche *unitas unifica* (P I 64; 190, 17) Gottes nichtwissend wissen.[57] Die Vernunft ratifiziert darin ihre Grenzen, wenn sie sich – in der Anschauung und Kenntnis der Gottheit auf das gemäße Nichtwissen reduziert:

> *Ratio uero in hoc uniuersaliter studet ut suadeat certisque ueritatis inuestigationibus approbet nil de deo proprie posse dici quoniam superat omnem intellectum omnesque sensibiles intelligibilesque significationes qui melius nesciendo scitur, cuius ignorantia uera est sapientia, qui uerius fideliusque negatur in omnibus quam firmatur. Quodcumque enim de ipso negaueris uere negabis, non autem omne quodcumque firmaueris uere firmabis. Siquidem si approbaueris hoc uel hoc illum esse falsitatis redargueris, quia omnium quae sunt quae dici uel intelligi possunt nihil est* (P I 65, 190, 29 ff.).

Gott ist *nec illud nec ullum* (P I 64; 191, 3), mit Meister Eckhart: *Got enist weder diz noch daz* (DW 1, 146, 2 f.).[58]

2. Daß von solchen Bestimmungen apophatischer Rede über Gott der Schritt nicht mehr weit ist zur Deklaration Gottes als des Nichts, ist naheliegend.[59] Beide haben diesen Schluß gezogen. Für Eriugena gilt als Folgerung aus der Erkenntnis: *nil de deo proprie posse dici* (P I 64; 190, 30)[60], daß Gott *nihil horum quae sunt et quae non sunt est* (ebd. 192, 3 f.). Mit anderen Worten: Gott, der wegen seiner Unfaßbarkeit als *incomprehensibilis* erkannt wird, darf mit Recht Nichts genannt werden (P III 19; 166, 26 ff.), ebenso wie »die göttliche Güte als das Nichts deshalb bezeichnet wird, weil sie über allem Seienden und Nichtseienden hinausliegt« (*quoniam ultra omnia quae sunt et quae non sunt*; ebd. 168, 10 f.). In seinen Theophanien erscheinend geht Gott dann allerdings aus dem Nichts in Etwas über (*ueluti ex nihilo in aliquid*, ebd. 168, 13 f.). *In* allem werdend hört er doch nicht auf, über allem zu sein (*et dum in omnibus fit super omnia esse non desinit*; ebd. 20; 172, 13 f.). Und dann folgt die entscheidende Wendung:

> *ac sic de nihilo facit omnia, de sua uidelicet superessentialitate producit essentias, de superuitalitate uitas, de superintellectualitate intellectus, de negatione omnium quae sunt et quae non sunt affirmationes omnium quae sunt et quae non sunt* (ebd. 172, 14 ff.).[61]

Zunächst ist festzuhalten, daß Meister Eckhart im Blick auf die *gotheit* – Gott unter dem Aspekt seiner Einheit und seiner Unaussagbarkeit – von ihr im Modus einer stringenten Abweisung aller sie fassen wollenden Bestimmungen spricht. Die Negativität Gottes in diesem Sinne gipfelt in dessen Festlegung als Nichts, wenn auch deutlich festzuhalten ist, daß die positiven Bestimmungen Gottes bei Eckhart im gesamten zahlreicher sind.[62] Gott ist – weil letztlich bloß als »Finsternis«, »Wüste« und »Abgrund« im Medium der Sprache faßbar – das Nichts. Er ist so sehr Nichts, daß er sich selber nicht in seinem Wesen erkennen kann: *Gott blîbet dâ in im selber unbekant* (DW 1, 389, 8 f.)[63], ein Gedanke, der seine Vorprägung in Eriugena hat, wenn gefragt wird:

> *Quomodo igitur diuina natura se ipsam potest intelligere quid sit cum nihil sit? . . . Deus itaque nescit se quid est quia non est quid, incomprehensibilis quippe in aliquo et sibi ipsi et omni intellectui* (P II 28; 142, 27 ff.).

Der Seele bleibt angesichts dieser Unbekanntheit Gottes vor sich selbst nicht erspart, Gott im Modus einer wachsenden Entsagung über sein Wesen wahrzunehmen. So wird Gott der Seele *zenitte* (DW 3, 79, 2, in einem Dionysius-Zitat: DDN 7, 3; PG 3, 872 A), weil er ihr völlig *vnbechant* geworden ist. Gott ist *ein vber wesende nitheit* (DW 3, 442, 1 f.). Saulus/Paulus *sach niht, daz was got. Got ist ein niht, und got ist ein iht. Swaz iht ist, daz ist ouch niht* (DW 3, 223, 1 f.). In der hier zitierten Predigt über Apg 9,8, die ganz von Dionysius-Zitaten durchsetzt ist, entwikkelt Eckhart ausführlich seine Gründe, weshalb Gott als das Nichts bezeichnet werden muß. Gott ist weder dies noch das, er ist weder da noch dort. Die Seele, in Gott als ins Eine gelangend, trifft dort im Maße ihrer Selbstverwerfung auf das göttliche Nichts. In einem Wachtraum sieht sich Eckhart vom Nichts schwanger werden, und: *Got wart geborn in dem nihte* (DW 3, 224, 7 f.). Umgekehrt, wenn derjenige, dem Gott als Nichts geboren wurde, auf die Kreaturen blickt, so erscheinen ihm diese auch als Nichts, weil – in Gott angeschaut – diese eben auch »nichts als Gott« sind.[64]

Damit sind wir an einem Punkt angelangt, wo nach Eckhart der »Durchbruch«[65], nach Eriugena der *transitus*[66] gewissermaßen schon geschehen ist. Unversehens ist der *reditus* eingeleitet, schon da, wo noch vom Entstehen die Rede war. Bei Eckhart ist es ganz deutlich, daß die lineare Erstreckung der Zeit immer schon durch die unvermittelte Kreisbewegung der Seele im Durchbruch aufgehoben wird. Beim stärker aufs Eschatologische fixierten Eriugena ist das vielleicht weniger deutlich. Immerhin kennt auch er eine Durchformung des Menschen durch die göttliche Gegenwart im Menschen als eine Form des Sichselber-Findens Gottes im Menschen: »Wenn er gefunden wird, dann findet nicht derjenige selbst, der sucht, sondern er selbst, der gesucht wird und das Licht der Geister ist, *findet* auch« (*Nam si invenitur, non ipse, qui quaerit, sed ipse qui quaeritur, et qui est lux mentium, invenit;* P II 23; 104, 29 f.). Und Eckhart:

> *Got machet uns sich selber bekennende, und bekennende machet er uns sich selber bekennende, und sîn wesen ist sîn bekennen, und ez ist daz selbe daz er mich machet bekennende und daz ich bekenne. Und dar umbe ist sîn bekennen mîn* ... (DW 3, 320 f., 8 ff.).[67]

Eine solche Überformung der menschlichen Seele durch *substancie, wesen* und *natûre* Gottes[68] ist zu konkretisieren erstens in ihrem Grund, der in der Menschwerdung Gottes beruht, und zweitens in ihrer Folge, die in der Geburt des göttlichen Wortes in der Seele besteht. In beiden Punkten scheint mir Eckhart dem karolingischen Denker verpflichtet.

3. Was die Menschwerdung Christi betrifft, so vertreten beide Denker eine Auffassung, die ihren Skopus weniger in der Betonung des historischen *factum brutum* der Geburt Jesu in Nazareth hat als vielmehr im Theologumenon der Annahme einer *allgemeinen Menschennatur* durch Jesus Christus in der Menschwerdung.[69] Das erlaubt eine funktionale Bezüglichkeit der Inkarnation als eines Heilsvorgangs auf jeden, der Mensch heißt. Ich sehe darin eine mystische Adaptation der Menschwerdung Christi im Sinne des Spruches von Angelus Silesius:

In dir muß Gott gebohren werden.
Wird Christus tausendmahl zu Bethelehem gebohrn/
Und nicht in dir; du bleibst noch Ewiglich verlohrn. (I, 61)

Denkbar ist dieser Gedanke einer mystischen Aktualität der Gottesgeburt nur im Gedanken daran, daß Gott in der Menschwerdung die ganze Menschheit, nicht eine menschliche Person angenommen hat. Nach Eriugena hat Christus in der Menschwerdung die Totalität der menschlichen Natur angenommen, denn nur so konnte die menschliche Natur gerettet werden:

Proinde si Dei Verbum humanitatem accepit, non partem ejus, quae nulla est, sed universaliter totam accepit. Et si totam accepit, totam profecto in seipso restituit, quoniam in ipso restaurata sunt omnia et nihil humanitatis, quam totam accepit, perpetuis poenis insolubilibusque malitiae, quam tormentorum calamitas sequitur, nexibus obnoxium reliquit: in nullo enim damnat Deus, quod fecit, sed quod non fecit, punit. (P V 27; 923 C).[70]

Der Gedanke eines für die *ganze* Schöpfung gültigen und wirksamen Heils in Jesus Christus verschärft sich, wenn man beachtet, daß die *tota humana natura* »alles, was in der Welt ist« (ebd. 24; 911 A), in sich enthält, ein Gedanke, den Eckhart durchaus teilt, wenn er pathetisch versichert: »Alle Kreaturen entäußern sich ihres *Lebens* um ihres *Seins* willen. Alle Kreaturen tragen sich in meine Vernunft, auf daß sie *geistig* in mir *sind*. Ich allein bereite alle Kreaturen wieder zu Gott. Schaut, was *ihr alle* tut!« (Pf 180, 22-24; Q 272, 23 ff.).[71] Die Universalität des

Heils, an der der Mensch – weil selber *natura humana* – derart stark beteiligt ist, gründet in dieser Allgemeinheit, d. h. in diesem Umfassungsvermögen der menschlichen Natur: *Accipiens igitur (Verbum)* – versichert Eriugena – *humanam naturam, omnem creaturam accepit. Ac per hoc si humanam naturam, quam accepit, salvavit et restauravit, omnem profecto creaturam visibilem et invisibilem restauravit* (ebd.; 912 C).
Eckhart[72] vertritt in aller Schärfe eine bis in Einzelheiten ähnliche Inkarnationsvorstellung. Zwischen der von Gott in der Inkarnation angenommenen Menschennatur und der je meinigen des Menschen besteht Univozität; daher kann von einer eigentlichen »Hochzeit zwischen Gott und unserer Natur« (LW 3, 239, 10, n. 286) gesprochen werden.

Durch die Menschwerdung in Christus steht die menschliche Natur für immer in der hypostatischen Vereinigung mit der göttlichen Person des Wortes. Diese Vereinigung ist nie mehr aufzulösen. Wo die menschliche Natur ist, da ist die göttliche Person des Wortes als ihre Trägerin, denn ›*da wart menschlich natûre got*‹. Wo die göttliche Person des Wortes ist, wo der Vater seinen eingeborenen Sohn gebiert, da ›schwebt die menschliche Natur mit ein‹.[73]

Eckhart hat die Vorstellung der Annahme einer allgemeinen Menschennatur durch Jesus Christus zu einem eigentlichen christologischen Grund seiner Konzeption der Einwohnung und der Geburt Gottes im Menschen gemacht. Nicht nur zu einem Grund dieses gnadenhaften Vorgangs, sondern auch der asketischen Bemühungen des Menschen. Denn dieser hat die Aufgabe, in der *abegescheidenheit – abnegare personale, abnegare proprium!*[74] heißt die entsprechende Forderung – diese Allgemeinheit seiner Natur zu erlangen.
Sowohl Eriugena als auch Eckhart partizipieren in ihrer Auffassung von der allgemeinen Menschennatur, die Christus in der Menschwerdung annahm, an alten patristischen Vorstellungen vom *εἷς ἄνθρωπος τέλειος*, insbesondere etwa Hippolyts, wonach es nur »*ein* ›Gotteskind‹, den fleischgewordenen Logos (gibt), der alle, die an ihn glauben, zusammenfaßt zu dem einen, vollkommenen ›Menschen‹, dem einen mystischen Leib des Logos, der unsere gemeinsame Natur angenommen hat: *πάντας υἱοὺς θεοῦ καταρίσται θέλων καὶ τοὺς πάντας ἁγίους εἰς ἕνα τέλειον ἄνθρωπον*«.[75] Nicht weniger reich ist der geistesgeschichtliche Hintergrund für Eckharts zentrale Anschauung

von der immerwährenden Gottesgeburt im Gläubigen. Die Geburt des göttlichen Wortes *ist* auf dynamische Weise die Gegenwart Gottes. Sie *ist* der Vorgang, darin sich Gott die Seele angleicht: *generamur filii dei per adoptionem* (LW 3, 102, 11, n. 117). Dieses mystische, weil auf Einung mit dem Einen Gott zentral ausgerichtete Theologumenon hat Eckhart nicht erfunden. Neben Origenes – den er zum *semen divinum in anima* zitiert[76] – und Augustinus, den Viktorinern und der bernhardischen Mystik[77] ist es nun vor allem Eriugena, der Eckhart sicherlich beeinflußt hat. Unter dem Gesichtspunkt des Theologumenon von der Gottesgeburt wären sein Johanneskommentar und Eriugenas einschlägige Äußerungen einmal genauer zu untersuchen.[78] Das kann hier nicht geschehen. Auch ist hier nicht der Ort, die vielen Stellen bei Eriugena und Meister Eckhart einander zu konfrontieren. Ich beschränke mich auf eine Bemerkung: Die Gottesgeburt im Herzen – *in deme innirsten, in dem lutirsten, in dem heubiste der sele, daz ist in vornuftikeit*[79] – ist ein göttliches Wortgeschehen, in das die ganze Existenz des Christen sowohl in seiner intellektual-worthaften als auch existentiell-vitalen Formung einzugehen hat. Das müßte dem Menschen von seiner natürlichen Konstitution her nicht schwerfallen, da er – in Analogie zur göttlichen Verleiblichung des WORTES, zur Inkarnation – sein Wort in der Doppelung von *verbum internum* und *externum* auszuformen hat.[80] Der Mensch muß nur ratifizieren, was er schöpfungsmäßig *ist*, dann erkennt er auch, daß er in die Inkarnation als in das Schöpfungsgeschehen immer schon einbezogen ist, das ihn im Innersten betrifft. So bekommt die Gottesgeburt sowohl bei Eriugena wie Eckhart von ihrer ursprünglich religiösen Signatur her einen ontologischen Zuschnitt. Die Geburt geschieht immer, sie ist im Grunde mit der Schöpfung identisch. Bei Eckhart ist es klar: *creatio* und *incarnatio* sind koextensiv zueinander, gehen ineinander über.[81] Für Eriugena, bei dem das Eschatologische als solches noch stärkere Präsenz hat, möchte ich Gleiches nicht behaupten.

Was bisher eher kursorisch als bis in die Details ausgefeilt vorgetragen wurde über Belange, die für die Mystik sowohl Eriugenas wie Eckharts entscheidend sein mögen – ihre gemeinsame Intention, die Apophase über Gott, ihre Inkarnationslehre, das Theologumenon von der Gottesgeburt –, ist in einem beschämenden Maße unvollständig und ein bloßes Aperçu dessen, was zu sagen wäre. Nicht einmal erwähnen konnte ich bisher wichtige Bereiche der Schöpfungslehre – die Ewigkeit der Welt, Gott als *ebullitio*, als *principium sine principio*[82] –, des für beide Denker so entscheidenden Bereichs der »Natur, die geschaffen ist und schafft«, der Schöpfungsideen in Gott – das damit gegebene Nichts und *duplex esse* des Geschaffenen, die Bedeutung der *termini generales*[83] –; auch nicht erwähnt werden konnte Eckharts Lehre vom Seelenfunken, vom Bild Gottes im Menschen[84] usf. All das und noch viel mehr wäre genau und umfassend für beide Denker abzuklären. Insbesondere wäre die eriugenistische Konzeption der Theophanien im Blick auf Eckhart abzuklären, eine schwierige Sache, da bekanntlich Eckhart den Begriff gelegentlich flüchtig zitierte[85] und die damit gemeinte eriugenische Sache wohl durchaus hätte gelten lassen, da er das In-Über Gottes zum Geschaffenen – wir haben es gesehen – im Sinne des neuplatonischen *πανταχοῦ καὶ οὐδαμοῦ* bestimmt.[86]

Ich muß vorerst resignieren, möchte aber doch einen wichtigen Bereich, der gerade für meine Frage nach der Mystik Eriugenas und Eckharts virulent ist, nicht auslassen, sondern wenigstens skizzenhaft zum Schluß darauf eintreten. Es handelt sich um den dritten Aspekt der neuplatonischen Trias von *μονή, πρόοδος* und *ἐπιστροφή*. Die *Rückkehr* alles Seienden in seinen Ursprung – *conversio, congregatio, reditio, resolutio, restauratio, transmutatio, deificatio*[87] – ist als »theologische Differenzierung des neuplatonischen, für die absolute und zeitliche Reflexion, für Askese und Kosmologie konstitutiven Gedankens«[88] von entscheidender Relevanz für beider Mystik. Im Rückgang alles Seienden in den Ursprung kumulieren bei beiden eine kosmologische Gesetzlichkeit mit einer soteriologischen Bedingung. Für Eriugena illustriere ich diesen Sachverhalt dankbar mit Worten von Beierwaltes[89]:

Ontologisch begründet ist diese Rückkehr in der ›Attraktivkraft‹ des Grundes selbst und in der Tatsache, daß auch das Körperhaft-Seiende aus unkörperlichen Qualitäten sich konstituiert. Der Endpunkt des Schöpfungsaktes, der Mensch, ist zugleich der Anfang der Rückkehr, indem er durch Reinigung und Erleuchtung zu Gott aufsteigt, ›der der Anfang (Prinzip) der ganzen Teilung und das Ziel der ganzen Einung ist‹. Für den Vollzug des Rückgangs des Menschen und der Menschheit ist *Christus* der

Mittler: durch die incarnatio oder inhumanatio des Wortes ist ›Erlösung‹ als Vollendung des Anfangs, als Rückkehr der Welt und des Menschen in den ursprünglichen Stand, als versöhnende Wiederherstellung des ursprunghaften Heils ermöglicht: Tota itaque humanitas in ipso, qui eam totam assumpsit, in pristinum reversura est statum, in Verbo Dei videlicet incarnatio.

Das läßt sich alles mit Eckhart parallelisieren.[90] Was nun den eigentlichen *reditus* betrifft, so ist festzuhalten, daß Eriugena diesen als ein eschatologisches Geschehen einstuft[91]: Es geht ihm bei der Frage um die Rückkehr um *illa futura felicitas* (P I 8; 48, 9), die allein *diuinae essentiae pura contemplatio atque immediata* (ebd. 10 f.) genannt werden kann. Wenn das Eintreten in diese *contemplatio* durchaus auch als eine Art *raptus* (nach 1 Thess 4, 16; P V 31; 945 C) im Blick auf Paulus gedeutet werden kann (P II 23; 113 f., 30-114, 18), so rechnet der Lehrer eigentlich kaum ernstlich mit dessen Möglichkeit in der irdischen Pilgerschaft des Menschen. Wie oben schon gesagt, die lebensgeschichtliche Erfüllung mystischer Erfahrung ist für Eriugena kein dringliches Postulat. Der Blick auf die Vollendung im Eschaton genügt ihm.[92]

Anders steht es in diesem Punkt mit Meister Eckhart. Zwar kommt er mit Eriugena darin überein, daß spektakuläre seelische Erfahrungen der Einheit mit Gott nicht sonderlich zu fordern sind. An psychologischer Mystik ist er keinesfalls interessiert. Hingegen übergreift er alle denkbaren psychologischen Muster der Gotteserfahrung durch das Postulat einer Ratifikation des Vereintseins mit Gott, das unvordenklich dem Menschen in der Aktualität seines Existierens je jetzt eingeschaffen wird. Denken wir ans Konzept des Fünkleins, der Gottesgeburt – beides sind dynamisch zu verstehende Verhältnisbestimmungen, in denen die Gegenwart Gottes im Menschen als eine aktuelle signalisiert werden soll. Entscheidender daher als die kosmologisch gemeinte Trias von Verharren, Ausgang und Rückkehr ist bei ihm eine Terminologie radikaler Augenblicklichkeit – hier und jetzt, plötzlich –, in der die Einheit mit Gott nu-haft im Umschlag in Ewigkeit Gegenwart zu sein hat.[93] Daher redet er von *durchbruch, widerruck der créatûren in daz bilde, daz gotes sun ist* (DW 3, 385, 4 ff.), von einem *widerslagen in daz bilde, daz gotes sun ist* (ebd. 244, 1), von der *widerwende*, in der *di luterin geiste (laufint) zu der blozheit godis* (ebd., 471, 4). Die *reditio* ist an den Augenblick gebunden, der einzig Ewigkeit verheißt:

swenne sich dirre wille kêret von im selber und von aller geschaffenheit einen ougenblick wider in sînen êrsten ursprunc, dâ stât der wille in sîner rehten vrîen art und ist vrî, und in disem ougenblicke wirt alliu verlorne zît widerbraht (DW 1, 94, 10ff.).

Das Thema der Rückkehr in den *ursprunc* gewinnt daher bei Eckhart an mystischer Dringlichkeit, weil sie nicht mehr eschatologisch aussteht, sondern hier und jetzt zu erfolgen hat.[94] In diesem mystisch aktualisierten Rahmen kommen dann allerdings wieder auf erstaunliche Art eriugenistische Vorstellungen zum Zuge.

Zu denken ist an die Predigt Pf 56 zu Mt: *Nolite timere eos, qui corpus occidunt, animam autem occidere non possunt*[95], die von eriugenistischen Motiven richtig durchsetzt ist. So wird – um beim *reditus* anzusetzen – dem Menschen eine ganz entscheidende Rolle für alle Geschöpfe zugesprochen: *Alle crêatûren verzîhent sich irs lebens uf ir wesen. Alle crêatûren tragent sich in mîne vernunft, daz si in mir vernünftic sint. Ich alleine bereite alle crêatûren wider zuo gote* (Pf 180, 22ff.). Oder:

Ich alleine bringe alle crêatûren ûz ir vernunft in mîn vernunft, daz si in mir eine sint. Swenne ich kume in den grunt, in den bodem, in den river und in die quelle der gotheit, sô vraget mich nieman, wannen ich kome oder wâ ich sî gewesen. Dâ vermiste mich nieman, dâ entwirt got (ebd., 181, 14ff.).

Solche in Ich-Form gebrachte, stolze Aussagen sind nicht denkbar ohne Eriugenas Vorstellung einer Integration der gesamten Schöpfung im Menschen als in einem Mikrokosmos:

homo ad imaginem dei factus est ut in eo omnis creatura et intelligibilis et sensibilis ex quibus ueluti diuersis extremitatibus compositus unum inseparabile fieret et ut esset medietas atque adunatio omnium creaturarum. Non enim ulla creatura est quae in homine intelligi non possit, unde etiam in sanctis scripturis omnis creatura nominari solet (P II 8; 28, 19ff.).[96]

Noch ein Gedanke dieser Predigt ist wenigstens kurz zu erwähnen. Eckhart sagt im Blick auf den unendlichen Unterschied zwischen *got* und *gotheit*: *Got wirt und entwirt* (Pf 180, 18). Gottes Werden ist – nach Eriugena – gebunden an sein Alles-Werden in den Theophanien.[97] Im Glauben, »aus dem die Erkenntnis des Schöpfers in der vernunftbegabten Natur zu werden beginnt«[98], wird das Werden Gottes *figurata locutione* einsichtig:

Fieri siquidem aestimatur in creaturis suis universaliter, dum in eis non solum intelligitur esse, sine quo esse non possunt, sed etiam eorum essentia sit. ›Esse enim omnium est super esse diuinitas‹, ut sanctus ait Dionysius.[99] *Dicitur etiam et in animabus fidelium fieri dum aut per fidem et uirtutem in eis concipitur aut per fidem quodam modo inchoat intelligi. Nil enim aliud est fides, ut opinor, nisi principium quoddam ex quo cognitio creatoris in natura rationabili fieri incipit* (P I 71; 204, 27 ff.).[100]

Die Gotteserkenntnis des Geschöpfs ist als Werden ans Werden Gottes selber geknüpft, weil dieser Alles in Allem wird: *fit in omnibus omnia, et in se ipsum redit, reuocans in se omnia, et dum in omnibus fit, super omnia esse non desinit* (P III 20; 172, 12 ff.).[101]
Um just diese Unterscheidung zwischen Immanenz und Transzendenz des göttlichen Grundes geht es Eckhart bei seiner Unterscheidung zwischen Gott und Gottheit:

Alsô ist es umbe got. Got ist in der sêle mit sîner nâtûre mit sime wesenne unde mit sîner gotheit und er ist doch niht diu sêle. Daz widerspilen der sêle daz ist in gote. Got unde si ist doch daz si ist. Got der wirt, dâ alle crêatûren Got sprechent, dâ gewirt got (Pf 180, 38 ff.).

Das Werden der Geschöpfe *ist* im Werden Gottes in seinen Geschöpfen, das Entwerden Gottes in seine nicht mehr wirkende Gottheit – *Allez daz, daz in der gotheit ist, daz ist ein, unde dâ von ist niht ze sprechenne* (ebd., 181, 9 f.) – mündet in die Sprachlosigkeit, in die auch der Mensch kraft seiner abbildlichen Konstitution einzutreten fähig ist: *Swenne ich kume wider in got, belîbe ich dâ niht, sô ist mîn durchbrechen vil edeler danne mîn ûzvluz* (ebd., 13 f.). Auch mit dieser mystisch gemeinten und eschatologisch nach der christlichen Konzeption der *visio beatifica* sich vollendenden Ansicht, wonach der Rückgang in die Gottheit edler ist als das Ausfließen[102], erreicht Eckhart alte neuplatonische Vorstellungen.

Wenn ich nach all den genannten Strukturanalogien zwischen den beiden Denkformen zu meiner Eingangsproblematik zurückkehre, so möchte ich meine Ansicht in Kürze folgendermaßen zusammenfassen: Eriugena hat zweifellos ein mystisches Konzept zu vertreten darin, daß das Sein des ganzen geschaffenen Kosmos, zuhöchst natürlich das Sein des Menschen, überhaupt nur *ist*, sofern es Theophanie ist; das geschöpfliche Sein bekommt seine Vollendung nur im Rückgang in seine Exemplarursache und in Gott.[103] Dieser Rückgang ist im letzten bei ihm als ein eschatologisch sich erfüllender gedacht. Demgegenüber übernimmt Eckhart das ihm von Eriugena (unter anderen) vermittelte Kreissystem von Verharren–Ausgang–Rückkehr, übersetzt es aber in den unmittelbar gegenwärtigen Augenblick: Vollendung ist – nimmt der Mensch das, was ist, d. h. Gott und seine Gottheit, als einzige Gegebenheit an – jederzeit möglich; sie ist die Gnadenzuwendung Gottes in seinem eigenen Sein, Werden und Entwerden – gleichzeitig als In und Über – im Modus von *gegenwerticheit* (DW 1, 163, 12). Das Eine *ist* in der Seele und gleichzeitig Alles.[104]

Luther und die Mystik

Hans Urs von Balthasar zum
80. Geburtstag am 12. August 1985

»Martin Luther und die Mystik« ist ein Thema, das einen entmutigen könnte. Aus drei Gründen. Erstens ist so unendlich vieles darüber geschrieben worden, daß es – ganz unabhängig von den inhaltlichen Aussagen – schwierig erscheint, die Fülle sekundären Schrifttums zu überblicken, auch wenn in dem leider unveröffentlichten Forschungsüberblick von Wolfgang Rochler ein wichtiges Arbeitsinstrument zur Verfügung steht.[1] Zweitens scheint sich in der Forschung allgemach eine Art communis opinio abzuzeichnen, nach der die Beschäftigung Luthers mit der mystischen Überlieferung der katholischen Kirche eine Episode im Leben des jungen Luther blieb, die etwa bis 1519/20, aber nicht wesentlich darüber hinausreichte.[2] Kommt dazu die inhaltliche Bewertung dieser Episode als eines Ereignisses, das Luther nichts wesentlich Neues einbrachte, da er – insbesondere bei den sog. deutschen Mystikern – nur bestätigt fand, was er ohnehin schon religiös wußte und erfahren hatte.[3] Der »Durchbruch der reformatorischen Erkenntnis« – dessen Datierung schwankt in der Forschung zwischen 1513-18[4] – brachte Luther mit der Einsicht, »daß Rechtfertigung immer und in jedem Fall *opus Dei extra nos* ist«[5], daß also die Rechtfertigung des Sünders in der Heilstat Christi völlig unabhängig von allem *facere quod in se est*[6], d.h. von aller menschlichen Wirkmächtigkeit, geschieht, auch die Möglichkeit, sich von den »Selbsterlösungstendenzen der Mystik«[7] abzulösen. Insbesondere die Theologen aus der Schule Albrecht Ritschls[8] und die dialektische Theologie[9] begrüßten die reformatorische Erkenntnis Luthers als eine Anschauung, in der das Verlangen der Mystiker, Gott hybrid in den menschlichen Erfahrungsbereich einzubeziehen, ausgemerzt und als irreligiöses oder bloß religiöses oder gar atheistisches Programm menschlicher Selbsterlösung diffamiert wurde. Daß in Luthers reformatorischem Durchbruch so etwas wie eine Mystik auf neuer Grundlage sich hat entfalten können, wird heute allerdings von verschiedenen, auch protestantischen Forschern vorsichtig erwogen.[10] Entmutigend ist drittens neben der quantitativen und dogmatischen Belastung des Themas in der Vergangenheit die kaum zu bewältigende Schwierigkeit, welche Luthers eigenes theologisches Werk dem unaufhörlich bereitet, der sich mit ihm abzugeben gewillt ist. Es gibt nur schon deswegen eigentliche Lutherspezialisten, weil die Fülle der erbaulichen, exegetischen, polemischen und theologischen Werke dieses gewissenhaften Professors der Heiligen Schrift und rasanten Publizisten keinesfalls in kurzer Zeit überblickbar und lesbar ist. Es gesellt sich dazu eine geradezu beängstigende Begabung und rabiate Tendenz des Reformators, alle Daten, die ihm in seinem intensiven Studium der christlichen Überlieferung begegneten, gewissermaßen nur unter dem Vorbehalt ihrer spirituellen Erfahrbarkeit gelten zu lassen. Das heißt, daß alle seine Schriften hermeneutisch auf die sie tragende persönliche Glaubenserfahrung hin durchsichtig gemacht werden sollten, wenn man nicht die Gefahr einer letztlich faden und unfruchtbaren Reproduktion des Gedankengangs laufen will. Es ist daher kein Versuch einer *captatio benevolentiae*, wenn ich mit allem Nachdruck auf das Skizzenhafte und Fragmentarische meines Versuchs, der Themenstellung gerecht zu werden, hinweise.

Es ist sinnvoll, mit Luthers konkreter Beschäftigung mit den verschiedenen Mystikern einzusetzen: Hier läßt sich am deutlichsten seine Nähe und Distanz zu ihnen ermessen. Ein erster Teil wird daher das Thema »Luther und die Mystiker« behandeln müssen. Ein zweiter Teil wird, am Punkt des Funkenschlags zwischen beiden beharrend, Luthers Theologie der Erfahrung zu entfalten versuchen. Im dritten und letzten Teil möchte ich die Optik auf die methodisch unumgängliche Grundsatzfrage nach Luther und der Mystik zurücklenken, d. h. ganz schlicht fragen, ob die vom größten Teil der protestantischen Forschung angesetzte Antinomie zwischen Glaubenserfahrung und mystischer Erfahrung von Luther her wirklich unumgänglich notwendig sei, oder ob allenfalls – in Form einer Neudeutung jener – diese wieder und auf überraschende Art eine Chance ihrer Verwirklichung hat.

I

Luther hat die Mystiker der christlichen Überlieferung schon als junger Augustinermönch eifrig studiert und gelesen: sie waren ihm gewissermaßen klösterliche Pflichtlektüre und als solche zunächst wohl auch nicht mit dem Epitheton ›mystisch‹ geschmückt.[11] Er las Tauler als einen geistlichen Autor wie Augustinus, Bernhard von Clairvaux, die Viktoriner, Bonaventura und andere. Da für Luther aber die *theologia mystica* schon als ein ausgesonderter Bereich christlicher Theologie im Werk des Dionysius Areopagita und Johannes Gersons vorlag, hatte und entwickelte er ein besonderes Sensorium für das, was an den genannten Autoren als besonders »mystisch« bezeichnet werden konnte.[12] Seiner monastischen Herkunft und Tendenz nach aber war Luther nicht an einer weiteren Diversifikation von Spiritualität (Frömmigkeit) und Theologie[13] interessiert, sondern im Gegenteil an einer möglichst weitgehenden Integration der beiden Bereiche. Dieser integrative Zug einer Theologie dürfte heute, da die Differenz zwischen einer rein instrumentellen und einer substantiellen Vernunft immer schärfer spürbar wird[14], auch besonders attraktiv wirken.

Es ist auffallend, daß Luthers begeisterte Äußerungen über die Mystik »zeitlich zusammenfallen mit der Ausbildung und Darlegung seines eigenen Rechtfertigungsverständnisses«.[15] Es stellt sich von daher die Frage nach einer inhaltlichen Korrespondenz zwischen der Ausformung der lutherischen Rechtfertigungslehre und mystischen Grundhaltungen mit Recht.[16] Sie alternativ im Sinn eines Entweder-Oder zu beantworten[17], dürfte heute allerdings nicht mehr opportun sein, nachdem eine ganze Anzahl subtiler Untersuchungen das intrikate Ineinander mystischer und soteriologischer Überlegungen bei Luther aufgewiesen haben. Die Rechtfertigungslehre ist gewissermaßen der Raster, der bestimmte mystische Grundhaltungen bei Luther sichtbar werden läßt. Sehen wir näher zu.

1. Dem Vater der christlichen Mystik, dem rätselhaften Dionysius Areopagita (um 500 nach Christus), der zu dieser Zeit in höchstem Ansehen stand, begegnete Luther früh; er erwähnt ihn in seiner 1. Psalmenvorlesung von 1513-16 bei der Besprechung von Psalm 64,2: »Gott, man lobt dich in der Stille zu Zion ...« Er nimmt diese Stelle als Hinweis auf eine »ekstati-

sche und negative Theologie, nach der Gott unaussprechbar und vor Staunen und Bewunderung seiner Majestät nur im Schweigen gelobt werden kann«.[18] Jedes geringste Wort, aber auch jeder Gedanke bleibt dahinter zurück. Der negative Weg ist der vollkommenste zu Gott, *vera Cabala, que rarissima est.*[19] Die affirmative Theologie ist gegenüber der negativen wie Milch zu Wein einzuschätzen. Die negative hat ihren Ort *in summo mentis ocio et silentio, velut in raptu et extasi. Et hec facit verum theologum.*[20] Das Einmünden allen Redens über Gott in eine alles scholastische *multiloquium* überholende Form des Schweigens ist die Erfahrungsdimension dieser Theologie. Ohne diese Dimension näher auszugestalten, begnügt sich Luther mit der schlichten Feststellung: Gott loben heißt: von uns schweigen.[21] Die Psalmstelle 17,12: »Finsternis ist die Hütte Gottes« gibt Luther ebenso Anlaß[22], auf Dionysius und seine negative Theologie als auf einen wichtigen Interpretationshorizont hinzuweisen. In den fünf Bestimmungen der göttlichen Finsternis tauchen allerdings schon Motive auf, die auf den rein spekulativ erarbeiteten Gottesbegriff des Dionysius nicht mehr völlig zutreffen: Finsternis ist die Hütte Gottes, erstens, weil er im Rätsel und Dunkel des Glaubens wohnt, weil er zweitens in unzugänglichem Lichte haust, weil er drittens im *mysterium Incarnationis* verborgen unter seiner Menschheit gegenwärtig ist – eine Finsternis, in der nicht gesehen, sondern nur *gehört* werden kann –, und viertens und fünftens, weil Gott in der Kirche und in der Eucharistie verborgen ist. Das zweite Interpretament gibt Luther Anlaß, auf Dionysius zu verweisen: »Deshalb lehrt der selige Dionysius, in die anagogische Finsternis einzutreten und mittels Negationen aufzusteigen.«[23] Wesentlicher aber ist die reale Verborgenheit Gottes im Glauben und in der Menschheit Christi, was – übrigens wiederum mit einer breiten mystischen Überlieferung – im Römerbriefkommentar von 1515/16 zu Röm 5,2 (»Durch Christus haben wir den Zugang zum Vater«) in aller Deutlichkeit festgehalten wird:

Das richtet sich gegen diejenigen, welche gemäß der mystischen Theologie in das innere Dunkel Gottes eindringen wollen und dabei das Bild des Leidens Christi aus den Augen verlieren, die das ungeschaffene Wort (den Logos) selbst hören und betrachten wollen, ehe sie gerechtfertigt und gereinigt sind an den Augen des Herzens durch das fleischgewordene Wort. Das fleischgewordene Wort hat man zuerst nötig zur Reinheit des Herzens;

dann erst, wenn man sie hat, wird man durch das fleischgewordene hinaufgerissen in das ungeschaffene Wort. Aber wer meint von sich, er sei so rein, daß er sich getraut, dahin zu streben, wenn er nicht von Gott mit dem Apostel Paulus gerufen und entrissen und mit Petrus, Jakobus und Johannes aufgenommen wird?[24]

1519/20 verdeutlicht Luther seine Position gegenüber der auf das ungeschaffene Wort zentrierten Mystik des Dionysius in einem polemischen Sinn durch die Behauptung, daß jene vielen, die sich über der mystischen, negativen, eigentlichen und sinnbildlichen Theologie abmühen und davon schwatzen, selbst nicht wissen, worüber sie reden, insbesondere wissen sie nicht, was negative Theologie – nämlich Tod und Hölle – in sich ist. Das zur Warnung gegen die Art, wie in Italien und Deutschland des Dionysius Schrift über die mystische Theologie verbreitet werde! Das stelle »die reine Irreführung eines aufgeblähten und sich brüstenden Wissens« dar.[25] »Glaube nur niemand, er sei ein mystischer Theolog, wenn er dies (den Areopagiten) gelesen, verstanden und gelehrt hat oder vielmehr meint, er habe es verstanden. Durch Leben, nein, durch Sterben und Gericht wird der Theolog, nicht durch Erkennen, Lesen und Spekulieren.«[26] 1520 äußert er sich nochmals recht ungehalten über Dionysius in seiner Schrift *Vom babylonischen Gefängnis der Kirche.*[27] Wenig ernst ist zu nehmen, was dieser Autor über die Sakramente und die *Himmlischen Hierarchien* geschrieben habe. Ihm geht jede rechte Erudition ab; seine Gedanken kommen Träumen nahe. Und: »in dem Buch seiner ›mystischen Theologie‹, welches etliche unter den aller-ungelehrtesten Theologen hoch rühmen und loben, ist er auch ganz schädlich, mehr darin Platon nachfolgend denn Christo, also daß ich wollte, daß ein Gläubiger gar nicht oder doch selten darin lesen solle. Denn also wenig lernest du Christum darin erkennen, daß, da du ihn schon weißt, gänzlich wieder vergißt. Ich rede aus Erfahrung!«[28]

Die ganze Vehemenz dieser Ausführungen zielt auf die für den Christen einzig gültige Präsenz Gottes in Christi Menschheit.[29] Diese ist handgreiflich real:

Wenn sy myt dem kopf durch den hymel born und sehen sich in dem himel umb, do funden sieh niemantzs, dan Christus leyt in der kryppen und ins weibes schosse, so storczen sie widder herunder und brechen den Hals ... hebe unden an und nicht oben ... in (Christo) sehe ich, was got in seynem heymlichen Willen hat.[30]

Es ist klar, wo hier die Akzente gesetzt werden. Ohne daß im Grunde die mystische Erfahrung an sich geleugnet wird, wird deren Tendenz, die Grenzen von Tod, Sünde und Gericht, ja der Erfahrungswelt überhaupt zu überschreiten[31], mit dem Verweis auf Christus den Gekreuzigten gemaßregelt. Luther muß um diese Probleme gerungen haben. Denn er berichtet von sich selber: *semel raptus fui in tertium celum*[32], womit er die höchste Erfahrung der *contemplatio intellectus*, die nur noch *ad affectum* etwa in der Entrückung Pauli übertroffen werden kann, gemeint hat.

2. Luther spricht also in jeder Hinsicht immer erfahrungsbezogen. Nochmals läßt sich das nachweisen, wenn er einen mystischen Irrweg verurteilt, den ihm nun ein Vertreter der romanischen Mystik, Bonaventura, gewiesen hat. In seinen Tischreden äußert er sich darüber folgendermaßen:

> *Speculativa scientia theologorum est simpliciter vana. Bonauenturam ea de re legi, aber er hett mich schir toll gemacht, quod cupiebam sentire unionem Dei cum anima mea (de qua nugatur) unione intellectus et voluntatis. Sunt mere fanatici spiritus. Hoc autem est vera speculativa, quae plus est practica: Crede in Christum et fac, quod debes. Sic mystica theologia Dionisii sunt merissimae nugae ...*[33]

Oder anderswo: »Ich bin auch auf derselben Treppe gewesen, ich habe aber ein Bein darüber zerbrochen.«[34]

Im übrigen ist Luther der romanischen Mystik, insbesondere deren Hauptvertreter Bernhard von Clairvaux, sehr gewogen. Bei Bernhard und Bonaventura findet er die einzig entscheidende Verehrung für die Menschheit Christi, die er bei Dionysius vermißt. Noch 1542 sagt er: »Bernhard hat die Menschwerdung Christi sehr lieb, ebenso Bonaventura; diese beiden lobe ich gar sehr.«[35] Aber schon 1514 meinte er: »Die Seele hat nach Bernhard keine Ruhe als nur in Christi Wunden.«[36]

Das Unterscheidungskriterium, das Luther auch in der Bewertung der romanischen Mystik leitet, ist das in der realen Menschwerdung Christi gegebene Erfahrungsmoment. Es läßt sich nur *ein* Zugang zu Gott denken, und dieser ist im gekreuzigten Jesus gegeben. Damit entfallen für Luther auch – ähnlich wie schon für Eckhart, aber aus anderen Gründen – alle geistlichen Stufenschemata: Christus hat in seiner Herabkunft die Himmelsleiter bereitet[37], eine andere gibt es nicht. Die Niedrigkeit Christi hat die Erlösung gewirkt, die der Gläubige im

Glauben und in der damit geschenkten Gewißheit zu ratifizieren hat. Denn es ist nicht genug, an die Vergebung der Sünden zu glauben, »wenn du nicht auf das gewisseste glaubst, *dir* seien die Sünden vergeben«.[38] An diesem Punkt muß der Glaube zur Erfahrung werden, und der Weg ist frei für Motive und Themen der bernhardischen Brautmystik. Während die romanische Mystik aber an einer Vereinigung des Menschen mit Gott – wenn auch nur punktuell: *rara hora, parva mora*[39] – gelegen ist, knüpft Luther an der unaufhebbaren Gegensätzlichkeit von Armut, Nacktheit und Bloßheit der Braut und an der Fülle und Gerechtigkeit des Bräutigams an. Dieser gibt sich jener zudem – in Form eines Glaubensversprechens – als Tod und Hölle *sub contraria specie.*[40]

Gegen Johannes Eck, der ihn hierin behaften wollte, mußte Luther an dieser Vorliebe für Bernhard – besonders in Fragen der kirchlichen Hierarchie, des freien Willens und der monastischen Demutslehre – gewisse Abstriche machen.[41] Allerdings hat er ihn auch mit dem Hinweis verteidigt, er habe »seine ganze Zuversicht auf Christus« gesetzt; »und (sei) an seinen (eigenen) Werken gänzlich verzweifelt«.[42]

3. Luther dürfte über seinen Ordensbruder Johannes Lang mit dem Predigtcorpus Johannes Taulers bekannt geworden sein; wahrscheinlich im Frühjahr 1515, wie ein Vergleich der Handschrift zur Römerbriefvorlesung von 1515/16 mit Luthers Randbemerkung zu Tauler vermuten läßt.[43] Die benützte Ausgabe mit Taulerschen Predigten ist 1508 zu Augsburg erschienen und enthält 84 Predigten, wovon allerdings vier (Nr. 2, 6, 8, 9) mit mehr oder weniger großer Gewißheit von Meister Eckhart stammen.[44] Daraus läßt sich schon etwas Wichtiges entnehmen: Luther hat Meister Eckhart gelesen, allerdings ohne ihn bei seinem Namen zu kennen.[45]

Luther muß von Tauler und seinen Predigten sehr angetan gewesen sein.[46] Er hat ihn zeit seines Lebens – insgesamt wohl 26 Mal – durchwegs mit höchster Zustimmung zitiert oder erwähnt.[47] Das ist nicht bloß für das theologische Denken Luthers von Bedeutsamkeit, sondern für die Geschichte der Spiritualität, insbesondere des linken Flügels der Reformation, von entscheidender Tragweite geworden. Spiritualisten wie Karlstadt, Hans Denck und Thomas Müntzer haben Taulers Botschaft von der Einigung der Seele mit Gott und der Nachfolge ins bittere Leiden Christi begierig aufgenommen[48]; und bis weit ins 19. Jahrhundert hinein gehörten Taulers Predigten zur beliebtesten Andachtslektüre sowohl im Luthertum wie im Katholizismus (hier insbesondere auch in der spanischen Mystik, wo Tauler über die lateinischen Übersetzungen durch Surius bekannt wurde).[49] Dieses außerordentliche Faktum der Spiritualitätsgeschichte hat seinen Ursprung in der Beschäftigung Luthers mit Tauler.

In der Zeit, da sich bei Luther das neue Verständnis der geschenkten Rechtfertigung durch die göttliche Barmherzigkeit ausformte, äußerte er »eine Reihe begeisterter, ja entzückter Urteile ... über den Straßburger, wie er sie ähnlich kaum einem Theologen der Vergangenheit – wenn man von den ganz Großen, Paulus und Augustin, einmal absieht – zugewendet hat. Tauler hat eine ›reine, solide, der alten ganz ähnliche Theologie‹, er hat *pulchre, egregie, praeclare* geredet, und Luther hat bei ihm mehr an fester und echter Theologie gefunden als bei allen scholastischen Doktoren aller Universitäten sich je hätte finden lassen. Ja, Tauler ist ein *homo Dei*, und seit der Zeit der Apostel ist kaum ein Schriftsteller geboren, der ihm gleich ist.«[50] Die Frage stellt sich nun natürlich, wie weit die Taulerlektüre an dieser sog. reformatorischen Erkenntnis Luthers, an seiner Fassung der *Iustitia Dei passiva*[51], inhaltlich beteiligt war. Schlicht gefragt: Hatte schon Tauler – im Sinne von Ullmanns Konzeption der »Reformatoren vor der Reformation«[52] – die Rechtfertigungslehre soweit gültig formuliert, daß Luther durch ihn auf seine Erkenntnis gestoßen wurde? Die Forschung über diese Frage ist – wie könnte es anders sein – geteilter Meinung. Sie schwankt zwischen Extrempositionen, die sie einerseits resolut positiv beantworten, andererseits aber ebenso entschieden verneinen wollen. Heute hat man diese Beeinflussung Luthers durch Tauler in verschiedener Hinsicht ausgewogener zu beurteilen gelernt. Man spricht nicht mehr von einem »produktiven Mißverständnis«[53], durch das Luther Tauler unbewußt reformatorisch umgedeutet hätte; es wird aber auch nicht mehr in Erwägung gezogen, daß Luther seine reformatorische Erkenntnis völlig Tauler verdankt.[54]

Luther hat sein Handexemplar der Taulerpredigten mit Randglossen versehen.[55] Sie können uns Hinweise geben, worin Luther Anregungen von Tauler empfangen haben könnte. Ich möchte mit Bernd Möller zwei Punkte benennen: 1. Die »Verwerfung der menschlichen Aktivität im Heilsprozeß«, und 2. Die Prärogative Gottes darin: »Gott selbst« ist es, »der den Menschen der Verfallenheit an sich selbst entreißt, ihn auf seinem ganzen Weg zum Heil führt. Dieser Weg aber ist ein dunkler, ein Leidensweg.«[56]

Zum ersten: Die Gottesgeburt in der Seele verlangt vom Menschen *quies, pax, silentium*[57]; sie ist – Luther greift hier auf die Typologie von Martha und Maria zurück – den »Experten«[58] des kontemplativen Lebens vorbehalten, denn es geht um die *nativitas* des *verbum increatum*[59], ein *negotium absconditum*[60], das als Gegensatz der *theologia mystica* eine *sapientia experimentalis et non doctrinalis*[61] intendiert, während Gegenstand der *Theologia propria* die »geistliche Geburt« des *Verbum incarnatum*[62] ist. Luther akzeptiert den Vorrang der mystischen Theologie als einer auf die geistliche Erfahrung ausgerichteten deshalb, weil diese nicht das Produkt der menschlichen Wirksamkeit ist. Gott erfahren ist – mit Dionysius Areopagita und einer langen neuplatonischen Überlieferung – ein Gott-Erleiden.[63] Daher der Hinweis Luthers: *Nota, quod divina pati magis quam agere oportet*, und es folgt der bedeutsame Satz: *Nos materia sumus pura, deus formae factor, omnia enim in nobis operatur deus.*[64] Aus diesen Sätzen läßt sich dann die ganze noch stark monastisch bestimmte Demutslehre Luthers[65] ableiten. Es geht um eine uneingeschränkte Hingabe des Herzens, die dem Menschen abgefordert ist. Im Blick auf die Taulersche Gelassenheit, der alles *getrenge* und aller *truk*[66] abhanden gekommen ist, zieht Luther folgendes Fazit: *Tota salus est resignatio voluntatis in omnibus ut hic docet* (sc. Tauler), *sive in spiritualibus sive temporalibus. Et nuda fides in Deum.*[67]

Und das zweite: Die dem Menschen abgeforderte Gelassenheit und Demut impliziert auch noch die von Gott geschickte Bedrängnis in Form von Anfechtungen.[68] Zur Taulerschen Gottesgeburt im Herzen des Gläubigen bemerkt Luther:

> Und obwohl wir wissen, daß Gott in uns nicht wirkt, wenn er uns und das Unsrige nicht zuvor (durch Kreuz und Leiden) zerstört, sind wir doch so töricht, daß wir nur selbstgewählte Leiden auf uns nehmen wollen ... Damit diktieren wir die Weise und sind bereit, ihn zu belehren, inwiefern und in welchem Ausmaß er uns belehren soll. Und wir stehen nicht nackt im reinen Glauben ...[69]

Luther fühlt sich mit Tauler darin einig, daß die »Anfechtung« nicht zu beschränken ist auf geschlechtlich libidinöse Bedrängnisse, sondern tiefer und anders auszuweiten ist auf »Tod, Verzweiflung und Niederfahren zur Hölle«.[70] Damit ist die *resignatio ad infernum* der deutschen Mystik[71] als eine Form des Zornes Gottes über dem Sünder in den Blick gerückt, und »ist das Fegefeuer Teil des Lebens selbst geworden«.[72] Diese höchste Anfechtung besteht im »Entschwinden Christi«, so daß ein Trost – etwa in einer methodischen »Versenkung in Christi Passion« – sowohl für Tauler wie Luther nicht in Frage kommt.[73] Einzig der Glaube vermag hier – »unter Zerschlagung jeglichen Anspruches an Gott«[74] – eine Gewißheit über die Rechtfertigung des Sünders – der von sich her ja nichts ist[75] – zu begründen.
Interessant ist die Beobachtung, daß der zentrale und entscheidende Punkt der Taulerschen Predigt, die Gottesgeburt im Herzen des Gläubigen, bei Luther »so gut wie vollständig« fehlt.[76] Das ist verständlich von der Energie her, mit der Luther alle Heilsmöglichkeiten in das Kreuz Christi verlegt, das nur im erfahrenden Glauben, und nicht in ihn ausschließenden Unio-Erfahrungen[77] ergriffen werden kann.
Um an einem Beispiel zu verdeutlichen, was sowohl Tauler wie Luther über die Anfechtung denken, sei auf *ein klein merlin* verwiesen[78], das Tauler in seiner Predigt über die Kanaanäerin (Mt 15) berichtet und das Luther besonders gern hatte. Danach betet eine junge Frau in ihrer Anfechtung folgendermaßen zu Gott:

o herre, sit daz mir nieman enhilffet, so sich, minneclicher Got, daz ich din arme creature bin und du min Got bist, und valle rechte in din urteil noch dime liebesten willen, ob du mich in diser grundeloser helscher pine eweklichen wellest haben, daz lan ich, lieber herre, alzumole an dinen wolgevallenden willen.[79]

Dieses Predigtmärlein, das Luther als ein *exemplum insigne* achtet, vermag am schärfsten die »Nahezu-Verzweiflung« *(prope desperatio)*, »von der man sich nicht loskaufen soll, die vielmehr der ›scharfe Sand‹ ist, mit dem Gott das Herz scheuert und reinigt«[80], zu umschreiben. In seiner Römerbriefvorlesung findet Luther dann fast ignatianische Töne, um diese »Bereitschaft zur Hölle« angemessen zu definieren: »das heißt selig sein: Gottes Willen und seine Ehre in allen Dingen wollen, und für sich nichts wünschen, weder für dieses noch für das zukünftige Leben.«[81]

Die anonyme Schrift *Eyn Deutsch Theologie*, die Luther 1516 in einem Teildruck (Kap. 7-24) und 1518 vollständig herausgab[82], mag uns Anlaß geben, noch auf zwei wesentliche Punkte hinzuweisen, die Luther in der deutschen Mystik begrüßt hat. Das Büchlein – »faßt nach der art des erleuchten doctors Tauleri«[83], ja in einem Brief an Spalatin: *(Tauleri) totius epitomen*[84] – ist deshalb so bedeutungsvoll für Luther, weil es – im Geist des christlichen *sermo humilis*[85] geschrieben – die göttliche Demutsbewegung in die Niedrigkeit seines Menschseins in Form eines Abstiegs in die Volkssprache nachvollzieht: *Yn dem schlechten* (= schlichten) *deutsch adder ungefrenßeten ungekrenzeten worten* soll sich niemand ärgern, denn *in kunst und gotlicher weißheit* ist Luther *nehst der Biblien und S. Augustino nit vorkumen eyn buch, dar auß ich mehr erlernet hab und will, was got, Christus, mensch und alle ding seyn*[86], und es gilt ihm als Beleg dafür, daß die Wittenbergische Theologenschule, die *das heylig wortt gottis* hochhält, in einer Tradition steht, die so jung wie alt, das heißt immer gültig ist. Er schließt sein Vorwort so:

Leß diß Buchlein wer do will, unnd sag dann, ob die Theologey bey unß new ader alt sey, dann dißes Buch ist yhe nit new, Werden aber villeicht wie vormals sagen, Wyr seyen deutsch Theologen, das laßen wyr ßo seyn. Ich danck Gott, das ich yn deutscher zungen meynen gott also hore und finde, als ich und sie mit myr alher nit funden haben, Wider in lateynischer, krichscher noch hebreischer zungen. Gott gebe, das dißer puchleyn mehr an tag kumen, ßo werden wyr finden, das die Deutschen Theologen an zweyffell die beßten Theologen seyn, Amen.[87]

Ähnliches kann er über Tauler sagen.[88] Es ist klar, daß Luther in der deutschen Mystik, soweit er sie kennengelernt hat, einen Verbündeten erblickte, sowohl was deren Gebrauch der Volkssprache anbelangt wie auch was deren Emanzipation von der »Schülertheologia«[89] betrifft. Dieser nationale und polemische Aspekt der Neubewertung der deutschen Mystik durch Luther mag uns heute peripher anmuten; für ihn ist er zentral und bedeutet nichts weniger als die Selbstlegitimation des Neuerers, der Luther kirchenpolitisch ist, im Rahmen vorgefundener authentischer Theologie. – Der zweite Punkt, den Luther an der deutschen Mystik überschwenglich rühmend akzeptiert, ist deren Verehrung des irdischen Christus. Bei Tauler ist derjenige, der mit Christus »über alle Himmel aufsteigen« will, darauf verpflichtet, dessen Weg »in Elend, Armut, Bitterkeit über die Massen« mitzugehen.[90] Der Mensch ist »in die Gefangenschaft des Kreuzes unseres Herrn Jesus Christus« gewiesen. Christus ist der Maßstab, an dem die bleibende Unähnlichkeit des Menschen sichtbar wird.[91] Deshalb verweigert sich Tauler auch der mystischen Tendenz aller Zeiten, in der Himmelfahrt Christi einen Weg über dessen irdische Existenz hinaus erfahren zu wollen: *nein, über das bilde unsers herren Jhesu Christi enmag nieman kummen.*[92] In der *Theologia deutsch* findet Luther neben einem neuplatonischen ein ähnlich radikales Prinzip verwirklicht, das zudem konterkariert ist durch die schlechterdings gefallene und ohne Christi Heilstat völlig verlorene menschliche Natur.[93] Luther braucht diese Aspekte nur noch zu radikalisieren, um zu einem Konzept *simul iustus et peccator* zu gelangen.[94] Hinsichtlich der Spiritualitätsgeschichte ist bei diesem Vorgang etwas Wesentliches festzuhalten: Durch Luthers Neuwertung der Volkssprache für »Geistliches«[95] und dessen Konzentration im Heilsgeschehen in Jesus Christus werden die bisher immer extremer auseinanderstrebenden Bereiche der Theologie und Frömmigkeit wieder in ihre begründende Mitte verfügt, in die rechtfertigende, geschenkte Barmherzigkeit Gottes, die den Christen im Glauben »mit Jesus Christus lebensmäßig vereint«[96], ohne daß doch dieser Glaube auch nur im entferntesten dem Leistungsprinzip verfiele.

II

Luther hat der Mystik einen Gesichtspunkt als Lebensmaxime entnommen, der deren innerste Definition als *sapientia experimentalis et non doctrinalis* anvisiert. Zeitlebens gilt ihm für sein theologisches und politisches Wirken – trotz Kirchenbann und Reichsacht – maßgeblich die Evidenz der religiösen Erfahrung: *Sola ... experientia facit theologum.*[97] Hierin entzieht er sich jeder politischen oder kirchlich-theologischen Manipulation oder Instrumentalisierung. Trotz Sünde, Tod und Hölle – dem Christen als »Höllenfahrt der Selbsterkenntnis«[98], Seufzen *(gemitus)* und Selbstgericht immer erfahrungshaft, wenn auch nie als Vorbereitung, sondern vielmehr als Frucht des Glaubens gegenwärtig[99] – ist der Glaube bei Luther die Kraft, die alles trägt, jenes »Werk«, das als Erfahrung von der erlösenden und heilenden Wirksamkeit des Jesus Christus einsetzt:

> Wer darum sich Christo nachbilden will als einem Vorbild, muß zuerst in festem Glauben fassen, daß Christus für ihn gelitten hat und gestorben ist als göttliches Zeichen *(sacramentum)*. Gewaltig also irren die Leute, welche versuchen, sogleich mit Werken und Anstrengungen der Buße die Sünde zu tilgen und gleichsam mit dem Vorbild *(exemplum)* zu beginnen, wo sie mit dem göttlichen Zeichen *(sacramentum)* anheben sollten.[100]

Solche Theologie ist praktische Theologie, wenn man will »existentielle Theologie«.[101] Der Erfahrungsbereich – auch und gerade der im Glauben gegebene – ist so für den Glaubenden das Kreuz, und die daraus entstehende Mystik ist eine *per viam contrarii*[102]:

> Denn unser Gut ist verborgen, und zwar so tief verborgen, daß es unter seinem Gegensatz *(contrarium)* verborgen ist. So ist unser Leben verborgen unter dem Tode, die Liebe zu uns unter dem Haß wider uns, die Herrlichkeit unter der Schmach, das Heil unter dem Verderben, das Königreich unter dem Elend, der Himmel unter der Hölle, die Weisheit unter der Torheit, die Gerechtigkeit unter der Sünde, die Kraft unter der Schwachheit.[103]

Das einzig Sichtbare, das heißt durchs Wort der Offenbarung Hörbare ist Christus.[104] Die Nomenklatur dieser Erfahrungsdimension ist die der letztdenkbaren Gegensätzlichkeit, *experientia sub contraria specie.*[105] Von der Erfahrungsebene her ist daher Luthers Mystik eine Mystik des *Deus involutus* und nicht eine des *Deus nudus* zu nennen.[106]

Die dem Gläubigen im Glauben aufgegebene Erfahrung *per contrariam speciem* hat natürlich ihre eigene Dynamik. Im Rückgriff auf eine alte Typologie der Stufung des mystischen Wegs nach *incipientes, proficientes*, und *perfecti*[107] gewinnt die Kategorie des unaufhörlichen Fortschreitens den Rang eines geistlichen Imperativs. *Stare est retrogredi, dicit b. Bernardus.*[108] Das ist ein Reflex von Gersons Bernhard und Tauler entnommener Aussage: *In via Dei non progredi regredi est.*[109]

Gewißlich hat diese Orientierung am Praktischen und damit auch am affektiv erfahrbaren Konkreten der menschlichen Existenz vor Gott – gerade die Kategorie des *coram Deo*[110], die für

Luther bestimmend ist, gehört in diesen personalen und damit experimentalen Bereich! – ihre Herkunft in der monastischen Theologie und Lebensweise mit ihrer reichen Frömmigkeitspraxis.[111] Es ist selbstverständlich, daß Luther im liturgischen Horengebet, im privaten Gebet, in der Meditationspraxis – sicher hat er des Mauburnus *Rosetum* meditiert[112] – Zugänge dazu gehabt hat, über deren Konkretheit wir uns heute nur noch schwer einen Begriff machen können.[113]

Diesen Hintergrund muß Erasmus 1520 bei einem ersten Anblättern der lutherischen Schriften auch literarisch gespürt haben: Luther ist ihm als Mystiker erschienen: *visus est mihi probe compositus ad mysticas literas veterum more explanandas.*[114]

Der Erfahrungsaspekt in der Theologie des jungen Luther wäre allerdings unangemessen berücksichtigt, wenn man es bei diesem pauschalen Urteil des Erasmus bewenden ließe. Er muß auch inhaltlich bestimmt werden können. Normalerweise ist das Vehikel der Gotteserfahrung für den Vertreter der älteren Kontemplationsmystik die Schau, die als Vision in dreifacher Ausfaltung – als sinnliche, einbildliche, und intellektuale[115] – die göttliche Wirklichkeit in bestimmbarer Form gegenwärtig macht. Für Luther hat sich das Antlitz Gottes im Kreuz in das Gegenteil eines Herrlichkeitsantlitzes verdüstert. Sichtbar ist bloß die »Mummerei« Gottes als eine Form seiner Verborgenheit, die *contraria species,* sein Inkognito.[116] Der *oculus fidei* hat hier als geistliche Form sinnlicher Erfahrung ausgespielt. Gesehen wird hier eigentlich nichts, es sei denn das Gegenteil dessen, was Gott in sich als Herrlichkeit ist. Medium der Offenbarung ist bei ihm das Wort, und Organ für dessen Aufnahme ist das Ohr. Das Vermögen zu hören und der Vorgang des Hörens selbst ist die einzige Möglichkeit für den Christen, so etwas wie Glauben zu erfahren, der allein eine Lebensgemeinschaft, ja eine *unio mystica* mit Gott in Christus zu begründen fähig ist. Luther sagt es deutlich in seiner Erklärung zu Psalm 17, 18: Gott wohnt im Rätsel des Glaubens und in der Dunkelheit, im unzugänglichen Licht. Gott ist verborgen und unbegreifbar. Die Inkarnation ist ein Geheimnis. Denn Gott ist in seiner Menschheit verborgen; sie ist Finsternis, in der nicht geschaut, sondern nur gehört werden kann *(in quibus videri non potuit sed tantum audiri).*[117] In einem Scholion zu Hebr 10,5 zitiert er

Ps 39,7: *Aures autem perfecisti mihi*[118] und knüpft eine lange Erwägung übers *audire* an: Außerordentlich ist die Betonung und Energie, die auf dem Wort *aures* ruht, weil unter dem neuen Gesetz die unendliche Last der Zeremonien, d. h. die Sündengefahr abgewaschen ist und Gott weder Füße noch Hände noch irgendein anderes Glied außer den Ohren verlangt. Damit ist alles auf eine leichte Lebensweise zurückgeführt. Denn wenn man den Christen fragt, was das Werk sei, wodurch er dem Christennamen würdig werde, so kann der nichts anderes antworten als: durch das Hören des Wortes Gottes, d. h. den Glauben. *Ideo solae aures sunt organa Christiani hominis, quia non ex ullius membri operibus, sed de fide iustificatur et Christianus iudicatur.*[119]

Im Scholion zu Psalm 118,105[120] versucht Luther, den Zusammenhang zwischen Wort Gottes und rezipierendem Hören des Menschen zu erläutern. Das Wort wird im Psalmtext *(Lucerna pedibus meis verbum tuum et lumen semitis meis)* nicht als Leuchte und Licht für die Augen, sondern für die Füße und den Weg angesprochen. Es ist für Luther also vom Glauben die Rede, dessen Aufnahmeorgan nicht die Augen, sondern die Ohren sind. Ungewiß über das Ziel des Weges, ja völlig verstört, gehen so die Füße einen Weg, von dem man nicht weiß, wohin er führt. Einzig das Wort, das wir zu hören fähig sind – »wir glauben zwar Unsichtbares, aber nicht Unhörbares«[121] – führt uns auf dem rechten Weg. Der Glaube, der sich im Hören aktualisiert, ist aber weniger auf Einsicht und Wissen gerichtet als auf den Affekt und den Willen, die ausführen, was gehört wird. Das Hören des Wortes Gottes führt den Affekt dahin, wo er gerettet wird: Hier ereignet sich dann auch Verstehen. Das Hören ist so der existentielle Vorgang, in dem Subjekt und Objekt, Ich und Wort Gottes eins werden. So wird nur dem Hören – wie Luther zu Ps. 84,8 f. erörtert – die Barmherzigkeit Gottes und sein Heilsgeschenk kundgetan.[122]

Das Wort Gottes hat für den Menschen Geschehenscharakter.[123] Die Geschehensweise ist doppelt, als *verbum externum* und *internum (spirituale).* »Das schließt jedoch nicht aus, daß das Evangelium als *verbum spirituale* durch das *verbum externum* vermittelt wird, denn: *loqui extra verbo externo: sic etiam loquitur euangelium.*«[124]

Trotz der vom Hörvorgang her dem *Verbum externum* zukommenden Gewichtigkeit sieht Luther die Möglichkeit eines *verbum spirituale*, das – obwohl durchs Hören des *verbum externum* vermittelt – unmittelbar im Herzen von Gott gesprochen wird. Bezogen auf die Inkarnation kann Luther daher von einer *incarnatio mystica*[125] sprechen. Sie ist die Folge des gepredigten Evangeliums. *Denn Evangelium predigen ist nichts anderes, denn Christum tzu uns kommen odder uns tzu yhm bringenn.*[126] Im Hören dieses Evangeliums aber vollzieht sich die Einigung: *Die leyplich gepurt Christi bedeutet allenthalben seyn geystliche gepurt, wie er ynn uns und wyr ynn yhm geboren werden.*[127] »Mystisch« ist die Inkarnation genannt, weil ihr Sinn die Verkündigung des Evangeliums und damit deren Wiederholung im Glauben des Gläubigen ist:

> *Gott hat mehr auffs Evangelium und disse offentliche zukonfft durchs wort, denn auff die leyplich gepurt odder tzukunfft ynn die menscheyt acht gehabt. Es ist yhm umb das Evangelium und unssern glauben tzu thun gewessen, darum hat er seynen son datzu lassen mensch werden, das das Evanglium mocht von yhm predigt werden.*[128]

In Luthers Augen kommt daher der Geburt Christi nicht bloß exemplarische, sondern eigentlich sakramentale Bedeutung zu: Man vermag an ihr zu »schmecken« und zu »versuchen«, »was Christus sei«.[129] »Ein jeder muß tun, als sei es (das Christuskind) ihm allein geboren.«[130] So »wird Christi Geburt ... Ursache unserer Geburt«.[131] Alles in dieser »Geschichte« geht mich an.[132] An diesem Punkt findet Luther zu uralten Formeln des christlichen Glaubens zurück, etwa zu jenem Satz des Athanasius aus *De incarnatione Dei* (cap. 54): ὁ τοῦ θεοῦ λόγος ἐνανθρώπησεν ἵνα ἡμεῖς θεοποιηθῶμεν.[133]
In einer Weihnachtspredigt heißt es:

> Wie das Wort Gottes Fleisch geworden ist, so ist es gewiß notwendig, daß auch das Fleisch Wort werde. Denn eben darum wird das Wort Fleisch, damit das Fleisch Wort werde. Mit anderen Worten: *Gott wird darum Mensch, damit der Mensch Gott werde.* Also wird Macht machtlos, damit die Schwachheit mächtig werde. Der Logos zieht unsere Form und Gestalt, unser Bild und Gleichnis an, damit er uns mit seinem Bild, mit seiner Gestalt und seinem Gleichnis bekleide. Also wird die Weisheit töricht, damit die Torheit Weisheit werde, und so in allen andern Dingen, die in Gott und in uns sind, sofern er in all dem das Unsere annimmt, um uns das Seine zu vermitteln.[134]

Das in der göttlichen Barmherzigkeit gewirkte Heil für die Menschen muß sich – übers *verbum externum* zum *spirituale* werdend – als ein *pro nobis* getanes erweisen: »es ist daher notwendig, daß es so gepredigt werde, daß daraus der Glaube an ihn hervorgehe, daß er nicht nur Christus, sondern für dich und für mich Christus sei, und das in uns bewirkt, was von ihm gesagt und als was er bezeichnet wird.«[135]

In den Momenten von Heilsereignis – Aktualisierung dieses Heilsereignisses im *verbum externum* des Evangeliums und der Predigt – Wirklich- und Aktuellwerden dieses Heilsereignisses im Menschen als eine Form gewirkter Gnade und nur Gnade, ereignet sich nicht nur das Geschehen eines neutralen Hörens, sondern ein *sacrum commercium*[136], ein »fröhlicher Wechsel und Streit«, in dem so etwas wie eine *unio mystica* im Glauben statthat. Ihr wende ich mich nun noch zu.

III

Vereinigung des Menschen mit Gott meint eine Lebensgemeinschaft zwischen beiden[137], die eine Wandlung des einen zum andern hin voraussetzt. Zahlreich sind die Stellen bei Luther, in denen er die Thematik des mystischen Sterbens und der Verwandlung in eine neue Seinsweise fordert. Noch 1517 spricht er sich in massivster eckhartscher Weise darüber aus in einer Predigt, die er am 6. Januar gehalten hat:

> Darin besteht die reine und auserwählte Myrrhe, daß man ins reine Nichts hinein resigniert, wo man war, bevor man war; daß man weder Gott noch etwas außerhalb Gottes wünscht, sondern einzig, zum Wohlgefallen Gottes auf seinen Anfang, aufs Nichts, willig reduziert zu werden. Denn wie wir nichts waren und nichts wünschen, bevor wir erschaffen wurden ..., so ist es notwendig, dahin zurückzukehren, daß wir gleicherweise nichts wissen, nichts wünschen, nichts sind. Das ist ... der Weg des Kreuzes, durch den man am schnellsten zum Leben gelangt, das man dagegen niemals durch Werke erreicht ...[138]

Der Resignationsgedanke verdeutlicht sich bei Luther dann sehr viel konkreter noch in der Anfechtung als jener Bedrängnis, die gerade dem glaubenden Christen am schärfsten zusetzt.

Der Ort der Anfechtung ist aber auch der der Begnadung.

Noch im Kleinen Katechismus von 1529 heißt es zur Taufe, daß »der alte Adam in uns durch tägliche Reue und Buße soll ersäuft werden und sterben mit allen Sünden und bösen Lüsten, und wiederum täglich herauskommen und auferstehen ein neuer Mensch, der in Gerechtigkeit und Reinigkeit vor Gott ewiglich lebe«.[139] Luther greift immer wieder zum altchristlich-mystischen Bild der geistlichen Brautschaft, wie wir es aus Hosea und dem Hohenlied des Alten Testaments kennen.[140] Christus ist der Bräutigam, der seine geliebte Braut – die menschliche Seele oder die Kirche in ihrer Gesamtheit – zur Vereinigung heimführt. Dieses gewagteste Bild der *unio mystica* steht für die Lebensgemeinschaft des Christen in der erbarmenden Liebe Christi für seine Braut. Denn unter dem Vorbehalt des Glaubens und der darin anerkannten Rechtfertigung ohne Werke sind alle Wege frei für die Schilderung der *unio mystica* in der Form altererbter mystischer Bildlichkeit.

Die lutherische Orthodoxie hat schon im Zeitalter der Konkordienformel die Einwohnung der Trinität und Christi als eine *coniunctio realis* und *unio mystica* gelehrt.[141] Sie konnte sich dabei durchaus immer wieder auf Luther berufen, der im Rückgriff auf die paulinischen Briefe zwar das Heilsereignis Christi als ein reines *pro nobis* darstellen, aber von den johanneischen Reden Christi her auch ein *verbum in nobis* als eine Form der Lebensgemeinschaft zwischen Christus und den Seinen anerkennen mußte. Wenn es auch paulinisch wahr und unumstößlich ist, »daß wir gänzlich eine von außen kommende und fremde Gerechtigkeit *(externa et aliena iustitia)* lehren müssen«[142], so bedingt das eine innere Entleerung und Entblößung des Christen, die der mystischen – vor allem auch im Motiv des *sunder warumbe*[143] – gleichkommt:

Aber nun will Christus unser ganzes Herz so bloß und ledig wissen, daß wir für unsere Fehler nicht mehr fürchten zuschanden zu werden und für unsere Tugenden keinen Ruhm und eitle Freuden lieben, sondern daß wir uns auch der Gerechtigkeit, die von außen, von Christus her in uns ist, nicht vor Menschen rühmen und uns nicht durch Leiden und Übel, die von Gott her kommen, zu Boden werfen lassen sollen. Sondern ein wahrer Christenmensch soll überhaupt so ganz und gar nichts Eigenes haben, soll sich so völlig aller Dinge entäußert haben, daß er in Ehre und Schmach immer der gleiche bleibt, in der Erkenntnis, daß die ihm erwiesene Ehre nicht ihm, sondern Christus erwiesen wird, dessen Gerechtigkeit und Gnadengaben in ihm leuchten, und daß die ihm angetane Schmach sowohl ihm als auch

Christus angetan wird. Aber zu einer solchen Vollkommenheit bedarf es, abgesehen von einer besonderen Begnadigung, vieler Erfahrung.[144]

Ist hier nach der Römerbriefvorlesung von 1515/16 noch die Leere die Voraussetzung der Fülle Christi, so wird später – etwa in der Vorlesung von 1527 über den ersten Johannesbrief – die umschaffende, verwandelnde Wirksamkeit des *Christus in nobis* noch schärfer herausgestellt. Es geht um eine echte Wirkeinheit zwischen Gott und Mensch, allerdings vermittelt durch den Glauben an das *verbum externum.* Zu 1 Joh 3,24: »Und daran erkennen wir, daß er in uns bleibet, an dem Geist, den er uns gegeben hat« heißt es: Die hier gegebene Lehre ist in sich

voller Tat (d.h. sie tut, was sie sagt), nach außen hin ist sie wirksam, das ist jener Geist, den er uns gegeben hat. Denn die das Wort nicht verachten, sondern lieben und gerne hören, denen bringt das Wort die Erstlinge des Geistes mit, durch den sie Gott in sich und sich in Gott erkennen. Denn ein solcher wird dessen inne, daß er zu einem andern verwandelt worden ist und hat ein anderes Urteil, er kann nicht mehr anders ... da haben wir eine neue, andere Empfindung als früher; jetzt hungert ein Mensch nach nichts, als so vollkommen wie möglich in Christi Gerechtigkeit zu sein ... Das ist der Beweis dafür, daß Gott in uns ist, weil wir denken, was Gott denkt.[145]

Der Gedanke der Einwohnung Gottes im Menschen – mit der Rechtfertigung *ab alieno* in Einklang gesetzt – gestattet es, bei Luther mindestens von einem »mystischen Grundzug« sprechen zu dürfen, wie es Erwin Iserloh mit einem starken und überzeugenden Belegmaterial getan hat.[146] Schon Elert hat in seiner *Morphologie des Luthertums* (1931) diesen Zug an der lutherischen Theologie beleuchtet.[147] Oberman konnte zusätzlich aufzeigen, daß in Luthers Stellung zur Mystik kein Bruch stattfindet, sondern daß er ihr zeitlebens als einer *sapientia experimentalis* positiv gegenüber steht.[148] Ob man nun die im Glauben an Christus begründete Lebensgemeinschaft zwischen Christus und dem Glaubenden, die etwas qualitativ Neues für den Glaubenden erbringt, als eine mystische bezeichnen will, hängt davon ab, ob man die mystische Erfahrung als eine den Glauben zum klaren und unvermittelten Wissen und Schauen hin überschreitbare definieren will. Wenn man das tun will, dann wird man bei Luther nicht von mystischer Erfahrung sprechen wollen. Wenn man aber – übrigens im Einklang mit der gesamten katholischen Überlieferung[149] – Mystik als eine den Glauben nicht und nie überschreitende Erfahrung Gottes, aber doch als eine *cognitio experimentalis*[150], als ein erkennendes Erfahren Gottes gelten lassen will, dann steht meines Erachtens nichts im Wege, die lutherische Fassung der Lebensgemeinschaft zwischen Christus und Gläubigem als eine *unio mystica* zu deuten.

Das Erstaunliche bei Luther ist nun die Tatsache, daß bei ihm der Glaube selbst zum Vehikel der Einigung zwischen Mensch und Gott wird. Einigung ist und bleibt es, was zwischen Mensch und Gott im Glauben sich ereignet. Darum darf man getrost von einer Glaubens- oder Rechtfertigungsmystik bei Luther sprechen. Weite Bereiche der traditionellen mystischen Sprache werden von Luther zur Beschreibung dieses Einswerdens des Menschen mit Gott im Glauben an Jesus Christus, den Gekreuzigten, benützt. Zunächst werden die Ausdrücke der Ekstase auf die Bewegung des Glaubens übertragen.[151] Im Glauben wird der Mensch »hineingerissen« in Gott, »hinübergeworfen«, »sich selbst entrissen«, »zusammengeleimt« mit Christus, mit ihm eins *quasi una persona* (gewissermaßen eine Person mit ihm), ein Kuchen; der Mensch kriecht in Jesus hinein, hängt sich ihm an den Hals; Christus ist so *realiter* und nicht *speculative*, wirklich und nicht bloß geistig, *im* Menschen.[152] Luther greift auch zu Beschreibungen der Brautmystik, um diese Einheit zwischen Mensch und Gott im Glauben wiederzugeben:

Der Glaube gibt nicht nur soviel, daß die Seele dem göttlichen Wort gleich wird, aller Gnade voll, frei und selig, sondern er vereinigt auch die Seele mit Christus als eine Braut mit ihrem Bräutigam ... Hier erhebt sich nun der fröhliche Wechsel und Streit. Weil Christus Gott und Mensch ist, der noch nie gesündigt hat, und seine Frommheit unüberwindlich, ewig und allmächtig ist, so macht er denn die Sünde der gläubigen Seele durch ihren Brautring – das ist der Glaube – sich selbst zu eigen und tut nichts anderes, als hätte er sie getan. So müssen die Sünden in ihm verschlungen und ersäuft werden; denn seine unüberwindliche Gerechtigkeit ist allen Sünden zu stark. So wird die Seele von allen ihren Sünden durch ihren Brautschatz geläutert, das heißt: des Glaubens wegen ledig und frei und begabt mit der ewigen Gerechtigkeit ihres Bräutigams Christus. Ist nun das nicht eine fröhliche Wirtschaft, wo der reiche, edle, fromme Bräutigam Christus das arme, verachtete, böse Hürlein zur Ehe nimmt und sie von allem Übel entledigt, ziert mit allen Gütern. So ist es nicht möglich, daß die Sünden sie verdammen; denn sie liegen nun auf Christus und sind in ihn hinein verschlungen.[153]

Dieser Gedanke des ›fröhlichen Wechsels‹ ruht auf alten patristischen Vorstellungen auf.[154] Die hier promulgierte Freiheit als Kindschaft in Gott ist auf Freiheitsvorstellungen der deutschen Mystik beziehbar[155], und der Brautschaftsgedanke ist bestes Gut der christlichen Mystik[156] – das alles aber mit dem nicht zu unterschlagenden Zusatz, daß die emphatische Glaubensforderung und die damit verbundene Rechtfertigungsvorstellung – der Mensch ist völlig ohne sein Zutun von einem andern gerechtfertigt – Luthers eigene, auf Paulus sich abstützende Theologie ist. Immerhin ist das, was als Luthers »reformatorischer Durchbruch«[157] bezeichnet wird, der Durchblick auf die Gerechtigkeit als auf ein im Glauben von Gott erhaltenes heilsames Geschenk, in vielerlei Hinsicht etwa in der deutschen Mystik vorgeprägt. Schon Meister Eckhart beurteilt die Gerechtigkeit des Menschen als eine *totaliter ab aliquo extra*[158] – völlig von jemandem außerhalb – erbrachte Leistung für den Gläubigen, über die dieser nicht zu verfügen hat. Auch für Luther ist die Rechtfertigung des Sünders ein *opus Dei extra nos*[159] – ein göttliches Werk, außerhalb von uns gewirkt. So ist der Glaube durchaus der Raptus des Gläubigen, ein Aus-sich-hinaus-Gerissen-Sein zu Gott und zum Nächsten hin, als solche Entfremdung aber auch Einigung.

Nun ist der Gegenstand des Glaubens nach Luther – hierin fokussiert er alle Passionsmystik älteren Datums zu einem nicht überholbaren Theologumenon – das Kreuz Christi, das der Gläubige in der bräutlichen Umarmung ergreift. Erst in diesem Kreuz, darin Tod und Hölle gegenwärtig sind, empfängt der Gläubige sein Leben und sein Heil. Das heißt, Gott erweist sich dem Sünder als rechtfertigende Gnade nur unter dem Aspekt seines Gegenteils. Den Wegen der alten Mystik – *via positiva, via negativa* und *via eminentiae* – setzt er, alle drei in sich verbindend, die *via contrarii* auf: Gott zeigt sich dem Menschen immer nur in der *species* des Gegenteils, in der Fratze des Teufels, des Leidens, des Kreuzes. So extrem dieser Gedanke ausgeprägt ist, so wenig ist er etwas, das Gott und Mensch trennt; im Gegenteil, er verbindet beide in Form einer »Zusammenleimung« *(conglutinatio)*[160], wie sie enger gar nicht gedacht werden könnte. Nur liegen alle Prärogativen dieser Einigung zwischen Mensch und Gott beim rechtfertigenden Heilsgeschehen in Jesus Christus dem Gekreuzigten. An ihm vorbei geht es nicht. Der Anblick des Heilsgeschehens ist ein furchtbarer; deshalb kann Luther – in seltsamer Angleichung an vergleichbare eckhartsche Aussagen – fordern: »Wir müssen wider Gott zu Gott dringen.«[161] Was ist das aber anderes als eine mystische Grundhaltung?[162]

»Theologia deutsch«, Meister Eckhart und Martin Luther

*Eine Skizze**

Martin Luthers Verhältnis zur theologischen und darin insbesondere zur mystischen Überlieferung ist für die hier zu diskutierende Frage nach der Beziehung zwischen Überlieferungs- und Literaturgeschichte deswegen von besonderem Reiz, weil Luther in der Anknüpfung an die rheinländische oder deutsche Mystik sich an eine religiöse Tradition anschloß, deren tragendes Vehikel die deutsche Sprache und deren innere Motivation ein hochgemuter *sermo humilis* war.[1]

Für die deutsche Literaturgeschichte ist dieser Anschluß Luthers an die rheinländische Spiritualität und seine daraus sich ergebende Einsicht, *das die Deutschen Theologen an zweyffel die beßten Theologen seyn*[2], ein konstatierbarer Glücksfall, für die Überlieferungsgeschichte dagegen ein noch ungelöstes Rätsel. Ein Rätsel mindestens in zweierlei Hinsicht. Wir wissen ziemlich genau Bescheid, wie Luther in Kontakt zu den Schriften Taulers gelangt ist und wie er diese – in expliziten Anmerkungen und mancherlei Hinweisen – hochgeschätzt hat. Hingegen wissen wir kaum etwas darüber, wie er zum Text der »Theologia deutsch« gelangt ist[3], vor allem aber wissen wir nahezu nichts über die Art, wie er Meister Eckhart rezipiert hat.

Ich wollte, ich könnte diese beiden Rätsel lösen; da ich es nicht kann, will ich in dieser Skizze – auf methodisch wohl unerlaubte Weise – ein paar Überlegungen anstellen, denen der wissenschaftliche Ehrentitel einer Hypothese kaum, eventuell die Verlegenheitsformel einer Anfrage zuzubilligen ist. Allenfalls wäre hier ein Beispiel dafür zu finden, wie die Literaturgeschichte auf die Überlieferungsgeschichte anspornend einzuwirken vermag.

---

* Vorgetragen am Institut für Deutsche Philologie der Universität Würzburg anläßlich des Symposions »Überlieferungsgeschichte und Literaturgeschichte« zu Ehren des 70. Geburtstags von Prof. Dr. Kurt Ruh am 5. Mai 1984.

I

Was den Fall der »Theologia deutsch« betrifft, so wissen wir heute in doppelter Hinsicht einigermaßen verläßlich Bescheid. Zunächst hat die kritische Textausgabe, die Wolfgang von Hinten unter der Leitung K. Ruhs 1976 vorgelegt hat – 1982 ist sie als Band 78 der »Münchener Texte und Untersuchungen« erschienen –, über einen Punkt, den Kurt Ruh[4] schon 1959 gleichzeitig mit Max Pahncke[5] im Rückgriff auf neugefundene Textzeugen zu klären in der Lage war, unwiderlegbare Evidenz gebracht: Entgegen dem verschiedentlich geäußerten Verdacht der katholisch imprägnierten Luther-Forschung hat Luther in seinen beiden Ausgaben der »Theologia deutsch« von 1516 und 1518 keinesfalls »sinnverändernd« oder gar »in einer bestimmten theologischen Tendenz, in die Textgestalt seiner Vorlage eingegriffen«.[6] Seinen Texteditionen kommt daher die Dignität eigentlicher handschriftlicher Zeugen zu. Selbst für die Individuallesarten in den beiden Editionen kann man Luther nur in geringstem Umfang verantwortlich machen, sie dürften weitgehend schon Luthers Vorlagen anzulasten sein. Dieser Befund muß seine Konsequenzen haben für eine gerechte Beurteilung von Luthers philologischen Verdiensten für die deutsche Literatur. Nicht nur als sprachmächtiger Verfasser von theologischen Streitschriften und als Übersetzer der Heiligen Schrift, sondern auch als Editor von unbezweifelbar hohem philologischem Geschick muß Luther hinfort in der deutschen Literaturgeschichte das Verdienst zugesprochen werden, das ihm gebührt. Noch vor Matthias Flacius Illyricus (1520-1575), Bonaventura Vulcanicus (1538-1615) und Melchior Haiminsfeld Goldast (1576-1625) bemühte sich Luther – gewiß aus einem eingeschränkten theologischen und keinesfalls explizit nationalen Interesse heraus – um deutsches Schrifttum, das er daher noch nicht als Träger einer selbständigen deutschen »Haupt- und Heldensprache«, sondern – was weit bedeutsamer war – als Gefäß der Selbstoffenbarung Gottes erkannte. Die deutsche Sprache ist an der »Theologia deutsch« als eine die scholastische Sprache weit überholende, ja die heiligen drei Sprachen transzendierende, mithin gnadenhaft erfahrungsbezogene Variante menschlichen Sprechens abgelesen. Im Maße die nationale Bestimmung »deutsch« hier dominant zu werden vermag, wird diese auch radikal aufgebrochen zur Kategorie einer Heilssprache, deren Signatur ihre Deutschheit ist. Daß solche Ausweitung, wonach Gott und sein Heil sich auf Deutsch zu eröffnen hat, ideologisch eine Peinlichkeitsschwelle überschritt, darüber hat uns die Geschichte zur Genüge belehrt. Luther jedenfalls freut sich noch ohne ideologische Verstimmung darüber:

ich danck Gott, das ich yn deutscher zungen meynen gott alßo hőre und finde, als ich und sie mit myr alher nit funden haben, Wider in lateynischer, krichscher noch hebreischer zungen. Gott gebe, das dißer puchleyn mehr an tag kumen ...[7]

Ganz in der Tradition des christlichen *sermo humilis* stehend, sieht er *in dem schlechten deutsch ader ungefrenßeten ungekrentzten worten*[8] des Büchleins jene Demutsgestalt des menschlichen Wortes, das die göttliche Weisheit zu tragen und zu vermitteln fähig ist. Ganz ähnlich haben schon die Kirchenväter sich für die rhetorischen Regelverstöße und Solözismen entschieden, anstatt sich schlicht dem Diktat einer gewandten und allesvermögenden Rhetorik zu beugen.[9] Luther nimmt diesen subversiven Gestus nicht nur polemisch auf, sondern geradezu dogmatisch: Neben der Bibel und Augustinus ist ihm kein anderes Buch begegnet, das ihn besser darüber, *was got, Christus, mensch und alle ding seyn*[10], belehrt hätte. Die »Theologia deutsch« wird Luther so zur Magna Charta einer theologischen Redeweise, die das Wort Gottes nicht unter der Bank liegen – übrigens ein Ausdruck, der auch bei Eckhart vorkommt[11] – und es in Staub und Motten verwesen läßt, wie es die Universitätstheologie bisher zu tun pflegte, sondern einer von der *Schultheologia*[12] emanzipierten, in Wittenberg neu vorfindlichen theologischen Bemühung, die – ähnlich der Theologie des Heiligen Paulus – *nit mit erschmuckten und vorblumeten worten gezciert, doch voller reychtumbs aller kunst der weißheit erfunden*[13] ist.

Denn die *weißheyt gots macht die zungen der unberedten auff das allerberedtist.*[14] Eine solche erfahrungsbezogene, schriftorientierte und lebendige Theologie dialektischen Zuschnitts entzieht sich den Kategorien von Neu und Alt; theologiegeschichtlich ist sie für Luther der *sapientia experimentalis et non doctrinalis*[15] der Taulerschen Mystik anzuschließen, deren Epitome für ihn die »Theologia deutsch« ist, wie er in einem Brief an Spalatin (vom 14. Dezember 1516) versichert.[16] Anderswo schreibt er sie direkt Tauler zu.[17] Es ist klar, daß der nationale und polemische Aspekt der Neubewertung der deutschen Mystik, wie sie in Luthers Haltung zur »Theologia deutsch« zum Ausdruck kommt, von daher nur verständlich ist in Kombination mit der theologischen Abwendung von der lateinischen Scholastik hin zu einer schriftnahen, lebendigen Rede von Gott.

Neben diesen Gewißheiten äußerer Art gibt es eine Anzahl innerer Gegebenheiten, die Luther bewogen haben mögen, diesen Text zu edieren. Es ist mit einem gewissen Recht gesagt worden, Luther sei bei der Wahl dieses Textes weniger an mystischer Ontologie, Anthropologie und an Fragen der Einigung mit Gott interessiert gewesen als an den hier gewiesenen Wegen zum Heil im Gauben.[18] Zwei Prinzipien sind es, die den Inhalt der »Theologia deutsch« strukturell prägen: ein neuplatonisches und ein christologisches.[19] Das neuplatonische ruht auf den philosophischen Ambivalenzen von Teil und Ganzem, transponiert in biblische Sprache: Stückwerk und Vollkommenem. Das christologische Prinzip – kulminierend immer wieder im pathetisch zitierten »Christus leben« – ist konterkariert mit einem Naturbegriff, der immer und ausschließlich die in Adam gefallene Natur, die erbsündig verfaßte »falsche Natur« des Menschen meint. An diesem Gedankenkomplex ist Luther aufs höchste interessiert, da die radikale Fassung des Menschen in seiner sündhaften Hinfälligkeit eine um so gründlichere Hilfsbedürftigkeit signalisiert, der die Rettung durch Jesus Christus überschwenglich entspricht. Die Ausrichtung des Menschen vor Gott steht von einer solchen Konstellation her vor einer Alternative, die entweder Ablehnung des göttlichen Heilsangebots oder glaubende Zustimmung und damit Rettung bedeutet. Diese »Aufgipfelung der Anthropologie in einer strengen, keine Seitenblicke auf die geschöpfliche Selbständigkeit gestattenden Christologie und die damit verbundene Forderung einer totalen, die geschöpfliche Leistung ausklammernden Hingabe des Menschen an Gott müssen Luther in einem Maße fasziniert haben, daß er dabei die neuplatonischen Implikationen des Textes völlig übersehen konnte«.[20]

Immerhin – ist diese christologische Engführung des Heils einmal gegeben, dann ist auch für Luther der Weg wieder frei für die Konzeption einer sehr massiven und geradezu materiell ausgeformten Einheit des Menschen mit Gott – im Glauben. Das kann hier nicht näher ausgeführt werden und bedürfte einer eigenen Abhandlung. Iserloh hat die Wege zu einer Auffassung von Luthers Glaubensmystik gewiesen, die ohne weiteres gangbar sind.[21]

Was uns neben diesen äußeren und inneren Gegebenheiten von Luthers editorischen Bemühungen um die »Theologia deutsch« zusätzlich brennend interessieren würde, wäre der Vorgang, wie Luther zu diesem Text gelangt ist. In der ersten Vorrede zur Teilausgabe von 1516 verweist er eher geheimnisvoll auf eine Herkunft des Büchleins *auß dem grund des Jordans von einem warhafftigen Israeliten erleßen, wilchs namen gott weiß unnd wen er eß wissen wil. dan dißmall ist das buchleyn an titell und namen funden.*[22] Mit dieser Auskunft muß man sich vorerst begnügen. Immerhin ist die Tatsache, daß Luther den Fund überhaupt machen konnte, von einiger Tragweite, gibt sie doch zu erkennen, daß er und mit ihm andere Reformatoren auf der Suche nach authentischen Zeugen der göttlichen Offenbarung außerhalb der Schultheologie ein Sensorium für volkssprachlich abgefaßte religiöse Texte entwickelten, die ihren Intentionen Rechnung trugen.[23] So wurde Luther zum Editor. Anzunehmen ist, daß er es bei diesem Interesse für die »Theologia deutsch« nicht hat bewenden lassen, sondern daß er mindestens bei seiner Suche nach erbaulichen Texten auch auf andere stoßen konnte, die er las, wenn auch nicht edierte.

II

Diese zugegebenermaßen zur Evidenz nicht erhebbare Annahme liegt meinen folgenden Überlegungen über Meister Eckhart und Luther zugrunde. Um es kurz und schroff zu formulieren: Ich glaube annehmen zu dürfen, daß Luther Einblick in Eckhart-Texte hatte, die nicht identisch sind mit den vier Predigten, die er in dem Augsburgischen Tauler-Druck von 1508 (als Predigten 2, 6, 8, 9) lesen konnte und von denen drei von Eckhart stammen (Pf. 1, 2, 4; Nr. 3 wird von Quint als unecht angesehen).[24] Zunächst muß entgegen vielen anders lautenden

Urteilen in der Forschung festgehalten werden, daß Luther Eckhart in jedem Fall gelesen hat, auch wenn er ihn nicht als Verfasser-Individualität identifizierte. Daß Luther in engeren Zusammenhang mit Eckhart zu rücken ist – selbst wenn man annimmt, Luther hätte von Eckhart nichts gelesen –, ist zuletzt mit allem Nachdruck von Wolfgang Rochler in seiner leider unveröffentlichten Leipziger Dissertation über »Luther und die mittelalterlichen Mystiker« von 1973 betont worden.[25] Es sind in dieser Frage nach Eckhart und Luther alte Anregungen von Rudolf Otto, H. Bornkamm, E. Seeberg, R. Schwarz, A. Rühl, A. Adam und St. Ozment[26] unter einem konziser philologischen Forschungskonzept neu aufzunehmen, das insbesondere Fragen der sprachlichen und gedanklichen Feinstruktur, aber auch das Vokabular im Frühwerk Luthers bis etwa 1520 genauer untersucht, bevor Anregungen wie die hier vorgebrachten angenommen oder abgewiesen werden können. Aber auch ganz unabhängig von konkret benennbaren Beziehungen zwischen Eckhart und Luther wäre die frappante Korrespondenz zwischen den beiden Thüringern in mancherlei Punkten ihrer religiösen Ansichten von höchstem Belang, in diesem Fall dann, gerade weil sie nicht aufweisbar wären. Es ist mit Rochler festzuhalten, »daß die vieldiskutierte Frage der Beziehungen Luthers zur katholischen Tradition und das Problem der traditionsgeschichtlichen Abhängigkeit der reformatorischen Theologie nicht ohne einen Vergleich zwischen Meister Eckhart und Luther befriedigend behandelt werden kann«.[27] Im Rückgriff auf die Forschung möchte ich im folgenden thesenartig in drei Punkten Strukturanalogien zwischen Meister Eckhart und Luther signalisieren. An der Überlieferungsgeschichte wäre es dann, diese unbestreitbaren Bezüge gewissermaßen im handschriftlichen Material und in den geschichtlichen Bezügen festzumachen. Ich behandle in aller gebotenen Kürze 1. die »Ontologie der Person« (Rochler), 2. die Rechtfertigungslehre und 3. die Mystik des Hörens.

1. Was den ersten Punkt betrifft, so ist die eckhartsche Ansicht von der radikalen seinshaften Abhängigkeit des Geschöpfs vom Schöpfer – auch und gerade in seiner irdischen Befindlichkeit – bekannt: Der Mensch ist nichts, weil Gott alles, das Sein ist. Das Geschöpf hat keine eigene »Vollzugsmöglichkeit des Seins«[28], sondern ist total auf den Seinszustrom Gottes ange-

wiesen. Sünde ist Seinsmangel und Widerwille gegenüber dem, was Gott will: »Die ganze Vollkommenheit des Menschen heißt: Dem göttlichen Willen eingefügt sein, indem man will, was Gott will und wie Gott es will« (*Tota enim perfectio hominis est conformari divine voluntati volendo quod deus vult et modo quo deus vult quippiam).*[29] Die Kombination von Willenskonformität und menschlicher Nichtigkeit vor Gott »hat eine direkte Entsprechung in Luthers anthropologischem Selbstverständnis«[30], die näher auszuführen hier nicht der Ort ist. Eine »habituelle Seinssicherung« (Rochler) ist sowohl nach Eckhart wie nach Luther dem Menschen verwehrt bis zu dem Punkt, daß auch die Tugend keine gegenständliche Sicherheit mehr gewährt; sie ist eine Gnadenqualität Gottes und nicht des Menschen, »geliehen« auch sie, wie das Sein, in das sie einbezogen ist. Natürlich ist die genauere Fassung der durch diese Seinsverleihung konstituierten Beziehung zwischen Gott und Mensch bei Eckhart und Luther je verschieden; bei Eckhart hat sie ihren Geschehenscharakter in der Geburt des Wortes im Grund der menschlichen Seele, bei Luther im glaubenden Hören. Da aber sowohl bei Eckhart wie Luther der Wortcharakter der göttlichen Selbstmitteilung offensichtlich ist, ergeben sich auch hier Analogien, die im dritten Punkt zu behandeln sind.

2. Übersetzt man die Seinseinheit, welche die menschliche Person – in der Wortgeburt oder im Glauben – mit Gott in mehr oder minder starker Intensität verbindet, in die iuridische Sprache, so ist von dem Verhältnis zwischen Gerechtigkeit und Gerechtem zu reden.[31] Eckhart hat einen philosophischen Zugang zu diesem Problem, insofern er hier die Frage nach dem Seinsverhältnis der allgemein-begrifflichen Vollkommenheit (Gerechtigkeit) zu ihren »irdisch-kreatürlichen Verwirklichungen«[32] zu lösen hat. Er versucht das, wie Mojsisch[33] kürzlich gezeigt hat, in einer Theorie univoker Einheit zwischen Gott und Geschöpf. Abstraktbegriff und konkrete Verwirklichung, Gerechtigkeit und Gerechter stehen »in einem univoken Korrelationsverhältnis«[34] zueinander, dessen einzige Konstituante Gott ist. Auch auf dem Niveau ethischer Verbindlichkeit gilt also, was schon für den Seinsbegriff galt, daß das abgeleitete Gerechtsein eine Wirkung der ungeschaffenen Gnade, der absoluten Gerechtigkeit Gottes ist. In den »Reden der Unterscheidung« sagt Eckhart:

Bist dû gereht sô sint ouch dîniu werk gereht. Niht engedenke man heilicheit ze setzenne ûf ein tuon; man sol heilicheit setzen ûf ein sîn, wan diu werk enheiligent uns niht, sunder wir suln diu werk heiligen. Swie heilic diu werk iemer sin, sô enheiligent sie uns zemâle niht, als verre sie werk sint, mêr: als verre als wir heilic sîn und wesen hân, als verre heiligen wir alliu unsriu werk ...[35]

Und Luther in seiner »Disputatio contra scholasticam theologiam« von 1517: *Non efficimur iusti iusta operando, sed iusti facti operamur iusta* (»Wir werden nicht gerecht durch Tun des Gerechten, sondern als gerecht Gemachte bringen wir gerechte Handlungen hervor«).[36] Die Stelle ließe sich breit mit einer Fülle anderer belegen. Kommt dazu, daß Eckhart mit Luther die radikale Herkünftigkeit der Gerechtigkeit *ab alio*, d. h. von Gott her, behauptet: Das menschliche Gerechtsein ist *totaliter ab aliquo extra*[37], und Luther nennt dasselbe Abhängigkeitsverhältnis eine *externa et aliena iustitia*.[38] Das mystische *sunder warumbe*[39] der *iustitia passiva*[40] kommt beiderseits – gewiß in verschieden strukturierten Mentalitäten – machtvoll zum Zuge. Man darf Rochler in seiner Minimalforderung durchaus zustimmen, wenn er meint, daß »Eckhart ... hier die denkerischen Voraussetzungen für Luther geschaffen« hat.[41] Daß damit dem die Gnade herbeizwingenden *facere quod in se est*[42] keine große Chance mehr belassen ist, ist offensichtlich.

3. Auch für die im Glauben gegebene Christusgemeinschaft, wie sie Luther in zum Teil recht heftigen und massiven Formulierungen fordert, ließen sich bei Eckhart – sicherlich noch deutlicher bei Tauler – Parallelen finden. Wiederum in den »Reden der Unterscheidung« im 20. Kapitel über die Eucharistie findet Eckhart Worte für die hier geschehene Einigung, die Luthers »fröhlichen Wechsel und Streit«[43] schon vorausnehmen. In der Kommunion *wirt daz sîne unser, und allez daz unser wirt sîn*[44], so daß beide »ein Herz« und »ein Leib« werden. Luther kennt ähnliche Formulierungen, für die ich auf die Sammlung bei Iserloh und anderen verweise.[45]

Noch wichtiger scheint mir ein zusätzlicher Aspekt zu sein. Wenn Eckhart in aller Schärfe die Vereinigung des Menschen mit Gott als ein Wortgeschehen deutet, so impliziert er das glaubende Hören als die hier zuständige Verhaltensweise des Menschen. Martin Anton Schmidt hat seinerzeit schon darauf nachhaltig hingewiesen, daß dem Geschaffenen das Sein durch das göttliche Wort zukommt.[46] Im Genesis-Kommentar heißt es: »Die Gerechtigkeit rechtfertigt durch das Sprechen (des Wortes); der Gerechte wird dadurch gerechtfertigt, daß er die Gerechtigkeit hört, er wird gezeugt als Gerechter, wird ein Sohn der Gerechtigkeit, nachdem alles, was nicht in sich gerecht ist, abgetan ist ..., wird in die Gerechtigkeit umgeformt und (ihr) gleichförmig« *(Iustitia loquendo iustificat, iustus audiendo iustitiam iustificatur, gignitur iustus, fit filius iustitiae amisso omni quod non iustum est in se ipso ..., transformatur in iustitiam et conformatur).*[47] Luthers Mystik des hörenden Glaubens, den ich anderswo ausführlicher dargestellt habe, ist hier schon in nuce enthalten. Für ihn gibt es nur ein Sinnesvermögen für den Gläubigen, das Ohr.[48] Es ist das Vehikel aller Gotteseinigung, aber eben wirklich einer Vereinigung mit Gott in Jesus Christus, die aus Mensch und Christus *una persona*[49] zu machen fähig ist.

Was ich hier vorgebracht habe, ist eine reine Skizze, ein bloßer Schattenwurf dessen, was zum Thema Luther und die Mystik zu sagen wäre. Ich schließe mit einer unbeweisbaren Vermutung zu den überlieferungsgeschichtlichen Zusammenhängen: Auffällig viele der genannten Übereinstimmungen zwischen Eckhart und Luther lassen sich mit den »Reden der Unterscheidung« belegen. Wäre von daher nicht zu prüfen, ob Luther wenigstens diesen Traktat gekannt hat? Ich möchte es fast behaupten. Allerdings gibt es nicht allzu viele eckhartische Texte aus Thüringen oder im Thüringer Dialekt. Kenner nennen das »Granum sinapis« – das Eckhart nur vermutungsweise zugewiesen werden kann –, die Predigtsammlung ›Paradisus animae intelligentis‹ und die Handschrift ZE der »Reden der Unterscheidung«. Hier wäre mit den Nachforschungen neu einzusetzen, wenn meine Vermutung, Luther habe die »Reden der Unterweisung« gelesen, wert sein sollte, weiter überprüft zu werden.

Christus ist alles

Die Christusmystik des Angelus Silesius

> O Wunder! Christus ist die Wahrheit und
> das Wort,
> Licht, Leben, Speis und Trank, Pfad, Pilgram,
> Tür und Ort. (I 168)

Wenn nach der Christusmystik des Johannes Scheffler (25. Dezember 1624 bis 9. Juli 1677) oder, wie er sich selber gerne nennt, des Angelus Silesius (= schlesischer Himmelsbote, elysischer Künder)[1] gefragt werden soll, dann muß man wenigstens ungefähr wissen, was das Erfragte sein soll. So sind denn ein paar Vorbemerkungen notwendig:

Sicher ist mit »Christusmystik« nicht bloße Christologie gemeint, d. h. die systematisch exakte, theologische Erfassung der Bedeutung des einmaligen historischen Erscheinens Jesu Christi in dogmatischer Absicht, in seiner für den Glauben der Kirche über die Zeiten hin gültigen Relevanz. So darf an Scheffler nicht etwa der Vorwurf gerichtet werden, er hätte nicht genügend, d.h. systematisch verbindlich, die Doppelnatur Jesu Christi herausgestellt oder er hätte die vielen neutestamentlich verbürgten Worte und Taten Christi nicht erschöpfend genug zur Kenntnis genommen. Es geht offenbar um anderes als um Vollständigkeit im systematischen Erfassen christologischer Aspekte: es ist zunächst nach der für Scheffler typischen Christus*frömmigkeit*[2] gefragt, nach seiner ihn und nur ihn kennzeichnenden Glaubens- und Liebesbeziehung zu Jesus Christus, wie sie sich in seinen Dichtungen – also in einer literarischen Kunstform – oder in den überlieferten Zeugnissen über sein Leben darstellt. Das heißt wiederum aber nicht, daß die Christologie, wie sie Scheffler von der Kirche her verbindlich zur Kenntnis zu nehmen gewillt war, für ihn etwa belanglos geblieben sei. Im Gegenteil, seine Christusfrömmigkeit ist schon ein Resultat seiner persönlichen, subjektiven Einübung und Eingewöhnung in die objektive, d. h. systematisch christologisch geprägte Lehre der Kirche. Ob diese im Falle Schefflers zuerst lutherisch, dann katholisch war, tut zunächst nichts zur

Sache. Wichtig ist die Tatsache, daß es bei Schefflers Christusfrömmigkeit nicht um ein schlicht subjektives Phänomen geht, sondern immer schon um ein subjektive und objektive Daten einschließendes Frömmigkeitsverhalten. Christologie – in welcher konfessionellen Formung auch immer – bleibt auch für den Dichter Scheffler die fundamentale Regelinstanz, selbst wenn die Frömmigkeit in großer Freiheit daraus zu schöpfen wagen darf. Das immer unter der Voraussetzung, es liegt demjenigen, der seine Christusfrömmigkeit kundtut, etwas an seiner Zugehörigkeit zu einer bestimmten Kirche. Daß Scheffler an seiner Zugehörigkeit zur katholischen Kirche nach seiner Konversion vom Jahre 1653 sehr gelegen hat, wird man nicht bezweifeln wollen.[3]

Im Grunde geht es bei dieser Differenz zwischen Christologie und Christusfrömmigkeit um ein die Geschichte des Christentums immer schon tief beschäftigendes, oft auch beunruhigendes Problem – um die Frage nämlich, wie sich das objektive Glaubensgut in der subjektiven Existenz des Menschen angemessen verwirklichen läßt, wie Theologie sich mit gelebtem Glauben, Frömmigkeit oder Spiritualität, vermitteln läßt. Scheffler steht schon an einem Punkt der Geschichte des Christentums, wo die beiden Bereiche – die systematisch-theologische und die aktuelle, spirituell-lebendige Durchdringung des Glaubens – wenigstens im Katholizismus unheilvoll auseinandergetreten sind und jeder Bereich oft eine vom andern abgeschirmte Sonderexistenz führt.[4] Gerade in der Barockzeit ist der Umkreis konkreter Frömmigkeit mit seinen mannigfachen sinnlichen Ausformungen in Staatskirchentum, Ordensspiritualitäten (insbesondere der Jesuiten und Kapuziner) und kirchlicher Volksmission durch Predigt, Prozession, Wallfahrt, geistliche Spiele und äußerlich faßbare Gebetsformen zu einem von einer triumphalistisch in gewaltigen Summen kondensierten Theologie abgeschirmten Bezirk geworden, in dem sich Konkretisierungen frommen Lebens in farbiger und breiter Vielgestalt und Fülle auszuformen vermochten.[5] Kehrseite dieser gegenreformatorisch provozierten und geförderten »Religion populaire« ist die – wenigstens im deutschen Sprachraum – eigenartig schwache Position einer eigentlichen Theologie. Chance dieses Überhangs konkreter Spiritualität vor aller Theologie ist allerdings die Möglichkeit einer reichen Ausgestaltung religiöser

Gebets- und Glaubenspraxis. Was für den Katholizismus gilt, ist in ähnlicher Form im Luthertum als Spaltung zwischen starrer Orthodoxie und Schwärmertum greifbar.[6]

Es ist aber nicht nur nach der Christusfrömmigkeit des Angelus Silesius gefragt, sondern nach seiner Christus*mystik*.[7] Sofern im Begriff »Mystik« das Moment religiöser Erfahrung, ja ganz konkret das der Identifizierung und Vereinigung des Glaubenden mit dem Geglaubten, des Liebenden mit dem Geliebten, dominant ist, darf in diesem Begriff eine Steigerung gegenüber dem der bloßen »Frömmigkeit« gesehen werden. Frömmigkeit ist neben dem Subjektiven, das sie auch beinhaltet, eben zusätzlich ein bestimmtes gesellschaftliches Verhalten mit sehr sichtbaren Ausprägungen und symbolischen Zeichen. Man kann daher fromm scheinen, ohne es zu sein. Mystik meint dagegen die innerste Beziehung des Menschen zu Gott, zu Jesus Christus, jene verschwiegenste, intimste, öffentlich nur dann notierbare Erfahrungsdimension des Glaubenslebens, wenn der Erfahrende schriftlich oder mündlich davon Kenntnis zu geben gewillt ist. Auch hier ist natürlich die Gefahr des bloßen Scheins gegeben, aber nur dann, wenn die mystische Erfahrung öffentlich gemacht werden soll, weniger dann, wenn sie in ihrer Unausgesprochenheit verbleibt.

Wenn also von Schefflers Christusmystik die Rede sein soll, dann ist die spezifische Art gemeint, wie er seine Beziehung zu Jesus Christus, noch mehr: seine gelebte Einheit mit ihm zur Darstellung gelangen läßt. Oder paulinisch: Wie hat Scheffler seine »Einheit mit Christus« (Gal 3, 28) formuliert, sein Bestreben, daß nicht mehr *er* lebe, sondern Christus in ihm? Diese Lebenswirklichkeit meldet Scheffler schon sehr früh als eine Grundforderung seines ganzen Daseins an, wenn er am 22. Juli 1652, etwa ein Jahr vor seiner Konversion und kaum einen Monat nach dem Tode seines so sehr verehrten Freundes Abraham von Frankenberg, Elias Major dem J. ins Stammbuch schreibt:

Summa Scientia Nihil Scire
nisi
Jesum Christum
et hunc quidem
Crucifixum et Resuscitatum

Morere
Aeternitas Esto et

Christo Conformare
Sic eris beatus

Johannes Schefflerius
Ph. et M. D. Archiater
et Physicus Olsnens,
Anno 1652. d. 22. Jul.
Olsna. mpp ...[8]

Diese grundsätzlich gemeinte Lebensoption Schefflers gibt den Rahmen ab, in den es seine ganze Dichtung, wohl auch sein konfessionspolemisches Schrifttum zu stellen gilt. Das ist selbst dann so, wenn sich – wie das bei mystischen Intentionen öfter der Fall ist – neben eindeutig christozentrische in einem allgemeineren Sinn theozentrische Aussagen ähnlichen Gewichts rücken lassen.[9] Diese sind christlich das Resultat jener. Scheffler hat diese Rangordnung durch häufige Anerkennung immer wieder bestätigt.

Es sind vornehmlich zwei Werke, in denen Scheffler sich über seine Beziehung zu Gott und Jesus Christus mit aller notwendigen Deutlichkeit und dichterischen Anstrengung ausspricht. Die beiden Werke sind in ihrer Machart und ihrer Redeweise dermaßen verschieden geartet, daß sie von verschiedenen Verfassern stammen könnten, wenn nicht der Rahmen, der sie zusammenhält, eine tiefe gegenseitige Zuordnung zur Gewißheit werden ließe. Was man gemeinhin von Scheffler kennt, sind die *Geistreichen Sinn- und Schlußreime* (Wien 1657) oder in der Zweitauflage: *Cherubinischer Wandersmann oder Geist-Reiche Sinn- und Schlußreime zur Göttlichen beschaulichkeit anleitende* (Breslau 1675). Die Ruhmesgeschichte dieses Werks ist bedeutend; zu seinen Verehrern gehören neben Gottfried Arnold, dem frühen Herausgeber des Werks (1701), Gerhard Tersteegen, Leibniz, Baader, Friedrich Schlegel, Schopenhauer, Hegel, Rückert, Droste-Hülshoff und Gottfried Keller – ganz abgesehen von seiner Beliebtheit auch heute noch.[10] Die intellektuellen Energien, der Scharfsinn und die blitzhaft aufbrechende Pointe, die diese Alexandrinerepigramme kennzeichnen, mögen es gewesen sein, die Dichter und Philosophen immer wieder zur bewundernden Lektüre gereizt haben. Daß bei solcher Bewunderung des *Cherubinischen Wandersmanns* auf recht einseitige Weise gerade die Absicht des Autors gründlich mißachtet wurde, ergibt sich aus der Tatsache, daß Schefflers anderes Werk, die *Heilige Seelen-Lust Oder Geistliche Hirten-Lieder Der in jhren JESUM verliebten Psyche* (Breslau 1657), das gleichzeitig mit dem *Cherubinischen Wandersmann* erschien, kaum oder dann von ganz anderen Verehrern – etwa den evangelischen Kirchgängern[11] – zur Kenntnis genommen wurde. Beide sind aber von Scheffler als zwar zwei nach ihrem dichterischen und denkerischen Verfahren verschieden konzipierte, letztlich aber als sich gegenseitig ergänzende Werke gedacht. Sie repräsentieren auf kunstvolle Weise die beiden Hauptkräfte des Menschen: Intellekt und Affekt, Verstand und Liebe. Beide sind nach Scheffler in Dienst genommen von der überwältigenden Fülle des im Menschen gegenwärtigen Gottes. Engelchöre sind es, die für die beiden Seelenkräfte des Menschen stehen, die Cherubim für die Erkenntnis, die Seraphim für die Liebe. Scheffler sagt es deutlich selber, daß beide Kräfte für ihn *capax Dei* sind, daß beide daher auch für die Gotteserkenntnis anzuwenden sind, daß der Mensch sich von beiden einnehmen lassen muß:

Glückselig magst du dich schätzen, wann du dich beyde lässest einnehmen, und noch bey Leibes Leben bald wie ein Seraphin von himmlischer Liebe brennest, bald wie Cherubin mit unverwandten Augen Gott anschawest ...[12]

Damit schließt sich Scheffler an eine alte mystische Vorstellung an, die Harphius – auch sonst wohl öfter ein Gewährsmann für Scheffler – einst folgendermaßen umschrieben hat:

Der Mystiker nimmt in bildlicher Vorstellung an, er habe zwei geistliche Füße: den begreifenden Verstand und den liebenden Affekt. Es ist notwendig, auf beiden vorwärtszuschreiten, damit man die geheimen Wege der Beschauung glücklich bis ans Ende zu begehen vermag. Denn der Intellekt hinkt ohne den liebenden Affekt und käme nicht rüstig voran; die Liebesneigung ohne den Verstand aber ist blind; sie fände den Weg nicht und müßte sich verirren.[13]

Die mystologische Forderung ist bei Scheffler in ein poetologisches Verfahren umgesetzt: Cherubim und Seraphim vertreten zwei verschiedene poetische Verfahren.

Es wird nach all dem Gesagten als verfehlt betrachtet werden müssen, wenn die Arbeitsteiligkeit dieser beiden mystischen Sprachverfahren nicht anerkannt und nicht gesehen wird, daß *ein* Wille hinter der methodischen Absicht steht, cherubinisch *und* seraphinisch Gott dichterisch zu nahen.

Da der »Cherubinische Wandersmann« (wenigstens dessen erste fünf Bücher) mit einiger Gewißheit vor der »Heiligen Seelen-Lust« entstanden ist, nämlich in den Jahren 1651 bis (Sommer) 1653 – die »Heilige Seelen-Lust« muß in ihren ersten vier Büchern nach der Bekehrung Schefflers angesetzt werden, nämlich in die Jahre (Sommer) 1653 bis 1657 –, werden wir uns im folgenden zunächst um die Christusmystik des »Cherubinischen Wandersmann« kümmern, in einem zweiten Schritt dann um die »Heilige Seelen-Lust«, und schließlich mag ein Blick auf die konkrete Christusnachfolge geworfen werden, wie sie Scheffler in seinem Leben zu verwirklichen versuchte.

Der *Cherubinische Wandersmann*

Der *Cherubinische Wandersmann* ist, wie der Titel anzeigt, als Aufzeichnung eines Wanderers zu verstehen. Das 17. Jahrhundert liebt die Gestalten, die gegenüber dem Etablierten, Bekannten und Fixierten von ihrem Wesen her das Moment des Wilden, Schweifenden, Fremden und Abenteuerlichen markieren[14], den Wanderer vor allem, den Fremden, den Hirten, den Illiteraten, den Einsiedler, den Toren und Narren, den verkleideten, maskierten oder sonstwie entfremdeten Menschen. Es ist, wie wenn die Gestalt des »wilden Mannes« – eine mythische Erfindung des 15./16. Jahrhunderts vor dem Horizont der Entdeckung fremder Länder und Kontinente – im Bereiche der religiösen Dichtung, insbesondere der Mystik des 17. Jahrhunderts eine seltsame Auferstehung feierte, darin von etwas Überwundenem die Rede ist, das die Menschen doch nicht aus ihrem Erinnerungsvermögen zu vertreiben vermögen. In der Figur des Wandersmanns ist ein Horizont eröffnet, der frei ist zu allem, was sich dem geistigen Blick darbietet. Ist die Perspektive cherubinisch umgrenzt, so ist insbesondere das Abenteuerliche denkerischer Vollzüge in religiöser Absicht auf eine eigentümliche Art und Weise eröffnet. Scheffler ist das natürlich bewußt: Wie jeder Mystiker in dieser Zeit weist er auf seinen *modus loquendi*[15] hin, der für manche Leser etwas Schockierendes haben könnte: »vil seltzame paradoxa oder widersinnische Reden, wie auch sehr hohe und nicht jederman bekandte schlüsse, von der geheimen Gottheit« (I, 307)[16], »nicht jederman Gemeine Reden und Sprüche« (313), sind es, die hier versammelt den Menschen »fremde« erscheinen könnten; sie sollten ihnen aber im Gegenteil »sehr Lieb und Angenehm seyn«, da sie dem Verfasser »ohne Vorbedacht und mühsames Nachsinnen in kurtzer Zeit von dem Ursprung alles guten einig und allein gegeben worden« (314) »in betrachtung der Göttlichen wunder« (314).

»Wunder«, »Paradox«, das sind die für Scheffler wichtigen Stichworte, die das zentrale Ereignis seiner religiösen, mystischen Erfahrung benennen. Und daß der Gegenstand dieser Erfahrung ein durchwegs christlicher ist, wer möchte das bezweifeln, wenn er, was nicht zu übersehen ist, in der Menschwerdung Jesu Christi Schefflers Skopus und Erklärungsgrund für alle göttlichen Wunder und Paradoxe erblickt.

Daß Gott Mensch geworden ist, wird als die die ganze Schöpfung durchherrschende Paradoxie erfahren:

> Das unerhörte Wunder.
> Schaut doch, ihr Lieben, schaut, die Jungfrau säugt ein Kind,
> Von welchem ich und sie und ihr gesäuget sind. (III, 10)

Die Gottesgeburt durch die Jungfrau Maria ist von so entscheidender Bedeutung, daß sie sich keinesfalls durch ihre geschichtliche Faktizität definiert oder erschöpft. Sie ist der Anfang einer neuen Existenzweise für jeden Christen. Denn Christus ist geheimnisvoll gegenwärtig, wird immer wieder geboren, ja muß immer wieder in jeder Christenseele wiedergeboren werden, wenn seine Sendung und Erlösung sich angemessen erfüllen soll. Mit Meister Eckhart fordert er daher:

> In dir muß Gott geboren werden.
> Wird Christus tausendmal zu Bethlehem geboren
> Und nicht in dir, du bleibst noch ewiglich verloren. (I, 61)[17]

Die Erlösung durch die Menschwerdung Jesu Christi ist ein unabgeschlossener Vorgang, der je neu den Menschen zur Erfahrung der Gottheit führt. Das Augustinische »Per Christum hominem ad Christum deum«[18] ist dabei wegleitend:

> Durch die Menschheit zu der Gottheit.
> Willst du den Perlentau der edlen Gottheit fangen,
> So mußt du unverrückt an seiner Menschheit hangen. (I, 121)

Da können denn die Perspektiven, von denen her gesprochen wird, wechseln. Es kann gesprochen werden von einem Theozentrismus her, der den Menschen schon idealiter in seine Exemplarursache zurückgeführt sieht. Da ist dann der Mensch im Zustand der innersten »Verwandtschaft« mit Gott, der Vergottung als »Gott in Gott aus Gott durch Gotte« (III, 17) geschaut. Mit einem breiten Strom der christlichen Mystik kann auf paradoxe, aber nicht unfromme Weise aufgetrumpft werden:

Ich bin wie Gott und Gott wie ich.
Ich bin so groß wie Gott, er ist als ich so klein;
Er kann nicht über mich, ich unter ihm nicht sein. (I, 10)

Schefflers Theozentrismus, der ihm den gelehrten Verdacht auf Pantheismus eingebracht und Generationen von Gelehrten irritiert hat, ist in seinem Kern nichts anderes als beste mystische Kühnheit, die in der Klammer des einen, alles durchherrschenden Wunders der Menschwerdung Christi seine Legitimation hat. Von hier her und darauf hin sind alle »Unverschämtheiten«[19], wie Karl Barth die sprachlichen Ausgriffe Schefflers nennt, relativ. Sätze wie die folgenden sind gebunden an diese historische Tatsache:

Der Mensch ist Ewigkeit.
Ich selbst bin Ewigkeit, wenn ich die Zeit verlasse
Und mich in Gott und Gott in mich zusammenfasse. (I, 13)

Ein Christ ist so reich als Gott.
Ich bin so reich als Gott, es kann kein Stäublein sein,
Das ich (Mensch, glaube mir) mit ihm nicht hab gemein. (I, 14)

Ein Christ ist Gottes Sohn.
Ich auch bin Gottes Sohn, ich sitz an seiner Hand:
Sein Geist, sein Fleisch und Blut ist ihm an mir bekannt. (I, 17)

Alle diese Sätze sind und meinen »Wunder«, die in und an Scheffler geschehen sind, weil er die Menschwerdung Gottes ernst nimmt und sie als das betrachtet, was sie christlich sein soll: eine unabgegoltene und unabgeltbare Tatsache der Erlösung durch den im gläubigen Menschen ausblühenden Gott:

Gott blüht aus seinen Zweigen.
Bist du aus Gott geborn, so blühet Gott in dir
Und seine Gottheit ist dein Saft und deine Zier.

Die theozentrische Sicht ist offensichtlich durch eine christozentrische radikal und fundamental bedingt. In diesen Begründungszusammenhang, darin die Inkarnation Christi bedingende Ursache der Gottwerdung des Menschen ist, gehören jene großen, an patristische Aussagen sich anschließenden Tauschformeln, in denen die Perspektive der Ewigkeit dem Menschen spekulativ, cherubinisch eröffnet wird. *Deus homo factus est ut homo fieret Deus* (»Gott ist Mensch geworden, damit der Mensch Gott wird«). Augustinus und schon die griechischen Väter haben diesen Satz unermüdlich wiederholt.[20] Auch Scheffler steht in dieser Tradition, wenn er in Form einer Forderung sagt:

> Du mußt hinwieder sein.
> Gott ist dir worden Mensch; wirst du nicht wieder Gott,
> So schmähst du die Geburt und höhnest seinen Tod. (I, 124)

Das *admirabile commercium* – bis weit über Luther hinaus ein alle Frömmigkeit zeichenhaft prägendes Theologumenon – wird zum Gesetz aller individuellen Frömmigkeit:

> Er mir, ich ihm.
> Wißt, Gott wird mir ein Kind, liegt in der Jungfrau Schoß,
> Daß ich ihm werde Gott und wachs ihm gleich und groß. (III, 16)

> Gott-Mensch.
> Ja denkt doch, Gott wird ich und kommt ins Elend her,
> Auf daß ich komm ins Reich und möge werden er. (III, 20)

> Mensch in Gott, Gott im Menschen.
> Wenn ich bin Gottes Sohn, wer es dann sehen kann,
> Der schauet Mensch in Gott und Gott im Menschen an. (II, 3)

Alle mystischen Intentionen der Vereinigung mit Gott finden hier ihre Grundlegung. Es ist nicht einmal so, daß Scheffler etwa die Menschheit Christi gegenüber seiner Gottheit vernachlässigt hätte, eine Versuchung, der die abendländische Mystik in vielen Varianten – oft in der einer Nachfolge Christi selbst in die Himmelfahrt hinein, die Jesus, den Menschen, zugunsten der Geistsendung entschwinden läßt – nachgegeben hat.[21] Bei Scheffler ist die Mittlerschaft Jesu die einzig denkbare:

> Der Mittler ist nur Jesus.
> Ich weiß kein Mittel nicht als meinen Jesum Christ;
> Sein Blut, das ists, in dem sich Gott in mich ergießt. (II, 167)

Von daher sind denn auch die mannigfachen konkreten Bezugnahmen aufs irdische Dasein Christi kein bloßes Alibi, sondern Widerlager, in dem alle »Durchgöttung« (I, 216) des Menschen aufgehoben und getragen werden kann, anders nicht. Der Mensch ist durch die Inkarnation in einem Maße geadelt, wie es nicht einmal den Engeln widerfahren ist. Der Mensch ist zur Rechten Gottes hingestellt:

Ich auch zur Rechten Gottes.
Weil mein Erlöser hat die Menschheit aufgenommen,
So bin auch ich in ihm zur Rechten Gottes kommen. (I, 220)

Der mögliche Vorrang des Menschen über die Engel hat seinen Grund in der Menschwerdung:

In Christo kommt man hoch.
Weil mein Erlöser hat die Engel überstiegen,
So kann, wo ich nur will, auch ich sie überfliegen. (II, 23)

Die Würde und der Adel des Menschen – seine »Überengelheit« – besteht in der göttlichen Begnadung durch die Menschwerdung, die dem Menschen in wunderbarem Tausch die Chance der Vergöttlichung gewährt:

Du sollst das Höchste sein.
Die Welt ist eitel nichts, die Engel sind gemein;
Drum soll ich Gott und Mensch in Christo Jesu sein. (II, 21)

Christus Jesus ist für Scheffler aber, wie gesagt, keine abstrakte Größe, sondern *die* wesenreiche, d. h. seinshafte und seinsvermittelnde Lebensquelle, deren Legitimation ganz realistisch und historisch im Kommen Jesu Christi geschah. Die Stationen des Lebens Jesu werden bei Scheffler immer wieder genannt und in ihrem Heilscharakter aufgewiesen. Das beginnt mit dem Sprung Gottes in die Niedrigkeit seiner irdischen Existenz – eine alte mystische Vorstellung –, mit der Geburt in Bethlehem und schließt mit Leiden, Tod, Auferstehung, Himmelfahrt und Pfingsten. Die Faszination des Kirchenjahres mit seinem Festkreis mag bei der Ausgestaltung dieser konkreten Seite des Lebens Jesu mitgespielt haben. Entscheidend ist aber die mystische Deutung all dieser Ereignisse von Christi irdischem Dasein.

Die irdische Existenz Christi ist für Scheffler eben Anlaß, die dadurch geschehene Erlösung und Begnadung des Menschen zu preisen. Wenn auch im Ganzen der positive Aspekt der Gottesgeburt im Herzen des Gläubigen als die Verleihung der göttlichen Gnade der Sohnschaft sehr stark betont wird, ist doch der Erlösungsaspekt der Inkarnation immer auch angemessen berücksichtigt. Die Rechtfertigung des Menschen durch Gott ist eine »unerhörte Verkehrung«:

> Es kehrt sich alles um: die Burg ist in der Höhle,
> Die Krippe wird ein Thron, der Tag kommt in der Nacht,
> Die Jungfrau bringt ein Kind; ach Mensch! sei auch bedacht,
> Daß sich verkehre wohl dein Herze, Geist und Seele. (III, 245)

Diese »wunderliche Umwechslung« meint den Umschlag von Freude zu Angst im Leben Jesu und den von Tränen zu Lachen in unserem Dasein:

> Schaut Wunder! Gottes Sohn wird jung in lauter Freuden
> Und muß mit lauter Angst von hinnen wieder scheiden.
> Wir kommen auf die Welt mit Tränen und vergehn
> Mit Lachen, wo wir recht in seinem Geiste stehn. (III, 243)

Das Leiden Jesu ist in einem exklusiven Sinne immer *pro me* geschehen:

> Der verliebte Gott.
> Gott liebet mich allein, nach mir ist ihm so bange,
> Daß er auch stirbt vor Angst, weil ich ihm nicht anhange. (III, 37)

Bei dieser Voraussetzung des in sein Geschöpf verliebten Gottes ist der Ruf nach der Umkehr naheliegend:

> An den Sünder.
> Wach auf, du toter Christ, schau, unser Pelikan
> Sprengt dich mit seinem Blut und Herzenswasser an. (III, 42)

Irdische Pilgerschaft des Menschen führt daher in jedem Fall über den Kreuzweg des Herrn:

> Der Weg zum Himmel.
> Wenn du, mein Pilger, willst in Himmel dich erhöhen,
> So mußt du nahezu grad übern Kreuzweg gehen. (V, 60)[22]

Ist die Rechtfertigung durch Jesus Christus die Bedingung der Möglichkeit aller Vereinigung mit Gott, so ist umgekehrt die Vereinigung mit Gott in Jesus die notwendige Folge der Heilstat Christi. Schon durch die historische Geburt Jesu ist die Gottesgeburt dem Gläubigen gnadenhaft gewährt. Damit sie fruchtbar werde, muß sie sich immer wieder vollziehen. Ziel ist eine eigentliche »Vergöttung«, die in der Menschwerdung ermöglicht wurde:

> Gott ist mein Geist, mein Blut, mein Fleisch und mein Gebein;
> Wie soll ich dann mit ihm nicht ganz durchgöttet sein? (I, 216)

Das so konstituierte Verhältnis ist das zwischen Vater und Kind (Sohn):

Das liebste Kind Gottes.
Sag, wie ich möge sein des Vaters liebstes Kind?
Wenn er sich selbst und alls und Gottheit in dir findt. (I, 251)

Die göttliche Kindschaft.
Ist Gottes Gottheit mir nicht inniglich gemein,
Wie kann ich dann sein Kind und er mein Vater sein? (I, 252)

Der Kinder ists Himmelreich.
Christ, so du kannst ein Kind von ganzem Herzen werden,
So ist das Himmelreich schon deine hier auf Erden. (I, 253)

Grade und Nähe der verwandtschaftlichen Bezüge zwischen Gott und Mensch können sich aber auf paradoxe Art umkehren, wenn der Grundbezug – daß ich Gottes Sohn bin – hergestellt ist:

Die widergültige Kind- und Vaterschaft.
Ich bin Gotts Kind und Sohn, er wieder ist mein Kind:
Wie gehet es doch zu, daß beide beides sind. (I, 256)

Oder in einer noch totaleren Fassung heißt es:

Am nächsten am besten.
Mensch werde Gott verwandt aus Wasser, Blut und Geist,
Auf daß du Gott in Gott aus Gott durch Gotte seist.
Wer ihn umhalsen will, muß ihm nicht nur allein
Befreundet sondern gar sein Kind und Mutter sein. (III. 17)

In diesem Vorgang, da mir zunächst die sohnhafte Existenzweise abgefordert wird, sodann aber diese Kategorie dem, der sie mir spendet, zugeschrieben wird, spiegelt sich nicht bloß Schefflers Sinn für die paradoxe Brüskierung des gläubigen Alltagsdenkens, sondern eine sprachliche Technik, die, indem sie zwei Möglichkeiten, die sich widersprechen, gleichzeitig als wirklich bezeichnet, eine übergreifende Einheit und Gleichheit auszusagen intendiert. Wenn ich Gottes Sohn bin, er aber gleichzeitig mein Sohn ist, dann heißt das doch nichts anderes, als daß wir gleich sind, ich Gott aus Gnade, Gott Gott von Natur. Oder mit Schefflers Worten:

Gott ist, er lebt nicht.
Gott ist nur eigentlich; er liebt und lebet nicht,
Wie man von mir und dir und andern Dingen spricht. (II, 55)

Das Sein Gottes ist jenseits aller Kategorien des Redens; daß trotzdem von ihm gesprochen werden kann, beruht auf der Menschwerdung Gottes. Gleichförmigkeit mit Gott heißt bei Scheffler Christusförmigkeit:

Der höchste Gottesdienst.
Der höchste Gottesdienst ist Gotte gleiche werden,
Christförmig sein an Lieb, am Leben und Gebärden. (IV, 150)

Hierin kommen Schefflers Theo- und Christozentrik zusammen und erweisen sich als zwei Aspekte einer Sache: Daß Gott alles hält, trägt und umfängt, wird in seiner Menschwerdung – gewissermaßen die paradox anmutende Probe aufs Exempel! – deutlich sichtbar. Gott ist ein »eingemenschter Gott«:

Gott trinkt der Menschheit Milch, läßt seiner Gottheit Wein:
Wie sollt er dann nunmehr nicht ganz durchmenschet sein. (III, 11)

Und das Paradox folgt daraus:

Es trägt und wird getragen.
Das Wort, das alles trägt, auch selbst Gott, den Alten,
Muß hier ein Jungfräulein mit ihren Ärmlein halten. (III, 12)

Die Formel, die alle Einheit zwischen Mensch und Gott trägt, ist die der Gottesgeburt, des dynamisch bewegten Seins in Christus. Mit Gott ein »einges Ein« zu sein, ist eine Aufgabe, die Gott und Mensch gleicherweise engagiert. Gott *will* die Geburt seiner selbst, vermittelt durch Jesus Christus, im Menschen:

Was Gott am liebsten tut.
Das liebste Werk, das Gott so inniglich liegt an,
Ist, daß er seinen Sohn in dir gebären kann. (IV, 194)

Das geht aber nicht ohne das Zutun des Menschen:

Wer will, wird Gott geboren.
Von Gott wird Gott geborn; soll er dich denn gebärn,
So mußt du ihm zuvor den Willn dazu gewährn. (VI, 129)

Oder:

Du mußt vergöttet werden.
Christ, es ist nicht genug, daß ich in Gott nur bin;
Ich muß auch Gottessaft zum Wachsen in mich ziehn. (II, 74)

Oder:

Der Sohn Gottes wird in dir geboren.
Mensch, schickst du dich dazu, so zeugt Gott seinen Sohn
All Augenblick in dir gleichwie in seinem Thron. (V, 252)

Diese geistliche Sohnschaft ist Gnade und gerade deshalb je neu »erstaunungsvoll«:

Verwunderung über die Gemeinschaft Gottes.
Es ist erstaunungsvoll, daß ich, Staub, Asch und Kot,
So freundlich und gemein mich machen darf mit Gott. (IV, 177)

Oder in Formeln der Brautmystik:

Die wunderbarste Heirat.
Schaut doch die Heirat an, der Herr der Herrlichkeit
Hat eines Sklaven Magd, des Menschen Seel, gefreit. (IV, 175)

Die Gottesgeburt vermittelt den Zugang zur Ewigkeit:

Die geistliche und ewige Geburt sind eins.
Die geistliche Geburt, die sich in mir eräugt,
Ist eins mit der, durch die den Sohn der Vater zeugt. (V, 250)

So enthoben aller Konkretheit diese Gottesgeburt im Menschen scheint – sie findet im Geiste Gottes ja statt –, so eindeutig ist sie im marianischen Jawort historisch begründet:

Die dreierlei Geburt.
Maria, die gebiert den Sohn Gotts äußerlich,
Ich immer mir im Geist, Gott-Vater ewiglich. (V, 249)

Vermittler zu dieser Einsicht in die dreifache Geburt ist wiederum und immer Jesus Christus, da er als einziger von Gott als solcher anerkannt wird.

Gott liebt nichts außer Christo.
So lieb Gott eine Seel in Christi Glanz und Licht,
So unlieb ist sie ihm, im Fall er ihr gebricht. (I, 146)

Hier ist vorerst abzubrechen, wenn es auch ein leichtes wäre zu zeigen, wie diese Einheit mit Christus gerade auch im »Cherubinischen Wandersmann« nach zwei wichtigen Seiten hin ausgeschritten wird: in Richtung auf eine Leidens-, Blut- und Wundenmystik, aber auch in Richtung auf eine Brautmystik. Beides findet sich gesteigert in seiner »Heiligen Seelen-Lust«, der wir uns noch zuwenden wollen.

Die »Heilige Seelen-Lust«

Wie schon gesagt, die »Heilige Seelen-Lust« muß als eine wesentliche Ergänzung des »Cherubinischen Wandersmann« gesehen werden: Wird hier cherubinisch-spekulativ das Geheimnis Gottes und seiner Menschwerdung angegangen, so wird dort seraphisch dasselbe begehrt, besungen, umworben und geliebt. Dem Schauen tritt so das Lieben adäquat zur Seite. Es spricht hier die Liebe der Seele »zur Ergetzlichkeit und Vermehrung ihrer heiligen Liebe / zu Lob und Ehren Gottes«[23], nicht mehr in der blitzhaft aufspringenden Pointe, die dem Alexandrinerepigramm eigen ist, sondern in der breit sich eröffnenden Beschwingtheit von Rhythmen, die dem Volkslied, der modischen Gesellschaftsdichtung, der Pastoraldichtung, der lateinischen Hymnik, dem katholischen und evangelischen Kirchenlied entlehnt wurden. Es sind im Grunde nicht Lesegedichte, sondern *Lieder*, die zu singen sind; ein Komponist, Georgius Josephus, hat sie denn auch mit Melodien versehen, die leider in den späteren Ausgaben fehlen.[24] Selbst wenn Scheffler in seinem Vorwort die Anwendung dieser Lieder jenen, die in der »Singe-Kunst« unerfahren sind, als Gebete gestattet, verlangt er darüber hinaus doch die Konnotation der sprachlosen Seufzer, die die fehlende Musik zu ersetzen haben.[25] Zugeschrieben wird das Werk

Jesu Christo / Dem Lieb-würdigsten unter allen / Menschen-Kindern, / dem Könige, dem Gotte dem Anfänger / und Vollender aller Liebe, / dem einzigen Ziel und Ende der / verliebten Herzen, / seinem höchsten Gutte und ewiger / Seligkeit.[26]

Christus ist alles

Schon im »Cherubinischen Wandersmann« war – punktuell – die Schönheit des in Jesus Christus Mensch gewordenen Gottes als Weg und Ziel des Wandernden in den Blick gerückt worden. Hier nun soll die ästhetische Faßbarkeit des »schönen Nazareners« in ihrer ganzen Fülle zum Prinzip der Nachfolge gemacht werden, nicht ohne die Nebenabsicht, der weltlichen Liebesdichtung ein konkurrierendes Modell zur Seite zu stellen, das jene »thörichte Welt-Liebe« in ihrer Nichtigkeit entlarvt und ausräumt. Der Dichter begibt sich zu diesem Zweck auf die Ebene, wo die weltliche Dichtung ihre Triumphe feiert, ins Kostüm der Schäferei. Dieser utopische Bereich der schönsten Wunscherfüllungen, da ein einfaches Hirtendasein erotische Tagträume dichterisch befriedigt, war in der Barockzeit außerordentlich modisch und beliebt. Ihm nähert sich Scheffler durchaus mit parodistischen Absichten, da ihm klar ist, daß Jesus Christus als die wahre Liebe real alle Wunschträume des Menschen einlösen kann, denn »hier in dem unvergleichlichen Angesichte Jesu Christi, ist die allerfreundlichste Anmuttigkeit, die alleranmuttigste Liebligkeit, die allerlieblichste Huldseligkeit, und allerhuldseligste Schönheit«.[27] Sie vermag »die gefrorne Erde eures Hertzens« aufzutauen und zu »erquikken«. Denn Jesus ist der »Schönste unter den Menschen-Kindern«. »Dessen seligmachender Umfahung« befiehlt Scheffler alle seine Leser.

Die Übertragung geistlicher Affekte in den Bereich einer abgeschirmten Hirtenwelt, darin idyllische Züge vorherrschen, erfolgt mit dem Ziel, in engstem Rahmen die glückhaft erlösenden Ereignisse einer Liebesbeziehung zwischen Mensch und Gott, zwischen Psyche und Jesus Christus, dichterisch ablaufen zu lassen. Stilmittel und seelische Energien einer dichterischen Bukolik schaffen sich einen arkadischen Umkreis, darin diese Liebe der Psyche sich ungehemmt zu entfalten vermag. Im Gegensatz zum »Cherubinischen Wandersmann«, wo die einzelnen Sprüche kaum in die Ordnung einer übergreifenden Architektur eingebunden sind, kommt in der »Heiligen Seelen-Lust« ein Ordnungsprinzip – wenigstens in den Büchern I-III – zum Zug, das den innern Ergießungen der Psyche einen Halt zu geben vermag. Es ist das liturgische Kirchenjahr, von Advent bis Ostern und Himmelfahrt. Die Bücher IV und V (das erst 1657 ergänzend dazukam) dagegen verlassen diese Ordnung zugunsten einer freieren Feier einzelner Fest- und Glaubensgeheimnisse, etwa das Fest Trinitatis oder das Sakrament der Eucharistie. Es mag in dieser Bezogenheit auf die kirchlichen Feste eine Attraktion gelegen haben, die bewirkte, daß über fünfzig Gedichte in das Gesangbuch des Pietisten Freylinghausen aufgenommen wurden; zusätzlich aber mögen diese Lieder den Ton getroffen haben, der in pietistischen Kreisen beliebt und begehrt war. Tatsächlich gelingt es Scheffler in der »Heiligen

Seelen-Lust«, das altüberlieferte katholische und lutherische Kichenlied mittels raffinierter rhetorischer Techniken in eine das Ekstatische und Gemüthafte pflegende Form des Liebesliedes überzuführen, dessen ästhetisches Vokabular einzig für eine – wie Held[28] versichert – »überschwengliche Behandlung der Christusliebe« fruchtbar gemacht wird. Mag der Ausdruck »Christologie« für den Sachverhalt auch unzutreffend sein – »Christusmystik« trifft ihn besser –, klar ist, daß das ganze Werk sowohl seiner Spachform wie seinem Inhalt nach die innigste Beziehung zwischen dem Gottmenschen Jesus Christus und der ihm anhängenden Braut, der menschlichen Seele, meint. Es ist eine für die mystische Sprache altbekannte Tatsache, daß »die Intimität zur göttlichen Wahrheit« »in der Naturordnung vielleicht nur das Gleichnis der vereinigten Geschlechter« kennt.[29] So ist es denn im Rückbezug auf eine schon mit Origenes anhebende Tradition das alttestamentliche Hohelied[30], das als Liebeslied alle Modulationen des liebenden Begehrens und Erfülltseins für Scheffler bereitstellt. Er braucht sich in der Ausformung seiner braut- oder leidensmystisch gestimmten Texte bloß auf dieses Modell zu beziehen, um seiner Christussehnsucht angemessen Ausdruck zu geben. Daß dabei gewisse sprachliche Verfahren heute störend wirken mögen – etwa der ungehemmte Gebrauch verniedlichender Diminutive (Jesulein u. a.) oder die schrankenlose Anwendung von Wörtern aus dem menschlichen Erfahrungsbereich auf das Heilsgeschehen (»Ach wie voller Trost und Lust / Spritzet deine milde Brust«[31]; »Weil dirs aber so gefallen, / Daß du Teuerster von allen / Meinetwegen dies getan, / Will auch ich mich zu dir strecken / Und dein teures Blut auflecken, / Weil mein Mund sich rühren kann«[32]) –, ist auf das Konto des Zeitgeschmacks zu setzen, der gerade das Ausgefallene, das Exquisite und Verblüffende zu schätzen vermochte. Entscheidend ist die unerhörte Kraft und seelische Energie, die hier – im Sinne einer jesuitischen *applicatio sensuum*[33] – auf Jesus Christus als den Inbegriff des Heils der Menschheit sprachlich entladen werden. In zwei Beispielen mag das veranschaulicht werden; sie mögen auch die hauptsächlichen Bezugspunkte von Schefflers christozentrischer Mystik verdeutlichen. Das erste Beispiel gehört in den Bereich der Leidensmystik, die das zweite Buch der »Heiligen Seelen-Lust« insgesamt durchherrscht.

Das Gedicht versucht, den Tod Jesu im Licht einer *imitatio passionis* zu deuten: »Sie (die Psyche) will sterben mit ihrem Jesu« (Buch II, LVIII).

O Elend, Jammer, Angst und Not!
Seh ich doch meinen Jesum tot!
Er ist verstarret ganz und gar,
Der einzig meine Hoffnung war!
Nun nimm, nun nimm dies Leben hin,
Ich ruh nicht, bis ich auch fort bin.

Nichts ist nun auf der ganzen Welt,
Das mein Gemüt zufrieden stellt,
Mein Trost und Freude, Gottes Sohn,
Mein Lieb und Leben ist davon.
Ach nimm, ach nimm dies Leben hin,
Ich ruh nicht, bis ich auch fort bin.

Dein, Schönster, blasses Angesicht
Macht, daß mir Herz und Mut gebricht.
Dein ganz verblichner Rosenmund
Hat mir schon Leib und Seel verwundt.
Ach nimm, ach nimm dies Leben hin,
Ich ruh nicht, bis ich auch fort bin.

Ich weiß wohl, daß du mir zu gut
Vergossen hast dein teures Blut.
Drum, daß ich es vergelte dir,
So will ich wieder sterben mir.
Ei nimm, ei nimm dies Leben hin,
Ich ruh nicht, bis ich auch fort bin.

Gib mir dein Leiden, Kreuz und Pein,
Die Nägelmale drück mir ein.
Verehre mich mit deinem Spott,
Mach mich ganz ähnlich deinem Tod.
Ach nimm, ach nimm dies Leben hin,
Ich ruh nicht, bis ich auch fort bin.

O Jesus, laß mich doch nicht hier,
Nimm mich nur in das Grab mit dir!
Laß deines süßen Herzens Schrein
Mein Grab und eigne Ruhstatt sein.
O Jesu, nimm dies Leben hin,
Ich ruh nicht, bis ich bei dir bin.

Die Sangbarkeit des Gedichts, das sechs Strophen à sechs Zeilen – je paarig gereimt – umfaßt, beruht auf dem vierfüßigen Jambus, der den einzelnen Vers leicht dahinschreiten läßt. Vergegenwärtigt wird der tote Jesus aus der Sicht dessen, der in ihm seine einzige Hoffnung erblickte. Dem Genre der Totenklage entspricht es zunächst, daß der Trauernde dem Toten nachsterben möchte. Gerade die Unersetzlichkeit des Verlusts des Geliebten läßt ihm keine andere Wahl, da sich die Einheit mit ihm nur daran bemessen läßt, wie sehr der Trauernde dessen Schicksal mitzugehen bereit ist. Die zweite Strophe sagt es deutlich: Der Verstorbene ist unersetzlich für das »Gemüt« des Verbliebenen. Warum? Weil er der Schönste war und der liebenden Seele »Leib und Seel« verwundete. Rekurriert wird auf ästhetisch-erotische Anziehung, Übermächtigung: Die Psyche bezieht sich darauf, weil sie bereits eine geschehene Liebesgeschichte an den Tod ihres geliebten Jesus zu knüpfen vermag. Dessen Tod ist der erschütternde Endpunkt dieser Geschichte, die mit Begehren und Suchen nach dem Geliebten begonnen hat. Man kann sich fragen, weshalb Scheffler in diesem und vielen andern Gedichten so sehr das erotische Moment herausstellt. Sicher deshalb – wir haben es schon gesagt –, weil die irdische Liebe die tiefste Analogie zur himmlischen abgibt. Darüber hinaus aber auch deshalb, weil die erotische Anziehung das Moment einer Betroffenheit enthält, die sich gerade in der bestürzenden Art der Übermächtigung durch unerklärbare »Warumlosigkeit« definiert.[34] Scheffler möchte im Verhältnis der liebenden Psyche zum geliebten Jesus für die christliche Existenz als Grundkategorie der Erfahrung eine vorbildliche Widerstandslosigkeit und Wehrlosigkeit der sich schenkenden und entziehenden Gnade Gottes gegenüber gewinnen. Letzte »Warumlosigkeit« und Freiheit unmittelbarer Erfahrung ist gemeint. Zeichnet der »Cherubinische Wandersmann« den Weg des Christen als eine gewaltige und intensiv durch Spekulation gesteigerte Bewegung zur Gottessohnschaft hin, so zeigt die »Heilige Seelen-Lust« deren lustvoll, heilsam und hingerissen erlebte Dimension der Erfahrung. Das bedeutet nicht Verzicht auf die Reflexion christlicher Heilstatsachen, wie Strophe 4 – übrigens mit einer Fülle anderer, paralleler Aussagen in der »Heiligen Seelen-Lust« – klarmacht. Die Rechtfertigung des sündigen Menschen durch das Blut Jesu ist im katholischen

Bereich vielleicht nur noch durch Mechthild von Hackeborn, deren Werk Scheffler gekannt hat, in solcher Schärfe unermüdlich bekräftigt worden. Der Tod des Gottmenschen Jesus kostet den Menschen etwas, sein eigenes Leben. Im Nachsterben in Christi Tod – in der christlichen Taufe ohnehin ein Grundmotiv – meldet sich ein Nachfolgemotiv, das die Mystiker als »mystischen Tod«[35] schon immer gekannt haben. Es ist dies zunächst wohl weniger eine asketische Übung als Ausdruck einer Liebeseinigung, die die liebende Seele bis auf den Tod in die Liebe zum verstorbenen Christus verpflichtet. Wenn Nachfolge in den Tod, dann aber auch Nachfolge in dessen vorangehende Ereignisse des Heilsgeschehens, in Leiden, Kreuz, Pein und Verspottung (Str. 5). Die Schlußstrophe versucht das Unmögliche, eine Einheit mit dem Geliebten über den Tod hinaus zu stiften: Die liebende Seele möge und möchte ihre Ruhe im »süßen Herzens Schrein«, im Herzen Jesu finden. Die Herz-Jesu- und Wundenmystik Schefflers ist wohl einer der zentralsten christologischen Gedanken in der »Heiligen Seelen-Lust«: Das Herz Jesu ist für Scheffler der Ort letzter liebender Geborgenheit und Einheit mit dem geliebten Jesus. Theologisch mag man diese Vorstellung als unübersehbares Zeichen einer letztlichen Unüberschreitbarkeit des *Menschen* Jesus – er bleibt in jedem Fall *der* Vermittler zwischen Mensch und Gott – sehen, frömmigkeitsgeschichtlich ist das Herz Jesu ein außerordentlich kräftiger Anziehungspunkt für die religiöse Imagination.

Als nicht gegensätzliches, aber doch ergänzendes Prinzip stellt sich der erfahrungshaften *theologia crucis, mortis et cordis Christi* die zwischen Verlangen, Begehren und Erfüllung bangende, hoffende und liebende bräutlich mystische Sprache zur Seite. In ihr wird die zentrale, ja einzige Bezugsperson der »Heiligen Seelen-Lust«, Jesus, Gegenstand der äußersten seraphischen Anstrengungen der Psyche, die in wechselnden Gestalten – als Seele, Kind, Diener, Turteltaube, vor allem aber immer wieder als Braut – ihre Sehnsucht, Liebe und Liebeskrankheit, ihre Lust und Freude, d. h. auch die Erfüllung dieser Liebe, ausspricht. Alle Register der weltlichen Liebesdichtung werden gezogen, um dieser Christusliebe Raum und Gegenwärtigkeit zu verschaffen. Die Aktualisierung des Liebesbezugs zu Christus umschließt die höfischen Formen des Liebesaustauschs, die Herzentblößung, den Herzenstausch, die Liebesklage, die petrarkistische Evokation des Geliebten nach all seinen körperlichen schönen Eigenschaften, die Fernliebe, das Lob des Geliebten, vor allem seines Namens, das Spiel von Suchen und Finden, Gewähren und Entziehen, vor allem aber auch die Besiegelung dieser Liebe in Kuß und Umarmung. Die geistliche Sinnlichkeit, derer sich Scheffler bei dieser seraphischen Anstrengung ausgiebig bedient, ist dabei keineswegs etwa nur äußerer, rhetorisch und raffiniert angebrachter Schmuck, sondern das Vehikel der Glaubens- und Liebeskraft selbst; sie macht den Geliebten zu einem erfahr- und fühlbaren und damit in aller Ausschließlichkeit zu einem gegenwärtigen gottmenschlichen Partner, der alle geheimsten Wünsche und Absichten des Geschöpfs zu erfüllen vermag. Daß hier die Vorstellung der *Unio mystica* in ihren spielerischsten, das heißt für die Barockzeit gleichzeitig auch in ihren ernstesten Repräsentationsformen dominant werden muß, liegt auf der Hand. Einem Gedicht, das Scheffler besonders aus der Nähe zum Hohenlied geschrieben hat, wollen wir uns noch zuwenden: Buch III, LXXXV:

Sie schreit nach dem Kusse seines Mundes

Er küsse mich mit seines Mundes Kuß
Und tränke mich mit seiner Brüste Fluß,
Denn sie schmecken über Wein,
Und sein Mund
Macht zur Stund
Eine Seel voll Freuden sein.

Ach, ach, die Lieb ist strenge wie der Tod!
Er küsse mich, der süße Liebesgott.
Denn mein Herze flammt und brennt,
Dürst und lechzt,
Seufzt und ächzt
Und das Leben naht zum End.

Wo ist sein Geist, der himmelsüße Tau?
Er laß ihn doch erkühln meins Herzens Au!
Oder nehme vollends hin
Meinen Geist,
Der schon meist
Sich verloren hat in ihn.

O Jesu, ists, daß ich dir bin vertraut,
so komm doch her und küsse deine Braut!

Denn dein Kuß, der ists allein,
Den mein Herz
Sucht mit Schmerz
Über Gold und Edelstein.

Der metrische Reiz des Gedichts liegt darin, daß nach den ersten beiden Zeilen einer Strophe – jeweils fünffüßige Jamben – ein Rhythmuswechsel stattfindet, der in den eher hart einsetzenden Trochäen der nächsten vier Zeilen als ein Kontrapunkt gegenüber den weichen Jamben spürbar wird, übrigens ganz konform zur Aussage: Während die ersten beiden Zeilen Wünsche und Sehnsüchte der liebenden Seele aussprechen, sind die folgenden vier Zeilen meist imperativisch oder bloß und hart feststellend.

Thema ist das *osculum spirituale*[36]; die erste Zeile der ersten und zweiten Strophe stellt jeweils ein Zitat aus dem Hohenlied dar (1, 2; 8, 6). Befremdlich mag uns heute der Wunsch von Strophe 1, Zeile 2 anmuten: »Und tränke mich mit seiner Brüste Fluß«, da der Geliebte ja ein Mann ist. Ich sehe darin den Reflex einer Jesusverehrung, die Scheffler sicherlich aus dem Mittelalter übernommen hat[37] – allzu zahlreich sind die weiblichen Attribute des von ihm gezeichneten Jesus –, eine Verehrung, die in Jesus mütterliche Züge erblickte; auch mag die alte Vorstellung der »flumina de ventre Christi«, der Hugo Rahner nachgegangen ist[38], mitspielen.

Der Kuß ist hier als Besiegelung nicht nur der erotischen Sehnsüchte der liebenden Seele gesehen, sondern es geht um die Erfüllung und Besiegelung der Liebe zwischen beiden im Tode, wie es schon in der zweiten, vollends aber in der dritten Strophe gesagt ist. Der bei den Mystikern bekannte Liebestod wird hier im Horizont des Hohenliedes abgehandelt, allerdings mit einer leichten Nuancierung ihm gegenüber. Heißt es oder kann es dort heißen: »Die Liebe ist stark wie der Tod«, so wird hier die Aussage verschärft: »die Lieb ist strenge wie der Tod«. Es ist eine tödliche Liebe, in die sich die Psyche eingelassen hat.

Man kann sich fragen, was an diesem Gedicht als besonderer Hinweis auf Christus empfunden werden kann. Zunächst weiß man aus den anderen Gedichten problemlos darum, daß der Geliebte in jedem Fall Jesus ist. Kommt dazu, daß Jesus als »der süße Liebesgott«, wie er hier genannt wird, d. h. als Pfeile verschießender Amor im Barock häufig versinnbildlicht wird.[39] In der letzten Strophe wird Jesus denn auch namentlich erwähnt.

Es mag heute allenfalls Hemmungen bereiten, den von Scheffler auf Jesus applizierten, seraphischen Gefühls- und Formüberschwang zu goutieren. Das ist ein Problem *unserer* ästhetischen Sensibilität; bei etwas historischem Verständnis lassen sich hier viele Hemmungen abbauen. Für eine gerechte Einschätzung von Schefflers Christus-Dichtung scheint mir aber die Tatsache bedeutsamer, daß hier ein Dichter mit allen ihm zur Verfügung stehenden Energien und Formkräften ästhetisch auf Jesus Christus setzt. Er ist ihm das Ideal seiner Dichtung im exklusiven Sinn. Er ist ihm der Inbegriff der Erfahrung des Schönen. Deshalb seine Leseanweisung in seinem Vorwort zur »Heiligen Seelen-Lust«: »Du aber verliebte Seele, gebrauche dich unterdessen dieser Lieder, und erhebe dein Gemütte zu dem Schönsten unter den Menschen-Kindern unserem JEsu. Dessen seligmachender Umfahung ich dich hertzlich befehle.«[40] Damit ist doch behauptet und gefordert, daß der ästhetische Ort auch ein heilsgeschichtlicher sei, ja daß er heilsgeschichtlich zu begründen sei. Das ist keine Heimholung der ästhetischen Erfahrung in christlichem Geist, sondern hier geschieht eine auktoriale, mithin bloß im Heilsgeschehen selber begründbare, also »warumlose« Festlegung, daß alles Schöne durch das Wasserzeichen Jesu Christi geprägt zu sein habe, soll es überhaupt Rang und Namen haben, soll es überhaupt wirksam sein. Die Schönheit Christi ist wie gesagt »allerhuldseligst«. In ihr ist das Urbild von Schönheit zu sehen:

> Hier blühen die unverwelkliche Rosen und Lilien, seine Wangen; hier wachsen die unverbleichliche Corallen, seine Lippen; hier scheinet die unverfinsterliche Sonn und Monde, seine Augen: hier ist der anbetens-würdige Thron dess Glantzes der Herrligkeit, seine Stirne: hier wehet der ewige West-Wind, sein huldseliger Athem, der die gefrorne Erde eures Hertzens kan auffthauen und erquikken: diese Schönheit liebet und beschreibet, und vertieffet euch gantz und gar in sie.[41]

Es erfüllt sich in solchen Worten eine Sehnsucht aller Dichter aller Zeiten, nämlich daß das Gedichtete das Heil an sich aufleuchten zu lassen vermöge. So ist denn Schefflers »Dichten« sicher so, wie er es seinen weltlichen Gefährten wünscht, »hochverdienstlich« und gleichzeitig durch seine seraphische Anstrengung auch »erbaulich«.

Es wäre eine böse Verirrung, Schefflers Dichtung als harmlos einzustufen, sie ist im Gegenteil – ermißt man ihre Konsequenzen – von höchster Tragweite und Bedeutsamkeit. Schon P. Daniel Schwartz S. J. verwahrt sich in seiner Grabrede auf Scheffler gegenüber der alten Ansicht, Dichter dürften nicht zum gültigen Zeugnis herangezogen werden[42], und behauptet aufgrund von Tagebuchnotizen Schefflers die Einheit von Leben und Werk:

Es ist das gantze Buch nichts als ein Köcher, in welchem der Herr Doctor seines Hertzens lebendige Anmuttungen zu der Gottheit und Gottes Menschheit eingesteckt, als feurige Pfeiler aber und abermal auff den Bogen zu legen hinauff gen Himmel. Darzu er sich bekennet in dem geheimen Büchlein, mit dem Titul, Libellus Desideriorum Joannis Amati, so nach seinem Ableiben gefunden worden.

Das Büchlein ist heute leider verloren! Unter Punkt A heißt es hier:

Ich bitte den HErrn JESUM von Grund meines Hertzens, er wolle doch nicht zulassen, daß ich mein Angesicht einen Augenblick von dem Seinen wende, damit ich nicht etwan eines von seinen Liebe wincken versehe.[43]

Seine Dichtung nimmt sich dieser vertraulichen Notiz gegenüber als Resultat einer Lebensoption aus, die gerade auch im künstlerischen Bereich dessen Absolutheit einzuholen versucht. Wenn es wahr ist, daß der »Gedanke von der komplementären Bezogenheit von Gott und Mensch« »der Ausgangspunkt der mystischen Frömmigkeit des Barock« ist, wie Ernst Benz versichert[44], dann ist Johannes Scheffler der eindeutige Beleg dafür.

Im übrigen – und das sei der letzte Hinweis auf die Identität von Lebensoption und Wirklichkeit im Leben Schefflers – hat sich diese komplementäre Bezogenheit von Jesus Christus und Mensch auch im Leben Schefflers auf eine – gewiß nur im Rahmen des barocken Repräsentationsgedankens verständliche – Weise erfüllt, die zudem Ärger und Ungehaltenheit von seiten der alten Glaubensgenossen erregen mußte. Sein Entschluß, »mit einer brennenden Fackel in der Lincken, mit einem Crucifix in der Rechten, mit einer dörnern Cron auff dem Haupt, mit einem Seraphischen Eyfer und resolution im Hertzen«[45] am 22.

August 1661 an einer Wallfahrt der Rosenkranzbruderschaft am Fest des unversehrten Herzens der Jungfrau Maria durch (das seit 135 Jahren protestantische) Breslau zu ziehen, mag seine politische Brisanz und Protestfunktion gehabt haben. Diese Resolution aber ist von weither vorbereitet gewesen und hat – wie sehr sie auch als Herausforderung der Lutheraner zu werten ist – einen christologischen Charakter. In einem Entscheid, den Scheffler selber niederschrieb, hat er sein Vorhaben so umrissen:

1. Ich wil das Creutz tragen durch die Stadt mit einer Cron auff dem Haupt, damit ich Christo gleichförmig werde, der das Creutz durch die Stadt getragen, mit der dörnern Cron auff seinem Allerheiligsten Haupt. 2. Damit ich in dem Werck und That Christo dancke, dass er umb meinetwegen das Creutz getragen. 3. Damit ich von allen, und vor allen zuschanden und verachtet worden, dann der meiste Theil wird mich einen Narren schelten, oder für Ehrsüchtig halten, als suche ich dadurch einige eitele Ehr; Und also werd ich viel verlieren, was man ehemal von mir gehalten. 4. Damit ich allen Frommen zum Exempel diene der Andacht. 5. Damit ich verdiene die Bekehrung der Stadt, und aller derer, so mich werden ausslachen, welches meine sonderbare Meinung ist. Gebenedeyet sei Gott![46] (9. September 1660)

Man möchte wünschen, diese Resolution für die Torheit der Nachfolge Christi hätte nicht im vergifteten Klima unter Christen verschiedener Konfession gefällt werden müssen. Historische Tatsache bleibt, daß Scheffler seine Konversion in diesem Klima vollzog, gewiß nicht unsymptomatisch zugunsten einer Kirche[47], die ihm den Spielraum für seine cherubinischen und seraphischen Bestrebungen offenhielt[48], aber doch wohl auch im Zwielicht einer politischen Spekulation.[49] Ich meine, daß heute nur mehr der Entscheid Schefflers für Jesus und die damit gegebene ästhetische »Innigkeit« seiner Lieder zu zählen vermag.[50]

Mittelalterliche Apokalyptik

Zu den heute grundsätzlichsten »Schreck-Feststellungen« von Günther Anders gehört als deren maßgeblichste die folgende:

Wenn es im Bewußtsein des heutigen Menschen etwas gibt, was als absolut oder als unendlich gilt, so nicht mehr Gottes Macht, auch nicht die Macht der Natur, von den angeblichen Mächten der Moral oder der Kultur ganz zu schweigen. Sondern *unsere* Macht. An die Stelle der, omnipotenzbezeugenden, *creatio ex nihilo* ist deren Gegenmacht getreten: die *potestas annihilationis*, die *reductio ad nihil* – und zwar eben als Macht, die in unserer eigenen Hand liegt. Die prometheisch seit langem ersehnte Omnipotenz ist, wenn auch anders als erhofft, wirklich unsere geworden. Da wir die Macht besitzen, einander das Ende zu bereiten, sind wir die *Herren der Apokalypse*. Das Unendliche sind wir. – Das sagt sich leicht. Ist aber so ungeheuerlich, daß alle Wechselfälle der bisherigen Geschichte daneben beiläufig werden ... (Die Antiquiertheit des Menschen, München [5]1980, 239)

Zu den Ingredienzen dieser Feststellung gehört die behauptete Beiläufigkeit aller Geschichte und der sich um ihren Ablauf kümmernden Gliederungsversuche, in denen so etwas wie ein Sinn oder eine heilsgeschichtlich ausgerichtete Erstreckung der Zeit unterstellt wurde. Noch schärfer aber wird hier – in Form eines heroischen Nihilismus – die These vertreten, daß, wenn sich die Menschheit als ganze selber zerstört, sie auch als ganze nie existiert habe, da mitsamt der Erinnerungsfähigkeit der Menschen auch deren einstige Existenz erloschen wäre.

Gegenüber solcher wahrhaft »eschatologischen Wissenschaft« (D. Sternberger), der die marxistische mit ihrem Geschichtsoptimismus konträr entspricht, hat die in der Frühzeit des Christentums und des Mittelalters entwickelte Geschichtsschau immer schon auf der Sinnhaftigkeit der geschichtlichen Abläufe und einem bloß *relativen* Ende der Zeiten bestanden. Absolute Apokalyptik als endgültige (Selbst-)Zerstörung der Menschheit ist in der christlichen Tradition undenkbar, weil nur Gott die Verfügungsgewalt über Sein und Nichts zukommen kann; was nicht heißen soll, daß das innerzeitliche Ende der Geschichte nicht als durch die Menschen selbst herbeigeführt gedacht werden könnte; dieses aber hätte seine Legitimation einzig in dem von Gott bewirkten außerzeitlichen Ende der Zeit.

Tatsache ist, daß moderne apokalyptische Vorstellungen – nicht nur in Anders' extremer Variante, sondern auch in harmloseren und optimistischeren Fassungen – grundsätzlich dem Menschen die Möglichkeit der Selbst*zerstörung* einräumen, während mittelalterliche die Endkatastrophe – wie grauenhaft immer sie sein mag – im Überzeitlichen, d. h. in Gottes Ratschluß, legitimiert und damit *relativ* sein lassen. Christlicher Glaube, sofern er Apokalyptisches überhaupt noch wahrzunehmen vermag, müßte auch heute auf dieser Ansicht bestehen, daß das Formprinzip der christlichen Eschatologie in einem zugleich historischen und übernatürlichen Geschehen zum Austrag kommt, d. h. weder ein bloß anthropologisches noch bloß kosmologisches Ereignis darstellt. Die positiven Merkpunkte dieses geschichtstheologisch zu deutenden Vorgangs des Zu-Ende-Gehens aller Geschichte sind: ursprünglicher Gnadenstand des Erschaffenen, Erlösung und Vollendung. Von seiten des Menschen dagegen antwortet dem göttlichen Tun zwischen Schöpfung und Erlösung der Sündenfall, zwischen Erlösung und Vollendung aber die Kirche, die sich als »Leib« an den Gottmenschen als an ihr »Haupt« anzugestalten versucht. Wie die Gnadenschöpfung und die Inkarnation ein freies göttliches Tun waren, so wird auch die Vollendung der Zeiten eine freie Verfügung Gottes darstellen, die weder zeitlich berechenbar noch zum voraus diagnostizierbar sein wird.

Der Vollendungspunkt wird im Mittelalter gerne als Komplex der vier Letzten Dinge – Tod, Gericht, Himmel, Hölle – in den Blick gerückt. Faktisch heißt das, daß individuelle und allgemeine Eschatologie (Tod – Gericht) sich immer mehr ausgliedern (und oft auch auseinandertreten): der Tod als Selbstgericht und unerbittliches Gerichtetwerden – das allgemeine Gericht als Gesamtgericht über die Einheit der Menschheit. Über einen Zwischenzustand zwischen individuellem und allgemeinem Gericht wird dann gerätselt. Weiterhin gehört zum Vollendungsvorgang – neben dem individuellen und allgemeinen Gericht – als drittes die kosmologische Konstitution eines »neuen Himmels und einer neuen Erde« (Apk 21, 1), auch dies eingebunden in den unerforschlichen historischen Vorgang.

Individuelles und allgemeines Gericht und Vollendung der Natur – das sind drei Aspekte einer und derselben Sache, die sich psychologisch und mental während des Mittelalters in einer doppelten Dimension zeigten: zum einen – im Motiv der Gewißheit des Endes der Zeiten – als eine innere Sicherheit und Ruhe, die alle Sehnsucht durchstimmt; zum andern – im Bewußtsein der Unberechenbarkeit und Unerforschlichkeit des senkrecht einbrechenden Absolutpunktes der Geschichte – als je neu aufbrechende Sehnsucht und Unruhe, als Beängstigung durch die ungewisse »Zeit und Stunde« des Endes. Von diesen Voraussetzungen her gab es zweifellos Zeiten und Zeiträume, in denen eine endzeitliche Stimmung sich stark und massiv dokumentierte, während zu anderen der apokalyptische Pegel tiefer fiel.

Das Jahr 1000

Viel ist geschrieben worden über die endzeitlichen Schrecken, welche den Menschen um das Jahr 1000, noch schärfer um das Passionsjahr 1033 nicht erspart geblieben sein sollen. Insbesondere die romantische Geschichtsschreibung konnte sich nicht genugtun in Schilderungen der sich zu diesem Zeitpunkt breitmachenden apokalyptischen Stimmung. Tatsache ist, daß die Quellen, die darüber berichten, wenig zahlreich und von zweifelhaftem Wert sind. Als die Menschen das Jahr 1000 – an einem Sonntag – begannen, dürfte es kaum einer gemerkt haben, da der Jahresanfang je nach Gegend zu ganz verschiedenen Daten angesetzt wurde, kaum jedoch am 1. Januar.
Ein paar spärliche Hinweise auf einen bei einzelnen Personen sich äußernden Endzeitglauben dürfen nicht überbewertet werden. Abt Odo von Cluny (927-942) fordert im Glauben auf die nahe Ankunft des Antichrists Treue im Glauben, Dado von Verdun (881-923) sieht in den einfallenden Ungarn die endzeitlichen Völker Gog und Magog, und Abbo von Fleury berichtet eine Jugenderinnerung, nach der ein Prediger in der Pariser Kathedrale behauptet habe, daß nach dem Jahr 1000 gleich der Antichrist erscheinen werde und wenig später das allgemeine Gericht. Auf der Synode zu Reims 991 identifiziert Bischof Arnulf von Orléans Papst Johannes XV. mit dem Antichristen: »Was glaubt ihr, verehrte Väter, ist jener für einer, der auf dem erhabenen (Papst-)Thron sitzt? ... Es ist der Antichrist, der im Tempel Gottes sitzt und sich präsentiert, als wäre er Gott.« Der Geschichtsschreiber Rudolf Glaber, der ums Jahr

1040 seine Chronik verfaßt, sucht dann seinerseits nach geschichtstheologisch deutbaren Zeichen zunächst des Jahres 1000, dann vor allem des Jahrtausends der Passion Christi im Jahre 1033. Aus diesen und anderen, zumeist später verfaßten spärlichen Stellen eine Endzeitstimmung zu konstruieren, besteht kein Anlaß.

Im Gegenteil, der Mönch Adso von Montier-en-Der, der in seinem berühmten Brief »De ortu et tempore Antichristi« an die Königin Gerberga, Schwester Ottos I., um 950 das damalige exegetische Wissen der Endzeit zusammenfaßt und daraus eine packende »Vita Antichristi« komponiert, erspart sich jede chronologische Spekulation und versetzt die letzten Tage in eine unbestimmbare Zukunft – mit dem Bescheid, solange dem römischen Reich fränkische Könige vorstehen, sei das Ende nicht abzusehen. Sowohl Ludwig IV. – Gerbergas Mann – wie auch die Ottonen verstanden sich als fränkische Könige. Adsos gelehrtes und keineswegs einer vagen Zeitstimmung entstammendes Werk entpuppt sich bei näherem Zusehen als eine aus (innen)politischen Absichten geleitete Auftragsarbeit. Immerhin war damit für die mittelalterliche Welt exemplarisch eine Dramaturgie der Endzeit mit all ihren Schrecken und ihrer Hauptfigur, dem Antichristen, vorgestellt, die so leicht nicht mehr zu vergessen war.

Eigentliche Endzeitstimmung und millenaristische Tendenzen lassen sich im Mittelalter erst seit der zweiten Hälfte des 11. Jahrhunderts im Zusammenhang mit den neuen *Armutsbewegungen* und den *Kreuzzügen* fassen. Die Frage stellt sich also, wieso eigentlich eschatologische Stimmungen sich nicht schon viel früher feststellen lassen.

Augustinus und die Folgen

Mit der Erhebung des Christentums zur Staats- und Weltreligion zu Beginn des dritten Jahrhunderts durch Kaiser Konstantin ergab sich nicht nur eine lehrmäßige Neubegründung des christlichen Glaubens, sondern auch eine Situation, in der die millenaristischen Sehnsüchte gewissermaßen durch die politischen Ereignisse überholt wurden. Waren die ersten Jahrhunderte des Christentums und auch dessen Frühzeit – selbst Jesus lebte in der Stimmung der »Naherwartung« des kommenden Reiches Gottes – durch vielfältige Syndrome eschatologischer Aufgebrochenheit geprägt, so mußte nun, da das Erscheinen des Herrn auf Wolken ausblieb (die Theologen nennen das »Parusie-Verzögerung«) und das Christentum zur politisch herrschenden Macht wurde, eine neue Lösung für die enttäuschte Erwartung der Endzeit gesucht werden. »Der eschatologische Dampf« war nach Adolf von Harnacks burschikoser Wendung in den ersten nachchristlichen Jahrhunderten so sehr abgelassen, daß man sich nach vernunftgeleiteten Lösungen umsah.

Eine solche rückte Augustinus von Hippo in den Blick, indem er die altüberlieferte Gliederung der Weltzeit in sieben Weltzeitalter zu je 1000 Jahren – entsprechend den Schöpfungstagen – zwar nicht aufgab, aber doch bemerkenswert umdeutete. Nach ihm (und nach dem Donatisten Tichonius) brauchen die letzten 1000 Jahre, in denen nach der Apokalypse (Kap. 20) Satan in den Abgrund geworfen und gefesselt wird, bis dann der Endkampf zwischen den bösen und den guten Mächten in der Endzeit anbricht und das Gericht kommt, nicht in einer fernen Zukunft gesucht zu werden, denn »die Kirche ist schon jetzt das Reich Christi!« (Gottesstaat XX, 9); das Tausendjährige Reich – das sechste Weltzeitalter – hat mit der Kirche Christi schon begonnen. Damit ist aber etwas Entscheidendes mit den eschatologischen Erwartungen geschehen: Sie sind hineingenommen ins Leben des einzelnen. Nach Augustinus sind daher die Worte des Neuen Testaments, die vom Jüngsten Gericht handeln, häufig Worte, die in Wirklichkeit von der »Ankunft des Herrn in seinen Gliedern, einer Ankunft, die sich *im einzelnen* und nach und nach abspielt« (Gottesstaat XX, 5), handeln. Die *individuelle* Eschatologie mit ihrer Einschränkung des Horizonts auf den Tod des einzelnen bekam damit zweifellos einen Vorrang vor der gesamtmenschheitlich in ungewisser Zukunft lokalisierten Gerichtszeit.

Obschon Augustins Einschränkung der eschatologischen Optik für das mittelalterliche Denken von entscheidender Tragweite werden mußte und sicherlich viele millenaristische Träume zu verhindern vermochte, wurden eschatologische Energien im Mittelalter – vorab im Zusammenhang mit Zeitläuften, die eine äußere und innere Gefährdung und Beängstigung der Massen mit sich brachten – immer wieder virulent; meistens aber ließen sie sich als häretisch einschränken und domestizieren. Norman Cohn und Bernhard Töpfer haben dieses immer wieder aufbrechende »Ringen um das Tausendjährige Reich« und dessen visionär geschaute Führerschaft in Friedenskaiser und Engelspapst magistral nachgezeichnet. Walter Nigg hat seinerseits die jahrhundertelangen Bemühungen um »das ewige Reich« als »Geschichte einer Hoffnung«, die allzu häufig von der offiziellen Kirche enttäuscht wurde, gedeutet.

Joachim von Fiores Systematisierungsversuch

Kirche und Reich erlaubten im Mittelalter keinen allzu großen Spielraum im prophetisch begeisteten Umgang mit der Zukunft der Welt und ihrem Ende. Eigentlich eschatologische Funktionen waren ideologisch gebunden an die Kirche, in der die Letzten Dinge bewahrt und verwaltet wurden, und ans Heilige Römische Reich, das deren Vollstreckung garantierte. Nachdem mit Augustinus die Kirche selber eschatologisch geworden war, d.h. offen für die noch unbekannten Eschata, konnte sie sich als deren Hüterin und Verwalterin vor Welt und Gesellschaft institutionell ausgestalten und formen. Endzeitliche Erwartungen, die sich außerhalb ihrer Herrschaftsbereiche bemerkbar machten, mußten als konkurrierende Auflehnung gegen die genannte Prärogative kontrolliert und unter Häresieverdacht gestellt werden. Die Gefahr war im Mittelalter immer die, daß »die Figuren der Johannes-Apokalypse auf konkrete Ereignisse oder Instanzen appliziert« wurden, denn dann »wirkt sich die Eschatologie desintegrierend aus« (R. Koselleck). Die Kirche, die die Parusieerwartung, die Erwartung der Wiederkunft Christi, selber verkörpert, kann solche innergeschichtlichen Konkretisierungen deshalb nicht erlauben, weil sie von der Unbestimmbarkeit des Zeitpunkts des Erscheinens des Weltenrichters Christus selber lebt.

Joachim von Fiore (1135-1202), ein zeitlebens kaum sonderlich bekannter Zisterzienserabt, der später einen eigenen Orden von kurzer Lebensdauer gründete, war es dann, der gewissermaßen im Schlagschatten seiner Bibelbetrachtung, d.h. in »Vervollkommnung der exegetischen Methode«, die »an sich selber ein

System bedeutet« (Hanno Helbling), den Ablauf der Zeiten systematisierte. Die Heilige Schrift stößt den an einem Pfingstmorgen mit der Betrachtung der Apokalypse beschäftigten Abt von Fiore auf das Geheimnis der Typologie, der inneren Bezogenheit zwischen Altem und Neuem Testament: »Als ich um die Matutin aus dem Schlaf erwachte, da nahm ich zur Meditation dieses Buch in die Hand ... Da durchfuhr plötzlich ... zur Stunde, in der unser Löwe vom Stamme Juda auferstanden ist ..., eine Helligkeit der Erkenntnis die Augen meines Geistes, und es enthüllte sich mir die Erfüllung dieses Buches und die symmetrische innere Bezogenheit des Alten und des Neuen Testamentes.«

Dieses Ineinanderspiegeln der beiden Testamente ist schon immer die als selbstverständlich empfundene Auslegung der Schrift gewesen. In der morgendlichen Schau jedoch wird eine Geschichtsschau als verbindliches *evangelium aeternum* erklärt, das der Augustinischen Konzeption der christlichen Weltzeit doppelt – sowohl der Zweigliederung wie deren offenem eschatologischem Horizont im Schoß der Kirche – *widerspricht*. Die Weltzeit ist dreiteilig, und ihr Horizont schließt sich *innergeschichtlich* als eine Erfüllung der Heilszeit in sich selber: Die Eschata sind geschichtlich zu erwarten:

Auf drei Weltordnungen weisen uns die Geheimnisse der Heiligen Schrift: auf die erste, in der wir unter dem Gesetz waren, auf die zweite, in der wir unter der Gnade sind, auf die dritte, welche wir schon aus der Nähe erwarten, in der wir unter einer reicheren Gnade sein werden, weil Gott, wie Johannes sagt, uns Gnade für Gnade gab, nämlich den Glauben für die Liebe und beide gleicherweise. Der erste status also steht in der Wissenschaft, der zweite in der teilweise vollendeten Weisheit, der dritte in der Fülle der Erkenntnis. Der erste in der Knechtschaft der Sklaven, der zweite in der Knechtschaft der Söhne, der dritte in der Freiheit. Der erste in der Furcht, der zweite im Glauben, der dritte in der Liebe. Der erste ist der status der Knechte, der zweite der Freien, der dritte der Freunde. Der erste der Knaben, der zweite der Männer, der dritte der Alten. Der erste steht im Lichte der Gestirne, der zweite im Lichte der Morgenröte, der dritte in der Helle des Tages. Der erste steht im Winter, der zweite im Frühlingsanfang, der dritte im Sommer. Der erste bringt Primeln, der zweite Rosen, der dritte Lilien. Der erste bringt Gras, der zweite Halme, der dritte Ähren. Der erste bringt Wasser, der zweite Wein, der dritte Öl. Der erste status bezieht sich auf den Vater ..., der zweite auf den Sohn ..., der dritte auf den Heiligen Geist.

Was ist hier geschehen, daß plötzlich die allen christlichen Zeitgliederungen zugrunde liegende Zweiteilung (Weltanfang – Christus – Weltende) in eine Dreiteilung übergeführt werden kann? Im Blick auf patristische und frühmittelalterliche Zeitgliederungen macht Joachim folgendes: Er übernimmt die ersten fünf Weltzeitalter von Adam bis Christus gesamthaft als ersten Status des Vaters und das sechste Weltzeitalter von Christus bis zu seiner Gegenwart als Status des Sohnes, konstituiert aber *das siebte Zeitalter*, das für Augustin und alle ihm folgenden Theologen eine jenseitig-überirdische Größe – der ewige Sabbath – ist, als ein in der *irdischen Zeit* erwartbares Zeitalter des Heiligen Geistes. Die ewige Dauer der himmlischen Ruhe und der Herrlichkeit dimensioniert er als ein achtes Zeitalter, das – weil ewig – eigentlich keines mehr ist. Exegetisch hat Joachim folgende Manipulation vorgenommen: Er hat die geistlich-geistige Sinndimension im kontemplativen Vorgang des Ineinanderspiegelns beider Testamente so nachhaltig als eine Größe sui generis erfahren, daß er sie – im Rückgriff auf die Dreifaltigkeit Gottes – dem alten und dem neuen Äon als drittes Zeitalter hinzufügte. So unterscheidet er im konkreten Geschichtsgang – innergeschichtlich – ein Zeitalter des Vaters, des Sohnes und des Heiligen Geistes. Dabei klammert er – hierin gegen die exegetische Tradition handelnd – die Geistdimension des Zeitalters des Sohnes aus und hypostasiert diese als ein eigenes Zeitalter. »Indem das zweite Zeitalter des Sohnes nicht in seiner substantiellen Geistigkeit gesehen wird, muß notwendig das Geist-Zeitalter als ein drittes dem zweiten in der Zeitenfolge angefügt werden« (H. U. von Balthasar).

Mit andern Worten: Christus ist nicht mehr wie in der älteren Exegese die Achse des Weltlaufs, sondern – in der Naherwartung auf das Geistzeitalter – ein übergehbares Ereignis von sekundärem Rang. Neutestamentlich ist die Gabe des Geistes *nachösterliches Siegel* eines neuen Seins in Gott, das den Jüngern nach Jesu Tod verliehen wird. Joachim trägt dem kaum Rechnung, wenn er für das Kommen des Geistes ein eigenes Zeitalter hypostasiert. Seine Vision aber war von zwingender Logik – wie alle geschichtstheologischen und -philosophischen Konstruktionen – und erfolgte zu einem Zeitpunkt, da die neuen Mendikantenorden sich machtvoll artikulierten und das ihnen von Joachims zeitlichem Fortschrittsschema gewährte

Identifikationsangebot begierig aufgriffen. Es ist daher evident, daß der dritte *status* seinen Träger in einem geistbewegten Mönchsstand hat (nach dem Ehestand des ersten und dem Klerusstand des zweiten Reiches).

Daß Franziskanerspiritualen des 13. Jahrhunderts sich in diesem Ordensstand geschichtstheologisch identifizierten, lag nahe und führte zu schmerzhaften und peinvollen Verfolgungen durch die offizielle Kirche. Der Begründer der Lehre von den drei *status*, der sich bei drei Päpsten rückversichert hatte und sich keinesfalls häretisch exponieren wollte, wurde 1215 und dann vor allem 1260 – da das dritte Weltalter hätte einsetzen sollen – kirchlich verurteilt. Die Energien einer geradezu ungeheuerlichen Faszination dieses Geschichtsschemas waren aber frei und nicht mehr zu binden. Alle revolutionär Gesinnten bis hin zu Thomas Müntzer werden sich auf den Abt von Fiore berufen können, wenn sie ihre Zukunftshoffnungen zu konkretisieren versuchen. Es ist hier nicht der Ort, diese intrikate Nachgeschichte aufzuzeigen.

Es ist wohl wahr: Im Mittelalter bekämpfen sich ein eschatologischer Pessimismus augustinischer Prägung und ein millenaristischer Optimismus, der vielfach und in mühseligen Kämpfen von der Kirche häretisch marginalisiert wird. Mit geheimen Fäden partizipiert die heutige Konstellation an den mittelalterlichen Divergenzen zwischen geschichtlichem Optimismus und Pessimismus, hoffnungsvoller Freiheitsidee und Einbindung in Institutionen. Daß ein freier »Fortschritt« seine eigene Dynamik und seine eigenen Zwänge schafft, das ist Anders' apokalyptischer Aussage, die einleitend zitiert wurde, implizit zu entnehmen. Man wird sich fragen müssen, ob der augustinische Geschichtspessimismus – unter gewandelten Vorzeichen – letztlich nicht eine bessere Chance der Geschichtsdeutung in christlichem Geiste darstellt.

Anhang

Anmerkungen

Was ist Mystik?

1 W. James, Die Vielfalt religiöser Erfahrung, Eine Studie über die menschliche Natur, übersetzt, herausgegeben und mit einem Nachwort versehen von E. Herms, Olten und Freiburg i. Br. 1979; E. Herms, Radical Empiricism, Studien zur Psychologie, Metyphysik und Religionstheorie William James', Gütersloh 1977.

2 Vgl. den Sammelband von Ch. T. Tart (Hg.), Altered States of Consciousness, New York 1969. Eine eigentliche Form der Psychologie hat sich daraus entwickelt; vgl. Ch. T. Tart, Transpersonale Psychologie, Olten und Freiburg i. Br. 1978; R. Assagioli, Handbuch der Psychosynthesis, Angewandte transpersonale Psychologie, Freiburg i. Br. 1978; R. E. Ornstein, Die Psychologie des Bewußtseins, Köln 1974; C. Naranjo/R. E. Ornstein, Psychologie der Meditation, Frankfurt a. M. 1976.

3 Wer sich in Canada oder den USA über »mystische Erfahrung« äußert, wird sofort mit dem 1901 erstmals erschienenen Buch des canadischen Arztes Richard Maurice Bucke (1868-1899) »Cosmic Consciousness« (24. Aufl. 1967; deutsch: Die Erfahrung des kosmischen Bewußtseins, Eine Studie zur Evolution des menschlichen Geistes, Freiburg i. Br. 1975) konfrontiert werden. Vgl. H. J. Urban, »Über-Bewußtsein« nach Bucke und Walker, Innsbruck-Wien 1950.

4 Zu den Meditationstechniken in einem formellen Sinn vgl. anstatt einer umfassenden Dokumentation, die hier nicht zu leisten ist, den Überblick von R. Bleistein/H.-G. Lubkoll/R. Pfützner, Türen nach innen, Wege zur Meditation, München 1974; zur Bewertung des Phänomens mit Rücksicht auf die moderne (französische) Philosophie vgl. U. Liebmann-Schaub, Kultur und »Subkultur«, Zur Charakteristik irrationalistischer Deutungssysteme, DVjs 53(1979) 125-162. – Zur »Drogenmystik« vgl. (Auswahl!) R. Gelpke, Vom Rausch im Orient und Okzident, Stuttgart 1966; R. E. L. Masters/J. Houston, The Varieties of Psychodelic Experience, New York 1966; W. H. Clark, Chemische Ekstase, Drogen und Religion, Salzburg 1971; J. Josuttis/H. Leuner (Hg.), Religion und Droge, Stuttgart 1972; H. Cancik (Hg.), Rausch – Ekstase – Mystik, Düsseldorf 1978. Wie entscheidend die Ansichten über Droge und Mystik von Aldous Huxley, Timothy Leary und Ernst Jünger geprägt wurden, braucht hier nicht ausgeführt zu werden.

5 Vgl. H. Silberer, Probleme der Mystik und ihrer Symbolik, Wien 1914 (Neudruck: Darmstadt 1961) (Alchemie als eine »mystische« Kunst); B. Grabinski, Neuere Mystik, Eine Darstellung und Untersuchung der übersinnlichen Phänomene, Hildesheim 1916; M. Kemmerich, Das Weltbild des Mystikers, Leipzig 1926; K. Aram, Magie und Mystik in

Vergangenheit und Gegenwart, Berlin 1929; B. H. Streeter, Reality, A New Correlation of Science and Religion, London 1935; P. K. Hoffmann-Reichhoff, Versuch einer Metaphysik zum Weltbild der Mystik, Bonn 1934; N. Ferger, Magie und Mystik, Gegensatz und Zusammenhang, Zürich 1935; R. Crookall, The Interpretation of Cosmic & Mystical Experiences, London 1969; J. Zeisel, Entschleierte Mystik, Freiburg i. Br. 1984; W. Loesen, Mystiek, Mysterie en Mystificatie, Amsterdam 1976. Vgl. die kunterbunte Mischung von Information in: A. Cattell, A Dictionary of Esoteric Words, New York 1967; F. Gaynor, Dictionary of Mysticism, London 1974. – Das Zitat von L. Sturlese, Eckhart, Teodorico e Picardi nella Summa Philosphiae di Nicola di Strasborgo, Giornale critico della Filosophia Italiana 61 (1982) 183-206, l. c. S. 198.

6 K. Joël, Der Ursprung der Naturphilosophie aus dem Geiste der Mystik, 1926; F. C. Endres, Die Zahl in Mystik und Glauben der Kulturvölker, Zürich 1935. Neu hg. von A. Schimmel, Köln 1985.

7 B. Russell, Mysticism and Logic, London 1910, 12. Aufl. 1963.

8 F. Capra, Der kosmische Reigen, Physik und östliche Mystik – ein zeitgemässes Weltbild, Bern 6. Aufl. 1983; ders., Wendezeit, Bausteine für ein neues Weltbild, Bern 2. Aufl. 1983; M. Talbot, Mysticisme et physique nouvelle, Paris 1984.

9 H. P. Duerr, Der Wissenschaftler und das Irrationale, 2 Bände, Frankfurt a. M. 1981; ders., Traumzeit, Über die Grenze zwischen Wildnis und Zivilisation, Frankfurt a. M. 1978; R. Gehlen/B. Wolf (Hg.), Der gläserne Zaun, Aufsätze zu H. P. Duerrs »Traumzeit«, Frankfurt a. M. 1983. Dazu die Nummern der Zeitschrift ›Unter dem Pflaster liegt der Strand‹. Es kommt mir hier nicht darauf an, wie weit diese Forschung allgemein akzeptiert ist oder nicht.

10 K. Lorenz, Die Rückseite des Spiegels, Versuch einer Naturgeschichte des menschlichen Erkennens, München 2. Aufl. 1973.

11 Besonders wäre hier zu erwähnen die Leistung der Religionsgeschichte (z. B. das Werk von Mircea Eliade). – Vorbildlich sind im engeren historischen Sinn immer noch die Arbeiten von Herbert Grundmann: Religiöse Bewegungen im Mittelalter, Darmstadt 2. Aufl. 1961; ders., Ausgewählte Aufsätze, Teil 1: Religiöse Bewegungen, Stuttgart 1976.

12 E. Troeltsch, Die Soziallehren der christlichen Kirchen und Gruppen, Tübingen 1919 (= Gesammelte Schriften, 1. Bd.); M. Weber, Gesammelte Aufsätze zur Religionssoziologie, 3 Bde., Tübingen 1972/1976.

13 E. Topitsch, Gottwerdung und Revolution, München 1973; zu Ernst Bloch und seinem Interesse für die Mystik vgl. K.-P. Steinacker-Berghäuser, Das Verhältnis der Philosophie Ernst Blochs zur Mystik. Diss. Marburg/Lahn 1973; A. F. Christen, Ernst Blochs Metaphysik der Materie, Bonn 1979; A. Münster, Utopie, Messianismus und Apokalypse im Frühwerk von Ernst Bloch, Frankfurt a. M. 1982. Dazu die Sekundärliteratur, die sich mit Thomas Müntzer und seiner Nachwirkung befaßt. Vgl. noch L. Rougier, La mystique démocratique, Paris 1983.

14 Hinter der empirischen Psychologie steht sowohl ein allgemein psychologisches wie medizinisches Interesse an der Mystik. Von medizinischen Gesichtspunkten her vgl. J. Lhermitte, Echte und falsche Mystiker, Luzern 1953; H. Thurston, Die körperlichen Begleiterscheinungen der Mystik, Luzern 1956; A. Michel, Les pouvoirs du mysticisme, Paris 1973. Vgl. auch die einschlägigen Arbeiten, die im »Archiv für Religionspsychologie« erschienen sind. – Das allgemein psychologische Engagement für die Mystik dokumentiert sich in unzähligen Publikationen von Aug. Poulain (Des grâces d'oraison, Paris 11. Aufl. 1931) und Alois Mager (Mystik als Lehre und Leben, Innsbruck 1934; Mystik als seelische Wirklichkeit, Graz 1945) über Otto Karrer (Mystik und Psychologie, Schweizer Rundschau 48 [1948] 653-666) aus katholischer Sicht bis zur umfassenden frühen Sichtung durch James H. Leuba (The Psychology of Religious Mysticism, London 1925, 3. Aufl. 1972) und modernen Anschauungen nach Freud und Jung (vgl. Résurgence et dérivés de la mystique, Nouvelle Revue de Psychoanalyse, n. 22, Automne 1980).

15 Eine kurze Zusammenfassung der Forschung s. bei W. Johnston, Klang der Stille. Meditation in Medizin und Mystik, Mainz 1978.

16 F. Staal, Exploring Mysticism, Harmondsworth 1975. Über die moderne Problematik der Mystikinterpretation orientiert R. Woods OP (Hg.), Understanding Mysticism, New York 1980.

17 Schon Baron Friedrich von Hügel schrieb in seinem Werk »The Mystical Element of Religion« (Bd. II, London 4. Aufl. 1961, S. 283 f.; deutsch in: F. von Hügel, Religion als Ganzheit, Düsseldorf 1948, S. 185): »Gibt es, genau gesprochen, eine besonders abgegrenzte, selbstgenügende, rein mystische Art der Wirklichkeitserfassung? Bestimmt *nicht*; und ich glaube, daß alle Irrtümer des Mystizismus [Exclusive Mystic gegenüber der echten Mystik, die von Hügel Inclusive Mystic nennt] gerade von der Behauptung ausgehen, daß die Mystik eine ganz getrennte, vollständig selbständige Art der menschlichen Erfahrung sei.« Vgl. dazu P. Neuner, Religion zwischen Kirche und Mystik. Friedrich von Hügel und der Modernismus, Frankfurt a. M. 1977, S. 49 ff. Mit allem Nachdruck und allen beliebigen Belegen vertritt auch die Forschergruppe um Steven T. Katz die Ansicht, daß mystische Erfahrung nur in der Einbettung in eine Tradition denkbar ist. Vgl. St. T. Katz (Hg.), Mysticism and Philosophical Analysis, London 1978; ders. (Hg.), Mysticism and Religious Traditions, Oxford 1983.

18 G. Scholem, Die jüdische Mystik in ihren Hauptströmungen, Zürich 1957, S. 6 f.

19 G. Scholem, Zur Kabbala und ihrer Symbolik, Zürich 1960. Vgl. von dems., Offenbarung und Tradition als religiöse Kategorien im Judentum, in: Judaica 4, Frankfurt a. M. 1984, S. 189-228.

20 Zaehners wesentliche Arbeiten zur Mystik sind: Inde, Israel, Islam, Religions mystiques et révélations prophétiques, Paris 1965; Mystik, Religiös und profan, Stuttgart 1957; Mystik, Harmonie und Distanz,

Die östlichen und westlichen Religionen, Olten und Freiburg i. Br. 1980; Zen, Drugs & Mysticism, New York 1973; The City within the Heart, London 1980.

21 Vgl. das Referat von Zaehners Meinung in: N. Smart, Interpretation and Mystical Experience, Religious Studies 1 (1965), S. 75-87, bes. 76f.

22 H. H. Penner, The Mystical Illusion, in: Katz (Hg.), Mysticism and Religious Tradition [Anm. 17], S. 89-116. Einen Relativismus akzeptabler Art empfiehlt auch K. Ruh bei der Erforschung mystischer Texte: Vorbemerkungen zu einer neuen Geschichte der abendländischen Mystik im Mittelalter, in: Sitzungsberichte der Bayer. Akad. d. Wiss. 1982, Heft 7, S. 8ff.

23 Penner [Anm. 22], S. 94.

24 Vgl. dazu J. Seyppel, Mystik als Grenzphänomen und Existenzial, in: J. Sudbrack (Hg.), Das Mysterium und die Mystik, Beiträge zu einer Theologie der christlichen Gotteserfahrung, Würzburg 1974, S. 111-153.

25 Penner [Anm. 22], S. 104ff.

26 Ich verwerte dankbar im folgenden die Hinweise von W. Burkert, Mysterien ohne Mystik? Antike Kultur zwischen Unsagbarkeit und Rhetorik [Manuskript], Zürich 1983, hier S. 1; vgl. W. Burkert, Griechische Religion der archaischen und klassischen Epoche, Stuttgart 1977, S. 413ff.

27 Burkert [Anm. 26], S. 8, 13.

28 Burkert, S. 12.

29 H. U. von Balthasar, Zur Ortsbestimmung christlicher Mystik, in: Pneuma und Institution. Skizzen zur Theologie IV, Einsiedeln 1974, S. 298-339, bes. S. 298f.

30 Weish 12,6 und 8,4.

31 Vgl. Theol. Wb. IV, 809ff.; F. Stegmüller, in: Wahrheit und Verkündigung, München 1967, S. 599ff.

32 von Balthasar [Anm. 29], S. 300.

33 Zu den patristischen Stellen vgl. L. Bouyer, Mystique, Essai sur l'histoire d'un mot, La Vie spirituelle, Suppl. N 9, 15 Mai 1949, S. 3-23; deutsch in: J. Sudbrack (Hg.), Das Mysterium [Anm. 24]: »Mystisch« – Zur Geschichte eines Wortes, S. 57-75. Vgl. jetzt auch vor allem G. W. H. Lampe, A Patristic Greek lexicon, Oxford 5. Aufl. 1978, μυστέριον S. 891-893; μυστικός S. 893-894, wo die entscheidenden Stellen aus patristischer Zeit genauestens verzeichnet sind.

34 H. U. von Balthasar, Besondere Gnadengaben und die zwei Wege menschlichen Lebens, in: Thomas von Aquin. Summa Theologica. Deutsch-lateinische Ausgabe, Bd. 23, Heidelberg 1954, S. 375.

35 Nach Bouyer [Anm. 33].

36 von Balthasar [Anm. 29], S. 301.

37 J. Leclercq, Wissenschaft und Gottverlangen, Zur Mönchstheologie des Mittelalters, Düsseldorf 1963.

38 F. Ohly, Hohelied-Studien, Grundzüge einer Geschichte der Hohe-

liedauslegung des Abendlandes bis um 1200, Wiesbaden 1958; H. Riedlinger, Die Makellosigkeit der Kirche in den lateinischen Hoheliedkommentaren des Mittelalters, Münster/W. 1958.

39 von Balthasar [Anm. 29], S. 301.

40 Bouyer, »Mystisch« [Anm. 33], S. 65.

41 H. de Lubac, Corpus Mysticum, Eucharistie und Kirche im Mittelalter, Einsiedeln 1969, S. 69 ff.

42 Bouyer, »Mystisch« [Anm. 33], S. 68.

43 Johanneskommentar 13,24; PG 14, 440 C. Zitiert bei Bouyer, »Mystisch« [Anm. 33], S. 68 f.

44 Bouyer, »Mystisch« [Anm. 33], S. 69.

45 Enn. III, 6,1. Zitiert bei H.-G. Beck, Theoria, Ein byzantinischer Traum?, in: Sitzungsberichte der Bayer. Akad. d. Wiss. 1983, Heft 7, S. 5. Vgl. auch F. Boll, Vita contemplativa, in: ders., Kleine Schriften zur Sternkunde des Altertums, Leipzig 1950, S. 303-331; A.-J. Festugière, Contemplation et vie contemplative selon Platon, Paris 3. Aufl. 1967; H. Rausch, Theoria, Von ihrer sakralen zur philosophischen Bedeutung, München 1982.

46 Vgl. »Contemplation«, DSAM II (1949-1953), Sp. 1643-2193; M. E. Mason, Active Life and Contemplative Life, A Study of the Concepts from Plato to the Present, Milwaukee, Wisc. 1961.

47 A.-J. Festugière, L'enfant d'Agrigente suivi de Le Grec et la nature, Paris 1950, S. 141 ff.

48 A. Louth, The Origins of the Christian Mystical Tradition from Plato to Denys, Oxford 1981; E. Hoffmann, Platonismus und Mystik im Altertum, Heidelberg 1935.

49 Stromata 5.11.71, zitiert nach der Übersetzung von F. Overbeck, Basel 1936, S. 461. Zitiert bei Louth [Anm. 48], S. 194.

50 Zu Dionysius Areopagita vgl. R. Roques, L'univers dionysien, Structure hiérarchique du monde selon le Pseudo-Denys, Paris 2. Aufl. 1983; ders., Problèmes pseudo-dionysiens, in: ders., Structures théologiques, De la gnose à Richard de Saint-Victor, Paris 1962, S. 63-240; J. Vanneste, Le mystère de Dieu, Essai sur la structure rationnelle de la doctrine mystique du Pseudo-Denys l'Aréopagite, Paris 1959; B. Brons, Gott und die Seienden, Untersuchungen zum Verhältnis von neuplatonischer Metaphysik und christlicher Tradition bei Dionysius Areopagita, Göttingen 1976; M. Schiavone, Neoplatonismo e Christianesimo nello Pseudo Dionigi, Milano 1963; W. Völker, Kontemplation und Ekstase bei Pseudo-Dionysius Areopagita, Wiesbaden 1958; H. U. von Balthasar, Herrlichkeit, Eine theologische Ästhetik, II: Fächer der Stile, Einsiedeln 1962, S. 147-214.

51 H. F. Dondaine, Le Corpus dionysien de l'université de Paris au XIIIe siècle, Roma 1953; A. Combes, Jean Gerson, Commentateur dionysien, Paris 1973; E. von Ivánka, Plato Christianus, Übernahme und Umgestaltung des Platonismus durch die Väter, Einsiedeln 1964, S. 225-289.

52 von Balthasar [Anm. 50], S. 156.
53 von Balthasar, S. 156f.
54 E. von Ivánka, Dionysius Areopagita, Von den Namen zum Unnennbaren, Einsiedeln o.J., S. 23.
55 Thomas von Aquin, Summa theol. I-II q. 111, a, 4f. Vgl. dazu von Balthasar [Anm. 34], S. 268 ff.
56 Von der mystischen Theologie 1 (Ausgabe von Ivánka [Anm. 54], S. 91).
57 Burkert [Anm. 26], S. 18.
58 Vgl. Beck [Anm. 45], S. 24.
59 Burkert [Anm. 26], S. 19.
60 Ob Luthers Konzept einer *vita passiva* von einer solchen Formulierung Dionysius' abzuleiten ist, ist zu fragen. Vgl. Chr. Link, Vita passiva, Rechtfertigung als Lebensvorgang, Evangelische Theologie 44 (1984) 315-351.
61 Ivánka [Anm. 54], S. 24.
62 von Balthasar [Anm. 50], S. 209. Zur neuplatonischen Vorbereitung vgl. P. Crome, Symbol und Unzulänglichkeit der Sprache: Jamblichos, Plotin, Porphyrios, Proklos, München 1970.
63 Von der mystischen Theologie 1 (Ausgabe von Ivánka [Anm. 54], S. 91).
64 Vgl. von Ivánka [Anm. 51], S. 281-283.
65 Vgl. B. Kälin, Die Erkenntnislehre des Hl. Augustinus, Diss. Freiburg/Schweiz, Sarnen 1920; E. Hendrikx, Augustins Verhältnis zur Mystik, Eine patristische Untersuchung, Würzburg 1936; H. U. von Balthasar/M. E. Korger, Aurelius Augustinus, Psychologie und Mystik, De Genesi ad Litteram 12, Einsiedeln 1960; M. E. Korger, Grundprobleme der augustinischen Erkenntnislehre erläutert am Beispiel von ›De genesi ad litteram XII‹, Recherches Augustiniennes 2 (1962) 33-57; L. Wittmann, Ascensus, Der Aufstieg zur Transzendenz in der Metaphysik Augustins, München 1980; dazu die einschlägigen Aufsätze in »Augustinus Magister«, 3 Bde, Paris o.J.; K. Rahner, Visionen und Prophezeiungen, Basel 3. Aufl. 1958.
66 M. de Certeau, Mystique au XVIIe siècle; le problème du langage »mystique«, in: L'homme devant Dieu, Mélanges offerts au père H. de Lubac, Du moyen âge au siècle des lumières, Paris 1964, S. 267-291; ders., L'absence de l'histoire, Paris 1973; ders., Politica e mistica, Questioni di storia religiosa, Milano 1975; ders., La fable mystique, XVIe-XVIIe siècle, Paris 1982; R. Spaemann, Reflexion und Spontaneität, Studien über Fénelon, Stuttgart 1963.
67 Zur Diskussion darüber bei den Mystikforschern vgl. F. D. Maaß, Mystik im Gespräch, Materialien zur Mystik-Diskussion in der kath. und evangelischen Theologie Deutschlands nach dem ersten Weltkrieg, Würzburg 1972, S. 83 ff.; E. Salmann, Gnadenerfahrung im Gebet, Zur Theorie der Mystik bei A. Stolz und A. Mager, Diss. Münster/W. 1979; von Balthasar [Anm. 29], S. 313-320.

68 Maximiliani Sandaei, »Theologia Mystica Clavis«, Köln 1640, S. 156; R. Dalbiez, La controverse de la Contemplation acquise, in: Technique et contemplation, Etudes Carmélitaines, Paris 1949, S. 81-145; von Balthasar, Christliche »Mystik« heute, in: J. Kotschner (Hg.), Der Weg zum Quell, Teresa von Avila 1582-1982, Düsseldorf 1982, S. 11-51, bes. S. 25.

69 Vgl. von Balthasar [Anm. 29], S. 319 f.

70 Vgl. Hist. Wb. d. Phil. 6, Stuttgart 1984, Sp. 273 ff. Zum Verhältnis von Philosophie und Mystik vgl. oben Anm. 17. Dazu: G. Krüger, Religiöse und profane Welterfahrung, Frankfurt a. M. 1973; Th. H. Hughes, The Philosophic Basis of Mysticism, Edinburgh 1937; W. Allen, The Timeless Moment, London o. J.; W. T. Stace, Mysticism and Philosophy, London 1961; L. Kolakowski, Falls es keinen Gott gibt, München 1982, S. 89-138; I. Trethowan, The Absolute Atonement, London 1971, S. 227-286.

71 Thomas von Aquin, Summa theol. II-II, q. 97, a. 2; dazu F. D. Joret, Die mystische Beschauung nach dem hl. Thomas von Aquin, Dülmen/W. 1931, S. 146; zur Formel und ihrem Weiterbestehen vgl. A. M. Haas, Die Problematik von Sprache und Erfahrung in der deutschen Mystik, in: Grundfragen der Mystik, Einsiedeln 1974, S. 73-104, bes. S. 75, Anm. 1, und S. 93, Anm. 45.

72 R. Otto, Das Heilige, Über das Irrationale in der Idee des Göttlichen und sein Verhältnis zum Rationalen, München 26.-28. Aufl. 1947; ders., Aufsätze das Numinose betreffend, I/II, Gotha 4. Aufl. 1929; ders., Westöstliche Mystik, Vergleich und Unterscheidung zur Wesensdeutung, München 3. Aufl. 1971. Diese Kritik schmälert natürlich in nichts Ottos Verdienste um eine Typologie der Mystik. Schon H. Bremond, L'inquiétude religieuse, I: Aubes et Lendemains de Conversion, Paris 6. Aufl. 1919, S. 129 ff., kritisiert vehement den Begriff des »Irrationalen« als einer Kategorie zur Bezeichnung des Mystischen.

73 K. Flasch, Die Intention Meister Eckharts, in: H. Röttges/B. Scheer/J. Simon (Hg.), Sprache und Begriff, Festschr. für B. Liebrucks, Meisenheim a. Glan 1974, S. 292-318, Zitat S. 317. Vgl. von dems., Kennt die mittelalterliche Philosophie die konstitutive Funktion des menschlichen Denkens? Eine Untersuchung zu Dietrich von Freiberg, Kant-Studien 63 (1972) 182-206, bes. S. 206. Daß die Frage nach dem Mystiker Meister Eckhart immer noch kontrovers bleibt, zeigen anschaulich die Beiträge und Diskussionen in diesem Band.

74 LW II, 109, 10-15. Vgl. A. M. Haas, Traum und Traumvision in der deutschen Mystik, in diesem Band oben S. 109-126; O. Langer, Enteignete Existenz und mystische Erfahrung, Zu Meister Eckharts Auseinandersetzung mit der Frauenmystik seiner Zeit, in: K. O. Seidel (Hg.), Sô predigent etelîche, Beiträge zur deutschen und niederländischen Predigt im Mittelalter, Göppingen 1982, S. 49-96, bes. S. 70 ff.

75 »On peut dire que ..., les oppositions qui apparaissent entre le tho-

misme et les formulations métaphysiques de maître Eckhart sont presque toujours dûes à l'insertion, au cœur même du problème intellectuel, d'une exigence mystique qui est d'un autre ordre.« M. de Gandillac, Maître Eckhart, Traités et sermons, Paris 1942, S. 14; vgl. auch E. zum Brunn/A. de Libera, Maître Eckhart. Métaphysique du Verbe et théologie négative, Paris 1984, S. 26ff.

76 Flasch, Die Intention [Anm. 73], S. 301; B. Mojsisch, Meister Eckhart. Analogie, Univozität und Einheit, Hamburg 1983.

77 Vgl. Flaschs Thesen, s. o. Anm. 73.

78 LW V, 94, 11ff., n. 6. Vgl. zum Brunn/de Libera [Anm. 75], S. 28.

79 J. Trouillard, La purification plotinienne, Paris 1955; ders., La procession plotinienne, Paris 1955; M. de Gandillac, La sagesse de Plotin, Paris 1966; P. Hadot, Plotin ou la simplicité du regard, Paris 1973.

80 W. Beierwaltes, Proklos, Grundzüge seiner Metaphysik, Frankfurt a. M. 2. Aufl. 1979; J. Trouillard, L'Un et l'âme selon Proclos, Paris 1972; ders., La mystagogie de Proclos, Paris 1982.

81 Schlechta, Werke III, S. 361. Zur Tradition vgl. W. Beierwaltes, Denken des Einen, Studien zur neuplatonischen Philosophie und ihrer Wirkungsgeschichte, Frankfurt a. M. 1984.

82 Vgl. zum Folgenden meine grundsätzlichen Erwägungen in: A. M. Haas, Sermo mysticus, Studien zu Theologie und Sprache der deutschen Mystik, Freiburg i. Ue. 1979, S. 19ff., 67ff.

83 H. Bremond, Mystik und Poesie, Freiburg i. Br. 1929, S. 213.

84 H. Halbfas, Die Vermittlung mystischer Erfahrung, in: H. Cancik [Anm. 4], S. 132-145, bes. S. 135ff.

85 Psalm 72 (73), 28. Vgl. S. D. Sfriso, Adhaerere Deo. L'unione con Dio, Filologia e storia di una locuzione biblica, Brescia 1980; J. et R. Maritain, Situation de la poésie, Paris 2. Aufl. 1964, S. 35.

86 H. Grundmann, Jubel, in: ders., Ausgewählte Aufsätze, Teil 3: Bildung und Sprache, Stuttgart 1978, S. 130-162.

87 DW I, 66, 3.

88 E. Biser, Theologische Sprachtheorie und Hermeneutik, München 1970; ders., Religiöse Sprachbarrieren, Aufbau einer Logaporetik, München 1980.

89 Zur höchsten Rechtfertigung der »Brautmystik« als eines inkarnatorischen Phänomens vgl. von Balthasar [Anm. 68], S. 46ff.

90 I. Behn, Spanische Mystik, Düsseldorf 1957, S. 8, unterscheidet »zwischen Mystik als ursprünglicher Erfahrung und Mystologie (bzw. Mystographie) als Reflexion in einem bestimmten Kategorialsystem und Reden und Schreiben darüber (eventuell auch ohne die ursprüngliche Erfahrung)... Dazu käme noch Mystagogie: die theoretisch-praktische Hinleitung zur Erfahrung von Mystik unter Lenkung solcher, die der Erfahrung schon teilhaft geworden sind« (von Balthasar [Anm. 29], S. 307).

91 Vgl. Haugs Aufsatz in: K. Ruh, Abendländische Mystik im Mittelalter, Stuttgart 1986, S. 494ff. Eine weitausgreifende philosophische Grund-

legung zu Haugs Analyse der mystischen Sprache böte D. Licciardo, De la analogia en el conocimiento de Dios por la experiencia mistica, Zürich 1965.

92 José Maria de la Cruz Moliner, Historia de la Literatura mistica en España, Burgos 1961; De contemplatione in schola teresiana, Ephemerides Carmeliticae 13 (1962); Melquíades Andrés Martín, Los Recogidos, Nueva visión de la mistica española (1500-1700), Madrid 1976.

93 F. de Ros, Un maître de Sainte Thérèse: Le père François d'Osuna, Paris 1936; ders., Un inspirateur de Sainte Thérèse: Le frère Bernardin de Laredo, Paris 1948.

94 Daher scheint mir der religionsgeschichtliche Gesichtspunkt bei der Erforschung mystischer Erfahrung entscheidend wichtig. Vgl. die alte Arbeit von F. Heiler, Die Bedeutung der Mystik für die Weltreligionen, München 1919. Die Mentalitätsdifferenzen zwischen Ost und West lassen sich ohne den Blick auf die je verschiedenen mystischen Grundhaltungen nicht erfassen. Vgl. das immer noch wegweisende Werk von J. A. Cuttat, Asiatische Gottheit – Christlicher Gott, Die Spiritualität beider Hemisphären, Einsiedeln o. J.; ders., Begegnung der Religionen, Einsiedeln 1956; J. Sudbrack, Herausgefordert zur Meditation, Christliche Erfahrung im Gespräch mit dem Osten, Freiburg i. Br. 1977.

95 Zu verstehen ist dies so, daß die Apophase, die sich auf Gott bezieht – *si comprehendis, non est Deus* (Augustinus)! –, sich auch auf den Menschen als eine ungeheuerliche Verschärfung des Ausstehens von Erfahrung auswirkt. Hierher gehören die mystischen Höllenerfahrungen, die *resignatio ad infernum*, die *gotzvroemdunge* Mechthilds von Magdeburg. Vgl. Sandaeus [Anm. 68], S. 311-319; J. Sudbrack, Abwesenheit Gottes, Zürich 1971. An diesem Punkt setzt oft die protestantische Kritik an der Mystik an: Das mystische Entwerden wird als ein »menschlicher« Kunstgriff, Gott auf geschichtslose Weise besitzen zu wollen, entlarvt und so relativiert. Vgl. noch R. Bultmann, Theologische Enzyklopädie, hg. von E. Jüngel/K. W. Müller, Tübingen 1984, S. 115-129. Wenn prometheische Züge in der Mystik auch zweifellos faßbar sind, so besteht die mystische Erfahrung aber gerade in deren Demontage.

96 Vgl. M. Schmidt, Regio dissimilitudinis, Ein Grundbegriff mittelhochdeutscher Prosa im Lichte seiner lateinischen Bedeutungsgeschichte, Freiburger Zs. f. Phil. u. Theol. 15 (1968), S. 63-108.

97 Vgl. die schöne, noch keineswegs überholte Arbeit von K. Goldammer, ›Wege aufwärts‹ und ›Wege abwärts‹, Eine heilige Kirche 22 (1940) 25-57.

98 Vgl. dazu H. U. von Balthasars unermüdliches Plädoyer [Anm. 29, 50, 68] für eine inkarnatorische Konzeption der Mystik, die ihre Einbettung in körperliche Gegebenheiten nicht scheut.

99 Vgl. Joh. Scheffler (Angelus Silesius), Der cherubinische Wandersmann, Kritische Ausgabe von L. Gnädinger, Stuttgart 1984.

100 O. Schmucki, De sancti Francisci Assisiensis stigmatum susceptione, Collectanea Franciscana 33 (1963), S. 210-226, 392-422; 34 (1964), S. 5-62; 241-338; W. Jacobi, Die Stigmatisierten, Beiträge zur Psychologie der Mystik, München 1923; J. M. Höchst, Von Franziskus zu Pater Pio und Therese Neumann, Eine Geschichte der Stigmatisierten, Stein am Rhein 3. Auflage 1974; H. Thurston, Die körperlichen Begleiterscheinungen der Mystik, Luzern 1956; J. Lhermitte, Echte und falsche Mystiker, Luzern 1953.

101 Die Brautmystik ist charakterisiert nicht nur durch den Einbezug der Leibsphäre, sondern sehr viel weitergehend durch die Herausstellung des Personalen. Von daher kommt ihr die hohe Dignität zu, die sie in einzigartiger Weise auszeichnet. Brautmystik ist nicht nur ihrer Herkunft nach – als Hoheliederfahrung des Mystikers –, sondern auch ihrem inneren Wesen nach sozial, d. h. kirchlich ausgerichtet. »Ein wesentliches Kriterium der Echtheit christlicher ›Mystik‹ bleibt demnach ihre nicht nur äußerliche, sondern innere Kirchlichkeit: »Braut Christi« kann der Einzelne nur sein als *anima ecclesiastica*, als Seele, die nichts anderes sein und darstellen will als die Kirche, die Gemeinschaft aller« (von Balthasar [Anm. 68], S. 50).

102 von Balthasar [Anm. 29], S. 323 f.

103 Diesen vierten Punkt möchte ich der Reihung von Balthasars hinzufügen, in der Meinung, daß spekulative Mystik einen entscheidenden Beitrag zur Geschichte der abendländischen Mystik vermittelt hat.

Von der Eigenart christlicher Mystik: Meister Eckhart als Maßstab

1 A. Stolz, Theologie der Mystik, Regensburg 1936, 17 (in der franz. Ausgabe: Théologie de la mystique, Chèvetogne 1947, 9). Die hier angesprochene Problematik – ist die mystische Erfahrung Resultat einer speziellen (d. h. charismatischen, auf das kirchliche Zeugnis orientierten) Gnade oder eher normalen Intensivierung des jedem möglichen Glaubenslebens (unter der Leitung der heiligmachenden Gnade) – beschäftigte in der ersten Hälfte unseres Jahrhunderts sehr viele Theologen. Die erstgenannte Richtung vertrat A. Poulain, die zweite A. Saudreau. Beide wirkten mehr oder weniger schulebildend; es gab aber auch eine Fülle von vermittelnden Positionen. Vgl. dazu F.-D. Maaß, Mystik im Gespräch, Materialien zur Mystik-Diskussion in der kath. und evang. Theol. Deutschlands nach dem Ersten Weltkrieg, Würzburg 1972, 85 ff.; E. Salmann OSB, Gnadenerfahrung im Gebet, Zur Theorie der Mystik bei Anselm Stolz und Alois Mager, Diss. Münster W. 1978, 95 ff.; A. Saudreau, Contemplation VIII, Dict. de Spir. 2, 2159-2171; Ch. Baumgartner, Contemplation, Conclusion générale, ebd., 2171-2193; P. Adnès, Mystique, ebd. 10, 1936-1939.

2 Wie immer speziell die mystische Gnadenerfahrung sein muß, sie hat

ihren Austragungsort im Rahmen der leib-seelischen Konstitution des Menschen. Christlich gibt es – vom Inkarnationsdogma her – keine mögliche eskapistische oder evasive Form der mystischen Entwerdung. Was daher über mystische Erfahrung gesagt werden kann, muß im Kontext menschlich benennbarer Erfahrungsmodalitäten gesagt werden, auch und gerade dann, wenn das Göttliche sich darin explizit und (scheinbar) absolut anmeldet. Mit anderen Worten: Sicherlich ist der Gegenstand der mystischen Erfahrung in dieser Erfahrung als »transpsychologisch« zu bezeichnen, da die mystische Gnade auf der Ebene des seelischen Verhaltens als artmäßig verschieden gegenüber dem normalen Erfahrungsmodus erkannt werden muß; die psychologische Diskontinuität zwischen normalem und mystischem Gnadenleben verschwindet bis zu einer bloß gradmäßig feststellbaren Differenz auf der Ebene des Theologischen, wo die *Kontinuität* zwischen normalem Gebet und der *contemplatio infusa* von höherem Belang ist.

Vgl. dazu Salman, wie Anm. 1, 370, Anm. 68. Es war Friedrich von Hügel, der immer schon mit aller Intensität auf der Einbettung der mystischen Erfahrung im allgemein menschlichen Erfahrungsbereich bestanden hat: The Mystical Element of Religion, 2 Bände, London 4. Aufl. 1961, II, 280 f. (zitiert nach: F. von Hügel, Religion als Ganzheit, übersetzt von M. Schlüter-Hermkes, Düsseldorf 1948, 185 f.): »Gibt es, genau gesprochen, eine besonders abgegrenzte, selbstgenügende, rein mystische Art der Wirklichkeitserfassung? Bestimmt *nicht*; und ich glaube, daß alle Irrtümer des Mystizismus gerade von der Behauptung ausgehen, daß die Mystik eine ganz getrennte, vollständig selbständige Art der menschlichen Erfahrung sei. Diese Bestreitung meint natürlich nicht, daß Seele von Seele sich nicht ganz unendlich nach Menge und Art des sammelnden, intuitiven, tief gefühlsmäßigen Elementes im Wettbewerb oder im Wechsel mit anderen Elementen unterscheidet, da ja das Verständnis für das Unendliche im Endlichen und außerhalb des Endlichen bei der Berührung mit dem Zufälligen aufspringt. Sie meint auch nicht, daß die mehr oder weniger ursprünglichen Verschiedenheiten und Berufungen der Seelen nicht durch Gnade und Heldenmut zu so auffallend unterschiedenen Typen religiöser Erkenntnis und religiösen Lebens weiter entwickelt werden könnten und sollten, daß sie auf den ersten Blick sich gegenseitig kaum zu ergänzen scheinen. Aber sie bedeutet, daß selbst in der scheinbar zufälligsten Seele und in ihren offensichtlich nur institutionalen und geschichtlichen Zustimmungen und Akten immer *irgendein*, wenn auch noch so eingeschlossenes, schwaches, wechselndes Gefühl des Unendlichen enthalten ist, das durch wenigstens etwas Unzufriedenheit mit dem Endlichen, insoweit es nicht eine Gelegenheit für das Wachstum in das Unendliche hinein, in unsere wahre Heimat, ist, hervorgerufen wird. Sie bedeutet ferner, daß selbst die scheinbar ausschließlich mystische Seele, gerade für die Fülle und die Gesundheit der rein mystischen Akte und Zustände, von ihren vergangenen und gegenwärtigen Berührungen mit dem Zufälligen, Zeitlichen und Räumlichen, mit sozialen Tatsachen und Elementen ebenso wirklich abhängt wie von ihrer Gesammeltheit und von der Erfahrung des Unendlichen in diesen Endlichkeiten und in ihr selbst, die durch die Berührung mit dem Endlichen und die Erinnerung daran geweckt wurde.

Nur so erlangt die Mystik ihre wahre, volle Würde, die eben darin besteht, nicht alles in einer einzelnen Seele, sondern etwas in jeder Menschenseele zu sein und in vollster, weitester Entwicklung in einigen besonderen Naturen mit Hilfe gewisser besonderer Gnaden und heldenhafter Tugenden das zu verwirklichen, was irgendwie in jeder wahrhaft menschlichen Seele und in jedem echten, vollständigen, durch Gnade vorbereiteten religiösen Akt und Zustand vorhanden ist. Nur so behält sie als Teilmystik ihre ganze Kraft, und nur so entflieht sie den Schwächen und Gefahren einer Mystik, die in bezug auf religiöse Erfahrung, Erkenntnis und religiöses Leben ›reine Mystik‹ sein möchte.«

Vgl. dazu P. Neuner, Religion zwischen Kirche und Mystik, Friedrich von Hügel und der Modernismus, Frankfurt a. M. 1977, 49ff.

3 In diesem Vorgehen ist noch kein Postulat enthalten, wonach mystische Erfahrung bloß im Maße ihrer psychologischen Diagnostizierbarkeit faßbar ist und sonst nicht. Im Gegenteil soll in der möglichst weiten Öffnung der religiösen Dimension auf ihr menschliches Substrat hin deren grundsätzliche Relevanz sichtbar werden, wie sie im übrigen im Blick auf die Geschichte des philosophisch-religiösen Denkens der Antike immer schon greifbar ist. Vgl. H. U. von Balthasar, Zwei Wege zu Gott, Ein Beitrag zur ignatianischen Synthese, Geist und Leben 59 (1986) 54-61, 55:

»Die Wendung zum Besseren, die der in Sünden verstrickte junge Student Augustin erlebte, verdankte er einem jetzt bis auf Bruchstücke verlorenen Buch Ciceros ›Vom glückseligen Leben‹. Ein solches Leben zu gewinnen, setzt Liebe zur wahren Weisheit und entsprechend Enthaltsamkeit gegenüber grobsinnlichen Lüsten voraus. Cicero hatte mit seiner Empfehlung der Lebensart, die dem Menschen Glückseligkeit verleiht, nichts erfunden, er war nur Sprachrohr der alten griechischen Weisheit, mochte sie sokratisch-platonischer oder aristotelischer oder stoischer, sogar epikuräischer Färbung sein. Der Mensch hat in sich einen Drang oder Auftrieb – Plotin wird ihn als ›hormē‹, Aufschwung, bezeichnen –, sich nicht mit vergänglichen Genüssen und Freuden zu begnügen, sondern nach einer unvergänglichen Sättigung seines Glücktriebes Ausschau zu halten. Die Antworten, worin diese Sättigung besteht, mögen noch so verschieden sein – platonischer Aufstieg in die Welt der wahren und ewigen Ideen, aristotelisches Leben in begierdefreier Beschauung, stoische Überwindung der den Geist umtreibenden, verdunkelnden Leidenschaften, epikuräisches Maßhalten in den Genüssen –, immer steht am Ausgangspunkt eine innerste Hinordnung des Menschen auf ein ›seliges Leben‹, dem er wesenhaft zugestaltet ist

und das er allein durch eine ›Umkehr‹ aus der Versunkenheit ins rein Irdische (man denke an Platons Höhlengleichnis) erringen kann. Da die Unterscheidung zwischen Natürlich und Übernatürlich der griechischen Philosophie unbekannt war oder höchstens durch annähernde Äquivalente ausgedrückt werden konnte, spielt sie bei der Erwägung des Verhältnisses zwischen dem Urtrieb im Menschen und seiner Befriedigung keine Rolle.«
In dieser Sicht gibt es denn faktische Bekehrungsgeschichten in Fülle, in denen das im Menschen grundgelegte Glücksstreben sich von heidnisch-philosophischen Anfängen her christlich umformt.

4 Vgl. H. Lübbe, Religion nach der Aufklärung, Graz 1986, 127 ff. (»Religion und Kontingenz«). Im Blick auf Karl Marx' grundsätzlich gemeinte Emanzipationsforderung in den sog. Pariser Manuskripten (K. Marx, Nationalökonomie und Philosophie, Über den Zusammenhang der Nationalökonomie mit Staat, Recht, Moral und bürgerlichem Leben [1844], in: K. Marx, Die Frühschriften, hg. von S. Landshut, Stuttgart 1953, 225-316, 246), wonach ein Mensch »›erst‹ dann ›auf eigenen Füssen‹ steht, ›sobald er sein Dasein sich selbst verdankt‹«, wird diese Kritik am Schöpfungsgedanken zur »religiöse(n) Thematisierung einer schlechterdings unverdrängbaren Daseinserfahrung..., nämlich der Erfahrung unserer schlechthinigen Abhängigkeit von Daseinsvoraussetzungen, die nicht zur Disposition des Daseins selbst stehen« (136). Die in Geburt und Tod zutage tretende Kontingenz der menschlichen Existenz – eine »Unverfügbarkeit« »von unabweisbarer Aufdringlichkeit« (144) – ist nach Lübbe ein unverächtlicher, »›aufklärungsresistenter, emanzipatorischer Bemühung vollständig unzugängliche(r) Bestand« (144), zu dem der Mensch sich – eben religiös – zu verhalten hat. Die Kultur dieses Verhaltens ist Religion zu nennen; religiöse Lebenspraxis ist damit als »Kultur des Verhaltens zum Unverfügbaren« oder als »Kontingenzbewältigungspraxis« – wenn auch in »überaus dürftige(r) Kennzeichnung« (149) – zu umschreiben.
Man kann auch heute noch mit der Unverfügbarkeit von Leben und Tod verschieden verfahren. Ohne weitere (religiöse) Schlüsse daraus zu ziehen, konstruiert beispielsweise H. Blumenberg, Lebenszeit und Weltzeit, Frankfurt a. M. 1986, 75 ff., ein aus der Inkongruenz von Lebens- und Weltzeit datierendes Syndrom von Neid und Mißgunst, das die Geschichte in Atem hält, das allenfalls in einem philosophischen Kraftakt aufgehoben wird – als ein billiger Triumph des wollenden Ichs: »Kein Bewußtsein belehrt über Geburt und Tod unmittelbar. Wir erinnern uns keines Anfanges, den wir im Bewußtsein genommen hätten, und können kein Ende erwarten, das wir im Bewußtsein zu erleben vermöchten. Belehrt werden müssen wir auf dem ›Umweg‹ über äußere Erfahrung, daß geboren und gestorben wird, in jedem Fall die Welt die der anderen war und bleibt. Am Ende der durch diese elementare Belehrung ausgelösten Gedankenfolge steht..., daß die Welt dieselbe wäre, wenn es uns selbst nie gegeben hätte, und

alsbald dieselbe sein wird, als ob es uns niemals gegeben hätte. – Diese bitterste aller Entdeckungen, die empörendste Zumutung der Welt an das Leben, muß noch und gerade der entschiedene metaphysische Pessimismus sowohl überdeutlich als erträglich machen: durch Umkehrung. Schopenhauers Kurzfassung des Remediums gegen Untröstlichkeit lautet: Die Schrecken des Todes beruhen zum Theil auf der falschen Vorstellung, dass jetzt das Ich verschwinde, aber die Welt bleibe. Die umgekehrte Vorstellung ist die wahre: die Welt verschwindet, aber der innerste Kern des Ich, in dessen Vorstellung sie existiert, bleibt: der Wille.« (75 f.) Selten ist so deutlich die argumentative Dürftigkeit einer aufklärerischen Position hervorgetreten wie in diesem Salto mortale sowohl Blumenbergs wie Schopenhauers. Diesen sich in leere Egoismen stürzenden Welterklärungsmodellen steht ein christliches Schöpfungsmodell vergleichsweise human gegenüber im Rekurs auf einen liebenden Schöpfer, der von seinen Geschöpfen Nächstenliebe fordert. Das christliche Freiheitsmodell – gipfelnd im Konzept einer unvordenklichen Begabung des Menschen durch göttlich geschenkte Freiheit – siehe bei H. U. von Balthasar, Theodramatik, II: Die Personen des Spiels, Teil 1: Der Mensch in Gott, Einsiedeln 1976, 259 ff.

5 Kants Theorie der Autonomie – die Erkenntnis von »Möglichkeit und Bestimmung des Menschen, sich durch sich selbst in seiner Eigenschaft als Vernunftwesen zu bestimmen« (R. Pohlmann, Autonomie, Hist. Wörterbuch der Philosophie 1, 707) – hat mit ihrem programmatischen Aufklärungsgestus gegenüber jeder Art von Fremdbestimmung und ihrer Aufgabenstellung: »Alle Philosophie ... ist Autonomie« (Kant, Opus postumum, Akad.-A. 21, 106) für die Neuzeit einen Popanz aufklärerischer Selbstbestimmung errichtet, gegen den sich schon früh J. G. Hamann mit Recht wendete im Bewußtsein, daß »die undurchdringliche Nacht« von Her- und Zukunft des Menschen unaufrechenbar aufrechenbar nur in einer offenbarungsgesicherten, religiösen Dimension sein könne: »Das im Herzen und Munde aller Religionen verborgene Senfkorn der Anthropomorphose und Apotheose erscheint hier (= in der christlichen Offenbarung) in der Größe eines Baums der Erkenntniss und des Lebens mitten im Garten – aller philosophische Widerspruch und das ganze historische Rätzel unserer Existenz, die undurchdringliche Nacht ihres Termini a quo und Termini ad quem sind durch die Urkunde des Fleisch gewordenen Worts aufgelöset« (Zweifel und Einfälle, SW, Nadler, III, 192). Zur Aufklärungsproblematik zwischen Herder, Kant und Hamann vgl. O. Bayer, Umstrittene Freiheit, Tübingen 1981, 66 ff.; ders., Schöpfung als Anrede, Tübingen 1986, 9 ff.; ders., Zeitgenosse im Widerspruch: J. G. Hamann als radikaler Aufklärer, München 1988, 138 ff.

6 Der Terminus hat eine Geschichte, die von der Gnosis bis zu Heidegger reicht. Vgl. H. Deku, Geworfenheit, Hist. Wörterbuch der Philosophie 3, 622 f.

7 Über Rang und Bedeutung dieses Konzepts in den modernen Strö-

mungen atheistischer Philosophie in Frankreich vgl. R. Fabian, Absurd, Hist. Wörterbuch der Phil. 1, 66 f.

8 Das kann christlich so fundamental sein, daß das Menschsein daran hängt, das *desiderium* nach dem Anderen zu erfüllen (Augustinus). Vgl. H. U. von Balthasar, wie Anm. 3, 57: »Der Mensch will zu Gott, weil er Gott braucht, um Mensch zu sein.«

9 Vgl. oben Anm. 4, die in sich allzu einseitige Auffassung von Religion marxistischer Machart.

10 G. Scholem, Religiöse Autorität und Mystik, in: ders., Zur Kabbala und ihrer Symbolik, Zürich 1960, 11-48.

11 D. Bonhoeffers Konzept, an S. Freuds Auffassung vom Menschen als eines »Prothesengotts« (Studienausgabe IX, Frankfurt a. M. 1982, 222) umgekehrt sich anschließendes eines »Lückenbüßergottes«, ist mir allerdings fragwürdig: So ist kaum zu entscheiden im Einzelfall, von welchem Punkt der Verbiegung des echten Gottesbildes an Gott zu einem »Lückenbüßergott« wird.

12 Über diese schwierige Problematik von unendlicher Freiheit (Gottes) und endlicher Freiheit (des Menschen) vgl. H. U. von Balthasar, wie Anm. 4, 170-305.

13 Vgl. die bemerkenswerte Studie von C. Oetke, »Ich« und das Ich, Analytische Untersuchungen zur buddhistisch-brahmanischen Atmankontroverse, Stuttgart 1988.

14 H. Waldenfels, Absolutes Nichts, Zur Grundlegung des Dialogs zwischen Buddhismus und Christentum, Freiburg i. Br. 3. Aufl. 1980.

15 Es handelt sich dabei um das »absolute Paradox« des Christentums, wie es Kierkegaard formuliert hat: »Das Christentum hat sich ... selbst als die ewige wesentliche Wahrheit verkündigt, die in der Zeit geworden ist; es hat sich als *das Paradox* verkündigt und die Innerlichkeit des Glaubens für das gefordert, was den Juden ein Ärgernis und den Griechen eine Torheit – und dem Verstande das Absurde ist« (S. Kierkegaard, Abschließende unwissenschaftliche Nachschrift zu den Philosophischen Brocken, Erster Teil, in: S. K., Gesammelte Werke, 16. Abt., Düsseldorf 1959 [GTB 612], 204). Vgl. dazu H. U. von Balthasars ›Theologie der Geschichte‹ (Neue Fassung, Einsiedeln 3. Aufl. 1959).

16 Plotin, Enn. V 1, 6. Vgl. dazu E. Peterson, Herkunft und Bedeutung der *ΜΟΝΟΣ ΠΡΟΣ ΜΟΝΟΝ*-Formel bei Plotin, Philologus NS 42, 88 (1933) 30-41.

17 W. Beierwaltes, Denken des Einen, Studien zur neuplatonischen Philosophie und ihrer Wirkungsgeschichte, Frankfurt a. M. 1985, 554.

18 Daß die Einfügung »hellenistischer« (d. h. platonisch-neuplatonischer) Elemente ins Christentum seit dem 16./17. Jahrhundert (und natürlich schon seit dem frühen Mittelalter) Probleme der christlichen Selbstdefinition schuf, ist klar. Vgl. A. Grillmeier, Hellenisierung – Judaisierung des Christentums als Deuteprinzipien der Geschichte des kirchlichen Dogmas, in: ders., Mit ihm und in ihm, Christologische Forschungen und Perspektiven, Freiburg 1975, 423-488 (mit reicher Literatur).

19 Neuplatonische Methoden der Selbstentleerung und Selbstreduktion – bis an jene Grenze hinan, die Stanislas Breton am Neuplatonismus immer wieder positiv apostrophiert hat – sehen sich dann übergriffen und überholt durch die inkarnatorische Bewegung Gottes selbst. Sinnlos sind sie deswegen nicht!

20 M. Lot-Borodine, La déification de l'homme, Paris 1970; G. I. Mantzaridis, The Deification of Man, New York 1984; dazu die Arbeiten von E. von Ivánka (Hellenisches und Christliches im frühbyzantinischen Geistesleben, Wien 1948; Plato Christianus, Einsiedeln 1964; Aufsätze, Amsterdam 1984) und V. Lossky (Die mystische Theologie der morgenländischen Kirche, Graz 1961; A l'image et à la ressemblance de Dieu, Paris 1967; Schau Gottes, Zürich 1964; Orthodox Theology, Crestwood N.Y. 1978) und C. Altissimo, La contemplazione nell' Oriente cristiano, Vicenza 1979; A. Louth, The Origins of the Christian Mystical Tradition, Oxford 1981.

21 De incarnatione LIV, 3 (R. P. Casey, The De Incarnatione of Athanasius, Part 2: The short Recension, London 1946, 82, 5 ff.). Vgl. J. Roldanus, Le Christ et l'homme dans la théologie d'Athanase d'Alexandrie, Étude de la conjonction de sa conception de l'homme avec sa Christologie, Leiden 1977, 102 f.; H. U. von Balthasar, Kosmische Liturgie, Das Weltbild Maximus' des Bekenners, Einsiedeln 2. Aufl. 1961, 277 f.; ders., Theodramatik III, Einsiedeln 1980, 226 ff.

22 Die Stellenangaben siehe bei von Balthasar, Kosmische Liturgie, wie Anm. 21, 277 f. Vgl. auch F. Heinzer, Gottes Sohn als Mensch, Die Struktur des Menschseins Christi bei Maximus Confessor, Freiburg/Schweiz 1980, 167, 174, 178, 188 ff.

23 Ich fasse christliche Mystik als im Licht der Offenbarung getätigtes, radikales, letztes, aktives Wahrnehmen dessen auf, was *ist*. Das, was ist, ist die für das sich als ein endliches erfahrende Ich unüberschreitbare Tatsache, daß es sich nicht sich selber verdankt, daß es sich mithin nicht selber gehören kann. Damit ist schon der Weg beschritten, der in der Einsicht, daß das Ich nicht und nie autonom ist, dessen faktische Leere, d. h. Inexistenz deutlich macht. Wenn sich dann im Licht der christlichen Offenbarung diese totale Insuffizienz des Ichs als Sünde erweist, und sich so noch schärfer deuten läßt, dann besteht der einzige Akt des Ichs darin, sich dahin zurückzugeben, wo es allenfalls Erbarmung (für seine Sünde) und Sein (für seine Nichtigkeit) finden kann: in seine Herkunft. Christlich ist diese der eine und dreifaltige Gott. Am Punkt also, da das Ich sich als doppelt (un-)wichtig (ontologisch und moralisch) erkennt, hat es sich von sich selber wegzugeben. Selbstexpropriation ist die einzige Antwort auf das, was *ist* (bzw. nicht ist). Weggabe, Verzicht ist der einzige Akt, der Gewinn seiner selbst an jenem Ort, wohin ich gehöre, verspricht. Gewinn im Maße des Verzichts. Im Maße der Verzicht total ist, ist auch der Gewinn total. Die Art des Gewinns aber besteht – bei dieser Prämisse: totaler Selbstverzicht! – in einer Fülle, über die ich nicht verfüge. Das heißt, ich kann

mich der Fülle gegenüber nur leidend verhalten, christlich heißt das: total *theo-pathisch*. Der mystische Grund*akt* vermittelt zum absoluten »Leiden«, in dem Gott den Menschen seiner eigenen Bestrebungen teilweise enthebt, mithin »seine Weise« in physischer oder geistiger, in aufsteigender oder absteigender Formung (wie er will) – je neu diktiert. Über diese Wege der Gotteserfahrung verfügt der Mensch nicht mehr. Sie sind daher auch von einer gewissen Belanglosigkeit, Willkürlichkeit (positiv: Spontaneität) geprägt. Dionysius: ὀυ μόνον μαθὼν, ἀλλὰ καὶ παθὼν τὰ θεῖα. Vgl. unten Anm. 24. Der tiefste Sinn des mystischen Akts ist daher Leiden (in dem aktiv dann wieder *alles* möglich ist). Tauler spricht in diesem Zusammenhang von *gotliden*.

24 Dionysius Areopagita, De div. nom. 2,9; PG 3, 648 B: Dionysius berichtet von seinem Lehrer Hierotheos, der Gott auf vorbildliche Weise erfahren durfte; denn er hat seine Weisheit »sei es aus der Schrift, sei es, daß er geweiht wurde durch das Wehen eines göttlichen Geistes, daß er das Göttliche nicht nur lernte, sondern erfuhr und erlitt, und aus dem Miterleben, der *sympatheia*, mit diesem ... zur nicht erlernten mystischen Vereinigung mit dem Göttlichen in Vollendung der Weihen gelangte«. Zur Vorgeschichte der Kombination von mathein/pathein vgl. H. Dörrie, Leid und Erfahrung, Die Wort- und Sinn-Verbindung im griechischen Denken, Wiesbaden 1956.

25 Vgl. oben 138-148.

26 Vgl. A. M. Haas, »... Das Persönliche und Eigene verleugnen«, Mystische *vernichtigkeit vnd verworffenheit sein selbs* im Geiste Meister Eckharts, in: M. Frank/A. Haverkamp (Hg.), Individualität, Poetik und Hermeneutik XIII, München 1988, 106-122.

27 Angelus Silesius (J. Scheffler), Cherubinischer Wandersmann, Kritische Ausgabe, Hg. von L. Gnädinger, Stuttgart 1984, 36; in heutiger Rechtschreibung, hg. von ders., Zürich 1986, 46.

28 Die Unterscheidung Gott/Gottheit ist bei Eckhart nicht von reallogischer Qualität. Hingegen meint sie erfahrungsperspektivische Dimensionen: Der dreifaltige Gott nimmt den Menschen hinein in seine (stille, ruhige, schweigende) Einheit, ohne daß doch die Bewegung, die zu dieser Einheit trägt, damit je eskamotiert würde.

29 Bernhard von Clairvaux, Super Cantica, 23, 15; Opera I, Rom, 1957, 148, 20. Vgl. dazu A. M. Haas, Geistliches Mittelalter, Freiburg/Schweiz 1984, 351 f., Anm. 41.

30 DW 1, 306, 8 ff.

Die deutsche Mystik im Spannungsbereich von Theologie und Spiritualität

1 Hans U. von Balthasar, Spiritualität, in: Verbum Caro, Skizzen zur Theologie I, Einsiedeln 1960, S. 227.

2 von Balthasar, Herrlichkeit, Eine theologische Ästhetik, III/1: Im Raum der Metaphysik, Einsiedeln 1965, S. 410.

3 Daß die Scholastik und die Mystik in der geistigen Bewegung der deutschen Mystik keine ausgesprochenen Gegensätze darstellen, ist eine frühe Erkenntnis. Vgl. Heinrich Seuse Denifle, Meister Eckeharts lateinische Schriften und die Grundanschauung seiner Lehre, Archiv f. Literatur- und Kirchengeschichte des Mittelalters 2 (1886), S. 417-642; ders.: Die deutsche Mystik des 14. Jahrhunderts, Beitrag zur Deutung ihrer Lehre, aus dem literarischen Nachlaß hg. von Otwin Spiess, Freiburg/Schweiz 1951 (Studia Friburgensia. 4), öfter; Martin Grabmann, Wesen und Grundlagen der katholischen Mystik, 2. Aufl. München 1923, S. 60 ff.; ders., Die Kulturwerte der deutschen Mystik des Mittelalters, Augsburg 1923, S. 21 ff.; Joseph Zahn, Einführung in die christliche Mystik, Paderborn 3.-5. Aufl. 1922, S. 51 f., 84 ff.; Wolfgang Stammler, Kleine Schriften zur Literaturgeschichte des Mittelalters, Berlin 1953, S. 125 ff.; Ignaz Weilner, Johannes Taulers Bekehrungsweg, Die Erfahrungsgrundlagen seiner Mystik, Regensburg 1961 (Studien zur Gesch. d. kath. Moraltheol. 10), S. 45 f.; Dietmar Mieth, Die Einheit von Vita activa und Vita contemplativa in den deutschen Predigten und Traktaten Meister Eckharts und bei Johannes Tauler, Untersuchungen zur Struktur des christlichen Lebens, Regensburg 1969 (Studien zur Geschichte der kath. Moraltheologie. 15), S. 238; Kurt Ruh, Bonaventura deutsch, Ein Beitrag zur deutschen Franziskaner-Mystik und -Scholastik, Bern 1956 (Bibliotheca Germanica. 7), S. 38-63 (mit grundsätzlich klärend-differenzierenden und die Bereiche in ihrem gegenseitigen Bezogensein aufweisenden Bemerkungen); ders.: Geistliche Prosa, in: Willi Erzgräber (Hg.), Europäisches Mittelalter, Wiesbaden 1978 (Neues Handbuch der Literaturwissenschaft. 8), S. 579 ff., 586 ff.; Georg Steer, Germanistische Scholastikforschung, Theol. und Philosophie 45 (1970), S. 204-226, 46 (1971), S. 195-222, 48 (1973), S. 65-106; vgl. dazu die von der Forschungsgruppe »Prosa des Mittelalters« in Tübingen 1980 ff. herausgegebene Reihe »Texte und Textgeschichte«, Würzburger Forschungen.

4 François Vandenbroucke, Le divorce entre théologie et mystique, Nouvelle Revue Théologique 72 (1950), S. 372-389. Hier wird die »école mystique dominicaine rhénane« mit Recht als ein Personenverband vorgestellt, der ein »réajustement« zwischen Theologie und Mystik versucht hat (S. 377).

5 H. U. von Balthasar, Theologie und Heiligkeit, in: Verbum Caro [wie Anm. 1], S. 195-225.

6 Vgl. Vandenbroucke [wie Anm. 4].

7 Die *conversatio morum* (klösterlicher Lebenswandel) gehört neben der *stabilitas loci* und der *oboedientia* zu den Gelübden des ins Kloster Eintretenden. Vgl. Die Benediktusregel, Lateinisch-deutsch. Hg. von Basilius Steidle, Beuron 2. Aufl. 1975, Kap. 58/17, S. 162 f. Vgl. dazu Ildefons Herwegen, Sinn und Geist der Benediktinerregel, Einsiedeln

1944, S. 327ff.; ders.: Geschichte der benediktinischen Profeßformel, in: Beiträge zur Geschichte des alten Mönchtums und des Benediktinerordens III/2 (1912) S. 1-72: Im Beginn des 9. Jahrhunderts wird *conversatio* durch *conversio* ersetzt (siehe S. 39, 47-57). Allerdings haben viele benediktinische Profeßformeln aus dem neunten Jahrhundert nur die *oboedientia* vermerkt. Die Profeßformel der Dominikaner hält sich – im Rückgriff auf die prämonstratensische – bloß noch an das Gehorsamsgelübde. Vgl. dazu A. H. Thomas, De oudste constituties van de Dominicanen, Leuven 1965 (Bibl. de la Revue d'Histoire Eccl. 42), S. 145 ff.; der Text der Formel: Constitutiones Antiquae (hinfort = CA), dist. I, cap. 16 (S. 326 f.).

8 Marie-Dominique Chenu, Das Werk des Hl. Thomas von Aquin, Heidelberg 1960 (Deutsche Thomas-Ausgabe. 2. Erg.-Bd.), S. 6 ff.; Fernand van Steenberghen, Die Philosophie im 13. Jahrhundert, München 1977, S. 76 ff.; H. S. Denifle, Die Entstehung der Universitäten des Mittelalters bis 1400, Graz 2. Aufl. 1956; Herbert Grundmann, Vom Ursprung der Universität im Mittelalter, in: ders., Ausgewählte Aufsätze, Teil 3: Bildung und Sprache, Stuttgart 1978, S. 292-342.

9 E. Bernard, Les Dominicains dans l'université de Paris, ou le grand couvent des Jacobins de la rue St. Jacques, Paris 1883; Angelus Walz, Compendium Historiae Ordinis Praedicatorum, Romae 2. Aufl. 1958, S. 208 ff.; William A. Hinnebusch, The History of the Dominican Order, Vol. One, Staten Island, N. Y. 1966, S. 58; 3 ff., 86; ders., a. a. O. Vol. Two, Staten Island, N. Y. 1973, S. 117ff.; Isnard Wilhelm Frank, Die Spannung zwischen Ordensleben und wissenschaftlicher Arbeit im frühen Dominikanerorden, Archiv f. Kulturgesch. 49 (1967), S. 164-207, bes. S. 171 f.

10 Thomas von Aquin unterscheidet drei Grade der Liebe, die er so bestimmt: *Deus autem maxime propter seipsum est diligendus. Sunt enim quidam qui libenter, vel sine magna molestia, separantur a vacatione divinae contemplationis, ut terrenis negotiis implicentur, et in his vèl nihil vel modicum caritatis apparet. Quidam verum in tantum delectantur in vacatione divinae contemplationis, quod eam deserere nolunt, etiam ut divinis obsequiis mancipentur ad salutem proximorum. Quidam vero ad tantum culmen caritatis ascendunt, quod etiam divinam contemplationem, licet in ea maxime delectentur, praetermittunt, ut Deo serviant in salutem proximorum; et haec perfectio in Paulo apparet* [...] *Et haec perfectio est proprie praelatorum, et praedicatorum, et quorumcumque aliorum, qui procurandae saluti aliorum insistunt* (Quaestio disp. de caritate a. 11, ad 6). Vgl. dazu M.-D. Chenu, Thomas von Aquin, Reinbek 1960, S. 55 ff. Zu erwähnen ist auch Summa theol. II-II, 188, q. 188, a. 6: *Sicut enim majus est illuminare, quam lucem solum videre, ita majus est contemplata aliis tradere, quam solum contemplari... Sic ergo summum gradum in religionibus tenent quae ordinantur ad docendum, et praedicandum.* Zur Geschichte von Aktion und Kontemplation und deren Bewertung im Christentum vgl.

H. U. von Balthasar, Besondere Gnadengaben und die zwei Wege menschlichen Lebens, Thomas von Aquin II-II, S. 171-182, Heidelberg 1954 (Deutsche Thomas-Ausgabe, Bd. 23), S. 431-464, besonders S. 457 zur Stelle (mit Kritik an der bloß äußerlich addierenden Hinzufügung der Tätigkeit zur Beschauung). Vgl. H. U. von Balthasar, Aktion und Kontemplation, in: Verbum Caro [wie Anm. 1], S. 245-259; Mary Elizabeth Mason, Active Life and Contemplative Life, A Study of the Concepts from Plato to the Present, Milwaukee, W. 1961; Art. »Contemplation«. Dict. de Spir. 2/2, Paris 1953, Sp. 1643-2193.

11 Henry-Charles Chéry, Les Dominicains, in: Les Ordres religieux actifs, Paris 1980, S. 405; Kaspar Elm, Franziskus und Dominikus, Wirkungen und Antriebskräfte zweier Ordensstifter, Saeculum 23 (1972), S. 127-148, bes. S. 141 ff.

12 Frank [wie Anm. 9], S. 181.

13 Frank [wie Anm. 9], S. 175 ff.

14 CA, dist. II, cap. 26 (Ed. Thomas, wie Anm. 7, S. 360). Ziel ist: *nudus nudum Christum sequere*. Vgl. dazu die Hinweise von Heinrich Stirnimann, Bruder Klausens Glaubensrede, Freiburger Zs. f. Phil. u. Theol. 23 (1976), S. 418, Anm. 158 mit Literatur. Zur Verbindung von Armut und Wissenschaft vgl. Dieter Berg, Armut und Wissenschaft, Beiträge zur Geschichte des Studienwesens der Bettelorden im 13. Jahrhundert, Düsseldorf 1977.

15 Marie-Humbert Vicaire, L'imitation des apôtres. Moines, chanoines et mendiants, IVe-XIIIe siècles, Paris 1963, S. 76.

16 Frank [wie Anm. 9], S. 174 f.

17 Vicaire [wie Anm. 15], S. 78.

18 Vicaire [wie Anm. 15], S. 78 f.

19 Vgl. CA, dist. II, cap. 34 (Ed. Thomas, wie Anm. 7, S. 365 f.).

20 Fürs Folgende vgl. Jacques Le Goff, Ordres mendiants et urbanisation dans la France médiévale, Enquête du Centre de recherches historiques, Annales, Economies, sociétés, civilisations 25 (1970), S. 924-946, bes. S. 930; dazu ders., Apostolat mendiant et fait urbain dans la France médiévale: L'implantation des ordres mendiants, Programme-questionnaire pour une enquête, Annales, ESC 23 (1968), S. 335-352; Bernhard E. J. Stüdeli, Minoritenniederlassungen und mittelalterliche Stadt, Beiträge zur Bedeutung von Minoriten- und andern Mendikantenanlagen im öffentlichen Leben der mittelalterlichen Stadtgemeinde insbesondere der deutschen Schweiz, Werl/Westf. 1969. – Das Stadtleben in seinen sozio-ökonomischen Bezügen und seiner Aufnahmefähigkeit für die Mendikanten wird in der Arbeit von Martina Wehrli-Johns, Geschichte des Zürcher Predigerkonvents (1230-1524), Mendikantentum zwischen Kirche, Adel und Stadt, Zürich 1980, aufgewiesen. Kurze Hinweise dazu auch bei J. Le Goff, in: J. Le Goff (Hg.), Histoire de la France urbaine, Tome 2: La ville médiévale, Paris 1980, S. 230 ff.; Ernst Werner, Stadt und Geistesleben im Hochmittelalter, 11. bis 13. Jahrhundert, Weimar 1980, S. 206 ff. Ein altes Disti-

chon gibt Auskunft über die Vorliebe der verschiedenen Orden für ihre Niederlassungen: *Bernardus valles, montes Benedictus amabat,*
Oppida Franciscus, celebres Dominicus urbes.
Vgl. auch John B. Freed, Urban Development and the ›cura monialium‹ in Thirteenth-Century Germany, Viator 3 (1972), S. 311-327; ders., The Friars and German Society in the Thirteenth Century, Cambridge/Mass. 1977, S. 21-53; Ludwig Baur, Die Ausbreitung der Bettelorden in der Diözese Konstanz, Freiburger Diözesanarchiv 28 NF 1 (1900) S. 1-101; 29 NF 2 (1901) S. 1-107.

21 B. Humbertus de Romans, Opera de vita regulari, Ed. Joachim Joseph Berthier, Vol. II. Torino 1956, S. 28.

22 Humbertus [wie Anm. 21], S. 29. – Zum monastischen Hintergrund dieses Begriffs vgl. die von A. M. Haas (Parzivals tumpheit bei Wolfram von Eschenbach, Berlin 1964, S. 295, Anm. 45) zitierte Literatur.

23 Humbertus [wie Anm. 21], S. 28.

24 Humbertus [wie Anm. 21], S. 29.

25 Humbertus [wie Anm. 21], S. 29.

26 B. H. Rosenwein/L. K. Little, Social Meaning in the Monastic and Mendicant Spiritualities, Past and Present Nr. 63 (1974), S. 4-32, bes. S. 23 und 28 f.; zitiert bei Werner [wie Anm. 20], S. 207.

27 Frank [wie Anm. 9], S. 170 f.

28 Zur Entwicklung des Studienwesens bei den Dominikanern vgl. C. Douais, Essai sur l'organisation des études dans l'ordre des Frères Prêcheurs au XIIIe et XIVe siècle, Paris-Toulouse 1884; H. S. Denifle, Die Constitutionen des Prediger-Ordens vom Jahre 1228, Archiv f. Literatur- und Kirchengeschichte des Mittelalters (1885), S. 165-227; Pierre Mandonnet, La théologie dans l'ordre des Frères Prêcheurs, Dict. de Théol. Cath. VI, 863-905; Rudolf Limmer, Bildungszustände und Bildungsideen des 13. Jahrhunderts, München-Berlin 1928, S. 122 ff.; Gabriel Löhr, Die Gewohnheiten eines mitteldeutschen Dominikanerklosters aus der ersten Hälfte des 14. Jahrhunderts, Archivum Fratrum Praedicatorum 1 (1931), S. 87-105; ders., Die Kölner Dominikanerschule vom 14. bis zum 16. Jahrhundert, Freiburg/Schweiz 1946; Georg Boner, Das Predigerkloster in Basel von der Gründung bis zur Klosterreform 1233-1429, Basel 1935, S. 152 ff.; Heribert Christian Scheeben, Jordan der Sachse, Vechta 1937, S. 133-171; ders., Beiträge zur Geschichte Jordans von Sachsen, Vechta 1938 (QuF. 35), S. 96-126; ders., Zur Biographie Johann Taulers, in: Ephrem Filthaut (Hg.), Johannes Tauler. Ein deutscher Mystiker. Gedenkschrift zum 600. Todestag, Essen 1961, S. 19-36; I. W. Frank, Zur Studienorganisation der Dominikanerprovinz Teutonia in der ersten Hälfte des 14. Jahrhunderts und zum Studiengang des sel. Heinrich Seuse, in: E. M. Filthaut (Hg.), Heinrich Seuse, Studien zum 600. Todestag 1366-1966, Köln 1966, S. 39-69; ders., wie Anm. 9; ders., Hausstudium und Universitätsstudium der Wiener Dominikaner bis 1500, Wien 1968 (Archiv f. Oesterr. Gesch. 127); D. Berg, wie Anm. 14;

ders., Das Studienproblem im Spiegel der franziskanischen Historiographie des 13. und beginnenden 14. Jahrhunderts, Wissenschaft und Weisheit 42 (1979), S. 11-33, S. 106-156; Le scuole degli ordini mendicanti (secoli XIII-XIV), Todi 1978 (Convegni del Centro di Studi sulla Spiritualità Medievale. 17). Siehe auch oben Anm. 8. Für den franziskanischen Bereich, der mit dem der Dominikaner natürlich vieles gemeinsam hat, vgl. noch Kajetan Esser, Anfänge und ursprüngliche Zielsetzungen des Ordens der Minderbrüder, Leiden 1966 (Studia et Documenta Franciscana. 4).

29 Gilles G. Meersseman, In libris gentilium non studeant, L'étude des classiques interdite aux clercs au moyen âge? Italia Medioevale e Umanistica 1 (1958), S. 1-13; Beryl Smalley, English Friars and Antiquity in the Early Fourteenth Century, Oxford 1960; J. Boyce Allen, The Friar as Critic, Literary Attitudes in the Later Middle Ages, Nashville 1971.

30 Zur Rolle der *Artes liberales* im Mittelalter vgl. Arts Libéraux et philosophie au moyen âge, Montréal-Paris 1969 (Actes du 4e Congrès International de Philosophie Médiévale); J. Koch (Hg.), Artes liberales, Von der antiken Bildung zur Wissenschaft des Mittelalters, Leiden-Köln 1976 (Studien u. Texte zur Geschichte des Mittelalters. 5).

31 Organisation und Aufbau des Universitätsstudiums wurden für die Predigermönche immer mehr auch im Studium der Konvente verbindlich. Vgl. Frank [wie Anm. 9], S. 190 ff.

32 Vgl. zum Folgenden Frank (1966) [wie Anm. 28].

33 Vgl. Frank, ebd. S. 58-69; M.-D. Chenu, La théologie comme science au XIIIe siècle, Paris 3. Aufl. 1957; ders., La théologie au douzième siècle, Paris 1957; M. Grabmann, Die Geschichte der scholastischen Methode, 2 Bände, Darmstadt 2. Aufl. 1961; ders., Die Geschichte der katholischen Theologie seit dem Ausgang der Väterzeit, Darmstadt 2. Aufl. 1961, bes. S. 47 ff.; ders., Die theologische Erkenntnis- und Einleitungslehre des Heiligen Thomas von Aquin auf Grund seiner Schrift In Boethium De Trinitate, Freiburg/Schweiz 1958 (Thomist. Studien. 4), bes. S. 186 ff.; Bernhard Dörholt, Der Predigerorden und seine Theologie, Paderborn 1917; Alois Dempf, Die Hauptform mittelalterlicher Weltanschauung, München 1925; Josef Pieper, Scholastik. Gestalten und Probleme der mittelalterlichen Philosophie, München 1960; Claude Tresmontant, La métaphysique du Christianisme et la crise du treizième siècle, Paris 1964; Elisabeth Gössmann, Glaube und Gotteserkenntnis im Mittelalter, Freiburg i. Br. 1971 (Hb. d. Dogmengeschichte. I/2b); Ulrich Köpf, Die Anfänge der theologischen Wissenschaftstheorie im 13. Jahrhundert, Tübingen 1974 (Beiträge zur hist. Theol. 49).

34 H. S. Denifle, Quel livre servait de base à l'enseignement des Maîtres en théologie? Revue Thomiste 2 (1894), S. 149-161; zitiert bei Frank (1966) [wie Anm. 28], S. 61, Anm. 102; dazu: M.-D. Chenu, La parole de Dieu, I: La foi dans l'intelligence, Paris 1964, S. 187-200.

35 Zum alten monastischen Umgang mit der Hl. Schrift vgl. Jean Leclercq, Wissenschaft und Gottverlangen, Zur Mönchstheologie des Mittelalters, Düsseldorf 1963, S. 83 ff.

36 Vgl. dazu Frank (1966) [wie Anm. 28], S. 62. Auch in diesem Punkt setzt sich eine spezialisierte, in die Philosophie ausgreifende Theologie ab von der monastischen Art des Umgangs mit der Hl. Schrift.

37 *Ez sprichet meister Eckehart: wêger wêre ein lebemeister denne tûsent lesemeister*, F. Pfeiffer (Hg.), Deutsche Mystiker des 14. Jahrhunderts. Bd. 2, Aalen 3. Aufl. 1962, S. 599, 19 f. (hinfort: Pf. mit Seiten- und Zeilenzahl). Tauler: *Lieben kinder, die grossen pfaffen und die lesmeister die tispitierent weder bekentnisse merre und edeler si oder die minne. Aber wir wellen nu al hie sagen von den lebmeistern. Als wir dar komen, denne súllen wir aller dinge worheit wol sehen.* Ferdinand Vetter (Hg.), Die Predigten Taulers aus der Engelberger und der Freiburger Hs., sowie aus Schmidts Abschriften der ehemaligen Straßburger Hss., Dublin-Zürich 2. Aufl. 1968, S. 196, 28 ff. (hinfort: V mit Seiten- und Zeilenzahl). Dieses Selbstverständnis der Mystiker als Seelsorger wäre inhaltlich leicht zu belegen. Für Seuse vgl. E. Filthaut, Heinrich Seuse in dominikanisch-priesterlich-seelsorglicher Sicht, in: Filthaut (Hg.) Heinrich Seuse [wie Anm. 28], S. 267-304.

38 Pius Künzle (Hg.), Heinrich Seuses Horologium Sapientiae, Erste kritische Ausgabe unter Benützung der Vorarbeiten von D. Planzer, Freiburg/Schweiz 1977 (Spicilegium Friburgense. 23), S. 520,3 (II, 1) (hinfort: HS mit Seiten- und Zeilenzahl und Buch- und Kapitelangabe in Klammer).

39 HS 520,4 (II,1).

40 HS 523,1. Zum geistigen Kontext: E. Gössmann, Antiqui und Moderni im Mittelalter. Eine geschichtliche Standortbestimmung, München 1974 (Ver. des Grabmann-Institutes. 23), S. 124.

41 *Porro hi, qui de secundo ordine erant, in statu proprio persistere videbantur* (HS 525,13 f.).

42 Guillaume de Saint-Thierry, Lettre aux frères du Mont-Dieu (Lettre d'or), Ed. Jean Déchanet, Paris 1975 (SC 223), § 140 f., 146 f., 155 f., 169-174, S. 39, Anm. 75, und S. 392, wo für die Herkunft des Schemas auf Origenes verwiesen wird. Für Parallelstellen bei Bernhard von Clairvaux siehe M.-M. Davy (Hg.), Un traité de la vie solitaire de Guillaume de Saint-Thierry, Paris 1940, S. 81, Anm. 56.

43 *Sapientia* ist für die frühe Dominikanertheologie (und weit darüber hinaus) der Inbegriff von Theologie. Vgl. Roberti Kilwardby O. Pr., De natura Theologiae, Ed. Friedrich Stegmüller, Münster W. 1935 (Opuscula et Textus, Ser. schol. 17), S. 7 ff.; Friedrich Wilhelm Ödiger, Über die Bildung der Geistlichen im späten Mittelalter, Leiden-Köln 1953 (Studien u. Texte zur Geistesgesch. des Mittelalters. 11), S. 1-21; Ragnar Holte, Béatitude et sagesse, Saint Augustin et le problème de la fin de l'homme dans la Philosophie ancienne, Paris 1962; Fumi Sakaguchi, Der Begriff der Weisheit in den Hauptwerken Bonaventuras,

München-Salzburg 1968 (Epimeleia. 12); vor allem aber Camille Bérubé, De la philosophie à la sagesse chez Saint Bonaventure et Roger Bacon, Roma 1976 (Bibl. Seraphico-Capuccina. 26); von Balthasar, Herrlichkeit. Eine theologische Ästhetik, I: Schau der Gestalt, Einsiedeln 1961, S. 158 ff.; ders.: ebd. II: Fächer der Stile, Einsiedeln 1962, S. 267 ff. (Bonaventura). – Zum monastischen Hintergrund: J. Leclercq, Wissenschaft und Gottverlangen [wie Anm. 35], öfter; ders., Otia Monastica, Etudes sur le vocabulaire de la contemplation au moyen âge, Rom 1963 (Studia Anselmiana. 51), S. 119 f.; ders.: Chances de la spiritualité occidentale, Paris 1966, S. 179 ff.; Max Seckler, Im Spannungsfeld von Wissenschaft und Kirche, Theologie als schöpferische Auslegung der Wirklichkeit, Freiburg i. Br. 1980, S. 149-160, bes. S. 155-158. Zur Allegorie der »Frau Weisheit« (ohne Hinweis auf Seuse!) vgl. Helen Adolf, The Figure of Wisdom in the Middle Ages, in: Arts Libéraux [wie Anm. 30], S. 429-443; U. Köpf, Religiöse Erfahrung in der Theologie Bernhards von Clairvaux, Tübingen 1980 (Beiträge zur hist. Theol. 61), S. 156 ff.

44 Johann Baptist Metz, Glaube in Geschichte und Gesellschaft, Mainz 1977, S. 195; Für eine Einheit zwischen Lebensgeschichte und Theologie tritt ein: Joseph Pietron, Geistige Schriftauslegung und biblische Predigt, Überlegungen zu einer Neubestimmung geistiger Exegese im Blick auf heutige Verkündigung, Düsseldorf 1979, S. 318 f.

45 Vgl. Künzle [wie Anm. 38], S. 48.

46 HS 546,14 (II,3). Vgl. dazu Frank, 1966 [wie Anm. 28], S. 57, Anm. 89.

47 HS 547,7. Zu dem hier gebrauchten *philosophus*-Begriff, dessen Herkunft aus der monastischen Theologie auf der Hand liegt, vgl. Leclercq, Wissenschaft und Gottverlangen [wie Anm. 35], S. 118 f. *(ipsa philosophia Christus, philosophia caelestis!)*; ders.; ›Ad ipsam sophiam Christum‹, Das monastische Zeugnis Abälards, in: Sapienter Ordinare, Festgabe für Erich Kleineidam, Leipzig 1969 (Erfurter Theol. Studien 24), S. 179-198; ders., Etudes sur le vocabulaire monastique du moyen âge, Rom 1961 (Studia Anselmiana 48), S. 39-79; von Balthasar, Sponsa Verbi, Skizzen zur Theologie II, Einsiedeln 1961, S. 349-387; M.-D. Chenu, La parole de Dieu, II: L'évangile dans le temps, Paris 1964, S. 55-69.

48 B. Miller (Hg.), Weisung der Väter. Apophthegmata Patrum, auch Gerontikon oder Alphabeticum genannt, Freiburg i. Br. 1965 (siehe im Register ›Arsenios‹). Louise Gnädinger hat für Tauler die Tradition der Altväter und der lateinischen Mystik des 12. Jahrhunderts erschlossen, Das Altväterzitat im Predigtwerk Joh. Taulers, in: J. Brantschen/P. Selvatico (Hg.), Unterwegs zur Einheit, Festschrift H. Stirnimann, Freiburg/Schweiz 1980, S. 253-267; dies., Der minnende Bernhardus, Seine Reflexe in den Predigten des Joh. Tauler, Cîteaux Com. Cist. 1 (1980), S. 387-409. Vgl. jetzt auch den Beitrag von Klaus Klein, in: K. Ruh, Abendländische Mystik im Mittelalter, Stuttgart 1986, S. 686 ff.

49 Siehe die reichen Zeugnisse aus der Ordensspiritualität, die Gnädinger, Das Altväterzitat [wie Anm. 48], beigebracht hat.

50 Vgl. dazu Herma Piesch, Seuses »Büchlein der Wahrheit« und Meister Eckhart, in: Heinrich Seuse [wie Anm. 28], S. 91-133.

51 Chenu [wie Anm. 8], S. 84 ff.

52 Auf die Predigt wäre eigens einzugehen. Da diese Thematik implizit bei den deutschen Mystikern gegeben ist, verzichte ich auf ein Referat der geschichtlichen Ausgestaltung der dominikanischen Predigt. Vgl. Jean-Pierre Renard, La formation et la désignation des prédicateurs au début de l'Ordre des Prêcheurs (1215-1237), Fribourg/Suisse 1977; H. Chr. Scheeben, Prediger und Generalprediger im Dominikanerorden des 13. Jahrhunderts, Archivum Fratrum Praed. 31 (1961), S. 113 ff.; Karl Hefele, Der Hl. Bernhardin von Siena und die franziskanische Wanderpredigt in Italien während des XV. Jahrhunderts, Freiburg i. Br. 1912; Johann Baptist Schneyer, Die Unterweisung der Gemeinde über die Predigt bei scholastischen Predigern, Eine Homiletik aus scholastischen Prothemen, München 1968; ders., Geschichte der kath. Predigt, Freiburg i. Br. 1969, S. 189 ff. Zu den deutschen Predigten, die überliefert sind, vgl. K. Morvay/D. Grube, Bibliographie der deutschen Predigt des Mittelalters. Veröffentlichte Predigten, München 1974.

53 Uwe Gerber, Disputatio als Sprache des Glaubens, Zürich 1970 (Basler Studien zur hist. und syst. Theol. 15). Eine moderne Fortführung: Hans-Dieter Bastian, Theologie der Frage, München 2. Aufl. 1970.

54 Vgl. Bérubé [wie Anm. 43], S. 3 ff.

55 Otmar Decker, Die Stellung des Predigerordens zu den Dominikanerinnen (1207-1267), Vechta 1935 (QF. 31), 1 S. 110.

56 Decker, ebd., S. 91 f. Vgl. auch Hieronymus Wilms, Geschichte der Dominikanerinnen, Dülmen i. W. 1920, S. 44 ff., H.-Ch. Scheeben, Die Anfänge des zweiten Ordens des Hl. Dominikus, Archivum Fratrum Praedicatorum 2 (1932), S. 284-315; Gabriel Théry, Le développement historique des études eckhartiennes, La Vie spirituelle Suppl. No. 7, 15 nov. 1948, S. 304-337, bes. S. 322 ff.

57 Decker, ebd., S. 111.

58 H. S. Denifle, Über die Anfänge der Predigtweise der deutschen Mystiker, Archiv f. Litteratur- u. Kirchengesch. 2 (1886) S. 650.

59 Wie Scheeben (Zur Biographie J. Taulers [wie Anm. 28], S. 25 f.) mit Recht gegen Denifle moniert.

60 Denifle [wie Anm. 58], S. 646 ff.

61 Scheeben [wie Anm. 28], S. 29.

62 Scheeben, ebd.

63 Paul-Gerhard Völker, Die Überlieferungsformen mittelalterlicher deutscher Predigten, ZfdA 92 (1963), S. 212-227; K. Ruh, Geistliche Prosa [wie Anm. 3], S. 580.

64 Thomas von Aquin, Summa theol. III, q. 40, a. 1, ad 2. Vgl. dazu Humbert von Romans, De vita regulari [wie Anm. 21], Vol. I, S. 48 ff.; Alois Maria Haas, Sermo mysticus, Studien zu Theologie und Sprache der deutschen Mystik, Freiburg/Schweiz 1979, S. 146 f.; ders., Meister

Eckhart als normative Gestalt des geistlichen Lebens, Einsiedeln 1979, S. 130, Anm. 124 (die Formel »*ex plenitudine contemplationis activus*«).

65 S. th. II-II, q. 1, a. 2, ad 2.

66 Ebd., Respondeo.

67 Karl Eschweiler, Die zwei Wege der neueren Theologie: Georg Hermes – Matth. Jos. Scheeben, Eine kritische Untersuchung des Problems der theologischen Erkenntnis, Augsburg 1926, S. 194.

68 S. th. I, q. 1, a. 9; I-II, q. 101, a. 2. Vgl. dazu Eugen Biser, Theologische Sprachtheorie und Hermeneutik, München 1970, S. 77f.

69 Eschweiler [wie Anm. 67], S. 196. An diesem Punkt ließe sich die ganze moderne Reflexion über die Glaubenssprache anknüpfen, insbesondere die Sprachtheologie von Ian T. Ramsey. Vgl. Ramsey, Religious Language, London 1967; ders., Christian Discourse, Some Logical Explorations, London 1965; ders., Christian Empiricism, Studies in Philosophy and Religion 1, Ed. by J. H. Gill, London 1974. Dazu Anton Grabner-Haider, Semiotik und Theologie, Religiöse Rede zwischen analytischer und hermeneutischer Philosophie, München 1973, S. 172ff.

70 von Balthasar, Theologie und Heiligkeit [wie Anm. 5], S. 212.

71 Ebd., S. 219.

72 C. F. Kelley, Meister Eckhart on Divine Knowledge, New Haven 1977, S. 3.

73 Meister Eckhart wird zitiert nach der im Kohlhammer Verlag, Stuttgart, erscheinenden Gesamtausgabe seiner Werke: DW = Deutsche Werke, hg. von Josef Quint (mit Band-, Seiten- und Zeilenzahl); LW = Lateinische Werke (mit Band-, Seiten- und Zeilenzahl, dazu die Abschnittnummer). Hier: LW 3,4, 3 ff., n. 2. Zur Deutung dieser Stelle vgl. Kurt Flasch, Die Intention Meister Eckharts, in: Sprache und Begriff. Festschrift für Bruno Liebrucks, hg. von H. Röttges, B. Scheer, J. Simon, Meisenheim a. Gl. 1974, S. 292-318. Der allzu philosophische Zugriff Flaschs – der Eckhart zu einem Philosophen machen möchte – ist doppelt zu relativieren: 1. durch Eckharts theo-logische Bestimmung seiner schriftstellerischen Unternehmungen, 2. durch Kelleys Hinweis auf die kategorial und wissenschaftsmethodisch unmögliche Einordnung dieses Werks.

74 LW 3, 209, 11ff., n. 3. Vgl. Benedict M. Ashley, Eckhart as Scholastic, The Thomist 42 (1978), S. 226-239.

75 Heribert Fischer, Meister Eckhart, Einführung in sein philosophisches Denken, Freiburg-München 1974, S. 33 (hier keinerlei philosophische Reduktion des Eckhartschen Denkens!).

76 LW 1, 451, 2. Vgl. dazu Fischer [wie Anm. 75]; ders., Die theologische Arbeitsweise Meister Eckharts in den lateinischen Werken, in: A. Zimmermann (Hg.): Methoden in Wissenschaft und Kunst des Mittelalters, Berlin 1970 (Miscellanea Mediaevalia 7), S. 50-75; von Balthasar, Herrlichkeit III/1 [wie Anm. 2], S. 394.

77 Vgl. dazu Adolf Schurr, Die Begründung der Philosophie durch An-

selm von Canterbury, Stuttgart 1966, S. 21 ff.; von Balthasar, Herrlichkeit II [wie Anm. 43], S. 217-263.

78 Neben dem Thomismus ist sicher die Leistung des Albertus Magnus für diese Ausweitung des Neugierdeverhaltens in Anschlag zu bringen: vgl. M. Grabmann, Der Einfluß Alberts des Großen auf das mittelalterliche Geistesleben, Innsbruck 1928; Albertus Magnus-Festschrift, Divus Thomas, Jb. f. Phil. u. spekulative Theol. 3. Serie, 10. Band, 2.-3. Heft, 1932; Gerbert Meyer/Albert Zimmermann (Hg.), Albertus Magnus – Doctor Universalis 1280/1980, Mainz 1980.

79 LW 2, 490, 7 f., n. 154. Vgl. dazu Werner Beierwaltes, Identität und Differenz, Frankfurt a. M. 1980, S. 97-104.

80 LW 1, 148,5 f. Natürlich hat diese Versicherung Topos-Charakter. Sie braucht deshalb nicht unwahr zu sein, im Gegenteil. Vgl. zum Teamwork der Predigerbrüder Yves Congar, »In dulcedine societatis quaerere veritatem« – Notes sur le travail en équipe chez les prêcheurs au XIIIe siècle, in: Albertus Magnus [wie Anm. 78], S. 47-57.

81 Vgl. Ruh, Bonaventura deutsch [wie Anm. 3], S. 38 ff.

82 LW 3,86,14 f., n. 100 (ein Zitat aus Aristoteles). Vgl. Ruedi Imbach, Deus est intelligere, Das Verhältnis von Sein und Denken in seiner Bedeutung für das Gottverständnis bei Thomas von Aquin und in den Pariser Quaestionen M. Eckharts, Freiburg/Schweiz 1976, S. 176 ff.

83 LW 1,270 f., n. 155. Vgl. oben Anm. 79.

84 Vgl. von Balthasar, Herrlichkeit III/1 [wie Anm. 2], S. 399 f. *Debet igitur anima (se) exuere omnibus, ut nuda nudum quaerat deum, nihil aliud in ipso* (LW 4,225, 11 f., n. 246). Das »*nudus nudum Christum sequi*« [vgl. oben Anm. 14] ist hier von seiner apostolischen Signatur in eine Bedeutung übersetzt, die den Menschen in seiner Ganzheit betrifft. Vgl. J. Salmon, L'ascèse monastique et la spiritualité, La Vie spirituelle, Suppl. No. 29, 15 mai 1954, S. 195-240, bes. S. 224 ff.

85 Vgl. Fischer [wie Anm. 75], S. 127 f.

86 Vgl. Haas, Meister Eckhart als normative Gestalt [wie Anm. 64], S. 88 ff.

87 Die wichtigen Stellen siehe bei Haas, Nim din selbes war, Studien zur Lehre von der Selbsterkenntnis bei Meister Eckhart, Johannes Tauler und Heinrich Seuse, Freiburg/Schweiz 1971 (Dokimion. 3), S. 29 ff.

88 Vgl. Haas, M. Eckhart als normative Gestalt [wie Anm. 64], S. 41 ff.

89 K. Ruh, Die trinitarische Spekulation in deutscher Mystik und Scholastik, ZfdPh 72 (1953), S. 24-53, bes. S. 44.

90 Bernhard Welte, Meister Eckhart, Gedanken zu seinen Gedanken, Freiburg i. Br. 1979, S. 209 ff.

91 Vgl. Haas, M. Eckhart und die Sprache, Sprachgeschichtliche und sprachtheologische Aspekte seines Werkes, in: ders., Geistliches Mittelalter, Freiburg/Schweiz 1984, S. 193-214; ders., M. Eckhart und die deutsche Sprache, in: ebd., S. 215-237.

92 Vgl. Théry [wie Anm. 56], S. 328 ff.

93 Mieth [wie Anm. 3], S. 243.

94 Ebd., S. 243.
95 Vgl. auch D. Mieth, Christus, das Soziale im Menschen, Texterschließungen zu Meister Eckhart, Düsseldorf 1972, S. 75-97 (Interpretation der Predigt IX bei Pfeiffer, S. 47-53; nhd. Übersetzung bei Josef Quint, M. Eckehart, Deutsche Predigten und Traktate, München 1963, S. 280-289; jetzt: DW 3, Predigt 86, S. 472-503).
96 Zum Kontext vgl. H. U. von Balthasar, Besondere Gnadengaben [wie Anm. 10], S. 455; ders., Theodramatik, I: Prolegomena, Einsiedeln 1973, S. 521; O. Langer, Mystische Erfahrung und spirituelle Theologie. Zu M. Eckharts Auseinandersetzung mit der Frauenfrömmigkeit seiner Zeit, München 1987.
97 Käte Grunewald, Studien zu J. Taulers Frömmigkeit, Hildesheim 2. Aufl. 1972; Gösta Wrede, Unio mystica, Probleme der Erfahrung bei Johannes Tauler, Uppsala 1974; Josef Sudbrack, Wege zur Gottesmystik, Einsiedeln 1980, S. 135 ff.
98 von Balthasar, Besondere Gnadengaben [wie Anm. 10], S. 268-273.
99 Benoît Lavaud, Les épreuves mystiques selon Jean Tauler, Revue thomiste 45 (1939), S. 309-329; Bernd Moeller, Die Anfechtung bei Johann Tauler, Diss., Mainz 1956 (masch.), bes. S. 24 ff.; Christine Pleuser, Die Benennungen und der Begriff des Leidens bei J. Tauler, Berlin 1967 (Phil. Stu. u. Qu. 38).
100 Scheeben [wie Anm. 28], S. 23.
101 Ignaz Weilner, Johannes Taulers Bekehrungsweg, Die Erfahrungsgrundlagen seiner Mystik, Regensburg 1961 (Studien zur Gesch. d. kath. Moraltheol. 10), S. 48 ff.; dazu noch pointierter Gottlob Siedel, Die Mystik Taulers nebst einer Erörterung über den Begriff der Mystik, Leipzig 1911, S. 5; L. Sturlese, Tauler im Kontext, PBB 109 (1987), 390-426.
102 Vgl. anstatt einer großen Menge von Sekundärliteratur Steven E. Ozment, Homo Spiritualis, A Comparative Study of the Anthropology of Johannes Tauler, Jean Gerson and Martin Luther (1509-16) in the Context of their Theological Thought, Leiden 1969.
103 Adolf Spamer, Über die Zersetzung und Vererbung in den deutschen Mystikertexten, Diss. Gießen 1910.
104 Vgl. dazu Weilner [wie Anm. 101], S. 80 ff.
105 Vgl. dazu Dick Helander, Johann Tauler als Prediger, Diss. Lund 1923, S. 137 f.; Moeller [wie Anm. 99], S. 9 f.; dazu die Hinweise auf die Tradition bei Haas, Meister Eckhart als normative Gestalt [wie Anm. 64], S. 107 f.; Anm. 17. Ergänzend dazu Gregor d. Gr., Moralia in Job, l. XXIV, c. XI, 28 (PL 76, 302A: *inchoatio*, *medietas*, *perfectio*) und ebd., l. XXII, c. XX, 48 f. (PL 76, 242 C/D 243 A/B: *timor*, *amor*, *charitas*) und Hom. in Ez., 1.I. h. x (PL 76, 898 BC: *Inchoantes*, *perfecti*).
106 V 168, 9 f. Vgl. dazu Moeller [wie Anm. 99], S. 10, 21.
107 Weilner [wie Anm. 101], S. 196, 210.
108 Mieth [wie Anm. 3], S. 250.

109 Vgl. A. M. Haas, Meister Eckharts Auffassung von Zeit und Ewigkeit, in: ders., [wie Anm. 91], Freiburg/Schweiz 1984, S. 339-369.
110 V 63,32-64,7. Vgl. Mieth [wie Anm. 3], S. 260.
111 Mieth [wie Anm. 3], S. 260.
112 V 156,32 ff. Vgl. Mieth [wie Anm. 3], S. 272.
113 V Predigt 21, S. 85 ff.
114 Mieth [wie Anm. 3], S. 262.
115 Vgl. oben Anm. 15; M.-H. Vicaire, Dominique et ses prêcheurs, Fribourg 1977 (Studia Friburgensia. 55).
116 Vgl. Haas, Sermo mysticus [wie Anm. 64], S. 287.
117 Paul Wyser, Der »Seelengrund« in Taulers Predigten, in: Lebendiges Mittelalter, Festgabe für W. Stammler, Freiburg/Schweiz 1958, S. 203-311.
118 Vgl. Mieth [wie Anm. 3], S. 259.
119 Reto Luzius Fetz, Ontologie der Innerlichkeit, Reditio completa und Processio interior bei Thomas von Aquin, Freiburg/Schweiz 1975 (Studia Friburgensia. 52).
120 Weilner [wie Anm. 101], S. 140 ff.
121 von Balthasar, Herrlichkeit III/1 [wie Anm. 2], S. 413.
122 Ebd., S. 416.
123 Wyser [wie Anm. 117], S. 235.
124 Siehe oben S. 66 ff.
125 Filthaut [wie Anm. 37], S. 281 f.
126 B 385, 24 ff.; auch B 467,32.
127 Filthaut [wie Anm. 37]; Paul Michel, Heinrich Seuse als Diener des göttlichen Wortes, Persuasive Strategien bei der Verwendung von Bibelzitaten im Dienste seiner pastoralen Aufgaben, in: Haas/Stirnimann (Hg.), Das »einig Ein«, Studien zu Theorie und Sprache der deutschen Mystik, Freiburg/Schweiz 1980, S. 281-367.
128 Siehe oben S. 69 f.
129 B 99,14; 354,5. Vgl. H. Piesch [wie Anm. 50]; J.-A. Bizet, Henri Suso et le déclin de la scolastique, Paris 1946, S. 113 ff.
130 Zu diesem mystischen Erkennen vgl. neben der oben Anm. 65 zitierten Literatur H. S. Denifle, Die deutschen Mystiker des 14. Jahrhunderts, Beitrag zur Deutung ihrer Lehre, Aus dem literarischen Nachlaß hg. von O. Spiess, Freiburg/Schweiz 1951, S. 48 ff.
131 Walter Muschg, Mystik in der Schweiz, Frauenfeld 1935, S. 247.
132 Ebd.
133 Bruno Boesch, Seuses religiöse Sprache, in: Festgabe für Friedrich Maurer, Düsseldorf 1968, S. 223-245, hier S. 244; einen neuen Zugang zu Seuses Stil erschließt neben Michel [wie Anm. 127] vor allem H. Stirnimann, Mystik und Metaphorik, Zu Seuses Dialog, in: Das »einig Ein« [wie Anm. 127], S. 210-280.
134 Boesch [wie Anm. 133], ebd.
135 B 183,29 f. Vgl. Boesch [wie Anm. 133], S. 229.
136 von Balthasar, Herrlichkeit I [wie Anm. 43], S. 286.

137 Roland Barthes, Sade Fourier Loyola, Paris 1971, S. 11.

138 Zur Bestimmung der religiösen Erfahrung als ›Erfahrung mit der Erfahrung‹ vgl. Gerhard Ebeling, Wort und Glaube, III: Beiträge zur Fundamentaltheologie, Soteriologie und Ekklesiologie, Tübingen 1975, S. 22; Eberhard Jüngel, Unterwegs zur Sache, Tübingen 1972, S. 8; ders., Gott als Geheimnis der Welt, Zur Begründung der Theologie des Gekreuzigten im Streit zwischen Theismus und Atheismus, Tübingen 1977, S. 40.

139 von Balthasar, Theologie und Heiligkeit [wie Anm. 5], S. 215.

140 Joseph Bühlmann, Christuslehre und Christusmystik des Heinrich Seuse, Luzern 1942, S. 43.

141 Vgl. Gisela Baldus, Die Gestalt des »dieners« im Werke Heinrich Seuses, Diss., Köln 1966.

142 Julius Schwietering, Zur Autorschaft von Seuses Vita, in: K. Ruh (Hg.), Altdeutsche und altniederländische Mystik, Darmstadt 1964, S. 309-323; J.-A. Bizet, Suso et le Minnesang, ou la morale de l'amour courtois, Paris 1944.

143 B 203,7 ff. und Anm. 4.

144 Vgl. dazu Haas, Nim din selbes war [wie Anm. 87], S. 154 ff.

145 Metz [wie Anm. 44], S. 196.

146 Bizet [wie Anm. 129], S. 355 ff.

147 Die Loslösung der mystischen Erfahrung von ihrem Rückhalt in der Theologie konnte dazu führen, daß sie immer mehr abgetrennt vom gewöhnlichen Christenleben und dessen Erfahrungen wurde, so daß sie schließlich als ganz und gar außergewöhnliche Erfahrung betrachtet werden mußte, damit aber in bedenkliche Nähe zu magischen Erfahrungsweisen geriet. Zur Geschichte und zur Problemstellung vgl. Franz Lieblang, Grundfragen der mystischen Theologie nach Gregors des Großen Moralia und Ezechielhomilien, Freiburg i. Br. 1934 (Freiburger Theol. Stud. 37), S. 1-18; Engelbert Krebs, Dogma und Leben II, Paderborn 1925, S. 257 ff.

148 Vgl. dazu Yves Congar, Der Laie, Entwurf einer Theologie des Laientums, Stuttgart 1956; ders., Laïcat, Paris 1976 (Dict. de spir. 9, 1975, S. 79-108); I laici nella »societas christiana« dei secoli XI e XII, Milano 1968 (Misc. del Centro di Studi Medioevali. V); Art. »Idiota«, in: Dict. de spir. 7 (1971) Sp. 1242-1248 (von Guy Oury).

Die Beurteilung der Vita contemplativa und activa in der Dominikanermystik des 14. Jahrhunderts

1 A. J. Festugière, Ascèse et contemplation, in: L'enfant d'Agrigente, Paris 1950, S. 134-148; wieder aufgenommen in: ders., Le sage et le saint, Paris 1974, S. 63-85.

2 Es läßt sich geschichtlich ein deutliches Auseinandertreten der beiden

Bereiche feststellen. Vgl. F. Brunner, Théorie et pratique dans l'évolution de la pensée occidentale, Revue de théologie et de philosophie, 21 (1971), S. 172-180. Die Antike kennt ursprünglich nicht nur zwei, sondern drei Lebensformen, das theoretische, politische und geschäftliche Leben. Vgl. A. J. Festugière, Les trois vies, in: ders., Etudes de philosophie grecque, Paris 1971, S. 116-156. Zum ganzen Komplex der Theorie-Praxis-Problematik – geschichtlich und systematisch – vgl. B. d'Amore/A. Giordano (Hrsg.), Teoria e prassi, Atti del VI Congresso Internazionale, 2 Bände, Napoli 1979.

3 Ein christliches »Jenseits von Kontemplation und Aktion« auch in: H. U. von Balthasar, Pneuma und Institution, Skizzen zur Theologie IV, Einsiedeln 1974, S. 288-297; Th. Camelot und I. Mennessier, Aktives und kontemplatives Leben, in: Die katholische Glaubenswelt, II: Moraltheologie, Freiburg i. Br. 2. Aufl. 1960, S. 961-994, besonders S. 962; Th. Camelot, Action et contemplation dans la tradition chrétienne, La vie spirituelle 327 (1948), S. 273-301, bes. S. 273 f.

4 Festugière, Le sage et le saint, wie Anm. 1, S. 63.

5 In der Exklusivität der christlichen Forderung nach der Nachfolge Jesu Christi ist die integrative Funktion einbeschlossen. Wenn der Lebensstil und die Lebensform rangmäßig dem Lebenssinn untergeordnet sind, dann sind grundsätzlich alle Lebensweisen denkbar und möglich, auch alle Kombinationen von Lebensweisen (bis hin zur *vita mixta*). Vgl. C. V. Truhlar, Antinomiae vitae spiritualis, Romae 1965, S. 129-157. Es enthält ein Moment der Kritik, wenn nach Thomas von Aquin »die *vita contemplativa*, wiewohl die erhabenste Weise menschlichen Daseins, *non proprie humana, sed superhumana*, ›nicht eigentlich menschlich, sondern übermenschlich‹ ist« (Quaestiones disputatae de virtutibus cardinalibus I): J. Pieper, Muße und Kult, München 1965, S. 27.

6 Daß bei dieser Zielsetzung ein kontemplatives Moment niemals preisgegeben werden kann, ist der christlichen Aszese und Mystik selbstverständlich. Die »Schau des Vaters« ist genauso unverzichtbar wie die tätige Nächstenliebe, wenn auch – zu verschiedenen Zeiten – einzelne Bestandteile eine Spiritualität zu dominieren vermochten. Zielvorstellung bleibt eine Lebensform, in der sich der tätige und kontemplative Aspekt integrieren lassen, auch und vor allem in der Mystik. Zur Karmelmystik des 16. Jahrhunderts vgl. E. Schering, Mystik und Tat, Therese von Jesu, Johannes vom Kreuz und die Selbstbehauptung der Mystik, München 1959; H. Sanson, Leben mit Gott in der Welt, Eine Aszetik des tätigen Lebens, Freiburg i. Br. 1961.

7 Vgl. H. U. von Balthasar, Aktion und Kontemplation, in: Verbum Caro, Skizzen zur Theologie I, Einsiedeln 1960, S. 245-259, bes. S. 248, wo auf die »glückliche« Art der »Einchristlichung« der beiden Begriffe Aktion und Kontemplation hingewiesen wird, »da der ›Gnostiker‹ durchaus nicht als der einseitig beschauliche, sondern – wenn auch unter stark intellektuellem Vorzeichen – als der harmonische Vollchrist im Gleichgewicht von Aktion und Kontemplation erscheint«.

8 Vgl. dazu Camelot/Mennessier, wie Anm. 3, S. 962 ff.; Camelot, Action et contemplation, wie Anm. 3, S. 274 ff.; M. E. Mason, Active Life and Contemplative Life, A Study of the Concepts from Plato to the Present, Milwaukee, Wisconsin, S. 17-26. Eine geschichtliche Darstellung der Einchristlichung des antiken Modells findet sich mit allen notwendigen Hinweisen bei H. U. von Balthasar, Besondere Gnadengaben und die zwei Wege menschlichen Lebens, Die deutsche Thomas-Ausgabe, 23. Bd.: Summa theol. II-II, S. 171-182, Heidelberg 1954, S. 453-464; D. Mieth, Die Einheit von Vita activa und Vita contemplativa in den Predigten und Traktaten Meister Eckharts und bei Johannes Tauler, Untersuchungen zur Struktur des christlichen Lebens, Regensburg 1969, S. 29-117.

9 Vgl. M. Viller und K. Rahner, Aszese und Mystik in der Väterzeit, Ein Abriß, Freiburg i. Br. 1939, S. 71.

10 Vgl. oben Anm. 7.

11 Stromata 5, 10, 66, zitiert nach der deutschen Übersetzung von F. Overbeck, Titus Flavius Klemens von Alexandria, Die Teppiche (Stromateis), Basel 1936, S. 459.

12 Ebd., 6, 7, 61; S. 526.

13 Ebd., 6, 14, 108; S. 547.

14 Ebd., 4, 23, 152; S. 416.

15 Vgl. Camelot, Action et contemplation, wie Anm. 3, S. 274. Die Stelle bei Platon: 176b. Dazu vgl. auch A. J. Festugière, Contemplation et vie contemplative selon Platon, Paris 3. Aufl. 1967, S. 419.

16 Viller/Rahner, wie Anm. 9, S. 71.

17 Ebd.

18 Die Höherwertung des Maria-Lebens ist bei Origenes klar: »Bei Origenes entfernt sich der kontemplative Aufstieg immer wieder von der ›vita activa‹, je mehr er sich dem Endzustand nähert, in dem es nur noch die Gnosis (bei Origenes synonym mit ›theoria‹) gibt« (Mieth, wie Anm. 8, S. 70 f., Anm. 139).

19 »Maria ist Sinnbild des betrachtenden, Martha des tätigen, und Lazarus des nach dem Glaubensempfang in Sünden geratenen Lebens. Mit Recht trauern Maria und Martha um Lazarus ... Jetzt aber, (da Jesus da ist), scheint Martha eifriger zu sein als Maria. Martha lief ja Jesus entgegen, Maria dagegen blieb zu Hause sitzen. Es gibt einige, die Jesus nicht zu empfangen vermögen, z. B. der Hauptmann; andere sind dessen würdig, etwa der Synagogenvorsteher. Daher lief Martha – als die unter Maria Stehende – zu Jesus hin; Maria aber, fähig, seiner Einkehr Raum zu bieten, wartet darauf, Ihn zu Hause zu empfangen.« Nach R. Gögler, Origenes, Das Evangelium nach Johannes, Einsiedeln 1959, S. 338 (Frgm. LXXX). Über das Verhältnis des tätigen Lebens zur Gnosis vgl. W. Völker, Das Vollkommenheitsideal des Origenes, Tübingen 1931, S. 192-196 (hier weitere Stellen). Zur Stellung des Origenes in der Geschichte des Begriffspaars vgl. Camelot, Action et contemplation, wie Anm. 3, S. 275; Camelot/Mennes-

sier, wie Anm. 3, S. 963; Mason, wie Anm. 8, S. 21-26; Mieth, wie Anm. 8, S. 69 ff.

20 von Balthasar, wie Anm. 8, S. 455.

21 Ebd., S. 447. Aristotelisch bedeutet *Theoria* Gelehrtendasein. Vgl. I. Düring, Aristoteles, Darstellung und Interpretation seines Denkens, Heidelberg 1966, S. 469-473. Daß aber die christliche Mystik – ganz im Gegensatz zum üblen verallgemeinernden Topos: »Die Mystik neigt in allen ihren Formen zur Weltabkehr und Weltflucht« (J. Hessen, Religionsphilosophie, Bd. II: System der Religionsphilosophie [Basel, 2. Aufl. 1955], S. 330) – aus sich heraus immer wieder Ansätze zu einer Überwindung der starren antiken Konzeption der zwei Leben unternahm, ist sowohl historisch wie systematisch belegbar. Vgl. neben der schon genannten und noch zu nennenden Literatur das Folgende: Ch. A. Bernard, Contemplazione, azione, mistica, Rom 1971; ders., Le projet spirituel, Rom 1970; J. de Guibert, Theologia spiritualis ascetica et mystica, Rom 3. Aufl. 1946, S. 317-328; ders., Leçons de théologie spirituelle, Toulouse 1955, S. 338-351; I. Höllhuber, Sprache, Gesellschaft, Mystik, Prolegomena zu einer pneumatischen Anthropologie, München 1963, S. 314 ff.; J. Maritain, Action et contemplation, in: ders., Œuvres (1912-1939), Choix, présentation et notes par H. Bars, Paris 1975, S. 1159-1203; J.-H. Nicolas, Contemplation et vie contemplative en Christianisme, Fribourg/Suisse 1980, S. 312-367; C. Truhlar, De experientia mystica, Rom 1951, S. 77-92 (Relativität des passiven Zustandes in der mystischen Erfahrung!); Th. a Vallgornera, Mystica Theologia divi Thomae, Bd. II, Turin 1911, S. 222-228; vgl. den gewichtigen Artikel »Contemplation« im Dictionnaire de spiritualité ascétique et mystique II, Paris 1953, S. 1643-2193. Moderne Fragestellungen vgl. bei H. Arendt, Vita activa oder vom tätigen Leben, Stuttgart 1960; A. Halder, Aktion und Kontemplation, in: Christlicher Glaube in moderner Gesellschaft 8, Freiburg i. Br. 1980, S. 71-98. – Beachtenswert sind die Versuche von Dietmar Mieth, aus dem Geiste der eckhartschen Mystik eine autonome Ethik zu entwickeln: Dichtung, Glaube und Moral, Studien zur Begründung einer narrativen Ethik mit einer Interpretation zum Tristanroman Gottfrieds von Strassburg, Mainz 1976, S. 23, 35, 52 f., 126, 136, 146 f.; Moral und Erfahrung, Beiträge zur theologisch-ethischen Hermeneutik, Freiburg/Schweiz 1977, S. 30; Autonomie, Emploi du terme en morale chrétienne fondamentale, in: Autonomie, Dimensions éthiques de la liberté, Fribourg/Suisse 1977, S. 85-103; Meister Eckhart, Gotteserfahrung und Weg in die Welt, Olten 1979, S. 52-64; Gottesschau und Gottesgeburt, Zwei Typen christlicher Gotteserfahrung in der Tradition, Freiburger Zeitschrift für Philosophie und Theologie 27 (1980), S. 204-223, bes. 221 ff.; Meister Eckharts Ethik und Sozialtheologie, in: W. Böhme (Hrsg.), Meister Eckhart heute, Karlsruhe 1980, S. 42-57. Dazu siehe Anm. 8 und 34.

22 Camelot, Action et contemplation, wie Anm. 3, S. 283 f.

23 Ebd., S. 287. Die Stelle: In Ev. hom. II, V, 17 (PL 76, 1207). Vgl. dazu F. Lieblang, Grundfragen der mystischen Theologie nach Gregors des Großen Moralia und Ezechielhomilien, Freiburg i. Br. 1934, S. 160-170; C. Butler, Western Mysticism, The Teaching of Augustine, Gregory and Bernard on Contemplation and the Contemplative Life, New York 2. Aufl. 1966, S. 171-188; Mason, wie Anm. 8, S. 46-77. Zum Nachwirken der Formel »Amor ipse notitia« im Mittelalter vgl. R. Javelet, Psychologie des auteurs spirituels du XIIe siècle, Strasbourg 1959, S. 151-160, bes. S. 154; ders., Image et ressemblance au douzième siècle de Saint Anselme à Alain de Lille, 2 Bände, Strasbourg 1967, S. 427-435; D. de Pablo, Amor y conocimiento en la vida mistica, Madrid 1979, S. 11 ff.

24 Vgl. von Balthasar, wie Anm. 8, S. 455 f.

25 Ebd., S. 454; Mieth, wie Anm. 8, S. 71, 74 ff.

26 Evagre le Pontique, Traité pratique ou le moine, hrsg. von A. et C. Guillaumont, 2 Bände, Paris 1971, Vgl. Viller/Rahner, wie Anm. 9, S. 100. Zur monastischen Wertung von *Theoria*, vgl. J. Leclercq, Études sur le vocabulaire monastique du moyen âge, Rom 1961, S. 80-121.

27 Vgl. von Balthasar, wie Anm. 8, S. 454; A. Guillaumont, wie Anm. 26, Bd. I, S. 38-63. Vgl. auch K. Beyschlag, Was heißt mystische Erfahrung?, in: Glaube – Erfahrung – Theologie, Theologische Woche Bethel 1977, Bethel 1978, S. 48-52.

28 Vgl. A. Guillaumont, wie Anm. 26, S. 40.

29 Vgl. von Balthasar, wie Anm. 7, S. 248.

30 Vgl. von Balthasar, wie Anm. 8, S. 454.

31 Mieth, wie Anm. 8, S. 68 ff., unterscheidet drei Stufen der Übernahme des antiken Modells: 1. die Alexandriner Klemens und Origenes: Das aktive Leben wird auf das kontemplative – im Sinne einer asketischen Disposition – bezogen, während das kontemplative sich zwanglos in die christliche Existenz einordnet, 2. Evagrius Pontikus: In intellektualistischer Einseitigkeit wird die Gnosis über die Liebe gestellt; die philosophische Kontemplation ist also vorrangig, 3. Basilius den Großen und Gregor von Nazianz: Beide Lebensformen werden, bezogen auf die Person Christi, in ihrem Sinngehalt ausponderiert erfaßt; Praxis ist aber immer noch Vorstufe der Theorie. Drei Typen sind so erfaßbar: »ein kontemplatives Einheitsideal, das die ›vita activa‹ als Disposition und Frucht der Kontemplation einbezieht, aber doch das christliche Leben im wesentlichen kontemplativ bestimmt; ein aszetisch-gnostisches Ideal, das die ›vita activa‹ auf eine aszetische Selbstheiligung beschränkt und letztlich die Gnosis über die Caritas stellt; schließlich ein Ideal der Ergänzung aktiver und kontemplativer Lebensformen in der Kirche und im gemeinsamen Christusdienst, wobei freilich die größere Vollkommenheit im kontemplativen Leben vorhanden ist, das das aktive Leben als bleibende Stufe integriert« (S. 73). Die Verbindung des Modells der zwei Leben mit der Martha-Maria-Typologie (nach Lk 10:38-42), wie sie Origenes und nach ihm viele

andere vornahmen, erbringt dieselben drei Haupttypen: »ein kontemplatives Einheitsideal, eine aszetisch-gnostische Vereinseitigung des christlichen Lebens und eine ausgewogene Wertung der beiden Lebensformen als Darstellungen der christlichen Existenz in der Kirche« (S. 83). Augustinus kommt die entscheidende Rolle zu, die Spannung der zwei Leben in dreifacher Hinsicht zu transzendieren: in Christus, in der Kirche und in der christlichen Existenz (einer *vita mixta*!). Allerdings können bei ihm die beiden Leben trotzdem oft dialektisch, ja dualistisch auseinandertreten. Im Ganzen aber ist die Aufhebung der Spannung vorrangig. Vgl. Mieth, S. 84-96. Bis zur Scholastik bringt die Geschichte des Modells nichts Neues mehr (vgl. von Balthasar, wie Anm. 8, S. 432), bloß »verschiedene Einkleidungen derselben Tradition« (Mieth, S. 97). Gregor der Große akzentuiert das augustinische Modell in kontemplativer Hinsicht. Vgl. Mieth, S. 101-106, Lieblang und Butler, wie Anm. 23. Cassian vermittelt die altgriechische Mönchstheologie ans Mittelalter. Vgl. Mieth, S. 106 f. Zu Augustinus vgl. noch Butler, wie Anm. 23, S. 157-167; Mason, wie Anm. 8, S. 27-45. Zum Überblick übers Mittelalter vgl. Mieth, S. 108 ff. Vgl. auch unten Anm. 40.

32 Vgl. von Balthasar, wie Anm. 7, S. 248 f. Thomas von Aquin, S. th. II-II, 188, a. 6.

33 Von Balthasar, ebd. S. 249.

34 S. th. II-II, 180, a. 6. Vgl. D. Mieth, Die Einheit von Theorie und Praxis als Lebensform, Zur Diskussion um die Einordnung der Predigt Pfeiffer II, Nr. IX, in: P. Kesting (Hrsg.), Würzburger Prosastudien II, Untersuchungen zur Literatur und Sprache des Mittelalters, Kurt Ruh zum 60. Geburtstag, München 1975, S. 271-286, wo Mieth seinen Kritikern H. Fischer, in: Theologie und Philosophie, 45 (1970), S. 130-132, und J. Sudbrack, in: Erasmus, 24 (1972), S. 333-338, antwortet.

35 Hom. in Ez. II, 2, zitiert von Camelot/Mennessier, wie Anm. 3, S. 967.

36 Vgl. das Geflecht aus Gregorzitaten in Thomas' S. th. II-II, 182, a. 4, und die berühmte Stelle in II-II, 188, a. 6 (siehe oben Anm. 32). Vgl. H. Barth, Vom Geist des Predigerordens, Fragmente zu einer Theologie gelebter Katholizität, Geist und Leben, 39 (1966), S. 442-455, bes. 488 ff.; M.-V. Bernadot, La spiritualité dominicaine, Saint-Maximin o. J., S. 47 ff.; P. Lippini, La spiritualità domenicana, Bologna 2. Aufl. 1958, S. 61 ff.; R. Garrigou-Lagrange, La contemplation dans l'école dominicaine, Dict. de la spiritualité II, Paris 1953, S. 2067-2080. Von Balthasar, wie Anm. 8, S. 457, spricht – anläßlich von S. th. II-II, 182, a. 1 – allerdings abschwächend von einer bloß »addierenden« Hinzufügung der Tätigkeit zur Beschauung.

37 Siehe Meister Eckhart, Die deutschen und lateinischen Werke: Die deutschen Werke, hrsg. von J. Quint, Bd. 3, Stuttgart 1976, Predigt 86: Intravit Iesus in quoddam castellum, S. 472-492 (im folgenden werden die deutschen Werke zitiert als DW, Band-, Seiten- und Zeilenzahl). Daß Meister Eckhart sich hierin wiederum an eine Tradition hält, die

im Leben der Gottesmutter Maria die Versöhnung von *vita activa* und *contemplativa* sieht, zeigt Martina Wehrli-Johns, Aktion und Kontemplation in der Mystik, in: W. Böhme (Hg.), Lerne leiden, Karlsruhe 1985, S. 9-20.

38 Cf. Mieth, wie Anm. 34, S. 277 f.

39 DW 3, 486, 11.

40 Ebd., S. 279 f. Die Traditionslinie, die Mieth hier und in seinen andern Schriften aufzeigt, bringt eine »fortschreitende Aufwertung der Praxis innerhalb der religiösen Dimension des Modells Theorie und Praxis. Diese Aufwertung ist in der christlichen Integrierung des ursprünglich heidnisch-philosophischen Modells begründet. Brachte diese zunächst eine Verschärfung der Vorrangigkeit von Theorie und Kontemplation mit sich, indem die philosophischen Erwägungen über die Vorrangigkeit der Theorie mit biblischen Vorstellungen der Gotteserkenntnis, der Gottesliebe und der Gottesverehrung (Gebet) verbunden wurden, bis eine biblische Typologie geschaffen war, bei der die *optima pars* des Marientyps eine entscheidende Rolle spielte, so löste sich diese Einseitigkeit im Laufe der Geschichte immer mehr auf. Das lag vor allem an drei Gründen, für die im Abendland hauptsächlich Augustinus verantwortlich ist: an der Vorstellung einer christologisch und ekklesiologisch begründeten Einheit von Theorie und Praxis, an einer Rückbindung des Modells an entscheidende Stellen des Neuen Testamentes, sei es Röm 9:3 – die Trennung von Christus um der Brüder willen – oder Joh 21:20 – die Führung des aktiven Petrus in der *ecclesia actualis* –, schließlich an der Abwehr von Mißverständnissen der eschatologischen Überlegenheit der Kontemplation, die zum Quietismus und zur privaten Frömmigkeit führten« (S. 280).

41 Vgl. schon J. Sudbracks Vermutung (wie Anm. 34, S. 365): Man sollte »heutzutage ohne Verketzerungsangst wiederum einmal die Verbindungen Meister Eckharts mit den damaligen unorthodoxen Bewegungen aufspüren ... Die Martha-Maria-Allegorie lebte bekanntlich in diesen Kreisen; vielleicht hat M. Eckhart gegen sie seine Predigt konzipiert, ähnlich wie in der Patristik z. B. gerade die syrischen Kirchenväter ihre gesunde Auffassung gegen die Messalianer predigen«. Interessant wäre auch, den Ausformungen der Maria Magdalena-Legende nachzugehen. Vgl. unten Anm. 56.

42 *Illi, qui volunt religiose stare in eremis sint tres vel quattuor ad plus; duo ex ipsis sint matres et habeant duos filios vel unum ad minus. Isti duo qui sunt matres, teneant vitam Marthae et duo filii teneant vitam Mariae ... (Regula pro eremitoriis data*, in: K. Esser, Die Opuscula des Hl. Franziskus von Assisi, Neue textkritische Edition, Grottaferrata 1976, S. 409). Auf die Stelle ist hingewiesen bei J.-C. Schmitt, Mort d'une hérésie, L'Eglise et les clercs face aux béguines et aux béghards du Rhin supérieur du XIVe au XVe siècle, Paris 1978, S. 102 (vgl. das ganze Kapitel: Marthe mère, S. 100-104!).

43 Die Stelle bei Schmitt, wie Anm. 42, S. 231, Anm. 41.

44 Neben den von Schmitt beigebrachten ist auf Texte zu verweisen 1. aus dem Bereich des mittelalterlichen Dramas (Osterspiel, Passionsspiel): Hier ist es zum Beispiel Martha als die lebenserfahrene, kluge und standhafte Frau, welche die wankelmütige Maria Magdalena zu einem nicht sündhaften Leben ermahnt. Vgl. zum Beispiel das Wiener Passionsspiel (aus dem 13. Jahrhundert, in der ersten Hälfte des 14. niedergeschrieben): Verse 337ff., in: R. Froning, Das Drama des Mittelalters, Darmstadt 2. Aufl. 1964, S. 317; 2. aus dem Bereich der Dominikanerinnen- und Gottesfreundmystik des 14. Jahrhunderts, wo das Lob des doppelten Lebens, d. h. des gleichzeitigen Martha- *und* Marienlebens, häufig ist (oft allerdings auch der Abwehraffekt gegen das Marthaleben!). Vgl. E. Krebs, Die Mystik in Adelhausen, in: Festgabe für H. Finke, Münster 1940, S. 63 f., 69-71, 73, 99; H. R. Gehring, The Language of Mysticism in South German Dominican Convent Chronicles of the Fourteenth Century, Diss. University of Michigan 1957, S. 128-148. In des Gottesfreundes »Fünfmannenbuch« rechtfertigt sich der Knecht Rupprecht, dem vorgeworfen wird, daß er nicht ebenso oft wie der Koch während des Kochens in Verzückung falle, durch den ironischen Hinweis: *got mag dvn was er wil ... hatte Marta gedon, also Maria ir sweister det, vnser here der mvste digke vebeler gessan habban ...* (Ph. Strauch, Schriften zur Gottesfreundschaft, 2. Heft, Halle 1927, S. 70, 16 ff.). – Am Schluß eines Briefes der Caterina von Siena an Frate Bartolomeo und Frate Tommaso d'Antonio vom März 1474 wird ein Gruß einer »Caterina *Marta*« vermittelt, wohl nicht um die Demut dieser Frau, sondern um deren Funktion zu bezeichnen (Epistolario di Sta. Caterina da Siena, hrsg. von E. Dupré Theseider, Roma 1940, S. 86, 13; deutsche Übersetzung von L. Gnädinger, Caterina von Siena, Olten 1980, S. 91).

45 Vgl. Schmitt, wie Anm. 42, S. 103 f.; A. Patschovsky, Straßburger Beginenverfolgungen im 14. Jahrhundert, in: Deutsches Archiv zur Erforschung des Mittelalters 30 (1974), S. 56-198, bes. 80, Anm. 37, und 184; E. W. McDonnell, The Beguines and Beghards in Medieval Culture with Special Emphasis on the Belgian Scene, New York 2. Aufl. 1969, S. 367, 437; R. E. Lerner, The Heresy of the Free Spirit in the Later Middle Ages, Berkeley 1972, S. 100. Zur kunstgeschichtlichen Position der hl. Martha vgl. E. Moltmann-Wendel, Ein eigener Mensch werden, Frauen um Jesus, Gütersloh 1982, S. 23-55.

46 Vor allem für die frühen, aus dem 13. und beginnenden 14. Jahrhundert stammenden Martha-Belege scheint mir das Indiz Heterodoxie zu fehlen.

47 So ist für B. Degler-Spengler die innere Zugehörigkeit der Samnung des Hauses zum schwarzen Bären in Basel (1345 erwähnt) zu den Dominikanern dadurch gegeben, daß deren Vorsteherin »Marta« genannt wurde: »Die Samnung war zweifellos den Predigern verbunden, denn ihre Vorsteherin wird als ›Marta‹ bezeichnet«: Die Beginen in Basel, Basel 1970, S. 105.

48 Vgl. Schmitt, wie Anm. 42, S. 104: Die Bezeichnung »Martha« wurde immer weniger als Hinweis auf die Handarbeit, sondern immer stärker als Zeichen der Häresie gedeutet! Die häretischen Freigeister vertraten ohnehin die Ansicht, man dürfe nicht arbeiten, wenn man göttlichen Wesens sei, sondern man müsse »wandern und von Almosen leben« (M. Erbstösser/E. Werner, Ideologische Probleme des mittelalterlichen Plebejertums, Die freigeistige Häresie und ihre sozialen Wurzeln, Berlin 1960, S. 54).

49 Sudbracks Vermutung (siehe oben Anm. 41), daß Eckhart die Predigt gegen häretische Anwendungen des Marthanamens gehalten habe, hat vieles für sich. Nur ist zu erwägen, ob nicht auch die von den Dominikanerinnen in den Nonnenleben oft geäußerte Abwehr des Marthalebens als Anlaß von dessen Preisung genügt. Wenn die häretische Signalwirkung des Marthanamens zu Beginn des 14. Jahrhunderts gesichert wäre, sie ist es meines Erachtens noch nicht (vgl. Degler-Spengler, oben Anm. 47) –, ist natürlich beides möglich.

50 Vgl. Mieth, wie Anm. 34, S. 272-276; Quint, DW 3, S. 478-480.

51 Deutsche Mystiker des vierzehnten Jahrhunderts, Bd. 2: Meister Eckhart, Aalen 2. Aufl. 1962, S. 47-53; im folgenden aber wird nach dem neuen Text von Quint, DW 3, S. 472-492, zitiert. Die Predigt ist interpretiert und vorgestellt worden von D. Mieth, Christus, das Soziale im Menschen, Texterschließungen zu Meister Eckhart, Düsseldorf 1972, S. 88-97 (nhd. Text); Mieth, Meister Eckhart, wie Anm. 21, S. 52-64 (mit Hinweis auf die korrekte biblische Deutung der Maria-Martha-Allegorie); J. Sudbrack, Komm in den Garten meiner Seele, Einführung in die christliche Mystik, Gütersloh 1979, S. 69-90; M. de Gandillac, Deux figures eckhartiennes de Marthe, in: Métaphysique, Histoire de la philosophie, Recueil d'études offert à F. Brunner, Neuchâtel 1981, S. 119-134 (ohne Kenntnisnahme von Mieth und Sudbrack macht G. einen aufschlußreichen Vergleich zwischen den beiden *bürgelîn*-Predigten, zwischen der hier genannten und DW 1, Pr. 2, S. 24-45). Vgl. die noch unzureichenden Bemerkungen von S. Hampe, Der Begriff der Tat bei Meister Eckhart, Eine philosophie-geschichtliche Untersuchung, Diss. Jena, Weimar 1926, S. 70 f. Jeder Eckhart-Interpret hat sich in irgendeiner Form zu dieser Predigt geäußert. Vgl. A. M. Haas, Meister Eckhart als normative Gestalt geistlichen Lebens, Einsiedeln 1979, S. 70-87 (und die hier angegebene Lit.).

52 Eckharts und – später – auch Taulers Vorbehalte gegen die auf Erleben abzielende, ältere Kontemplationsmystik werden hier ganz deutlich fühlbar. Dieser Vorbehalt kann bei Eckhart bis zur Forderung eines Lebens in Profanität gehen. Vgl. A. M. Haas, Christliche Aspekte des »Gnothi seauton«, Selbsterkenntnis und Mystik, in: ders., wie S. 357, Anm. 91, S. 45-70, bes. S. 66 f.

53 DW 3, 481, 11-482,2.
(»Auch Martha trieben drei Dinge, die sie umhergehen und dem lieben Christus dienen ließen. Das eine war ein gereiftes Alter und ein bis ins

Alleräußerste durchgeübter (Seins-) Grund; deshalb dünkte sie, daß niemandem das Tätigsein so gut anstünde wie ihr. Das zweite war eine weise Besonnenheit, die das äußere Werk recht auszurichten wußte auf das Allerhöchste, das die Liebe gebietet. Das dritte war die hohe Würde des lieben Gastes«.)

54 DW 3, 482,7.

55 DW 3, 482,8 f.
(»Der Sinnennatur genugtun, das heißt, daß uns Gott Trost gibt, Beglückung und Befriedigung; und darin verzärtelt zu sein, das geht den lieben Freunden Gottes ab im Bereich der niederen Sinne. *Vernunftgemäßes* Genügen aber, das ist Genügen im Geiste. Ich spreche dann von geistigem Genügen, wenn durch alle Beglückung der oberste Wipfel der Seele nicht herabgebeugt wird, so daß er nicht ertrinkt im Wohlgefühl, vielmehr machtvoll darüber steht«.)

56 Eckhart setzt einen entwicklungspsychologischen Gesichtspunkt ein, den er – wie Sudbrack (wie Anm. 51, S. 83) und Gandillac (wie Anm. 51, S. 133, Anm. 54) deutlich machen – aus der Legende der Büßerin Maria Magdalena (in der *Legenda Aurea*) gewonnen hat. Die Maria-Magdalena-Legende ist im Mittelalter in verschiedenen Formen gegenwärtig. Vgl. H. Hanser, Die Maria-Magdalena-Legende, Eine Quellenuntersuchung, 1. Teil, Greifswald 1937; V. Saxer, Le culte de Marie Madeleine en occident des origines à la fin du moyen âge, Paris 1959; W. aus der Fünten, Maria Magdalena in der Lyrik des Mittelalters, Düsseldorf 1966; E. Dorn, Der sündige Heilige in der Legende des Mittelalters, München 1967, S. 54-58; P.-M. Guillaume, Ste. Marie Madeleine, in: Dict. de spiritualité X, Paris 1980, S. 559-575.

57 DW 3, 482,16.

58 Ebd.

59 DW 3, 482,18 f.

60 Zur Vorbildlichkeit des Raptus des Heiligen Paulus vgl. von Balthasar, wie Anm. 8, S. 400 ff.

61 Sudbrack, wie Anm. 51, S. 75.

62 DW 3, 483,15.

63 DW 3, 484,16 f.

64 DW 3, 485,2 f., 5 f.

65 DW 3, 485,10 f.

66 DW 3, 485,7.

67 DW 3, 485,8 f. und 11.

68 Eph 5,16.

69 DW 3, 485,13. Vgl. dazu A. M. Haas, Meister Eckharts Auffassung von Zeit und Ewigkeit, in: ders., wie oben S. 357, Anm. 91, S. 339-369.

70 DW 3, 485,15.

71 Zu Eckharts Lichttheologie vgl. M.-M. Davy/J.-P. Renneteau, La lumière dans le Christianisme, in: Le thème de la lumière dans le Judaisme, le Christianisme et l'Islam, Paris 1976, S. 303-312; K. Hedwig,

Sphaera Lucis, Studien zur Intelligibilität des Seienden im Kontext der mittelalterlichen Lichtspekulation, Münster 1980, S. 238-244.

72 Vgl. Sudbrack, wie Anm. 51, S. 80.

73 DW 3, 488,9.

74 Den eschatologischen Zustand einer endlichen Heimkehr in Gott beschreibt Eckhart folgendermaßen: *Nû lose wunder! Welch wunderlich stân ûze und innen, begrîfen und umbegriffen werden, sehen und sîn diu gesiht, enthalten und enthalten werden: daz ist daz ende, dâ der geist blîbet mit ruowe in einicheit der lieben êwicheit* (DW 3, 488, 4-6). (Nun achte auf das Wunder! Was für ein paradoxer Vorgang: Gleichzeitig Außen- und Innen-Stehen, Begreifen und Umgriffen-Werden, Sehen und Das-Gesehene-Sein, Enthalten und Enthalten-Werden: das ist das Ende, wo der Geist mit Ruhe in der Einigkeit der lieben Ewigkeit verbleibt.)

75 DW 3, 489,7.

76 DW 4, 488,14f.

77 DW 3, 489,5.

78 DW 3, 489,7.

79 Sudbrack, wie Anm. 51, S. 85.

80 Mit all diesen Ausführungen wendet sich Eckhart gegen bestimmte Formen einer willentlich auf geistliche Erfahrungen ausgehenden Kontemplationsmystik. Es wäre jedoch falsch, daraus eine Ablehnung des klausurierten kontemplativen Lebens – etwa der Dominikanerinnen der Zeit – entnehmen zu wollen. Vgl. Sudbrack, wie Anm. 51, S. 88.

81 DW 3, 491,12, 14. Richtiges Leben besteht in einer schwer auflösbaren Gleichzeitigkeit von Bewegung – *gewerbe* – und Ruhe, Friede. *Der mensche, der in einem loufe ist und in einem staeten loufe ist und daz in vride ist, der ist ein himelischer mensche* (Der Mensch, der gleichzeitig im Laufen und in einem stetigen Laufen begriffen ist und im Frieden ist, der ist ein himmlischer Mensch (DW 1, 118,7f.). Vgl. de Gandillac, wie Anm. 51, S. 128.

82 DW 1, 90, 12.

83 DW 5, 221,5 ff.

84 Vgl. von Balthasar, wie Anm. 36.

85 Vgl. Truhlar, wie Anm. 5.

Traum und Traumvision in der deutschen Mystik

1 Es partizipierte hierin an der alten Meinung, die schon in der Antike galt, daß der Traum der privilegierte Ort göttlicher Kommunikation sein müsse. Homer: καὶ γάϱ τ' ὄναϱ ἐκ Διός ἐστιν »denn der Traum stammt auch von Gott« (A 63), zitiert bei L. Binswanger, Wandlungen in der Auffassung und Deutung des Traumes von den Griechen bis zur Gegenwart, Berlin 1928, S. 1; J. Trouillard, La mystagogie de Proclus,

Paris 1982, S. 35. Fürs Mittelalter vgl. die im folgenden angegebene Literatur (hier weitere Literatur): P. Diepgen, Traum und Traumdeutung als medizinisch-wissenschaftliches Problem im Mittelalter, Berlin 1912; W. von Siebenthal, Die Wissenschaft vom Traum, Ergebnisse und Probleme, Eine Einführung in die allgemeinen Grundlagen, Berlin 1953, S. 79-81; E. Benz, Die Vision, Erfahrungsformen und Bilderwelt, Stuttgart 1969, S. 104-130; H. J. Kamphausen, Traum und Vision in der lateinischen Poesie der Karolingerzeit, Bern 1975; A. C. Spearing, Medieval Dream-Poetry, Cambridge 2. Aufl. 1980; J. Le Goff, Les rêves dans la culture et la psychologie collective de l'Occident médiévale, in: Pour un autre Moyen Age, Paris 1977, S. 299-306; St. R. Fischer, The Dream in the Middle High German Epic, Bern 1978; W. Schmitz, Traum und Vision in der erzählenden Dichtung des deutschen Mittelalters, Münster W. 1934 (Forschungen zur dt. Spr. u. Dichtung 5); D. Harmening, Superstitio, Überlieferungs- und theoriegeschichtliche Untersuchungen zur kirchlich-theologischen Aberglaubensliteratur des Mittelalters, Berlin 1979, S. 106 ff.; P. Dinzelbacher, Vision und Visionsliteratur im Mittelalter, Stuttgart 1981 (Monographien zur Geschichte des Mittelalters, Bd. 23), S. 39-50; E. Lenk, Die unbewußte Gesellschaft, Über die mimetische Grundstruktur in der Literatur und im Traum, München 1983. – Es gilt für die Traumdeutung insgesamt seit alters die Formel: »Die Träume kommen von Gott – die Träume kommen vom Bauch. Zwischen diesen beiden Polen schwankte die Auffassung und gab zu den verschiedensten Variationen Anlaß. Im Grunde genommen hat man immer zwei Hauptformen der Träume unterschieden: die übernatürlichen und die natürlichen. Dabei sind die frühen Epochen im allgemeinen durch ein Festhalten am göttlichen oder zuweilen auch dämonischen Ursprung der Träume charakterisiert, während in den späteren Epochen die Träume vorherrschend auf mentale und physiologische Phänomene zurückgeführt wurden« (J. Jacobi, Traumbücher, Ciba Zeitschrift 9 [1945], S. 3567-3580, 3567). Vgl. auch Speckenbach, wie unten Anm. 4, S. 170 f. A. Paradis, Les oniromancies et leurs traités des rêves, in G.-H. Allard (Hg.), Aspects de la marginalité au Moyen Age, Montréal 1975, S. 119-127.

2 Dazu gehören die vielen oneirokritischen Systematisierungsversuche, die – in ihrer volkstümlichen und theoretischen Variante – seit den alten Babyloniern, Ägyptern und Assyrern auf eine prognostische Funktion des Traums abzielen; sie sind in Traumbüchern festgehalten. Fürs Mittelalter vgl. Fischer, wie Anm. 1, S. 22-32 (Dreambooks and Dreambook Research); ders., The Complete Medieval Dreambook, Bern 1982; ders., Ein deutsches »Somnia Danielis«-Fragment aus dem späten Mittelalter, ZfdA 111 (1982), S. 145-151, bes. 145 f., Anm. 1, wo nach Funktion und Inhalt vier Hauptgruppen von mittelalterlichen Traumbüchern unterschieden werden: 1. die »Traum-Losbücher« oder »Sompnile Joseph«, »worin der Inhalt des Traumes belanglos ist«, 2. die »Traum-Lunare«, »die eine Deutung für jeden Tag des Monats

anbieten, allerdings nach den Mondphasen gerechnet«, 3. die aus der aristotelischen Oneiromantik stammenden »physiologisch-geistlichen Traumbücher« des späteren Mittelalters, 4. das »eigentliche Traumbuch«, »nach den lat. Hss. auch die ›Somnia (Sompnia, Sompnile) Danielis‹ genannt, welches eine klare Deutung für jeden geträumten Gegenstand – Baum, Vogel, Wasser usw. – anbietet; hier handelt es sich vor allem um eine katalogartige Sammlung altertümlicher Traumtopoi«. Bei Fischer auch reiche Literaturangaben. Vgl. noch Harmening, wie Anm. 1, S. 106 ff.

3 Vgl. dazu Harmening, wie Anm. 1, S. 109 ff.

4 Ambrosii Theodosii Macrobii Commentarii Somnium Scipionis, ed. I. Willis, Leipzig 1970 (Bibl. Teubn.), 1, 3, 2 ff. M. Schedler, Die Philosophie des Makrobius und ihr Einfluß auf die Wissenschaft des christlichen Mittelalters, Münster 1916 (BB XIII, 1), S. 83-85, 123; J. Flamant, Macrobe et le Néo-Platonisme latin à la fin du IVe siècle, Leiden 1977, S. 161-165 (Hinweis auf des Macrobius Quelle, Porphyrios' Kommentar zur Republik!); Kamphausen, wie Anm. 1, S. 22 f.; Dinzelbacher, wie Anm. 1, S. 40; K. Speckenbach, Von den Troimen, Über den Traum in Theorie und Dichtung, Festschrift M. L. Dittrich, hg. von H. Rücker und K. O. Seidel, Göppingen 1976 (GAG 180), S. 169-204, 171 f.; Harmening, wie Anm. 1, S. 111 ff.

5 Artemidor von Daldis, Das Traumbuch, München 1979 (dtv 6111); L. Grenzmann, Traumbuch Artemidori, Zur Tradition der ersten Übersetzung ins Deutsche durch W. H. Ryff, Baden-Baden 1980; Speckenbach, wie oben Anm. 4, S. 172 f.

6 B. Helbling-Gloor, Natur und Aberglaube im Policraticus des Johannes von Salisbury, Zürich 1956 (Geist und Werk der Zeiten, H. 1), S. 75-93.

7 PL 40, 779-844. Vgl. dazu L. Norpoth, Der pseudo-augustinische Traktat: De spiritu et anima, Phil. Diss. München 1924, Köln und Bochum 1971, S. 113.

8 Vgl. dazu Helbling, wie Anm. 6, S. 81.

9 *somnium ... quod tegit figuris et velut ambagibus ... intelligendam significationem rei* (Macrobius, wie Anm. 4; 1, 3, 10). Helbling, wie Anm. 6, S. 81.

10 Johannes von Salisbury, Policratici sive De nugis curialium et vestigiis philosophorum libri VIII, ed. C. C. I. Webb, 2 Bände, Oxford 1909, II. 15 (I, 89 f.), zitiert bei Helbling, wie Anm. 6, S. 82.

11 Helbling, wie Anm. 6, S. 85.

12 Vgl. dazu Kamphausen, wie Anm. 1, S. 45-48. Gregor d. Gr., Dialogi 4, 48; PL 77, 409; vgl. dazu Helbling, wie Anm. 6, S. 80, Anm. 300; Spekkenbach, wie Anm. 4, S. 175 f.

13 Vgl. dazu Kamphausen, wie Anm. 1, S. 45-48. Gregor der Große, Dialogi 4, 48; PL 77, 409; vgl. Helbling, wie Anm. 6, S. 80, Anm. 300.

14 Dinzelbacher, wie Anm. 1, S. 45.

15 Kamphausen, wie Anm. 1, S. 31 f.

16 Kamphausen, ebd.; Speckenbach, wie Anm. 4, S. 174f.

17 Kamphausen, S. 33. Vgl. noch F. Froeboese-Thiele, Träume – Eine Quelle religiöser Erfahrung? Göttingen 1957; A. Resch, Der Traum im Heilsplan Gottes, Freiburg 1964; H. Hark, Religiöse Traumsymbolik, Die Bedeutung der religiösen Traumsymbolik für die religiöse Erfahrung, Frankfurt a. M. 1980; ders., Der Traum als Gottes vergessene Sprache, Symbolpsychologische Deutung biblischer und heutiger Träume, Olten 1982; A. Wikenhausen, Die Traumgesichte des Neuen Testaments in religionspsychologischer Sicht, in: Pisciculi, Festschrift für F. J. Dölger, Antike und Christentum, Erg.-Bd. 1, 1939, S. 320-333. Religionen haben immer schon Träumen beachtlichen Erkenntniswert zugebilligt. Vgl. dazu E. R. Dodds, Die Griechen und das Irrationale, Darmstadt 1970, S. 55-71. Neben den *facta* und *dicta* der Hl. Schrift sind – als drittes Mittel – die *somnia* besonders geeignet, die *occulta Dei* sichtbar zu machen. Vgl. M. Grabmann, Die Geschichte der scholastischen Methode, 2. Bd., Darmstadt 2. Aufl. 1961, S. 39.

18 Zu den mittelalterlichen Traumbüchern vgl. oben Anm. 2 und H.-F. Rosenfeld, Traumbuch, VL 4, Berlin 1953, Sp. 492-496.

19 Meister Eckhart, Die lateinischen Werke (= LW) 2, 109, 10ff.: *Quomodo enim infinito, immenso, invisibili poneretur similitudo visibilis et increabili figura imaginis? Propter quod doctores quidam antiqui ponebant deum in se ipso nec a beatis posse videri, sed tantum in quibusdam theophaniis. Et usque hodie doctiores dicunt quod per nullam similitudinem inferioris ordinis deus potest repraesentari, ut ipsa mediante in ipsa et per ipsam possit videri divina essentia.* Vgl. H. Fischer, Meister Eckhart, Einführung in sein philosophisches Denken, München 1974, S. 124; LW 2, 617, 1-3, n. 284, und Anm. 1. – Vorbehalte gegen Träume bringt auch Birgitta von Schweden vor: vgl. Benz, wie Anm. 1, S. 111.

20 Vgl. dazu W. Beierwaltes, Identität und Differenz, Frankfurt a. M. 1980, S. 97-104. Die eckhartsche Schlüsselstelle: LW 2, 110, 3-13, n. 112f.

21 Die deutschen Werke (= DW), ed. Quint, 2, 188, 1ff.

22 DW 3, 44, 1ff.

23 DW 3, 224, 6f.

24 Nach Hiob 33, 15f. LW 2, 613, 3, n. 280.

25 F. Vetter (Hg.), Die Predigten Taulers, Dublin/Zürich, 2. Aufl. 1968 (DTM XI), 300, 35f. (hinfort zitiert als V mit Seiten- und Zeilenzahl).

26 V 350, 16.

27 Übersetzung nach G. Hofmann, Johannes Tauler, Predigten, Mit einer Einführung von A. M. Haas, Bd. II, Einsiedeln 1979, S. 411f. V 350, 21 »*rasen*« übernimmt Hofmann allerdings nicht, sondern er hält sich an das – mit Proklos auch denkbare – »rasten« der späteren Druckausgaben. Der mhd. Text lautet: *Proculus, ein heidenscher meister, nemt es ein slaf und ein stille und ein gotlich rasen und sprichet: ›uns ist ein verborgen süchen des einen, das ist verre über die vernunft und verstentnisse‹. So wenne das sich die sele dar in kert, so wirt sie gotlich und*

lebet eins gǒtlichen lebendes. Die wile das der mensche sus get mangelen und wúrken mit disen uswendigen sinnelichen dingen, so enmag er des nút wissen, ja er enmag es nút geloγben das das in im si. Dis gemůt, diser grunt das ist als in pflanzet das die pflanze hat ein ewig reissen und ziehen nach ir, und das gemůte, der grunt der hat ein ewig neigen, ein grunt neigen wider in den ursprung (V 350, 20-28).

28 Vgl. dazu W. Beierwaltes, Der Begriff des »unum in nobis« bei Proklos, in: P. Wilpert (Hg.), Die Metaphysik im Mittelalter, Ihr Ursprung und ihre Bedeutung, Berlin 1963 (Misc. Med. 2), S. 255-266; ders., Proklos, Grundzüge seiner Metaphysik, Frankfurt a. M. 2. Aufl. 1979, S. 367-382; ders., Das Problem der Erkenntnis bei Proklos, in: De Jamblique à Proclus, Vandoeuvres, Genève 1975 (Entretiens sur l'Antiquité Classique, t. XXI), S. 153-191, 177.

29 Beierwaltes, wie Anm. 28, S. 257.

30 Vgl. dazu D. M. Schlüter, Philosophische Grundlagen der Lehren Johannes Taulers, in: E. Filthaut (Hg.), Johannes Tauler, Ein deutscher Mystiker, Essen 1961, S. 122-161, 148. Der lateinische Text: *31. Quintam etiam post has omnes cognitionis intelligentiam volo te accipere, qui credidisti Aristotili quidem usque ad intellectualem operationem sursumducenti, ultra hanc autem nichil insinuanti; assequentem autem Platoni et ante Platonem theologis, qui consueverunt nobis laudare cognitionem supra intellectum et maniam ut vere hanc divinam divulgant: ipsam aiunt unum anime, non adhuc intellectuale excitantem et hoc coaptantem uni. Omnia enim simili cognoscuntur: sensibile sensu, scibile scientia, intelligibile intellectu, unum uniali. Intelligens quidem etiam anima et se ipsam cognoscit et quecumque intelligit contingentia, sicut diximus; superintelligens autem et se ipsam et illa ignorat, quo adiaciens le unum quietem amat, clausa cognitionibus, muta facta et silens intrinseco silentio. Et enim quomodo utique adiaciet indicibilissimo omnium aliter quam soporans qui in ipsa garrulamina? Fiat igitur unum et videat le unum, magis autem ut non videat le unum: videns enim intellectuale videbit et non supra intellectum, et quoddam unum intelliget et non le autounum. 32. Hanc, o amice, divinissimam enter operationem anime aliquis operans, soli credens sibi ipsi, scilicet flori intellectus, et quietans se ipsum non ab exterioribus motibus, sed ab interioribus, deus factus ut anime possibile, cognoscet solummodo, qualiter dii omnia indicibiliter cognoscunt singuli secundum le unum quod sui ipsorum. Donec autem circa ea que deorsum volvimur, increduliter habemus circa hec, scilicet omnia divino cognoscente impartibiliter et supereternaliter, esse quidem eternaliter entia, fieri autem temporaliter que fiunt, neque tempore neque eterno ente in le uno* (nach H. Boese [Hg.], Procli Diadochi tria opuscula, Berlin 1960, S. 139 f.; vgl. jetzt auch D. Isaac [Hg.], Proclus, Paris 1979, S. 54-55, mit französischer Übersetzung). In deutscher Übersetzung (nach Th. Borger/M. Erler, Proklos Diadochos, Über die Vorsehung, das Schicksal und den freien Willen an Theodoros, den Ingenieur, Meisenheim am Glan 1980, Bei-

träge zur Klassischen Philologie 121, S. 71 ff.): »31. Ich möchte nun, dass du nach all diesen Erkenntnisweisen eine fünfte annimmst, der du ja auch dem Aristoteles geglaubt hast, welcher die Erkenntnis zwar bis zur Höhe einer intellektuellen Tätigkeit führte, von dem er aber, was über diese hinausgeht, keine Darlegung mehr macht. Ich möchte aber, dass du Platon und vor ihm den Theologen folgst, die uns eine Erkenntnis zu loben pflegen, die noch über dem Intellekt steht und sie oft eine wahrhaft göttliche Begeisterung nennen: Sie sei, sagen sie, das ›Eine in der Seele‹, die nicht mehr das Intellektuelle anrege, sondern die Seele mit dem Einen verbinde. Alles wird nämlich vom Ähnlichen erkannt: das sinnlich Wahrnehmbare von der Sinnesempfindung, das Erkennbare durch die Erkenntnis, das Intelligible durch den Intellekt, das Eine durch die Vereinigung. Ein Erkennendes ist auch die Seele, und sie erkennt sich selbst und alles, was sie erkennt, erkennt sie durch Anrühren, wie schon gesagt. Wenn sie aber in ihrer Erkenntnis darüber hinausgeht, vergißt sie sich selbst und jenes und kommt durch die Berührung mit dem Einen zur Ruhe, und vor den unteren Wahrnehmungen schliesst sie die Augen, wird stumm und schweigt ein inneres Schweigen. Denn wie wohl könnte sie sich mit dem Unaussprechlichsten von allem anders verbinden, als wenn sie alle Stimmen in sich ruhen heisst? Sie muss also eine Einheit werden, um das Eine zu sehen, richtiger, um das Eine nicht zu sehen: wenn sie nämlich das Intellektuelle sieht, wird sie nicht über den Intellekt hinaussehen, und wenn sie eine Art von Einheit erkennt, wird sie nicht mehr die Einheit an sich sehen. 32. Wenn einer nun, mein Freund, diese wirklich göttlichste Tätigkeit ausführt, wobei er sich selbst vertraut, gleichsam der Blüte des Intellektes, und sich nicht nur von den äusserlichen Bewegungen beruhigt, sondern auch von den innerlichen, nachdem er so weit wie möglich in der Seele Gott geworden ist, dann wird er so erkennen, wie allein nur die Götter das Weltall in unaussprechlicher Weise erkennen, entsprechend der Einheit, die von ihrer eigenen Art ist. Solange wir uns aber im untern Bereich der Erkenntnis aufhalten, werden wir nur schwer zu überzeugen sein, dass das Göttliche alles unterteilt und zeitlos erkennt, dass die wirklich seienden Dinge ewig sind, dass aber alles, was wird, in der Zeit wird, weil es ja in der Einheit weder Zeit noch Ewigkeit gibt. So viele Arten der Erkenntnis gibt es nun bei uns. Wenn wir auf sie schauen, ist es möglich, die Fragen zu lösen, ob die Seele hier schon die Wahrheit wissen kann oder nicht.«

Taulers *ein gǒtlich rasen* bezieht sich zunächst auf *mania*, könnte sich aber auch – wenn es ein Verschreib von *rasten* wäre – auf die verschiedenen Umschreibungen der Stille beziehen. Dem Ausdruck *slaf* bei Tauler entspricht jedenfalls das innere Schweigen der Seele. Tauler hatte, wie L. Sturlese (s. oben S. 358, Anm. 101) gezeigt hat, über Berthold von Moosburg Zugang zu Proklos.

31 Interessant ist die von Endre von Ivánka (Plato Christianus, Übernahme und Umgestaltung des Platonismus durch die Väter, Einsiedeln

1964, S. 352-363) eindeutig nachgewiesene Tatsache, daß das fünffach gestufte Erkennen *(sensus, imaginatio, ratio, intellectus, intelligentia et apex mentis seu synderisis scintilla)* nach Proklos – über rätselhafte Vermittlungen – schon im 12. Jahrhundert bei den lateinischen Mystikern bekannt war, zuerst bei Isaac de Stella, Alanus ab Insulis, dem Verfasser von »De spiritu et anima«, Thomas Gallus, Bonaventura und Alfredus Anglicus.
Die Frage ist, wie die Vermittlung dieses proklischen Gutes an die lateinische Mystik des 12. und 13. Jahrhunderts stattfand, da doch Wilhelm von Moerbeke († 1286) »De fato« noch nicht übersetzt haben konnte. Vgl. R. Klibansky, Ein Proklos-Fund und seine Bedeutung, Heidelberg 1929, S. 14 ff., 30 ff. Zu fragen und näher zu prüfen wäre, ob der fünffach gestufte Aufstieg der Seele zu Gott nicht schon über Porphyrios und Ambrosius dem Abendland hätte vermittelt werden können. Dabei sind sicher weniger im Begrifflichen als in der Fünfzahl der Stufen und im Charakter der fünften Stufe – dem überbegrifflichen Erkennen Gottes *(intelligentia* bei Proklos) – Übereinstimmungen zwischen dem porphyrisch-ambrosianischen und dem proklischen Modell festzustellen. Vgl. jedenfalls H. Doerrie, Das fünffach gestufte Mysterium, Der Aufstieg der Seele bei Porphyrios und Ambrosius, in: ders., Platonica Minora, München 1976, S. 474-490, bes. 486 f.

32 Beierwaltes, Proklos, wie Anm. 28, S. 379 f.

33 H. U. von Balthasar, Besondere Gnadengaben und die zwei Wege menschlichen Lebens, Die deutsche Thomas-Ausgabe, 23. Band, II-II, 171-182, Heidelberg 1954, S. 355 ff.

34 Heinrich Seuse, Deutsche Schriften, hg. von K. Bihlmeyer, Stuttgart 1907, Neudruck: Frankfurt a. M. 1961, S. 182, 26 f. (hinfort: B mit Seiten- und Zeilenzahl).

35 Vgl. von Ivánka, wie Anm. 31, S. 312 f.

36 Vgl. K. Rahner, Visionen und Prophezeiungen, Basel 3. Auflage 1958 (Quaestiones Disputatae 4), S. 32; von Balthasar, wie Anm. 33, S. 377 f.; Aurelius Augustinus, Psychologie und Mystik (De Genesi ad Litteram 12), hg. von M. E. Korger und H. U. von Balthasar, Einsiedeln 1960 (Sigillum 18); M. E. Korger, Grundprobleme der augustinischen Erkenntnislehre erläutert am Beispiel von *De genesi ad litteram* XII, in: Recherches Augustiniennes 2 (1962), S. 33-57; L. Volken, Le rivelazioni nella Chiesa, Roma 1963, S. 80-86. Den Text Augustins siehe: Œuvres de Saint Augustin 49, ed. P. Agaësse und A. Solignac, Paris 1972, S. 346 ff. (De genesi ad litt. XII, VI; 15 ff., vgl. auch die Anm. 52, a.a.O., S. 575-585).

37 »Wenn indes die ›geisthafte‹ Schau – während die Seele den Leibessinnen gänzlich entrückt ist – von Phantasiebildern des Körpers festgehalten wird, sei es *im Schlaf* oder in der Ekstase, und das Geschaute nichts bedeutet, dann sind es Phantasiebilder der Seele selbst: wie ja auch Wache und Gesunde und durch keine Entfremdung Bewegte sich die Bilder vieler den körperlichen Sinnen nicht anwesender Körper verge-

genwärtigen. Der Unterschied aber liegt darin, daß sie diese von den gegenwärtigen und wirklichen Körpern in beständiger Erfahrung unterscheiden. Wenn aber die Bilder etwas bedeuten, ob sie nun von Schlafenden vorgestellt werden oder von Wachenden ...: dann liegt ein erstaunliches Ereignis vor« (nach Korger/von Balthasar, wie Anm. 36, S. 47). *Sed cum spiritalis uisio penitus alienato a sensibus corporis animo imaginibus corporalium detinetur siue in somnis siue in extasi, si nihil significant, quae uidentur, ipsius animae sunt imaginationes, sicut etiam uigilantes et sani et nulla alienatione moti multorum corporum, quae non adsunt sensibus corporis, cogitatione imagines uersant. Verum hoc interest, quod eas a praesentibus uerisque corporibus constanti adfectione discernunt. Si autem aliquid significant, siue dormientibus exhibeantur siue vigilantibus ...: mirus modus est.* (De genesi ad litt. XII, XII, 26; ed. Agaësse/Solignac, wie Anm. 36, 368 ff.).

38 Das braucht eigens nicht noch belegt zu werden. Vgl. das Folgende.

39 Thomas von Aquin, S. th. II-II, q. 172, a. 1 ad 2; De veritate q. 12, a. 3 ad 2. Es kommt dazu, daß die Seele im Schlaf mehr vom Körperlichen abgezogen ist als im Wachen. Es handelt sich auch hier um ein platonisierendes Moment der thomanischen Seelen- und Erkenntnislehre. Vgl. dazu von Balthasar, wie Anm. 33, S. 315.

40 Im wesentlichen nach der Übersetzung von H. S. Denifle, Deutsche Schriften des seligen Heinrich Seuse, Erste Abtheilung: Seuses Exemplar, München 1876, S. 227f. Der mhd. Text nach B 183, 16-30: *Wenn aber ein vision, dú dem menschen wirt in dem schlaf, wenn dú mug ald súl heissen ein warsagendú vision, – als in der alten e dem kúnig Pfarao von siben vaissen rindern und von siben magren tromete, und dez glich vil von trŏmen, daz dú heilig scrift seit, – wie man hie kunne underschaid der warheit vinden, wan die trŏme gemeinlich triegent und och ane allen zwivel underwilent war sagent, da solt du wissen, daz sant Augustinus der seite daz von siner heiligen mûter, daz im dú saiti, daz si die gabe von got heti, wenn ir út von got in ganzen schlaf ald in halben schlaf wurd, so ward ir dur mitte der underschaid von innen geben, daz si wol erkande, ob es allain ain gemaine trom waz, der nút ze ahten waz, ald ob es waz ein biltlich vision, dar an sich ze keren waz. Und welem menschen got die selben gabe git, der kan sich dest bas hier inne berihten. Es kan nieman dem andern wol mit worten geben, denn der merkt es, der es enpfunden hat.* Die Berufung auf den *underschaid von innen*, der dem Traum die göttliche Herkunft bescheinigt, ist nichts anderes als die Erfahrung der Authentizität des Geträumten. *Ein biltlich vision* im Schlaf muß also ihre eigene Evidenz mit sich bringen, soll sie als eine von Gott beglaubigte gelten. Auch bei Seuse fehlt nicht die Kritik an jenen, die Traumerscheinungen zu haben behaupten: vgl. B 524, 13 ff. Die Augustinusstelle siehe Conf. 6, 13, 23. Dazu vgl. Speckenbach, wie Anm. 4, S. 175.

41 Jan van Ruusbroec, Werken I, Tielt 1944, 164, 31-165, 8 (Zierde der geistlichen Hochzeit, in: Jan van Ruisbroeck, Die Zierde der geistli-

chen Hochzeit und die kleineren Schriften, hg. von F.M. Huebner, Leipzig 1924, S. 289). David von Augsburg in seinem »Spiegel der Tugend« behauptet lakonisch: *Troumgesihte und wârsagunge loufent in einem dône und sint vil dicke gelogen* (F. Pfeiffer [Hg.], Deutsche Mystiker des 14. Jahrhunderts, Bd. 1, Aalen 2. Aufl. 1961, S. 337, 5 f.).

42 H. R. Gehring, The Language of Mysticism in South German Dominican Convent Chronicles of the Fourteenth Century, Diss. University of Michigan 1957, S. 344. Dieser Ansatz von Gehring ist energisch weitergeführt worden von S. Ringler, Viten- und Offenbarungsliteratur in Frauenklöstern des Mittelalters, Quellen und Studien, Zürich 1980 (MTU 72), besonders S. 14: »Die Belehrung, welche in den Nonnenviten gegeben werden soll, ist eine Lehre von der praktischen Mystik, vermittelt in denjenigen Formen, die dem mittelalterlichen Menschen die vertrautesten sind: in den Formen der Legende.« »Praktische Mystik« definiert sich von daher im Gegensatz zur spekulativen Meister Eckharts oder der lyrischen Mechthilds von Magdeburg und H. Seuses (vgl. Gehring, a.a.O.) als ein auf die konkreten Lebensformen normativ ausgreifendes Korpus von Schriften, in denen folglich auch exemplarische Lebensläufe, legendarisch aufgehöhte Bilder und Szenen aus dem Frömmigkeitsleben der Geschilderten dominieren. Vgl. unten Anm. 43 die Arbeit von E. Michael.

43 Vgl. dazu K. Ruh, Mystische Spekulation in Reimversen des 14. Jahrhunderts, in: Beiträge zur weltlichen und geistlichen Lyrik des 13. bis 15. Jahrhunderts, Würzburger Colloquium 1970, hg. von K. Ruh und W. Schröder, Berlin 1973, S. 205-230; W. Muschg, Die Mystik in der Schweiz, 1200-1500, Frauenfeld und Leipzig 1935, wiederholt. Weitere Literatur zur Nonnenmystik: C. Greith, Die deutsche Mystik im Prediger-Orden (von 1250 bis 1350) nach ihren Grundlehren, Liedern und Lebensbildern, Freiburg i. Br. 1861; W. Preger, Geschichte der deutschen Mystik im Mittelalter, Teil 2, Aalen, 2. Aufl. 1962, S. 247-288; E. Michael, Geschichte des deutschen Volkes, Dritter Band: Deutsche Wissenschaft und deutsche Mystik während des 13. Jahrhunderts, Freiburg i. Br. 1903, S. 156-211 (Praktische Mystik!); H. Wilms, Aus mittelalterlichen Frauenklöstern, Freiburg i. Br., 2.-3. Auflage 1918; ders., Geschichte der deutschen Dominikanerinnen, 1206-1916, Dülmen i. W. 1920; ders., Das Beten der Mystikerinnen, Freiburg i. Br. 1923; ders., Das Tugendstreben der Mystikerinnen, Dargestellt nach alten Chroniken der deutschen Dominikanerinnen und den Aufzeichnungen begnadigter Nonnen des Mittelalters, Vechta in Oldenburg 1927 (Dominikanisches Geistesleben 2); G. Lüers, Marienverehrung mittelalterlicher Nonnen, München 1923 (Aus der Welt christlicher Frömmigkeit 6); G. Kunze, Studien zu den Nonnenviten des deutschen Mittelalters, Ein Beitrag zur religiösen Literatur des Mittelalters, Diss. masch. Hamburg 1952; W. Blank, Die Nonnenviten des 14. Jahrhunderts, Eine Studie zur hagiographischen Literatur des Mittelalters unter besonderer Berücksichtigung der Visionen und ihrer Lichtphänomene,

Diss. Freiburg i. Br. 1962; O. Reber, Die Gestaltung des Kultes weiblicher Heiliger im Spätmittelalter, Die Verehrung der Heiligen Elisabeth, Klara, Hedwig und Birgitta, Diss. Würzburg, Hersbruck 1963; M. de Fontette, Les religieuses à l'âge classique du droit canon, Recherches sur les structures juridiques des branches féminines des ordres, Paris 1967; W. Blank, Umsetzung der Mystik in den Frauenklöstern, in: Augustinermuseum Freiburg i. Br. 1978, S. 25-36; J.-N. Vuarnet, Extases féminines, Paris 1980; M. Vogt, Autobiographik bürgerlicher Frauen, Zur Geschichte weiblicher Selbstbewußtwerdung, Würzburg 1981, S. 19ff.

44 Die Chronik der Anna von Munzingen, Nach der ältesten Abschrift mit Einleitung und Beilagen hg. von J. König, Freiburger Diöcesan-Archiv 13 (1880), S. 129-236 (die Chronik ist zwischen 1310 und 1320 verfaßt). Dazu vgl. E. Krebs, Die Mystik in Adelhausen, Eine vergleichende Studie über die »Chronik« der Anna von Munzingen und die thaumatographische Literatur des 13. und 14. Jahrhunderts als Beitrag zur Geschichte der Mystik im Predigerorden, in: Festgabe für H. Finke, Münster 1904, S. 42-105; W. Blank, Anna von Munzingen, VL 1, Berlin 2. Aufl. 1978, Sp. 365 f.

45 A. Birlinger, Leben heiliger alemannischer Frauen des Mittelalters, V: Die Nonnen von St. Katarinental bei Dieszenhofen, Alemannia 15 (1887), S. 150-184.

46 Siehe unten Anm. 56 und 57 zu Adelheid Langmann und Christine Ebner. G. Voit, Engelthal, Geschichte eines Dominikanerinnenklosters im Nürnberger Raum, 2 Bände, Nürnberg 1977/78 (Schriftenreihe der Altnürnberger Landschaft XXVI, 1-2).

47 A. Birlinger, Leben heiliger alemannischer Frauen des XIV./XV. Jahrhunderts, IV: Die Nonnen von Kirchberg bei Haigerloch, Alemannia 11 (1883), S. 1-20; F. W. E. Roth, Aufzeichnungen über das mystische Leben der Nonnen von Kirchberg bei Sulz Predigerordens während des XIV. und XV. Jahrhunderts, Alemannia 21 (1893), S. 103-148; H. P. Müller, Das Schwesternbuch von Kloster Kirchberg (1237-1305), Der Sülchgau 21/22 (1977/78), S. 42-56; S. Ringler, Elisabeth von Kirchberg, in: VL 1, Berlin 2. Aufl. 1978, Sp. 479-482.

48 H. Zeller-Werdmüller und J. Bächtold, Die Stiftung des Klosters Oetenbach und das Leben der seligen Schwestern daselbst, Zürcher Taschenbuch auf das Jahr 1889 NF 12 (1889), S. 213-276; A. Halter, Geschichte des Dominikanerinnen-Klosters Oetenbach in Zürich 1234-1525, Diss. Zürich, Winterthur 1956.

49 Das Leben der Schwestern zu Töss beschrieben von Elsbet Stagel, Hg. von F. Vetter, Berlin 1906 (DTM 6); J. Ancelet-Hustache, La vie mystique d'un monastère de dominicaines au moyen-âge d'après la chronique de Töss, Paris 2. Aufl. 1928; K. Haenel, Textgeschichtliche Untersuchungen zum sogenannten »Puchlein des Lebens und der Offenbarung Swester Elsbethen von Oye«, Diss. Göttingen 1958 (eine Edition dieses Werks ist von Dr. Peter Ochsenbein, St. Gallen, zu

erwarten); M.-C. Däniker-Gysin, Geschichte des Dominikanerinnenklosters Töss 1233-1525, Diss. Zürich, Winterthur 1957 (289. Neujahrsblatt der Stadtbibliothek Winterthur 1958); H. Neumann, Texte und Handschriften zur älteren deutschen Frauenmystik, FuF 41 (1967), S. 44-48; K. Grubmüller, Die Viten der Schwestern von Töss und Elsbeth Stagel, ZfdA 98 (1969), S. 171-204 (Relativierung der Verfasserschaft Elsbeths!); H. Neumann, Elsbeth von Oye, VL 2, Berlin 2. Aufl. 1980, Sp. 511-514.

50 M. Thanner, Venerabilis Catharinae de Geweswiler ... de Vitis Primarum Sororum Monasterii sui liber ex Ms. Cod. Tiliensi ..., Ratisbonae 1725 (Pezii Bibliotheca Ascetica 8); J. Ancelet-Hustache, Les ›Vitae Sororum‹ d'Unterlinden, Edition critique du ms. 508 de la bibliothèque de Colmar, Archives d'Histoire Doctrinale et Littéraire du Moyen Age 5 (1930), S. 317-515; deutsche Übersetzung: von L. Clarus, Lebensbeschreibungen der ersten Schwestern des Klosters der Dominikanerinnen zu Unterlinden, Regensburg 1863 (Reliquien aus dem Mittelalter, IV Das Kloster 3); franz. Übersetzung von de Bussierre, Fleurs dominicaines ou les mystiques d'Unterlinden à Colmar, Paris 1864.

51 K. Bihlmeyer, Mystisches Leben in dem Dominikanerinnenkloster Weiler bei Esslingen im 13. und 14. Jahrhundert, Württembergische Vierteljahreshefte für Landesgeschichte NF 25 (1916), S. 61-93.

52 G. Geissenhof, Die Geissenhof'sche Chronik des Klosters Inzigkofen, Freiburger Katholisches Kirchenblatt 38 (1894), S. 405-828 (mit vielen Unterbrechungen); 39 (1895), S. 8-446; U. Engelmann, Der Konvent der Klosterfrauen von Inzigkofen, Freiburger Diöcesan-Archiv 88 (1968), S. 452-462; Ringler, wie Anm. 42, S. 38 ff.

53 Chronik des Bickenklosters zu Villingen, 1238-1614, Hg. von K. J. Glatz, Tübingen 1881 (Litt. Verein Stuttgart).

54 E. Langen, Eine neue Quelle für die Kenntnis des mystischen Lebens im Kloster Pillenreuth (Untersuchungen und Texte), Diss. Heidelberg 1960; S. Ringler, Ebin Anna, VL 2, Berlin 2. Aufl. 1980, Sp. 295-297.

55 Dieser Sachverhalt wird immer wieder von Ringler, wie Anm. 42, begründet und dargelegt. Er ist schon von Krebs, wie Anm. 44, betont worden.

56 Ph. Strauch, Die Offenbarungen der Adelheid Langmann, Klosterfrau zu Engelthal, Strassburg 1878 (QuF 26); Die Offenbarungen der Margaretha Ebner und der Adelheid Langmann, ins Nhd. übertragen von J. Prestel, Weimar 1939 (Meister des Abendlandes).

57 Leben und Gesichte der Christina Ebnerin, Klosterfrau zu Engelthal, Hg. von G. W. K. Lochner, Nürnberg 1872; K. Schröder, Der Nonne von Engelthal Büchlein von der Genaden Uberlast, Stuttgart 1871 (Bibl. des Litt. Vereins 108); nhd. Übersetzung von W. Oehl, Paderborn 1924, und M. Weinhandl, München 1921; S. Ringler, Ebner Christine, VL 2, Berlin 2. Aufl. 1980, Sp. 297-302. Eine Edition bereitet Prof. Dr. Ursula Peters, Aachen, vor.

58 Ph. Strauch, Margaretha Ebner und Heinrich von Nördlingen, Ein Beitrag zur deutschen Mystik, Freiburg i. Br. 1882, Neudruck: Amsterdam 1966; A. Pummerer, Margareta Ebner, Charakterbild aus der deutschen Mystik des Mittelalters, Stimmen aus Maria Laach 81 (1911), S. 1-11, 132-144, 244-267; O. Pfister, Hysterie und Mystik bei Margaretha Ebner (1291-1351), Zentralblatt für Psychoanalyse, Medizinische Monatsschrift für Seelenkunde 1 (1911), S. 468-485; L. Zoepf, Die Mystikerin Margaretha Ebner, Leipzig 1914; A. Walz, Gottesfreunde um Margarete Ebner, Hist. Jb. d. Görresgesellschaft 72 (1953), S. 253-265; Confirmationis Cultus ab Immemorabili Tempore Praestiti Servae Dei Margaritae Ebner, Positio super Casu Excepto ex Officio Compilata, Vatikanstadt 1963 (Sacra Rituum Congr., Sectio Hist. n. 120); R. Schultz, Heinrich von Nördlingen, Seine Zeit, sein Leben und seine Stellung innerhalb der Deutschen Mystik, Jb. des Vereins für Augsburger Bistumsgesch. 10 (1976), S. 114-164; H. Gursching, Neue urkundliche Nachrichten über den Mystiker Heinrich von Nördlingen?, in: Festgabe K. Schornbaum, Neustadt a.d. Aisch 1950, S. 42-57; M. Weitlauff, Ebner Marg., VL 2, Berlin 2. Aufl. 1980, Sp. 303-306; Une Moniale, Marguerite Ebner, Vie spirituelle 63 (1983) t. 137, S. 209-220.

59 B, wie Anm. 34, S. 7-195.

60 Ringler, wie Anm. 42, S. 391-444.

61 A.a.O., S. 445-447.

62 Text siehe Birlinger, wie Anm. 47, 13, 31-20, 20. Dazu Ringler, wie Anm. 42, S. 96 f.

63 H. Westpfal/A. Triller, Vita Dorothea Montoviensis Magistri Johannis Marienwerder, Köln-Graz 1964 (F.u.Q. z.Ki. u. Kulturgeschichte Ostdeutschlands 1); R. Stachnik/A. Triller, Dorothea von Montau, Eine preussische Heilige des 14. Jahrhunderts, Münster 1976; R. Stachnik, Die Akten des Kanonisationsprozesses Dorotheas von Montau von 1394-1521, Köln-Wien 1978 (FuQzKi. und Kulturgeschichte Ostdeutschlands 15); Gedanen, Beatificationis et Canonizationis Servae Dei Dorotheae Montoviensis, Positio super Cultu et Virtutibus Servae Dei ex Officio Concinnata, Vatikanstadt 1971; dazu: Der Dorotheenbote 1 (Herbst 1951) - 38 (Sommer 1978).

64 B. Pez, Ven. Agnetis Blannbekin ... Vita et Revelationes, Monath. 1731; A. Bl., Vita et Revelationes, Hg. von J. Chmel, Sitzungsber. d. Wiener Akad., Phil.-hist. Kl. 2, Wien 1849, S. 46-100; O. Panizza, Agnes Blanbekin, eine österreichische Schwärmerin aus dem 13. Jahrhundert, Zürcher Diskussionen No. 10-11, Zürich 1898; eine kritische Ausgabe bereitet Prof. Dr. Peter Dinzelbacher, Stuttgart, vor. Vgl. K. Ruh, Blannbekin Agnes, VL 1, Berlin 2. Aufl. 1978, Sp. 887-890.

65 Zum Beispiel die Prämonstratenserin Christina von Retters: K. Köster, Leben und Gesichte der Chr. v. R., Archiv f. Mittelrhein. Kirchengeschichte 8 (1956), S. 241-269; K. Köster, Christina von Hane, VL 1, Berlin 1978, Sp. 1225-1228; die Franziskanerin Luitgart: Leben der seligen Luitgart, der Stifterin von Wittichen, von dem Pfarrer Bertholt

von Bombach, Von 1291 bis 1348, Quellensammlung der bad. Landesgesch., Bd. 3, Karlsruhe 1863, S. 438-468; eine neue Ausgabe dieses Textes bereitet Frau Corinne Maag, Kilchberg bei Zürich, vor. Vgl. K. Ruh, Berthold von Bombach, VL 1, Berlin 2. Aufl. 1978, Sp. 803-805.

66 Vgl. Le Goff, wie Anm. 1; Dinzelbacher, wie Anm. 1, S. 40; ders., Die Visionen des Mittelalters, Ein geschichtlicher Umriß, Zs. f. Religions- u. Geistesgeschichte 30 (1978), S. 116-128, 120.

67 Das ließe sich leicht nachweisen und trifft schon für die in den »Vitae Fratrum« des Gerhard von Fracheto O.P. erzählten Begebenheiten zu, die im übrigen sicherlich für die »Nonnenviten« von vorbildlichem Wert waren. Die Zeit nach der Matutin war dem Studium, dem Gebet oder dem Schlaf vorbehalten: *Post matutinas autem et completorium beate virginis altare quandoque ordine triplici ambientes in gyro, se et ordinem devocione mirabili ipsi domine commendabant. In cellis eciam habebant eius et filii crucifixi ymaginem ante oculos suos, ut legentes et orantes et dormientes ipsas respicerent, et ab ipsis respicerentur oculo pietatis* (Fratris Gerardi de Fracheto O.P., Vitae Fratrum Ordinis Praed., ed. Fr. Benedictus Maria Reichert, Romae 1897, S. 149, vgl. auch 131). Vgl. P. Philippe, L'oraison dominicaine au XIIIe siècle, Vie spirituelle, Suppl. N° 4, Febr. 1948, S. 424-454; S. Tugwell, Early Dominicans, Selected Writings, London 1982, S. 3 f., 39, Anm. 18 und 19.

68 Vgl. Denifle, wie Anm. 40, S. 286, Anm. 7; 291, Anm. 5.

69 Vgl. A. M. Haas, Sermo Mysticus, Studien zu Theologie und Sprache der deutschen Mystik, Freiburg/Schweiz 1979 (Dokimion 4), S. 403, 408, 443; W. Riehle, Studien zur englischen Mystik des Mittelalters unter besonderer Berücksichtigung ihrer Metaphorik, Heidelberg 1977, S. 188 ff.

70 Nochmals sei verwiesen auf Ringler, wie Anm. 42, der unermüdlich auf den normativ *legendenhaften* Charakter der Nonnenviten verweist. Daß dadurch das literarische Ziel, die legitime und nach dem Zeitverständnis authentische Mitteilung religiöser und mystischer Erfahrungen nicht eskamotiert wird, darauf hat P. Dinzelbacher in seiner Besprechung des Buches von Ringler hingewiesen: AfdA 93 (1982), S. 63-71, bes. 64. Vgl. P. Dinzelbacher, Zur Interpretation erlebnismystischer Texte des Mittelalters, ZfdA 117 (1988), S. 1-23, wo recht unbekümmert ein Verdikt über die germanistische Forschung gesprochen wird. Vgl. jetzt U. Peters, Religiöse Erfahrung als literarisches Faktum, Tübingen 1988.

71 Vgl. oben Anm. 58. Für die im folgenden vorgestellten Hinweise auf Traumvisionen habe ich mich neben ausgiebiger selbständiger Lektüre vor allem dankbar auch auf Ringlers, wie Anm. 42, S. 221-223, gegebene Hinweise abgestützt.

72 Ed. Strauch, wie Anm. 58, S. 9, 12 ff. (im Folgenden ST mit Seiten- und Zeilenzahl).

73 ST 9, 16-18.

74 ST 9, 18 ff.
75 ST 11, 18 ff.
76 ST 12, 12 ff.
77 ST 14, 1 ff.
78 ST 26, 19 ff.
79 ST 18, 1 ff.
80 ST 18, 14 ff.
81 ST 19, 6 f.
82 ST 20, 18 ff. Zur Kreuzesverehrung des ausgehenden Mittelalters vgl. jetzt die reichen Hinweise bei P. Dinzelbacher, Das Christusbild der Heiligen Lutgard von Tongeren im Rahmen der Passionsmystik und Bildkunst des 12. und 13. Jahrhunderts, Ons Gestelijk Erf 56 (1982), S. 217-277, bes. 239 f. und 254 ff. Zu älteren Formen der Kreuzesverehrung vgl. Ute Schwab, Das Traumgesicht vom Kreuzesbaum, Ein ikonologischer Interpretationsansatz zu dem ags. »Dream of the Rood«, in: U. Schwab/E. Stutz (Hg.), Philologische Studien, Gedenkschrift für R. Kienast, Heidelberg 1978, S. 131-192.
83 ST 21, 5 ff.
84 ST 21, 15 ff.
85 ST 21, 26.
86 ST 22, 2.
87 ST 50, 1 ff.
88 ST 50, 5.
89 ST 50, 8.
90 ST 50, 8.
91 ST 50, 12.
92 ST 87, 24 ff. H. Wentzel, Eine Wiener Christkindlwiege in München und das Jesuskind der Margaretha Ebner, Pantheon 18 (1960), S. 276. Vgl. unten Anm. 112. »Innozenz III. bekannte resigniert: welche von insgesamt drei Kirchen die echte Vorhaut Christi besitzt, möge Gott selbst entscheiden« (De sacro altari mysterio 4, 30; PL 217, S. 876 f., zitiert bei K. Schreiner, Discrimen veri ac falsi, Archiv f. Kulturgesch. 48, 1966, S. 1-53, 37), Das Interesse der Nonnen für die Beschneidung datiert aus typologischen Rücksichten: Hier vergoß Jesus das erste Mal Blut.
93 ST 89, 22 ff.
94 ST 90, 15 f.
95 ST 91, 20.
96 ST 90, 22 ff.
97 ST 99, 10 ff. Auf den intensiv dialogischen Aspekt dieser »Reden« Margarethas mit Gott verweist Zoepf, wie Anm. 58, S. 96 ff.
98 ST 100, 9 f.
99 ST 110, 3 ff.
100 Zum Beispiel ST 143, 13 ff.
101 ST 189, 48 f.
102 Vgl. oben Anm. 64 und Dinzelbacher, wie Anm. 82, S. 248 f. und 263.

103 Ausgabe König, wie Anm. 44, S. 188.

104 Chronik von Oetenbach, ed. Zeller-Werdmüller/Bächtold, wie Anm. 48, S. 253.

105 Chronik von Unterlinden, ed. Ancelet-Hustache, wie Anm. 50, 105.

106 Chronik von Kirchberg, ed. Roth, wie Anm. 47, S. 147.

107 Wie Anm. 104, S. 221.

108 Wie Anm. 106, S. 111.

109 Wie Anm. 106, S. 139.

110 Vgl. dazu die verdienstliche Studie von Dinzelbacher, wie Anm. 82, in der in weitaus größerem Rahmen, als der Titel vermuten läßt, die Christusfrömmigkeit der praktischen Mystik untersucht wird (mit vielen Belegen und hermeneutischer Klarsicht). Für die Christusfrömmigkeit der Deutschen Mystik in ihrer spekulativen Variante vgl. A. M. Haas, Jesus Christus – Inbegriff des Heils und verwirklichte Transzendenz im Geist der Deutschen Mystik, in: ders., Geistliches Mittelalter, wie oben S. 357, Anm. 91, S. 291-314.

111 Chronik von Töss, wie Anm. 49, 7, 5. Zur Marienverehrung der Mystikerinnen vgl. die in Anm. 43 zitierte Arbeit von G. Lüers.

112 R. Rode, Studien zu den mittelalterlichen Kind-Jesu-Visionen, Diss. Frankfurt a. M. 1957; F. Holböck, Warum ist Gott ein Kind geworden?, Gründe, Vorbilder und Gebete der Jesuskind-Verehrung, Stein am Rhein 3. Aufl. 1982; B. Rothemund/J. Puckett, Gnadenreiche Jesulein, Jesuskindwallfahrtsorte, Entstehung – Geschichte – Brauchtum, Autenried 1982 (mit zahlreichen schönen Aufnahmen, darunter auch des von Margaretha Ebner erwähnten Jesuskinds, S. 73).

113 Wie Anm. 111, S. 88, 27ff.

114 Ausgabe von Lochner, wie Anm. 57, S. 15.

115 Ausgabe von Strauch, wie Anm. 56, S. 67, 14 und 33.

116 Ausgabe von Bihlmeyer, wie Anm. 52, S. 80, 9.

117 Ausgabe von Birlinger, wie Anm. 45, 171.

118 Wie Anm. 104, 245; wie Anm. 105, 398, 26.

119 Wie Anm. 114, 16.

120 Wie Anm. 114, 21.

121 Bevor individualpsychologische oder psychoanalytische Kriterien der Deutung beigezogen werden können, gälte es, angemessen auf das kollektiv gebundene Verhalten der Nonnen hinzuweisen. Die Traumforschung weiß immer schon vom »grupplichen Erlebnisfeld des Träumers« (Kamphausen, wie Anm. 1, S. 16). Kommt gerade im Fall ordensmäßig eingegliederter Menschen eine fundamentale soziale Gebundenheit hinzu, im Alltäglich-Menschlichen, im Religiösen, im Literarisch-Ideologischen, im Brauchtümlichen usf. Nur unter genauester Abklärung der hermeneutischen Vorfragen lassen sich individualpsychologische und psychoanalytische Verfahren der Seelendeutung für die Genese solcher literarischer Phänomene, wie es die Nonnenviten darstellen, beiziehen. Es gibt immerhin schon mediävistische Versuche im Anschluß an Jean Leclercq, historische Phänomene psychologisch

im weitesten Sinne oder dann spezifisch psychoanalytisch anzugehen. Vgl. J. Leclercq, Der heilige Bernhard und das Weibliche; Der heilige Petrus Damiani und die Frauen; Moderne Psychologie und die Interpretation mittelalterlicher Texte, Erbe und Auftrag 51 (1975), S. 161-179, 270-281, 409-426. Beispiele solch intendierter Psycho-Historie hat Leclercq vorgelegt in: Monks and Love in Twelfth-Century France, Oxford 1979; Monks on Marriage, A Twelfth-Century View, New York 1982. Für den theoretischen Horizont vgl. H.-U. Wehler (Hg.), Geschichte und Psychoanalyse, Köln 1974. Wenn im folgenden – provisorisch – Front gemacht wird gegen eine handfeste Frühform der Anwendung psychoanalytischer Betrachtungsweisen, dann ausdrücklich im Bewußtsein, daß zunächst den theologischen Deutungshorizonten angemessen Raum gegeben werden soll, bevor der schlichte Gestus psychoanalytischen Entlarvens angewendet wird.

122 Alles Vorwürfe von O. Pfister, wie Anm. 58. Pfister vertritt in dieser Arbeit einen moralisierenden Freudianismus, wie er zu dieser Zeit (1911) denkbar und möglich war, als man in der Rezeption freudscher Entdeckungen implizit gleich auch eine – hinfort normativ gültige – Idealvorstellung geistiger Gesundheit konzipierte. Es dürfte heute eher der Moment sein, in äußerster Vorsicht psychoanalytische Konzepte auf kulturelle Phänomene früherer Zeiten als Interpretamente anzuwenden, da sich die freudschen Analysen heute von den sie gleich vereinnahmenden ethisch-normativen Bewertungen gelöst haben. Immerhin gilt, was K. Bertau (Deutsche Literatur im europäischen Mittelalter, Bd. 1, München 1972, S. 346) zur Bewertung von Hildegards von Bingen »Hysterie« gesagt hat, in einem grundsätzlichen Sinn: »Erscheinungsbild und Ursachen dieser Krankheit um 1900 wird man nicht ohne weiteres mit einer Hysterie des frühen XII. Jahrhunderts gleichsetzen wollen. Familien- und Gesellschaftsstrukturen damals sind nicht dieselben gewesen wie im Wien der ausgehenden k.u.k. Epoche.« Vgl. dazu die in der Diagnose klare, aber in deren Begründung sparsame Studie von M. Hattemer, Gesichte und Erkrankung der Hildegard von Bingen, Ein pathographischer Versuch, Hippokrates 3 (1930/31), S. 125-149 (der Bereich der »Vision« ist hier als ein vom Bereich der »Krankheiten« deutlich und unmißverständlich abgespaltener Bereich beurteilt!). Vgl. auch M. Escherich, Das Visionenwesen in den ma. Frauenklöstern, Deutsche Psychologie 1 (1916), S. 153-166. Auch Bertau betont, daß »das Verhältnis von Hysterie und Vision« bei Hildegard »letztlich therapeutischer Natur zu sein« scheint (a.a.O., S. 346), und er weist – zu Recht – auf folgende Tatsache hin: »Ihre kräftige, vielleicht *archaische* Konstitution wird mit der Neurose fertig. *Beim Hysteriker, wie wir ihn kennen, ist aber die Neurose selbst und nicht ein Werk Resultat seiner Tätigkeit*« (a.a.O.; Hervorhebungen von mir). Tatsächlich widersteht die Tatsache eines literarischen Werks der schlichten Diagnose auf Hysterie selbst dann, wenn eine solche aus dem Werk sich aufdrängen möchte. Kommt dazu die grundsätzliche

»Alterität« der mittelalterlichen Literatur, die sehr viel weniger auf das Seelenvermögen als auf die Wortkompetenz des Autors abstellt: »the beginning of literature is not life, but language; not individual consciousness, but the collectivity; not originality, but productivity; in short, écriture without an author« (E. Vance, The Modernity of the Middle Ages in the Future – Remarks on a recent book, The Romanic Review 64 [1973], S. 140-151, 142, zitiert bei H. R. Jauss, Alterität und Modernität der mittelalterlichen Literatur, Gesammelte Aufsätze 1956-1976, München 1977, S. 388, Anm. 7). Man wird sich hüten müssen, einen »médiévisme à papa« (P. Zumthor, Parler du Moyen Age, Paris 1980, S. 31) zu repristinieren, indem man – ohne nähere methodische Begründung – eine innere Konformität zwischen den mittelalterlichen Texten und dem Literaturbereich, den man um 1900 in Paris oder Wien zu überblicken vermochte, schlicht unterstellt (Zumthor, a.a.O., S. 32). Vgl. dazu auch Jauss, Alterität, S. 21: Ideologiekritische Kategorien der Moderne sind für die Beurteilung mittelalterlicher Verhältnisse – das erhellt schon aus dem Unterschied zwischen mittelalterlichen und neuzeitlichen Kosmologien (vgl. C. S. Lewis, The Discarded Image, Cambridge 1964; A. J. Gurjewitsch, Das Weltbild des mittelalterlichen Menschen, Mit einem Nachwort von H. Mohr, Dresden 1978 [Fundus Bücher 55/56/57], S. 57 ff.) – »unangemessen, ja irreführend«. Ganz Ähnliches ist zu behaupten für das Verhältnis von Individuum und Kollektiv, das sich in seiner mittelalterlichen Variante nicht mit neuzeitlichen Kategorien aufrechnen läßt. Vgl. A. J. Gurevic, Le origine del Feudalismo, Prefazione di R. Manselli, Bari 1982 (Biblioteca di Cultura Moderna Laterza 865), S. 110 ff. Es bleibt also die Frage bestehen, wie weit ein psychiatrischer Begriff wie die Hysterie auf die in den Texten der Nonnenviten ausgedrückte Seelenlage angewendet werden darf. Und – wenn die Frage grundsätzlich bejaht werden dürfte – bleiben auch die Fragen bestehen, wie die Hysterie als Diskurs von Frauen historisch zu rechtfertigen, ja theologisch als solcher zu legitimieren wäre als eine der gängigen, von Männern gesprochenen theologischen Rede widerständige Frömmigkeits-Rede.

123 Dieser Sachverhalt würde ziemlich genau den Tatbestand der Hysterie erfüllen: »Die klassische Hysterie erscheint als Resultat von verdrängten sexuellen Wünschen, etwa inzestuöser Natur, deren Befriedigung oder Bewußtmachung von strengen sozialen Verhaltensnormen verhindert wird. Als Ersatz wird die Krankheit produziert, in der sich das Ich theatralisch überkompensiert darstellt und Momente der Selbstbestrafung vorführt (Lähmungserscheinungen, Krämpfe etc.), sich aber andererseits seinen Ich-Projektionen gegenüber scheinbar objektiv und teilnahmslos verhält« (Bertau, wie Anm. 122, S. 346; vgl. auch a.a.O., Bd. 2, München 1973, S. 1244, Anm. zu S. 346: Hier die relevante Literatur). Vgl. auch J. Laplanche/J.-B. Pontalis, Das Vokabular der Psychoanalyse, Bd. 1, Frankfurt a. M. 2. Aufl. 1975, S. 180-183.

124 Dieses Argument ist irgendwo kurzschlüssig, da alles religiöse Denken

im Glauben konstitutiv und positiv Wunschdenken ist, und daher in irgendeiner Form plausible Erfahrungsstrukturen auszubilden gezwungen ist. Gerade eine religiös geprägte Gemeinschaft wird besonderen Wert auf die Möglichkeiten von sie bestätigenden Erfahrungen legen. Vgl. P. L. Berger, Auf den Spuren der Engel, Die moderne Gesellschaft und die Wiederentdeckung der Transzendenz, Frankfurt a. M. 1970, S. 85 f. (besonders was die Reichweite des »induktiven Glaubens« anbelangt). Die Vorbehalte von seiten der »theoretischen« Mystiker gegen die manifesten Seelenereignisse konkret-praktischer Mystik haben ihre Rechtfertigung im Bereich einer am theologischen Leitbild sich auszurichtenden Seelenführung, während die Richtigkeit der Erfahrung, wie sie die Nonnen legendarisch normativ festzuhalten versuchen, auf einer anderen, die Plausibilität ihres religiösen Lebens begründenden Ebene liegt.

125 Man muß bei David von Augsburg beides sehen: sowohl sein äußerst starkes Engagement an einer intensiven Christusverehrung und -nachfolge, die ihre sehr konkrete Seite hat, wie auch seine betonte Vorsicht gegenüber Fehlformen gerade dieser Christusverehrung! Einerseits erstreckt sich die volle Gottesliebe sicherlich auch in die Leiblichkeit des von ihr Ergriffenen: *Die wîle si (die Seele) aber noch in dem lîbe stecket mit dem leben, sô enmac der lîp niht wol sô ungewonlîche vreude vertragen âne etlîche andunge mit lûte oder pfneschen oder mit etlîcher bewegunge. Unde des ist wunders niht, sît wir sehen, daz daz herze von irdischer vreude und von tôrheit sô grôze vreude gevâhet, daz ez sich lahters niht erwern kan unde kachens unde anderr ungebaerde. Daz selbe sehen wir an weinen: daz weder scham noch zuht den menschen kan gestillen sô im sîn vriunt tôt ist, ern breche ûz mit etelîchem lûte. Sît daz mac irdischiu liebe unde jâmer geschaffen, michels mêr mac gotes liebe daz herze überwinden unde sîn selbes ungeweltic machen, sô vil sô si kreftiger ist denne elliu irdischiu liebe* (Der Spiegel der Tugend, nach F. Pfeiffer, Deutsche Mystiker des 14. Jahrhunderts, Bd. 1, Aalen 2. Aufl. 1962, S. 336, 7-17). Zur positiven Auffassung einer stark affektiv geprägten Christusnachfolge vgl. die Texte in: K. Ruh, Franziskanisches Schrifttum im deutschen Mittelalter, Band I: Texte, München 1964, (MTU 11), S. 142 ff. Dagegen äußert sich David in seiner Schrift »De septem processibus religiosorum« folgendermaßen – d. h. sehr vorsichtig und zurückhaltend – über die Erscheinungen Christi: »Von Christus glauben wir, dass er mit dem Körper im Himmel verherrlicht sei und nicht mehr in der Wirklichkeit von der Jungfrau geboren und ernährt werde oder Leiden ertrage oder anderes tue, was er nach dem Berichte des Evangeliums während seines leiblichen Wandels auf Erden unter den Menschen getan hat. Und doch wird oft berichtet, dass er sich einigen Heiligen und Frommen in seiner Geburt oder im Mutterschosse oder am Kreuze gezeigt habe, nicht als ob es wirklich so gewesen wäre, sondern weil er ihnen zum besonderen Trost, zur Erweckung der Andacht oder wegen eines andern Zweckes so erscheinen

wollte ... Das Gesagte gilt auch von andern Erscheinungen der Heiligen und Engel. Ich glaube nicht übergehen zu dürfen, dass einige, von den bösen Geistern oder von eigenen falschen Meinungen getäuscht, wähnen, es erscheine ihnen Christus und die glorreiche Gottesmutter und würdigen sie nicht nur der Umarmungen und Küsse, sondern selbst unschicklicher Handlungen, damit, wie ihr Geist innerlich getröstet werde, so auch das Fleisch äusserlich den ihm zukommenden Trost fühlbar bekomme und so sinnlich erfreut werde. Daß das nicht nur Täuschung und Lüge, sondern auch Gotteslästerung sei, liegt auf der Hand. Denn wie die Heimsuchung des heiligen Geistes zur Bekämpfung und Unterdrückung aller Leidenschaften gegeben wird, so ist das besonders der Fall, wenn es sich um Fleischeslust handelt. Wenn der Geist der Reinigkeit seinen Glanz irgendwo entfaltet, so müssen augenblicklich alle Regungen der Sinneslust aufhören und wie die Finsternis beim Nahen des Lichtes verschwinden. Was ich über jene sagen soll, die manchesmal eine innere Freude empfinden und dann alsbald auch leiblicher Sinneslust sich hingeben, weiss ich fürwahr nicht. Ich ziehe es weit vor, solche Blüten nicht zu besitzen, die ich erst aus dem Schmutze auflesen müsste. Wie ich jene nicht zu verurteilen wage, die gegen ihren Willen bei geistigen Freuden auch sinnlich erregt werden, so kann ich auch jene nicht entschuldigen, welche an solchen Regungen freiwillige Freude haben, möge ihre Meinung welche auch immer sein« (Bruder David von Augsburg, Wegweiser zur christlichen Vollkommenheit, Aus dem Lat. übersetzt und ergänzt von P. Thomas Villanova, Brixen 1902, S. 407-409; den lat. Text siehe in: Fr. David ab Augusta O.F.M., De exterioris et interioris hominis compositione secundum triplicem statum incipientium, proficientium et perfectorum, libri tres, Ad Claras Aquas 1899, S. 359 f.). Vgl. D. Stöckerl, Bruder David von Augsburg, Ein deutscher Mystiker aus dem Franziskanerorden, München 1914, S. 176-181.

126 Vgl. oben S. 111 ff.

127 Im wesentlichen deutet Pfister, wie Anm. 58, die Verdrängungsmechanismen der Margaretha Ebner als eine mißlungene Sublimation der Libido: »Aus allem ergibt sich, dass die religiöse Erotik einfach die sinnlichen Begierden austoben lässt. Wie in der Hunnenschlacht die Getöteten als Geister der Luft weiterkämpfen, so die sexuellen Triebe der Margaretha Ebner, Ludwig von Zinzendorf's und zahlloser anderer Mystiker. An die Stelle einer Transformation der libido in ethisch produktive, soziale und kulturelle Leistungen ist eine blosse Elevation getreten, für welche der Ehrenname einer Sublimierung viel zu gut ist« (S. 483). Daß in einem solchen Zirkelschluß – aus dem sicheren Wissen, was »ethisch produktive, soziale und kulturelle Leistungen« zu sein haben, wird die »Leistung« der Mystiker als zu leicht und daher einer sie rechtfertigenden Etikettierung durch den Ehrentitel »Sublimierung« entzogen! – falsche Maßstäbe für die Deutung und gerechte Erfassung mystischer Phänomene gesetzt werden, zeigt sich in der

schroffen Abweisung aller denkbaren ästhetischen Implikationen der mystischen Erfahrung. Die Mystiker sind die Ästhetiker unter den religiös Erfahrenden! Sie sind mit Kategorien der Leistung – welcher Zuweisung auch immer – nicht zu erfassen. E. Seeberg (Zur Frage der Mystik, in: ders., Menschwerdung und Geschichte, Aufsätze, Stuttgart o. J., S. 136) hat 1921 mit Recht polemisch auf »die langweilige Neigung des Mediziners« hingewiesen, »Abnormitäten überall aufzuspüren, so daß der Kreis der Normalen auf einen Punkt, bzw. auf ihn selbst, reduziert wird und wir statt psychologischer nur psychopathische Erklärungen bekommen«. (Dagegen ist heute von der modernen Psychoanalyse her ein deutliches Abrücken vom letztlich doch polemischen Binom Normal–Anormal festzustellen.) Mit Recht verweist er im komplexen Bereich Sexualität und Mystik auf die »formale Art der Mystik« (Einfluß des Hohen Liedes, formale Struktur- und Gestaltprinzipien!), darauf also, daß die »mystischen Erzeugnisse nicht unmittelbarer Niederschlag des ›Erlebnisses‹, sondern Kunstprodukte sind, die nur im Zusammenhang mit entsprechenden künstlerischen Leistungen gewürdigt werden können: So ist die Mystik häufig nicht Ausdruck eines Erlebens, sondern ein freies Spiel der Fantasie, das durch die Form und durch die Erfahrung hervorgerufen ist.« Vgl. auch von Balthasar, Christliche »Mystik« heute, wie unten Anm. 134, S. 46-51. Ansätze zu einer Psychopathographie der Heiligen: H. Joly, Psychologie des Heiligen, Regensburg 1904; I. Familler, Das Heiligenleben in der modernen Psychopathographie, Eine psychologische Abwehrstudie, Regensburg 1915; H. Thurn, Neurose und Frömmigkeit, GuL 22 (1949), S. 110-120, 179-190; J. Bernhart, Heiligkeit und Krankheit, GuL 23 (1950), S. 172-195; M. Waldmann, Trancen und Ekstasen in ihrer psychologischen Gegensätzlichkeit, GuL 25 (1952), S. 54-67; zusammenfassend über die deutschsprachige Forschung vgl. jetzt das (durch abenteuerliche Druckfehler kaum mehr lesbare) Buch von C. L. P. Trüb, Heilige und Krankheit, Stuttgart 1978 (Geschichte und Gesellschaft, Bd. 19), besonders S. 184-191. Die noch bedeutend reichere englischsprachige und französischsprachige Forschung sei hier einmal ausgeklammert. Es ist denkbar, daß die heute mit guten Argumenten gegen die klassische Psychoanalyse fechtende Antipsychiatrie theoretisch bald einmal ein spezifisches Verständnis für das Heilige und die ihm gewidmete Existenzweise gewinnen könnte.

128 Vgl. J. Postel, Le psychiatre devant les »Visions« des Mystiques, Nouvelles de l'Institut Catholique de Paris no 1, Février 1977: Les Visions mystiques, IIIe Centenaire des Visions de Marguerite-Marie Alacoque, S. 73: »Le temps n'est plus au triomphalisme neuropsychiatrique et à ses certitudes ›scientifiques‹ … On ne croit plus guère en psychiatrie à la séparation radicale entre normal et pathologique. La révolution freudienne, puis la contestation psycho-sociologique antipsychiatrique ont emporté la forteresse nosographique et l'attirail diagnostique et thérapeutique du psychiatre.«

129 Ich weise nur hin auf das neue Buch von R. D. Laing, Die Stimme der Erfahrung, Erfahrung, Wissenschaft und Psychiatrie, Köln 1983, der »aus den Bemerkungen« von verschiedenen zünftigen Analytikern mit guter Wahrscheinlichkeit zu entnehmen vermag, daß es sich bei diesen um Aussagen von »extrem gestörten paranoiden Schizophrenen« (S. 77) handelt. Wo die Dinge derart auf den Kopf gestellt werden können – und sie können es –, da wird die ganzheitlich organisierte Welt der Mystiker ihre Chance einer fairen Deutung bekommen. Vgl. auch H. M. Lohmann (Hg.), Das Unbehagen in der Psychoanalyse, Eine Streitschrift, Frankfurt a. M. 1983.

130 Wohl wegen des Moments an Phantasie, das in ihnen geborgen ist. Die Mystiker sind in einem umfassenden Sinn Repräsentanten nicht des Phantastischen, aber der im Seelenleben fruchtbar gegenwärtigen Phantasie: Sie »phantasieren« – aus dem Glauben heraus – ihren Gottesbezug, den sie tragenden Sinn, so aber, daß die Phantasie die Realität gerade in ihrer Wirklichkeitskompetenz durchsichtiger macht. Mystik gehört zu jenem dritten Weg (zwischen Rationalität und Irrationalem), den D. Kamper (Zur Geschichte der Einbildungskraft, München 1981, S. 270) als »poetische Anthropologie« entworfen hat: »Sie ist eine Realisation der Phantasie, ein Leben aus der grundlegenden Einbildungskraft (l'imagination fondatrice), welche die Differenz des Realen und des Imaginären erst auszumachen gestattet.« Ganz in diesem Sinn sieht beispielsweise G. Mattenklott, Der übersinnliche Leib, Beiträge zur Metaphysik des Körpers, Reinbek 1982, S. 214, Seuses Mystik als »Figur einer energiegeladenen Balance ekstatischer und reflexiver Kräfte«. Auch wenn hier eine bloß säkulare Selbsterlösung des Menschen in einer neuen Form der asketischen Selbstbeherrschung und »der gemäßigten Schätzung von Macht und Genuß« (J. Huizinga, Im Schatten von morgen, Eine Diagnose des kulturellen Lebens unserer Zeit, Bern 2. Aufl. 1936, S. 196, zitiert bei Mattenklott, a.a.O., S. 234) anvisiert wird, scheinen – selbst wenn das Ziel so hoch nicht gesteckt sein sollte – die Tore zu einer möglichen Transzendenzerfahrung wieder offen zu sein. Vgl. auch die Beiträge der transpersonellen Psychologie.

131 M. de Certeau, L'écriture de l'histoire, Paris 1975, S. 292-311, bes. 292.

132 M. Vogt, wie Anm. 43, vermerkt lakonisch zu den Nonnenviten – womit sie das Interesse an ihnen auch schon verabschiedet: »Die Beziehung zu dem nach außen verlagerten, personalisierten Selbstideal gipfelt in der Auflösung des konkreten Selbstseins, bei der imaginierten Vereinigung mit dem vorgestellten, eigentlichsten Selbst: dem Herrn. In der ›Seele‹ soll ›ausser ihm nichts sein‹, an ihr soll ›das Bild‹ der ›heiligen Dreifaltigkeit‹ erscheinen. Der Verlust der persönlichen Eigenschaften und der Beziehung zur irdischen Wirklichkeit wird zum Selbstgewinn, zur Vereinigung mit der ersehnten Gottheit hypostasiert. Die auf den ersten Blick erscheinende Tendenz zur Emanzipation der Frau im religiösen Bereich ist demzufolge als Destruktion persönlicher und sozialer Identität zugunsten der Erfüllung des Glaubens an

eine metaphysische Bestimmung der Person zu deuten. Der Tendenz zur Auflösung jeglichen Selbstbezugs während des Lebens entspricht die einfache literarische Verarbeitung und das Fehlen von Reflexion des biographischen Stoffs, der Weg mystischer Entwicklung scheint automatisch niedergeschrieben zu sein. Aufgrund der charakterisierten Absage an eine individuelle Lebensgeschichte kann in der Lebensweise der Mystikerinnen kein Widerspruch zu der in der mittelalterlichen Gesellschaft geforderten Frauenrolle gesehen werden. In Berufung auf das spirituell besonders empfängliche Gemüt der Frau wird die christliche Idee von Individualität für die Mystikerinnen in ihr Gegenteil verkehrt. Die im mystischen Lebensbereich scheinbar einsetzende Tradition weiblicher Autobiographik bleibt so ohne gesellschaftliche und literarische Folgen.« In solchen Lakonismen wird nicht bloß eine – feministisch relevante – Chance vertan, sondern auch bis ins einzelne eine Mißdeutung vorgetragen, die ihresgleichen sucht. Ein paar Fragen seien gestattet: Wie wäre das christliche Paradox von Selbstverlust und Selbstgewinn in Gott näherhin zu deuten? Ist der Selbstgewinn nichts weiter als eine Hypostase (hier als Modebegriff!) des Selbstverlusts? Hat beispielsweise Margaretha Ebner ihre persönliche und soziale Identität zugunsten ihrer metaphysischen Bestimmung preisgegeben? (Das Gegenteil scheint der Fall, wenn man der sozialen Situation der Nonne Rechnung zu tragen fähig ist!) Handelt es sich bei den Nonnenviten um eine »einfache literarische Verarbeitung«, um eine »automatische Niederschrift«? Die Fragen – leicht und schnell negativ zu beantworten – ließen sich fortsetzen. Die religiöse Frauenfrage im Mittelalter ist seit A. Mens und H. Grundmann als eine höchst komplizierte und vielschichtige erkannt worden; nur ein paar Hinweise: G. Koch, Frauenfrage und Ketzertum im Mittelalter, Berlin 1962; O. Reber, wie Anm. 43; M. Bernards, Die Frau in der Welt und die Kirche während des 11. Jahrhunderts, Sacris Erudiri 20 (1971), S. 30-100; B. M. Bolton, Mulieres Sanctae, in: D. Baker (Hg.), Sanctity and Secularity: The Church and the World, Oxford 1973, S. 77-95; F. McLaughlin, Die Frau und die mittelalterliche Häresie, Ein Problem der Geschichte der Spiritualität, Concilium 12 (1976), S. 34-44; B. M. Bolton, *Vitae Matrum:* A Further Aspect of the Frauenfrage, in: D. Baker (Hg.), Medieval Women, Oxford 1978, S. 253-273; J. Tibbetts Schulenburg, Sexism and the Celestial Gynaeceum – from 500 to 1200, Journal of Medieval History 4 (1978), S. 117-133; K. Elm, Die Stellung der Frau in Ordenswesen, Semireligiosentum und Häresie zur Zeit der heil. Elisabeth, in: Sankt Elisabeth, Sigmaringen 1981, S. 8-27; Sh. Shahar, Die Frau im Mittelalter, Königstein Ts. 1981; K. Elm, Die Frau in Ordenswesen, Semireligiosentum und Häresie des 12. und 13. Jahrhunderts, Internationale kath. Zs. Communio 11 (1982), S. 360-379; M. Hauke, Die Problematik um das Frauenpriestertum vor dem Hintergrund der Schöpfungs- und Erlösungsordnung, Paderborn 1982; U. Peters, Frauenliteratur im Mittelalter, GRM 38 (1988), S. 35-56.

133 »Traumarbeit« im Sinne Freuds! Vgl. S. Freud, Die Traumdeutung, Studienausgabe, Bd. II, Frankfurt a. M. 1972 (siehe Register).

134 Der theologische Rahmen fungiert hier nicht nur als eine Art ideologischer Klammer, sondern als eigentliche Sinnfrage, die weniger im Menschen und seinen Intentionen als in der Freiheit Gottes ihre Begründung hat. »Sinn wird wahrnehmbar als Spur von Gottes Handeln in seiner wirkenden Freiheit« (G. Sauter, Was heißt: nach Sinn fragen? Eine theologisch-philosophische Orientierung, München 1982, S. 169). Hierin geht es – im engeren Sinn – um den Rang und die mögliche Breite sinnlich-konkreter Gotteserfahrung, um die Anschaulichkeit von Bildern und »sinnlichen« Gotteserweisen. H. U. von Balthasar hat immer schon im Inkarnatorischen den wesentlichen Unterschied christlicher zu nicht-christlicher Mystik (der Entweltlichung usf.) gesehen. »Hätten wir wirklich alle sinnenhaften und imaginativen Erscheinungen, auch wenn sie echt sind, abzuweisen, wie Lehrer der ›Mystik‹ uns sagen, so hätten wir auf sämtliche Erscheinungen der Mutter des Herrn, einschließlich Lourdes und Fatima, verzichten müssen; Teresa von Avila hätte die ihr gezeigte Hand des Herrn nicht betrachten und anbeten dürfen. Der erwartete Endzustand des Menschen ist nicht der eines Aufgehens des endlichen Geistes im unendlichen, sondern der verheißene der Auferstehung des Fleisches, der allermindestens für das Haupt der Kirche und für ihr Herz, die Mutter des Herrn, jetzt schon erfüllt ist. Dies ist im Hinblick auf gewisse echte Erscheinungen gesagt, nicht aber im Hinblick auf unsere sterbliche Kondition; denn man wird nicht annehmen, daß sich in oder unter unseren einstweilen sterblichen Leibern bereits eine verklärte pneumatische Leiblichkeit vorbereitet, wie vielfach vermutet worden ist.« (Christliche »Mystik« heute, in: J. Kotschner [Hg.], Der Weg zum Quell, Teresa von Avila, 1582-1982, Düsseldorf 1982, S. 11-51, 44). Vgl. auch A. von Speyr, Das Wort und die Mystik, 2 Teile, Einsiedeln 1970; von Balthasar, Herrlichkeit, Eine theologische Ästhetik, 1. Bd.: Schau der Gestalt, Einsiedeln 1961; C. Tresmontant, Der Weg nach innen, Christliche Mystik und die Zukunft des Menschen, Graz 1980, S. 61 und öfter.

135 von Balthasar im Vorwort zu Korger/von Balthasar, wie Anm. 36, S. 16.

136 A.a.O.

137 A.a.O., S. 19.

138 A.a.O. S. 20.

139 A.a.O., S. 22.

140 A.a.O.

141 A.a.O.

142 Vgl. oben Anm. 134. Die »Abwertung aller sinnenhaften und imaginativen Visionen, die, angeblich noch an die Materie gebunden, vom Schauenden überstiegen und vielleicht überhaupt abgewiesen werden sollten«, ist neuplatonisch infiziert und wohl letztlich unbiblisch. »Lo-

gisch müßten dann alle Bilder der Apokalypse als Ausdruck einer niedrigen Stufe von Mystik eingestuft, ja vielleicht die ganze Ordnung der Menschwerdung, das Evangelium mit seinen populären Gleichnissen, Erzählungen und Ereignissen als eine propädeutische Einführung in rein Geistiges eingeschätzt werden. Das wäre nun freilich rein gnostisch und nicht mehr christlich gedacht. Man sollte deshalb bei charismatischen Phänomenen nicht vom Grenzfall her argumentieren, vielmehr erkennen, daß diese nach Paulus zum Besten der kirchlichen Gemeinschaft verliehenen Gnaden auch im lebendigen kirchlichen Geist – in Glaube, Hoffnung, Liebe, Gehorsamsbereitschaft – entgegengenommen werden müssen, um überhaupt richtig weitergegeben werden zu können.« (H. U. von Balthasar, Zur Ortsbestimmung christlicher Mystik, in: ders., Pneuma und Institution, Skizzen zur Theologie IV, Einsiedeln 1974, S. 317f.). Kaum daß die charismatische Erfahrung eingesetzt hat – für deren Empfang von Balthasar mit der biblischen Überlieferung, gegen Thomas von Aquin, persönliche Integrität voraussetzt –, setzt auch schon die »Unterscheidung der Geister« ein (vgl. a.a.O., S. 325-339), in der die Erfahrungen geprüft werden. Das sei hier zugunsten einer grundsätzlichen Parteinahme für mögliche charismatische Erfahrung im Rahmen der dominikanischen Frauenklöster unterlassen. Vgl. aber die wichtigen Bemerkungen von Balthasars zum Thema »Gott erfahren« in: Neue Klarstellungen, Einsiedeln 1979 (Kriterien 49), S. 13-28 (Kriterium für »falsche« Erfahrungen ist die Verwandlung des »Angelds des heiligen Geistes« »in einen direkten und konstatierbaren Besitz«, S. 24). Nochmals komplizierter wird die Beurteilung, wenn man in Rechnung stellt, daß die Nonnenviten sich sicherlich als Dokumente einer »Gemeinschaft der Heiligen«, d. h. legendarisch und literarisch verstehen lassen können.

143 Die »Theologie der Heiligen« gibt dafür mancherlei Dokumentationsmaterial her. Allerdings ist diese positive Möglichkeit immer nur gegeben, solange der menschlichen egoistischen Begierlichkeit Rechnung getragen wird. Die Schwierigkeit bei einer theologischen »Unterscheidung der Geister« liegt darin, daß es »so viele gemischte Phänomene« gibt: »Ein Kern ist echte Eingebung, echte Vision usf., aber weil die subjektiven Dispositionen des Empfangs mangelhaft sind, ist es auch die Auffassung und die Durchgabe; der Empfänger mischt eigene Zutaten hinein, er erfaßt statt des Zentrums die Peripherie, nach einem Wort Adriennes von Speyr den Teller statt die darauf gereichte Speise; die Verfälschung kann in jedem beliebigen Prozentsatz erfolgen. Deshalb hat hier alles Schwergewicht auf der Lauterkeit der Seele, ihrer liebenden Selbstlosigkeit, ihrer schlichten Empfangsbereitschaft zu liegen. Der von Gott mit einem ›mystischen‹ Auftrag Betraute wird vor allem von sich her nichts derartiges erwarten oder gar anstreben. Er wird in Glaube, Liebe, Hoffnung zu wachsen suchen, was gleichzeitig heißt, daß er vor Gott in der *humilitas* wandelt, die sich nicht als ›Tugend der Demut‹ versteht, sondern als die ›Niedrigkeit‹ der Magd

im Magnificat.« (von Balthasar, Christliche »Mystik« heute, wie Anm. 134, S. 49 f.) Wenn man die Nonnenviten ganz vorsichtig in diese Richtung befragt, wird man eine Diskrepanz zwischen gemeinschaftlicher Forderung nach auffälliger Heiligkeit, die sich charismatisch bezeugt, und subjektiv demütiger und selbstloser Haltung der Betroffenen feststellen. Diese Diskrepanz ist den Texten durchaus als eine innere Unstimmigkeit mitgegeben.

144 Wiederum stellt sich die Frage nach dem Einbezug psychologisch diagnostizierter Fehlhaltungen in eine theologische Unterscheidung der Geister. Zunächst ist nochmals (mit G. Kunze, wie Anm. 43, S. 191 ff., und Ringler, wie Anm. 42) auf die literarische Strukturkohärenz der Nonnenviten zu verweisen, deren Intention Heiligung der Zuhörerinnen ist, also keinerlei *realistische*, sondern eine bloß symbolisch-allegorische Wiedergabe von Wirklichkeit meint! Sollte sich trotzdem an einzelnen Viten die Diagnose auf Hysterie mit aller Vorsicht erheblich machen lassen, dann ist diese als eine mögliche theopathische Verhaltensweise zu befragen oder als eine den Frauen gegebene Sprache, sich »weg von der spekulativen Matrix« zum Eigenen hin zu bewegen. Vgl. L. Irigaray, Speculum, Spiegel des andern Geschlechts, Frankfurt a. M. 1980, S. 239-252 (Das Mysterische-Hysterische). Vgl. auch R. Schaps, Hysterie und Weiblichkeit, Wissenschaftsmythen über die Frau, Frankfurt a. M. 1983. Die Hysterie ist seit alters »vorzugsweise das Los des ›Weiblichen‹« (S. 178). »Dieser Ort ist der einzige in der Geschichte des Abendlandes, an dem die Frau spricht und handelt, auch öffentlich, ohne in Rechnung zu stellen, daß das Männliche sich hier durch und für sie aufs Spiel setzt, hier herabsteigt, sich hier herabläßt, selbst auf die Gefahr hin, sich zu verbrennen. Vor allem um als Frau zu sprechen, für die Frauen zu schreiben, um ihnen zu predigen oder sie in die Beichte zu nehmen, wagte sich der Mann bis zu solchen Exzessen vor« (S. 239 f.). Vgl. die Fallstudie von P. Giscard, Mystique ou Hystérie à propos de Marie-Thérèse Noblet, Paris 1953; I. Veith, Histoire de l'Hystérie, Paris 1973 (stellt fürs Mittelalter bloß auf die Hexen ab). Anfänge, Visionen von Heiligen psychoanalytisch sorgfältig, d. h. nicht unter Ausschluß der Kategorie des Heiligen zu untersuchen sind gemacht: M. Bartoli, Analisi storica e interpretazione psicanalitica di una visione di S. Chiara d'Assisi, Archivum Franciscanum Historicum 73 (1980), S. 449-472; F. Cardini, Sognare a Firenze fra Trecento e Quattrocento, Quaderni medievali 9 (1980), S. 86-120 (beide Arbeiten zitiert bei Dinzelbacher, wie Anm. 82, S. 235, Anm. 69). Vorbildlich, auch die poetischen Gegebenheiten angemessen berücksichtigend, ist E. Leclerc, Le Cantique des créatures ou les symboles de l'union, Une analyse de Saint François d'Assise, Paris 1970. Zur mystischen Hysterie vgl. vor allem die erwägenswerten Bemerkungen von E. M. Cioran, La tentation d'exister, Paris 1956, S. 171 f. (jetzt auch dt. Dasein als Versuchung, Stuttgart 1983, S. 180f.): *»L'hystérie du Moyen Age, comment en rire? Dans votre cellule vous soupiriez ou*

hurliez: les autres vous vénéraient ... Vos troubles ne vous conduisaient pas chez le psychiatre. De peur d'en guérir, vous les exaspériez, tandis que vous cachiez votre santé comme une honte, comme un vice. La maladie était le recours de tous, le grand remède. Depuis, tombée dans le miscrédit, boycottée, elle continue de régner, mais personne ne l'aime ni ne la cherche. Malades, nous ne savons que faire de nos maux. Plus d'une de nos folies restera à jamais sans emploi ... nous sommes inaptes à vibrer au spectacle des origines: nos interrogations, au lieu de bondir en rythmes, se traînent dans les bassesses du concept ou se défigurent sous le ricanement de nos systèmes.«

145 Das hier von mir vorgetragene Material ist selbst für diese Forderung zu schmal. Es reicht aber immerhin zu dem, was D. von Uslar, Der Traum als Welt, Untersuchungen zur Ontologie und Phänomenologie des Traums, Pfullingen 2. Aufl. 1969, S. 133, festzuhalten vermochte: Die Welt des Traums »ist *die* Welt« und daher eine schrankenlose, nicht einengbare Spiegelung der Wachwelt.

146 Vgl. P. von Moos, Geschichte als Topik, Hildesheim 1988, S. 16 f.

»Trage Leiden geduldiglich«: Die Einstellung der deutschen Mystik zum Leiden

1 J. B. Metz, Glaube in Geschichte und Gesellschaft, Studien zu einer praktischen Fundamentaltheologie, Mainz 1977, S. 97.

2 Das ist vor allem ein Resultat der vom Marxismus und von der Psychoanalyse mehr oder weniger inspirierten französischen »Gruppe der Annales« (begründet von Marc Bloch und Lucien Febvre), die eine »histoire totale« unter Einschluß aller geschichtlich feststellbaren Lebensäußerungen des Menschen intendiert. Vgl. J. Le Goff, P. Nora, Faire de l'histoire, 3 Bände, Paris 1974; J. Le Goff, Pour un autre moyen âge, Temps, travail et culture en Occident, Paris 1977 (deutsch [Auswahl]: Für ein anderes Mittelalter, Frankfurt a. M. 1983); R. Sprandel, Mentalitäten und Systeme, Neue Zugänge zur mittelalterlichen Geschichte, Stuttgart 1972; ders., Gesellschaft und Literatur im Mittelalter, Paderborn 1982; M. Bloch, F. Braudel, L. Febvre u. a., Schrift und Materie der Geschichte, Vorschläge zur systematischen Aneignung historischer Prozesse, hg. von C. Honegger, Frankfurt a. M. 1977; G. Duby, G. Lardreau, Geschichte und Geschichtswissenschaft, Dialoge, Frankfurt a. M. 1982; O. G. Oexle, Die »Wirklichkeit« und das »Wissen«, Ein Blick auf das sozialgeschichtliche Œuvre von Georges Duby, Hist. Zs. 232 (1981), S. 61-91 (S. 87, Anm. 96 ff. wichtige Literatur zur Konzeption der »histoire des mentalités«); ders., Die funktionale Dreiteilung der Gesellschaft bei Adalbero von Laon, Deutungsschemata der sozialen Wirklichkeit im frühen Mittelalter, Frühmittelalterliche Studien 12 (1978), S. 1-54. Ohne diese (gerechtfertig-

ten) Bemühungen um eine »totale« Erfassung der mittelalterlichen Lebensumstände und »Mentalitäten« auch nur im geringsten desavouieren zu wollen, liegt mir daran, begleitend dazu ein »Geistliches Mittelalter«, d.h. dessen »Letzthaltungen« (vgl. H. U. von Balthasar, Geschichte des eschatologischen Problems in der modernen Literatur, Diss. Zürich 1930; ders., Apokalypse der deutschen Seele II/III, Salzburg-Leipzig 1939; ders., Prometheus, Studien zur Geschichte des deutschen Idealismus, Heidelberg 1947, der sich um die methodische Grundlegung dieser Kategorie vorbildlich bemüht hat), angemessen herauszustellen. Vgl. Verf., Geistliches Mittelalter, Freiburg/Schweiz 1984, S. XI-XVIII.

3 M. Arndt, Leiden, in: Hist. Wörterbuch der Philosophie, Bd. 5, Basel 1980, S. 208.

4 Zur Passionsmystik vgl. K. Ruh, Zur Theologie des mittelalterlichen Passionstraktats, Theol. Zs. d. Theol. Fak. Basel 6 (1950), S. 17-39; A. Auer, Leidenstheologie des Mittelalters, Salzburg 1947; ders., Leidenstheologie im Spätmittelalter, St. Ottilien 1952; R. Moretti, La passione di Cristo nell'esperienza mistica, in: La Sapienza della Croce oggi, Atti del Congresso Internazionale Roma 1975, vol. II: La Sapienza della Croce nella spiritualità, Torino 1976, S. 165-196; F. di Bernardo, La »Meditatio vitae et passionis Domini« nella spiritualità cristiana, Roma 1980; ders., Passion, Dict. de la Spir. Asc. et Myst., T. XII, Paris 1984, S. 312-338; W. Baier, Untersuchungen zu den Passionsbetrachtungen in der *Vita Christi* des Ludolf von Sachsen, 3 Bände, Salzburg 1977 (mit reicher Literatur!).

5 R. Linhardt, Die Mystik des Hl. Bernhard von Clairvaux, München 1923; St. Gilson, Die Mystik des Heiligen Bernhard, Wittlich 1936; Saint Bernard Théologien, Actes du congrès de Dijon 1953, Analecta Sacri Ordinis Cist. 9 (1953), fasc. S. 3-4; A. Grillmeier, Mit ihm und in ihm, Christologische Forschungen und Perspektiven, Freiburg i. Br. 1975, S. 730 f.; A. Altermatt, Christus pro nobis, Die Christologie Bernhards von Clairvaux in den »Sermones per annum«, Analecta Cist. 33 (1977), S. 3-176; W. Hiss, Die Anthropologie Bernhards von Clairvaux, Berlin 1964; U. Köpf, Religiöse Erfahrung in der Theologie Bernhards von Clairvaux, Tübingen 1980; J. Leclercqs Arbeiten.

6 Vgl. W. Zeller, Zum Christusverständnis im Mittelalter, in: ders., Theologie und Frömmigkeit, Gesammelte Aufsätze, hg. von B. Jaspert, Marburg 1971, S. 19.

7 De diligendo Deo III, 7; Opera 3, Roma 1963, S. 124, 12 ff. Zitiert bei E. Auerbach, Literatursprache und Publikum in der lateinischen Spätantike und im Mittelalter, Bern 1958, S. 57 (Gloria passionis, S. 54-63).

8 J. Leclercq, F. Vandenbroucke, L. Bouyer, La spiritualité du moyen âge, Paris 1961, S. 378 ff. Neben Franziskus selber sind hier Bonaventura zu erwähnen und vor allem die »Meditationes vitae Christi« des Johannes de Caulibus (?) (vgl. dazu J. B. Bougerol, Dict. de Spir., T. VIII, Paris 1974, S. 324-326), ein Text aus der ersten Hälfte des

14. Jahrhunderts, in den auch Texte Bonaventuras eingegangen sind, unter dessen Namen das Werk auch umlief. Deutsche Übersetzung von V. Rock, Des Bruders Johannes von Caulibus Betrachtungen vom Leben Jesu Christi, 2 Teile, Berlin 1928. Lateinische Ausgabe der Kurzfassung: M. J. Stallings, Meditaciones de Passione Christi, Washington 1965; die lange Fassung: Bonaventura, Opera, ed. Peltier, XII (1868), S. 509-628.

9 Die Theodizeefrage ist natürlich aufs engste mit der Frage: Cur Deus homo? verhängt. An für mich wichtiger Literatur vgl. die enge, allzu enge Auswahl: G. W. Leibniz, Die Theodizee (1710), Übersetzt von A. Buchenau, Hamburg 2. Aufl. 1968; K. Gronau, Das Theodizeeproblem in der altchristlichen Auffassung, Tübingen 1922; A.-D. Sertillanges, Le problème du mal, 2 Bände, Paris 1948; S. Weil, Das Unglück und die Gottesliebe, München 1953; F. Billicsich, Das Problem des Übels in der Philosophie des Abendlandes, 3 Bände, Wien 2. Aufl. 1952/55/59; C. S. Lewis, Über den Schmerz, Köln 1954; Ch. Journet, Vom Geheimnis des Übels, Theologischer Essay, Essen 1963; L. Boros, Erlöstes Dasein, Theologische Betrachtungen, Mainz 1965; H. Küng, Gott und das Leid, Einsiedeln 7. Aufl. 1980; J. Hick, Evil and the God of Love, Glasgow 6. Aufl. 1979; D. Sölle, Leiden, Stuttgart 2. Aufl. 1973; P. Ricoeur, Phänomenologie der Schuld, 2 Bände, München 1971; E. S. Gerstenberger, W. Schrage, Leiden, Stuttgart 1977; R. Spaemann/R. Löw, Die Frage wozu?, Geschichte und Wiederentdeckung des teleologischen Denkens, München 1981; ders., Einsprüche, Christliche Reden, Einsiedeln 1977, S. 116-133; L. Kolakowski, Falls es keinen Gott gibt, München 1982; C.-F. Geyer, Leid und Böses in philosophischen Deutungen, Freiburg 1983; H. Riedlinger, Vom Schmerz Gottes, Freiburg 1983 (mit Literatur); G. Greshake, Der Preis der Liebe, Besinnung über das Leid, Freiburg 2. Aufl. 1978. Gute Überblicke über die Literatur und die Forschung bei W. Kern, Theodizee: Kosmodizee durch Christus, in: Mysterium Salutis III/2, Einsiedeln 1969?, S. 547-581; H. U. von Balthasar, Theodramatik, III: Die Handlung, Einsiedeln 1980, S. 189ff. (zur Soteriologie).

10 O. von Rieden (alias Schmucki), Das Leiden Christi im Leben des Hl. Franziskus von Assisi, Roma 1960: A. G. Matanic, L'esperienza della Croce in Francesco d'Assisi, in: La sapienza della Croce oggi, Atti del Congresso Internazionale Roma 1975, II: La sapienza della Croce nella spiritualità, Torino 1976, S. 37-49.

11 De diligendo Deo I, 1; Opera 3 (wie Anm. 7), 119, 18f.: *Vultis ergo a me audire quare et quo modo diligendus sit Deus. Et ego: Causa diligendi Deum, Deus est; modus, sine modo diligere.*

12 »Der ›gar zu hohe Preis‹ für das Leiden um der Liebe willen wurde also von Gott selbst bezahlt und so umfassend bezahlt, daß alles Menschenleiden sich in der Liebe des Mit-Leidens Gottes bergen darf und im Mit-Leiden Gottes die Kraft zum Kampf gegen das Leid, zum Durchhalten im Leid und zur Sinngebung des Leids findet. Dadurch, daß

Gott sich also in das Leiden hineinstellt und es von innen her durch Liebe überwindet, wird Leiden endgültig aufgehoben« (Greshake, wie Anm. 9, S. 57 f.). Greshakes Überlegungen decken sich – ohne daß ein konkreter Bezug vorliegen würde – weitgehend mit Meister Eckharts Ansichten über das Leiden.

13 Vgl. den Buchtitel von Greshake, wie Anm. 9.

14 Vgl. zum Folgenden M. Schmidt, Studien zum Leidproblem bei Mechthild von Magdeburg im »Fließenden Licht der Gottheit«, Diss. (masch.) Freiburg i. Br. 1952.

15 G. Morel (Hg.), Offenbarungen der Schwester Mechthild von Magdeburg oder Das fließende Licht der Gottheit, Darmstadt 2. Aufl. 1963, S. 132 (V/4) (hinfort: M mit Seiten-, Buch- und Kapitelangabe). Vgl. dazu Schmidt (wie Anm. 14), S. 144; F. Rotter, R. Weier, Nähe Gottes und »Gottfremde«, Mystische Erfahrungen der hl. Mechthild von Magdeburg, Aschaffenburg 1980.

16 M, S. 132 (V/4).

17 Schmidt (wie Anm. 14), S. 140 ff.

18 P. Michel, Formosa deformitas, Bewältigungsformen des Häßlichen in mittelalterlicher Literatur, Bonn 1976; H. R. Jauss, Die klassische und die christliche Rechtfertigung des Häßlichen in mittelalterlicher Literatur, in: ders. (Hg.), Die nicht mehr schönen Künste, München 1968 (Poetik und Hermeneutik III), S. 143-168.

19 M, S. 15 f. (I/29).

20 Nhd. Übersetzung nach: Mechthild von Magdeburg, Das Fließende Licht der Gottheit, Eingeführt von M. Schmidt mit einer Studie von H. U. von Balthasar, Einsiedeln 1955, S. 71 f.

21 G. von der Osten, Der Schmerzensmann, Typengeschichte eines deutschen Andachtsbildes von 1300-1600, Berlin 1935; P. Hinz, Deus Homo, Das Christusbild von seinen Ursprüngen bis zur Gegenwart, Bd. 2, Berlin 1981, S. 68-75; H. Möbius, Passion und Auferstehung in Kultur und Kunst des Mittelalters, Berlin 1978, S. 67 ff.

22 Der Text nach: J. Ancelet-Hustache, Les »Vitae Sororum« d'Unterlinden, AHDLMA 5 (1930) S. 447, 18-448, 2; zitiert bei von der Osten (wie Anm. 21), S. 21, und M. J. Liebmann, Die deutsche Plastik 1350-1550, Leipzig 1982, S. 41.

23 Augustinus, De genesi ad litt. 12. K. Rahner, Visionen und Prophezeiungen, Basel 1958. Von der *visio corporalis* und der *visio imaginaria* ist als die geistigste Form die *visio intellectualis* abzuheben.

24 M, S. 227 (VII, 8).

25 Schmidt (wie Anm. 20), S. 336.

26 Johannes de Caulibus zitiert in seinem Vorwort zu den ›Meditationes vitae Christi‹ Bernhard von Clairvaux und regt die Betrachtung der Wunden Christi offen an: »Zweitens macht die Betrachtung über Christi Leben stark in Leiden und Trübsal; das zeigen uns die Martyrer. Darüber sagt der hl. Bernhard: ›Das geduldige Ausharren im Martyrium ist so zu erklären: die Seele des Martyrers war versenkt in andäch-

tige und fortwährende Betrachtung der Wunden Christi. In diesen Wunden weilte der Martyrer, und so ging er frohlockend seine Siegesbahn, mochte auch sein ganzer Leib zerfleischt sein, und ihm das Eisen im Gebeine wühlen. Wo war denn da die Seele des Martyrers? Doch wohl in den Wunden Jesu, in seinen Wunden, die offenstehen, damit wir uns darin verbergen. Wäre sie in seinem Leibe gewesen, hätte er den Schmerz des bohrenden Eisens gefühlt und ihn nicht aushalten können; er wäre erlegen und hätte den Glauben verleugnet.‹ Hier haben nicht bloß die Martyrer, sondern auch die Bekenner zu allen Zeiten ihre große Geduld in Leiden und Trübsal geholt« (Rock I [wie Anm. 8], S. 21). Vgl. dazu C. Richstaetter, Christusfrömmigkeit in ihrer historischen Entfaltung, Köln 1949, S. 163 f.; P. Barbet, Les cinq plaies du Christ, Paris 1937; V. Gurevich, Observations on the Iconography of the wound in Christ's Side, Journal Warburg 20 (1957). Sicherlich hatten sowohl männliche wie weibliche Ordensangehörige private Andachtsbilder in ihren Zellen. Für die Dominikaner verbürgt uns das Gerardus de Frachet, Vitae patrum IV ed. B. M. Reichert, Monumenta ordinis fratrum praed. hist., 1847, S. 149: *In cellis habebant eius* (Mariens) *et filii crucifixi imaginem ante oculos suos, ut legentes et orantes et dormientes ipsas respicerent et ab ipsis respicerentur, oculis pietatis* (zitiert bei: H. Belting, Das Bild und sein Publikum im Mittelalter, Form und Funktion früher Bildtafeln der Passion, Berlin 1981, S. 96, Anm. 45; S. 234). Im deutschen Sprachraum wäre fürs 13. Jahrhundert die Wundenmystik im Zisterzienserkloster Helfta (Gertrud die Große, Mechthild von Hackeborn und Mechthild von Magdeburg) eigens darzustellen. Vgl. Richstaetter (wie oben), S. 376 ff.; ders., Die Herz-Jesu Verehrung des deutschen Mittelalters, Regensburg 2. Aufl. 1924, S. 87 ff., S. 293 ff.; J.-V. Bainvel, La dévotion au Sacré-Coeur de Jésus, Doctrine – Histoire, Paris 1931, S. 216 ff.; U. Berlière, La dévotion au Sacré-Coeur dans l'Ordre de S. Benoît, Paris 1923, S. 27 ff.; Zeller (wie Anm. 6), S. 19. Aber auch bei den Dominikanern war die Herz-Jesu Verehrung hoch im Kurs, vgl. A. Walz, De veneratione Divini Cordis Iesu in Ordine Praedicatorum, Roma 1937.

27 Vgl. Haas, Traum und Traumvision in der deutschen Mystik, in: J. Hogg (Hg.), Spätmittelalterliche geistliche Literatur in der Nationalsprache, Bd. 1, Salzburg 1983 (Analecta Cartusiana 106), S. 22-55, besonders S. 47 f., Anm. 125; jetzt in diesem Band, oben S. 387 f.

28 Fr. David ab Augusta O. F. M., De exterioris et interioris hominis compositione ... libri tres, Quaracchi 1899, lib. III, c. 66; S. 359; deutsche Übersetzung nach: Bruder David von Augsburg, Wegweiser zur christlichen Vollkommenheit, aus dem Lat. übersetzt von P. Thomas Villanova, Brixen 1902, S. 409.

29 Meister Eckhart, Lateinische Werke (= LW) 2, S. 109, 10-15; S. 617, 1-3; Pf., wie Anm. 32, S. 240, 19; J. Quint, Die Überlieferung der deutschen Predigten M. Eckeharts, textkritisch untersucht, Bonn 1932, S. 679, 76 ff.; dazu: H. Zuchold, Des Nikolaus von Landau Sermone als

Quelle für die Predigt Meister Eckharts und seines Kreises, Halle/S. 1905, Neudruck: Wiesbaden 1972, S. 74ff.; vgl. Haas, wie Anm. 27, S. 26. Zum ganzen Problemkomplex vgl. den aufschlußreichen Beitrag von O. Langer, Enteignete Existenz und mystische Erfahrung, Zu Meister Eckharts Auseinandersetzung mit der Frauenmystik seiner Zeit, in: K. O. Seidel (Hg.), Sô predigent etelîche, Beiträge zur deutschen und niederländischen Predigt im Mittelalter, Göppingen 1982 (GAG 378), S. 49-96; ders., wie oben S. 358, Anm. 96.

30 Deutsche Werke (= DW) 5, S. 8-105.

31 DW 5, S. 400-468. E. Schaefer, Meister Eckeharts Traktat von Abegescheidenheit, Bonn 1956; J. Quint, Das Echtheitsproblem des Traktats »Von abegescheidenheit«, in: La mystique rhénane, Paris 1963, S. 39-57. Je häufiger ich mich mit diesem Traktat beschäftige, um so angelegentlicher möchte ich ihn für echt erachten.

32 So möchte ich zum Beispiel Meister Eckharts Haltung dem menschlichen Leiden gegenüber keinesfalls als unerlaubte »Auflösung des Schmerzes« (J. Sudbrack, Wege zur Gottesmystik, Einsiedeln 1980, S. 116-118) kennzeichnen. Es bleibt auch für Eckharts Auffassung vom Leiden jenes Wort Ernst Jüngers bestehen: »Der Schmerz als Maßstab ist unveränderlich; veränderlich dagegen ist die Art und Weise, in der sich der Mensch diesem Maßstabe stellt« (Über den Schmerz, in: Werke, Bd. 5, Stuttgart o. J., S. 151). Eckharts Weise, sich dem Maßstab des Leidens zu stellen, ist intentional »ohne Weise«; deswegen ist sie schwer begreifbar. Die Konzeption eines *leit âne leit* (DW 5, S. 22, 11 und öfter) *eliminiert* nicht die Leiderfahrung, sondern versucht sie im Ausblick auf Gott zu orten. Verfehlt ist es, Eckhart mit W. Muschg, Die Mystik in der Schweiz 1200-1500, Frauenfeld und Leipzig 1935, S. 159-182, eine Leidensmystik abzusprechen. Vgl. schon den vehementen Widerspruch von A. Auer, wie Anm. 4, 1947, S. 56ff.; A. Lasson, Meister Eckhart, der Mystiker, Zur Geschichte der religiösen Spekulation in Deutschland, Berlin 1868, Neudruck: Aalen 1962, S. 254-256 (allerdings mit vielen Zitaten aus ungesicherten Texten, besonders Predigt 104 bei F. Pfeiffer [= Pf.], Deutsche Mystiker des 14. Jahrhunderts, Bd. 2: Meister Eckhart, Leipzig 1857, Neudruck: Aalen 1962, S. 337-340). C.-F. Geyer, wie Anm. 9, schreibt zu Meister Eckhart: »Meister Eckhart hat die Botschaft des Alten und des Neuen Testamentes ausgelegt auf dem Hintergrund der alteuropäischen Harmoniethese, in die Elemente des zeitgenössischen Pessimismus mit eingegangen sind« (S. 90f.). Zu den pessimistischen und harmonistischen Elementen träte dann – besonders am Schluß des ›Buch der göttlichen Tröstung‹ (DW 5, S. 129, 29f.; S. 133, 18-23) – ein christologisches Motiv. Ganz abgesehen davon, daß es angesichts von Eckharts äußerst kohärenter Auffassung falsch ist, von »Versatzstücke(n) aus unterschiedlichen Traditionen« (S. 91) zu sprechen, wäre wohl das christologische Motiv – Gott leidet, *ist* Leiden – als grundsätzliches Scharnier für alle andern, gewiß verschiedenen Traditionen entstammenden

Leidmotive anzunehmen. Irreführend ist dabei auf jeden Fall die Rede von einer »Harmoniethese«, wenn die Paradoxie von *leit âne leit* nicht das Leid eskamotiert, sondern mit Sinn versieht, eine Absicht, die bis heute – auch und gerade im Rückgriff auf die deutsche Mystik – wegleitend ist. Vgl. M. Scheler, Vom Sinn des Leidens, in: ders., Schriften zur Soziologie und Weltanschauungslehre, Bern 2. Aufl. 1963, S. 36-76, besonders S. 68 ff.; V. E. Frankl, Der leidende Mensch, Anthropologische Grundlagen der Psychotherapie, Bern 2. Aufl. 1984, S. 161 ff.; Sölle, wie Anm. 9, S. 129, erweist die »Fähigkeit des Leidens« (mit Thomas Müntzer die *Leidligkeit*) geradezu als einen Erwerb der Leidensmystik; damit aber ist Leiden sinnvoll. Spaemann, wie Anm. 9, 1977, S. 132: »Das Leiden kann nur dann einen Sinn haben, wenn es relativ ist. Und es ist nur dann relativ, wenn es tatsächlich aufgehoben wird – und zwar jedes Leiden.« Das ist auch die Position Eckharts, die so nicht als harmonistisch deklariert werden kann.

33 Sudbracks Eindruck, daß Eckhart das Leiden auflösen möchte, ist zunächst berechtigt vor allem für den ersten Teil des Trostbuchs, wo stoisch imprägnierte Begriffe gewissermaßen ohne Rücksicht auf die spätere sehr viel tiefer reichende Leidenskonzeption auftreten. Da aber schon die Stoa »sich mit Entschiedenheit dagegen« verwahrte, »ihr Ideal der *ataraxia* als Gefühlslosigkeit auszulegen« (M. Forschner, Die stoische Ethik, Stuttgart 1981, S. 139), dürfte es interessant sein, Eckhart einmal auf stoische Inhalte genauer zu erforschen. – F. Billicsich, wie Anm. 9, Bd. 2, S. 13, sieht bei Eckhart bloß eine traditionelle »theistische Weltkonzeption«.

34 Vgl. B. Mojsisch, Meister Eckhart, Analogie, Univozität und Einheit, Hamburg 1983, S. 70 ff.

35 DW 5, S. 12, 2.

36 Ebd., S. 12, 4.

37 Ebd., S. 12, 17.

38 Ebd., S. 14, 14.

39 Ebd., S. 12, 22.

40 Ebd., S. 15, 11.

41 Ebd., S. 15, 15.

42 Ebd., S. 20, 9.

43 Ebd., S. 19, 10 f.

44 Ebd., S. 21, 1.

45 Ebd., S. 21, 5.

46 Ebd., S. 22, 6 ff.

47 Ebd., S. 22, 9.

48 Ebd., S. 22, 9 f.

49 Ebd., S. 22, 11. Zum Paradox vgl. J. Zapf, Die Funktion der Paradoxie im Denken und sprachlichen Ausdruck bei Meister Eckhart, Diss. Köln 1966, S. 310-317.

50 Ebd., S. 22, 14 f.

51 Ebd., S. 22, 15 f.

52 Vgl. dazu L. Völker, Die Terminologie der mystischen Bereitschaft in Meister Eckharts deutschen Predigten und Traktaten, Diss. Tübingen 1964, S. 80-91; ders., »Gelassenheit«, Zur Entstehung des Wortes in der Sprache Meister Eckharts und seiner Überlieferung in der nacheckhartschen Mystik bis Jacob Böhme, in: F. Hundsnurscher, U. Müller (Hg.), ›Getempert und gemischet‹ für W. Mohr zum 65. Geburtstag von seinen Tübinger Schülern, Göppingen 1972 (GAG 65), S. 281-312, besonders S. 282 ff.; E. Waldschütz, Meister Eckhart, Eine philosophische Interpretation der Traktate, Bonn 1978 (Studien zur Germanistik, Anglistik und Komparatistik 71), S. 324 ff.

53 A. Auer, Johannes von Dambach und die Trostbücher vom 11. bis zum 16. Jahrhundert, Münster i. W. 1928 (BGPhuThMA 37, 1/2), S. 78 ff.; (vor allem Seneca): M. Spanneut, Permanence du stoïcisme, De Zénon à Malraux, Gembloux 1973, S. 199 f. (bloße Erwähnung Eckharts). Das Thema: »Eckhart und die Stoa« verdiente eine ausführliche Studie.

54 Vgl. M. A. Lücker, Meister Eckhart und die Devotio Moderna, Leiden 1950 (Studien und Texte zur Geistesgeschichte des Mittelalters 1), S. 23-35; E. Waldschütz, Denken und Erfahrung des Nichts bei Meister Eckhart, in: P. Kampits/G. Pöltner/H. Vetter (Hg.), Wahrheit und Wirklichkeit, Festgabe für L. Gabriel, Berlin 1983, S. 169-192, besonders S. 190; ders., wie Anm. 52, S. 231-233.

55 DW 5, S. 412, 1 ff.; S. 541. Vgl. dazu Waldschütz, wie Anm. 52, S. 222 f. Daß bei Eckhart *abegescheidenheit* »als Möglichkeit« und erst dann als »Vermögen«, das zur Wirklichkeit werden darf, gedeutet werden muß, hat Waldschütz, ebd., S. 286 f., sehr schön gezeigt. Vgl. ebd., S. 344-348.

56 DW 5, S. 29, 14.

57 Ebd., S. 32, 8-12.

58 Ebd., S. 34, 18 f.

59 Ebd., S. 37, 5.

60 Ebd., S. 39, 8.

61 Vgl. die bei A. Klein, Meister Eckhart, La dottrina mistica della giustificazione, Milano 1978, S. 79-85, gesammelten Stellen an Synonyma für *abegescheidenheit*. Wenn hier von *verworfenheit* und *wüestenunge* (Pf. 27,1), von *abnegare personale, abnegare proprium* (LW 3, S. 242, n. 290) usf. die Rede ist, dann handelt es sich allemal um erstens im irdischen Leben unbeendbare Vorgänge, zweitens um schmerzliche Ablösungen. Vgl. T. Beckmann, Studien zur Bestimmung des Lebens in Meister Eckharts deutschen Predigten, Frankfurt a. M. 1982, S. 121 ff. Beckmanns Deutung der *abegescheidenheit* (S. 183 ff.) ist mir zu statisch.

62 *Sie enwölte niht geliten noch überliten hân leit und lîden; si wil und wölte alle zît âne underlâz lîden durch got und durch woltât. Alliu ir saelicheit ist lîden, niht gelitten hân, durch got* (DW 5, S. 39, 16-18). Vgl. oben, S. 149, die anders lautende Stelle von Seuse (B, S. 249, 22-26).

63 DW 5, S. 39, 19f.

64 Ebd., S. 44, 12f.

65 »Wer zu mir kommen will, der muß sich seiner selbst entäußern und sich verleugnen und muß sein Kreuz aufheben«, das heißt: er soll ablegen und abtun alles, was Kreuz und Leid ist (DW 5, S. 45, 14 ff.).

66 Ebd., S. 45, 18 f.

67 *Wan gotes sun in der gotheit und in der êwicheit niht lîden enmohte, dar umbe sante in der himelsche vater in die zît, daz er mensche würde und lîden möhte* (DW 5, S. 48, 5-8). Wollte man Eckharts absolut und relativ in verschiedener Weise gültige Worte: *allez leit kumet von liebe und von minne* (Alles Leid kommt her von Liebe und von Zuneigung) (DW 5, S. 17, 9) hier anschließen, dann wäre auch bei Eckhart eine Lehre vom Schmerze oder besser: vom Leidenswillen Gottes zu entwerfen. Zum Hintergrund vgl. L. Sabourin, Rédemption sacrificielle, Une enquête exégétique, Paris 1961; J. Kamp, Souffrance de Dieu, Vie du monde, Paris 1971; K. Kitamori, Theologie des Schmerzes Gottes, Göttingen 1972; J. Moltmann, Der gekreuzigte Gott, Das Kreuz Christi als Grund und Kritik christlicher Theologie, München 2. Aufl. 1973; J. Galot, Dieu, souffre-t-il?, Paris 1976; H. U. von Balthasar, Theodramatik, III: Die Handlung, Einsiedeln 1980, S. 189-395; L.J. Richard, A Kenotic Christology, In the Humanity of Jesus the Christ, The Compassion of Our God, Washington 1982; H. Riedlinger, Vom Schmerz Gottes, Freiburg i. Br. 1983.

68 *Gotes sun von natûre wolte von gnâden mensche werden, daz er durch dich lîden möhte, und dû wilt gotes sun werden und niht mensche, daz dû niht enmügest noch endürfest lîden durch got noch durch dich selben* (DW 5, S. 49, 6-8). Damit ist eine der Tauschformeln variiert, wie sie seit Athanasius geläufig waren. Vgl. R. Schwager, Der wunderbare Tausch, Zur Geschichte und Deutung der Erlösungslehre, München 1986, S. 77 ff.; H. U. von Balthasar, Theodramatik, wie Anm. 67, S. 226 f.; weitere Literatur siehe in: Haas, Geistliches Mittelalter, Freiburg/Schweiz 1984 (Dokimion 8), S. 291 f., Anm. 3.

69 DW 5, S. 51, 4f.

70 Ebd., S. 51, 6f.

71 Alles, was der gute Mensch um Gottes willen leidet, das leidet er in Gott, und Gott ist mit ihm leidend in seinem Leiden. Ist mein Leiden in Gott und leidet Gott mit, wie kann mir dann das Leiden ein Leid sein, wenn das Leiden das Leid verliert und mein Leid in Gott und mein Leid Gott ist? Wahrhaftig, so wie Gott die Wahrheit ist, und, wo immer ich Wahrheit finde, ich meinen Gott, die Wahrheit, finde, ebenso auch, nicht weniger und nicht mehr, finde ich, wenn ich lauteres Leiden um Gottes willen und in Gott finde, mein Leiden als Gott (DW 5, S. 53,20-54,6).

72 Vgl. oben S. 401, Anm. 49.

73 Ebd., S. 429, 7.

74 Ebd., S. 425, 3.

75 Ebd., S. 425, 3, 5.
76 Ebd., S. 429, 9.
77 Ebd., S. 423, 3.
78 Ebd., S. 423, 4.
79 Ebd., S. 433, 1-6.
80 Vgl. Christine Pleuser, Die Benennungen und der Begriff des Leidens bei J. Tauler, Berlin 1967 (Philol. Studien und Quellen 38).
81 F. Vetter (Hg.), Die Predigten Taulers, Dublin/Zürich 2. Aufl. 1968, 327, S. 11-24 (= V mit Seiten- und Zeilenzahl). Neuhochdeutsche Übersetzung nach: Johannes Tauler, Predigten, Übertragen und herausgegeben von G. Hofmann (= H), Einführung von A. M. Haas, 2 Bände, Einsiedeln 1979, S. 258 f. Vgl. jetzt auch: Johannes Tauler, herausgegeben, eingeleitet und übersetzt von Louise Gnädinger, Olten 1983 (Gotteserfahrung und Weg in die Welt).
82 D. Helander, Johannes Tauler als Prediger, Studien, Diss. Lund 1923, S. 347; H, S. 461.
83 Ebd.
84 Vgl. A. Hoffmann, Die Christusgestalt bei Tauler, in: E. Filthaut (Hg.), Johannes Tauler, Ein deutscher Mystiker, Gedenkschrift zum 600. Todestag, Essen 1961, S. 208-231, vor allem S. 218 (mit Hinweis auf V, S. 199, 6 ff.); R. Kieckhefer, The Role of Christ in Tauler's Spirituality, The Downside Review 96 (1978) S. 176-191.
85 Helander, wie Anm. 82, S. 347; H, S. 461.
86 Pleuser, wie Anm. 80, siehe Register; A. Vogt-Terhorst, Der bildliche Ausdruck in den Predigten Johann Taulers, Breslau 1920 (= Germanist. Abh. 51), S. 66 f. – Inwiefern Angst und Furcht im Mittelalter insonderheit konstitutive Funktion haben konnten, läßt sich bei J. Delumeau, La peur en Occident, XIVe – XVIIIe siècles, Paris 1978, nachlesen. Für den christlichen Kontext vgl. H. U. von Balthasar, Der Christ und die Angst, Einsiedeln 5. Aufl. 1976.
87 R. Kieckhefer, The Notion of Passivity in the Sermons of John Tauler, Recherches de Théologie ancienne et médiévale 48 (1981) S. 198-211. Kieckhefer versucht, für Tauler im Blick auf die Arbeiten von St. Ozment (Homo Spiritualis, A Comparative Study of the Anthropology of J. Tauler, J. Gerson and M. Luther [1509-1516] in the Context of their Theological Thought, Leiden 1969) und G. Wrede (Unio Mystica, Probleme der Erfahrung bei J. Tauler, Uppsala 1974), die gezeigt haben, daß Tauler weder Pelagianer noch Quietist war, einen Mittelweg insofern zu gehen, als er Taulers Auffassung von der mystischen Passivität als Alternative sowohl zu pelagianischen wie zu quietistischen Engführungen aufweisen kann. Zu Dionysius vgl. Pleuser, wie Anm. 80, S. 79; M. de Gandillac, Dict. de Spiritualité Asc. et Myst. III, Paris 1957, S. 360 f. (mit Hinweis auf V, S. 190, 9: *ein Got lidender man*). Das Thema der Theopathie geht zurück auf Dionysius Areopagita; er berichtet in div. nom. 3, 9 von seinem Lehrer Hierotheos, der auf vorbildliche Weise Gott erfahren durfte; denn er hat seine Weisheit »sei es

aus der Schrift, sei es, daß er geweiht wurde durch das Wehen eines göttlichen Geistes, daß er *das Göttliche nicht nur lernte, sondern erfuhr und erlitt*, und aus dem Miterleben, der *sympatheia*, mit diesem ... zur nicht erlernten mystischen Vereinigung mit dem Göttlichen in Vollendung der Weihen gelangte« (div. nom. 2, 9; PG, 3, 648 B; 3, 2; 684 A). Vgl. dazu W. Völker, Kontemplation und Ekstase bei Pseudo-Dionysius Areopagita, Wiesbaden 1958, S. 206. Zur Geschichte der Formel vgl. H. Dörrie, Leid und Erfahrung – Die Wort- und Sinnverbindung pathein–mathein im griechischen Denken, Wiesbaden 1956.

88 Pleuser, wie Anm. 80, S. 58.

89 Daher ist dem Christen allerlei *getrenge* aufgegeben. Vgl. I. Weilner, J. Taulers Bekehrungsweg, Die Erfahrungsgrundlagen seiner Mystik, Regensburg 1961 (Studien zur Gesch. d. kath. Moraltheol. 10), S. 211 (die Trias von *jubilacio – getrenge – ubervart*).

90 *mit grossem swindem lidende* (Helander, wie Anm. 82, S. 360; H, S. 552).

91 Helander, ebd.; H, ebd.

92 Helander, ebd., S. 361; H, S. 553. Ein wichtiger Aspekt des *gotlidens* ist auch der, »daß (das Leiden) kein gesuchtes, selbstauferlegtes ist« (K. Grunewald, Studien zu J. Taulers Frömmigkeit, Hildesheim 2. Aufl. 1972, S. 44).

93 V, S. 335, 9. Die Vierteilung geht auf Richard von St. Viktors ›De IV gradibus violentae caritatis‹ zurück (vgl. G. Dumeige [Hg.], R. de S.-Victor, Les quatre degrés de la violente charité, Paris 1955; M. Schmidt [Hg.], R. v. St. V., Über die Gewalt der Liebe, München 1969). Vgl. dazu Weilner, wie Anm. 89, 50, 91.

94 V, S. 334, 33-35; H, S. 340.

95 V, S. 342, 15; H, S. 317.

96 V, S. 173, 4 f.; H, S. 310 f.

97 Pleuser, wie Anm. 80, S. 210 f. Im Rahmen dieses Durchleidens ist auch die »Anfechtung« *(bekorunge)* an ihrem Ort. Vgl. B. Moeller, Die Anfechtung bei Johann Tauler, Diss. (masch.) Mainz 1956, besonders S. 54; B. Lavaud, Les épreuves mystiques selon J. Tauler, Revue Thomiste 47e année, t. 45 (1939) S. 309-329.

98 V, S. 172, 29-173, 1; H, S. 310 f.

99 Pleuser, wie Anm. 80, S. 211.

100 V, S. 173, 14 f.; H, S. 311.

101 V, S. 365, 20.

102 V, S. 365, 21.

103 Zum ganzen Problem der Selbsterkenntnis vgl. Haas, Nim din selbes war, Studien zur Lehre von der Selbsterkenntnis bei M. Eckhart, J. Tauler und H. Seuse, Freiburg/Schweiz 1971 (=Dokimion 3), S. 94 ff., S. 121-131; von Balthasar, Theodramatik, II/1: Der Mensch in Gott, Einsiedeln 1976, S. 279; ders., Herrlichkeit, Eine theologische Ästhetik, III/1: Im Raum der Metapyhsik, Einsiedeln 1965, S. 411-416.

104 V, S. 60 f.; H, S. 31.

105 V, S. 314, 2 f.; H, S. 220.
106 V, S. 314, 4; H, S. 220.
107 V, S. 314, 14-16; H, S. 220.
108 V, S. 314, 20 f.; H, S. 220.
109 V, S. 75, 25 f. Vgl. H. S. Denifle, Die deutschen Mystiker des 14. Jahrhunderts, Beitrag zur Deutung ihrer Lehre, hg. von O. Spiess, Freiburg/Schweiz 1951, S. 152 ff.
110 V, S. 205, 5-12; H, S. 420.
111 V, S. 28, 5.
112 Völker, »Gelassenheit«, wie Anm. 52, S. 290.
113 V, S. 23, 9 ff.; H, S. 37.
114 Pleuser, wie Anm. 80, S. 73-77, 190.
115 V, S. 190, 13. Vgl. oben Anm. 87. Pleuser, wie Anm. 80, S. 79.
116 V, S. 315, 30 f.
117 V. S. 238, 17-23; H, S. 444.
118 Helander, wie Anm. 82, S. 360, 26-361, 13; H, S. 552 f.
119 Vgl. oben Anm. 87, die Klarstellung durch Kieckhefer.
120 V, S. 71, 7 f.
121 S. th. I-II, S. 21, 4 ad 2. Das Thomas-Zitat ist bei G. Müller, Scholastikerzitate bei Tauler, DVjs (1923), S. 401-418, nicht nachgewiesen.
122 V, S. 71, 4. Vgl. Haas, Geistliches Mittelalter, wie Anm. 68, S. 433, Anm. 50.
123 Baier, wie Anm. 4, Bd. 2, S. 298.
124 J. Bühlmann, Christuslehre und Christusmystik des Heinrich Seuse, Luzern 1942, S. 63 ff.; D. Planzer, Heinrich Seuses Lehre über das geistliche Leben, Freiburg i. Br. 1960, S. 30-41; R. Schwarz, Das Christusbild des deutschen Mystikers Heinrich Seuse, Eine Begegnung von Germanentum und Christentum, Greifswald 1943, S. 50 ff.; J.-A. Bizet, Henri Suso et le déclin de la scolastique, Paris 1946, S. 197 ff.; Baier, wie Anm. 4, Bd. 2, S. 298 ff.
125 Heinrich Seuse, Deutsche Schriften, hg. von K. Bihlmeyer (= B mit Seiten- und Zeilenzahl), Frankfurt a. M. 2. Aufl. 1961, S. 196-325. Deutsche Übersetzung nach: Heinrich Seuse, Deutsche mystische Schriften, Aus dem Mhd. übertragen und hg. von G. Hofmann (= HS), Düsseldorf 1966, S. 209-338.
126 P. Künzle, Heinrich Seuses Horologium Sapientiae, Erste kritische Ausgabe unter Benützung der Vorarbeiten von D. Planzer, Freiburg/Schweiz 1977 (Spicilegium Friburgense 23).
127 Vgl. die schönen Ausführungen von H. Stirnimann, Mystik und Metaphorik, Zu Seuses Dialog, Freiburger Zs. f. Phil. u. Theol. 25 (1978), S. 233-303.
128 G. Baldus, Die Gestalt des »dieners« im Werke Heinrich Seuses, Diss. Köln 1966.
129 B, S. 211, 11-15; HS, S. 219 f.
130 B, S. 212, 3 f.; HS, S. 220.
131 B, S. 212, 5-10; HS, S. 220.

132 B, S. 213, 6-9; HS, S. 221.
133 B, S. 213, 14-18; HS, S. 222.
134 B, S. 213, 18-31; HS, S. 222.
135 B, S. 249, 22-26; HS, S. 256.
136 Vgl. die Abbildung bei Bühlmann, wie Anm. 124; vgl. auch Hinze, wie Anm. 21, Bd. II, S. 78.
137 B, S. 145, 3 f.
138 B, S. 145, 2-4; HS, S. 152.
139 B, S. 258; 1 ff.; HS, S. 263. Zu Anselms Satisfaktionslehre vgl. G. Greshake, Gottes Heil – Glück des Menschen, Theologische Perspektiven, Freiburg i. Br. 1983, S. 80-104; W. Ernst u. a. (Hg.), Theologisches Jahrbuch 1977/78, Leipzig 1978: R. Haubst, Anselms Satisfaktionslehre einst und heute, S. 135-152.
140 Vgl. Kapitel 14 des »Büchleins der ewigen Weisheit« (B, S. 254 ff.). Seuse steht in einer Tradition, wenn er Bernhard zitiert. Vgl. L. Gnädinger, Der minnende Bernardus, Seine Reflexe in den Predigten J. Taulers, Cîteaux 1 (1980), S. 387-409.
141 K. Ruh, Zur Grundlegung einer Geschichte der franziskanischen Mystik, in: ders., Altdeutsche und altniederländische Mystik, Darmstadt 1964 (Wege der Forschung 23), S. 253 ff.
142 B, S. 34, 9.
143 B, S. 254, 13; HS, S. 260.
144 B, S. 254, 27-255, 4; HS, S. 261.
145 Chr. Link, Vita passiva, Rechtfertigung als Lebensvorgang, Evangelische Theologie 44 (1984), S. 315-351.
146 Die Ikonographie der Passion Christi ist nahezu lückenlos dokumentiert von G. Schiller, Ikonographie der christlichen Kunst, Bd. 2: Die Passion Jesu Christi, Gütersloh 1966; vgl. auch die oben, Anm. 21, genannte Literatur. Dazu noch: F. O. Büttner, Imitatio Pietatis, Motive der christlichen Ikonographie als Modelle zur Verähnlichung, Berlin 1983, S. 160 ff.; H. Preuss, Die deutsche Frömmigkeit im Spiegel der bildenden Kunst, Berlin o. J., S. 86 ff.; W. Pinder, Die deutsche Plastik vom ausgehenden Mittelalter bis zum Ende der Renaissance, Erster Teil, Potsdam 1924, S. 92 ff.; I. Futterer, Gotische Bildwerke der deutschen Schweiz, 1220-1440, Augsburg 1930, S. 60 ff.
147 Vgl. A. Peltzer, Deutsche Mystik und deutsche Kunst, Nendeln 2. Aufl. 1979 (Studien zur deutschen Kunstgeschichte 21), S. 81 ff.; U. Weymann, Die Seusesche Mystik und ihre Wirkung auf die bildende Kunst, Berlin 1938.
148 J. Stadlhuber, Das Stundengebet des Laien im christlichen Altertum, Zs. f. kath. Theol. 71 (1949), S. 129-183; ders., Das Laienstundengebet vom Leiden Christi in seinem mittelalterlichen Fortleben, Zs. f. kath. Theol. 72 (1950), S. 282-325; W. Linder, Rulman Merswins ›Leben Jesu‹, Untersuchungen und kritische Ausgabe des Textes auf Grund einer neugefundenen Handschrift, Diss. (masch.) Heidelberg 1960.

Die deutschen und lateinischen Werke, hrsg. im Auftrag der deutschen Forschungsgemeinschaft; Die deutschen Werke, hrsg. von Josef Quint, I-III, V, Kohlhammer Verlag, Stuttgart 1958/71/78/83 (zitiert als DW mit Band-, Seiten- und Zeilenzahl); Die lateinischen Werke, a.a.O., hrsg. von verschiedenen Bearbeitern, I und IV, zahlreiche Lieferungen der andern Bände liegen vor (zitiert als LW mit Band-, Seiten- und Zeilenzahl).

Franz Pfeiffer, Deutsche Mystiker des 14. Jahrhunderts, Bd. 2: Meister Eckhart, Leipzig 1857, Neudruck: Aalen 1962 (zitiert als Pf. mit Seiten- und Zeilenzahl).

1 Bernhard von Clairvaux, Super Cant. 23, 15; Opera 1, 148, 20.
2 DW 5, 28, 8ff.; 426, 1ff.; 80, Anm. 89 weitere Stellen.
3 LW 1, 63, 32ff.; 70, 12ff.; 238, 2ff.; 239, 5ff.; 242, 1ff.; 262, 7ff.; 512, 10ff.; DW 1, 377, 1ff. Vgl. Kremer, 1969, S. 13ff.
4 Vgl. LW 4, 226, Anm. 3; DW 2, 31, 6ff.; 32, Anm. 1; 76, 2ff.; 77, Anm. 1; 504, 4ff.; 515f. Anm. 55.
5 LW 3, 101, 14ff., n. 117; DW 1, 171, 4ff. und 171, Anm. 3.
6 DW 2, 433, 8ff.; DW 1, 72, 8ff.
7 DW 2, 437, 2ff.
8 DW 2, 502, 6ff.
9 DW 5, 411, 11.
10 Conf. X, 9, 16; CSEL 33, 238, 5.
11 DW 1, 331, Anm. 5; 332f., Anm. 4; DW 2, 211, Anm. 1; 419, Anm. 2; DW 3, 315, Anm. 3.
12 Vgl. DW 1, 333, Anm. 1.
13 Vgl. Predigt 86, DW 3, 481ff., zu Lk 10, 38-40.
14 Vgl. Predigt 71, DW 3, 211ff.
15 DW 1, 212, 3ff.

Bibliographie

Albert, K., Meister Eckharts These vom Sein, 1976.

Beierwaltes, W., Identität und Differenz, 1980.

Böhme, W. (Hrsg.), Meister Eckhart heute, 1980.

Degenhardt, I., Studien zum Wandel des Eckhartbildes, 1967.

Denifle, H.S., M. Eckharts lateinische Schrift und die Grundanschauung seiner Lehre, in: Archiv f. Litt.- u. Kirchengesch. d. MA's 2 (1886), S. 417-652.

Fischer, H., M. Eckhart, Einführung in sein phil. Denken, 1974.

Flasch, K., Die Intention M. Eckharts, in: H. Röttges u. a. (Hrsg.), Sprache und Begriff, Festschrift B. Liebrucks, 1974, S. 292-318.

Fues, W. M., Mystik als Erkenntnis?, Kritische Studien zur M. Eckhart-Forschung, 1981.

Haas, A. M., Nim din selbes war, Studien zur Lehre von der Selbsterkenntnis bei M. Eckhart, J. Tauler und H. Seuse, 1971.
Ders., Sermo mysticus, Studien zu Theologie und Sprache der deutschen Mystik, 1979.
Ders., Meister Eckhart als normative Gestalt geistlichen Lebens, 1979.
Ders., Geistliches Mittelalter, 1984.
Karrer, O., M. Eckhart, Das System seiner religiösen Lehr- und Lebensweisheit, 1926.
Kern, U. (Hrsg.), Freiheit und Gelassenheit, Meister Eckhart heute, 1980.
Koch, J., Zur Analogielehre M. Eckharts, in: Mélanges offerts à E. Gilson, 1959, S. 327-350.
Ders., Kritische Studien zum Leben M. Eckharts, in: AFP 29 (1959) S. 5-52.
Kremer, K., Gott und Welt in der klassischen Metaphysik, 1969.
Lossky, V., Théologie négative et connaissance de Dieu chez M. Eckhart, 1960.
Margetts, J., Die Satzstruktur bei M. Eckhart, 1969.
Mieth, D., Die Einheit von vita activa und vita contemplativa in den dt. Predigten und Traktaten M. Eckharts und bei J. Tauler, 1969.
Nix, U./Oechslin, R.-L. (Hrsg.), M. Eckhart der Prediger, Festschrift zum Eckhart-Gedenkjahr, 1960.
Quint, J., Die Überlieferung der deutschen Predigten M. Eckharts, 1932.
Rahner, H., Die Gottesgeburt in der Seele, in: Symbole der Kirche, 1964, S. 13-87.
Ruh, K., Meister Eckhart, in: VL 2 (1980), S. 327-348.
Ueda, Sh., Die Gottesgeburt in der Seele und der Durchbruch zur Gottheit, 1965.
Wackerzapp, H., Der Einfluß M. Eckharts auf die ersten phil. Schriften des Nikolaus von Kues, 1962,
Weiss, B., Die Heilsgeschichte bei M. Eckhart, 1965.
Welte, B., M. Eckhart, Gedanken zu seinen Gedanken, 1979.

Seinsspekulation und Geschöpflichkeit in der Mystik Meister Eckharts

1 Vgl. dazu V. Lossky, Théologie négative et connaissance de Dieu chez Maître Eckhart, Paris 1973, S. 323; vor allem A. de Libera, Le problème de l'être chez Maître Eckhart, Logique et métaphysique de l'analogie, Genf 1980. Zur Analogielehre Meister Eckharts vgl. W. Bange, Meister Eckharts Lehre vom göttlichen und geschöpflichen Sein, dargestellt mit besonderer Berücksichtigung der lateinischen Schriften, Limburg a. d. L. 1937; J. Koch, Zur Analogielehre Meister Eckharts, in: J. K., Kleine Schriften, Erster Band, Rom 1973 (Storia e Letteratura 127), S. 367-397; H. Hof, Scintilla Animae, Eine Studie zu einem Grundbegriff in Meister Eckharts Philosophie mit besonderer Berücksichtigung

des Verhältnisses der Eckhartschen Philosophie zur neuplatonischen und thomistischen Anschauung, Diss. Lund 1952, S. 80ff.; F. Brunner, Eckhart, Paris 1969, S. 52-59; ders., L'analogie chez Maître Eckhart, in: Freiburger Zschr. f. Phil. u. Theol. 16 (1969), S. 333-349; H. Fischer, Meister Eckhart, Einführung in sein philosophisches Denken, Freiburg 1974, S. 116-121; K. Albert, Meister Eckharts These vom Sein, Untersuchungen zur Metaphysik des Opus tripartitum, Saarbrücken 1976; zur »Dialektik« Eckharts vgl. M. de Gandillac, La »dialectique« de Maître Eckhart, in: La mystique rhénane, Paris 1963, S. 59-94; ders., Aufhebung eckhartienne?, Provocatie en Inspiratie 2 (Antwerpen 1975), S. 432-437.

2 Den Begriff »Spiegelontologie« hat geprägt D. Mieth, Die Einheit von Vita activa und Vita contemplativa in den deutschen Predigten und Traktaten Meister Eckharts und bei Johannes Tauler, Untersuchungen zur Struktur des christlichen Lebens (Studien zur Gesch. d. kath. Moraltheol. 15), Regensburg 1969, S. 137 u. ö. Ein Schlüsseltext: *Man vrâget, wâ daz wesen* (Sein) *des bildes aller eigenlîchest sî: in dem spiegel oder in dem, von dem ez ûzgât? Ez ist eigenlîcher in dem, von dem ez ûzgât. Daz bilde ist in mir, von mir, zuo mir. Die wîle der spiegel glîch stât gegen mînem antlite, sô ist mîn bilde dar inne; viele der spiegel, sô vergienge daz bilde* (DW 1, 154, 1-4). Ich zitiere hier und im folgenden die Werke Meister Eckharts nach der im Kohlhammer Verlag, Stuttgart, erscheinenden Gesamtausgabe (DW = Deutsche Werke, hrsg. von J. Quint; LW = Lateinische Werke, mehrere Hrsg.). Vgl. dazu auch Hof, a.a.O. (s. Anm. 1), S. 119. Der Spiegel und das in ihm Gespiegelte erlaubt eine höchst anschauliche Vergegenständlichung des Verhältnisses zwischen Gott und Geschöpf, Sein und Seiendem: Nur solange und insofern das Urbild dem Abbild Sein gewährt, d. h. zum Sein aktuiert wird, hat dieses – weniger als *figuratum manens* denn als »eine aktuelle *configuratio*« (Hof, ebd., S. 119) – sein Sein; in sich ist es nichts.

3 Weitere Vergleichsstellen vgl. DW 1, 154, Anm. 1; vgl. vor allem Predigt 49, LW 4, 421-428.

4 Das Ganze ist ein Problem der sprachlichen Fixierung komplexer Tatbestände. Im Gegensatz zu andern Denkern zieht Eckhart seinen Intentionen gemäß, die auf eine Dynamisierung des Gott-Mensch-Bezugs hinauslaufen, eine Sprache vor, die perspektivisch und daher dialektisch sich entfaltet. Vgl. dazu B. Welte, Meister Eckhart, Gedanken zu seinen Gedanken, Freiburg 1979, S. 249ff. (zum Problem, das eine solche Denkform für die Inquisitoren dargestellt haben muß).

5 Es gibt – unter Philosophen vornehmlich – eine Tendenz, den Begriff »mystisch« mißtrauisch in Anführungszeichen zu setzen, damit unterstellend, das Wort meine etwas dem Philosophischen Gegensätzliches. Ich muß gestehen, daß ich diese Ironisierung des Begriffs – im Rückblick auf den Neuplatonismus und die Tradition der christlichen, islamischen und jüdischen Mystik – nicht verstehe, auch wenn mir eine

Differenzierung zwischen eher »mystischen« und eher »philosophischen« Sehweisen durchaus vorstellbar bleibt. Hingegen ist es doch eine selbstverständliche Tatsache, daß die Mystiker aller monotheistischen (und auch anderer) Religionen philosophische Konzepte in völliger Freiheit und in äußerster Schärfe angewandt haben, um ihre auf eine Einigung zwischen Gott und Mensch abzielenden Existenzfragen zu lösen. Zum Mißtrauen von seiten der Philosophie vgl. Fischer, a.a.O. (s. Anm. 1), S. 139ff., 149f.; K. Flasch, Die Intention Meister Eckharts, in: H. Röttges – B. Scheer – J. Simon (Hrsg.), Sprache und Begriff, Festschr. für B. Liebrucks, Meisenheim a. Gl. 1974, S. 292-318, 292, 317; ders., Zum Ursprung der neuzeitlichen Philosophie im späten Mittelalter, Neue Texte und Perspektiven, Phil. Jb. d. Görres-Ges. 85 (1978), S. 1-18, bes. 17 (wo festgestellt wird, »daß der sog. Logosmystik eine immanent-philosophische Theorie des menschlichen Erkennens sachlich zugrundeliegt und zeitlich vorausging; die Theorie der substantiellen Produktivität des menschlichen Geistes ist nicht auf dem Weg der Säkularisierung aus der sog. Mystik erst erstanden«). Dieser »Beweis« müßte zusammengehalten werden mit der von H. Rahner, Die Gottesgeburt, Die Lehre der Kirchenväter von der Geburt Christi aus dem Herzen der Kirche und der Gläubigen, in: ders., Symbole der Kirche, Die Ekklesiologie der Väter, Salzburg 1964, S. 13-87, aufgewiesenen Tradition. Ders., Kennt die mittelalterliche Philosophie die konstitutive Funktion des menschlichen Geistes? Eine Untersuchung zu Dietrich von Freiberg, in: Kant-Studien 63 (1972), S. 182-206 (»Am Ursprung der neuzeitlichen Philosophie steht Philosophie, nicht Mystik«); ders., Einleitung zu: Dietrich von Freiberg, Schriften zur Intellekttheorie, hrsg. von B. Mojsisch, Hamburg 1977, S. XIXff. Zu fragen bleibt trotz der außerordentlich beeindruckenden Leistungen von K. Flasch und seiner Schule für die Erschließung der philosophischen Strömungen im Spätmittelalter für mich immer noch, ob eine apodiktisch »bewiesene Priorität« der Philosophie vor der Mystik den theologischen Implikationen dieser Philosophie angemessen Rechnung trägt. Vgl. jetzt die interessanten Ausführungen von D. Mieth, Gotteserfahrung Weltverantwortung, Über die christliche Spiritualität des Handelns, München 1982, S. 121-129 (unter dem Gesichtspunkt »Mystik« – »Ethik«). Vgl. auch die wichtigen Hinweise bei E. zum Brunn et A. de Libera, Maître Eckhart, Métaphysique du Verbe et théologie négative, Paris 1984, S. 26ff.

6 LW 1, 160; 7; 197, 8.

7 LW 1, 160, 7f.

8 LW 1, 160, 3; vgl. DW 3, 179, 4ff.; DW 1, 252, 1ff.; 252, Anm. 1 usf. Von seinem Genesis- und Johannesprologverständnis her entwickelt Eckhart in zahlreichen Ansätzen ein Pathos der Inchoation, das die Zeitdimensionen in der Gleichzeitigkeit von Schöpfung, Inkarnation und Endzeit *nû*-haft als unaufhörliches Ereignis und Dynamis göttlichen Lebens zu fassen versucht. Vgl. A. M. Haas, Meister Eckharts

Auffassung von Zeit und Ewigkeit, Freiburger Zschr. f. Phil. u. Theol. 27 (1980), S. 325-355; auch in: ders., Geistliches Mittelalter, wie oben S. 339-369, S. 409.

9 LW 1, 163, 9f.

10 LW 1, 165, 1f.

11 O. Semmelroth, Die Welt als Schöpfung, Frankfurt a. M. 1962, 48f., zit. bei K. Kremer, Meister Eckharts Stellungnahme zum Schöpfungsgedanken, in: Trierer Theol. Zschr. 74 (1965), S. 65-82, 74.

12 Kremer, a.a.O. (s. Anm. 11), S. 74, E. Gilson, Der hl. Augustinus, Eine Einführung in seine Lehre, Hellerau 1930, S. 345, zitierend. Kremer verweist auf Augustinus, Conf. XII, 20, 29; Ambrosius, Hexaëm. I, 4; Hieronymus, Quaest. hebr. in Gen. I, 1; Thomas von Aquin, S. th. I, 46, 3, c.; II Sent. I, 1, 6, c.

13 Kremer, a.a.O. (s. Anm. 11), S. 74-79, unterscheidet – in Abweichung von Eckhart – vier Punkte. Vgl. auch Kremer, Gott und Welt in der klassischen Metaphysik, Vom ›Sein‹ der Dinge in Gott, Stuttgart 1969, S. 107-109. Diese gründliche und interessante Arbeit trägt außerordentlich viel bei zur geschichtlichen Erschließung der neuplatonisch geprägten Auffassung vom Geschaffenen.

14 Vgl. Kremer, a.a.O. (s. Anm. 11), S. 74 (weitere Stellenangaben).

15 LW 1, 188, 10.

16 LW 1, 189, 14f.; vgl. Kremer, a.a.O. (s. Anm. 11), S. 75.

17 LW 1, 190, 1f.; Kremer, a.a.O. (s. Anm. 11), S. 75ff.

18 LW 1, 191, 4.

19 LW 1, 191, 4f.

20 LW 1, 191, 15.

21 LW 1, 190, 7.

22 Dazu vgl. Mieth, a.a.O. (s. Anm. 2), S. 132ff.

23 »Eckharts Äußerungen ... konnten so interpretiert werden und wurden auch dahin ausgelegt, als behaupte er eine ewige Welt im Sinne der von Boethius dargelegten *Perpetuitas* (De Cons. Philos. V, 6). Sie wurden verurteilt, weil sie, so verstanden, mit der christlichen Lehre in Widerstreit gerieten (vgl. D 501-503; vgl. auch LW III, 181 Notae 1 u. 2). Eckhart selbst jedoch wollte bloß die Korrelativität von Welt und Zeit betonen, nicht dagegen die Ewigkeit der Welt vortragen. Den Satz, *mundus semper fuit*, versieht er nämlich mit dem Zusatz: *Non enim fuit tempus, in quo non esset mundus, sive quando non esset mundus* (LW III 181, 5ff.). Seine Darlegungen über diesen Punkt müssen in dem Licht jenes erkenntnismetaphysischen Denkens gewertet werden, das sich der Unzulänglichkeit unserer Kategorien für Gott und die göttliche Dimension bewußt geworden ist. Er selbst hätte sicherlich das Wort seines Ordensbruders Thomas, mit dem in Einklang zu stehen er stets bestrebt war, akzeptiert: *Et quamvis (Deus) habuit voluntatem aeternam producendi aliquem effectum, non tamen produxit aeternum effectum* (S. th. I 46, 1 ad 6 um; ad 10 um; in Phys. nr. 988)« (Kremer, a.a.O. [s. Anm. 10], S. 76f.). Diese Stellungnahme

wird man nach heutigen Erkenntnissen gelten lassen müssen. Vgl. auch P. Duhem, Le système du monde, Histoire des doctrines cosmologiques de Platon à Copernic, Bd. VI, Paris 1973, S. 206-219; vor allem aber L. Scheffczyk, Die Welt als Schöpfung Gottes, Stein a. Rh. 1968, S. 56f.; ders., Schöpfung und Vorsehung (Hb. d. Dogmengesch. II/2 a), Freiburg 1963, S. 102-104. Zur Überlieferung und der Sachproblematik einer Ewigkeit der Schöpfung vgl. A. Rohner, Das Schöpfungsproblem bei Moses Maimonides, Albertus Magnus und Thomas von Aquin, Münster 1913; J. Baudry, Le problème de l'origine et de l'éternité du monde dans la philosophie grecque de Platon à l'ère chrétienne, Paris 1931; G. Sajò, Un traité récemment découvert de Boèce de Dacie »De mundi aeternitate«, Budapest 1954; A. Antweiler, Die Anfangslosigkeit der Welt nach Thomas von Aquin und Kant, Trier 1960; F. A. Prezioso, L'eternità aristotelica del mondo in una »quaestio« inedita di Guglielmo Alnwick († 1333), Padua 1962; Z. Hayes, The General Doctrine of Creation in the Thirteenth Century, with Special Emphasis on Matthew of Aquasparta, München 1964; E. Behler, Die Ewigkeit der Welt, Problemgeschichtliche Untersuchungen zu den Kontroversen um Weltanfang und Weltunendlichkeit in der arabischen und jüdischen Philosophie des Mittelalters, München 1965; ders., Ewigkeit der Welt, in: Hist. Wb. d. Phil. 2, Basel 1972, Sp. 844-848; M. Baltes, Die Weltentstehung des Platonischen Timaios nach den antiken Interpreten, 2 Bde., Leiden 1976.

24 LW 3, 180, 1. Die Frage ist schon bei Augustinus (Conf. XI, 12, 14) gestellt. Vgl. E. P. Meijering, Augustin über Schöpfung, Ewigkeit und Zeit, Leiden 1979, S. 48ff. Zum erkenntnistheoretischen Problem vgl. R. Hönigswald, Erkenntnistheoretisches zur Schöpfungsgeschichte der Genesis, Tübingen 1932, S. 21ff.; ders. Vom erkenntnistheoretischen Gehalt alter Schöpfungserzählungen, Stuttgart 1957, S. 161ff.

25 LW 3, 179, 15.

26 LW 3, 181, 4-9.

27 Vgl. dazu Antweiler, a.a.O. (s. Anm. 23); Kremer, a.a.O. (s. Anm. 10), 76, Anm. 84; L. Ullrich, Fragen der Schöpfungslehre nach Jakob von Metz O. P., Eine vergleichende Untersuchung zu Sentenzkommentaren aus der Dominikanerschule um 1300, Leipzig 1966, S. 102ff. (die Stelle bei Thomas: S. th. I, q. 46, a. 2; sie ist für die Dominikanertheologen später nicht mehr verbindlich).

28 Vgl. o. Anm. 23.

29 Vgl. o. Anm. 23. Über die breite Tradition, die hinter dieser Ansicht sich findet, vgl. L. Scheffczyk, Einführung in die Schöpfungslehre, Darmstadt 1982, S. 34ff.

30 Diesen Aspekt arbeitet Mieth, a.a.O. (s. Anm. 2), S. 132f., klar heraus: »Man muß innerhalb der Grundgedanken Meister Eckharts vor allem den Unterschied zwischen Zeit und Ewigkeit beachten. In einem transzendentalen Denken, das von der Struktur Gottes ausgeht, fallen die zeitlichen Unterschiede weg. Die Ereignisse der Offenbarung in der

Zeit sind deshalb in der Ewigkeit eine Einheit, eine einzige Heilszuwendung Gottes ... So ist die Schöpfung sowohl zeitlich als auch ewig. Als Werk Gottes ist sie ewig, denn Gott kann nur Ewiges wirken, und in ihm gibt es keine Zeit, so daß Zeit erst konstituiert werden muß in eben diesem Akt der Schöpfung, der als Akt Gottes ewig ist. Als Ergebnis des Schöpfungsaktes ist die Schöpfung in der Zeit, und insofern ist die Schöpfung auch zeitlich begrenzt. Die Schöpfung kann aber keinen zeitlichen Anfang haben, da ihr keine Zeit vorausging; denn ginge ihr eine Zeit voraus, dann wäre Gott zeitlich bestimmt. Schöpfung ist also in ihrem Ursprung, d.h. in Gott, ewig. Damit greift Eckhart keineswegs die Kontingenz der Schöpfung an, aber diese Kontingenz kann sich nicht auf die Tätigkeit Gottes, sondern nur auf die zeitliche Qualität der Schöpfung beziehen. Die Schöpfung als konkretes Geschaffenes ist zeitlich, hinfällig und kontingent; die Schöpfung als Gottes Schaffen kann nur ewig sein. Wenn aber Gottes Schaffen sich in der Ewigkeit vollzieht, dann steht es unmittelbar zu jeder Zeiteinheit.« Es ist von solchen Voraussetzungen her ganz klar, daß Eckharts Schöpfungstheologie nur wenig Bezüge zu symbolischen und naturwissenschaftlichen Spekulationen enthält. Vgl. dazu J. Zahlten, Creatio mundi, Darstellungen der sechs Schöpfungstage und naturwissenschaftliches Weltbild des Mittelalters, Stuttgart 1979, S. 95.

31 Als Eingrenzung kosmogonischer Vorstellungen auf die Einzigkeit Gottes, auf eine grundsätzliche Eingotteslehre also, versteht Hönigswald, a.a.O. (s. Anm. 24), S. 156 f., schon die biblischen Schöpfungsberichte. Bei Eckhart wird dieser Monotheismus – vor dem Hintergrund seiner philosophischen Analogielehre – noch gesteigert bis dahin, daß dem Geschöpf, als einem reinen Nichts, jegliches eigene Sein genommen wird.

32 Hier bricht bei Eckhart eine sonst durch seinen intellektuellen Optimismus verdeckte Schwierigkeit auf: die trotz allem möglichen Koinzidenten denkbare und mögliche Gegenläufigkeit von Offenbarungs- und Vernunftwissen. Bei Eckhart sind beide – in seinem Konzept vom *intellektuellen* »Adel« der Seele – immer schon tiefer gleichläufig, bevor sie überhaupt methodisch auseinandertreten konnten. Darin allerdings partizipiert er an der großen scholastischen Überlieferung, die nie bloß philosophisch dachte, sondern im Kern christliche Theologie war und sein wollte. Vgl. L. Bouyer, Cosmos, Le monde et la gloire de Dieu, Paris 1982, S. 184.

33 LW 1, 200, 13 f.

34 LW 1, 200, 15 f.

35 Es geht dabei um jene Lehre der klassischen Metaphysik, wonach alles Geschaffene in Gott existiert. Diese Bestimmung läßt für deistische Überlegungen keinen Raum. Vgl. Kremer, Gott und Welt, a.a.O. (s. Anm. 13), S. 112 f.: »Identifiziert man Gott mit dem Sein selbst, dem ipsum esse, was die meisten antiken und mittelalterlichen Autoren tun, kann der Mensch auch als ›Im-Sein-sein‹ charakterisiert werden ... Aus

seinem ›In-Gott-sein‹ folgt für den Menschen, daß er sich von diesem Gott niemals trennen kann. Er kann Gott nicht davonlaufen, sich ihm nicht entziehen, sich nicht vor ihm verbergen, wie Adam und Eva dies im Paradies versuchten. Wohin er sich auch bewegen mag, immer stürzt er in Gottes Arme. *Richtiger*: Immer bleibt er in Gott, weil er sich nur *in Gott* zu bewegen vermag.« Vgl. ebd., S. 101; vgl. dazu die großartige Eckhart-Stelle DW 1, 386, 3 ff., die ich in meinem »Meister Eckhart als normative Gestalt geistlichen Lebens«, Einsiedeln 1979, S. 90, zitiert und besprochen habe.

36 DW 5, 234, 5. Die Folgerung: *Alsô sol der mensche mit götlîcher gegenwerticheit durchgangen sîn und mit der forme sînes geminneten gotes durchformet sîn und in im gewesent* (verwesentlicht) *sîn, daz im sîn gegenwerticheit liuhte âne alle arbeit, mêr: eine blôzheit neme in allen dingen und der dinge zemâle ledic blîbe* (DW 5, 208, 11-209, 2).

37 LW 1, 200, 17 f.

38 Augustinus, Conf. IV, 12, 18; LW 1, 201, 2 f.

39 LW 2, 36, 16 f. Es ließe sich, bevor man allzu vorschnell auf Eckharts apophatische Sprache und deren leidenschaftlichen Duktus verweist, mit großer Anschaulichkeit zeigen, daß die Klammer aller Apophatik bei Eckhart die *locutio emphatica* (RS) reiner Seinshaftigkeit ist. Es geht ihm immer und überall um die Überschwenglichkeit des immer noch größer gegebenen Seins Gottes, als es sich die Menschenweisheit träumen läßt. Gott ist vor allem *esse purum: Got ist icht und ein lutir wesin* (Paradisus anime intelligentis, hrsg. von Ph. Strauch, Berlin 1919 [DTM 30], 129, 20 f.) *Got der inist nicht wan ein luter wesin und di creature ist fon nichte und hait ouch ein wesin fon deme selbin gotlichin wesine* (ebd. 40, 25-27). Vgl. L. Seppänen, Studien zur Terminologie des Paradisus Anime Intelligentis, Beiträge zur Erforschung der Sprache der mhd. Mystik und Scholastik, Helsinki 1964, S. 24 ff. Hier wird von einer relativ schmalen Textbasis her die Tatsache belegt, daß es Eckhart schlechterdings um die Seinshaftigkeit Gottes geht. Das Problem von Intelligere und Esse Gottes beim frühen Eckhart ist ein Spezialproblem.

40 LW 2, 37, 1.

41 LW 2, 37, 9 ff.

42 Zur Tradition der Deutung des *In principio* vgl. In Principio, Interprétations des premiers versets de la Genèse, Paris 1973 (leider ohne Belang für Eckhart).

43 Vgl. dazu Albert, a.a.O. (s. Anm. 1). Das Sein, das für Eckhart Gott ist, »altert« nicht, bedeutet »Neuheit des Lebens«, ist »Gnade« (LW 4, 149, 4 ff.; 150, 3 ff.; 167, 10 ff.) Dagegen bedeutet »Diabolus« *ab esse cadens* (LW 4, 177, 6). In Gott fallen Sein und Denken – für den Eckhart der *Sermones* – zusammen (LW 4, 259, 5 f.); Erkennen ist Seligkeit, ist Sein (LW 4, 370, 1 ff). Vgl. dazu A. M. Haas, Meister Eckharts geistliches Predigtprogramm, Freiburger Zschr. f. Phil. u. Theol. 29 (1982), S. 189-209 bes. 297 ff.; T. Beckmann, Studien zur

Bestimmung des Lebens in Meister Eckharts deutschen Predigten, Frankfurt a. M. 1982, S. 167 ff. (das *sunder warumbe* des Lebens!); B. Schmoldt, Die deutsche Begriffssprache Meister Eckharts, Studien zur philosophischen Terminologie des Mittelhochdeutschen, Heidelberg 1954, S. 98 ff. (*wesen* = Sein). Eine glänzende Analyse von Eckharts Anschauung: *esse est Deus* durch dessen ganzes Werk hindurch gibt W. Beierwaltes, Platonismus und Idealismus, Frankfurt a. M. 1972, S. 38-67.

44 Zum Beispiel: LW 4, 70, 3: *omnia sunt purum nihil*. Vgl. auch DW 1, 69, 8 ff.; 70, Anm. 1 weitere Stellen. Eckhart hat diese Ansicht in seiner Rechtfertigungsschrift als eine »moralisch« heilsame Lehre verteidigt.

45 H. Wackerzapp, Der Einfluß Meister Eckharts auf die ersten philosophischen Schriften des Nikolaus von Kues (1440-1450), Münster 1962, S. 64.

46 LW 1, 178, 16; vgl. Wackerzapp, a.a.O. (s. Anm. 45), S. 65.

47 LW 4, 321, 1.

48 LW 1, 178, 14 f.; vgl. Wackerzapp, a.a.O. (s. Anm. 45), S. 65.

49 LW 2, 282, 3-6.

50 DW 5, 205, 10 ff.: »Wer Gott so, (d. h.) im Sein, hat, der nimmt Gott göttlich, und dem leuchtet er in allen Dingen; denn alle Dinge schmekken ihm nach Gott, und Gottes Bild wird ihm aus allen Dingen sichtbar. In ihm glänzt Gott allzeit, in ihm vollzieht sich eine loslösende Abkehr und eine Einprägung seines geliebten, gegenwärtigen Gottes. Vergleichsweise so, wie wenn es einen in rechtem Durst heiß dürstet: so mag der wohl anderes tun als trinken, und er mag auch wohl an andere Dinge denken; aber was er auch tut und bei wem er sein mag, in welchem Bestreben oder welchen Gedanken oder welchem Tun, so vergeht ihm doch die Vorstellung des Trankes nicht, solange der Durst währt; und je größer der Durst ist, um so stärker und eindringlicher und gegenwärtiger und beharrlicher ist die Vorstellung des Trankes. Oder wer da etwas heiß mit ganzer Inbrunst so liebt, daß ihm nichts anderes gefällt und zu Herzen geht als (eben) dies, und er nur nach diesem verlangt und nach sonst gar nichts: ganz gewiß, wo immer ein solcher Mensch sein mag oder bei wem oder was er auch beginnt oder was er tut, nimmer erlischt doch in ihm das, was er so sehr liebt, und in allen Dingen findet er (eben) dieses Dinges Bild, und dies ist ihm um so stärker gegenwärtig, je mehr die Liebe stärker und stärker wird. Ein solcher Mensch sucht nicht Ruhe, denn ihn behindert keine Unruhe.«

51 DW 2, 598, 2 (s. Anm. 2).

52 DW 2, 615, 7 f.; a.a.O., 11 ff.: *Swanne diu sêle mit gote vereinet wirt, sô hât si an im allez, daz iht ist, an aller volkomenheit. Diu sêle vergizzet dâ ir selbes und aller dinge, als si an ir selben ist, und bekennet sich an gote götlich, als vil als got in ir ist; und als vil minnet si sich an im götlich und ist mit im vereinet âne underscheit, daz si nihtes wan sîn engebrûchet und sich sîn vröuwet. Waz wil der mensche mê gern* (begehren) *oder wizzen, swanne er mit gote alsô saeliclîche vereinet ist? Ze*

dirre einunge hât unser herre den menschen geschaffen. Oder DW 1, 162, 1 f.: *Diu nâheit gotes und der sêle diu enhât keinen underscheit in der wârheit.* Zur Nähe Gottes zum Geschaffenen vgl. Anm. 54.

53 LW 4, 323, 7 f.

54 Vgl. dazu die klärenden und eine breite Tradition sichtbar machenden Untersuchungen von W. Beierwaltes, Identität und Differenz, Frankfurt a. M. 1980, S. 97-104.

55 LW 4, 323, 4; vgl. B. McGinn, Meister Eckhart on God as Absolute Unity, in: D. J. O'Meara, Neoplatonism and Christian Thought, Norfolk 1982, S. 128-139.

56 Vgl. Anm. 13 die Arbeit von Kremer.

57 Albert, a.a.O. (s. Anm. 1), S. 111; Wackerzapp, a.a.O. (s. Anm. 45), S. 17; Brunner, a.a.O. (s. Anm. 1), S. 23 ff. Die wichtige Stelle für die Unterscheidung zwischen *guot* und *güete*, an deren Verhältnis gleichzeitig Analogie- und Univozitätsbegriff demonstriert wird, findet sich im »Buch der göttlichen Tröstung«: DW 5, 9, 4 ff.; vgl. jetzt B. Mojsisch, Meister Eckhart, Analogie, Univozität und Einheit, Hamburg 1983, S. 65 ff. (mit forcierter Betonung der Univozität).

58 J. Eberle, Die Schöpfung in ihren Ursachen, Untersuchungen zum Begriff der Idee in den lateinischen Werken Meister Eckharts, Diss. Köln 1972; Albert, a.a.O. (s. Anm. 1), öfter; unverständlich H. Fischer, a.a.O. (s. Anm. 1), für den »ausgeschlossen« ist, »was man von der These eines doppelten Seins oder auch eines mehrfachen Seinsbegriffs... gefunden zu haben glaubt« (50); zur Kritik an Fischer vgl. Albert, Meister Eckhart und die Quellen seiner Philosophie, in: Phil. Literaturanzeiger 32 (1979), S. 168-177, 170.

59 LW 1, 166, 12; vgl. Albert, a.a.O. (s. Anm. 1), S. 50 ff. Die philosophische Unterscheidung zwischen Seiendem und Sein (zunächst im Sinne Heideggers, der das Sein nicht mit Gott identifiziert, dann auch im Sinne der Mystik, die geneigt ist, das Sein [nicht das *esse commune*, sondern das *absolutum!*] mit Gott gleichzusetzen) erachtet H. Corbin, Le paradoxe du monothéisme, Paris 1981, als grundlegend und entscheidend für alle mystische Erfahrung.

60 Seiendes ist *quasi medium inter deum et nihil* (LW 3, 185, 8), d. h., es ist »von beiden Endpunkten des Gegensatzes gleich weit, nämlich unendlich entfernt« (Wackerzapp, a.a.O. [s. Anm. 45], S. 57). Oder: *Res enim omnis creata sapit umbram nihili* (LW 3, 17, 10).

61 Albert, a.a.O. (s. Anm. 1), S. 61.

62 LW 1, 156, 15-158, 4; vgl. dazu Albert, ebd., S. 36 ff.

63 Seit H. S. Denifle, Meister Eckharts lateinische Schriften und die Grundanschauung seiner Lehre, in: Archiv f. Lit.- und Kirchengesch. des Mittelalters 2 (1886, Nachdruck 1956), S. 417-615, bes. 513 ff., der eine Identität zwischen *esse Dei* und *creaturae* bei Eckhart behauptet, bis zu St. Morard, Die früheste und die neueste Apologie Meister Eckharts, in: Divus Thomas (1937), S. 325-338, 433-456, bes. 451 ff., ist ein solcher behauptet worden. Gerade die schärfsten Aussagen Eckharts

über die seinshafte Gegenwart Gottes in seinen Geschöpfen ratifizieren noch einen klar differenzierbaren Unterschied zwischen Schöpfer und Geschöpf, insofern das *distinctissimum esse* Gottes eben auf seiner *indistinctio* zum Geschaffenen beruht; vgl. Beierwaltes, a.a.O. (s. Anm. 54), S. 101. Selbst extreme Aussagen Eckharts, die eine Seinsmächtigkeit des Geschöpfs suggerieren, fallen unter die Paradoxien, die in der Klammer dieses Unterschieds durchaus ihren Platz haben; vgl. z. B. die Ausführungen (von zweifelhafter Echtheit) in F. Jostes, (Hrsg.), Meister Eckhart und seine Jünger. Ungedruckte Texte zur Geschichte der Deutschen Mystik, Freiburg i. Üe. 1895, Nachdruck Berlin 1972, S. 8, 11 ff.: *Ditz spricht bruder Johannes: Ez ist frag under den meistern, weder daz mugen in der sel oder in got (si), daz si got werden möcht. Ich sprich: daz daz mugen in der sel si. Sol daz geschehen, daz di sel got werden mak, so muz got wurchen in daz mugen und muz daz mugen in sich zihen: dar um ist daz werch in got und daz mugen in der sel. Wer ich alles daz (ich) pin, so wer ich got, so en wer an mir weder zit noch stat noch kein wandelhafticheit. Mir enist kein ding als liht noch alz muglich alz got sin; so belib ich an werch, da wedarf ich cheins werches zu, mer solt ich ein anders werden, so must ich zu niht werden: nu belip ich, daz ich pin. Ich sprich, daz chein creatur alz snöd sie, si mug ein wesen geleisten; alz verre alz si wesen mak geleisten, so ist ir daz müglich, daz si got sie, wan allez daz wesen ist, daz ist got.* Die Unterscheidung zwischen *werch* und *mugen* (Vermögen, *capacitas, potentia*) zeigt klar, daß das Geschöpf in seiner potentiellen Verfaßtheit auf das wirkende Sein Gottes hin erst *wesen geleisten*, Sein hervorbringen kann. Würde der Mensch sein, der er – nach Gottes archetypischen Absichten – *ist*, so wäre er Gott. Das ist ganz konsequent nach Eckharts Ideenlehre gedacht (s. Anm. 66). Alles in der Kreatur »geleistete« Sein ist dessen Verwirklichung in Gott als in dessen Exemplarursache, d. h. als Gott in Gott.

64 Die Stellen und Erläuterungen dazu vgl. bei Albert, a.a.O. (s. Anm. 1), S. 180 ff.

65 Vgl. DW 1, 340, 1 ff.; weitere Stellen aus dem Exodus- und Sapientia-Kommentar s. bei Beierwaltes, a.a.O. (s. Anm. 54), S. 97-104.

66 Vgl. Albert, a.a.O. (s. Anm. 1), S. 236 ff.; A. M. Haas, Nim din selbes war, Studien zur Lehre von der Selbsterkenntnis bei M. Eckhart, J. Tauler und H. Seuse, Freiburg i. Üe. 1971, S. 33 ff.

67 Vgl. E. Gilson, a.a.O. (s. Anm. 12), S. 152 f.

68 R.-L. Oechslin, Meister Eckhart, der Mystiker, in: U. Kern (Hrsg.), Freiheit und Gelassenheit, Meister Eckhart heute, München 1980, S. 121-126. Der hier vermutete Zusammenhang zwischen lat. *virtus* und dem Eckhartschen Begriff *kraft (in der sêle)* drängt sich gerade im Zusammenhang mit der Ideenlehre immer wieder auf. Das *vünkelîn* (= *kraft* usf.) ist die archetypische Gegenwart Gottes im innersten Ich des Menschen, diesem innerlicher als er sich selber je sein könnte. – Mhd. *kraft* ist Resultat der ins Mhd. transponierten Potenzenlehre der Scho-

lastik. Vgl. M. Leier, Ansätze zur Begriffssprache der Deutschen Mystik in der geistlichen Prosa des 12. und 13. Jahrhunderts, Diss. masch. Hamburg 1965, S. 102 ff.

69 Kremer, a.a.O. (s. Anm. 13), S. 12 f., 17-21. Die Stelle bei Pf. 487, 40.

70 LW 7, 238, 1-7, n. 77; vgl. auch 204,8 und o. Anm. 4.

71 Vgl. dazu McGinn, a.a.O. (s. Anm. 55), S. 136ff.; J. Zapf, Die Funktion der Paradoxie im Denken und sprachlichen Ausdruck bei Meister Eckhart, Diss. Köln 1966; D. Mieth, Christus, das Soziale im Menschen, Texterschließungen zu Meister Eckhart, Düsseldorf 1972, S. 59 ff.

72 Vgl. dazu Hof, a.a.O. (s. Anm. 1); Schmoldt, a.a.O. (s. Anm. 43), S. 74ff. Die Literatur zu diesem Terminus bei A. M. Haas, a.a.O. (s. Anm. 35), S. 117, Anm. 12.

73 LW 5, 47, 14 f., n. 12. Vgl. zum ganzen Problem R. Imbach, Deus est intelligere, Das Verhältnis von Sein und Denken in seiner Bedeutung für das Gottesverständnis bei Thomas von Aquin und in den Pariser Quaestionen Meister Eckharts, Freiburg i. Üe. 1976. Daß die beiden divergierenden Auffassungen Eckharts – *Deus est intelligere/esse est Deus* – sich zueinander komplementär verhalten könnten, vermutet Imbach, ebd., S. 290, Anm. 42, selber im Hinblick auf K. Albert, Der philosophische Grundgedanke Meister Eckharts, in: Tijdschrift voor Filosofie 27 (1965), S. 320-339; vgl. W. M. Fues, Mystik als Erkenntnis?, Kritische Studien zur Meister-Eckhart-Forschung, Bonn 1981, S. 276ff. Entscheidend sind für mich die differenzierten Ausführungen bei Beierwaltes, a.a.O. (s. Anm. 43), S. 51-54. »Die Behauptung, Eckhart habe in der ersten Pariser Quaestio die ›Priorität‹ des Denkens gegenüber dem Sein in Gott gelehrt, würde einen in der Quaestio selbst nicht gelösten Widerspruch konstruieren. Ferner wäre nicht einsichtig, wie eine Priorität in Gott überhaupt denkbar sein sollte, sofern seine Ewigkeit ein das zeithafte Vorher und Nachher ausschließender Zugleich oder ein punkthaftes Jetzt ist und damit auch ein causaler Prozeß, in dem Denken der ›Grund‹ des Seins wäre, unmöglich ist. Dazu kommt, daß eine Identität von Denken und Über-Sein in Gott für Eckharts Gottesbegriff *nach* der Pariser Quaestio ohne Zweifel und durchgängig konstitutiv ist: Gott ist ganz Denken *und* ganz Sein« (ebd. S. 54). Es geht auch hier – wie immer bei Eckhart – nicht um ein statisches, sondern um ein dynamisches, aspektisches Denken, das im letzten die Sichtweisen komplementär versteht. Vgl. jetzt: Maître Eckhart à Paris, Une critique médiévale de l'ontothéologie, Paris 1984.

74 LW 5, 45, 10.

75 LW 5, 45, 3-5.

76 LW 5, 48, 2-8.

77 DW 1, 146, 4-6.

78 Zur Tradition dieser Auslegung A. de Libera, L'être et le bien: Exode 3, 14 dans la théologie rhénane, in: ders. u. a., Celui qui est, Paris 1986,

S. 127-162; W. Beierwaltes, Plotin, Über Zeit und Ewigkeit, Frankfurt a. M., 3. Aufl. 1981, S. 173 ff.

79 Siehe Albert, a.a.O. (s. Anm. 1).

80 Ebd. 36, Anm. 146 (erste Anklageschrift im Kölner Inquisitionsprozeß).

81 Zitiert bei K. Albert, Der Grundgedanke der Philosophie Meister Eckharts, in: W. Böhme (Hrsg.), Meister Eckhart heute, Karlsruhe 1980, S. 11-20, 14.

82 Vgl. dazu neben der schon öfter genannten Literatur A. Klein, Meister Eckhart, La dottrina mistica della giustificazione, Mailand 1978, S. 51-58; G. Ambrosini, Negazione e proposta morale in Meister Eckhart, Padua 1980, S. 114-125.

83 Vgl. Koch, a.a.O. (s. Anm. 1), S. 24.

84 LW 1, 171, 7 f.

85 DW 1, 361, 10, Anm. 4.

86 LW 1, 175, 13 f.: »Vom Seienden selbst, das heißt von Gott, (kann) nichts verneint werden außer vermittels der Verneinung der Verneinung alles Seins.«

87 Die neuplatonische Tradition kennt diese auf die Einheit des Göttlichen verweisende Einheits-Rede durch Dionysius Areopagita, der die *via negativa* oder *apophatica* in der Rede über Gott als einen wichtigen methodischen Weg für die Christen gewiesen hat. Vgl. J. Klapper, Über die Negation als Prinzip der Reflexion, Ein Beitrag zum Problem der Teilhabe des Vielen am Einen, in: K. Flasch (Hrsg.), Parusia, Studien zur Philosophie Platons und zur Problemgeschichte des Platonismus, Festgabe für J. Hirschberger, Frankfurt a. M. 1965, S. 45-70; J. Hochstaffl, Negative Theologie. Ein Versuch zur Vermittlung des patristischen Begriffs, München 1976.

88 Vgl. Sh. Ueda, Die Gottesgeburt in der Seele und der Durchbruch zur Gottheit, Die mystische Anthropologie Meister Eckharts und ihre Konfrontation mit der Mystik des Zen-Buddhismus, Gütersloh 1965, S. 115; ders., Das »Nichts« bei Meister Eckhart und im Zen-Buddhismus unter besonderer Berücksichtigung des Grenzbereiches von Theologie und Philosophie, in: D. Papenfuß – J. Söring (Hrsg.), Transzendenz und Immanenz, Philosophie und Theologie in der veränderten Welt, Stuttgart 1977, S. 257-266; M. Nambara, Die Idee des absoluten Nichts in der deutschen Mystik und ihre Entsprechungen im Buddhismus, in: Archiv für Begriffsgeschichte 6 (1960), S. 143-277 (Eckhart 146 ff.). Das Interesse buddhistischer Forschung für Eckharts Konzeption des »absoluten Nichts« Gottes zeigt sich schon bei Suzuki oder Keiji Nishitani (Was ist Religion?, Frankfurt a. M. 1982, S. 161 f.); vgl. H. Waldenfels, Absolutes Nichts, Zur Grundlegung des Dialogs zwischen Buddhismus und Christentum, Freiburg 1976; ders., Faszination des Buddhismus, Zum christlich-buddhistischen Dialog, Mainz 1982, S. 33 ff.; B. Welte, Das Licht des Nichts. Von der Möglichkeit neuer religiöser Erfahrung, Düsseldorf 1980. – Ich bin geneigt, die Eckhart-

sche Nichts-Spekulation sehr hoch zu veranschlagen, kann sie aber letztlich doch bloß in einem relativen Sinne (zugunsten der Steigerung und des Überschwangs des göttlichen Seins), d.h. im Sinne der *via eminentiae*, gelten lassen. Das Eckhartsche »Nichts« ist spekulativ eine Hilfskonstruktion, um das göttliche Sein einzig als *einic ein* herauszustellen (vgl. A. M. Haas - H. Stirnimann, Das ›einig Ein‹, Studien zur Theorie und Sprache der deutschen Mystik, Freiburg i. Üe. 1980, S. 5). Zum Eckhartschen Nichts-Denken vgl. immer noch Lossky, a.a.O. (s. Anm. 1).

89 DW 3, 442, 1 f.

90 Zur Unterscheidung bei Eckhart zwischen *got/gotheit* vgl. G. Stephenson, Gottheit und Gott in der spekulativen Mystik Meister Eckharts. Eine Untersuchung zur Phänomenologie der Mystik. Diss. masch. Bonn 1954; Ueda, a.a.O. (s. Anm. 88), S. 113 ff. Stephenson – in gewissem Sinne auch Ueda – versuchen, Eckharts Mystik typologisch aufgrund dieser Unterscheidung dem Typus der impersonalen Einheits-Mystik, also einer monistischen Variante zuzuordnen. Letztlich wäre das nur möglich, wenn der Einheitsaspekt Gottes *realiter* den trinitarischen Aspekt ausschlösse. Dem widerspricht die dynamische Fassung der Einheit zwischen Mensch und Gott durchwegs. Mißtrauisch hätte immer schon machen müssen, daß die begriffliche Trennung »Gott« = dreifaltiger Gott – »Gottheit« = Einheit Gottes bei Eckhart gar nicht durchgehalten ist. Würde sie eine Realdistinktion in Gott darstellen, Eckhart wäre schlecht beraten gewesen, sie in einer – allerdings schwierigen – Predigt einfach umzukehren (DW 3, 132, 2 ff.). Es geht faktisch niemals bei dieser Unterscheidung um zwei verschiedene transzendente Prinzipien, sondern lediglich um die Festlegung des einen und einzigen Prinzips als eines in sich indistinkten Subjekts in sich selber. Der Unterscheidung Gottheit/Gott kommt daher nur ein (allerdings wesentlicher) intellektueller, aber kein realer Wert zu! Vgl. C. F. Kelley, Meister Eckhart on Divine Knowledge, New Haven 1977, S. 90, 257 f., Anm. 17. Zu Stephenson und Ueda vgl. Fues, a.a.O. (s. Anm. 73), S. 222 ff., 355 f., Anm. 64. Vgl. jetzt H. Merle, Deitas: Quelques aspects de la signification de ce mot, d'Augustin à Maître Eckhart, in: K. Flasch (Hrsg.), Von Meister Dietrich zu Meister Eckhart, Hamburg 1984, S. 12-21.

91 Vgl. Anm. 90 den Hinweis auf DW 3, 132, 2 ff.

92 DW 1, 368, 5. Wichtige Bestimmungen dieser Unterscheidung gibt B. McGinn, The God beyond God: Theology and Mysticism in the Thought of Meister Eckhart, in: The Journal of Religion 61 (1981), S. 1-19, bes. 9 ff. Interessant sind seine Hinweise aufs lat. Werk, in dem – gegen die landläufige Meinung – diese Unterscheidung im Ansatz auch gefunden werden kann (12 ff.). Vgl. auch Lossky, a.a.O. (s. Anm. 1), S. 342-344, der auf die Einheit der beiden Aspekte in Gott abhebt.

93 Pf. 8, 5. Zur Apophase Eckharts vgl. Lossky, a.a.O. (s. Anm. 1), S. 13 ff.

94 Pf. 302, 20.
95 DW 2, 309, 5.
96 DW 2, 420, 9f.
97 DW 2, 421, 1.
98 DW 1, 388, 10f. Zu Eckharts Licht-Finsternis-Terminologie vgl. K. Hedwig, Sphaera Lucis, Studien zur Intelligibilität des Seienden im Kontext der mittelalterlichen Lichtspekulation, Münster 1980, S. 237ff.
99 DW 1, 171f., 14ff.
100 DW 1, 404, 3f.
101 Vgl. Ueda, a.a.O. (s. Anm. 88), S. 115f. Es gilt bei all diesen apophatischen Aussagen anzuerkennen, was McGinn, a.a.O. (s. Anm. 92), dazu gesagt hat: »If we wish to be true to Eckhart, we must admit the grounding priority of the hidden Unity of the Godhead, absolute and undetermined *esse*, the God beyond God, over the Trinity of Persons. But if we stop there and refuse to recognize that the *unum* dialectically demands expression as a Trinity of Persons we shall also be false to the Meister« (ebd., S. 13). Das wäre sehr leicht aufzuzeigen im Hinweis auf die starke Rolle der Komplementarität von Innen und Außen: Was innen ist, will nach außen und umgekehrt; vgl. Haas, a.a.O. (s. Anm. 35), S. 74f.
102 LW 3, 79, 1; vgl. Mojsisch, a.a.O. (s. Anm. 57), S. 106-108.
103 Vgl. Pf. 542, 1; Dionysius, De div. nom. c. 7, § 3, PG 3, 872 A.
104 DW 3, 442, 1f.
105 DW 3, 222, 11ff.
106 DW 3, 228, 9.
107 DW 3, 211, 6.
108 DW 3, 223, 3-5.
109 DW 3, 224, 3.
110 DW 3, 224, 4f.
111 DW 3, 224, 7f.
112 DW 3, 228, 10f. Vgl. dazu die Granum-Sinapis-Sequenz nach der Ausgabe von K. Ruh, abgedruckt in: A. M. Haas, Sermo mysticus. Studien zu Theologie und Sprache der deutschen Mystik, Freiburg i. Üe. 1979 (= dokimion 4), S. 301-329, bes. 304, Strophe VII.
113 In: Jostes, a.a.O. (s. Anm. 63), S. 205. Vgl. auch A. M. Haas, Christliche Aspekte des ›Gnothi seauton‹, Selbsterkenntnis und Mystik, in: ZfdA 110 (1981), S. 71-96, bes. 87ff.; ders., Geistliches Mittelalter, wie oben S. 409.
114 Jostes, a.a.O. (s. Anm. 63), S. 94, 37; G. Scholem, Schöpfung aus Nichts und Selbstverschränkung Gottes, in: ders., Über einige Grundbegriffe des Judentums, Frankfurt a. M. 1970 (es 414), S. 53-89, bes. 74. Die Stelle gilt Scholem als ein wichtiger Beleg aus der christlichen Mystik für die traditionelle Identifizierung des Nichts, aus dem Gott die Schöpfung erschaffen hat, mit Gott selber. Ähnliche Umschreibungen Gottes bei C. Bäumker, Studien und Charakteristiken zur Geschichte der Philosophie des Mittelalters, Münster, 2. Aufl. 1927,

S. 197-214, bes. 211 (Hinweis bei Scholem). Die Definition gehört in den Umkreis jener Gottesdefinitionen, wie sie das pseudohermetische Buch der 24 Weisen und Alanus von Lille (*Deus est sphaera intelligibilis, cuius centrum ubique, circumferentia nusquam*, Reg. theol. 7; PL 210, 627 A) kennen. Vgl. dazu Wackerzapp, a.a.O. (s. Anm. 45), S. 140-151; K. Harries, The Infinite Sphere: Comments on the History of a Metaphor, in: Journal of the History of Philosophy 12 (1975), S. 5-15; D. Mahncke, Unendliche Sphäre und Allmittelpunkt, Halle 1937, Nachdruck Stuttgart 1966; M. M. Borrero, La geometría mistica del alma en la Literatura española del siglo de oro, Madrid 1975.

115 Vgl. K. Kremer, Die neuplatonische Seinsphilosophie und ihre Wirkung auf Thomas von Aquin, Leiden 1966, S. 45 ff.

116 Vgl. o. Anm. 114.

117 Siehe Wackerzapp, a.a.O. (s. Anm. 45), S. 57 ff.

118 Dazu wäre auch Kelley, a.a.O. (s. Anm. 90), zu zählen. Vgl. o. Anm. 5. Jetzt auch Mojsisch, a.a.O. (s. Anm. 57), S. 58, 87, Anm. 19; ein Mystikbegriff wird hier vorgetragen, der sachfremd ist!

119 Vgl. die o. Anm. 5 genannte Abhandlung von Flasch.

120 Vgl. Haas, a.a.O. (s. Anm. 112), S. 136 ff.; ders., Transzendenzerfahrung in der Auffassung der Deutschen Mystik, in: G. Oberhammer, Transzendenzerfahrung, Vollzugshorizont des Heils, Das Problem in indischer und christlicher Tradition, Wien 1978, S. 175-205; ders., Geistliches Mittelalter, wie oben S. 409.

121 Schlechta (Hrsg.), Werke III, S. 361; zit. bei K. Albert, Griechische Religion und platonische Philosophie, Hamburg 1980, S. 131. Auch Heidegger hat in seiner Schrift »Der Satz vom Grund« um die begriffliche Schärfe mystischer Rede gewußt.

122 Pf. 182, 31-37.

123 Vgl. S. Schneider, Der Gedanke der Erkenntnis des Gleichen durch Gleiches in antiker und patristischer Zeit, in: Festgabe C. Bäumker, Münster 1923, S. 65-76; C. W. Müller, Gleiches zu Gleichem, Ein Prinzip frühgriechischen Denkens, Wiesbaden 1965.

124 Vgl. zu diesem Gedanken Haas, a.a.O. (s. Anm. 35), S. 61 ff.; ders., Jesus Christus – Inbegriff des Heils und verwirklichte Transzendenz im Geist der Deutschen Mystik, in: G. Oberhammer (Hrsg.), Epiphanie des Heils, Wien 1982, S. 193-216; ders., Geistliches Mittelalter, wie oben S. 409.

125 Ein alter, schon in den Thomas-Akten 15 enthaltener Gedanke: »... mich selbst zu suchen und zu erkennen, wer ich war und wer und wie ich jetzt bin, damit ich wieder würde, was ich war« (zit. bei H. M. Schenke, Die Gnosis, in: Umwelt des Urchristentums I, Berlin 1966, S. 379).

126 Vgl. dazu Kremer, Gott und Welt (s. Anm. 13), S. 13 ff.; die Dinge in Gott sind immer wertvoller als in sich selbst. Vgl. z. B. Augustinus, In Joh. 1, 16-17 (weitere Hinweise in: Isaac de l'Étoile, Sermons II [SC 207], Paris 1974, 78, Anm. 1).

127 L. Völker, Die Terminologie der mystischen Bereitschaft in Meister Eckharts deutschen Predigten und Traktaten, Diss. Tübingen 1964.

128 Vgl. H. U. von Balthasar, Theodramatik I, Einsiedeln 1973, S. 517-524; II/1, Einsiedeln 1976, S. 277-280; III, Einsiedeln 1983, S. 398-407; J. Sudbrack, Wege zur Gottesmystik, Einsiedeln 1980, S. 87-133.

129 Vgl. die Reich-Gottes-Predigt bei F. Jostes, Meister Eckhart und seine Jünger, Freiburg i. Üe. 1895, Neudruck Berlin 1972, S. 84-98.

130 »Gott muß schlechthin *ich* werden und *ich* schlechthin *Gott*, so völlig eins, daß dieses ›Er‹ und dieses ›Ich‹ *ein* ›Ist‹ werden und sind und in dieser ›Seinsheit‹ ewig *ein* Werk wirken; denn *dieses* ›Er‹ und *dieses* ›Ich‹, das heißt Gott und die Seele, sind (als ewig *ein* Werk wirkend) sehr nutzbringend (= fruchtbar). (Wenn aber dabei) ein einziges *Hier* oder ein einziges *Nun* (ins Spiel käme, d. h. wenn es sich nicht um ein *ewiges zeit-* und *raumloses* Wirken handelte): schon könnte dieses ›Ich‹ mit dem ›Er‹ niemals (zusammen-)wirken noch einswerden« (DW 3, 447, 5-8).

Meister Eckhart als Gesprächspartner östlicher Religionen

1 H. U. von Balthasar, Christliche und nichtchristliche Meditation, in: ders., Neue Klarstellungen, Einsiedeln 1979, S. 82-98; ders., Christen sind einfältig, Einsiedeln 1983, S. 109-118.

2 H. U. von Balthasar, Herrlichkeit, Eine theologische Ästhetik, III/1: Im Raum der Metaphysik, Einsiedeln 1965, S. 410. J. A. Cuttat, Asiatische Gottheit – Christlicher Gott, Die Spiritualität der beiden Hemisphären, Einsiedeln o. J., S. 82, hält die »berühmten mystischen Aufschwünge« Eckharts für »mehr östlich als christlich«. Eckharts Weg einer Bevorzugung der Erkenntnis vor der Liebe ist für denselben Autor »mehr vedantisch als christlich« (ebd. S. 125, A. 69). Auf die wichtige Vermittlerrolle Eckharts, was sein neuplatonisches Sprachspiel betrifft, verweist R. Arnaldez, Trois messagers pour un seul Dieu, Paris 1983, S. 174-179.

3 Vgl. die Bibliographie unten, S. 428 ff.

4 Vgl. die Bibliographie unten.

5 Parerga I, Deussen IV, S. 348; zitiert bei W. Halbfass, Indien und Europa, Perspektiven ihrer geistigen Begegnung, Basel 1981, S. 129.

6 Senilia (1858), Der handschriftl. Nachlaß, hg. von A. Hübscher, IV/2, Frankfurt 1975, S. 29; zitiert bei Halbfass (Anm. 5), S. 132.

7 Suzuki, 1957 (deutsche Übersetzung 1984), S. 17.

8 Um zwei sich widersprechende Positionen zu nennen, verweise ich auf F. Staal, Exploring Mysticism, Harmondsworth 1975, der alle inhaltlichen Bestimmungen mystischer Erfahrung für »Superstructures« hält, die man angesichts der nur psychologisch diagnostizierbaren Erfahrung vernachlässigen kann und muß. Dagegen verweisen – meines

Erachtens zu Recht – Steven T. Katz und mit ihm eine ganze amerikanische Forschergruppe auf die Unverzichtbarkeit inhaltlicher Bestimmungen dieser Erfahrung. Vgl. St. T. Katz (Hg.), Mysticism and Philosophical Analysis, London 1978; ders. (Hg.), Mysticism and Religious Traditions, Oxford 1983.

9 R. A. Nicholson (Hg.), The Mathnawí of Jalálu'ddín Rúmí, Translation, vol. 2, London 1977, S. 71 f. (III, 1259-68). Vgl. dazu F. Meier, Das Problem der Natur im esoterischen Monismus des Islams, Eranos-Jb. 14 (1946), S. 174; A. Schimmel, Rumi, Ich bin Wind und du bist Feuer, Leben und Werk des großen Mystikers, Düsseldorf 1978, S. 87; dies., Mystische Dimensionen des Islam, Die Geschichte des Sufismus, Köln 1985, S. 16.

10 R. C. Zaehner, Mystik, Harmonie und Dissonanz, Die östlichen und westlichen Religionen, Olten 1980, S. 354.

11 Un Moine d'Occident, Doctrine de la non-dualité (advaita-vâda) et Christianisme, Paris 1982, 19 (hier der Verweis auf V. Lossky, Théologie négative et connaissance de Dieu chez Maître Eckhart, Paris 2. Aufl. 1973, S. 263).

12 B. Mojsisch, Meister Eckhart, Analogie, Univozität und Einheit, Hamburg 1983. Zum Vergleich Eckharts mit östlichen Heilswegen sagt Mojsisch im Blick auf die eckhartsche Konzeption des Nichts: »'West-östliche Komparatistik' – ein Versuch, bei dem stets zu berücksichtigen ist, daß es nicht Eckharts Absicht war, sich alles in einem Nichts als einem Verschwinden überhaupt auflösen zu lassen. Ein derartiges Nichts ist, wie bereits Hegel herausgestellt hat, dem europäischen Denken grundsätzlich fremd gewesen« (ebd., S. 108).

13 *Esse* (sein) steht für Eckhart in unmittelbarster Nähe zum *Unum*, derart, daß dieses der Grund jenes ist. Vgl. Mojsisch (Anm. 12), S. 84 f.

14 Eckhartstellen siehe in: A. M. Haas/Stirnimann (Hg.), Das »einig Ein«, Studien zu Theorie und Sprache der deutschen Mystik, Freiburg/Schweiz 1980 (dokimion 6), S. 5.

15 Vgl. dazu Ueda, 1965, S. 99 ff.

16 Vgl. dazu die in A. M. Haas, Geistliches Mittelalter, Freiburg/Schweiz 1984 (dokimion 8), S. 275 f., A. 69, genannte Literatur. Dazu: M. Tardieu, Psychaios spinthêr, Histoire d'une métaphore dans la tradition platonicienne jusqu'à Eckhart, Revue des Etudes Augustiniennes 21 (1975), S. 225-235.

17 R. Otto, West-östliche Mystik, Vergleich und Unterscheidung zur Wesensdeutung, Dritte Auflage, überarbeitet von G. Mensching, München 1971, S. 173. Zu dieser dritten Auflage vgl. die Besprechung von P. Hacker, Westöstliche Mystik, in: ders., Kleine Schriften, hg. von L. Schmithausen, Wiesbaden 1978, S. 819-822.

18 F. Jostes, Meister Eckhart und seine Jünger, Ungedruckte Texte zur Geschichte der deutschen Mystik, Freiburg/Schweiz 1895, mit einem Wörterverzeichnis von P. Schmitt und einem Nachwort von K. Ruh, Berlin/New York 1972, S. 95, 21 f.

19 Bi-Yän-Lu, Meister Yüan-wu's Niederschrift von der Smaragdenen Felswand, Verfaßt auf dem Djia-schan bei Li in Hunan zwischen 1111 und 1115, Im Druck erschienen in Sitschuan um 1300, Verdeutscht und erläutert von W. Gundert, 3 Bände, Frankfurt a. M. 1983 (zitiert als: Gundert mit Band- und Seitenzahl), hier: I, S. 37.

20 Vgl. dazu meine Arbeiten zur *mors mystica*: Geistliches Mittelalter (Anm. 16), S. 477-500; Sermo mysticus, Studien zu Theologie und Sprache der deutschen Mystik, Freiburg/Schweiz 1979 (dokimion 4), S. 392-480.

21 Zu dieser Predigt vgl. Haas, Geistliches Mittelalter (Anm. 16), S. 87 ff.; ders., Das Ereignis des Wortes, Sprachliche Verfahren bei Meister Eckhart und im Zen-Buddhismus, unten, S. 201-240; H. U. von Balthasar, Theodramatik, IV: Das Endspiel, Einsiedeln 1983, S. 220. Mit mir hält auch K. Ruh (vgl. Jostes, Anm. 18, S. 205) diese Predigt für echt.

22 Jostes (Anm. 18), S. 90, 27.

23 Ebd., S. 90, 32.

24 Ebd., S. 90, 30-33.

25 Ebd., S. 91, 23 ff.

26 Ebd., S. 92, 3 ff.

27 Ebd., S. 92, 19 und 31 ff.

28 Ebd., S. 92, 39; 93, 8 ff.

29 Ebd., S. 92, 39.

30 Ebd., S. 92, 36.

31 Ebd., S. 93, 12.

32 Ebd., S. 93, 16.

33 Ebd., S. 93, 19.

34 Ebd., S. 93, 1 (es geht hier um die archetypische Existenz im Logos als Schöpfungsidee).

35 Ebd., S. 94, 6.

36 Ebd., S. 94, 6 f.

37 Ebd., S. 94, 26-28.

38 Ebd., S. 94, 32 ff.

39 Ebd., S. 94, 37 f. Vgl. dazu A. M. Haas, Seinsspekulation und Geschöpflichkeit in der Mystik Meister Eckharts, in: W. Strolz (Hg.), Sein und Nichts in der abendländischen Mystik, Freiburg i. Br. 1984, S. 33-58; oben S. 172-188.

40 Jostes, ebd., S. 94, 5 ff.

41 Ebd., S. 95, 29 f.

42 Ebd., S. 95, 30 f.

43 Ebd., S. 95, 35.

44 Vgl. den für unseren Zusammenhang höchst wichtigen Beitrag von Sh. Ueda, Der Tod im Zen-Buddhismus, in: J. Schwartländer (Hg.), Der Mensch und sein Tod, Göttingen 1976, S. 162-172. Im folgenden halte ich mich öfter an diese Ausführungen.

45 Zum Beispiel heißt es bei Meister Eckhart: Wenn man Gott die Liebe zu seinen Geschöpfen nähme, so nähme man ihm sein Leben und sein

Sein, ja man würde Gott »töten«. Siehe Meister Eckhart, Die deutschen und lateinischen Werke, hg. im Auftrage der Deutschen Forschungsgemeinschaft, Die deutschen Werke (hinfort: DW mit Band, Seiten- und Zeilenzahl), Bd. III, Stuttgart 1976, S. 163, 8.

46 Vgl. dazu H. Dumoulin, Geschichte des Zen-Buddhismus, Bd. I: Indien und China, Bern 1985, S. 167-193.

47 Ebd., S. 186.

48 Zitiert in: H. Dumoulin, Zen – Geschichte und Gestalt, Bern 1959, S. 101.

49 Dumoulin (Anm. 46), S. 181.

50 Vgl. dazu A. M. Haas, Nim din selbes war, Studien zur Lehre von der Selbsterkenntnis bei M. Eckhart, J. Tauler und H. Seuse, Freiburg/Schweiz 1971, S. 52 ff.; ders., Meister Eckhart als normative Gestalt geistlichen Lebens, Einsiedeln 1979 (Kriterien 51), S. 62 ff.

51 Siehe Anm. 19.

52 Gundert II, S. 170.

53 Ebd., S. 164.

54 Ueda (Anm. 44), S. 164.

55 Ebd., S. 165.

56 Ebd.

57 Ebd., S. 167.

58 Vgl. dazu die vielen und ausgezeichneten Arbeiten von Hans Waldenfels, die mir immer ein verläßlicher Führer zum Zen-Buddhismus waren: H. Waldenfels, Absolutes Nichts, Zur Grundlegung des Dialogs zwischen Buddhismus und Christentum, Freiburg i. Br. 3. Aufl. 1980; ders. (Hg.), Begegnung mit dem Zen-Buddhismus, Düsseldorf 1980; ders., Hinduismus, Buddhismus, Islam, Kevelaer 1969; ders., Meditation – Ost und West, Einsiedeln 1975; ders., Der Gekreuzigte und die Weltreligionen, Einsiedeln 1983; ders., Faszination des Buddhismus, Zum christlich-buddhistischen Dialog, Mainz 1982; ders., Kontextuelle Fundamentaltheologie, Paderborn 1985, S. 392 ff.; ders., Zen und Philosophie, in: Zen Buddhism Today, Annual Report of the Kyoto Zen Symposium, No. 2, Sept. 1984, S. 1-28.

59 Jostes (Anm. 18), S. 95, 28 f.

60 Ebd., S. 97, 26 ff.

61 Der Ausdruck kommt so nicht vor. Die Sache findet sich breit entwikkelt in Predigt 86 »Intravit Iesus in quoddam castellum«, DW 3, S. 481-492, bes. S. 491, 6 ff.

62 DW 3, S. 481, 6 ff.

63 Diesen Dreischritt hat T. Izutsu, Philosophie des Zen-Buddhismus, Reinbek 1979, S. 85 ff., für den Zen-Buddhismus entwickelt.

64 Der Ochs und sein Hirte, Eine altchinesische Zen-Geschichte erläutert von Meister Daizohkutsu R. Ohtsu mit japanischen Bildern aus dem 15. Jahrhundert übersetzt von K. Tsujimura und H. Buchner, Pfullingen 3. Aufl. 1976. Vgl. dazu H. Dumoulin, Der Erleuchtungsweg des Zen im Buddhismus, Frankfurt 1976, S. 176 f.

65 Der Ochs (Anm. 64), S. 45.
66 Vgl. Ueda (Anm. 44), S. 169. In vielen andern Arbeiten, die ich unten, S. 435 ff., Anm. 30, verzeichnet habe, hat Ueda das Verhältnis zwischen eckhartischer und zen-buddhistischer Mystik (ev. Nicht-Mystik im Falle des Zen) erschlossen.
67 Dieses Zurückkommen kann das Wiederkehren verflossener Zeit meinen, aber auch die Rückkehr in die irdische Verfaßtheit.
68 Der Ochs (Anm. 64), S. 49 f.
69 Izutsu (Anm. 63), S. 55, S. 106.
70 Vgl. unten, S. 224.
71 Jostes (Anm. 18), S. 96, 10.
72 Eckhart, DW 3, S. 485, 8 f. *(gewerbe in der zît).*
73 Ebd., S. 489, 7.
74 Ebd., S. 488, 4-6.
75 Siehe unten, S. 238 f.
76 Ebd.
77 Gundert I., S. 373.

Bibliographie (chronologisch geordnet)
Von Niklaus Largier

Karl E. Neumann, Die innere Verwandtschaft buddhistischer und christlicher Lehren, Zwei buddhistische Suttas und ein Traktat Meister Eckharts aus den Originaltexten übersetzt, Leipzig 1891.

Alfred Mensi-Klarbach, Buddhistische Anklänge bei Deutschen Mystikern, in: Buddhistischer Weltspiegel (Leipzig) 1, 1919/1920, S. 76-89.

Alfred Mensi-Klarbach, Die 28 verurteilten Sätze Meister Eckeharts, in: Buddhistischer Weltspiegel (Leipzig) 4, 1922/1923, S. 73-83.

Otto Folberth, Meister Eckehart und Laotse, Wiesbaden 1925.

Rudolf Otto, Meister Eckehart's Mystik im Unterschiede von östlicher Mystik, in: ZThK 6, 1925, S. 325-350, S. 418-436.

Rudolf Otto, West-Östliche Mystik, Vergleich und Unterscheidung zur Wesensdeutung, Gotha 1926, 2. Aufl. 1929, München 3. Aufl. 1971.

Ananda K. Coomaraswamy, The Transformation of Nature in Art, New York 1934, 2. Aufl. 1956, S. 59-95.

Hilko W. Schomerus, Meister Eckehart und Manikka-Vasagar, Mystik auf deutschem und indischem Boden, Gütersloh 1936.

Keiji Nishitani, Deutsche Mystik, Tokyo 1940 [Japan.].

Keiji Nishitani, Geschichte der mystischen Theologie: Plato, Augustin, Eckhart, Böhme, Tokyo 1942 [Japan.].

Keiji Nishitani, Deutsche Mystik und deutsche Philosophie, in: Journal of Philosophical Studies 30/1, 1946, S. 1-20 und 30/5, 1946, S. 1-26 [Japan.].

Keiji Nishitani, Die Beziehung von Gott und Mensch in Eckharts Schriften, in: Philosophical Quarterly 2, 1947, S. 97-172 [Japan.].

Sarvapalli Radhakrishnan, The Principal Upanishads, London 1953.

Günther Stephenson, Gottheit und Gott in der spekulativen Mystik Meister Eckharts, Diss. Bonn 1954.

C. Scherr, Überall ist Einheit, Die Ira-Upanishaden, Erläutert mit den Worten des Meisters Eckhart, Frankfurt/Main 1956 [bibliographisch nicht überprüft].

Daisetz T. Suzuki, Der westliche und der östliche Weg, Essays über christliche und buddhistische Mystik, Frankfurt/Main–Berlin–Wien 1984 [Amerikan. Originalausg.: Mysticism: Christian and Buddhist, New York 1957].

Carl G. Jung, Geleitwort zu: D. T. Suzuki, Die große Befreiung, Einführung in den Zen-Buddhismus, Zürich 6. Aufl. 1972 (1. Aufl. 1958).

Minoru Nambara, Die Idee des absoluten Nichts in der deutschen Mystik und ihre Entsprechungen im Buddhismus, in: Archiv für Begriffsgeschichte 6, 1960, S. 143-277.

Minoru Nambara, The Possibility of a Non-Christian Interpretation of Meister Eckhart, in: Philosophical Journal 40, 1960, S. 75-89 [Japan.].

Walter Heinrich, Verklärung und Erlösung im Vedânta, bei Meister Eckhart und bei Schelling. Ein Beitrag zur Lehre von den Letzten Dingen und von der Versenkung, Salzburg-München (Stifterbibliothek) 1962. Neued. Interlaken 1985.

Kosuke Koyama, Strengthen the Discernment of the »Christocentric«. German Mysticism in Thailand, in: The South East Asia Journal of Theology 4/2, 1962, S. 52-60.

Shizuteru Ueda, Die Gottesgeburt in der Seele und der Durchbruch zur Gottheit, Die mystische Anthropologie Meister Eckharts und ihre Konfrontation mit der Mystik des Zen-Buddhismus, Gütersloh 1965. [Dazu: Hans Waldenfels, Ein japanisches Eckhartbuch, in: Hochland 60, 1967/68, S. 166-168.]

Shizutera Ueda, Der Zen-Buddhismus als »Nicht-Mystik« unter besonderer Berücksichtigung des Vergleichs zur Mystik Meister Eckharts, in: Transparente Welt, FS zum sechzigsten Geburtstag von J. Gebser, hrsg. v. G. Schulz, Bern-Stuttgart 1965, S. 291-313.

Joseph Politella, Meister Eckhart and Eastern Wisdom, in: Philosophy. East and West (Honolulu) 15/2, 1965, S. 117-133.

Heinrich Dumoulin, Östliche Meditation und christliche Mystik, Freiburg/Breisgau-München 1966.

Shizutera Ueda, Über den Sprachgebrauch Meister Eckharts: »Gott muß...« – Ein Beispiel für die Gedankengänge der spekulativen Mystik, in: Glaube, Geist, Geschichte. FS f. E. Benz, hrsg. von G. Müller und W. Zeller, Leiden 1967, S. 266-277.

Shizuteru Ueda, Meister Eckhart und Zen, in: Una Sancta. Ztschr. f. ökumenische Begegnung 26/3, 1971, S. 198-201.

Keiji Nishitani, God and Absolute Non-Being, Tokyo 1971 [Japan.].

Manutschehr Aschtiani, Der Dialektische Vorgang in der mystischen »Unio-Lehre« Eckharts und Maulanas und seine Vermittlung durch ihre Sprache, Diss. Heidelberg 1971.

Georg Feurstein, Meister Eckhart – Mystic or Yogin?, in: ders. und J. Miller, Yoga and Beyond. Essays in Indian Philosophy, New York 1972, S. 152-169.
John Steffney, Compassion in Mahayana Buddhism and Meister Eckhart, in: The Journal of Religious Thought (Washington) 31, 1974/75, S. 64-77.
Reiner Schürmann, Trois penseurs du délaissement: Maître Eckhart, Heidegger, Suzuki, in: Journal of the History of Philosophy 12, 1974, 455-478 und 13, 1975, S. 43-60.
Shizuteru Ueda, Das Nichts und das Selbst im buddhistischen Denken, Zum west-östlichen Vergleich des Selbstverständnisses des Menschen, in: Studia Philosophica 34, 1974, S. 144-161.
Shizuteru Ueda, Das »Nichts« bei Meister Eckhart und im Zen-Buddhismus unter besonderer Berücksichtigung des Grenzbereiches von Theologie und Philosophie, in: D. Papenfuß und J. Söring (Hrsg.), Transzendenz und Immanenz, Philosophie und Theologie in der veränderten Welt, Stuttgart 1977, S. 257-266.
Paul Hacker, Zur Westöstlichen Mystik, in: ders., Kleine Schriften, hrsg. v. L. Schmithausen, 1978, S. 819-822.
Hiroshi Sakamoto, D. T. Suzuki and mysticism, in: The Eastern Buddhist NS 10/1, 1977, S. 54-67.
Reiner Schürmann, The Loss of Origin in Soto Zen and Meister Eckhart, in: The Thomist 42, 1978, S. 281-312.
Reiner Schürmann, Meister Eckhart. Mystic and Philosopher. Translations with Commentary, Bloomington-London 1978; Appendix: Meister Eckhart and Zen Buddhism, S. 221-226.
Bernhard Welte, Meister Eckhart, Gedanken zu seinen Gedanken, Freiburg/Br. 1979.
Richard Friedli, Der »Große Tod« und das »Große Mitleid«, Kulturanthropologische Bemerkungen zur Übersetzungsproblematik im Gespräch zwischen Christen und Buddhisten, in: Das Einig Ein, hrsg. v. A. M. Haas und H. Stirnimann, Freiburg/CH 1980, S. 87-107.
Fernand Brunner, Le mysticisme de Maître Eckhart, ebd. 63-86.
Georg Feurstein, Meister Eckhart und »östliche Mystik«, in: Freiheit und Gelassenheit, Meister Eckhart heute, hrsg. v. U. Kern, München-Mainz 1980, S. 198-219.
Josef Zapf, Meister Eckhart und die mystischen Traditionen des Ostens, in: Meister Eckhart heute, hrsg. v. W. Böhme, (Herrenalber Texte 20), Karlsruhe 1980, S. 57-70.
Josef Zapf, Meister Eckhart und die mystische Tradition des Ostens, in: Salzb. Jb. Phil. 25, 1980, S. 73-85.
Shizuteru Ueda, Die Bewegung nach oben und die Bewegung nach unten: Zen-Buddhismus im Vergleich mit Meister Eckhart, in: Aufstieg und Abstieg (Eranos Jahrbuch 50, 1981), hrsg. v. A. Portmann und R. Ritsema, Frankfurt/M. 1982, S. 223-272.
Shizuteru Ueda (Hrsg.), Studien zur deutschen Mystik, Tokyo 1982 [Japan.].

Bernard Barzel, Mystique de l'Ineffable dans l'Hindouisme et le Christianisme, Çankara et Eckhart, Paris (Cerf) 1982.
Shizuteru Ueda, »Nothingness« in Meister Eckhart and Zen-Buddhism, in: The Buddha Eye: An Anthology of the Kyoto School, ed. by F. Frank, 1982, S. 157-168.
Shizuteru Ueda, Meister Eckhart [Leben und Werk, Japan. Übersetzungen aus Predigten und Traktaten], Japan 1983 [Japan.].
Alois M. Haas, Das Ereignis des Wortes, Sprachliche Verfahren bei Meister Eckhart und im Zen-Buddhismus, in: DVjs 58, 1984, S. 527-569.
Eckard Wolz-Gottwald, Meister Eckhart und die klassischen Upanishaden, Diss. Würzburg 1984.
Shizuteru Ueda, Zen-Buddhismus und Meister Eckhart, in: Zen Buddhism Today, Annual Report of the Kyoto Zen Symposium 2, September 1984, S. 91-107.
Alois M. Haas, Apophatik bei Meister Eckhart und im Zen-Buddhismus, in: Zen Buddhism Today. Annual Report of the Kyoto Zen Symposium 2, September 1984, S. 150-169.
Emilie zum Brunn, L'ontologie de Maître Eckhart et la philosophie comparée, in: dies. und A. de Libera, Maître Eckhart, Métaphysique du verbe et théologie négative, Paris 1984, S. 221-233.
Yoshiko Oshima, Zen – anders denken? Zugleich ein Versuch über Zen und Heidegger, Heidelberg 1985, S. 32-52.

Das Ereignis des Wortes: Sprachliche Verfahren bei Meister Eckhart und im Zen-Buddhismus

1 Es ist Meister Eckhart im Spiegel seiner Rezipienten, der in diesen leider nie richtig untersuchten Texten sichtbar wird. Sowohl vom Formalen wie Inhaltlichen her stehen die Eckhart-Legenden in der Tradition der altmonastischen »Vitae patrum« und »Apophthegmata«. Daß diese Literatur eine strukturelle Ähnlichkeit mit Zen-Texten hat, ist immer schon beobachtet worden. Vgl. den Dialog darüber zwischen Daisetz Teitaro Suzuki und Thomas Merton in: Thomas Merton, Weisheit der Stille: Die Geistigkeit des Zen und ihre Bedeutung für die moderne christliche Welt, Bern 1975, S. 100ff.

2 Kurt Ruh, Eckhart-Legenden, in: Die deutsche Literatur des Mittelalters: Verfasserlexikon, hrsg. von Kurt Ruh, Bd. II, Berlin 2. Aufl. 1980, Sp. 350-353.

3 Es gehört konstitutiv zum christlichen Mystiker, eine gesellschaftlich marginale Existenz zu führen: Klausurierung, *peregrinatio religiosa,* freiwilliger Ausschluß aus dem sozialen Zusammenhang überhaupt, das sind Möglichkeiten, die Einheit zwischen Mensch und Gott in spürbarer Form vor den Menschen zu signalisieren. Vgl. Ernst Troeltsch, Die So-

ziallehren der christlichen Kirchen und Gruppen, Tübingen 2. Aufl. 1919, S. 848 ff. Vgl. dazu Gerold Becker, Neuzeitliche Subjektivität und Religiosität: Die religionsphilosophische Bedeutung von Heraufkunft und Wesen der Neuzeit im Denken von Ernst Troeltsch, Regensburg 1982, S. 247–259. Zur soziologischen Einordnung des »marginal man« vgl. Everett V. Stonequist, The Marginal Man: A Study in Personality and Culture Conflict, New York 2. Aufl. 1961.

4 Den mhd. Text siehe in F. Pfeiffer, Deutsche Mystiker des 14. Jahrhunderts, Bd. II: Meister Eckhart, Aalen 2. Aufl. 1962 (hinfort: Pf. mit Seiten- und Zeilenzahl), S. 624 (Nr. 67): vgl. dazu Kurt Ruh (Anm. 2), Sp. 351; nhd. Übersetzung in Josef Quint, M. Eckehart: Deutsche Predigten und Traktate, München 1963, S. 444. Daisetz Teitaro Suzuki, Erfülltes Leben aus Zen: Mit einer Einführung in die Texte von Wei Lang (Hui-neng), München 1973, S. 50, muß diesen Text, den er mit Ummons Wort: »Jeder Tag ist ein schöner Tag« parallelisiert, im Sinne gehabt haben.

5 Pf. 625 (Nr. 69); Adolf Spamer, Texte aus der deutschen Mystik des 14. und 15. Jahrhunderts, Jena 1912, S. 152-154; vgl. Kurt Ruh (Anm. 2) Sp. 352.

6 Angelus Silesius, Sämtliche Poetische Werke, hrsg. von Hans Ludwig Held, Bd. III, München 3. Aufl. 1945, S. 7 (Cherubinischer Wandersmann, I, 5).

7 Bi-Yän-Lu, Meister Yüan-wu's Niederschrift von der Smaragdenen Felswand: Verfaßt auf dem Djia-schan bei Li in Hunan zwischen 1111 und 1115, Im Druck erschienen in Sitschuan um 1300, Verdeutscht und erläutert von Wilhelm Gundert, 3 Bände, München 1983 (hinfort: Gundert mit Band- und Seitenzahl), S. 147 (6. Beispiel): »Wir legen vor: Yün-Men richtete bei der Unterweisung folgende Worte an seine Hörer: Nach den letzten fünfzehn Tagen frage ich euch nicht. Zu den nächsten fünfzehn Tagen kommt mir nicht mit einem Sätzchen daher und redet. – An Stelle der Gefragten sagte er dann selbst: Tag um Tag ist ein guter Tag.«

8 Suzuki (Anm. 4), S. 50.

9 Ebd.

10 Weil sich – wie auch empirische Untersuchungen gezeigt haben – das zen-buddhistische Satori nicht durch Unterdrückung der Sinnestätigkeit, sondern durch gesteigerte Wachsamkeit definiert. Vgl. William Johnston, Klang der Stille: Meditation in Medizin und Mystik, Mainz 1978, S. 30 ff.

11 Jakob Wilhelm Hauer, Der Yoga: Ein indischer Weg zum Selbst, Kritisch-positive Darstellung nach den indischen Quellen mit einer Übersetzung der maßgeblichen Texte, Stuttgart 3. Aufl. 1983.

12 Jan van Ruusbroec, Werken I, Tielt 1944, S. 228 ff.; Jan van Ruusbroec, De verhevenheid van de Geestelijke Bruiloft, hrsg. von Lodewijk Moereels, Tielt 1977, S. 326 ff. Deutsche Übersetzung: Jan van Ruisbroeck, Die Zierde der geistlichen Hochzeit und die kleineren Schriften, hrsg.

und übertragen von Friedrich Markus Huebner, Leipzig 1924, S. 368 ff.; französische Übersetzung: Œuvres de Ruysbroeck l'Admirable, III, Bruxelles 1928, S. 194 ff.

13 Nhd. Übertragung von Huebner (Anm. 12), S. 386 f. Vgl. dazu Hans Urs von Balthasar, Christliche und nichtchristliche Meditation, in: Neue Klarstellungen, Einsiedeln 1979, S. 82-98; Hans Urs von Balthasar, Theodramatik, IV: Das Endspiel, Einsiedeln 1983, S. 419-424. Zu denken ist auch an die ostkirchlich-byzantinischen Hesychasten, deren »Nabelbeschauung« wohl auch sitzend ausgeübt wurde und die ähnliche Kontroversen im Rahmen des Christentums hervorgerufen hat. Vgl. Irénée Hausherr, Hesychasme et prière, Rom 1966; Jean Meyendorff, St. Grégoire Palamas et la mystique orthodoxe, Paris 1959; Jean Meyendorff, Introduction à l'étude de Grégoire Palamas, Paris 1959: Höhnisch wurden die Hesychasten »Omphalópsychoi« (= Menschen-die-ihre-Seele-im-Nabel-haben) genannt (S. 70). Vgl. auch Georg Wunderle, Zur Psychologie des hesychastischen Gebets, Würzburg 2. Aufl. 1947, S. 18 ff.; A. M. Ammann, Die Gottesschau im palamitischen Hesychasmus, Würzburg 1938; Jacques-Albert Cuttat, La rencontre des religions, Paris 1957, S. 101-197; Martin Küpper, Psychologie und Meditation im Hesychasmus, in: Hilarion Petzold, Psychotherapie, Meditation und Gestalt, Paderborn 1983, S. 311-344.

14 Vgl. oben Anm. 5. Die Titelanalogie zu Musils Roman ›Mann ohne Eigenschaften‹ die ich hier provoziere, ist nicht zufällig: Musil hat Eckhart gelesen und sich für seinen Roman ideologisch im eckhartschen Konzept des »allgemeinen Menschen« inspiriert, Vgl. Robert Musil, Tagebücher, hrsg. von Adolf Frisé, 2 Bände, Reinbek 2. Aufl. 1983, II, S. 897, 1165. Vgl. dazu E. Albertsen, Ratio und »Mystik« im Werk R. Musils, München 1968; D. Goltschnigg, Mystische Tradition im Roman R. Musils, Heidelberg 1974; Jochen Schmidt, Ohne Eigenschaften: Eine Erläuterung zu Musils Grundbegriff, Tübingen 1975.

15 Auch: *neiss;* vgl. Heinrich Seuse, Deutsche Schriften, hrsg. von Karl Bihlmeyer, Frankfurt am Main 2. Aufl. 1961, Glossar S. 596.

16 Gundert I, 37.

17 Entretiens de Lin-tsi, traduits du Chinois et commentés par Paul Demiéville, Paris 1972 (hinfort: Demiéville und Seitenzahl), S. 31 (§ 3); The Recorded Sayings of Ch'an Master Lin-chi Hui-chao of Chen Prefecture: Compiled by his humble heir Hui-jan of San-sheng, translated from the Chinese by Ruth Fuller Sasaki, Kyoto 1975 (hinfort: Sasaki und Seitenzahl), S. 3 (III). Vgl. dazu Toshihiko Izutsu, Philosophie des Zen-Buddhismus, Reinbek 1979, S. 55, 106.

18 Izutsu (Anm. 17), S. 55.

19 Vgl. Dietmar Mieth, Christus, das Soziale im Menschen: Texterschließungen zu Meister Eckhart, Düsseldorf 1972, S. 65-70; Dietmar Mieth, Gotteserfahrung Weltverantwortung: Über die christliche Spiritualität des Handelns, München 1982, S. 71-154.

20 Mit dem »Ich« meine ich das empirische Subjekt, mit dem »Selbst«

dessen Überschreitung – christlich auf Christus [»Ich lebe, aber nicht mehr als Ich, sondern Christus lebt in mir«, (Gal, 2,20)] oder den Heiligen Geist hin, zen-buddhistisch auf die Leere hin. Vgl. dazu Merton (Anm. 1), S. 69 ff. Anklänge an die Psychologie C. G. Jungs und dessen Konzeption des »Selbst« sind dabei eher zufälligen Charakters.

21 Vgl. dazu Izutsu (Anm. 17), S. 85 ff. (Das Problem der Artikulation im Zen-Buddhismus). Hier wird mit allem Nachdruck gezeigt, daß die semantische Artikulation und deren Enge überschritten wird, nicht aber, daß zen-buddhistisch eine geistige Leere herbeigeführt werden soll, sondern die »Aktivierung einer der intensivsten und konzentriertesten geistigen Tätigkeiten auf einer Bewußtseinsebene ..., die Subjekt und Objekt nicht voneinander differenziert« (S. 125). Damit ist weder das Denken noch die Sprache völlig ausgeschaltet. Vgl. auch Hans Waldenfels, Der Dialog mit dem Zen-Buddhismus, in: Begegnung mit dem Zen-Buddhismus, Düsseldorf 1980, S. 65 ff.

22 Vgl. Josef Quint, Die Sprache Meister Eckeharts als Ausdruck seiner mystischen Geisteswelt, DVjs, 6 (1928), S. 671-701; Mystik und Sprache: Ihr Verhältnis zueinander insbes. in der spekulativen Mystik M. Eckharts, DVjs, 27 (1953), S. 48-76.

23 Gundert I, 341 ff.

24 Gerade die deiktische Funktion des Emporhebens des Fingers – den »radikalen Schnitt« meinend, »der mit dem Fadenstrang des Haftens an dem eigenen Ich und seinen Strömen von Gedanken und Gefühlen zugleich den ganzen Kosmos abtrennt« (Gundert I, 349) – ist, indem sie das »Haften an Worten« diskreditiert, selber noch Sprache!

25 Vgl. dazu Shizuteru Ueda, Der Zen-Buddhismus als Nicht-Mystik, in: Transparente Welt, Festschrift zum 60. Geburtstag von Jean Gebser, hrsg. von Günter Schulz, Bern 1965, S. 291-313; Jean Gebser, Vorwort zu Huang-po, Der Geist des Zen: Die Zen-Lehre des chinesischen Meisters Huang-po, hrsg. von John Blofeld, Bern 1983, S. 9-13.

26 Vgl. Ueda (Anm. 25).

27 Hugo M. Enomiya-Lassalle, Zen-Buddhismus, Köln 1966; Zen: Weg zur Erleuchtung, Wien 2. Auflage 1969; Zen-Meditation für Christen, Weilheim 1969; Meditation als Weg zur Gotteserfahrung: Eine Anleitung zum mystischen Gebet, Köln 1972; Zen unter Christen: Östliche Meditation und christliche Spiritualität, Graz 1973; Zazen und die Exerzitien des heiligen Ignatius: Einübung in das wahre Dasein, Köln 1975; Erfahrungen eines Christen mit der Zen-Meditation, Kevelaer 1975; Zen-Meditation: Eine Einführung, Zürich 1975.

28 Heinrich Dumoulin, Zen: Geschichte und Gestalt, Bern 1959; Östliche Meditation und christliche Mystik, Freiburg i. Br. 1966; Christlicher Dialog mit Asien, München 1970; Der Erleuchtungsweg des Zen im Buddhismus, Frankfurt am Main 1976; Begegnung mit dem Buddhismus: Eine Einführung, Freiburg i. Br. 1978; Geschichte des Zen-Buddhismus, 2 Bände, Bern 1985/86.

29 Viele haben sich in den letzten Jahren und Jahrzehnten mit dem Zen-

Buddhismus aus christlicher Sicht – mit wechselndem Glück und mit wechselnder Intuition – befaßt. Ich erwähne Dom Alfred Graham (Zen Catholicism: A Suggestion, New York 1963; Conversations, Christian and Buddhist: Encounters in Japan, New York 1968), Yves Raguin (Wege der Kontemplation in der Begegnung mit China, Einsiedeln 1972; Bouddhisme – Christianisme, Paris 1973; La profondeur de Dieu, Paris 1973; L'esprit sur le monde, Paris 1975; L'attention au mystère, Paris 1979), Hans Waldenfels (mit wissenschaftlichem Anspruch und Ergebnis: Absolutes Nichts: Zur Grundlegung des Dialogs zwischen Buddhismus und Christentum, Freiburg i. Br. 1976; Meditation: Ost und West, Einsiedeln 1975; [Hrsg.], Begegnung mit dem Zen-Buddhismus, Düsseldorf 1980; Faszination des Buddhismus: Zum christlich-buddhistischen Dialog, Mainz 1982; Der Gekreuzigte und die Weltreligion, Düsseldorf 1983), Fritz Buri (Der Buddha-Christus als der Herr des wahren Selbst: Die Religionsphilosophie der Kyoto-Schule und das Christentum, Bern 1982) Henri van Straelen (polemisch: Selbstfindung oder Hingabe: Zen und das Licht der christlichen Mystik, Regensburg 1983); William Johnston (Der ruhende Punkt: Zen und christliche Mystik, Freiburg i. Br. 1974; Zen: Ein Weg für Christen, Mainz 1977; Klang der Stille [Mainz; s. Anm. 10]; L'œil intérieur, Paris 1982) Thomas Merton (oben Anm. 1); Willi Massa (Schweigen und Wort: Vorträge zur Meditation im Stil des Zen, Mainz 1974; Willi Massa/William Johnston, Wagnis der Begegnung: Zen und Leben als Christ, Kevelaer 1982); Henri de Lubac (La rencontre du Bouddhisme et de l'Occident, Paris 1952); und – neben vielen anderen, hier nicht erwähnten Autoren – Jesus López-Gay (La mística del Budismo. Madrid 1974). Vgl. noch die Sammelbände: munen muso: Ungegenständliche Meditation, Festschrift für Pater Hugo M. Enomiya-Lassalle, hrsg. von Günter Stachel, Mainz 1978; Andreas Bsteh, Erlösung im Christentum und Buddhismus, Mödling 1982; Walter Strolz/Shizuteru Ueda (Hrsg.), Offenbarung als Heilserfahrung im Christentum: Hinduismus und Buddhismus, Freiburg i. Br. 1982. Insbesondere wären hier die von Buri behandelten Religionsphilosophen der Kyoto-Schule zu nennen, die – wie Keiji Nishitani (Was ist Religion? Frankfurt am Main 1982) und Shizuteru Ueda – ein ganz besonderes Interesse an der christlichen und speziell der deutschen Mystik nehmen. – Eine gute Bibliographie siehe bei Walter Strolz/Hans Waldenfels (Hrsg.), Christliche Grundlagen des Dialogs mit den Weltreligionen, Freiburg i. Br. 1983, S. 184-192, bes. S. 187-189.

30 Seit Rudolf Otto (West-östliche Mystik: Vergleich und Unterscheidung zur Wesensdeutung, Gotha 1926, 3. Auflage 1971; vgl. die Rezension von Paul Hacker, Zur westöstlichen Mystik, in: Kleine Schriften, hrsg. von Lambert Schmithausen, Wiesbaden 1978, S. 819-822) und Karl Eugen Neumann (Die innere Verwandtschaft buddhistischer und christlicher Lehre: Zwei buddhistische Sutras und ein Traktat von Meister Eckhart, Leipzig 1891) über Daisetz Teitaro Suzuki

(Der westliche und der östliche Weg: Essays über christliche und buddhistische Mystik [engl. New York 1957, deutsch Berlin 2. Auflage 1971]) hat die Faszination Meister Eckharts auf ost-westlich orientierte, komparative Fragestellungen nichts eingebüßt. Neuerdings sind es vor allem Japaner, die aus bester Kenntnis sowohl des Meisters wie zen-buddhistischer Überlieferungen über Eckhart handeln: Vgl. Minoru Nambara, Die Idee des absoluten Nichts in der deutschen Mystik und seine Entsprechungen im Buddhismus. Archiv für Begriffsgeschichte 6, Bonn 1960, 143-277; vor allem Shizuteru Ueda, Die Gottesgeburt in der Seele und der Durchbruch zur Gottheit: Die mystische Anthropologie Meister Eckharts und ihre Konfrontation mit der Mystik des Zen-Buddhismus, Gütersloh 1965; vgl. auch Anm. 25; Über den Sprachgebrauch Meister Eckharts »Gott muß...«: Ein Beispiel für die Gedankengänge der spekulativen Mystik, in: Glaube, Geist, Geschichte: Festschrift für Ernst Benz zum 60. Geburtstag, hrsg. von Gerhard Müller und Winfried Zeller, Leiden 1967, S. 266-277; Meister Eckhart und Zen, Una sancta, 26 (1971), S. 198-201; Der Buddhismus und das Problem der Säkularisierung: Zur gegenwärtigen geistigen Situation Japans, in: Oskar Schatz, Hat die Religion Zukunft? Graz 1971, S. 255-275; Leere und Fülle: Shûnyatâ im Mahâyâna-Buddhismus, Eranos 45, Frankfurt am Main 1976, S. 135-163; Das Nichts und das Selbst im buddhistischen Denken: Zum west-östlichen Vergleich des Selbstverständnisses des Menschen, Studia Philosophica, 34 (1974), S. 144-161; Das wahre Selbst: Zum west-östlichen Vergleich des Personenbegriffs, in: Fernöstliche Kultur: Festschrift für Wolf Hänisch, Marburg 1975, S. 1-10; Das denkende Nicht-Denken, in: Denkender Glaube: Festschrift für Carl Heinz Ratschow, Berlin 1976, S. 331-341; Un-Grund und Interpersonalität: Zum Problem des Persongedankens im Zen-Buddhismus, in: Religionen, Geschichte, Ökumene: In Memoriam Ernst Benz, Leiden 1981, S. 205-215; Die Bewegung nach oben und die Bewegung nach unten: Zen-Buddhismus im Vergleich mit Meister Eckhart, Eranos 50, Frankfurt am Main 1981, S. 223-272; Das Erwachen im Zen-Buddhismus als Wort-Ereignis, in: Strolz/Ueda (Anm. 29), S. 249-277. Neuerdings: Reiner Schürmann, Eckhart and Soto Zen on Releasement, The Thomist, 42 (1978), S. 281-312; M. Eckhart: Mystic and Philosopher, London 1978, S. 221-226. Die japanisch geschriebene Literatur über Eckhart (von Nishitani und Ueda) war mir leider nicht zugänglich.

Natürlich müßte auch die Literatur über Eckhart und andere östliche Geisteshaltungen beigezogen werden: Otto Folberth, M. Eckhart und Laotse. Wiesbaden 1925; Hilkowiardo W. Schomerus, M. Eckhart und Manikka Vasagar: Mystik auf deutschem und indischem Boden, Gütersloh 1936; Walter Heinrich, Verklärung und Erlösung im Vedanta, bei Meister Eckhart und bei Schelling, Salzburg-München 1962; Bernard Barzel, Mystique de l'inneffable dans l'Hindouisme et le Christianisme: Çankara et Eckhart, Paris 1982. Es bleibt die Bemerkung Hans

Urs von Balthasars rechtens bestehen, daß »von einem christlichen Eckhart aus, und wohl nur von ihm her, der Dialog mit den metaphysischen Erlösungswegen Asiens möglich« wird (Herrlichkeit, III/1, S. 410, vgl. ebd., S. 38!). Einen allzu pauschalen Versuch, Eckhart religionsphänomenologisch »östlich« einzuordnen, hat schon Günther Stephenson, Gottheit und Gott in der spekulativen Mystik Meister Eckharts, Diss. Bonn 1954, unternommen. Heute vgl. noch George Feurstein, Meister Eckhart und ›östliche Mystik‹, in: Udo Kern, Freiheit und Gelassenheit: Meister Eckhart heute, München 1980, S. 198-220; Josef Zapf, Meister Eckhart und die mystischen Traditionen des Ostens, in: Wolfgang Böhme, Meister Eckhart heute, Karlsruhe 1980, S. 57-70; Alfred Mensi-Klarbach, Buddhistische Anklänge bei Deutschen Mystikern, Buddhistischer Weltspiegel, 1 (1919/20), S. 76-89.

31 Siehe Kurt Ruh, Meister Eckhart, Verfasserlexikon II, Berlin 1980, Sp. 327-348.

32 Ruth Fuller Sasaki, The Master in Rinzai (Lin-Chi) Zen, in: Le maître spirituel dans les grandes traditions d'Occident et d'Orient, Hermes 4, Tournai 1966, S. 241-250; Daisetz Teitaro Suzuki, Early Memories: A Recollection of my first Teachers, ebd. S. 251-268.

33 Vgl. die Arbeit von Ueda (Anm. 30), 1965.

34 Vgl. Meister Eckhart, Deutsche Werke (= DW), V., 234,5. Dazu Alois M. Haas, Meister Eckhart als normative Gestalt geistlichen Lebens, Einsiedeln 1979, S. 45.

35 Rudolf Otto, Aufsätze das Numinose betreffend, Heft I: Religionskundliche Reihe, Gotha 4. Aufl. 1929, S. 119-132, bes. S. 127; West-östliche Mystik (Anm. 30), S. 269-272.

36 Vgl. Ueda (1981) (Anm. 30).

37 DW, II, 529, 6.

38 DW, II, 535, 1f.

39 Pf., 181, 19f.

40 Izutsu (Anm. 17), S. 67.

41 Waldenfels (Anm. 21), S. 65.

42 Izutsu (Anm. 17), S. 59; Waldenfels (Anm. 21), S. 66.

43 Isshu Miura/Ruth Fuller Sasaki, The Zen Koan: Its History and Use in Rinzai Zen, New York 1965; Daisetz Teitaro Suzuki, Essays in Zen Buddhism: Second Series, London 5. Aufl. 1974, S. 18ff.

44 Zitiert nach Mumonkan, Die Schranke ohne Tor: Meister Wu-men's Sammlung der achtundvierzig Kôan, aus dem Chinesischen übersetzt und erläutert von Heinrich Dumoulin, Mainz 1975, S. 52; vgl. auch die andere Übersetzung: Wu-men Hiu-k'ai, Ch'an-tsung Wu-men kuan, Zutritt nur durch die Wand, übersetzt und mit Einleitung und Anmerkungen versehen von Walter Liebenthal, Heidelberg 1977, S. 54f. Wie im Zen-Buddhismus mit dem Signal »Blühende Blume« späterhin umgegangen wurde, verdeutlicht anschaulich Yoël Hoffmann, Der Ton der einen Hand: Die bisher geheimen Antworten auf die wichtigsten Zen-Kôans, Bern 1975, S. 175ff.; vgl. auch Zenkei Shibayama, Zu den

Quellen des Zen. Die berühmten Kôans des Meisters Mumon aus dem 13. Jahrhundert mit Einführung und Kommentar, Bern 1976, S. 77 ff. Vgl. dazu auch Alan Watts, Zen: Tradition und lebendiger Weg, Rheinberg 1981, S. 68.

45 Das paradoxale Verhältnis des Zen-Buddhisten zur Sprache ist treffend beschrieben von Yoël Hoffmann (Anm. 44), S. 24-32.

46 The Lankavatara Sutra: A Mahayana Text, translated for the first time from the original Sanskrit by Daisetz Teitaro Suzuki, London 1978, S. 123 f. (LXI).

47 Gundert I, S. 195.

48 »Die Virtuosität des Wortes in den Kôan läßt auf ein hochentwickeltes, ausgesprochenes Sprachgefühl für Zen-Meister schließen. Die Kategorie der *gonsen*-Kôan (Wort-Kôan), die eine große Anzahl von Beispielen aus allen Chroniken und Kôan-Sammlungen umfaßt, bringt uns im Zeitalter von Sprachphilosophie und Hermeneutik die Modernität des Zen zum Bewußtsein. Die Zen-Meister waren, wie es scheint, äußerst sprachmächtig und von der Überzeugung durchdrungen, daß das Geheimnis der Wirklichkeit sich im Wort offenbart und das Erfassen der Worte für das Wirklichkeitsverständnis bedeutsam ist. Die Worte sind wunderbar wie die Wirklichkeit. Sie können zur Fessel werden, wenn jemand an ihnen haftet, aber auch demjenigen Befreiung schenken, der sich von ihnen ergreifen läßt. Die Zen-Literatur zeugt von ungewöhnlich feinem und tiefem Sprachempfinden, das nicht im Ästhetischen steckenbleibt, sondern auf die Philosophie und die Mystik hin verweist.« Dumoulin (Anm. 44), S. 29.

49 DW, I, 306, 5 ff. Vgl. dazu Alois Maria Haas, Geistliches Mittelalter, Freiburg/Schweiz 1984, S. 191 ff.

50 Vgl. oben Dumoulin (Anm. 48).

51 Gustav Landauer, Skepsis und Mystik: Versuche im Anschluß an Mauthners Sprachkritik, Münster 3. Aufl. 1978. Von den Mystikern und Skeptikern als »erkenntnistheoretischen Zwillingsbrüdern« spricht auch Leszek Kolakowski, Falls es keinen Gott gibt, München 1982, S. 131.

52 Christlich ist es durchaus so, daß sich beide Verhaltensweisen – die optimistische und die skeptische – im Umgang mit der Sprache treffen können. Ist das Wortereignis als ein Vorgang der Inkarnation historisch vorgegeben, so begegnet ihm der um Worte bemühte Mystiker eben nicht wissend, sondern glaubend, ein Verhalten, das skeptisch im Moment genannt werden kann, in dem das Wagnis, das im Glauben ans Wort eingegangen wird, sich in vollem Umfang zeigt.

53 Wo über Gott eigentlich nichts gesagt werden kann, kann auch alles über ihn ausgesagt werden. Gott ist auch in einem spezifischen, nichtpantheistischen Sinn »Alles«: Er ist der, der sich von allem dadurch unterscheidet, daß er sich von allem nicht unterscheidet. Zu diesem Grundsatz vgl. Werner Beierwaltes, Identität und Differenz, Frankfurt am Main 1980, S. 97-194.

54 Wichtig und entscheidend ist dann allerdings, was im Zen-Buddhismus positiv in der Sprache inhaltlich erfaßt wird. Es ist sicherlich nicht eine dem Christentum vergleichbare Gottesidee, sondern ist zu suchen in Richtung auf eine die menschliche Person transzendierende Ebene naturhafter Spontaneität, in der keinerlei belangvollen Unterschiede, auch nicht die zwischen Samsara und Nirvana, mehr anzutreffen sind.

55 Vgl. dazu Haas (Anm. 49).

56 DW, I, 66, 3 ff. »Ein Worten von innen heraus.«

57 DW, II, 506, 2 ff. »... eine unbedeckte Wahrheit, die da aus dem Herzen Gottes ohne irgend etwas Vermittelndes gekommen ist.«

58 DW, I, 41, 5 ff. »Könntet ihr es mit meinem Herzen spüren, so würdet ihr wohl verstehen, was ich spreche, denn es ist wahr und die Wahrheit spricht es selber.«

59 DW, II, 487, 4 ff. »Nun bitte ich euch, daß ihr so seid, daß ihr meine Rede versteht: denn ich sage euch in der ewigen Wahrheit: Wenn ihr dieser Wahrheit nicht gleich (geworden) seid, von der wir nun sprechen wollen, so könnt ihr mich nicht verstehen.«

60 DW, V, 60, 13 f. »Es genügt mir, daß, was ich spreche und schreibe, in mir und in Gott wahr ist.«

61 Pf., 104, 35-105, 5.

62 Pf., 18, 39-19, 6.

63 »das Antworten.«

64 DW, I, 305, 3 ff. »Wenn das WORT in die Seele hinein spricht und die Seele zurückspricht im lebendigen WORT, da wird der Sohn lebendig in der Seele.«

65 DW, I, 306, 5-7. »Worte haben große Macht; man vermöchte mit Worten Wunder zu tun. Alle Worte haben ihre Macht vom ersten WORT.«

66 DW, I, 306,9-307,4. »Wenn nun Gleiches mit Gleichem soviel zu wirken vermag, so soll sich die Seele in ihrem natürlichen Licht ins Höchste und Lauterste erheben und so in das engelhafte Licht eintreten und mit dem engelhaften Licht in das Göttliche Licht und so zwischen den drei Lichtern auf der Wegscheide in der Höhe stehen, wo die Lichter zusammenstoßen. Da spricht ihr das ewige WORT das Leben ein; da wird die Seele lebendig und im WORTE antwortend.«

67 DW, I, 154, 8.

68 Vgl. Waldenfels, Heilige Schriften und das Wort, in: Faszination des Buddhismus (Anm. 29), S. 74-91, der einen guten Überblick über das Verhältnis des Buddhismus zu Heiligen Texten gibt.

69 Ich bin mir bewußt, wie pauschal solche Feststellungen wirken müssen. Es scheint mir aber doch hierin eine Möglichkeit angedeutet, einmal – anstatt von den immer wieder beschworenen Grundunterschieden zwischen »östlichem« und »westlichem« Denken auszugehen – historisch verifizierbare Differenzen zwischen religiösen Haltungen und Sichtweisen zu benennen und dann erst weitergehende Folgerungen zu ziehen.

70 Zur Vorgeschichte vgl. Friedrich Heiler, Die buddhistische Versenkung, München 1922; Yoshinori Takeguchi, Probleme der Versenkung im Ur-Buddhismus, Leiden 1972; zum Zen-Buddhismus: Alfonso Verdú, Abstraktion und Intuition als Wege zur Wahrheit in Yoga und Zen: Ein Beitrag zur Phänomenologie und Metaphysik der nichtchristlichen Mystik, München 1965; Günter Schüttler, Die Erleuchtung im Zen-Buddhismus: Gespräche mit Zen-Meistern und psychopathologische Analyse, Freiburg i. Br. 1974; zu Daisetz Teitaro Suzuki vgl. Horst Rzepkowski, Das Menschenbild bei Daisetz Teitaro Suzuki: Gedanken zur Anthropologie des Zen-Buddhismus, St. Augustin 1971, S. 33 ff. (mit Literaturhinweisen). Natürlich äußert sich jede Einführung in Zen ausführlich über das Satori-Erlebnis.

71 Das nimmt der zen-buddhistischen Erlösungsvorstellung nichts von ihrer Allgemeingültigkeit: »Das Bewußtsein der Verbundenheit und des Mitleids mit aller leidenden Kreatur« läßt die »Anhänger des Zen ihrem Bodhisattvadenken Ausdruck« geben, gerade indem sie hinweisen auf die Verpflichtung zur Erlösung aller: »Der Menschen sind unendlich viel – wir geloben, sie alle zu retten. Zerstörender Irrtum ist unerschöpflich – ihn auszurotten, geloben wir.
Die Lehre der Wahrheit ist unermeßbar – wir geloben, sie kennenzulernen.
Buddhas Wahrheit ist die höchste – wir geloben, sie zu vollenden.« Shuej Ohasama/A. Faust, Zen, der lebendige Buddhismus in Japan, Darmstadt 2. Aufl. 1968, S. 61; zitiert bei Waldenfels (1982, wie Anm. 29), S. 84.

72 Sasaki (Anm. 17), S. 14; Demiéville (Anm. 17), S. 80; deutsche Übersetzung auch in: Erich Fromm/Daisetz Teitaro Suzuki/Richard de Martino, Zen-Buddhismus und Psychoanalyse, Frankfurt am Main 1974, S. 50. Über die Bedeutungsfülle des Begriffs *dharma* vgl. Helmuth von Glasenapp, Der Ursprung der buddhistischen Dharma-Theorie, in: Ausgewählte Schriften, Wiesbaden 1980, S. 399-423, bes. S. 410 (ewiges Weltgesetz, Lehre, Recht, Brauch, jede gesetzmäßig entstehende Erscheinung, geistige Zustände, Daseinselemente etc.).

73 Sasaki (Anm. 17), S. 11.

74 Ebd., S. 7.

75 Ebd., S. 7 f. Sasaki, S. 71, Anm. 53, erklärt die drei Sphären folgendermaßen. »A Buddhist technical term for the world, conceived as three distinct realms consisting of progressively finer states of consciousness. They are: 1. The realm of sensuos desire, where appetite for sex and food etc. are present. 2. The realm of form, where various material forms alone exist, desire being absent. 3. The formless realm, consisting of the four successive contemplations of infinite space, infinite consciousness, neither being or non-being, and neither thought nor nothought.« *Kalpa* – Sanskrit-Wort für Aeon.

76 Vgl. oben, Anm. 19.

77 Moderne Jugendbewegungen haben, wenn sie irgendwo traditionellen

Hintergrund haben, in diesem Moment des »Paradise now«, der Wunscherfüllung »subito« Rückbindungen zu alten mystischen Überlieferungen in Form gesunkenen Kulturguts. Die Plötzlichkeit und die abrupte Entladung von Heil verbietet, den Zen-Buddhismus als eine Selbsterlösungslehre zu bezeichnen. Erleuchtung und Heil hat hier Geschenkcharakter, denn das »Finden des Heils ist... ein endliches Aufplatzen, ein explodierendes Aufgehen, das als die ganz mystische Tatsache einfach eintritt, aber durch gar nichts gemacht werden kann«. (Otto [Anm. 35], S. 123, auch S. 127, Anm. 1).

78 Sasaki (Anm. 17), S. 14 (in den zum Text gegebenen Anmerkungen werden auch die Begriffe erklärt).

79 Ebd.

80 Ebd. S. 15. S. 19 wird vor einem allzu gefügigen Verhalten gegenüber großen Meistern gewarnt.

81 Ebd., S. 11.

82 Von diesem Bestreben, das Eckhart in seinem Vorwort zum Opus tripartitum (Lateinische Werke, Bd. I, S. 149, 1; hinfort LW mit Band-, Seiten- und Zeilenzahl, allenfalls auch Nr.) explizit äußert, resultiert eine *locutio emphatica* seiner Mystik, die er auch in seiner Rechtfertigungsschrift stolz betont (Gabriel Théry, Edition critique des pièces relatives au procès d'Eckhart, Archives d'histoire doctrinale et littéraire du Moyen Age, 1 [1926], S. 217, 220, 241 f.).

83 Gundert (Anm. 7) I, 517.

84 Vgl. Suzuki, Der westliche und der östliche Weg (Anm. 30), öfter.

85 Franz Jostes, Meister Eckhart und seine Jünger: Ungedruckte Texte zur Geschichte der deutschen Mystik, mit einem Wörterverzeichnis von Peter Schmitt und einem Nachwort von Kurt Ruh, Berlin 2. Aufl. 1972, Nr. 82 *(sermo von dem reich gotes)*, S. 84-98 (hinfort J mit Seiten- und Zeilenzahl). Jostes, 92, 36-98, 8 findet sich in nhd. Übersetzung in: Meister Eckharts deutsche Predigten und Traktate, ausgewählt, übertragen und eingeleitet von Friedrich Schulze-Maizier, Leipzig 2. Aufl. 1934, S. 337-347 (hinfort: S mit Seitenzahl).

86 LW, I, 156, 15, n. 12. Vgl. dazu Karl Albert, Meister Eckharts These vom Sein: Untersuchungen zur Metaphysik des Opus Tripartitum, Saarbrücken 1976; Ruedi Imbach, Deus est intelligere: Das Verhältnis von Sein und Denken in seiner Bedeutung für das Gottverständnis bei Thomas von Aquin und in den Pariser Quaestiones Meister Eckharts, Freiburg i. Br. 1976; Burkhard Mojsisch, Meister Eckhart: Analogie, Univozität und Einheit, Hamburg 1983; Maître Eckhart à Paris: Vue critique médiévale de l'ontothéologie, Les Questions parisiennes n° 1 et n° 2 d'Eckhart, Paris 1984.

87 Rechtfertigungsschrift, ed. Théry (Anm. 82), S. 184.

88 Siehe oben Anm. 85.

89 J 90, 36, »der Adel, der in dir ist.«

90 J 90, 27, »einen Rückbezug zu Gott.«

91 J 90, 29 f., »ein Zurückschauen zu Gott.«

92 J 91, 16-18.

93 J 92, 39, »Tod des Geistes.«

94 DW, I, 39, 6 ff. Dem Begegnen Gottes *âne wîse* ist auch die Sprache einbezogen. Deshalb die Negation: Sie entspricht einzig dem *âne wîse.*

95 J 92, 2, »So wird ein Esel von einem andern geliebt.«

96 J 92, 28 f., »ein unverhülltes Schauen in einer einfachen Schau des göttlichen Seins.«

97 J 92, 32, »der Tugend frei gegenüber stehe.«

98 J 92, 36, »ihr eigenes Sein.«

99 J 92, 39, »Tod des Geistes.«

100 J 92, 40-93, 1, »so muß sie sich und die ganze Welt fahren lassen und darf sich und alle Dinge so wenig behalten, wie da sie noch nicht war« (S 337).

101 J 93, 7, »Beraubung alles Lebens« (S 337).

102 J 93, 9 f., »findet Gott noch eine Stätte in der Seele, darin er zu leben vermag, so ist die Seele noch nicht tot und noch nicht ausgegangen in das Nichts ihres geschaffenen Wesens« (S 337).

103 J 93, 12, »Entwerdung von allem Etwas« (S 337).

104 J 93, 14 f., »Behalten und Besitzen« (S 337).

105 J 93, 19, »Der Seele Standort muß in einem freien Nichts bestehen.«

106 J 93, 26.

107 J 93, 33 f., »in freier Offenheit und selbstlos hingekehrt zu allen Menschen« (S 339).

108 J 93, 27, »der geringste Tod der Seele.«

109 J 94, 7, »ein göttlicher Tod.«

110 J 93, 40, »ein Vorbild (Urbild) aller Kreaturen und ein Abbild des Vaters« (S 339).

111 J 94, 1, »schwebt.«

112 J 94, 10 f.

113 J 94, 16-19, »Darum ist der Seele Bleiben nicht in ihm, sondern sie muß, wie er selber spricht, durch ihn hindurch kommen! Dies Durchbrechen ist der zweite Tod des Geistes, und er ist viel bedeutsamer als der erste« (S 340).

114 J 94, 25, Die Seele »muß den Sohn verlieren«.

115 J 94, 26, »in die Einheit der göttlichen Natur.«

116 J 94, 28, »Einheit des Seins.« – J 94, 29 f., »das ist das Sterben, welches die Seele stirbt in Gott« (S 340).

117 J 94, 32, »Ähnlichkeit«, »Gleichheit.«

118 J 94, 34, »Unterschied.«

119 J 94, 37 f., »Gott ist ein solcher, dessen Nichts die ganze Welt erfüllt, – sein Etwas aber ist nirgends.« Paradoxe Formel in Analogie zur Bestimmung Gottes durch Alanus von Lille: *deus est sphaera intelligibilis, cujus centrum ubique, circumferentia nusquam* (PL 210, 627 A). Zum geistesgeschichtlichen Kontext vgl. Dietrich Mahnke, Unendliche Sphäre und Allmittelpunkt, Stuttgart-Bad Cannstatt 2. Aufl. 1966, bes. S. 146 ff., Georges Poulet, Metamorphosen des Kreises in der Dich-

tung, Frankfurt am Main 1966, S. 11 ff.; Manuel Morales Borrero, La geometría mística del alma en la literatura española del Siglo de Oro, Madrid 1975; Manfred Lurker, Der Kreis als Symbol im Denken, Glauben und künstlerischen Gestalten der Menschheit, Tübingen 1981, S. 36 ff.; vor allem Gershom Scholem, Schöpfung aus Nichts und Selbstverschränkung Gottes, in: Über einige Grundbegriffe des Judentums, Frankfurt am Main 1970, S. 53-89, bes. S. 74 f.

120 J 95, 3 f., »Wer zu Gott kommen will, der muß mit Nichts kommen« (S 341).

121 J 95, 5, »die ursprüngliche göttliche Natur« (S 341).

122 J 95, 15-17, »auch aller göttlichen Wirksamkeit, die man der göttlichen Natur zuschreibt, muß die Seele absterben, wenn sie gelangen soll in die göttliche Wesenheit, wo Gott müßig ist alles Wirkens« (S 341 f.).

123 J 95, 18, »die wesenhafte Gottheit, wie sie frei und ledig ist von allem Wirken« (S 342).

124 J 95, 24-36. »Wenn nun die Seele herausgegangen ist, aus ihrem geschaffenen und aus ihrem unerschaffenen Wesen, als welches sie sich im ewigen Urbild findet, und gekommen ist bis in die göttliche Natur, – wenn sie auch dann das Reich Gottes noch immer nicht ergreift und erkennen muß, daß in das Reich Gottes überhaupt keine Kreatur gelangen kann: so fängt sie an, sich selber zu empfinden, geht ihren eigenen Weg und sucht nicht mehr nach Gott, – und hier erst stirbt sie ihren höchsten Tod! In diesem Tod verliert die Seele alles Begehren und alle Bilder, alles Denkvermögen und alle Gestalt und wird aller Wesenheit beraubt. Und des seid sicher; so wahr Gott lebt: so wenig, wie ein leiblich Toter sich selber zu bewegen vermag, so wenig vermag die Seele, die in dieser Weise geistlich tot ist, den Menschen noch irgendeine Erscheinungsform, noch irgendeine Gestaltung darzubieten; denn solch ein Geist ist tot und ist begraben in der Gottheit, – die Gottheit aber lebt für niemand anders, denn für sich selber« (S 342).

125 J 95, 38 f., »in diesem grundlosen Meer der Gottheit.«

126 J 96, 10, »ohne Suchen.«

127 J 96, 33 f.

128 J 96, 39 f., »ohne Namen.«

129 Athanasius, De incarnatione Dei, cap. 54; PG 26, 397.

130 J 97, 4-6, »Gott ist darum ein anderes Ich geworden, auf daß ich ein anderer Er würde. So sagt Augustinus: Gott ist Mensch geworden, auf daß der Mensch Gott werde« (S 345). Weitere Väterstellen siehe bei Hans Urs von Balthasar, Theodramatik, Zweiter Band: Die Personen des Spiels, Teil 2: Die Personen in Christus, Einsiedeln 1978, S. 218-225 *(admirabile commercium);* Haas, Geistliches Mittelalter, Freiburg/Schweiz 1984, S. 289 ff.

131 J 97, 26-28, »denn da sind alle Werke gleich, – mein kleinstes ist da mein größtes und mein größtes mein kleinstes« (S 346).

132 J 98, 3 f., »denn hier können die Werke ihnen weder etwas geben noch etwas nehmen« (S 347).

133 Vgl. DW, III, 472-503 (Predigt 86). Dazu die Analyse von Mieth (Anm. 19), S. 75-87.

134 Izutsu (Anm. 17), S. 87.

135 J 97, 33-35, »Des seid versichert: Zur Vollkommenheit ists not, daß der Mensch sich so emporbringe in seinem Tun, daß alle seine Werke verrichtet werden, als ob sie nur ein Werk wären, – und das muß geschehen im Gottesreich, wo der Mensch Gott ist« (S 346).

136 DW, III, 447, 3, »ohne Vermittlung und ohne Gleichnis.«

137 DW, III, 448, 7-9, »wie er ein Nicht-Gott, ein Nicht-Geist, eine Nicht-Person, ein Nicht-Bild ist; mehr noch: wie er ein lauteres, reines klares Eines ist, abgesondert von aller Zweiheit. Und in diesem Einen sollen wir ewig versinken vom Etwas zum Nichts« (DW, III, 586).

138 DW, I, 361-10, »eine Verneinung der Verneinung.«

139 DW, I, 364, 4, »Gott ist eins, er ist eine Verneinung der Verneinung.«

140 DW, I, 146, 5 f., »Wenn ich gesagt habe, Gott sei nicht Sein und über Sein, so habe ich ihm das Sein nicht abgesprochen, mehr: ich habe es ihm erhöht.«

141 Raoul von Muralt, Meditations-Sutras des Mahayana-Buddhismus, Bd. I, Zürich 1956, S. 73.

142 Ebd., S. 67.

143 Ebd., S. 62.

144 Ebd., S. 63.

145 Ebd.

146 Dumoulin (Anm. 44), S. 35.

147 Gundert, I, 81.

148 Gundert, I, 94.

149 Dumoulin, S. 130.

150 Sasaki, S. 25; Demiéville, S. 117.

151 Sasaki, S. 25 f.; Demiéville, S. 67.

152 Sasaki, S. 11 f.; Demiéville, S. 71.

153 Sasaki, S. 11; Demiéville, S. 67.

154 Walter Hilton, Glaube und Offenbarung, mit einer Einleitung von Hans Urs von Balthasar, Einsiedeln 1966, S. 211. Die christliche Konzeption des Nichts in der Mystik könnte einen Sinnhorizont eröffnen, in dem auch außerchristliche Nichts-Auffassungen ihren Ort haben. Vgl. Waldenfels (Anm. 29), Bernhard Welte, Das Licht des Nichts: Von der Möglichkeit neuer religiöser Erfahrung, Düsseldorf 1980; Meister Eckhart: Gedanken zu seinen Gedanken, Freiburg 1979, wo interessante Bezüge zwischen Eckhart und dem Zen-Buddhismus aufgewiesen werden (z. B. S. 172 ff.). Vorschnelle Parallelisierungen zwischen Zen-Buddhismus und christlicher Mystik – wie sie etwa Willi Massa (vgl. Anm. 29 und: Kontemplative Meditation: Die Wolke des Nichtwissens, Einführung und Anleitung, hrsg. von Willi Massa, Düsseldorf 1974; Der Weg des Schweigens, Christliches Zen: Ein »Brief« zur Anleitung, vom Autor der »Wolke des Nichtwissens«, neu hrsg. von William Johnston, deutsche Ausgabe hrsg. von Willi Massa, Keve-

laer 1974) versucht hat – verbieten sich allerdings. Vgl. Josef Sudbrack, Wege zur Gottesmystik, Einsiedeln 1980, S. 87 ff.; Beten ist menschlich: aus der Erfahrung unseres Lebens mit Gott sprechen, Freiburg i. Br. 2. Aufl. 1981; Herausgefordert zur Meditation: Christliche Erfahrung im Gespräch mit dem Osten, Freiburg i. Br. 1977.

155 Vgl. oben Anm. 49.

156 Izutsu (Anm. 17), S. 109.

157 Ebd.

158 Ebd.

159 Ebd., S. 110.

160 Zitiert ebd., S. 110.

161 Ebd., S. 63.

162 Ebd.

163 Ebd., S. 64.

164 Dumoulin, Mumonkan, S. 37.

165 Izutsu, S. 68.

166 Ebd., S. 69.

167 Dôgen Zenji's Shôbôgenzô: Die Schatzkammer der Erkenntnis des wahren Dharma, Bd. I, Zürich 1975, S. 82 f.

168 Izutsu, S. 70.

169 Shôbôgenzô (Anm. 167), S. 83.

170 Izutsu, S. 70.

171 Ebd.

172 Dumoulin, S. 100; zitiert bei Izutsu, S. 87.

173 Izutsu, S. 79.

174 Vgl. die Arbeit von Stephenson (Anm. 30), die aus Eckharts Tendenz, den Aspekt »Gottes« vom Menschen in die »Gottheit« überschreiten zu lassen, eine Zuweisung der Eckhartschen Mystik zu einer nicht-theistischen »impersonalen Mystik« ableitet.

175 Gundert, I, 79.

176 Der Ochs und sein Hirte: Eine altchinesische Zen-Geschichte, erläutert von Meister Daizuhkutsu R. Ohtsu mit japanischen Bildern aus dem 15. Jahrhundert, übersetzt von Kôichi Tsujimura und Hartmut Buchner, Pfullingen 3. Aufl. 1976 (hinfort: Buchner und Seitenzahl).

177 Buchner, S. 45.

178 Ueda, Das wahre Selbst (1975) (Anm. 30), S. 7.

179 Cuttat, Begegnung der Religionen, Einsiedeln 1956, S. 80; vgl. noch Asiatische Gottheit – Christlicher Gott: Die Spiritualität der beiden Hemisphären, Einsiedeln o. J.

180 Ueda (Anm. 178), S. 10.

181 Buchner, S. 50.

182 Siehe oben Anm. 17.

183 Dumoulin, S. 97.

184 Dumoulin, s. 97.

185 Vgl. dazu Alois Maria Haas, Nim din selbes war: Studien zur Lehre

von der Selbsterkenntnis bei M. Eckhart, J. Tauler und H. Seuse, Freiburg i. Br. 1971, S. 52 ff.

186 DW, III, 142, 1 ff.

187 DW, III, 144, 4 ff.

188 DW, III, 149, 7 ff.

189 DW, III, 150, 4.

190 LW, IV, 57, 7 f.

191 LW, IV, 283, 8.

192 LW, IV, 283, 11.

193 J 96, 10.

194 DW, III, 482, 18.

195 DW, III, 482, 20, »ewiges Licht«.

196 DW, III, 483, 2.

197 DW, III, 481, 10 ff.

198 DW, III, 481, 6 ff.

199 DW, III, 485, 8 f., »Gewerbe, Tätigkeit«.

200 DW, III, 485, 5 f.

201 DW, III, 485, 12, »wegen eines der Zeit verhafteten vernünftigen Tuns wird er Gott näherkommen und gleicher werden.«

202 Bernhard von Clairvaux, Sermones super Cantica Canticorum, sermo 23, VI, 15; Opera, I. Rom, S. 148, 20.

203 DW, III, 485, 8 ff.

204 DW, III, 485, 15, »mit vernünftiger aufs Leben bezogener Wahrheit«.

205 DW, III, 488, 8 f., »ist das zeitliche Werk ebenso edel wie irgendein (mystisches) Sich-Hinein-Fügen in Gott.«

206 DW, III, 488, 14 f., »ordentliches und vernunfterhelltes und besonnenes Wirken.«

207 DW, III, 489, 7; 491, 12, »seinshaft stehen, existieren.«

208 DW, III, 489, 5 ff., »gefestigte Tugend, ein freies Gemüt und ein starker Grund.«

209 DW, III, 491, 4 f.

210 DW, III, 491, 12, »lernte leben. Aber Martha stand seinshaft.«

211 DW, V, 197, 6 ff. – Für vergleichbare Positionen im Zen-Buddhismus vgl. den Sammelband Frederick Franck, The Buddha Eye: An Anthology of The Kyoto School, New York 1982.

212 DW, III, 485, 14.

213 DW, III, 488, 4-6. »Nun höre ein Wunder! Welch paradoxes Stehen außen und innen, Begreifen und Umgriffen-Werden, Sehen und das Geschaute selber Sein, Enthalten und Enthalten-Werden: Das ist das Ziel, wo der Geist in Ruhe in der Einheit der lieben Ewigkeit bleibt.«

214 Izutsu (Anm. 17), S. 95 f.

215 Ebd., S. 91.

216 *Mumonkan,* 7. Beispiel; Dumoulin, S. 55.

217 Ebd.

218 Ueda, »Die Bewegung nach oben« (1981) (Anm. 30), S. 261.

219 Buchner (Anm. 176), S. 50.

220 Gundert, I, 37; »Offene Weite – nichts von Heilig.«

221 Ueda (Anm. 218), S. 260.

222 Die vier Klassifikationen siehe bei Sasaki, S. 6; S. 70, Anm. 44, Hinweise auf die Überlieferung. Hier zitiert nach Ueda (Anm. 223), S. 151.

223 Ueda, »Das Nichts und das Selbst« (1974) (Anm. 30), S. 151.

224 Ueda (Anm. 218), S. 260.

225 Gundert, I, 405.

Eriugena und die Mystik

1 Vgl. Autour du décret de 1210: I: G. Théry, David de Dinant, Etude sur son panthéisme matérialiste, Kain 1925; III: G. C. Capelle, Amaury de Bène, Etude sur son panthéisme formel, Paris 1932; M. dal Pra, Amalrico di Bène, Milano 1951; A. Gasser, Gott-ist-tot-Theologie erst heute?, Eine moderne theologische Frage exemplarisch bearbeitet an verschiedenen theologiegeschichtlichen Orten, Chur 1976, S. 6-106 (Der Amalrikanismus – Eine Theologie der Vergottung des Menschen); H. Ley, Studie zur Geschichte des Materialismus im Mittelalter, Berlin 1957, S. 214-232; ders., Geschichte der Aufklärung und des Atheismus, Bd. 2/2, Berlin 1971, S. 104 ff. Zu dessen Kritik vgl. Albert (wie Anm. 83), wiederholt.

2 Apologia doctae ignorantiae, in: Nikolaus von Kues, Philosophisch-theologische Schriften, hg. und eingeführt von L. Gabriel, übersetzt und kommentiert von D. und W. Dupré, Bd. 1, Wien 1964, S. 561; E. Vansteenberghe, Le »De ignota litteratura« de Jean Wenck de Herrenberg contre Nicolas de Cuse, Texte inédit et étude, Münster 1910; zum Streit vgl. I. Degenhardt, Studien zum Wandel des Eckhartbildes, Leiden 1967, S. 60-71. Vgl. auch unten Anm. 37.

3 Apologia (wie Anm. 2), S. 576.

4 Ebd., S. 576 f.

5 Ebd., S. 560.

6 Arnold, Historie, S. 412. – Zu Arnolds »Historie« notiert C. A. Heumann, er »hätte billig dieses Mannes (Eriugenas) Meldung thun sollen in seiner Historia theologiae mysticae, p. 269, allwo er von den mysticis saeculi noni handelt. Allein er lässet ihn vorbey und gedencket seiner nur obiter an einem andern Orte, nemlich p. 73.« (in einer Besprechung einer Eriugena-Ausgabe von Gale 1681). Freundlicher Hinweis von Prof. W. Beierwaltes.

7 W. Beierwaltes, Platonismus und Idealismus, Frankfurt a. M. 1972, S. 188-201; ders., Denken des Einen, Studien zur neuplatonischen Philosophie und ihrer Wirkungsgeschichte, Frankfurt a. M. 1985, S. 364 ff.; G. Schrimpf, Das Werk des Johannes Scottus Eriugena im Rahmen des Wissenschaftsverständnisses seiner Zeit, Eine Hinführung zu Periphyseon, Münster 1982, S. 5 ff.

8 Vgl. W. Ziegenfuss/G. Jung, Handbuch der Philosophie nach Perso-

nen, Bd. I, Berlin 1950, S. 362-366 (Jakob Friedrich Fries, 23. 8. 1773-10. 8. 1843).

9 Vgl. ebd., Bd. 2, Berlin 1950, S. 467.

10 Das Buch von Schmid, das sonst meines Wissens kaum bekannt ist, wurde von Franz Anton Staudenmaier, Johannes Scotus Erigena und die Wissenschaft seiner Zeit, Frankfurt a. M. 1834, Reprint: Frankfurt a. M. 1966, S. 469 f., Anm. 1, mit kritischem Beifall bedacht. Das ein Jahr vor dem Schmidschen Werk erschienene Buch von P. Hjort, Johan Scotus Erigena oder von dem Ursprung einer christlichen Philosophie und ihrem heiligen Beruf, Kopenhagen 1823, legt den Akzent auf Eriugena als den »Urheber einer christlichen Wissenschaft, auch zugleich Vater der christlichen Philosophie, insofern sie eins sey mit der Speculation« (90).

11 Beierwaltes, Platonismus (wie Anm. 7), S. 190.

12 Zitiert Schmid, S. 121.

12a Rousselot, Etudes sur la philosophie dans le moyen âge, 1840, I, S. 59: »Il est donc bien évident que le panthéisme mystique est sa philosophie.«

13 Beierwaltes, Platonismus (wie Anm. 7), S. 196. Vgl. zu diesem Problem auch E. Gilson, Maxime, Erigène, S. Bernard, in: Aus der Geisteswelt des Mittelalters, FS M. Grabmann, Beiträge zur Gesch. der Phil. und Theol. des Mittelalters, Suppl.-Bd. 3/1, Münster 1935, S. 188-195, bes. 192.

14 Beierwaltes, Platonismus (wie Anm. 7), S. 196.

15 Vgl. P. Mazzarella, Il pensiero di Giovanni Scoto Eriugena, Saggio interpretativo, Padova 1957, S. 7-40.

16 Vgl. Beierwaltes, Denken des Einen (wie Anm. 7), S. 365 f.; Mazzarella, ebd., S. 41-67; U. Corsini, Su alcuni testi di G. Scoto Eriugena, Razionalismo o misticismo, Rovereto 1955; W. Betzendörfer, Glauben und Wissen bei den großen Denkern des Mittelalters, Gotha 1931, S. 11-26; C. Allegro, Giovanni Scoto Eriugena, I: Fede e ragione, Roma 1974.

17 Vgl. auch Staudenmaiers unten zitierte »Lehre von der Idee«, S. 535 f.; H. Rähse, Über des Johannes Erigena Stellung zur mittelalterlichen Scholastik und Mystik, Diss. Rostock 1874.

18 H. S. Denifle, Die deutschen Mystiker des 14. Jahrhunderts, Beitrag zur Deutung ihrer Lehre, Aus dem literarischen Nachlaß hg. von O. Spiess, Freiburg/Schweiz 1951, S. 16-19, besonders 19.

19 Auch nicht in seiner Abhandlung: Lehre des Johannes Scotus Erigena über das menschliche Erkennen; mit Rücksicht auf einschlägige Theorien früherer und späterer Zeit, Zs. f. Theol. 3 (1840), S. 239-322.

20 Vgl. R. Schwager, Der wunderbare Tausch. Zur »physischen« Erlösungslehre Gregors von Nyssa, Zs. f. kath. Theol. 104 (1982), S. 1-24, jetzt in: ders., Der wunderbare Tausch, Zur Geschichte und Deutung der Erlösungslehre, München 1986, S. 77-100. A. M. Haas, Geistliches Mittelalter, Freiburg/Schweiz 1984, S. 291 ff.

21 Zum Begriff *contemplatio* bei Eriugena vgl. die Hinweise bei R. Ro-

ques, Jean Scot Érigène, Dictionnaire de Spiritualité VIII (Paris 1974), S. 735-761, bes. 749 f.

22 Ein wichtiger Punkt des Unterschieds – hier nicht erwähnt – ist natürlich die christologische Vermittlung aller mystischen Gottwerdung. Vgl. Roques (wie Anm. 21), S. 752 f.

23 Das gilt wenigstens im Sinne einer Etikettierung, aber nicht im sachlichen Bereich. Vgl. unten Anm. 27 die genannten Forscher.

24 Schrimpf (wie Anm. 7), S. 246.

25 Ebd. S. 254.

26 Ebd. Das Mittelalter hat – wie der Kusaner belegt – Eriugena eher als Theologen verehrt. Vgl. das Urteil des Hugo von St. Victor (PL 176, 765 C), das Schrimpf, 10, referiert. Zum Verhältnis von Logik und Metaphysik bei Eriugena vgl. aber die wichtigen Bemerkungen bei K. Flasch, Die Metaphysik des Einen bei Nikolaus von Kues, Leiden 1973, S. 7-14, 133-147.

27 Vgl. die Forschungen von G. H. Allard, W. Beierwaltes, St. Gersh, T. Gregory, E. Jeauneau, P. Lucentini, G. Madec, D. J. O'Meara.

28 Beierwaltes, Denken des Einen (wie Anm. 7), S. 347.

29 R. Otto, Das Heilige, Über das Irrationale in der Idee des Göttlichen und sein Verhältnis zum Rationalen, 26.-28. Aufl. München 1947; ders., Aufsätze das Numinose betreffend, Gotha 1929; ders., West-östliche Mystik, Vergleich und Unterscheidung zur Wesensdeutung, 3. Aufl. München 1971; E. Benz (Hg.), Rudolf Otto's Bedeutung für die Religionswissenschaft und die Theologie heute, Leiden 1971. Die Identifikation des Numinosen als des Irrationalen schlechthin scheint mir verhängnisvoll.

30 Vgl. dazu H. Windisch, Der zweite Korintherbrief, 10. Aufl. Göttingen 1970, S. 369 ff.; R. Bultmann, Der zweite Brief an die Korinther, 10. Aufl. Göttingen 1970, S. 221 ff.; über die Rolle dieser Stelle in der Geschichte der christlichen Mystik vgl. H. U. v. Balthasar, Besondere Gnadengaben und die zwei Wege menschlichen Lebens, Heidelberg 1954 (= Deutsche Thomas-Ausgabe, 23. Bd.), S. 372 ff.

31 Vgl. dazu Beierwaltes, Denken des Einen (wie Anm. 7), S. 124, im Rückgriff auf die bekannten Äußerungen Wittgensteins über Sprechen und Schweigen und das Mystische in seinem »Tractatus logico-philosophicus« (7/6.522).

32 Vgl. A. M. Haas/H. Stirnimann (Hg.), Das »einig Ein«, Studien zu Theorie und Sprache der deutschen Mystik, Freiburg/Schweiz 1980 (dokimion 6), S. 5-8.

33 Vgl. Beierwaltes, Denken des Einen (wie Anm. 7), S. 127.

34 Vgl. Steven T. Katz (Hg.), Mysticism and Philosophical Analysis, London 1978; ders., Mysticism and Religious Tradition, Oxford 1983. In diesen Werken wird eine ganze Wolke von Zeugen aufgerufen gegen eine rein psychologisch orientierte Mystikforschung, die glaubt, die »Gehalte« als bloße »Superstrukturen« bei der Erforschung mystischer Erfahrung ausschließen zu können. Ein Exponent

dieser Richtung ist Frits Staal, Exploring Mysticism, Harmondworth 1975, S. 142 ff.

35 Vgl. A. M. Haas, Sermo mysticus, Studien zu Theologie und Sprache der deutschen Mystik, Freiburg/Schweiz 1979 (dokimion 4), S. 19 ff.

36 Vgl. H. U. von Balthasar, Zur Ortsbestimmung christlicher Mystik, in: W. Beierwaltes/H. U. von Balthasar/A. M. Haas, Grundfragen der Mystik, Einsiedeln 1974, S. 39-71; A. von Speyr, Das Wort und die Mystik, 2 Bände, Einsiedeln 1970.

37 Zum Streit zwischen Voluntaristen und Intellektualisten in der Geschichte der Ausgestaltung einer *theologia mystica* vgl. Daniel de Pablo, Amor y conocimiento en la vida mistica, Madrid 1979; Ch. A. Bernard, Conoscenza e amore nella vita mistica, in: E. Ancilli/M. Paparozzi (Hg.), La mistica, Fenomenologia e riflessione teologica, II, Roma 1984, S. 253-293. Vielerlei Hinweise aber schon in: C. Butler, Western Mysticism, 2. Aufl. New York 1966; K. E. Kirk, The Vision of God, The Christian Doctrine of the Summum Bonum, 2. Aufl. New York 1966; J. Maréchal, Etudes sur la psychologie des mystiques, 2 Bände, 2. Aufl. Paris 1937/1938; R. Javelet, Psychologie des auteurs spirituels du XIIe siècle, Strasbourg 1959; ders., Image et ressemblance au XIIe siècle, 2 Bände, Strasbourg 1967. Vgl. auch oben Anm. 2 und dazu von E. Vansteenberghe, Autour de la docte ignorance, Une controverse sur la théologie mystique au XVe siècle, Münster/W. 1915 (Beitr. z. Gesch. d. Phil. des MA's XIV/2-4).

38 H. Liebeschütz, Mittelalterlicher Platonismus bei Johannes Eriugena und Meister Eckhart, Archiv für Kulturgeschichte 56 (1974), S. 241-269, Zitat: 241.

39 C. Schmidt, Meister Eckhart, Ein Beitrag zur Geschichte der Theologie und Philosophie des Mittelalters, Theol. Studien und Kritiken 12 (1839), S. 663-744, Zitat: 739 (nach Degenhardt, wie Anm. 2, S. 143, Anm. 4).

40 Christian Mysticism, 3. Aufl. New York 1964, S. 149.

41 Studies in Mystical Religion, 2. Aufl. New York 1970, S. 221.

42 Johannes Scotus Erigena, A Study in Medieval Philosophy, 2. Aufl. New York 1964, S. 190.

43 Honorius Augustodunensis, Clavis Physicae, a cura di P. Lucentini, Roma 1974; zur Nachwirkung: P. Lucentini, Platonismo medievale, Contributi per la storia dell'Eriugenismo, Firenze 1979.

44 H. F. Dondaine, Le Corpus dionysien de l'Université de Paris au XIIIe siècle, Roma 1953. Auf diese Arbeit und die damit zusammenhängenden Fragen hat mich erstmals P. Edouard-Henri Wéber O. P. (Paris) dankenswerter Weise hingewiesen.

45 E. Jeauneau, Homélie sur le prologue de Jean, Introduction, texte critique, traduction et notes, Paris 1969 (SC 151), S. 143 f., 146. Thomas von Aquin, Super Evangelium S. Ioannis Lectura, ed. R. Cai, Turin 1952, S. 21a. Rahner dagegen (wie Anm. 75) gibt Indizien, daß Eckhart

die *ganze* Johanneshomilie gelesen hat (S. 83 f., Anm. 14). Vgl. dagegen K. Ruh, J. S. Eriugena deutsch, ZfdA II 7 (1988), S. 24-31.

46 Alain de Libera, Introduction à la mystique rhénane d'Albert le Grand à Maître Eckhart, Paris 1984, S. 470; S. 62 f.; Anm. 22; 82.

47 L. Sturlese, Proclo ed Ermete in Germania da Alberto Magno a Bertoldo di Moosburg, in: K. Flasch (Hg.), Von Meister Dietrich zu Meister Eckhart, Hamburg 1984, S. 32, Anm. 24; Maria Rita Pagnoni-Sturlese, Filosofia della natura e filosofia dell'intelletto in Teodorico di Freiberg e Bertoldo di Moosburg, in: ebd., S. 126, Anm. 12; de Libera, (wie Anm. 46), S. 63.

48 Dondaine (wie Anm. 44), S. 70 f., 75 f., 85-89. Im ›Corpus dionysiacum‹ sind 40 von 580 Kolonnen (in PL 122) von Periphyseon enthalten.

49 Maria Bindschedler, Der lateinische Kommentar zum Granum Sinapis, Basel 1949 (Basler Studien zur dt. Spr. u. Lit. 9), S. 146, 15 f. (75,3). Vgl. dazu die Anmerkungen ebd., S. 239 ff. (Illustrierung der Gedanken des Kommentators auf weite Strecken mit Johannes Scotus). Dondaine (wie Anm. 44), S. 88, Anm. 65, anerkennt, daß der unbekannte Kommentator (Eckhart nach Ruh?) sicherlich *Periphyseon* gekannt hat, daneben aber das »Opus alterum« benützte.

50 K. Ruh, Meister Eckhart, Theologe Prediger Mystiker, München 1985, S. 49 f., 56 (Hinweis auf das »Corpus Dionysiacum«, das Eckhart »sicher« »zur Verfügung gestanden« hat), 88, 141 (Eriugena kann als »unmittelbarer Anreger Eckharts höchstens vermutet, nicht nachgewiesen werden«).

51 Darauf weisen eindeutig die vielfachen Parallelisierungen des eckhartschen Gedankenguts mit eriugenischem. Vgl. Lateinische Werke (= hinfort LW mit Band-, Seiten-, Zeilenzahl und Nummer), Bd. 1, 736 (Iohannes Scotus, 27 Stellen); Bd. 4, 320, Anm. 4; 368, Anm. 5; 407, Anm. 2; 426, Anm. 6. Dazu vgl. L'œuvre latine de Maître Eckhart, 1: Commentaire de la Genèse précédé des Prologues, Texte latin, introduction et notes par F. Brunner, A. de Libera, E. Weber, E. zum Brunn, Paris 1984, Index des auteurs, 675, wo viele Hinweise auf Eriugena zu finden sind. Vgl. auch Wackerzapp (wie unten Anm. 83): »Eckhart benutzt hier offensichtlich Johannes Scotus« (S. 110, Anm. 29; vgl. auch S. 120, Anm. 2 [Ewigkeit der Welt]; S. 125, Anm. 19; S. 135, Anm. 11 [Verhältnis Idee-Ding/Gott-Geschöpf]).

52 Vgl. oben das Zitat aus Praed. 1, 1, 16-18. Vgl. dazu W. Beierwaltes, Das Problem des absoluten Selbstbewußtseins bei Johannes Scotus Eriugena, in: ders., Platonismus in der Philosophie des Mittelalters, Darmstadt 1969 (Wege der Forschung 197), S. 484-516, bes. 485 f.; R. Roques, Remarques sur la signification de Jean Scot Erigène, Divinitas 11 (1967), S. 245-329, bes. 263 ff. und die Anm. 16 genannten Arbeiten. Dazu: Liebeschütz (wie Anm. 38), S. 257 ff.; B. Mojsisch, Meister Eckhart, Analogie, Univozität und Einheit, Hamburg 1983, S. 11, Anm. 42; A. Schneider, Die Erkenntnislehre des Johannes Eriugena im Rahmen ihrer meta-

physischen und anthropologischen Voraussetzungen nach den Quellen dargestellt, 2 Teile, Berlin 1921, wiederholt.

Interessant wäre eine vergleichende Betrachtung der Deutung des Apostellaufs zwischen Petrus und Johannes zum Grabe Christi. Bei Eriugena (Hom III 1-36) vertritt Petrus den Typus der *actio* und der *fides*, während Johannes den Typus der *contemplatio* und des *intellectus* repräsentiert. Zwar muß die *fides* als erste Zutritt zum Mysterium der Auferstehung haben, die Einsicht aber ist schneller. Johannes ist auch gegenüber dem *raptus* des Heiligen Paulus bevorzugt, da er in der Kontemplation über alle Himmel hinauszugehen fähig ist (Hom IV f.). Eckhart (LW 3, 608-613, N. 692-698) identifiziert beide Apostel mit Seelenvermögen, Petrus vertritt den Intellekt, Johannes die Liebe. Die Liebe ist schneller, muß aber dem Intellekt den Vorrang lassen, da nichts geliebt werden kann, was nicht erkannt ist. Wenn auch die beiden Deutungen recht gegensätzlich scheinen, sie treffen in einem Punkt zusammen, in der Wertschätzung des *intellectus*, auch wenn dessen Figuration je verschieden ist.

53 Zum Theoria-Begriff vgl. M. Cappuyns, Jean Scot Érigène, Sa vie, son œuvre, sa pensée, 2. Aufl. Bruxelles 1969, S. 192-302.

54 Zitiert bei Roques (wie Anm. 52), S. 264.

55 Vgl. dazu K. Flasch, Die Intention Meister Eckharts, in: H. Röttges/B. Scheer/J. Simon (Hg.), Sprache und Begriff, FS für Bruno Liebrucks, Meisenheim am Glan 1974, S. 292-318; Mojsisch (wie Anm. 52), S. 6 ff.; Haas, Geistliches Mittelalter, Freiburg/Schweiz 1984 (dokimion 8), S. 317-337.

56 Zur Erkenntnisproblematik vgl. Mojsisch (wie Anm. 52), S. 6 ff., 11 ff., 126 ff.; Flasch (wie Anm. 26), S. 148 ff.

57 Roques (wie Anm. 52), S. 268 ff.

58 Vgl. auch DW 3, 431, 2. Die Abweisung des *hoc et hoc*, des *diz und daz* – als allzu dingliche Bestimmungen des Seienden im Sinne von Akzidientien – ist bei Eckhart allgegenwärtig.

59 Gottes Nichts hat natürlich zu tun mit der *creatio ex nihilo*, das Gott selber ist. Dieser kosmogonische Kontext kann hier nicht aufgerufen werden. Vgl. G. Scholem, Ursprung und Anfänge der Kabbala, Berlin 1962, S. 374 (mit Literatur); ders., Schöpfung aus Nichts und Selbstverschränkung Gottes, in: Über einige Grundbegriffe des Judentums, Frankfurt a. M. 1970, S. 53-89; vgl. auch W. Strolz (Hg.), Sein und Nichts in der abendländischen Mystik, Freiburg i. Br. 1984.

60 Vgl. W. Beierwaltes, Sprache und Sache, Reflexionen zu Eriugenas Einschätzung von Leistung und Funktion der Sprache, Zs. f. Phil. Forschung 38 (1984), S. 523-543, 531 ff.

61 Die hier denkbare Identifizierung des »Nichts« mit der göttlichen Überwesentlichkeit selbst – das Nichts, aus dem Gott erschafft, ist er selbst – führt Scholem (wie Anm. 59, 70) auf die »Theologie des Aristoteles« zurück. Leider konnte ich die von Scholem zitierte Stelle in der Scholem noch nicht verfügbaren Ausgabe: Theologia Aristotelis

(P. Henry/H. R. Schwyzer, Plotini Opera, Tomus II, Paris 1959) nicht finden. Vgl. jetzt auch H. A. Wolfson, Studies in the History of Philosophy and Religion, Vol. I, 2. Auflage Cambridge 1979, S. 199 ff.; H. U. von Balthasar, Theologik, II: Wahrheit Gottes, Einsiedeln 1985, S. 86, Anm. 12.

62 Vgl. G. Kahl-Furthmann, Das Problem des Nichts, Kritisch-historische und systematische Untersuchungen, 2. Aufl. Meisenheim am Glan 1968 (2 Ziff. über Eriugena); M. Nambara, Die Idee des absoluten Nichts in der deutschen Mystik und ihre Entsprechungen im Buddhismus, Archiv für Begriffsgeschichte 6 (1960), S. 143-277, 306-319; A. M. Haas, Seinsspekulation und Geschöpflichkeit in der Mystik Meister Eckharts, in diesem Band, S. 172 ff.; Mojsisch (wie Anm. 52), S. 106 ff., Beierwaltes, Das Problem des absoluten Selbstbewußtseins (wie Anm. 52), S. 495 ff.

63 Das Nichtwissen Gottes bezieht sich nach Eckhart auf sein Was-Sein; in seiner sich selber und zu sich selber offenen Gegenwärtigkeit gibt es natürlich eine Selbsterkenntnis Gottes: *Got in sîn selbes bekantnisse bekennet sich selben in im selben* (DW 1, 150, 7). Vgl. A. M. Haas, Nim din selbes war, Studien zur Lehre von der Selbsterkenntnis bei Meister Eckhart, Johannes Tauler und Heinrich Seuse, Freiburg/Schweiz 1971 (dokimion 3), S. 35 ff.; zu Eriugena vgl. W. Beierwaltes, Das Problem des absoluten Selbstbewußtseins (wie Anm. 52), S. 500 ff.

64 Scholem (wie Anm. 59), S. 74, möchte ein Meisterzitat bei Eckhart – *Got ist, dez niht erfullet alleu dink, und sein iht ist niendert* (F. Jostes, Meister Eckhart und seine Jünger, Ungedruckte Texte zur Geschichte der deutschen Mystik, 2. Aufl. mit einem Wörterverzeichnis von P. Schmitt und einem Nachwort von K. Ruh, Berlin 1972, S. 94,37) – auch im Sinn einer Identifikation Gottes als des Nichts, aus dem alles geschaffen wurde, interpretieren. Ich sehe darin bloß eine paradoxe Gottesdefinition ohne creationistischen Hintergrund. Vgl. Haas (wie Anm. 62), S. 44; ders. (wie Anm. 55), S. 61 ff.

65 Eine gute Stellensammlung und Deutung zu diesem Terminus siehe bei Sh. Ueda, Die Gottesgeburt in der Seele und der Durchbruch zur Gottheit, Die mystische Anthropologie Meister Eckharts und ihre Konfrontation mit der Mystik des Zen-Buddhismus, Gütersloh 1965, S. 99 ff.

66 Den Rang dieses ursprünglich rhetorisch-hermeneutischen Terminus für Eriugenas Exegese und Theologie hat kürzlich Beierwaltes (wie Anm. 60), S. 537 ff., im Anschluß an E. Jeauneau, Quatre thèmes érigéniens, Montréal-Paris 1978, S. 84-87, herausgestellt. Sicherlich kommt *transitus* bei Eriugena nicht gleiches (mystologisches) Gewicht zu wie *durchbruch* bei Meister Eckhart.

67 Auf die Parallele zwischen den beiden Texten hat Beierwaltes, ebd., S. 530 f., Anm. 12, hingewiesen.

68 Vgl. DW 3, 322, 6 ff.: *Dâ muoz allez daz ûzgetriben werden, daz glîcheit* (semantisch: Ähnlichkeit – Gleichheit) *ist, daz ich übergesast*

werde in got und werde ein mit im und éin substancie und éin wesen und éin nature und der sun gotes.

69 Vgl. Haas (wie Anm. 63), S. 52 ff.; ders. (wie Anm. 55), S. 291 ff.; Ueda (wie Anm. 65), S. 40-49. Das Silesius-Zitat siehe in: Angelus Silesius, Cherubinischer Wandersmann, Kritische Ausgabe, hg. von Louise Gnädinger, Stuttgart 1984, S. 36. Vgl. dazu A. M. Haas, Die Christusmystik des Angelus Silesius, in: W. Böhme (Hg.), Christus in uns, Mystische Strömungen von Angelus Silesius bis Tersteegen, Karlsruhe 1983, S. 9-31; in diesem Band, S. 295 ff.

70 Vgl. Roques (wie Anm. 52), S. 321 ff.

71 Pf = Meister Eckhart, hg. von F. Pfeiffer, Deutsche Mystiker des 14. Jahrhunderts, Bd. 2, Neudruck: Aalen 1962 (mit Seiten- und Zeilenzahl). Qu = Meister Eckehart, Deutsche Predigten und Traktate, hg. und übersetzt von J. Quint, 2. Aufl. Zürich 1979. Das Zitat stammt aus der wichtigen Predigt 56 bei Pf 179-184, die eindeutig eriugenische Gedanken reproduziert. Darauf hat schon nachhaltig hingewiesen H. Fischer, Meister Eckhart, Einführung in sein philosophisches Denken, München 1974, S. 134 f.; de Libera (wie Anm. 46), S. 63, Anm. 22.

72 Zu Eckharts Christologie vgl. Ueda (wie Anm. 65), S. 39 ff.; Haas (wie Anm. 55), S. 291 ff.; zu Eriugenas Christologie vgl. Roques (wie Anm. 52), S. 321 ff.; T. Gregory, Mediazone e incarnazione, in: ders., Giovanni Scoto Eriugena, Tre studi, Firenze 1963, S. 27-57.

73 Ueda (wie Anm. 65), S. 43.

74 Ebd., 46. LW 3, 242, 5 f. n. 190 (das Eigene aufgeben).

75 H. Rahner, Die Gottesgeburt, Die Lehre der Kirchenväter von der Geburt Christi aus dem Herzen der Kirche und der Gläubigen, in: Symbole der Kirche, Eine Ekklesiologie der Väter, Salzburg 1964, S. 13-87, hier: 25, 73 (die Verweise auf Hippolyt). Das Thema der Gottesgeburt ist bei Eckhart so zentral, daß sich jede Darstellung seiner Mystik darüber zu äußern hat. Kürzlich hat Mojsisch diesen bei Eckhart durchaus lebendigen, in Bildlichkeit ausgestalteten Denkzusammenhang als »Univozitätstheorem« gedeutet (wie Anm. 52), S. 135-136 und damit Rahners Hintergrundinformation einfach ausgeblendet. – Zu Eriugena vgl. J. Trouillard, L'unité humaine selon Jean Scot Érigène, in: L'homme et son prochain, Paris 1957, S. 298-301. Zur Gottesgeburt und ihrer Herleitung über Gregor von Nyssa, Maximus Confessor und Eriugena vgl. auch Ruh (wie Anm. 50), S. 141.

76 Rahner (wie Anm. 75), S. 83. – Vgl. die *vis seminum* bei Eriugena (P II 19; 66, 17; vgl. G. H. Allard, Periphyseon, Indices générales, Montréal-Paris 1983, S. 489 f.).

77 Siehe Rahner (wie Anm. 75), wiederholt; H. U. von Balthasar, Theodramatik, IV: Das Endspiel, Einsiedeln 1983, S. 389-431.

78 Ebd., 83 f., Anm. 14; Balthasar (wie Anm. 77), S. 428. Rahners Argumente, daß Eckhart die *ganze* Johanneshomilie gelesen hat, scheinen mir stichhaltig. Vgl. oben Anm. 45. – Vgl. auch Liebeschütz (wie Anm. 38), S. 256 f., 245, 260 f.; B. Stock, The Philosophical Anthropo-

logy of Johannes Scotus Eriugena, Studi Medievali 8 (1967), S. 1-57, bes. 46-53.

79 Ph. Strauch, Paradisus anime intelligentis (Paradis der fornuftigen sele), Berlin 1919 (DTM 30), 14, 19 ff. Zu dieser Predigtsammlung siehe die erhellenden Bemerkungen von K. Ruh (wie Anm. 50), S. 60-71.

80 Vgl. Beierwaltes (wie Anm. 60), S. 524 ff.

81 Für Eckhart vgl. D. Mieth, Die Einheit von Vita activa und Vita contemplativa in den deutschen Predigten und Traktaten Meister Eckharts und bei Johannes Tauler, Regensburg 1969, siehe Register: creatio.

82 Vgl. dazu LW 3, 16, Anm. 1; Hinweis von Beierwaltes (wie Anm. 52), S. 495, Anm. 48, S. 505, Anm. 100; R. Roques, Genèse I, 1-3 chez Jean Scot Erigène, in: ders., Libres sentiers vers l'érigénisme, Roma 1975, S. 131-194. – Zur *ebullitio* vgl. Eckhart LW 1, 99, 13, n. 16 (die ersten beiden Begriffe des neuplatonischen Ternars: *mansio/fixio–bullitio*): LW 2, 21, 10, n. 16 (zu »Ich bin, der ich bin« Ex 3, 14; Gott als *reditio completa*!). Vgl. dazu V. Lossky, Théologie négative et connaissance de Dieu chez Maître Eckhart, Paris 1960, S. 69 f., 92, 102 ff. und wiederholt. Zu Eriugena: Jeauneau (wie Anm. 66), S. 38 (P IV 2; 750 A). Zu Herkunft und Wirkungsgeschichte von ζωὴ ζέουσα siehe Beierwaltes, Platonismus (wie Anm. 7), S. 55 f., Anm. 235; ders., Denken des Einen (wie Anm. 7), S. 273, 422.

83 Auf die Archetypen als auf die einzig reale Welt für beide Denker verweist schon Bett (wie Anm. 42), S. 191. Der Exemplarismus hätte für beide anzusetzen bei der Unterscheidung zwischen der *humana substantia in intellectualibus causis* und *per generationem in effectibus* (P IV 7; 771 A) bei Eriugena und dem *duplex esse* (LW 1, 238, 2 und 239, 16: die Unterscheidung zwischen dem *esse* und dem *esse hoc et hoc*) Meister Eckharts. Vgl. K. Albert, Meister Eckharts These vom Sein, Untersuchungen zur Metaphysik des Opus tripartitum, Ratingen 1976, S. 236 ff. – Zum Nichts der Kreatur vgl. P II 22; 90, 9-29; vgl. H. Wackerzapp, Der Einfluß Meister Eckharts auf die ersten philosophischen Schriften des Nikolaus von Kues (1440-1450), Münster/W. 1962, S. 61 ff., bes. 68, Anm. 88; S. 81, Anm. 152 (Gott als *universalis forma* des Geschaffenen). – J. Bernhart, Die philosophische Mystik des Mittelalters, München 1922, S. 92: »Was (Eriugena) im 5. Buche seines Hauptwerkes darüber (über den Rückfluß der *natura creata* in Gott) sagt, enthält alles Wesentliche der spätern Eckhartischen Denkweise, nur ohne die zündende Glut des deutschen Meisters.« Kritisch dazu Dörries (wie oben S. 247), S. 64, Anm. 2.

84 J.-B. M. P(orion), Hadewijch, Lettres spirituelles, Genève 1971, S. 274, Anm. 5 (bei E. Zum Brunn/A. de Libera, Maître Eckhart, Métaphysique du Verbe et théologie négative, Paris 1984, S. 52, Anm. 43, völlige Fehlangabe) hält zwischen der eriugenischen Bestimmung der Seele als *intellectus (Essentia itaque animae nostrae est intellectus qui universitati humanae naturae praesidet, [quia circa deum supra omnem naturam incognite circumuehitur]* P II 23; 100, 30 ff.) und ähnlich lauten-

den der Deutschen Mystik eine Beziehung über Wilhelm von St. Thierry nicht für unmöglich.

85 Eckhart verneint in der Schau Gottes alle *similitudines* oder *theophaniae*! Vgl. LW 2, 109, 5-15, n. 111; ebd., 617, 1-3, n. 284; 617, Anm. 2, weitere Hinweise. Die Frage ist, ob *theophania* in Eckharts Fassung noch der Vorstellung einer in ihr wahrhaft präsentischen Gegenwart Gottes entspricht, wie sie Eriugena hat. Sicher will Eckhart allzu konkrete visionsmystische Konfigurationen abweisen. Vgl. dazu Fischer (wie Anm. 71), S. 124, und Haas, Traum und Traumvision in der deutschen Mystik, in: J. Hogg (Hg.), Spätmittelalterliche geistliche Literatur in der Nationalsprache, Bd. 1, Salzburg 1983, S. 22-55, 26 (oben S. 111 f.). Libera (wie Anm. 46), S. 470, weist mit Recht auf »le rôle crucial de la théophanie érigénienne dans la tradition rhénane« hin. Zur Theophanie bei Eriugena vgl. T. Gregory, Note sulla dottrina delle »teofanie« in Giovanni Scoto Eriugena, Studi medievali 4 (1963), S. 75-91; J. Trouillard, La notion de »théophanie« chez Érigène, in: Manifestation et révélation, Paris 1976, S. 15-39.

86 Vgl. K. Kremer, Die neuplatonische Seinsphilosophie und ihre Wirkung auf Thomas von Aquin, Leiden 1966, S. 45 ff.

87 Beierwaltes, Negati Affirmatio: Welt als Metapher, Zur Grundlegung einer mittelalterlichen Aesthetik durch Johannes Scotus Eriugena, Phil. Jb. 83 (1976), S. 237-265, 258 f.

88 Ebd.

89 Ebd., S. 259.

90 Vgl. oben S. 256 ff. das über die Inkarnation Gesagte.

91 T. Gregory, L'eschatologie de Jean Scot, in: Jean Erigène et l'histoire de la philosophie, Paris 1977, S. 377-392; J. Trouillard, Métensomatose proclienne et eschatologie érigénienne, in: Philosophies non chrétiennes et christianisme, Paris 1984, S. 87-99; von Balthasar (wie Anm. 77), S. 352 ff.

92 Das zeigt sich besonders deutlich bei der eriugenischen Anwendung eines eigentlich mystischen Bildes. Vgl. J. Pépin, »Stilla aquae modica infuso vino, ferrum ignitum, luce perfusus aër«, L'origine de trois comparaisons familières à la théologie mystique médiévale, Divinitas 11 (1967), S. 331-375: »Erigène prend à son compte ces *pulcherrima paradigmata*, et les applique moins à l'union mystique, comme semblait le faire sa source, qu'au retour eschatologique de toute réalité en Dieu.« Zum »luce perfusus aer« bei Eckhart vgl. LW 4, 176, 1 f. (als Augustinuszitat), Anm. 2 (Vergleichsstellen); ebd., 240, 8 ff., n. 264; DW 1, 405, 6 f. und Anm. 2. Zum Ganzen vgl. Lossky (wie Anm. 82), S. 102. Zum Kontext vgl. auch R. E. Lerner, The Image of Mixed Liquids in Late Medieval Mystical Thought, Church History 40 (1971), S. 397-411, zu Eckhart: 402 ff.; Stock (wie Anm. 78), S. 53 ff. (zu Eriugena).

93 Auch diese Plötzlichkeit der *conversio* hat einen platonisch-neuplatonischen Hintergrund. Vgl. Haas (wie Anm. 55), S. 346 f., bes. Anm. 57;

Chr. Link, Der Augenblick, Das Problem des platonischen Zeitverständnisses, in: Die Erfahrung der Zeit, Gedenkschrift für Georg Picht, Stuttgart 1984, S. 51-84.

94 Haas (wie Anm. 55), S. 339-369.

95 In nhd. Übersetzung siehe die Predigt 26 bei Q 271-273. Ich zitiere die Predigt nach Pf mit den Verbesserungen nach J. Quint, Die Überlieferung der deutschen Predigten Meister Eckharts, Bonn 1932, S. 528-536.

96 Die Stelle ist zitiert bei Fischer (wie Anm. 71), S. 134 f.; vgl. auch Stock (wie Anm. 78), S. 8 ff.

97 Vgl. Libera (wie Anm. 46), S. 299, Anm. 53.

98 Fischer (wie Anm. 71), S. 136.

99 Zu diesem Dionysius-Zitat und dessen lateinischer Übersetzung siehe Jeauneau (wie Anm. 45), S. 323-326.

100 Zum Mißverständnis des Werdens Gottes in pantheistischem Sinn vgl. W. Beierwaltes, Marginalien zu Eriugenas »Platonismus«, in: H.-D. Blume und F. Mann (Hg.), Platonismus und Christentum, FS für H. Dörrie, Münster/W. 1983 (Jb. für Antike und Christentum, Erg.-Bd. 10), S. 64-74, bes. 70 f.; Wackerzapp (wie Anm. 83), S. 95.

101 Beierwaltes (wie Anm. 87), S. 248, Anm. 50.

102 K. Kremer, Gott und Welt in der klassischen Metaphysik, Stuttgart 1969, S. 13 ff.; die kühnen Aussagen Meister Eckharts über das Ich, das sich von seiner Entstehungsursache in Gott her noch über Gott stellt, führt J. Trouillard, Érigène et la naissance du sens, in: Platonismus und Christentum (wie Anm. 100), S. 267-276, auf den Exemplarismus Eriugenas zurück.

103 So hat »diese Philosophie« wahrhaft »im Tiefsten eine mystische Richtung« (E. Gilson/Ph. Böhner, Die Geschichte der christlichen Philosophie von ihren Anfängen bis Nikolaus von Cues, Paderborn-Wien 1937, S. 251). I. P. Sheldon-Williams (The Greek Christian Platonist Tradition from the Cappodocians to Maximus und Eriugena, in: A. H. Armstrong [Hg.], The Cambridge History of Later Greek and Early Medieval Philosophy, Cambridge 1970, S. 425-533, 532) sieht den mystischen Anteil im Rationalen aufgehoben: »the fourth aspect of nature, the imparticipable One, is fitted into a rational scheme, and *the mystical exposition* of the return is included in a rational framework«.

104 *manere in deo ... est ... intrare, ubi sunt unum omnia* (LW 4, 61, 6 f., n. 63). *in ipso unum sunt omnia* (P III 9; 80, 33 f.). Vgl. Wackerzapp (wie Anm. 83), S. 165.

Luther und die Mystik

1 Wolfgang Rochler, Luther und die mittelalterlichen Mystiker: Ein forschungsgeschichtlicher Überblick von Ullmann bis zum Dritten Internationalen Kongreß für Lutherforschung 1966, Diss. Leipzig 1973, vorhanden in der Deutschen Bibliothek Frankfurt a. M. Dazu vgl.

Gustav Adolf Benrath, Luther und die Mystik: ein Kurzbericht, in: Zur Lage der Lutherforschung heute, hrsg. von Peter Manns, Wiesbaden 1982, S. 44-58.

Immerhin kann neuerdings ein protestantischer Lutherforscher schreiben: »Es konnte von Luthers Frontstellung gegen die ›Spiritualisten‹ im eigenen Lager der Eindruck entstehen, daß Luther ein Gegner der Mystik gewesen ist. Das ist jedoch eine schiefe Ansicht. Denn Luthers Verständnis des christlichen Geistes reicht in die Schichten der Mystik. Wenn wir unter Mystik das Innewerden eines Vereintseins mit Gott verstehen, finden wir bei Luther Mystik. Im Herzstück seiner Theologie war ihm das Bewußtsein einer engsten Gemeinschaft des Glaubenden mit Christus unverzichtbar. Die Entfaltung dieses Glaubensbewußtseins enthält Elemente, die mit mystischen Traditionen des Mittelalters locker verwandt sind. Dennoch kann man den Komplex der Mystik Luthers weder im ganzen noch in einzelnen Elementen geradlinig aus der mittelalterlichen Mystik ableiten. Im Kontext der Theologie Luthers hat sich das, was wir seine Mystik nennen können, als etwas höchst Eigentümliches herausgebildet.« (Reinhard Schwarz, Martin Luther [1483-1546], in: Große Mystiker: Leben und Wirken, hrsg. von Gerhard Ruhbach und Josef Sudbrack, München 1984, S. 185-202, S. 375-380. Zitat: S. 185): Vgl. auch Alois Maria Haas, Luther und die Mystik, in: Neue Zürcher Zeitung, Nr. 259, 5./6. Nov. (1983), S. 69 f.

2 Martin Brecht, Martin Luther: Sein Weg zur Reformation 1483-1521, Stuttgart 1981, S. 101 f., S. 137-144, S. 163-172. Die Schwerpunkte von Luthers Beschäftigung mit der mystischen Überlieferung setzt Brecht um 1512 und 1516 an.

3 Vgl. zum Beispiel Leif Grane, Modus loquendi theologicus: Luthers Kampf um die Erneuerung der Theologie (1515-1518), Leiden 1975, S. 125: »Gewiß hatte Luthers Verhältnis zur deuschen Mystik seine Bedeutung, aber fundamental ist es kaum. Eine eigentliche Auseinandersetzung mit der Mystik findet – trotz Ozment – in den entscheidenden Jahren, in denen sich Luthers Theologie ausbildet, *nicht* statt. Luther findet im Gegenteil in der deutschen Mystik eine Bestätigung dafür, daß seine eigene Theologie nicht neu ist.« Praktisch einhellig ist man in der Forschung der Meinung, daß Luthers Auffassung von der *fides qua* sich mit einer traditionellen Form mystischer Glaubenskonzeption nicht aufrechnen läßt. Vgl. beispielshalber Walther von Loewenich, Luthers Theologia Crucis, München 5. Aufl. 1967, S. 169-193. Diese Haltung kann durchaus auch jene katholischer Lutherforscher sein. Vgl. Brunero Gherardini, La spiritualità protestante: Peccatori santi, Rom 1982, S. 47 (»Concludendo, non posso non sollevare più d'una riserva sull'imagine d' un Lutero mistico o comunque dipendente dalla mistica«).

4 Der Durchbruch der reformatorischen Erkenntnis bei Luther, hrsg. von Bernhard Lohse, Darmstadt 1968.

5 Heiko A. Oberman, »Iustitia Christi« und »iustitia Dei«: Luther und die scholastischen Lehren von der Rechtfertigung, in: Durchbruch (Anm. 4), S. 429.

6 »›Tun, was an einem ist‹, also die anfängliche Eigenleistung des Menschen als Einleitung des Heilsprozeses« (Brecht [Anm. 2] S. 165), entstammt der nominalistischen Ethik. Vgl. Heiko A. Oberman, Facientibus quod in se est Deus non denegat gratiam: Robert Holcot, O. P. and the Beginnings of Luthers's Theology, Harvard Theological Review, 55 (1962), S. 317-342; ders., Wir sein pettler. Hoc est verum: Bund und Gnade in der Theologie des Mittelalters und der Reformation, Zs. f. Kirchengeschichte, 78 (1967), S. 232-252. Der »axiomatische Satz« wird, »in der Frühscholastik vorbereitet, von allen Theologen der franziskanischen Schule – Alexander von Hales, Bonaventura, Duns Scotus, Ockham, Holcot, Gerson, d'Ailly und Biel – sowie vom jungen Thomas einhellig vertreten« (ebd. S. 243). Die Stellen siehe bei Leif Grane, Contra Gabrielem: Luthers Auseinandersetzung mit Gabriel Biel in der Disputatio contra Scholasticam Theologiam 1517. Kopenhagen 1962, S. 214-222 (zitiert bei Oberman, »Wir sein pettler«, S. 243).

7 Eine prototypische Einstellung zur Mystik von protestantischer Seite äußert Friedrich Gogarten, Die religiöse Entscheidung, Jena 1921, S. 60: »Wollen wir uns heute nicht endlos weiterdrehen in der Mühle: Mystik und geschichtliche Offenbarung, so muß endlich klar eingesehen werden, daß man da, wo man beides haben will: die unmittelbare mystische Berührung der Seele mit Gott und die Offenbarung Gottes in einer objektiven geschichtlichen Tatsache, und wo man meint, mit diesem doppelten Besitz der Entscheidung aus dem Weg gehen zu können, daß man da notwendigerweise beidem den Inhalt und damit das Entscheidende: Gott nimmt. Und sieht man genauer zu, so geschieht es zugunsten des Menschen.« Daß Gogartens negativer Kronzeuge für diese Alternative – Meister Eckhart – sich gerade gegen alle »Erleberei« hinsichtlich möglicher Theophanien ausgesprochen hatte, konnte Gogarten noch nicht bekannt sein. Jedenfalls hat das Schreckgespenst mystischer Selbsterlösung des Menschen häufig verhindert, daß sich die Theologie protestantischer Provenienz einen tauglichen Mystikbegriff (mit Akzent auf der Glaubensgemeinschaft und -einheit zwischen Mensch und Gott) zu schaffen vermochte. Vgl. Hanfried Krüger, Verständnis und Wertung der Mystik im neueren Protestantismus, München 1938, zu Gogarten: S. 68-70; Fritz-Dieter Maaß, Mystik im Gespräch: Materialien zur Mystik-Diskussion in der katholischen und evangelischen Theologie Deutschlands nach dem Ersten Weltkrieg, Würzburg 1972, zu Gogarten: S. 187-190. Gogarten – und zwar nur in seiner »dialektischen« Phase – ist ein bloßer Exponent solch extremer Ansichten unter vielen andern.

8 Vgl. Maaß (Anm. 7), S. 168ff.; Krüger (Anm. 7), S. 46ff.; Rochler (Anm. 1), I, S. 47-56.

9 Vgl. Maaß (Anm. 7), S. 185 ff.; Rochler (Anm. 1), I. S. 224 ff.

10 Vgl. oben Anm. 1 und unten Anm. 11 den Aufsatz von Oberman. Dazu vgl. die Arbeiten von Heiko A. Oberman, Die Bedeutung der Mystik von Meister Eckhart bis Martin Luther, S. 9-20; Reinhard Schwarz, Mystischer Glaube: Die Brautmystik Martin Luthers, S. 20-32 und Karl-Heinz zur Mühlen, Mystik des Wortes: Über die Bedeutung mystischen Denkens für Luthers Lehre von der Rechtfertigung des Sünders, S. 33-52, in: Von Eckhart bis Luther: Über mystischen Glauben, hrsg. von Wolfgang Böhme, Karlsruhe 1981.

11 Martin Elze, Züge spätmittelalterlicher Frömmigkeit in Luthers Theologie, Zs. f. Theol. u. Kirche, 62 (1965), S. 381-402, versucht, »gerade im Blick auf Luther« eine »Differenz zwischen der Mystik einerseits und der Frömmigkeit ... andererseits klar aufzufassen und festzuhalten« (S. 394 f.). Die von Luther rezipierte spätmittelalterliche »Frömmigkeit« ist nach Elze »ganz unmystisch« gewesen, aber selbst die Mystiker – vor allem romanischer Provenienz – mag Luther innerhalb der »Traditionen der spätmittelalterlichen Frömmigkeit kennengelernt« haben (S. 395). Vgl. auch Heiko A. Oberman, Simul gemitus et raptus: Luther und die Mystik, in: Kirche, Mystik, Heilung und das Natürliche bei Luther: Vorträge des Dritten Internationalen Kongresses für Lutherforschung 1966, hrsg. von Ivar Asheim, Göttingen 1967, S. 20-83, besonders S. 38 f.

12 Luther hält sich in seiner Bestimmung der *theologia mystica* an Johannes Gerson, der diese von der *theologia symbolica* und *theologia propria* als einen gesonderten Bereich ausgliedert. Das Moment des Erfahrungshaften definiert die »mystische Theologie«. WA 9; 98, 20-25, wird im Blick auf eine Taulersche Predigt gesagt: *Unde totus iste sermo procedit ex theologia mystica, quae est sapientia experimentalis et non doctrinalis. Quia nemo novit nisi qui accipit hoc negotium absconditum. Loquitur enim de nativitate spirituali verbi increati. Theologia autem propria de spirituali nativitate verbi incarnati habet unum necessarium et optimam partem* (zitiert bei Oberman [Anm. 11], S. 33, Anm. 47). – »Nach Gerson ist unter Berufung auf Dionysius Areopagita die theologia symbolica als eine solche zu verstehen, die körperliche Bilder auf Gott überträgt, um lebendige Analogien für das Reden von Gott zu haben, wie z. B. Löwe, Licht, Lamm, Stein und ähnliches (De myst. Theol. I, p. 1, con. 1). Sie wird aber übertroffen von der theologia propria, durch die wir uns aus Wirkungen Gottes nach außen, die in den Kreaturen, zumal den vollkommeneren, erschienen sind, erheben zu affirmativen Behauptungen über Gott, wie z. B. daß er das Sein, das Leben sei, von dem allen Kreaturen Sein und Leben abgeleitet ist. Doch werden beide Weisen der Theologie nach Gerson noch übertroffen von der theologia mystica, durch welche Gott durch die Verneinung aller affirmativen Aussagen über ihn, d. h. per abnegationem, und durch innere Entrückungen gleichsam in seinem göttlichen Dunkel gesehen wird. Es ist die Theologie, die Dionysius Areopagita, wie

Luther im S(cholion) zu Hebr 5,12 ausführt, die theologia irracionalis nennt, scil. quod nec verbo nec ratione tradi aut capi potest, sed sola experiencia (WA 57/III; 179, S. 9ff.).« (Karl-Heinz zur Mühlen, Nos extra nos: Luthers Theologie zwischen Mystik und Scholastik, Tübingen 1972, S. 110; ders., Mystik des Wortes: Über die Bedeutung mystischen Denkens für Luthers Lehre von der Rechtfertigung des Sünders, in: Von Eckhart bis Luther: Über mystischen Glauben [Anm. 10], S. 33-52, besonders S. 35 f.). Vgl. auch Walter Dreß, Gerson und Luther, Zs. f. Kirchengeschichte, 52 (1933), S. 122-161, besonders S. 135.; Heiko A. Oberman, Spätscholastik und Reformation, Band 1: Der Herbst der mittelalterlichen Theologie, Zürich 1965, S. 309-317

13 Vgl. François Vandenbroucke, Le divorce entre théologie et mystique, Nouvelle Revue Théologique, 72 (1950), S. 372-389. Gersons Reformbemühungen an der Universität Paris als Kanzler gipfeln ganz natürlicherweise in der Bestrebung, im Rückgriff auf Bernhard von Clairvaux und Bonaventura jene Einheit von Theologie und Spiritualität wiederherzustellen, die er in der Zeit der Kirchenväter und bei den genannten mittelalterlichen Theologen zu finden glaubte. Vgl. dazu Steven Ozment, The Age of the Reform, 1250-1550: An Intellectual and Religious History of Late Medieval and Reformation Europe, New Haven 1980, S. 74ff. Daß Luther in seiner Stellung zum Mönchtum auch und vor allem von der Tendenz her, die Theologie mit der Spiritualität zu versöhnen – daher seine Ablehnung einer autonom gewordenen Scholastik gegenüber! –, gesehen werden muß, legen auch zwei Arbeiten dar, die zu zwar völlig gegensätzlichen Ansichten gelangen, aber doch darin übereinstimmen, daß Luther alle Äußerlichkeiten der christlichen Lebensgestaltung durch eine fundamental gemeinte christliche Option zu unterfassen versuchte. Vgl. Bernhard Lohse, Mönchtum und Reformation: Luthers Auseinandersetzung mit dem Mönchsideal des Mittelalters, Göttingen 1963, S. 378: »Theologisch endgültig überwunden hat Luther das Mönchsideal erst 1521 ...«; Heinz-Meinolf Stamm, Luthers Stellung zum Ordensleben, Wiesbaden 1980, S. 162: »Die von der Lutherdeutung bis auf den heutigen Tag vorgetragene Interpretation, Luther habe das Ordenswesen als solches abgelehnt und ihm durch die Aufhebung der ewigen Bindung der Gelübde den Todesstoß versetzt, erweist sich ... als Fehlinterpretation. Das Gegenteil ist der Fall.« Vgl. jetzt auch die bestechende Darstellung der Entwicklung Luthers »Vom Mönch zum Reformator« durch Peter Manns, Martin Luther, Freiburg-Basel 1982, S. 82-88.

14 Darauf hat zur Mühlen (1981), Anm. 12, S. 34, hingewiesen.

15 Wilhelm Link, Das Ringen Luthers um die Freiheit der Theologie von der Philosophie, München 2. Aufl. 1955, S. 316.

16 Die Rechtfertigungslehre der deutschen Mystik – insbesondere jene Eckharts – enthält Momente, die weit über die Aussage hinaus mit der Luthers parallelisierbar sind. Von da her wäre das Problem Luther und Meister Eckhart allerdings neu – unter Einbeziehung von Rochlers

Insinuationen (Anm. 1), S. 180ff. – aufzurollen. Kommt dazu, daß die Mystik und ihre spezifische Form der Erbauungsliteratur an sich und im besonderen für Luther »eine kritische Alternative zum Menschenbild der scholastischen Theologie« bot (Brecht [Anm. 2], S. 142). Es ist und bleibt allerdings die Frage, ob die Feststellung Brechts: »Alles andere interessierte ihn (an der Mystik) offensichtlich nicht«, in dieser apodiktischen Form stimmt. Ich möchte sie jedenfalls in dieser einschränkenden Form bezweifeln. Aber diesen Aspekt konnte er in seine werdende Theologie integrieren. Was Luther Tauler und der ›Deutsch Theologie‹ entnahm, war noch nicht reformatorische Erkenntnis.

17 So warf Alois Adalbert Waibel aus katholischer Voreingenommenheit, aber im Wissen um dessen mystische Interessen, Luther in seinem Buch Die Mystik, Augsburg 1834, vor, »ein ketzerischer Aftermystiker« gewesen zu sein (S. 300).

18 WA 3; 372, 13f. Zum Verhältnis Luthers zu Dionysius vgl. Horst Quiring, Luther und die Mystik, Zs. f. syst. Theol., 13 (1936), S. 150-174, S. 179-240, bes. S. 162ff.; Erich Vogelsang, Luther und die Mystik, Luther-Jahrbuch, 19 (1937), S. 32-54, besonders S. 33-37; Oberman (Anm. 11), S. 24-28; zur Mühlen (Anm. 10), S. 36-40.

19 WA 3; 372, 16. Elze (Anm. 11), S. 395, Anm. 51, verweist darauf, daß die Stellen WA 3; 372, 13ff. wie auch 124, 33ff. nicht als positive Bezugnahme auf Dionysius gewertet werden können; dem stimmt Oberman (Anm. 11), S. 25, Anm. 17, zu. Wenn Luther seine Psalmstelle 64, 2 tatsächlich nicht in dem von ihm ausgeführten »analogischen« (372, 20) Sinn auslegen möchte, so will er hier aber doch nichts Negatives über dionysische Theologie an sich sagen.

20 WA 3; 23f.

21 WA 3; 372, 10.

22 WA 3; 124, 33 ff.

23 WA 3; 124, 32f.

24 WA 56; 299, 27-300, 7. Vogelsang (Anm. 18), S. 34f., verweist bei diesem Warnruf Luthers auf die christliche Überlieferung, in der – insbesondere von Bernhard von Clairvaux (vgl. Vogelsang, Anm. 1, S. 35), aber dann auch von Tauler und anderen – gegenüber allen Vergeistigungstendenzen der Mystik auf das Leiden Christi verwiesen wird, da einzig in ihm unser Heil gewirkt wurde. Über Luthers Beharren »auf der Priorität des accessus gegenüber dem raptus, der Rechtfertigung im Glauben durch das inkarnierte und gekreuzigte Wort gegenüber der Entrückung durch das ungeschaffene Wort« vgl. auch Oberman (Anm. 11), S. 35f., und die daselbst genannten Stellen. Dazu vgl. auch Erwin Iserloh, »Luther und die Mystik«, in: Kirche, Mystik, Heiligung (Anm. 11), S. 60-83, besonders S. 64f.

25 WA 5; 163, 17-29; die hier genannte Stelle: 163, 26f. Vgl. Vogelsang (Anm. 18), S. 35.

26 *ne quis se Theologum mysticum credat, si haec legerit, intellexerit, docuerit seu potius intelligere et docere sibi visus fuerit. Vivendo, immo*

moriendo et damnando fit theologus, non intelligendo, legendo aut speculando (WA 5; 163, 27-29). Wenn man es recht bedenkt, dann wendet sich Luther gegen eine nicht mehr in der Erfahrung begründete, bloß noch auf die *theoria* abgestützte »mystische« Ideologie. Sofern »mystische Theologie« in sich »Erfahrung« ist, hat er nichts gegen sie. Seine Losung: *Sola ... experientia facit theologum* (WATR 1; 16, 13). Zum Erfahrungsaspekt vgl. Gerhard Ebeling, Die Klage über das Erfahrungsdefizit in der Theologie als Frage nach ihrer Sache, in: Wort und Glaube, Tübingen 1975, III. S. 3-28, bes. S. 6ff.

27 WA 6; 562,8ff. Zum historischen Ort der Schrift vgl. Brecht (Anm. 2), S. 365f.

28 WA 6; 562, 8-12; Übersetzung nach Martin Luther, Ausgewählte Werke, hrsg. von H. H. Borcherdt und Georg Merz, München 3. Aufl. 1948, II. S. 239. Vgl. dazu WA 39/I; 389, 18ff. und Gerhard Heinzelmann, Glaube und Mystik, Tübingen 1927, S. 13.

29 WA 4; 648,14.

30 WA 9, 406, 17ff. Vgl. dazu Vogelsang (Anm. 18), S. 36, Anm. 3.

31 Vgl. Vogelsang (Anm. 18), S. 36.

32 WA 11; 117, 35f. (1523); vgl. Oberman (Anm. 11), S. 20.

33 WATR 1; 302, 30ff., Nr. 644.

34 WA 23; 732, 8; vgl. zur Mühlen (Anm. 10), S. 42; ders., Nos extra nos (Anm. 12), S. 22ff. (hier die tiefere Begründung für Luthers Ablehnung Bonaventuras); Quiring (Anm. 18), S. 186-192; Vogelsang (Anm. 18), S. 38-41; Oberman (Anm. 11), S. 30f.

35 WA 43, 581, 11; zitiert bei Vogelsang (Anm. 18), S. 38, Anm. 1.

36 WA 3; 640, 40.

37 WA 16; 144, 3f. Vgl. Iserloh (Anm. 24), S. 45, Anm. 15, und die hier zitierten Stellen.

38 WA 57/III; 169, 16ff.; vgl. zur Mühlen (Anm. 10), S. 40.

39 Sancti Bernardi Opera I (1957), S. 148, 20 (Super Cantica, Sermo 23, VI, 15).

40 Vgl. Vogelsang (Anm. 18), S. 49. Luther läßt die ganze *via negationis* der Mystik in die Christologie einlaufen: das Christusgeschehen am Kreuz ist die *contraria species*, in der sich dem Menschen das Heil eröffnet. Vgl. dazu Hellmut Bandt, Luthers Lehre vom verborgenen Gott, Berlin 1958; Walter von Loewenich, Luthers Theologia Crucis, Berlin 5. Aufl. 1967; Gerhard Ebeling, Luther: Einführung in sein Denken, Tübingen 1964, besonders S. 271 ff.; Reinhold Weier, Das Thema vom verborgenen Gott von Nikolaus von Kues zu Martin Luther, Münster/Westfalen 1967, S. 147ff., 178-181; Oswald Bayer, Promissio: Geschichte der reformatorischen Wende in Luthers Theologie, Göttingen 1971, S. 67, 70, 72, 76, 154-156, 181, 304, 340 (mit vielen Belegen und Verweisen auf die mystische Tradition und kluger Differenzierung); Fritz Blanke, Der verborgene Gott bei Luther, Berlin 1928. Wenn auch eindeutig ist, daß Luther Dionysius Areopagita mindestens seit 1519 ablehnt (vgl. Quiring [Anm. 18], S. 168-171), ist doch

offen, ob er nicht ein dionysisches Theologumenon – in streng christologischer Einbindung – in seinem Konzept der Gotteserfahrung *sub contraria specie* hat wirksam werden lassen. Prof. Werner Beierwaltes, der mir diese Verbindung in ihrem sachlichen Aspekt nahebrachte, danke ich für mannigfache Anregungen. Zu denken ist an die neuplatonische Konzeption von εἰκών und σύμβολον, insbesondere in der Fassung des Proklos. Bei ihm steht εἰκών ein »für die Vermittlung der sinnenfälligen Wirklichkeit mit der Idee, wenn auch nur als ein Analogon der wahren Wirklichkeit. σύμβολον dagegen kann sogar als ein der Sache *gegensätzlich* erscheinendes Zeichen deren Wesen evident machen« (Werner Beierwaltes, Besprechung von: James A. Coulter, The Literary Microcosm: Theories of Interpretation of the Later Neoplatonists [1976], in: Gnomon, 51 [1979], S. 428-432, besonders S. 430). Diese Theorie symbolischer Auslegung, die für Exegese und Weltsicht des Mittelalters höchst wichtig wurde, fand ihre Vermittlung in der »symbolischen Theologie« des Ps.-Dionysius an ein Christentum, das – seine Glaubenseinsicht im Kreuzesgalgen als dem schrecklichsten Drama der Weltgeschichte gipfeln lassend – die wahre Errettung von der Versklavung in Sünde und Knechtschaft gerade und noch im Entgegengesetztesten erkennen und erfahren darf. Der Gedanke ist bei Proklos grundgelegt: ἡ δὲ συμβολικὴ θεωρία καὶ διὰ ἐναντιωτάτων τὴν τῶν πραγμάτων ἐνδείκνυται φύσιν (Rep. I, 198, 18 f.; vgl. auch I, 83, 20 ff., besonders: I, 86, 1 f.) und wird bei Dionysius – den Luther wohl sehr früh ganz gelesen hat – in Hierarch. cael. II, 2 f. als ein aus der Apophatik stammender Symbolismus der Unähnlichkeit breit entwickelt, ja für die Darstellung des Unsichtbaren geradezu als ästhetische Grundlage gefordert. Das Negative und Monströse wird so in die Obhut einer ἱερὰ ἐκφαντορία genommen. Johannes Scotus Eriugena vermittelt diesen Gedanken weiter ans Mittelalter. Im Blick auf diese hier bloß genannte Tradition eines aufs Gegensätzliche abstellenden Symbolismus wäre Luthers Verhältnis zum dionysischen Neuplatonismus nochmals zu überprüfen. Vgl. Hans Robert Jauss, Die klassische und die christliche Rechtfertigung des Häßlichen in mittelalterlicher Literatur, in: Die nicht mehr schönen Künste, hrsg. von H. R. Jauss, München 1968, S. 143-168; René Roques, Tératologie et théologie chez Jean Scot Erigène, in: ders., Libres sentiers vers l'érigénisme, Paris 1975; Paul Michel, Formosa deformitas: Bewältigungsformen des Häßlichen in mittelalterlicher Literatur, Bonn 1976; Jean Pépin, Aspects théoriques du symbolisme dans la tradition dionysienne: Antécédents et nouveautés, in: Simboli e simbologia nell' Alto Medioevo, Spoleto 1976, S. 33-66; Werner Beierwaltes, Negati Affirmatio: Welt als Metapher. Zur Grundlegung einer mittelalterlichen Ästhetik durch Johannes Scotus Eriugena, Philosophisches Jahrbuch, 83 (1976), S. 237-265. – Die Meinung, daß von Luthers Neuplatonismus in gewisser Hinsicht die Rede sein könne, ist hier aber nicht als eine Ansicht zu nehmen, die entlarvend beim (jungen) Luther ein neuplatonisches

Denkprinzip namhaft machen möchte – so etwa August Wilhelm Hunzinger, Lutherstudien, 1. Heft: Luthers Neuplatonismus in der Psalmenvorlesung von 1513-1516, Leipzig 1906, oder Theobald Beer, Der fröhliche Wechsel: Grundzüge der Theologie Martin Luthers, Einsiedeln 2. Aufl. 1980 –, sondern als Forderung nach einer, durch die Scheuklappen des in der Lutherforschung oft penetranten *totaliter aliter* ungehinderten, Erforschung der Denkmotive. Vgl. dazu Gerhard Ebeling, Die Anfänge von Luthers Hermeneutik, in: ders., Lutherstudien I, Tübingen 1971, S. 1-68, bes. S. 18ff.

41 zur Mühlen (Anm. 10), S. 41.

42 WA 8; 601, 19.

43 Johannes Ficker, Zu den Bemerkungen Luthers in Taulers Sermones (Augsburg 1508), Theologische Studien und Kritiken, 107 (1936), S. 46-64, hier: S. 56; Steven Ozment, An Aid to Luther's Marginal Comments to Johannes Tauler's Sermons, Harvard Theological Review, 63 (1970), S. 305-311.

44 Alphons Victor Müller, Luther und Tauler auf ihren theologischen Zusammenhang neu untersucht, Bern 1918, S. 15. Es handelt sich um die Predigten 1-4 in: Deutsche Mystiker des 14. Jahrhunderts, I: Meister Eckhart, hrsg. von Franz Pfeiffer, Leipzig 1857; Neudruck Aalen 1962, S. 1-30. Die Predigten 1, 2 und 4 sind echt nach Josef Quint, Die Überlieferung der deutschen Predigten Meister Eckeharts textkritisch untersucht, Bonn 1932, S. 1-79; die drei echten Predigten sind auch aufgenommen in: Meister Eckehart, Deutsche Predigten und Traktate, hrsg. und übersetzt von Josef Quint, München 1963; Reprint 1979, S. 415 ff., 425 ff., 432 ff.

45 Zum Thema Luther und Meister Eckhart vgl. Ferdinand August Gerhardt, Untersuchungen über das Wesen des mystischen Grunderlebnisses: Ein Beitrag zur Mystik Meister Eckeharts, Luthers und Jakob Böhmes, Diss. masch., Greifswald 1923; Rudolf Otto, West-östliche Mystik. Vergleich und Unterscheidung zur Wesensdeutung, München 3. Aufl. 1971, S. 224ff., 273f.; ders., Tremendum und Mystik, in: Das ganz Andere, Gotha 1929, S. 61-70; ders., Luthers Rechtfertigungslehre und die Mystik, in: Sünde und Urschuld, München 1932, S. 178-184; Peter Meinhold, Luther und die deutsche Mystik mit besonderer Berücksichtigung Meister Eckharts, Ev. Erz., 46 (1935), S. 400-408; Heinrich Bornkamm, Eckhart und Luther, Stuttgart 2. Aufl. 1939; Reinhold Schwarz, Meister Eckharts Meinung vom gerechten Menschen, in: Geist und Geschichte der Reformation: Festgabe für H. Rückert, Berlin 1966, S. 15-34; Steven E. Ozment, Eckhart and Luther: German Mysticism and Luther's Protestantism, The Thomist, 42 (1978), S. 259-280; Rochler (Anm. 1), S. 98-103f.; Alois Maria Haas, Theologia deutsch. Meister Eckhart und Martin Luther, in: Festschrift Hans Haefele, Sigmaringen 1985. – Methodisch ginge es bei der Erforschung der Fäden, die Luther mit Meister Eckhart zusammenbinden, zunächst darum, gleichläufige Theologumena – z. B. in der Rechtferti-

gungsfrage und in der Gottesproblematik – aufzufinden, danach auch darum, nach allfälligen Quellenbezügen zu fragen. Neuere Untersuchungen über die Bibliothek im Erfurter Augustinerkonvent tragen leider in diesem Punkt nicht allzuviel bei; vgl. Jun Matsuura, Restbestände aus der Bibliothek des Erfurter Augustinerklosters zu Luthers Zeit und bisher unbekannte eigenhändige Notizen Luthers: Ein Bericht, in: Lutheriana: Zum 500. Geburtstag Martin Luthers von den Mitarbeitern der Weimarer Ausgabe, hrsg. von Gerhard Hammer und Karl-Heinz zur Mühlen, Köln 1984, S. 315-332.

46 Zur Taulerlektüre Luthers vgl. neben den Hinweisen in den Anmerkungen 1, 3, 11, 12, 13, 18, 44 noch die folgende Literatur: August Wilhelm Hunzinger, Luther und die deutsche Mystik, Neue kirchliche Zs., 19 (1908), S. 972-988; ders., Luther und die Mystik, Zs. f. Phil. und philos. Kritik, 164 (1917), S. 166-189; Otto Scheel, Taulers Mystik und Luthers reformatorische Entdeckung, in: Festgabe Julius Kaftan, Tübingen 1920, S. 305-318; Horst Quiring, Luther und die Mystik, Diss. Heidelberg, Berlin 1936 (vgl. Anm. 18); Johannes von Walter, Mystik und Rechtfertigung beim jungen Luther, Gütersloh 1937, S. 30ff.; Friedrich Theophil Ruhland, Luther und die Brautmystik nach Luthers Schrifttum bis 1521, Diss. Gießen 1938, bes. S. 58 ff.; Artur Rühl, Der Einfluß der Mystik auf Denken und Entwicklung des jungen Luther, Diss. Marburg 1960, S. 91-96; Bernd Moeller, Tauler und Luther, in: La mystique rhénane, Paris 1963, S. 157-168; Gerhard Ruhbach, Tauler und Luther, Blätter für pfälzische Kirchengeschichte, 37/38 (1970/71), S. 285-296; Rochler (Anm. 1); Steven E. Ozment, Homo Spiritualis, A Comparative Study of the Anthropology of J. Tauler, J. Gerson and M. Luther (1509-1516) in the Context of their Theological Thought, Leiden 1969; ders., Mysticism, Nominalism and Dissent, in: The Pursuit of Holiness, hrsg. von Charles Trinkaus und Heiko A. Oberman, Leiden 1974, S. 66-92, bes. S. 82 ff.; Bengt R. Hoffman, Luther and the Mystical, Lutheran Quarterly, 26 (1974) S. 316-329; ders., Luther and the Mystics, Minneapolis/Min. 1976; George Huntston Williams, German Mysticism in the Popularization of Ethical Behavior in Luther and the Anabaptists, The Mennonite Quarterly Review, 48 (1974), S. 275-304; Theo Bell, Sermon von der Geburt Christi: Bernard van Clairvaux en Johann Tauler in Luther's Kerstpreek van 1520, Bijdragen, 39 (1978), S. 289-309; Winfried Zeller, Der Baseler Taulerdruck von 1522 und die Reformation, in: Theologie und Frömmigkeit: Gesammelte Aufsätze, hrsg. von Bernd Jaspert, Marburg 1971, S. 32-38; ders., Luthertum und Mystik, in: Theologie und Frömmigkeit: Gesammelte Aufsätze II, hrsg. von Bernd Jaspert, Marburg 1978, S. 35-54; Werner O. Packull, Luther and Medieval Mysticism in the Context of Recent Historiography, in: Renaissance and Reformation, 6 (1982), S. 79-93. Die Thematik Luther und Tauler, wie sie in den verschiedenen und kaum mehr überblickbaren Arbeiten zum jungen Luther faßbar ist, kann hier nicht eigens erwähnt werden.

Rochler (Anm. 1) orientiert hierüber umfassend bis 1965, darüber hinaus vgl. Benrath (Anm. 1).

47 Nach der Zählung von Moeller (Anm. 46), S. 158.

48 Vgl. Steven E. Ozment, Mysticism and Dissent: Religious Ideology and Social Protest in the Sixteenth Century, New Haven 1973. Das hat seine Voraussetzungen gewißlich im Spätmittelalter und bei Luther; vgl. Bernd Moeller, Frömmigkeit in Deutschland um 1500, in: Archiv für Reformationsgeschichte, 56 (1965), S. 5-31; Martin Elze, Das Verständnis der Passion Jesu im ausgehenden Mittelalter und bei Luther, in: Geist und Geschichte der Reformation, Festgabe für Hanns Rükkert zum 65. Geburtstag, Berlin 1966, S. 127-151.

49 Moeller (Anm. 46), S. 157; Jean Orcibal, La rencontre du Carmel thérésien avec les mystiques du nord, Paris 1959; ders., Saint Jean de la Croix et les mystiques rhéno-flamands, Paris 1966.

50 Moeller (Anm. 46), S. 159.

51 Die Literatur über Zeit, Ort und Ereigniszusammenhang von Luthers Entdeckung der *iustitia Dei passiva* ist kaum mehr überblickbar. Vgl. Der Durchbruch der reformatorischen Erkenntnis bei Luther (Anm. 4); Ernst Bizer, Fides ex auditu: Eine Untersuchung über die Entdekkung der Gerechtigkeit Gottes durch Martin Luther, Neukirchen-Vluyn 3. Aufl. 1966; Oswald Bayer, Die reformatorische Wende in Luthers Theologie, Zs. für Theol. u. Kirche, 66 (1969), S. 115-150; ders. (Anm. 40); Martin Brecht, Iustitia Christi: Die Entdeckung Martin Luthers, Zs. f. Theol. u. Kirche, 74 (1977), S. 179-223; Otto Hermann Pesch, Hinführung zu Luther, Mainz 1982, S. 80-102 (mit vortrefflicher Bibliographie); ebenfalls von Pesch eine magistrale Darstellung der Forschungslage im Sammelband von Lohse (Anm. 4); Heiko A. Oberman (Anm. 5 und 6).

52 C. Ullmann, Reformatoren vor der Reformation vornehmlich in Deutschland und in den Niederlanden, 2 Bände, Hamburg 2. Aufl. 1866, II, S. 184-193 (Tauler).

53 Vgl. Vogelsang (Anm. 18), S. 32; Moeller (Anm. 46), S. 165 f. Luthers Interesse an Tauler wird heute häufig auf seine Scholastikfeindlichkeit zurückgeführt: »Was Luther an dieser Mystik (Taulers) schätzte, war ihre aus der Erfahrung geschöpfte Weisheit, mit der sie von den Spekulationen der Scholastiker abstach«, so Brecht (Anm. 2), S. 138. Hierin greift Brecht eine alte Einsicht der Forschung auf, auf die tatsächlich immer wieder hingewiesen werden muß. Vgl. schon Hermann Hering, Die Mystik Luthers im Zusammenhang seiner Theologie und in ihrem Verhältnis zur älteren Mystik, Leipzig 1879, S. 52 ff. Brecht, ebd., S. 139: »Die Bedeutung, die das Taulersche Gedankengut für Luther hatte, ist völlig eindeutig und einheitlich. Es hat Luther in seiner kritischen und dunklen Demutstheologie bestätigt ... Luther hat Tauler theologisch und nicht eigentlich mystisch ganz im Zusammenhang und in der Ausrichtung seiner eigenen Demutstheologie verwendet.« Sicher ist dieser Auffassung darin zuzustimmen, daß Luther Tauler »als schla-

gendes Beispiel für eine echte, erlebte und lebendige Theologie« gelesen hat, wie Heiko A. Oberman, Luther: Mensch zwischen Gott und Teufel, Berlin 1981, S. 191, nachhaltig versichert. Derselbe aber hat – zusammen mit Erwin Iserloh (Anm. 24) – mit Recht auf einen »mystischen Grundzug« in Luthers Theologie hingewiesen – siehe das Sammelwerk, das in Anm. 11 genannt wurde –, durch den die Ekstase als eine konsequente Ausformung des Glaubens gedeutet wird: die Ekstase ist das »Hineingerissensein *(raptus)* des Geistes in die klare Erkenntnis des Glaubens« (WA 4; 265, 30f.; zitiert von Iserloh, ebd., S. 68). Das geht inhaltlich weiter als die Sichteinengung bei Brecht. Vgl. auch Günther Metzger, Gelebter Glaube: Die Formierung reformatorischen Denkens in Luthers erster Psalmenvorlesung, Göttingen 1964, S. 110-113.

54 Vgl. Moeller (Anm. 46), S. 165f. Allerdings ist zu fragen, ob eine solche Feststellung nicht einen hermeneutischen Gemeinplatz darstellt: Kaum ein Autor läßt sich durch einen andern, auf den er sich abstützt, völlig und erschöpfend in seinen innersten Intentionen deuten.

55 Vgl. dazu die in Anm. 43 genannte Literatur.

56 Moeller (Anm. 46), s. 160f.

57 WA 9; 29.

58 Ebd., 20.

59 Ebd., 23.

60 Ebd., 22.

61 Ebd., 21.

62 Ebd., 22.

63 Die Schlüsselstelle: De div. nom. 2, 9 (PG 3, 648 B). Die Formel ὀυ μόνον μαθών, ἀλλὰ καὶ παθών τὰ θεῖα geht zurück auf Aristoteles, Frag. 15, ist aber auch anderswo in der Antike geläufig. Vgl. Walther Völker, Kontemplation und Ekstase bei Pseudo-Dionysius Areopagita, Wiesbaden 1958, S. 206; Hans-Georg Beck, Theoria: Ein byzantinischer Traum?, München 1983, S. 24. Zu Luthers Fassung der *vita passiva* vgl. den wichtigen Aufsatz von Christian Link, Vita passiva, Rechtfertigung als Lebensvorgang, Evangelische Theologie, 44 (1984), S. 315-351 (S. 324 der Verweis auf Taulers Formel: *in lidender wise*; es ließe sich auch auf Meister Eckharts Fassung der Rechtfertigung verweisen).

64 WA 9; 97, 12f.; 97, 15 f.

65 Auf die in der Frage nach Luthers reformatorischem Durchbruch gestellte Problematik um eine bloß zeitlich befristete oder durchgängig gültige Demutstheologie in seiner Spiritualität ist hier nicht einzutreten. Vgl. schon Otto Scheel, Martin Luther: Vom Katholizismus zur Reformation, 2 Bände, Tübingen 1. Aufl. 1921, 3.-4. Aufl. (1930), II, 581 mit Anm. 1; Bernhard Lohse, Mönchtum und Reformation: Luthers Auseinandersetzung mit dem Mönchsideal des Mittelalters, Göttingen 1963, S. 218ff.; Bizer (Anm. 51); Rudolf Damerau, Die Demut in der Theologie Luthers, Gießen 1967; Bayer (Anm. 40).

66 Die Predigten Taulers, hrsg. von Ferdinand Vetter, Berlin 2. Aufl. 1968, S. 172, 18. Zum Thema der Anfechtung bei Tauler mit dem Blick auf Luther vgl. Bernd Moeller, Die Anfechtung bei Johann Tauler, Diss. masch. Mainz 1956; zum Thema der Gelassenheit vgl. Ludwig Völker, Gelassenheit: Zur Entstehung des Wortes in der Sprache Meister Eckharts und seiner Überlieferung in der nacheckhartschen Mystik bis Jacob Böhme, in: »Getempert und gemischet« für Wolfgang Mohr zum 65. Geburtstag, hrsg. von F. Hundsnurscher und Ulrich Müller, Göppingen 1972, S. 281-312; Gelassenheit bei Luther: Bayer (Anm. 40), S. 72, 154, 156, 285.

67 WA 9; 102, 34.

68 H. Appel, Anfechtung und Trost im Spätmittelalter und bei Luther, Leipzig 1938; Paul Theophil Bühler, Die Anfechtung bei Martin Luther, Zürich 1942; Horst Beintker, Die Überwindung der Anfechtung bei Luther: Eine Studie zu seiner Theologie nach den Operationes in Psalmos 1519-21, Berlin 1954.

69 WA 9; 102, 10.

70 Beintker (Anm. 68), S. 87.

71 Vgl. Alois Maria Haas, Sermo mysticus: Studien zu Theologie und Sprache der deutschen Mystik, Freiburg/Schweiz 1979, S. 117, 199. Vgl. bei Luther WA 56; 231, 5 ff.; 393, 21 ff.; 419, 11 ff.

72 Moeller (Anm. 46), S. 161; Beintker (Anm. 68), S. 148.

73 Beintker (Anm. 68), S. 148, Anm. 3.

74 Ebd., S. 152.

75 von Walter (Anm. 46), S. 31 f.

76 Moeller (Anm. 46), S. 163.

77 Das heißt nicht, daß die Verbindung des Menschen mit Gott im Glauben nicht *unio* in einem grundsätzlichen Sinne wäre, sondern daß einzelne, psychisch intensive Unio-Erfahrungen – in Form einer Aufhebung des Glaubens – für Luther undenkbar sind.

78 Vgl. Moeller (Anm. 46), S. 162, Anm. 4.

79 Tauler (Anm. 66), S. 45, 29 ff.

80 Vogelsang (Anm. 18), S. 43.

81 Ebd. (Zitat aus der Römerbriefvorlesung, das ich nach WA 56 nicht verifizieren konnte).

82 Die Luthersche Fassung: Theologia Deutsch, hrsg. von Hermann Mandel, Leipzig 1908. Luthers Fassung kommt die Dignität einer Handschriftenvariante zu: Luther erweist sich hier auch als ein guter Editor! Vgl. Wolfgang von Hinten, »Der Franckforter« (»Theologia Deutsch«), Kritische Textausgabe, München 1982, S. 52-57.

83 Vorrede von 1516 in WA 1; 153.

84 WABR 1; 79, 61.

85 Vgl. dazu Alois Maria Haas, Geistliches Mittelalter, Freiburg/Schweiz 1984, S. 444; ders. (Anm. 71), S. 106; Max Wehrli, Literatur im deutschen Mittelalter: Eine poetologische Einführung, Stuttgart 1984, S. 36 ff.

86 Vorrede von 1518 in WA 1; 378; auch in »Der Franckforter«: Theologia Deutsch, hrsg. von Alois Maria Haas, Einsiedeln 1980, S. 28.
87 WA 1; 379.
88 WA 9; 737, 32; 738, 7.
89 WA 9; 738, 1 ff.
90 Haas (Anm. 71), S. 293.
91 Ebd., S. 294.
92 Tauler (Anm. 66), S. 71, 7 f.
93 Vgl. das Vorwort bei Haas (Anm. 86).
94 Kjell Ove Nilsson, Simul: Das Miteinander von Göttlichem und Menschlichem in Luthers Theologie, Göttingen 1966. Die paradoxe Formel: »Simul iustus – simul peccator, ›Gerechter und Sünder zugleich‹ – stellt die fundamentale Signatur von Luthers Denken dar« – wie Ebeling, Einführung (Anm. 40) mit Recht vermerkt.
95 Vgl. Luthers Freiheitsschrift (WA 7; 26 ff.), wo er die sprachliche Einengung des »Geistlichen« *auff den kleynen hauffen, den man itzt nennet geystlichen stand* resolut ablehnt. *Spiritalia* sind bei Luther »nicht Ideen im philosophischen Sinn ..., sondern ›das, was mit Gott zu tun hat‹«, wie Helmar Junghans, Der junge Luther und die Humanisten, Göttingen 1985, S. 281, unter Hinweis auf Ebeling, Einführung (Anm. 40), S. 18 f., festhält. Vgl. auch Gerhard Ebeling, Lehre und Leben in Luthers Theologie, Opladen 1984, S. 12 f.
96 Gerhard Ebeling, Martin Luthers Weg und Wort, Frankfurt am Main 1983, S. 70.
97 WATR 1; 16, 13, Nr. 46. Weitere Stellen bei Ebeling, Lehre (Anm. 95), S. 22, 26 f.
98 Johann Georg Hamann, Kreuzzüge des Philologen, in: Sämtliche Werke, II, Wien 1950, S. 164, 16 ff.: »alle ästhetische Thaumaturgie reicht nicht zu, ein unmittelbares Gefühl zu ersetzen, und nichts als die Höllenfahrt der Selbsterkenntnis bahnt uns einen Weg zur Vergötterung.« Zu Luthers Auffassung von der Selbsterkenntnis vgl. Gerhard Ebeling, Cognitio Dei et hominis, in: Lutherstudien, I (Anm. 40), S. 221-272, bes. S. 255 ff.
99 Oberman (Anm. 11), S. 55.
100 WA 57/III; 114, 13-19; zitiert bei Oberman (Anm. 11), S. 66.
101 Oberman (Anm. 11), S. 66. Ob dieser »existentielle« Charakter von Luthers Theologie auch eine »existentiale« Auslegung der Heilstatsachen, d. h. eine entgeschichtlichende und entobjektivierende Interpretation der Heilstatsachen erforderlich mache, darüber ist durch das Buch von Albert Brandenburg, Gericht und Evangelium: Zur Worttheologie in Luthers erster Psalmenvorlesung, Paderborn 1960, eine Diskussion entstanden, die durch die klärenden Hinweise Ebelings in Lutherstudien I (Anm. 40), S. 7 ff., Anm. 31, als erschöpft gelten darf. Vgl. Erwin Iserloh, Existentiale Interpretation in Luthers erster Psalmenvorlesung?, Theol. Revue, 59 (1963), S. 73-84; Hans Geisser, Das Abenteuer der Lutherinterpretation als verbindendes Element zwi-

schen den Konfessionen: Zu Albert Brandenburgs Buch Gericht und Evangelium, Materialdienst des konfessionskundlichen Instituts, 14 (1963), S. 81-90.

102 Oberman (Anm. 11), S. 66.

103 WA 56; 392, 28-32; zitiert bei Oberman (Anm. 11), S. 66f.

104 *verbum dei non nisi auditu percipitur. Natura enim verbi est audiri. Sed cum videbimus, quid formet et (ut ita dixerim) speciabit et imaginabit, aliter erit. Natura enim speciei et imaginis est videri et non audiri. Ergo loqui ipsius domini est verbum suum edere et manifestare, sed auditui. Ita deus pater locutus est nobis, id est filium verbum suum ostendit nobis in auditu fidei* (WA 4; 9, 18-23). Das im Wort Gottes Hörbare ist *in statu viae* das von Gott einzig Erkennbare. Sehen ist eine bloß eschatologisch wirksam werdende Erfahrungsmöglichkeit. Vgl. Junghans (Anm. 95), S. 282-287.

105 »Luther fordert eine praktische, wenn man so will, existentielle Theologie, in deren Mitte das Kreuz steht, das ist keine Mystik *per viam negativam*, sondern *per viam contrarii*«, Oberman (Anm. 11), S. 66; zur staurologischen Dimension dieser Erfahrung unter dem Aspekt des Gegenteils vgl. Pierre Bühler, Kreuz und Eschatologie: Eine Auseinandersetzung mit der politischen Theologie, im Anschluß an Luthers theologia crucis, Tübingen 1981, S. 218ff.

106 Horst Beintker, Luthers Gotteserfahrung und Gottesanschauung, in: Leben und Werk Martin Luthers von 1526 bis 1546, hrsg. von Helmar Junghans, 2 Bände, Göttingen 1983, I, S. 46.

107 Vgl. die einschlägigen Stellen bei Alois Maria Haas, Meister Eckhart als normative Gestalt geistlichen Lebens, Einsiedeln 1979, S. 107, Anm. 17. Dazu Gregor der Große, Moralia in Job, 1,22, c.20, n. 48f. (PL 76, 242 CD, 243 AB); ebd., 1, 24, c. 11, n. 28 (ebd., 302 A); Hom. in Ez. 1, 1, c.10, n.31 (ebd., 898 Bff.).

108 WA 9; 69, 36; 107, 23.

109 Oberman (Anm. 11), S. 29, Anm. 29, verweist auf Bernhard Ep. 91, 3. Hier aber – Bernhardi Opera VII (1974), S. 240, 7-19 – findet sich die Stelle nicht, obwohl inhaltlich das Fortschrittsproblem besprochen wird. Die Stelle findet sich Bernardi Opera IV, Rom 1966, S. 340, 8-12 (In Purificatione S. Mariae, Sermo sec., 3): *in via vitae non progredi regredi est.* Schon Tauler hat die Stelle zitiert: *in dem wege Gotz ston, das ist hindersich gon* (Tauler, Anm. 66, S. 372, 15f.). Vgl. Louise Gnädinger, »Der minnende Bernardus: Seine Reflexe in den Predigten des Johannes Tauler«, Cîteaux, 1 (1980), S. 387-409, hier: S. 405.

110 Vgl. die bei Ebeling, Einführung (Anm. 40), S. 227ff., genannten Stellen.

111 Martin Nicol, Meditation bei Luther, Göttingen 1984; dazu die Anm. 65 genannte Literatur.

112 Vgl. Metzger (Anm. 53), S. 56ff.; Elze (Anm. 11), S. 390ff., 395f. Zum Rosetum des Johannes Mauburnus vgl. Johannes Donndorf, Das Rose-

tum des Johannes Mauburnus: Ein Beitrag zur Geschichte der Frömmigkeit in den Windesheimer Klöstern, Diss. Halle 1929; Ernst Benz, Meditation, Musik und Tanz: Über den »Handpsalter«, eine spätmittelalterliche Meditationsform aus dem Rosetum des Mauburnus, Wiesbaden 1976; J. G. R. Acquoy, Het klooster te Windesheim en zijn invloed, deel 1-3, Leeuwarden 1875-1880; Neudruck 3 Teile in 1, 1984, III, S. 35, 323, 354 ff.; Pierre Debongnie, Jean Mombaer de Bruxelles: Ses écrits et ses réformes, Louvain 1928, S. 150 ff.; Anna Jacob Persijn, De dietse vertaling des ›Scala sacre communionis‹ van Ioannes Mauburnus, Diss. Rijswijk 1960.

113 Den Unterschied zwischen nach- und vorreformatorischem Frömmigkeitsverständnis umschreibt Peter Manns (Anm. 13) immer wieder auf höchst anregende Art.

114 Brief vom 13. Sept. 1520 an Papst Leo X., zitiert bei Quiring (Anm. 18), S. 150.

115 Die Einteilung stammt von Augustinus. Vgl. Aurelius Augustinus, Psychologie und Mystik (De Genesi ad litteram 12), hrsg. von Matthias E. Korger und Hans Urs von Balthasar, Einsiedeln 1960; Karl Rahner, Visionen und Prophezeiungen, Freiburg 3. Aufl. 1958, S. 32.

116 Ebeling, Einführung (Anm. 40), S. 226, 232. WA 40/I; 174, 3: »Die ganze Kreatur ist seine (Gottes) Larve.« Vgl. auch Hans Urs von Balthasar, Herrlichkeit: Eine theologische Ästhetik I, Einsiedeln 1961, S. 146, 423; Albert Brandenburg, Die Zukunft des Martin Luther: Luther, Evangelium und die Katholizität, Münster 1977, S. 28 ff.; Rudolf Hermann, Luthers Theologie, Göttingen 1967, S. 169-178.

117 WA 3; 124, 29; zitiert bei Oberman (Anm. 11, S. 25 f., Anm. 17).

118 WA 3; 225, 10 ff. – Luthers außerordentlich starke Betonung des Gehörs als des für den Glauben einzig relevanten Rezeptionsorgans – das Sehen und Schauen ist dem *status gloriae* eschatologisch vorbehalten! – hat für die Folgezeit und deren religiöse und ästhetische Ansichten höchsten Belang. Das Luthertum wird eine reiche Worttheologie und Musikkultur entwickeln, während der Katholizismus sichtbaren Ausformungen seiner Frömmigkeitspraxis weiterhin zugeneigt bleiben wird. Ästhetisch dominiert im Luthertum die Kategorie des Ereignisses und des senkrecht herabfahrenden Wortes, im Katholizismus die Kategorie der sichtbar – in der Schöpfung und im Menschen – aufscheinenden Herrlichkeit Gottes. Vgl. die katholische Position theologischer Ästhetik bei Hans Urs von Balthasar, Herrlichkeit I-III, Einsiedeln 1961-69, und Theodramatik III, Einsiedeln 1980, S. 263-269 (S. 269: »in der Reduktion der Theologie auf das *›pro nobis‹* zwischen Christus und den Sündern entfällt der ganze Horizont der Selbstentscheidung Gottes in Christus, all das, was bei den Vätern mit *Oikonomia* und ›Vergöttlichung‹ des Menschen durch teilgebende Gnade angezeigt war«). Eine lutherische Gegenposition vertreten Gerhard Nebel, Das Ereignis des Schönen, Stuttgart 1953, und Hans-Eckehard Bahr, Theologische Untersuchung der Kunst: Poiesis, Stuttgart 1965.

Mit Recht stellt Michèle Monteil, Martin Luther: La vie, oui, la vie, Paris 1983, Luthers Mystik daher als eine »Mystik des Hörens« dar; schon Werner Kohlschmidt, Luther und die Mystik, Hamburg 1947, S. 23, sprach von Luthers »Mystik des Wortes«. Auch Luthers: *oportet oculos claudere* auf dem Religionsgespräch von Marburg 1529 verweist – in scharfsinniger Anspielung auf griech. μύειν – auf die exklusive Haltung des Hörenden. Vgl. Zeller, Luthertum und Mystik (Anm. 46), S. 39. Zur Worttheologie Luthers vgl. jetzt Werner Führer, Das Wort Gottes in Luthers Theologie, Göttingen 1984.

119 WA 57 (Heb); 222, 7ff. Vgl. dazu Pesch, Hinführung (Anm. 51), S. 134ff., bes. S. 140; Ficker (Anm. 143), S. 105 f. In einer Eckhart-Predigt, die Luther in der Taulerausgabe von 1508 als Nr. VIII lesen konnte, heißt es: *Und hie dâ* (wenn wir *wizzende mit dem gotlichen unwizzene* werden) *wir sîn in lîdenne, dâ sîn wir vollekomener denne ob wir würhten. Dar umbe sprach ein meister, daz diu kraft des hoerennes vil edelre sî denn diu kraft des sehennes, wan man lernet mê wîsheit mit dem hoerenne denne mit dem sehenne unde lebet hie mê in der wîsheit. Man vindet von eime heidenschen meister, dô der lac an sîme tôte, dô retten sîne jungern vor im von grôzer kunst, und er huop sîn houbet ûf alsô sterbende unde hôrte zuo unde sprach ›eyâ, lânt mich noch dise kunst lernen, daz ich ir êweclîche gebrûche.‹ Daz hoeren bringet mê în, aber daz sehen wîset mê ûz, jâ daz werc des sehennes an ime selber. Unt dar umbe sullen wir in dem êwigen lebenne vil sêliger sîn in der kraft des hoerennes denne in der kraft des sehennes. Wan daz werc des hoerennes des êwigen wortes daz ist in mir unde daz werc des sehennes gêt von mir, unde daz hoeren bin ich lîdende unde daz sehen würkende* (nach Franz Pfeiffer [Anm. 44], S. 15, 10-23). Zum Gegensatz *visio–auditio* vgl. Hans Urs von Balthasar, Theodramatik, IV: Das Endspiel, Einsiedeln 1983, S. 372. Die Eckhartstelle scheint mir von kapitaler Bedeutung für Luthers Konzeption sowohl der *vita passiva* (vgl. oben Anm. 63) als auch seiner Höherwertung des auditiven vor dem visionären Aspekt des Glaubens.

120 WA 4; 356, 6ff.

121 WA 4; 356, 11. Vgl. dazu Junghans (Anm. 95), S. 282-287; zur Mühlen, Nos extra nos (Anm. 12), S. 68 ff.; Bayer (Anm. 40), S. 21 f., 39, 148 ff., 224, 249 und unten Anm. 125.

122 WA 4; 9, 14ff.

123 Zum Folgenden vgl. zur Mühlen (Anm. 12), S. 70ff. und die Anm. 121 genannte Literatur.

124 WA 4; 10, 3-9.

125 WA 4; 3, 19. Vgl. dazu Albert Brandenburg (Anm. 101), S. 80ff., bes. S. 111; Scheel (Anm. 46), S. 308; Iserloh (Anm. 101), S. 79.

126 WA 10 I/I; 13, 22.

127 WA 10 I/I; 619, 17. Oder: »durch das Wort wirkt Gott, daß auch wir sind, was er ist, so daß sein Sein unser Sein ist« (WA 5; 144, 20). Vgl. vor allem auch die Weihnachtspredigt von 1514 (WA 1; 20ff.). Vgl. für

das Christologische all dieser Aussagen Marc Lienhard, Martin Luthers christologisches Zeugnis, Göttingen 1973, S. 142-145.

128 WA 10 I/I; 527, 3; WA 2; 7, 6; 7, 12; Lienhard (Anm. 127), S. 142f., Anm. 46.

129 WA 7; 188, 9.

130 Ebd., 25 f.

131 WA 9; 442, 28.

132 Ebd., 440, 21.

133 Vgl. zur Mühlen (Anm. 12), S. 89. Die Weihnachtspredigt von 1514 baut völlig auf dieser altchristlichen Tauschformel auf. Zu deren Geschichte vgl. Haas (Anm. 85), S. 291 ff. Jean Lemarié, La manifestation du Seigneur, Paris 1957, S. 145-160; Raimundo Panikkar, Rückkehr zum Mythos, Frankfurt 1985, S. 47; 71, Anm. 33.

134 WA 1; 28, 27ff.

135 WA 56; 57, 18, zit. bei Eberhard Jüngel, Zur Freiheit eines Christenmenschen: Eine Erinnerung an Luthers Schrift, München 1978, S. 84.

136 Martin Herz, Sacrum commercium: Eine begriffsgeschichtliche Studie zur Theologie der römischen Liturgie, München 1958; zu der Anm. 133 genannten Literatur vgl. nach Raymund Schwager, Der wunderbare Tausch: Zur Geschichte und Deutung der Erlösungslehre, München 1986. Vgl. auch Luther: *relinque formam tuam et indue formam verbi. Quin ›Verbum caro factum est‹* (Joh 1, 14), *ut nos verbum efficiamur* (WA 56; 62, 17f.). Vgl. dazu Reinhard Schwarz, Fides, spes und caritas beim jungen Luther unter besonderer Berücksichtigung der mittelalterlichen Tradition, Berlin 1962, S. 307. Die Tauschformel kann von Luther auch spezifisch abgewandelt und als Demütigung des Menschen gedeutet werden: »weil wir in Adam zur Gottähnlichkeit emporgestiegen sind, darum stieg er herunter zur Ähnlichkeit mit uns« (WA 5; 128, 36 ff.; zitiert bei Jürgen Moltmann, Die Wendung zur Christusmystik bei Teresa von Avila, Stimmen der Zeit, 200 [1982], S. 449-463, hier: S. 459).

137 Vgl. dazu das überreiche Material, bei J. Gottschick, Luther's Lehre von der Lebensgemeinschaft des Gläubigen mit Christus, Zs. f. Theol. u. Kirche, 8 (1898), S. 406-434; Julius Köstlin, Luthers Theologie in ihrer geschichtlichen Entwicklung und ihrem inneren Zusammenhange dargestellt, Berlin 2. Aufl. 1901; Neudruck 1968, II, S. 201 ff.; Paul Althaus, Die Theologie Martin Luthers, Gütersloh 2. Aufl. 1963, S. 262 ff.; insbesondere die reichen und erstaunlichen Hinweise auf die Lebensgemeinschaft zwischen dem Gläubigen und Christus bei Erwin Iserloh (Anm. 24); jetzt auch in: Erwin Iserloh, Luther und die Reformation: Beiträge zu einem ökumenischen Lutherverständnis, Stein a. Rhein 1974, S. 60-87; vgl. auch den Aufsatz von Erich Vogelsang, unten Anm. 141.

138 WA 1; 123, 38 ff. Die eckhartschen Töne sind hier unüberhörbar.

139 Zitiert nach Gerhard Wehr, Martin Luther: Mystische Erfahrung und christliche Freiheit im Widerspruch, Schaffhausen 1983, S. 84. Den

genauen Text siehe in: Die Bekenntnisschriften der evangelisch-lutherischen Kirche, Göttingen 1976, S. 516. Zu Luthers Taufauffassung vgl. Hermann (Anm. 116), S. 179 ff.

140 Vgl. Ruhland (Anm. 46); zum größeren Kontext von Luthers Auslegung des Alten Testaments vgl. James Samuel Preus, From Shadow to Promise: Old Testament Interpretation from Augustine to the Young Luther, Cambridge/Mass. 1969.

141 Erich Vogelsang, Die Unio mystica bei Luther, Archiv für Reformationsgeschichte, 35/36 (1938/39), S. 63-80; Karl Holl, Gesammelte Aufsätze zur Kirchengeschichte, I: Luther, Tübingen 7. Aufl. 1948, S. 81.

142 WA 56; 158, 13.

143 Vgl. das *umbsonst* WA 7; 31, 19.

144 WA 56; 158, 22 ff.

145 WA 20; 722. Deutsche Übersetzung nach Calwer Luther-Ausgabe 9, Calw 1968, S. 170. Zur Johannes-Deutung Luthers vgl. auch Theodosius Harnack, Luthers Theologie, München 2. Aufl. 1927, II, S. 364 f.

146 Iserloh (Anm. 137), S. 61.

147 Werner Elert, Morphologie des Luthertums, München 3. Aufl. 1958, I, S. 145 ff.

148 Vgl. Oberman (Anm. 11).

149 Wegen der Unaufhebbarkeit der Glaubensdimension ist christliche Mystik eine Quasi-Erfahrung. Vgl. Haas (Anm. 71), S. 140, 169.

150 Vgl. Alois Maria Haas, Die Problematik von Sprache und Erfahrung in der deutschen Mystik, in: Grundfragen der Mystik, hrsg. von Werner Beierwaltes, Hans Urs von Balthasar, Alois M. Haas, Einsiedeln 1974, S. 75, Anm. 1.

151 Vgl. Oberman (Anm. 11); Iserloh (Anm. 24), S. 68.

152 WA 57/III; 185; WA 40/I; 589, 25; WA 40/II; 527, 9; WA 40/I; 284, 6; 285, 24; WA 40/I; 284, 6; WA 4; 356, 10 ff.; WA 40/I; 285, 5; WA 36; 285; WA 40/I; 546, 5 ff. Alle Zitate nach Iserloh (Anm. 24), S. 69 (hier noch vieles mehr).

153 WA 7; 25, 26 ff.

154 Vgl. Anm. 133, 135, 136; Beer (Anm. 40) (Bespr. dieses Buches durch Erwin Iserloh, Cath., 37 [1982], S. 101-114). Zur Beziehung Luthers zu Staupitz (vgl. seine Traktate »De matrimonio Christi et christiani« und »Von der nachfolgung des willigen sterbens Christi«) vgl. Heiko A. Oberman, Tuus sum, salvum me fac: Augustinréveil zwischen Renaissance und Reformation. in: Scientia Augustiniana: Festschrift Adolar Zumkeller zum 60. Geburtstag, Würzburg 1975, S. 349-394, bes. S. 379, 386, 390; zur Ehe zwischen Mensch und Gott bei Johann von Staupitz vgl. dessen Sämtliche Schriften 2, Lateinische Schriften II, Berlin 1979, S. 142 ff. Zur Freiheitsschrift beachte auch Iserloh (Anm. 24), S. 71 ff.; Wilhelm Maurer, Von der Freiheit eines Christenmenschen: Zwei Untersuchungen zu Luthers Reformationsschriften 1520/

21, Göttingen 1949; Jean-Louis Gasse, De la liberté du chrétien de Martin Luther, Etude comparative des deux versions allemande et latine, Paris 1984. Die mystische Sprache in ihrer traditionellen Gestaltung ist für die Freiheitsschrift noch nicht angemessen erforscht worden. Schon Mechthild von Magdeburg gebraucht – im Anschluß an den höfischen Minnewechsel (Das fließende Licht der Gottheit, 1866; Neudruck Darmstadt 1964) (vgl. der *süeze wehsel* bei Singenberg, hrsg. von Karl Bartsch, Die Schweizer Minnesänger, 9, 19) – öfter den Ausdruck *wehsel* für das *commercium cum deo*. Vgl. Grete Lüers, Die Sprache der deutschen Mystik des Mittelalters im Werke der Mechthild von Magdeburg, München 2. Aufl. 1966, S. 159f., S. 300-302 *(wirtschaft, hohzît)*.

155 Vgl. Harm Geurs, Te bevrijden vrijheid, Amsterdam 1976; Franz-Josef Schweitzer, Der Freiheitsbegriff der deutschen Mystik, Frankfurt am Main-Bern 1981; Oswald Bayer, Zugesagte Freiheit, Gütersloh 1980; ders., Umstrittene Freiheit, Tübingen 1981; Hans Vorster, Das Freiheitsverständnis bei Thomas von Aquin und Martin Luther, Göttingen 1965. Das Freiheitsproblem läßt sich natürlich nicht einschränken bloß auf eine Sicht von der deutschen Mystik her. Immerhin ist hier erstmals in solcher Stringenz eine innere Freiheit des Christen postuliert worden, wie sie bisher kaum denkbar schien – nämlich in voller Ausweitung auf jeden Christen, auch den Laien.

156 Vgl. oben Anm. 154 die Arbeit von Lüers.

157 Vgl. oben Anm. 4 den von Lohse herausgegebenen Sammelband.

158 Meister Eckhart, Lateinische Werke, II (1954ff.), S. 281, 4.

159 Vgl. zur Mühlen (Anm. 12).

160 WA 40/I; 284, 6.

161 WA 5; 167, 5.

162 Der Erweis dieser Frage genügt natürlich nicht – ihre Bejahung ist aber von grundsätzlicher Tragweite! Erfordert wäre nun eine genaue Erforschung einzelner Schriften des jungen Luther, in denen mystische Tendenzen, vor allem aber Vokabular und Denkformen der Mystik zum Austrag kommen. Für die deutsche Mystik ist hier noch nicht viel Monographisches zu melden. Vgl. Laura Mancinelli, Lutero tra Mistica e Tomismo: Alcune osservazioni sulla »Forma breve del Padrenostro!«, in: Studi di Letteratura religiosa tedesca in memoria di Sergio Lupi, hrsg. von Ute Schwab, Florenz 1972, S. 257-284; Karl-Heinz zur Mühlen, Luthers Frömmigkeit und die Mystik: Seine Auslegung des »Magnificat« von 1521, in: Freiheit und Frömmigkeit: Über Martin Luther, hrsg. von Wolfgang Böhme, Karlsruhe 1983, S. 51-65.

»*Theologia deutsch*«, *Meister Eckhart und Martin Luther*

1 Erich Auerbach, Sermo humilis, in: ders., Literatursprache und Publikum in der lateinischen Spätantike und im Mittelalter, Bern 1958, S. 25-53; Raphaela Gasser, Propter lamentabilem vocem hominis, Zur Theorie der Volkssprache in ahd. Zeit, in: Freiburger Zs. f. Phil. und Theol. 17 (1970), S. 3-83; Alois M. Haas, Geistliches Mittelalter (dokimion 8, Freiburg/Schweiz 1984), S. 225.

2 D. Martin Luthers Werke, Vorrede zur Ausgabe v. 1518, 1, S. 379, 11 f.

3 Vgl. Bernd Moeller, Tauler und Luther, in: La mystique rhénane, Colloque de Strasbourg, Paris 1963, S. 157-168 (mit Literatur). Steven E. Ozment, An aid to Luther's marginal comments on J. Tauler's Sermons, in: Harvard Theological Review 63 (1970), S. 305-311. Was die »Theologia deutsch« betrifft, so dürfte Luther für seinen Teildruck von 1516 ein aus Ostpreußen stammendes Manuskript benutzt haben, während die handschriftliche Vorlage für die Ausgabe von 1518 wahrscheinlich aus dem Kartäuserkloster in Erfurt stammte. Vgl. dazu Georg Baring, Neues von der »Theologia deutsch« und ihrer weltweiten Bedeutung, in: Archiv für Reformationsgeschichte 48 (1957), S. 1-10; ders., Bibliographie der Ausgaben der »Theologia deutsch« (1516-1961), 1963, S. 7f., 30; Mandel, wie Anm. 17, S. 1 f.; The Theologia Germanica of Martin Luther, translation, introduction and commentary by B. Hoffmann, preface by Bengt Hägglund, New York 1980, S. 41 ff.; von Hinten (wie Anm. 6), S. 9. Eine ausführliche Bibliographie zur »Theologia deutsch« habe ich in meiner neuhochdeutschen Ausgabe (wie Anm. 7), S. 31-36, gegeben. Vgl. auch: von Hinten, wie Anm. 6, S. 157-160. Beide Handschriften stammten also aus Klosterbibliotheken. Es ist daher leicht denkbar, daß Luther selber oder über einen Mitbruder auf weitere, für ihn und seine Interessen wichtigen Texte – wie Eckharts »Reden der Unterweisung« beispielsweise – hätte stoßen können.

4 Eine neue Handschrift des »Frankfurters« Cod. 482 der Münchener Universitätsbibliothek, in: ZfdA 89 (1959), S. 280-287.

5 Zur handschriftlichen Überlieferung des »Frankfurters« (»Theologia deutsch«), in: ZfdA 89 (1959) S. 275-280.

6 Wolfgang von Hinten (Hg.), »Der Franckforter« (»Theologia deutsch«), Kritische Textausgabe (Münchener Texte und Untersuchungen 78), München 1982, S. 57.

7 WA 1, S. 379, 8 ff. Den Text der beiden Vorreden 1516 und 1518 siehe in meiner nhd. Übersetzung: »Der Franckforter«, Theologia deutsch (Christliche Meister 7), Einsiedeln 1980, S. 27-29.

8 WA 1, S. 378, 17f.

9 Vgl. Henri de Lubac, La foi chrétienne, Essai sur la structure du Symbole des Apôtres, Paris 2. Aufl. 1970, S. 307ff.

10 WA 1, S. 378, 23.

11 Meister Eckhart, Die deutschen (DW) und lateinischen Werke (LW), (jeweils mit Band-, Seiten- und Zeilenzahl); hier: DW 1, S. 82, 10; S. 91, 7.

12 WA 9, S. 737, 15 ff.

13 WA 1, S. 378, 4 ff.

14 WA 1, S. 378, 11.

15 WA 9, S. 98, 21.

16 WA B(riefwechsel) 1, S. 79, 58 ff. Vgl. auch ebd., S. 96, 8 f.; WA 1, S. 557, 28 ff.; WA 8, S. 289, 7; WA 9, S. 737, 33.

17 Erlanger Ausgabe 63, 236; Hermann Mandel (Hg.), Theologia Deutsch (Quellenschriften zur Geschichte des Protestantismus 7), Leipzig 1908, S. IV; Walther Köhler, Luther und die Kirchengeschichte, I, 1, Erlangen 1900, S. 236 ff.

18 Steven E. Ozment, Mysticism and dissent, Religious ideology and social protest in the sixteenth century, New Haven 1973, S. 23 f. Vgl. auch Martin Brecht, Randbemerkungen in Luthers Ausgaben der »Deutsch Theologia«, in: Luther-Jahrbuch 47 (1980), S. 11-32, besonders S. 32.

19 Vgl. dazu das Vorwort zu meiner nhd. Übertragung (wie Anm. 7), S. 17 ff.

20 Haas (wie Anm. 7), S. 22.

21 Erwin Iserloh, Luther und die Mystik, in: Ivar Asheim (Hg.), Kirche, Mystik, Heiligung und das Natürliche bei Luther, 1967, S. 60-83; neu abgedruckt in: ders., Luther und die Reformation, Beiträge zu einem ökumenischen Lutherverständnis (Der Christ in der Welt, Eine Enzyklopädie, XI/4), Stein am Rhein 1974, S. 60-87.

22 WA 1, S. 153. Vgl. auch oben Anm. 3.

23 Luthers Brief vom 14. Dez. 1516 (siehe oben, Anm. 16) an Spalatin belegt recht anschaulich, daß von seiten seiner Freunde ein ausgesprochenes Interesse an volkssprachlicher Erbauungsliteratur bestand.

24 Vgl. dazu Alphons Victor Müller, Luther und Tauler auf ihren theologischen Zusammenhang neu untersucht, Bern 1918, S. 15. Der Augsburger Druck von 1508 ist ein Nachdruck des Leipziger Taulerdrucks von 1498. – Die Eckhart-Predigten siehe in: Franz Pfeiffer, Deutsche Mystiker des 14. Jahrhunderts, Bd. 2: Meister Eckhart, 3. Aufl. Aalen 1962, S. 3-10 (I), 10-16 (II), 16-24 (III), 24-30 (IV). Predigten I, II, IV wurden in: Josef Quint, M. Eckehart, Deutsche Predigten und Traktate, 2. Aufl. München 1979, als Predigt 57, 58 und 59 übernommen.

25 Wolfgang Rochler, Luther und die mittelalterlichen Mystiker, Ein forschungsgeschichtlicher Überblick von Ullmann bis zum Dritten Internationalen Kongreß für Lutherforschung 1966, Diss. Leipzig 1973. Auf die wertvolle Arbeit stieß ich durch G. A. Benrath, Luther und die Mystik – ein Kurzbericht, in: Peter Manns (Hg.), Zur Lage der Lutherforschung heute, Wiesbaden 1982, S. 44-58, S. 47 f., Anm. 13.

26 Rudolf Otto, West-östliche Mystik, Vergleich und Unterscheidung

zur Wesensdeutung, Dritte Aufl., bearbeitet von G. Mensching, München 1971, S. 226, 273 f., ders.; Mystisches in Luthers Glaubensbegriff, in: Das ganz Andere, Aufsätze das Numinose betreffend, Heft 1: Religionskundliche Reihe, 4. Aufl. Gotha 1929, S. 61-64; besonders S. 63; H. Bornkamm, Eckhart und Luther, Stuttgart 1936; zu E. Seeberg vgl. Rochler (wie Anm. 25), S. 180-185; R. Schwarz, M. Eckharts Meinung vom gerechten Menschen, in: Geist und Geschichte der Reformation, Festgabe Hanns Rückert, Berlin 1966, S. 15-34; Artur Rühl, Der Einfluß der Mystik auf Denken und Entwicklung des jungen Luther, Diss. Marburg 1960; Alfred Adam, Lehrbuch der Dogmengeschichte, 2, Gütersloh 1968, S. 195; Steven E. Ozment, Eckhart's mysticism and Luther's protestantism, in: The Thomist 42 (1978), S. 259-280.

27 Rochler (wie Anm. 25), S. 103. Für das Folgende Rochler, S. 98-103.

28 Rochler (wie Anm. 25), S. 101.

29 August Daniels (Hg.), Eine lateinische Rechtfertigungsschrift des Meister Eckhart (Beiträge zur Geschichte der Philosophie des Mittelalters, 23/5), Münster 1923, S. 5, 29 ff. Vgl. auch DW 5, 227, 5 ff.

30 Rochler (wie Anm. 25), S. 101.

31 Vgl. Schwarz, wie Anm. 26

32 Adam (wie Anm. 26), S. 124.

33 Burkhard Mojsisch, Meister Eckhart, Analogie, Univozität und Einheit, Hamburg 1983, S. 70 ff.

34 Mojsisch (wie Anm. 33), S. 71.

35 DW 5, S. 198, 1 ff.

36 WA 1, S. 226, 8. Weitere Stellen siehe Luther, Studienausgabe, Bd. 1, Berlin 1979, S. 168, Anm. 42.

37 LW 2, S. 281, 4

38 WA 56, S. 158, 13.

39 Vgl. dazu Alois M. Haas, Meister Eckhart als normative Gestalt geistlichen Lebens, Einsiedeln 1979, S. 129, Anm. 7. In Luthers Freiheitstraktat setzt sich das *sunder warumbe* um in das Tun der Werke *umbsonst* (Luther, Studienausgabe, 2, 1982, S. 287; *Czum eyn vnd zwentzigsten*).

40 Vgl. Heiko A. Oberman, »Iustitia Christi« und »Iustitia Dei«. Luther und die scholastischen Lehren von der Rechtfertigung, in: Bernhard Lohse (Hg.), Der Durchbruch der reformatorischen Erkenntnis bei Luther (Wege der Forschung 123), Darmstadt 1968, S. 413-444, vor allem S. 441, Anm. 31.

41 Rochler (wie Anm. 25), S. 101 f.

42 Heiko A. Oberman, *Facientibus quod in se est, Deus non denegat gratiam,* Robert Holcot O. P. and the Beginnings of Luther's Theology, in: Harvard Theological Review 55 (1962), S. 317-342.

43 In der Freiheitsschrift. Vgl. Theobald Beer, Der fröhliche Wechsel und Streit, Grundzüge der Theologie Martin Luthers (Sammlung Horizonte NF 19), Einsiedeln 1980.

44 DW 5, S. 266, 4.

45 Vgl. Iserloh (Anm. 21).

46 Martin Anton Schmidt, Scholastik, in: Kurt Dietrich Schmidt/Ernst Wolf (Hg.), Die Kirche in ihrer Geschichte, Ein Handbuch, Bd. 2 G 2, Göttingen 1969, S. 155.

47 LW 1, S. 617, 1 ff., n. 147. Vgl. Rochler (wie Anm. 25), S. 101.

48 *Natura verbi est audiri* (WA 4, S. 9, 18). Auf eine »mystique de l'audition« Luthers weist hin Michèle Monteil, Martin Luther, La vie, oui, la vie, Paris 1983. Vgl. dazu Meister Eckhart, Predigt 2 bei F. Pfeiffer, Meister Eckhart, Predigten, Traktate, Aalen 1962, S. 15, 11 ff.

49 WA 40, I, S. 285, 5 ff.; WA 4, S. 356, 10 ff.

Christus ist alles: Die Christusmystik des Angelus Silesius

1 Zu Leben und Werk des Angelus Silesius siehe die Arbeit von L. Gnädinger, Angelus Silesius, in: Deutsche Dichter des 17. Jahrhunderts, hg. von H. Steinhagen und B. von Wiese, Berlin 1984, S. 553-575; die Ausgaben von Held (wie Anm. 8) und Ellinger (wie Anm. 8); B. Gorceix, Flambée et agonie, Mystiques du XVIIe siècle, Sisteron 1977, S. 233-275.

2 Eine umfassende Geschichte der Christusfrömmigkeit über die Jahrhunderte hinweg fehlt leider. Vgl. vorläufig: Imitation du Christ, Dictionnaire de Spiritualité 7, Paris 1971, Sp. 1536-1601; G. Pfannmüller, Jesus im Urteil der Jahrhunderte, Leipzig 1908; J. Huby (Hg.), Christus, Manuel d'histoire des religions, Paris 1923; G. Bardy/A. Tricot (Hg.), Le Christ, Encyclopédie populaire des connaissances christologiques, Paris 1935; L. Kösters, Unser Christusglaube, Das Heilandsbild der katholischen Theologie, Freiburg i. Br. 1937; C. Richstaetter, Christusfrömmigkeit in ihrer historischen Entfaltung, Köln 1949; Jesus Christus, Das Christusverständnis im Wandel der Zeiten, Marburg 1963; K. V. Truhlar, Christuserfahrung, Rom 1964, W. Kasper, Jesus der Christus, Mainz 6. Aufl. 1977; AA. VV., Gesù Cristo, Roma 1981; H. Th. Wrege, Wirkungsgeschichte des Evangeliums, Göttingen 1981; R. Strunk, Nachfolge Christi, Erinnerungen an eine evangelische Provokation, München 1981; L. Scheffczyk (Hg.), Christusglaube und Christusverehrung, Neue Zugänge zur Christusfrömmigkeit, Aschaffenburg 1982. Vgl. auch unten Anm. 7. Dazu vgl. die Dogmengeschichten und Darstellungen der Spiritualitätsgeschichte.

3 Vgl. H. U. von Balthasar, Angelus Silesius, Cherubinischer Wandersmann, Einsiedeln 1980 (Christliche Meister 6), S. 95 ff.

4 Vgl. F. Vandenbroucke, Le divorce entre théologie et mystique, Ses origines, Nouvelle Revue Théologique 72 (1950), S. 372-389; H. U. von Balthasar, Theologie und Heiligkeit, in: Verbum Caro, Skizzen zur Theologie I, Einsiedeln 1960, S. 195-225; ders., Spiritualität, in: a.a.O., S. 226-244.

5 G. Schnürer, Katholische Kirche und Kultur in der Barockzeit, Paderborn 1937; L. A. Veit/L. Lenhart, Kirche und Volksfrömmigkeit im Zeitalter des Barock, Freiburg 1956.

6 W. Zeller, Der Protestantismus des 17. Jahrhunderts, Bremen 1962 (Klassiker des Protestantismus, Bd. V), S. XVII ff.

7 Vgl. dazu A. M. Haas, Jesus Christus – Inbegriff des Heils und verwirklichte Transzendenz im Geist der deutschen Mystik, in: ders., Geistliches Mittelalter, Freiburg/Schweiz 1984, S. 291-314.

8 Schefflers Werk wird zitiert nach der Ausgabe von H. L. Held, Angelus Silesius, Sämtliche Poetische Werke in drei Bänden, München 3. Aufl. 1949/52 (vgl. auch die Ausgabe von G. Ellinger, Angelus Silesius, Sämtliche poetische Werke und eine Auswahl aus seinen Streitschriften, Mit einem Lebensbild, 2 Bde., Berlin o. J.). Das Zitat hier: Held I, S. 127, Anm. 47. Vgl. jetzt die kritische Neuausgabe des CW, erarbeitet von L. Gnädinger, Stuttgart 1984 in Reclams Universalbibliothek und die moderne Textherstellung von ders., Zürich 1986.

9 Zur Unterscheidung Christo- und Theozentrismus vgl. G. Moioli, Christocentrismo, in: St. de Fiores/T. Goffi, Nuovo Dizionario di spiritualità, Roma 1979, S. 354-366; A. Blasucci, Christocentrismo, in: E. Ancilli, Dizionario enciclopedico di spiritualità, Roma 1975, S. 487-496.

10 Vgl. dazu Gnädinger, wie Anm. 1; Held I.

11 Vgl. I. Röbbelen, Theologie und Frömmigkeit im deutschen ev.-luth. Gesangbuch, Göttingen 1967, S. 451, Nr. 148-152.

12 Held I, S. 314.

13 Theologia mystica 1. 3, c. 9; zitiert bei Maximilianus Sandaeus, Pro theologia mystica Clavis, Köln 1640, Nachdruck: Heverlee-Louvain 1963, 302b. Auf die Stelle verweist L. Gnädinger, Die Rosen-Sprüche des *Cherubinischen Wandersmanns* als Beispiel für J. Schefflers geistliche Epigrammatik, in: H. Steinhagen und B. von Wiese (Hg.), Deutsche Dichter des 17. Jahrhunderts, Ihr Leben und Werk, Berlin 1983. Auf die Bedeutung des M. Sandaeus verwiesen schon Richstaetter, A. S., Mystiker und Konvertit (wie Anm. 50), S. 372 f., und in seinem Gefolge H. Gies, Eine lateinische Quelle zum »CW« des A. S., Breslau 1929; Ein Dichter und Mystiker des Barock, Lit. Wiss. Jb. der Görresgesellschaft 4 (1929) S. 129-142. R. Schäfer, Die Negation als Ausdrucksform mit besonderer Berücksichtigung der Sprache des A. S., Diss. Bonn 1959, hat diese Abhängigkeit des A. S. auch von der »Theologia mystica« (Mainz 1627) des Sandaeus ausführlich belegt.

14 Vgl. dazu M. de Certeau, La fable mystique, XVIe-XVIIe siècle, Paris 1982, S. 277 ff.

15 Auf die Emanzipation der Redeweise aus dem Zusammenhang des Inhaltlichen verweist äußerst nachdrücklich M. de Certeau, wie Anm. 14, S. 156 ff. Vgl. von dems., Politica e mistica, Questioni di storia religiosa, Milano 1975, S. 348 ff. Auf die entscheidende Rolle rhetorischer *modi loquendi* in Schefflers Dichtung verweist E. Meier-Lefhalm, Das Verhältnis von mystischer Innerlichkeit und rhetorischer

Darstellung bei A. S., Diss. Bonn 1957 (masch.). Vgl. auch F. Bolgiani (Hg.), Mistica e retorica, Firenze 1977.

16 Die Angaben in Klammern beziehen sich auf die Ausgabe von Held, wie Anm. 8.

17 Vgl. Meister Eckhart, Deutsche Werke 2, S. 98, 5 ff. Vgl. dazu Haas, wie Anm. 7, S. 303.

18 Die Geschichte dieses Satzes siehe bei Haas, wie Anm. 7, S. 294, Anm. 18.

19 K. Barth, Die kirchliche Dogmatik II. Bd., 1. Halbbd., 2. Aufl. Zollikon-Zürich, S. 316.

20 Vgl. Haas, wie Anm. 7.

21 Ebd., wie Anm. 7, S. 295 f. Vgl. K. Rahner, Die ewige Bedeutung der Menschheit Jesu für unser Gottesverhältnis, in: Schriften zur Theologie III, 3. Aufl. Einsiedeln 1959, S. 47-60; W. Kasper, Christologie und Anthropologie, Theol. Quartalschrift 162 (1982), S. 201-221.

22 Vgl. dazu die Sündersprüche V 53 ff.

23 Held I, S. 66.

24 Auch andere Komponisten, wie z. B. Buxtehude, haben sich der Lieder Schefflers kompositorisch angenommen.

25 Held I, S. 303.

26 Ebd. I, S. 302.

27 Ebd. I, S. 304.

28 Ebd. I, S. 66.

29 H. U. von Balthasar, Das betrachtende Gebet, Einsiedeln 1955, S. 69. Vgl. auch E. Seeberg, Zur Frage der Mystik, in: Menschwerdung und Geschichte, Aufsätze, Stuttgart o. J., S. 134 ff.

30 F. Ohly, Hohelied-Studien, Grundzüge einer Hoheliedauslegung des Abendlandes bis um 1200, Wiesbaden 1958.

31 Held II, S. 117, 3.

32 Ebd. II, S. 120, 9. Zu Schefflers Wortschatz vgl. A. Langen, Der Wortschatz des deutschen Pietismus, 2. Aufl. Tübingen 1968, S. 404-412.

33 H. Rahner, Ignatius von Loyola als Mensch und Theologe, Freiburg i. Br. 1964, S. 344-369; F. Marxer, Die inneren geistlichen Sinne, Ein Beitrag zur Deutung ignatianischer Mystik, Freiburg i. Br. 1963; H. U. von Balthasar, Herrlichkeit, Eine theologische Ästhetik, 1. Bd.: Schau der Gestalt, Einsiedeln 1961, S. 352 ff. Vgl. Ignatius, Exerzitien, Nr. 121, 133, 227.

34 Zu diesem Motiv der Warumlosigkeit der Gottesliebe vgl. L. Gnädinger, Die spekulative Mystik im Cherubinischen Wandersmann des Joh. A. Silesius I und II, Studi Germanici 4 (1966), S. 29-59, 145-190; dies., Rosenwunden, in: M. Bircher/A. M. Haas, Deutsche Barocklyrik, Gedichtinterpretationen von Spee bis Haller, Bern 1973, S. 97-133.

35 Vgl. A. M. Haas, Sermo mysticus, Studien zu Theologie und Sprache der deutschen Mystik, Freiburg/Schweiz 1979, S. 392-480; ders., Mort mystique, in: Mourir, Expérience et réflexion chrétiennes, Paris 1981, S. 89-116; jetzt in: Haas, wie oben Anm. 7, S. 477-500.

36 Der Kuß wurde – von der altchristlichen Übung der allegorischen Deutung her – im Barock umfassend erforscht. Vgl. das bedeutsame Werk von M. Kempius, De osculis, Frankfurt 1680, Dissertatio III, S. 26-57 (De osculo mystico). Vgl. auch N.J. Perella, The Kiss Sacred and Profane, An Interpretative History of Kiss Symbolism and Related Religio-Erotic Themes, Berkeley 1969.

37 J.P. Heimmel, »God is our mother«: Julian of Norwich and the Medieval Image of Christian Feminine Divinity, Diss. St. John's University New York 1980; C.W. Bynum, Jesus as Mother, Studies in the Spirituality of the High Middle Ages, Berkeley 1982. Zum patristischen Hintergrund vgl. K. Bjerre-Aspegren, Bräutigam, Sonne und Mutter, Studien zu einigen Gottesmetaphern bei Gregor von Nyssa, Lund 1977.

38 H. Rahner, Symbole der Kirche, Die Ekklesiologie der Väter, Salzburg 1964, S. 177-235.

39 Vgl. E. Jacobsen, Die Metamorphosen der Liebe und F. Spees »Trutznachtigall«, Studien zum Fortleben der Antike I, Kopenhagen 1954, S. 37 ff.

40 Held I, S. 304.

41 Ebd.

42 Ebd., S. 346.

43 Ebd., S. 347.

44 E. Benz, Das Christusbild der protestantischen Mystik des 17. und 18. Jahrhunderts, in: Jesus Christus, Das Christusverständnis im Wandel der Zeiten, wie Anm. 2, S. 64.

45 Held I, S. 351 f.

46 Ebd., S. 352.

47 Schefflers kämpferisches Engagement zugunsten der katholischen Kirche – bekanntlich stürzte er sich nach seiner Konversion in unabsehbare Streitigkeiten mit seinen ehemaligen lutherischen Glaubensbrüdern – wird von K. Barth (Die kirchliche Dogmatik, I. Bd., 2. Halbbd., 6. Aufl. Zürich 1975, S. 350) mit einigem Recht als notwendig komplementäres Verhalten zu seinen mystischen Bestrebungen gedeutet: »Es ist gerade die Genialität, die Umsicht und Ökonomie, mit der Angelus Silesius die mystische Sache vertreten und betrieben hat, darin zu erblicken, daß er sich – mit vielen Genossen in China, in Indien, in Arabien und viel klüger als seine Verehrer im modernen Abendland! – zugleich als ›orthodoxer Fanatiker‹ betätigt hat!« Im Maße als der in der Deutung der Mystik immer wieder gehörte Topos, mystische Erfahrung sei eo ipso schon kirchenfeindlich und -abweisend, zur Platitüde zu erstarren droht, ist dieser Feststellung Barths volles Gewicht beizumessen.

48 Der Streit um die Edition eines Konvoluts mystischer Texte und die intransigente Haltung des lutherischen Hofpredigers Christoph Freytag hatten Scheffler ja bewogen, sich der lutherischen Kirche zu entfremden.

49 Die katholische Kirche hatte natürlich alles Interesse, einen so bedeutenden Mann wie Scheffler in ihre Reihen aufzunehmen. Auf der andern Seite läßt sich – im Blick auf die mystische Überlieferung der katholischen Kirche – keinerlei Heterodoxie Schefflers nachweisen. Vgl. schon C. Seltmann, A. S. und seine Mystik, Breslau 1896.

50 Ich meine, daß die Scheffler-Forschung von den eingefahrenen Geleisen sowohl einer psychologisierenden wie konfessionsgeschichtlichen Interpretation einmal abrücken müßte, um dessen dichterische Gestalt voll in den Blick zu bekommen. So ist das Psychogramm, das L. Kolakowski (Chrétiens sans Eglise, La conscience religieuse et le lien confessionel au XVIIe siècle, Paris 1969, S. 567-639) von Scheffler zeichnet, wohl letztlich unzutreffend (schon im Vorwurf des Pantheismus völlig überholt). Die Arbeiten von Gnädinger (siehe Anm. 1, 8, 13, 34), Gorceix (Anm. 1) und anderen haben hier bessere Wege gewiesen, als sie Ellinger (Angelus Silesius, Ein Lebensbild, Breslau 1927) – mit seinem Bestehen auf Schefflers Heterodoxie (aber mit dem richtigen Hinweis auf Eckhart als Quelle Schefflers) – und K. Richstaetter (A. S., Mystiker und Konvertit, Stimmen der Zeit 111 [1926] S. 361-381; Barocke Mystik bei A. S., Stimmen der Zeit [1931] S. 326-340) – mit seinem allzu engen Beharren auf Schefflers streng dogmatisch abgestützter Rechtgläubigkeit – noch zu weisen vermochten. Die französische Forschung verhielt sich hierin klüger. Vgl. J. Baruzi, Création religieuse et pensée contemplative, Paris 1951, S. 97ff.; H. Plard, La mystique d'A. S., Paris 1953. – Eine Ästhetik Schefflers wäre aus seinen Liedern noch eigens zu deduzieren. Sie wäre eine mystisch vermittelte in dem Sinne, wie sie R. Spaemann für Fénelon erschlossen hat (Reflexion und Spontaneität, Studien über Fénelon, Stuttgart 1963, S. 79).

Drucknachweise

Was ist Mystik? in: K. Ruh (Hg.), Abendländische Mystik im Mittelalter, Symposion Kloster Engelberg 1984, Stuttgart 1986, S. 391-341.

Von der Eigenart christlicher Mystik: Meister Eckhart als Maßstab, in: Festschrift A. Schmidt, 1989.

Die deutsche Mystik im Spannungsbereich von Theologie und Spiritualität, in: L. Grenzmann/K. Stackmann (Hg.), Literatur und Laienbildung im Spätmittelalter und in der Reformationszeit, Symposion Wolfenbüttel 1981, Stuttgart 1984, S. 604-639.

Die Beurteilung der Vita comtemplativa und activa in der Dominikanermystik des 14. Jahrhunderts, in: B. Vickers (Hg.), Arbeit Muße Meditation, Zürich 1985, S. 109-131.

Traum und Traumvision in der deutschen Mystik, in: J. Hogg (Hg.), Spätmittelalterliche geistliche Literatur in der Nationalsprache, Bd. 1, Salzburg 1983, S. 22-55 (Analecta Cartusiana 106).

»Trage Leiden geduldiglich«: Die Einstellung der deutschen Mystik zum Leiden, in: W. Böhme (Hg.), Lerne leiden, Leidensbewältigung in der Mystik, Karlsruhe 1985, S. 35-55, 80-89.

Meister Eckhart (ca. 1260-ca. 1328), in: G. Ruhbach/J. Sudbrack (Hg.), Große Mystiker. Leben und Wirken, München 1984, S. 156-170, 372f.

Seinsspekulation und Geschöpflichkeit in der Mystik Meister Eckharts, in: W. Strolz (Hg.), Sein und Nichts in der abendländischen Mystik, Freiburg 1984, S. 33-58.

Meister Eckhart als Gesprächspartner östlicher Religionen, in: Freiburger Zeitschrift für Philosophie und Theologie 34 (1987), S. 131-145.

Das Ereignis des Wortes: Sprachliche Verfahren bei Meister Eckhart und im Zen-Buddhismus, in: Deutsche Vierteljahrsschrift für Literaturwissenschaft und Geistesgeschichte 58 (1984), S. 527-569.

Eriugena und die Mystik, in: W. Beierwaltes (Hg.), Eriugena Redivivus, Zur Wirkungsgeschichte seines Denkens im Mittelalter und im Übergang zur Neuzeit, Heidelberg 1987, S. 254-278.

Luther und die Mystik, in: Deutsche Vierteljahrsschrift für Literaturwissenschaft und Geistesgeschichte 60 (1986), S. 177-207.

»Theologia deutsch«, Meister Eckhart und Martin Luther. Eine Skizze, in: A. Reinle/L. Schmugge/P. Stotz (Hg.), Variorum Munera Florum, Latinität als prägende Kraft mittelalterlicher Literatur, Festschrift für H. F. Haefele zu seinem 60. Geburtstag, Sigmaringen 1985, S. 321-328.

Christus ist alles: Die Christusmystik des Angelus Silesius, in: W. Böhme (Hg.), Christus in uns, Mystische Strömungen von Angelus Silesius bis Tersteegen, Karlsruhe 1983, S. 9-31.

Mittelalterliche Apokalyptik, in: Neue Zürcher Zeitung, 6./7. April 1985, Nr. 80.

Namenregister

Sachregister

Inhalt

Insel Verlag Anton Kippenberg GmbH & Co. KG
Torstraße 44, 10119 Berlin
info@insel-verlag.de
www.insel-verlag.de